U0630087

甲骨文

oracode

让我们一起追寻

This is a simplified Chinese translation of the following title published by Cambridge University Press:
The Cambridge World History of Violence: Volume I, The Prehistoric and Ancient Worlds
Edited by Garrett G. Fagan, Linda Fibiger, Mark Hudson, and Matthew Trundle
ISBN 978-1-107-12012-9 Hardback
© Cambridge University Press 2020
This simplified Chinese translation for the People's Republic of China (excluding Hong Kong, Macau and Taiwan) is published by arrangement with the Press Syndicate of the University of Cambridge, Cambridge, United Kingdom.
© Social Sciences Academic Press (China) 2024
This simplified Chinese translation is authorized for sale in the People's Republic of China (excluding Hong Kong, Macau and Taiwan) only.
Unauthorized export of this simplified Chinese translation is a violation of the Copyright Act. No part of this publication may be reproduced or distributed by any means, or stored in a database or retrieval system, without the prior written permission of Cambridge University Press and Social Sciences Academic Press (China).

本书根据剑桥大学出版社 2020 年精装版译出，
封底有甲骨文防伪标签者为正版授权。
Copies of this book sold without a Cambridge University Press sticker on the cover are unauthorized and illegal.
本书封面贴有 Cambridge University Press 防伪标签，无标签者不得销售。
此版本仅限在中华人民共和国境内（不包括香港、澳门特别行政区及台湾省）销售。

剑桥世界暴力史（第一卷）

上册

丁俊娜 译

THE CAMBRIDGE WORLD HISTORY OF VIOLENCE

VOLUME I

The Prehistoric and Ancient Worlds

史前和古代世界

〔美〕加勒特·G. 费根（Garrett G. Fagan）
〔英〕琳达·菲比格（Linda Fibiger）
〔英〕马克·哈德森（Mark Hudson）
〔英〕马修·特兰德尔（Matthew Trundle）
主编

社会科学文献出版社
SOCIAL SCIENCES ACADEMIC PRESS (CHINA)

第二部分 史前和古代的战争

第三部分 个人暴力与集体暴力

目　录

·上　册·

第一部分　冲突的起源

第二部分 史前和古代的战争

第三部分 个人暴力与集体暴力

第六部分 暴力的表现与建构

图片

图 2.1　克罗地亚克拉皮纳（Krapina），额部顶骨碎片K20，其上部有一处已愈合的小伤口。资料来源：本章作者的收藏

图 2.2　法国圣塞泽尔（Saint-Césaire），左侧顶骨碎片，伤处已愈合。资料来源：本章作者的收藏

图 2.3　德国奥夫内特（Ofnet），一名年轻成年男性的21号头骨枕部视图，带有多处致命伤。资料来源：本章作者的收藏

图 2.4　德国奥夫内特，在一处大型头骨沉积物中，至少有8人受到钝器击伤，此为伤处的位置图。资料来源：本章作者的收藏

图 4.1　UCT 317［奎因角（Quoin Point）］第12胸椎和第1腰椎显示处于原位的骨箭头。左：右侧视图；右：下斜视图。资料来源：本章作者；见 A. G. Morris and J. Parkington, 'Prehistoric Homicide: A Case of Violent Death on the Cape South Coast, South Africa', *South African Journal of Science* 78 (1982), pp. 167 - 9

图 4.2　UCT 332 个体3［朗克勒普（Langklip）］的颅顶

顶视图显示，右侧顶骨存在钝器所致的死前损伤。资料来源：本章作者；见 A. G. Morris，'Trauma and Violence in the Later Stone Age of Southern Africa'，*South African Medical Journal*，100.6（2012），pp.568 - 70

图 4.3 UCT 386［法劳斯科普（Faraoskop）］颅顶后视图显示，撞击点位于左侧，两侧颅骨呈放射状骨折。资料来源：N. Dlamini

图 4.4 莱索托（Lesotho）加查斯内克（Qacha's Nek）河马庇护所（Hippo Shelter）的岩石艺术摹图显示：（a）人们用弓箭战斗，（b）人们用圆头的棍子作战。资料来源：KwaZulu Natal Museum

图 4.5 纳塔尔市（Natal）安德伯格区（Underberg District）普莱拉（Pholela）蓬韦尼（Mpongweni）北部森林保护区的岩石艺术摹图，图中布须曼人（San）正手持弓箭，抵挡追赶他们的手持长矛和盾牌的恩古尼人（Nguni）。资料来源：KwaZulu Natal Museum

图 5.1 青铜时代的盾牌，分别出自爱尔兰以下几处郊区：（1）戈尔湖（Lough Gur），（2）安纳代尔（Annadale），（3）加拉湖（Lough Gara），（4）克伦拉腊（Cloonlara），（5）克伦布林（Clonbrin）。资料来源：本章作者，© National Museum of Ireland

图 5.2 来自瑞典洛沃森（Lövåsen）的岩石艺术图片（RAÄ Tanum 319：1），图片显示一个持斧者被一个持矛者刺中背部，这个持矛者还带着一把未出鞘的剑：要么被杀者有阴茎，要么这就是他展示剑鞘的唯一方式。资料来源：本章作者的收藏

图 5.3　来自塞尔维亚瓦廷（Vatin）的青铜时代战斧（上）和来自阿尔巴尼亚施科德（Schkoder）地区的青铜时代战斧（下）。资料来源：本章作者的收藏

图 7.1　在吉野里町遗址重建的防御设施。资料来源：M. Hudson

图 7.2　在岛牧坂井矶（Sakaeiso）绳文时代晚期（Late Jōmon）遗址发现的疑似成年女性的右顶骨上的死前钝力损伤（上），以及在南有珠（Minami-Usu）6 号遗址发现的后绳文时代（Epi-Jōmon）成年女性颅骨（下），它也带有死前钝力损伤。资料来源：Rick Schulting

图 7.3　来自北小金（Kitakogane，左）和高砂（Takasago，右）的颅骨钝力损伤图。资料来源：Rick Schulting

图 15.1　艺术家再现的铁器时代维特望遗址（Wetwang Slack）的二轮战车墓葬图。资料来源：Aaron Watson，© Melanie Giles

图 15.2　土耳其阿弗罗狄西亚（Aphrodisias）塞巴斯特恩神庙（Sebasteion）的浮雕，描绘了克劳狄皇帝（Emperor Claudius）征服不列颠尼亚（Britannia）的情景。资料来源：© Steve Kersham, licensed under creative commons

图 18.1　阿提卡式的红彩陶制葡萄酒壶，约公元前 450 年，藏于纽约大都会艺术博物馆，37.11.19。资料来源：本章作者

图 21.1　在普罗旺斯（Provence）的昂特勒蒙（Entremont）重建的一座公元前 3 世纪的勇士雕像，这座人像由许多碎片拼凑而成。资料来源：Libby Mulqueeny

图 31.1　埃安纳图姆鹫碑（Stele of the Vultures of Eannatum,

侧面 2）。资料来源：Licia Romano，见 *Vicino Oriente* 13（2007）

图 31.2　阿卡德（Akkad）萨尔贡（Sargon）石碑 Sb2。资料来源：Lorenzo Nigro，见 *Contributi e Materiali di Archeologia Orientale* 7（1997）

图 31.3　埃勃拉（Ebla）王宫 G（S.4443）的镶嵌画 TM.88.G.256+257：一名埃勃拉士兵正拿着两个敌人的头颅。资料来源：© Missione Archeologica Italiana in Siria

图 31.4　国王图曼（Teumman）被一名亚述士兵斩首。资料来源：© Werner Forman/Getty Images

图 31.5　出土自泰尔贝达（Tell Beydar）的印鉴。资料来源：© Joachim Bretschneider and Greta Jans，Beydar Archaeological Expedition

图 32.1　《圆形剧场的骚乱》（*Riot in the Amphitheatre*），来自公元 1 世纪庞贝城（Pompeii）的湿壁画，藏于那不勒斯国家考古博物馆（Museo Archeologico Nazionale）。资料来源：© De Agostini Picture Library/Getty Images

图 32.2　《彭透斯之死》（*The Death of Pentheus*），公元 1 世纪庞贝城韦蒂住宅（Casa dei Vettii）N 号房间的湿壁画。资料来源：© PHAS/Getty Images

图 32.3　《对狄耳刻的惩罚》（*The Punishment of Dirce*），公元 1 世纪庞贝城韦蒂住宅 N 号房间的湿壁画。资料来源：© DEA/A. Dagli Orti/Getty Images

图 32.4　垂死的尼俄伯（Dying Niobid），大理石雕像，位于罗马的萨卢斯蒂亚尼花园（Horti Sallustiani），罗马国家博物馆（Museo Nazionale Romano）马西莫宫（Palazzo Massimo）。资料来源：本章作者的收藏

图 32.5 大理石马赛克镶嵌画，2 世纪晚期/3 世纪初期，索勒蒂安娜·多莫斯（Sollertiana Domus），蒂斯德鲁斯［Thysdrus，突尼斯埃尔杰姆（El Djem，Tunisia）］：兽食刑（Damnatio ad bestias）。藏于突尼斯埃尔杰姆博物馆。资料来源：LatitudeStock/Alamy

图 32.6 描绘角斗士和裁判的镶嵌画，来自 3 世纪的一座位于兹利坦达布安梅拉［Dar Buc Ammera à Zliten，在大莱普提斯（Leptis Magna）附近］的罗马人别墅，藏于利比亚考古博物馆。资料来源：H. Koppermann courtesy of Deutsches Archäologisches Institut，Rome

图 32.7 卢修斯·斯托拉克斯（Lusius Storax）的墓葬浮雕，石灰岩材质，公元 1 世纪中期，意大利基耶蒂（Chieti）泰阿特（Teate）：上方，卢修斯·斯托拉克斯和地方行政官；下方，角斗士的格斗。资料来源：M. Hutzel courtesy of Deutsches Archäologisches Institut，Rome

图 32.8 美狄亚石棺（Medea Sarcophagus）的细节，大理石材质，约 140—150 年，柏林国家博物馆（Staatlichen Museen zu Berlin）古董收藏馆（Antikensammlung）（inv. Sk843b）。资料来源：Shutterstock

图 32.9 波多纳西欧石棺（Portonaccio Sarcophagus），大理石材质，约 190—200 年，藏于罗马的罗马国家博物馆马西莫宫。资料来源：本章作者的收藏

图 32.10 克劳狄征服不列颠尼亚，大理石材质，公元 1 世纪，位于土耳其阿弗罗狄西亚的塞巴斯特恩神庙。资料来源：G. Petruccioli courtesy of NYU-Aphrodisias Excavations

图 32.11 士兵用牙齿咬着一个被砍下的头颅，出自 113 年

罗马图拉真纪功柱（Column of Trajan）的第24号场景，这是藏于罗马的罗马文明博物馆（Museo della Civiltà Romana）的一座模型。资料来源：R. Ulrich

图 32.12　折磨战俘的妇女，出自113年罗马图拉真纪功柱的第45号场景，这是藏于罗马的罗马文明博物馆的一座模型。资料来源：R. Ulrich

图 32.13　法尔内塞公牛群雕（Farnese Bull），大理石材质，出自3世纪早期罗马的卡拉卡拉浴场（Baths of Caracalla），藏于那不勒斯国家考古博物馆。资料来源：本章作者的收藏

图 32.14a-b　浮雕作品，大理石材质，来自315年的罗马君士坦丁凯旋门（Arch of Constantine）：（a）围攻维罗纳（Verona），（b）米尔维安桥（Milvian bridge）战役。资料来源：R. Ulrich

地　图

执 笔

伊恩·阿米特（Ian Armit），约克大学考古学教授。

迈克尔·J. 卡特（Michael J. Carter），安大略布鲁克大学希腊和罗马史教授。

乔伊·黛莫西（Joy Damousi），墨尔本大学历史与哲学研究学院历史学教授。

约翰·C. 达内尔（John C. Darnell），耶鲁大学近东语言与文明学院埃及学教授，皮博迪博物馆人类学馆长。

菲利普·德怀尔（Philip Dwyer），澳大利亚纽卡斯尔大学历史学教授兼暴力研究中心主任。

加勒特·G. 费根（Garrett G. Fagan，1963—2017 年），宾夕法尼亚州立大学古典文学和古代地中海研究系历史学教授。

琳达·菲比格（Linda Fibiger），爱丁堡大学人类骨骼考古学高级讲师。

史蒂文·加芬克尔（Steven Garfinkle），西华盛顿大学古代近东和地中海史教授。

琳达·吉莱索（Linda Gilaizeau），日本冈山的一名独立研究员。

克里斯蒂安·霍恩（Christian Horn），德国克里斯蒂安-阿尔伯特基尔大学的研究员。

马克·哈德森（Mark Hudson），耶拿马克斯·普朗克人类历史科学研究所欧亚三角研究小组的研究员。

史蒂文·勒布朗（Steven Leblanc），美国考古学家，哈佛大学皮博迪考古学与人类学博物馆收藏品前任负责人。

道格·李（Doug Lee），诺丁汉大学古典文学系古代史教授。

劳埃德·卢埃林-琼斯（Lloyd Llewellyn-Jones），卡迪夫大学历史、考古和宗教学院的古代史教授。

苏珊·S. 卢斯尼亚（Susann S. Lusnia），杜兰大学古典文学研究系副教授。

克里斯蒂安·迈耶（Christian Meyer），戈斯拉尔骨骼考古学研究中心首席研究员兼负责人。

巴里·莫洛伊（Barry Molloy），都柏林大学学院考古学副教授。

艾伦·G. 莫里斯（Alan G. Morris），开普敦大学人类生物学系名誉教授。

坎迪德·R. 莫斯（Candida R. Moss），伯明翰大学爱德华·吉百利（Edward Cadbury）神学教授。

大卫·纳达利（Davide Nadali），罗马第一大学近东考古学讲师。

F. S. 奈登（F. S. Naiden），北卡罗来纳大学教堂山分校历史学教授。

约尔格·奥斯基德（Jörg Orschiedt），柏林自由大学史前考古学院史前史讲师，兼任曼海姆科特-恩格尔霍恩考古定年中心研究员。

丽贝卡·雷德芬（Rebecca Redfern），伦敦博物馆人类骨骼学馆长。

唐纳德·B. 雷德福（Donald B. Redford），宾夕法尼亚州立大学古典文学和古代地中海研究系教授。

乔纳森·罗斯（Jonathan Roth），圣何塞州立大学古代史教授。

陈力强（Charles Sanft），田纳西大学前现代中国史助理教授。

里克·J. 舒尔廷（Rick J. Schulting），牛津大学考古学院科学与史前考古学副教授。

黛布拉·斯科金斯·巴伦坦（Debra Scoggins Ballentine），罗格斯大学宗教学系助理教授。

斯坦利·塞拉芬（Stanley Serafin），新南威尔士大学医学科学学院解剖学高级讲师。

路易斯·西达尔（Luis Siddall），澳大利亚悉尼的一名独立研究员。

厄宾德·辛格（Upinder Singh），印度阿育王大学历史学教授。

马丁·J. 史密斯（Martin J. Smith），伯恩茅斯大学法医学和生物人类学专职讲师。

杰弗里·塔图姆（Jeffrey Tatum），新西兰惠灵顿维多利亚大学古典文学教授。

马修·特兰德尔（Matthew Trundle，1965—2019 年），新西兰奥克兰大学古典文学教授。

谢伟杰（Wicky Tse），香港中文大学历史系副教授。

彼得·范·努弗伦（Peter Van Nuffelen），比利时根特大学研究教授。

彼得·威尔斯（Peter Wells），明尼苏达大学人类学系教授。

贾罗德·惠特克（Jarrod Whitaker），维克森林大学宗教研究系副教授。

总论：世界历史中的暴力

菲利普·德怀尔

乔伊·黛莫西

这部四卷本的世界历史著作是第一部审视人类历史不同时 1
期和不同地域的暴力历史的作品集。得益于人们对暴力历史与日俱增的学术兴趣，暴力问题正在成为我们这个时代的知识分子所关注的主要问题之一。各卷涉及暴力历史研究领域的最新学术成果，共收录了近140位学者所撰写的文章，从多种视角提供了有关暴力问题的权威论述。因此，针对不同类型的暴力行为，这部作品集为读者提供了广泛的专题讨论，同时也概览了不同时代的各个民族的共同经验。各卷讨论的主题各不相同，但它们一起为不同时期和不同地域的暴力历史之间的比较提供了可能性。通过这种方式，《剑桥世界暴力史》可以让读者自己去评判不同时间和不同地点的暴力行为的性质和程度，考察产生某种暴力行为的原因，并思考在特定的历史时刻发生某种程度的暴力事件的原因。我们希望，这个研究项目能使人们更好地理解使暴力行为产生的各种力量之间的相互作用，制度、信仰和日常生活的方式如何减少或增加了暴力发生的可能性，以及人们对暴力行为的预期和记忆如何塑造了社会。

各卷内容代表了史料和概念方面的“顶尖水平”，这些章节同时具有前瞻性，探讨了目前的研究趋势在未来几年可能或应该的发展方向。它们为非专业人士的读者提供了易于理解的概要，这是对暴力这一重要的历史现象颇具可读性的解读。我们认识到，暴力问题是一个如此宏大的主题，没有任何一部著作（即使是像本书这样的鸿篇巨制）能囊括全球范围内所有的暴力历史。尽管主编们做出了诸多努力，但本书的内容一定程度上还是受到了学者们的投稿以及目前正在进行的研究类型的限制。既然有空白之处，我们希望鼓励其他学者来予以填
2 补。因此，本书涉及的主题范围必然是有选择性的，但随着时间的推移，我们仍然努力拟定出宏大的题目，以便使最终的成书尽可能涉猎广泛，同时又有所聚焦。例如，各卷包含了关于暴力和动物、人祭（human sacrifice）、国家主导的暴力（state-directed violence）、仪式暴力（ritual violence）、不同形式的人际暴力（interpersonal violence）等方面的论文，以及暴力在文学和视觉上的各种呈现。然而，我们做出了一个决定，即本书不直接涉及关于心理创伤和暴力后果的话题（只会间接触及），也不探讨围绕暴力及情感的主题。[1]

这种性质的任何一部作品集都面临的两个问题是如何使整部著作尽可能地条理清晰，以及如何限制如此宏大的主题的研究范围。我们决定将研究的领域限制在人文学科，特别是历史学、艺术史、考古学和文学，尽管其他学科对暴力研究也有特别的贡献。我们感激社会科学家对我们理解暴力所做的突出贡献——实际上，我们的许多作者借鉴了社会科学家的深刻见解和研究方法——这部作品集采取了具体的历史立场，集中研究从史前时代到现如今的不断变化的暴力的特点。[2]在这个过程中，本书力图重新界定人类历史上不同时期的人们对暴力的认知，以及人们是如何从事暴力活动的。因此，各卷首次提供了

对暴力问题的长时段研究，这使我们能够将当今世界及其面临的社会问题置于更为宽广的时代背景之下。从国家间有组织的战争到个体之间的日常暴力事件，暴力跨越了时空，在各个民族的生活中都扮演着极为重要的角色。我们无从知晓暴力构成的威胁在过去究竟产生了多大影响，导致这种状况一部分是暴力这个问题之前从未被真正考察过，另一部分是有关这方面的资料大多对暴力问题避而不谈。

最近有这样一种观点，即在过去的五百年间，世界上的暴 3
力活动正在逐渐减少。这种认识的主要依据是对一些数字、图表和统计数据的解释，但在本书中，这样的观点被刻意回避了。利用统计学的方法来解释暴力，尤其是谋杀行为，这种做法在其他著作中受到了严厉的批评，[3]所以我们只想指出：其一，统计学方法很少能够反映出同时代人对暴力的态度；其二，历史研究中的线性方法很少能说明暴力在特定社会中发挥的作用，包括在国家、男子气概、司法制度等方面所起的作用，以及某些形式的暴力内含的可能的政治价值。[4]对世界上的暴力及其发展历程的理解和解释与历史背景有关。只有在更大的框架内开展工作，揭示暴力事件、具体过程和后续发展三者之间的关系，我们才能理解暴力。通过将一众学者和不同学科汇集在一起，我们希望通过一系列深入的研究改变我们对暴力的认识，并探索暴力在人类发展过程中的连续性和变化性。

暴力是什么？

任何此类作品集都无法回避的一个问题就是对暴力的定义。理解暴力问题的核心是理解文化信仰和态度。文化信仰和态度会随着时间的推移而发生变化，有时这种变化还非常剧烈。这意味着我们要理解在某个特定社会的特定时间，什么是暴力行为，什么不是暴力行为。关于暴力，荷兰犯罪学家彼得·斯皮伦伯格（Pieter Spierenburg）给出的定义最为简单明了，他认为暴力就是“故意侵犯一个人的人身安全”。[5]故意是最基本的构成要件。也就是说，必须有对他人造成伤害的主观意愿。这就是为什么意外事故尽管非常暴力，却没有被考虑在内。这也是为什么，至少在这部作品集中，我们不考虑这样的
4 情形，即一个人遭到了另一个人的侵犯，但另一个人可能终归认为自己的行为是为了那个人好，只是在无意中对其造成了伤害。我们认为，造成伤害和实施暴力完全是两码事。然而，尽管各卷的大部分章节涉及对身体进行侵犯的问题，可我们不能忽视其他形式的暴力。在近代早期，亵渎神明（blasphemy）就是暴力的一种形式。[6]欺凌、网络仇恨（cyberhate）、数字私刑主义（digital vigilantism）、种族歧视和精神虐待也是暴力的表现形式，尤其是持续的言语攻击可能导致自残甚至自杀。长期以来，社会学家一直把暴力的结构和符号包括在暴力的概念之内。但是，给暴力下定义远比这复杂，因为决定身体暴力（physical violence）从哪里开始和从哪里结束并不是一件简单的事情。[7]造成瘀青构成“暴力”吗？流血事件就一定是暴力的吗？监禁（即使没有给被拘留者造成身体上的伤害）是暴力行为吗？那么作为暴力行为的受害者、目击者或实施者，他们经历过的暴力可能会带来什么样的创伤呢？

这些问题的答案取决于我们正在讨论的对象、地点和时间。人们对“暴力”的看法必然会随着时代和地域的变化而改变，但对同时代人使用暴力语言的方式是敏感的，或者换句话说，他们对什么是“暴力”的理解是我们解读“暴力”的

基础。问题的难点在于，如何在某一特定社会所宽恕的暴力和我们作为局外人所谴责的暴力之间找到平衡。尽管如此，我们尽可能地在更广泛的意义上界定暴力，暴力不仅包括一个人、一群人或者一个机构以使用武力的方式对一个或多个生命体实施的暴力，还包括心理、社会和情感方面的暴力，以形成任何胁迫或剥削的关系。

另一个复杂的问题是，暴力的含义因时间和文化的不同而千变万化。在中世纪的伊斯兰世界，强制力、道德法则和权力与神的概念紧密相连，像 *shawka*［蛮力（brute force）］这样的概念在政治理论家的头脑里已经先入为主了。[8]然而，穆斯林往往不像西欧人那样将暴力具体化，也不愿意把所有的暴力都归为一类。在过去，穆斯林社群对暴力有不同的分类，比如， 5
对动物使用的暴力与一伙土库曼人（Turkmen）占领城镇时实施的暴力就不是同一类暴力。通过国家机构实施的暴力（就像在西方世界一样），如通过实施惩罚镇压叛乱，以及组织反对异教徒的运动［圣战（jihad）］，这些强制权力被用来对付“作恶多端的人”。同样，在阿兹特克社会，仪式化的暴力成为日常生活的一部分，性侵犯、战争和殴打等暴力形式被概念化，这与其他文化有所不同；他们甚至对合法形式的暴力和非法形式的暴力加以区别，但并没有像“暴力”这样的专门术语。[9]另外，在13世纪和14世纪的日本，存在大量关于暴力的词语，这些词语的区别取决于行为的性质和该行为对权威的蔑视程度。[10]换句话说，暴力的观点并不是西方文化所独有的，在概念上也肯定不是现代主义的。暴力是多方面的，而且是非常模棱两可的。说它是多方面的，是因为暴力有多种表现形式。同时，暴力在体验方式、社会认可和文化传播方面是模棱两可的。用于暴力的词语必须在其特定的文化背景下加以理解。

性暴力就是一个很好的例子。几个世纪以来，大多数社会对性暴力的态度已经发生了翻天覆地的变化。在欧洲，前现代时期的大多数女性被认为是男性（父亲、丈夫）的财产，而强奸的定义与现代人对这个词语的理解几乎没有任何关系。对女性的侵犯，与其说是对女性本身的犯罪，不如说是对男性家庭成员的冒犯。当向法院提出申诉时，受害方要求得到赔偿，因为对于尚未婚配的女孩或女人来说，她的嫁妆遭到了损坏。直到 19 世纪末和进入 20 世纪，被侵犯妇女的心理和道德操守的问题才被考虑在内。在现代，国家和司法部门将那些根据当地法律、习俗和社会规范应受到惩罚的暴力行为都归类为犯罪行为。对于犯罪行为的界定，在不同国家之间，甚至在一国的不同司法辖区内，都存在很大区别。[11]

暴力、人类与国家

6 在世界历史的范围内，我们对暴力的任何讨论都不可避免地要抓住人类固有的暴力秉性的问题。贾雷德·戴蒙德（Jared Diamond）、阿扎尔·盖特（Azar Gat）、理查德·兰厄姆（Richard Wrangham）、爱德华·O. 威尔逊（Edward O. Wilson）以及最近的史蒂芬·平克（Steven Pinker）等众多学者都提出，暴力和战争是人性的一部分，是我们生物天性的一部分。然而，在过去的二十年里，考古学家对以往暴力的解释方式发生了重大变化。第一卷中关于考古学的章节为暴力的发展、制度化和解释提供了一个独特且长远的视角。因此，我们可以看到，从绘画和雕刻等手工制品到对人类遗骸的考察，利用多种多样的资料，我们能够呈现出一幅截然不同的远古历史图景，这幅图景超越了当今人们对非国家社会本来就很暴力的评价。于是，由于考古学根据新的证据和数据集提供了不同的解释，史前社会比人类历史上其他时期更为暴力的说法受到了质疑。当然，骨骼考古学（osteoarchaeology）的记录是清晰明了的；在世界许多地方，人们发现了暴力死亡的证据，包括屠杀、拷打、毁尸和处决的证据。不过，考古记录的质量和深度在年代和地理上有所不同；没有足够的证据表明暴力在所有地区和所有时期都曾频繁发生，或者表明它是普遍的现象，又或者表明它存在于全世界的各个地区。[12]例如，最近一项对史前日本的研究得出结论——包括战争在内的暴力并不常见。[13]一篇针对1万多年前的古人类遗骸（包括来自400多个不同遗址的2900多具骨骼）的评论文章提出，其中只有4具骨骼带有遭受暴力的痕迹。[14]这表明，战争是临近旧石器时代末期才出现的文化上的“创造”。但是，另有一些人认为，狩猎采集者之间的战争比人们通常认为的要常见得多，相应地，也更加致命（史蒂文·勒布朗，第一卷）。

我们常常用战争、突袭和征服来描述游牧民族与农业-城 7
镇人口之间的关系特征，但无法准确地说明暴力的强度究竟如何。然而，一个转折点似乎出现了，那就是独特的“勇士思想体系”的兴起。这种思想体系在世界的不同地方出现的具体时间可能会有所不同，但该体系标志着战争和群落之间暴力的实施方式的深刻突破，并且与最早的国家特性密切相关。在欧洲，这种突破发生在公元前3500年前后到公元前1千纪早期。我们看到，这种“勇士思想体系”出现在大约同一时期的最早的王朝国家，如中国、古代近东和埃及。这一时期，人们开始用各种方法对暴力行为加以控制，认为只有经过国家和神灵（换句话说，就是宗教）批准的暴力行为才是正当的。在最早期的文明中，我们看到，在世界上很多地方，政治精英、国家机构和宗教之间存在密切的联系，这种联系一直持续到近代之前。也就是说，国家经常利用宗教来获取神灵对暴力行为的认可。古印度（厄宾德·辛格，第一卷）似乎是此规则的一个例外，因为在那里，非暴力的概念和国家之间存在紧张的关系，但即便如此，大多数人也承认非暴力与国家权力的行使是水火不容的。

本书四卷的许多章节探讨了宗教、国家和暴力之间的关系。仪式化的暴力强化了宗教仪式的基础。我们仍然不解的是，为什么祭祀仪式在历史上的许多文化中如此普遍。祭祀可能会采取多种形式，从古人常用的动物祭祀（在过去的几个世纪里，即使没有数以亿计也有数以百万计的动物被杀死），到整个铁器时代欧洲北部的“沼泽人”（bog people）的仪式化杀戮；在美索不达米亚，人们把死去的显要人物的同伴和仆从作为祭品陪葬，以陪伴这些人进入来世；在北美洲、中美洲和安第斯中部地区，人类尤其是人血，成为“神灵的食物”，用以维持宇宙的平衡［斯坦利·塞拉芬，路易斯·西达尔，伊恩·阿米特，F.S. 奈登，第一卷；安德鲁·谢勒（Andrew Scherer），沃尔夫冈·加伯特（Wolfgang Gabbert）和乌特·许伦（Ute Schüren），第二卷；沃尔夫冈·加伯特，第三卷］。在美洲的许多地方，放血和其他形式的自残、上演的搏斗、人和动物的献祭（包括儿童献祭）以及折磨和处决俘虏的行为很常见。要理解这些在我们看来非常残忍的行为，关键是要将
8 这种仪式化的暴力置于特定情境中——人类为自己能够在这片

土地上生存而用血和肉来报答神灵，如果没有奉上他们自己的鲜血，那么就要找到合适的替代品。这是遭遇这些宗教仪式的欧洲人为自己的征服行径进行辩解的绝佳理由（即使他们自己的一些行为显然与这些暴力行为相似）。

总的来说，欧洲人征服非欧洲人的借口是所谓的与“野蛮”交战，要给土著民族带来“文明”。尽管土著社群之间存在巨大的差异，但殖民地的这些所谓“异类”通常被描绘得很阴暗，而欧洲人则被所谓的“文明”外衣包裹——“文明”这个词最早是在18世纪50年代的欧洲语境中被杜撰出来的，它对欧洲殖民计划的合法化至关重要［马修·雷斯托尔（Matthew Restall），斯图尔特·卡罗尔（Stuart Carroll），第三卷］。在近代早期和整个近代时期，凡是在欧洲人与土著人进行交流的地方，“文明”就成为暴力的代名词，并且经常被用来为种族灭绝、种族清洗和种族奴役辩护。虽然用了几个世纪的时间，全球大部分地区才被纳入欧洲体系，虽然暴力的特点会随着时间的推移而发生改变，但殖民定居者的社会就是以暴力为基础的［帕特里夏·奥布赖恩（Patricia O’Brien），阿曼达·内特巴克（Amanda Nettelback）和林德尔·瑞恩（Lyndall Ryan），詹姆斯·P. 多顿（James P. Daughton），第四卷］。欧洲殖民者社群的人口规模往往远不及当地土著人或奴隶的数量，这导致日常暴力成为殖民者或奴隶主获得身份认同感的主要手段。颇具讽刺意味的是，在实施这种日常暴力的过程中，欧洲殖民者不经意间削弱了自身的权威，而且从长远来看，这为20世纪的去殖民化运动奠定了基础。

宗教和暴力，即由宗教问题和信仰引发的暴力，包括从破坏礼拜场所和图腾到迫害信仰偏离主流宗教的那些人的各种行为［克里斯汀·考德威尔·艾姆斯（Christine Caldwell Ames），第二卷；罗伯特·瑟斯顿（Robert Thurston），安乐博（Robert Anthony），第三卷］，也包括可以对自己的人民发动“圣战”（holy war）。这就是12世纪时拜占庭的情况，当时帝国内部的某些群体因被视为异端而受到了审判，这些人被绑在火刑柱上烧死［特蕾莎·肖克罗斯（Theresa Shawcross），第二卷］。同样的事情也曾经在西欧发生，在那里，不仅犹太人和穆斯林受到迫害，其他的基督教徒也被视为“异端”。最终，随着早期的群众暴动让位于异端审判甚至十字军东征（亦作“十字军东侵”），这种行为也被制度化了（姑且这样表述）［苏珊娜·思鲁普（Susanna Throop），第二卷］。

9 宗教也可能与国家公开使用暴力的行为密切相关。在中世纪的欧洲，法律制裁的场面，可以采取公开处决或酷刑的形式，而且充满了宗教象征意义。国家（或教会）在消除社会罪恶的同时，也为罪犯提供了忏悔的可能性，使之有可能通过受苦来涤荡自身的罪恶，这一点特别像基督被钉在十字架上，如果死刑犯表现良好，他们可以更好地见到自己的造物主［撒拉·比姆（Sara Beam），第三卷］。在帝制中国晚期，情况就有所不同了，在那里，石仗、斗鸡、驱魔、鞭笞和斩首是常见的公共暴力场面（安乐博，第三卷）。在中国的下层社会中，暴力赋予了男性生命的意义，并与渗透进日常生活和大众文化的民间传统和血腥仪式密切相关。

我们可以看到，在个人、国家和暴力之间存在一种辩证关系，根据环境的不同，这种辩证关系会导致暴力发生率的降低或升高。欧洲、日本和中国就是三个突出的例子。在政治分裂时期，政权间的暴力必然异常激烈。据我们现今所知，在中国

[斯加夫（Jonathan Skaff），第二卷]，从3世纪到10世纪，不仅在政权之间，而且在政权内部，以及在朝堂上和王朝更迭时都有断断续续但非常激烈的冲突。在日本，从12世纪到16世纪[大卫·斯帕福德（David Spafford），第二卷]，两个幕府政权先后代表天皇统治国家，在此期间，政治对手的暴力行为被认定为犯罪和结党营私。另外，幕府用来镇压叛乱的暴力却被认为是一种“调停”行为。但是，随着大名们争夺政治上的优势地位，即使是这种井然有序的假象也在16世纪崩塌了。

此外，正如我们在各卷的许多章节中看到的，国家永远无法完全控制其臣民。人际暴力将永远存在，唯一的不同之处在于人们对暴力的依赖程度。直到近代，在世界的大多数地方，日常的暴力行为仍被认为是理所当然的，并被付诸实践而且实际上强化了社会等级制度，尽管有时候也被人们用来挑战社会等级制度。这种人际暴力的表现方式随着社会文化背景的不同而发生变化，但它始终存在。人们可以在古希腊（劳埃德·卢埃林-琼斯，第一卷）和伊斯兰时期早期[纳迪亚·玛丽亚·埃尔·谢赫（Nadia Maria El Cheikh），第二卷]依照性别分类的法律关系中找到暴力的踪迹。在罗马，家长（*pater familias*）执行体罚的传统被习俗和法律正常化，这可能导致配偶、孩子和奴隶的死亡，这种传统一直延续到18世纪和19世纪，在此期间，暴力的强度有所变化，此后，这种家长“纠正”家眷错误的权利开始受到质疑。 10

一般来说，针对弱者和穷人——社会边缘群体——的暴力是司空见惯的。处于较低社会阶层的人总是容易遭受身体上的虐待和暴力，暴力往往构成了促使他们恪守自己身份的制度和结构的一部分。这就是菲利帕·马登（Philippa Maddern）所说的“暴力的道德等级”的部分内容。她说这句话的意思是，那些管理者，尤其是家庭的掌权者，站在道德的制高点上使用暴力来约束那些地位比他们低的人。[15]从属者则被期望以顺从和忍耐的态度来接受这种约束，即使他们有时可能认为这是不合理的或过分的。所以，暴力的含义视一个人在家庭的社会等级中所占据的地位而定。在当今世界的某些地方，可能依然如此。

因此，暴力被国家和个人当成一种控制手段，一种施展权威或破坏权威的手段。在这个过程中，在世界上的许多地方，个人的暴力，特别是战士的暴力，被理想化了；这些暴力行为通过歌曲和诗句而成为传奇故事的素材。那些可以合法地将实施暴力作为一种生活方式的勇士精英把一套特定的价值观与暴力联系在一起，如荣誉和复仇。维京人（Vikings）和欧洲的勇武骑士也是如此，他们认为暴力在精神上是对人有所裨益的［理查德·卡尤帕（Richard Kaeuper），第二卷］。在许多战士文化中，勇敢和忠诚都被视为可贵的价值观。尽管如此，人们对待暴力的态度可能在不同文化之间存在巨大差异。在古代中国，直到2世纪，在许多文学作品中，人们都从负面的角度来描述暴力（陈力强，第一卷）。但是，在同时代的古希腊、古罗马或伊斯兰世界，情况则完全不同。500—1500年，这些地区的人们往往从正面的角度看待战争（warfare）和打斗（fighting）。在印度，参加打斗和战死沙场也是值得敬佩的行为。印度的经典史诗《摩诃婆罗多》（*Mahābhārata*，贾罗德·惠特克，第一卷）在某些方面是战士们行为举止的指导手册。

从远古时代直到现在，荣辱问题一直是理解男性行为准则

（有时也是女性行为准则）的核心所在，尤其是理解僭越那些规则的暴力后果的关键。人们所说的“荣誉文化”（Honour 11
cultures），存在于世界上的大多数地区和大多数时期。在古代中国［韩献博（Bret Hinsch），第二卷］，人们期望优秀的男子能对那些羞辱他们的人进行报复。随着时间的推移，这种情况发生了变化。从10世纪开始，中国的文学精英和行政权力集团把公共暴力（public violence）与下层社会和缺乏自制力联系在一起。另外，对中国的男人来说，暴力在很大程度上仍然是男性身份认同的一部分。中国在这种观念上的转变，比欧洲或日本早发生了好几个世纪。在日本，17世纪到19世纪［康斯坦丁·瓦波利斯（Constantine Vaporis），第三卷］是一个相对和平的时期，当涉及荣誉问题时，武士阶层就非常易怒。在同一时期，西方世界的许多国家也是如此（彼得·斯皮伦伯格，第三卷），尽管在欧洲北部和西北部的许多国家，荣誉的观念已经逐渐开始转变。到了19世纪和20世纪，这些有关男性荣誉的观念在西方社会中已经基本消失，或者至少侮辱不会再导致如之前几个世纪盛行的那种暴力行为的发生。

为什么人们的态度发生了转变呢？也就是说，为什么劳工阶层的男人们不再诉诸匕首？为什么上流社会的男人们不再进行决斗？这仍然是争论的焦点，尽管有一种理论认为，男性之间打斗的减少与诺贝特·埃利亚斯（Norbert Elias）提出的“文明的进程”有关。这一进程指的是几个世纪以来，国家干预的程度和社会精英之间“情感控制”水平的提高，以某种方式渗透到大众层面，从而使得人际暴力减少。这种从社会文化角度解释暴力减少的总括性方法遭到了一些质疑。[16]这一理论的加强版则将“文明的进程”与荣誉观念的“精神化”结合起来。[17]与男性荣誉密切相关的是女性荣誉的问题——毕竟，在世界历史的大部分时间里，女性被认为是男性的“财产”。质疑女人的操守就是质疑男人的荣誉。这是在当今世界各地的许多文化中都存在的一个问题，并且仍然可以在所谓的“荣誉谋杀”（honour killing）① 中体现出来。

12 大多数有关荣誉的问题与男性相关，但女性的荣誉也有可能受到指摘，尽管导致的结果会有所不同。女性通常是暴力的受害者——欧洲的女巫热潮（witch craze）② 就是一个明显的例子。不同文化中存在的家庭暴力也是如此，但她们有可能是暴力的实施者。妇女同样是战士，会参加决斗，会奴役别人，也会把自己的子女送到希特勒组建的团体那里。奴役就是这类暴力的一个例子，这种暴力通常与白人男性有关，但整个社群都是串通一气的：白人妇女和儿童、黑人，甚至混血的男人和女人都是贪婪的奴隶主。[18]换句话说，我们不应该仅仅把妇女（和儿童）看作暴力的受害者。然而，当她们成为施暴的对象时，就像乔安娜·伯克（Joanna Bourke）在第四卷中所写的一样，我们有必要追问，究竟谁才有资格给针对女性的暴力贴上标签。我们不仅要弄清楚针对妇女和儿童的各种暴力是由什么构成的——所有这些暴力都深深植根于特定的政治、经济、社会和文化背景——而且要弄清楚是谁决定了这种形式的暴力的构成。答案往往是男性，至少在刚刚迈入近代社会时是这样的，彼时女性才开始进入这些话语领域。

---

① 荣誉谋杀，指凶手谋杀家庭成员以达到挽回家族荣誉的目的，受害者大多数是女性，亦有部分男性。（本卷所有脚注均为译者注，后文不再特别说明。）

② 15世纪末，欧洲兴起“女巫审判”的狂潮，普通妇女一旦被认定为“女巫”“魔女”，就会被斩首、焚烧。“女巫审判”前后历时约三百年。

可接受的暴力与不可接受的暴力，合法的暴力与非法的暴力

为了稳定社会秩序，权力机构使用暴力或举行与公共暴力相关的仪式。例如，近代早期的刽子手可以在公共场合执行酷刑和死刑时履行相当复杂的仪式，借以维护政府的权威。这种情况不仅发生在欧洲，也发生在中期的伊斯兰国家，也就是从11 世纪到 15 世纪，在此期间，我们看到暴力的惩罚和酷刑在增加［克里斯蒂安·兰格（Christian Lange)，第二卷］。在欧洲，我们也看到，1400—1600 年，公共场合的酷刑和处决的次数有所增加——事实上，在这两个世纪中，执行死刑的数量是空前绝后的——尽管有夸大其词的倾向，但死刑在当时已司空见惯。人们对待暴力场面的态度是复杂的，也是难以理解的，而且多年以来，这种态度必然会演变。最终，处决前不再 13
公开实施酷刑，且死刑犯的尸体也不再公开展示。这种改变需要一定的时间才能发生，其背后的原因并不总是与新兴的人道主义或人们对死刑犯的同情有关。例如，在欧洲的许多地方，国家使用暴力的权力，以及在某些情况下行使极端形式的暴力如轮刑和火刑的行为，从未真正受到质疑，尽管法国社会学家米歇尔·福柯（Michel Foucault）曾提及 18 世纪法国臭名昭著的达米安事件（Damien Affair)①，达米安是法国最后一个因弑君未遂而被绞死并肢解的人。[19]

这一事件让我们认识到可接受的暴力形式和不可接受的暴

① 达米安事件发生于 1757 年的法国，一个叫达米安的仆人刺杀法国国王路易十五，但国王仅受轻伤，达米安最后被残忍地处死。

力形式之间的典型区别。这又与合法形式和非法形式的暴力略有不同，这种区别经常被用来区分经过批准的合法暴力和未经批准的非法暴力。可接受的暴力与不可接受的暴力相对应，前者是社会认可的，后者会受到社会的谴责。例如，在整个近代早期和现代时期，决斗被认为是一种“可接受的”捍卫个人荣誉的方式，包括在殖民地社会，即使它已经被宗主国宣布为非法。诺贝特·埃利亚斯以决斗为例阐明了欧洲文化中国家的形成与暴力行为减少之间的关系。[20]这就引出了以下问题：“文明的”暴力是一种什么样的暴力？决斗代表了一种比战争更文明的杀戮方式吗？在16世纪的欧洲出现了暴力行为增加的情况，因为精英为了显示他们的社会优势地位而挑衅对手（斯图尔特·卡罗尔，第三卷）。卡罗尔认为，对暴力问题的回应是“市民社会”的发明。因此，从历史的角度思考暴力问题时，可接受的暴力与不可接受的暴力之间的区别并非很有裨益，正如合法暴力与非法暴力之间的区别在司法界也起不到多大作用一样。总会有人发现某种特定形式的暴力是可以接受或容忍
14 的，如死刑，而其他形式的暴力则是不能接受或容忍的。在20世纪五六十年代，“厌恶疗法”（aversion therapy）① 是一种得到批准的针对同性恋的暴力形式（这种疗法在一些国家仍然被沿用），但即使它得到了政府的支持，甚至有一些涉事人自愿接受这种形式的“治疗”，这种行为就是“合法”的吗？

合法/可接受的暴力形式和非法/不可接受的暴力形式之间

① “厌恶疗法”，又称对抗性发射疗法，这是一种应用具有惩罚性质的厌恶刺激来矫正和消除某些适应不良行为的方法。

的界限很容易模糊。此外，“合法的”暴力形式通常与法律法规密切交织，这些法律法规规定了在某一特定社会中什么是可接受的、什么是不可接受的。这类法律法规可以追溯到最早的文明社会。在法律法规的作用发挥得好的地方，这些法律法规依赖它们的管控对象也就是整个社会的合作和参与。当整个社会不再信任权力机关或对司法系统失去信心时，这些法律法规往往不再发挥作用。在那样的社会里，复仇往往是人际暴力的核心。日本就是如此［莫滕·奥克森博尔（Morten Oxenbøll），第二卷；康斯坦丁·瓦波利斯，第三卷］。实际上，在意大利和西班牙，那里的中央政府的权力很弱小，执法机关也靠不住。在这些例子中，我们看到，在整个历史时期，当地社群不同程度地形成了他们自己的冲突策略，或者将法律掌握在自己的手中。

如果我们把目光转向国家和政府认可的暴力行为以外的领域，看看家庭暴力、针对儿童的暴力、性别化的性虐待和人身攻击等亲密关系暴力和人际暴力，我们就会发现暴力在日常生活中无处不在。这些形式的暴力已经存在了几个世纪之久；许多执笔者讨论了这些行为在不同时间和地点的具体表现，为暴力历史的这一重要方面提供了丰富的、多层次的历史素材。在古希腊，男性暴力是围绕已融入家庭生活的荣辱观念来产生影响的（劳埃德·卢埃林-琼斯，第一卷）。在近代早期的欧洲，人们期望男人使用暴力来控制他们所掌控的人［伊丽莎白·马尔科姆（Elizabeth Malcolm）和黛安娜·霍尔（Dianne Hall），第三卷］。在中国，随着时间的推移，人们对性暴力和家庭暴力的法律理解［苏成捷（Matthew Sommer），第三卷］发生了变化，从依据儒家亲属体系来理解性暴力和家庭暴力的地位操演（status performance）转向了性别操演（gender performance），其中男性扮演着丈夫、父亲和儿子的角色，而女性则扮演着忠实贞洁的妻子、母亲和女儿的角色。在20世纪，性犯罪虽然越来越多地得到了法律上的认定，但极少见诸报端，法律对违法者的处罚也执行得很迟缓。尽管人们开始普遍认为与儿童发生性行为是令人发指的，可对儿童的性侵犯仍在继续，而性侵犯的含义依然存在争议［莉莎·费瑟斯通（Lisa Featherstone），第四卷］。

本书各卷着重阐述的另一个方面是动物和暴力之间的关系。参与极限运动，在传统的诱捕和屠杀动物活动中获得乐趣，这些是许多社会的特征。事实上，人与人之间，人与动物之间，或者动物与动物之间的暴力行为在人类历史的大部分时间里一直存在。我们如果把体育运动中的暴力作为观察社会关系，以及某个特定社会的价值观和意识形态的窗口，那么可以从研究中收获良多，特别是在可控的暴力事件中，也就是说，这种暴力行为遵循规章制度并出于某种目的或发挥某个社会功能。我们可以举出许多例子，如角斗士的格斗、拳击、摔跤和潘克拉辛（pankration，拳击和摔跤的结合）[①]。在近代早期社会，人们把狩猎（在某些社会阶段，这是一项受人尊重的娱乐消遣活动）和观赏性运动如斗鸡、逗熊甚至斗牛区分开来［布鲁斯·博勒（Bruce Boehrer），第三卷］。体育场上的暴力也是研究的另一个维度。在19世纪早期，体育运动伴有高强度的身体暴力（physical violence），其规则由当地习俗规定；

---

① 潘克拉辛，即古希腊式搏击，是古代奥林匹亚竞技大会的一项技击性运动，是一种可以同时使用拳击、角力及其他招数的全面性搏斗比赛，它呈现出人类最原始的力量对决。

直到 19 世纪末和 20 世纪，这些规则才被标准化，从而大大降低了死亡或受重伤的风险［艾玛·格里芬（Emma Griffin），第四卷］。在历史进程中，对于这些行为，国家从管理缺位转变为严格监管。

在其他领域，当国家以人们不习惯的方式干涉他们的日常生活，或者当人口压力和不断变化的经济状况等外部因素给经济和社会造成负担时，结果可能是抵抗和民众暴动。世界上大部分地区都是如此，尽管中国和欧洲在 1500—1800 年逐渐成为人们特别关注的焦点。在工业化能够保证城市中心的食物供应之前，反抗、粮食骚乱、反叛和革命时有发生。我们再次发现暴力是一个贯穿历史的共同主题。尽管在中国曾出现强大的中央集权和官僚政府统治的时期，但王朝仍然不断被各种反叛所撼动，从早期中国历史上两次惨烈的反叛［包括 9 世纪末的黄巢起义和 12 世纪初的方腊起义，韦栋（Don J. Wyatt），第二卷］一直到历史上规模最大，可能也是最奇特的反叛之一——太平天国起义［杜博思（Thomas DuBois），第四卷］，这次起义由一个声称自己是耶稣基督兄弟的年轻人领导，发生于 19 世纪 50 年代，持续十余年，其间数百万人丧生。内部的 16
反叛是欧洲、日本、印度和中国一贯的特征，这种状况一直持续到近代。有鉴于此，我们可以更好地理解这些反叛背后所隐藏的机制。参加反叛的民众总是使用语言的和象征性的暴力［彼得·麦克菲（Peter McPhee）和杰里米·特奥（Jeremy Teow），第四卷］，包括威胁性的语言和破坏财产等行为，但这种暴力行为通常被包含在文化的范畴内并在其中表达出来。例如，在爱尔兰，人们通常把纵火而不是政治暗杀作为抗议的首选方式。[21]

如果人们反抗国家的侵犯，那么国家也要对历史上的尤其是 20 世纪的某些最严重的大屠杀负责。第一次世界大战和第二次世界大战是全球性战争，令人恐惧的是，对平民的杀戮成为战争的战略目标［汉斯-卢卡斯·基泽（Hans-Lukas Kieser），布鲁诺·卡巴内斯（Bruno Cabanes），约亨·赫尔贝克（Jochen Hellbeck），吉田隆志（Takashi Yoshida），第四卷］。希特勒统治下的德国，说明了当国家机器为意识形态服务时会发生什么样的事情［詹姆斯·泰纳（James Tyner），第四卷］。将意志强加于人而又不能容忍政治异议的现代国家机器的具体表现形式不一而足［丹·斯通（Dan Stone），第四卷］，其中也包括一些实行民主政体的帝国主义国家。[22]现代国家的另一个特征是致力于实现民族主义的愿望，以及通过驱逐或大规模灭绝来“拆分”种族。在两次世界大战之间的时期，欧洲各帝国的边缘地带（与奥地利、苏联和奥斯曼帝国接壤的地区）当然也是如此［马克·莱文（Mark Levene），第四卷］。

现代性和暴力之间的关系将是历史学家继续讨论的问题之一，但毫无疑问，技术从根本上改变了几千年来人类战斗和杀戮的方式，从使用青铜制造武器到打造铁制武器，到火药、滑膛枪，然后是步枪、加特林机枪和机关枪，再到加农炮和原子弹。我们即便知道人们是如何作战的以及他们经常与谁作战，也不一定知道他们因为什么而战，尤其是在文字记录还不存在或很稀有的早期历史时期。然而，可以肯定的是，随着无人机、机器人和人工智能技术变得越来越先进，人们相互打斗和杀戮的方式将继续升级。[23]

17 我们不可能估计或预测 21 世纪的暴力将采取何种形式，但社交媒体已经深刻地阐明，在全球范围内，人们通过数字平台目睹的暴力具有公共性，它的传播范围和受众没有任何限制。从欧洲宗教改革时期的印刷媒体使图像以全新的方式传播［查尔斯·齐卡（Charles Zika），第三卷］，到19世纪和20世纪各种技术的出现，技术在暴力的传播中也发挥了一定的作用。这种可视化通过摄影、电影和电视等手段扩大了暴力的传播范围［乔里恩·米切尔（Jolyon Mitchell），第四卷］。电视里播放着世界各地发生冲突的镜头——最引人注目和颇具争议的镜头拍摄于越南战争期间——而在20世纪末和21世纪初，社交媒体可以随时向全世界传播暴力。中东地区的伊斯兰国实施的斩首或新西兰的大规模枪击事件等暴行现在都可以同步观看。

结　语

暴力跨越人类的不同文化，贯穿整个人类历史，它的表现形式十分多样，因此，对暴力的本质做过多的概括是轻率的。我们只能说暴力是一种常见的人类经历，它涉及愤怒、野心、恐惧、痛苦和死亡，在人们关注国家体制、军队问题并探寻其原因时，暴力问题往往会被忽视。这部作品集的各个章节及时地提醒我们，最终，暴力——特别是身体暴力——塑造、改变有时甚至终结了历史上无数人的生命。要评价这些人的丧生对家庭、氏族和社会造成的影响，最终可能比评价国家发生暴力的原因和暴力对国家所起的作用要难得多。因此，各卷应该成为以更宏大的视角理解世界上的暴力问题的起点。在这个世界上，暴力作为一种行为方式，既反映了社会规范，也反映了对那些社会规范的逾越。在主编这部作品集的时候，我们从未打算把年代久远的所有文化的可变因素都囊括进去。但是，如果

暴力被视为规范社会的产物，那么它就不再是故事的结局，不再是研究的对象，而是对社会、政治和文化动力的更多深入思
18 考的开始。正如第三卷的主编们在其导言中所指出的那样，暴力为关于人性的深刻思考以及考察我们同神与自然世界的联系提供了原始素材。

最后，谈谈一路走来曾经帮助我们的人。如果没有每一位执笔者的合作，这类研究项目是不可能完成的，特别是各卷的主编，他们慷慨地贡献了自己的时间和专业知识。在这个项目进行的过程中，许多人身患重病（包括四位主编）。其中之一是印第安纳州圣母大学（University of Notre Dame）的黛博拉·托尔（Deborah Tor）。作为中东和中亚领域的专家，她帮助策划了第二卷的内容，之后出于健康原因被迫退出了这个项目。需要特别提到的还有一位，那就是宾夕法尼亚州立大学的罗马史教授加勒特·费根，他在与癌症做了短暂的斗争后于 2017 年 3 月去世。加勒特是一个慷慨的人，他对生活，尤其是对自己的研究对象，总是充满了热情。我们于 2016 年在罗马最后一次见到加勒特，那是在一次研讨会之后，那次会议把本书各卷的许多执笔者聚集在一起。我们有幸在他的带领下参观了罗马圆形大剧场（Colosseum）。加勒特的朋友兼同事、奥克兰大学古典文学教授马修·特兰德尔爽快地答应接手加勒特留下的编撰任务。但令我们震惊的是，马修在 2018 年 9 月被诊断出患有白血病。2019 年 7 月，就在本书即将付梓的时候，我们异常悲痛地得知，马修不幸病故。我们谨以这部四卷本著作献给他们，以志纪念。

注 释

1. 关于创伤，参见 M. S. Micale and P. Lerner (eds.), *Traumatic Pasts: History, Psychiatry, and Trauma in the Modern Age, 1870–1930* (Cambridge: Cambridge University Press, 2010)。关于情感和暴力，例如，可参见 S. Broomhall (ed.), *Violence and Emotions in Early Modern Europe* (London: Routledge, 2015)。
2. 为了更好地介绍涉及暴力的不同学科的研究方法，请参阅以下内容：Roderick B. Campbell, 'Introduction: Toward a Deep History of Violence and Civilization', in R. Campbell (ed.), *Violence and Civilization: Studies of Social Violence in History and Prehistory* (Oxford: Oxbow Books, 2014), pp. 1–22; Nancy Scheper-Hughes and Philippe Bourgois, introduction to N. Scheper-Hughes and P. Bourgois (eds.), *Violence in War and Peace: An Anthology* (Malden, MA: Blackwell, 2004), pp. 1–31; Stuart Carroll, 'Thinking with Violence', *History and Theory* 56.4 (2017), pp. 23–43。
3. 例如，可参见 Gerd Schwerhoff, 'Criminalized Violence and the Process of Civilisation: A Reappraisal', *Crime, Histoire & Sociétés* 6.2 (2002), pp. 103–26; Stuart Carroll's introduction to Stuart Carroll (eds.), *Cultures of Violence: Interpersonal Violence in Historical Perspective* (New York: Palgrave Macmillan, 2007), pp. 14–20。
4. Francisca Loetz, 'Gewalt in der Geschichte der Menschheit: Probleme, Grenzen und Chancen historischer Gewaltforschung', in F. Sutterlüty, M. Jung and A. Reymann (eds.), *Narrative der Gewalt: Interdisziplinäre Analysen* (Frankfurt am Main: Campus Verlag, 2019), pp. 87–113.
5. Pieter Spierenburg, 'Violence: Reflections about a Word', in S. Body-Gendrot and P. Spierenburg (eds.), *Violence in Europe: Historical and Contemporary Perspectives* (New York: Springer, 2008), p. 13.
6. David Nash, 'Blasphemy and the Anti-Civilizing Process', in K. D.

Watson（ed.）, *Assaulting the Past: Violence and Civilization in Historical Context*（*Newcastle*: *Cambridge Scholars*, 2007）, pp. 58–76.

7. Francisca Loetz, *A New Approach to the History of Violence: Sexual Assault and Sexual Abuse in Europe, 1500 – 1850*（Leiden: Brill, 2015）, pp. 7–10. 关于历史上更重大的暴力问题，请参阅 Carroll, 'Introduction', pp. 1–46; Philip Dwyer, 'Violence and its Histories: Meanings, Methods, Problems', *History and Theory* 56. 4（2017）, pp. 7–22。
8. 有关以下内容，请参阅 Patricia Crone, *Medieval Islamic Political Thought*（Edinburgh: Edinburgh University Press, 2004）, pp. 4 – 6, 246。
9. 感谢卡罗琳·多兹·彭诺克（Caroline Dodds Pennock）提出的这一观点。
10. Thomas Conlan, *State of War: The Violent Order of Fourteenth Century Japan*（Ann Arbor: University of Michigan Press, 2003）, pp. 212–21.
11. Joanna Bourke, *Rape: A History from 1860 to the Present Day*（London: Virago, 2007）, pp. 8–13.
12. 感谢琳达·菲比格提出的这一观点。
13. Hisashi Nakao et al., 'Violence in the Prehistoric Period of Japan: The Spatio-temporal Pattern of Skeletal Evidence for Violence in the Jomon Period', *Biology Letters*, 1 March 2016, https://doi.org/10.1098/rsbl.2016.0028.
14. Jonathan Haas and Matthew Piscitelli, 'The Prehistory of Warfare: Misled by Ethnography and Ethology', in D. P. Fry（ed.）, *War, Peace, and Human Nature*（New York: Oxford University Press, 2013）, pp. 168–90.
15. Philippa Maddern, *Violence and Social Order: East Anglia, 1422–42*（Oxford: Clarendon Press, 1992）, pp. 98–110.
16. 关于欧洲减少人际暴力的不同方法的综述，请参阅 Richard McMahon, Joachim Eibach and Randolph Roth, 'Making Sense of Violence? Reflections on the History of Interpersonal Violence in Europe', *Crime, Histoire & Sociétés* 17. 2（2013）, pp. 5–26。
17. Pieter Spierenburg, *Violence and Punishment: Civilizing the Body*

through Time (Cambridge: Polity, 2013); Carolyn Strange and Robert Cribb, 'Historical Perspectives on Honour, Violence and Emotion', in C. Strange, R. Cribb and C. E. Forth (eds.), *Honour, Violence and Emotions in History* (London: Bloomsbury, 2014), pp. 8–28.

18. Stephanie E. Jones-Rogers, *They Were Her Property: White Women as Slave Owners in the American South* (New Haven, CT: Yale University Press, 2019).

19. Richard J. Evans, *Rituals of Retribution: Capital Punishment in Germany, 1600–1987* (Harmondsworth: Penguin, 1996), pp. 135, 214, 193–6, 225–6; Mark Hewitson, *Absolute War: Violence and Mass Warfare in the German Lands, 1792–1820* (Oxford: Oxford University Press, 2017), pp. 128–31.

20. James Sharpe, 'Boxing and Duelling: Critical Remarks on Elias on Violence and State-Formation from a Historical Perspective', in J. Haut et al. (eds.), *Excitement Processes: Norbert Elias's Unpublished Works on Sports, Leisure, Body, Culture* (Wiesbaden: Springer Verlag, 2017), pp. 217–33. 亦可参见 Robert Nye, *Masculinity and Male Codes of Honour in Modern France* (New York: Oxford University Press, 1993)。

21. Gemma Clark, 'Arson in Modern Ireland: Fire and Protest before the Famine', in K. Hughes and D. MacRaild (eds.), *Crime, Violence and the Irish in the Nineteenth Century* (Liverpool: Liverpool University Press, 2018), pp. 211–26.

22. Caroline Elkins, *Imperial Reckoning: The Untold Story of Britain's Gulag in Kenya* (New York: Henry Holt, 2005).

23. Lawrence Freedman, *The Future of War: A History* (London: Allen Lane, 2017).

第一卷　导言

琳达·菲比格
马克·哈德森
马修·特兰德尔

19 暴力是人性（human nature）不可分割、无法否认的一部分吗？还是它已经铭刻在我们的行为举止甚至基因里了呢？又或者暴力和战争是人类历史中相对较新的发展，是特定历史环境（如农业或社会不平等）导致的结果？这些都是与人类历史相关的重要问题，同时也对未来有着深远的影响。如果暴力是人性的一部分，那么可以说，要想逃脱它的魔爪几乎是不可能的事。另外，如果它主要取决于社会、环境、经济和其他历史背景，那么在未来就有可能减少甚至根除许多类型的暴力。这两种对待暴力的态度——有时被分别称为霍布斯主义（Hobbesian）和卢梭主义（Rousseauian）——当然是对同一个基本问题的两种夸张的说法。尽管人类具备不可否认的实施暴力的能力，但并不是基因决定了他们想要参加战争或冲突——即使在现代军队中，具备杀人的技能并不等同于具有杀人的意愿。[1]虽然暴力行为在过去普遍存在，但没有确凿的证据可以证明，在有史以来的所有时期和任何地方，暴力的程度都是一样的。事实上，我们对史前暴力和战争的理解仍然十分肤浅，本卷试图通过对史前和古代世界的暴力进行广泛的、全球性的综述来解决这个问题。

正如本书标题所示，这是一部历史著作，因此它的主要关注点是暴力不断发展的历史过程。这一视角为本卷和整部作品集做出了独特的贡献，但它也可能导致一些误解，特别是对人类历史的早期阶段的误解。换句话说，我们对暴力的关注并不一定就证明暴力在过去是无所不在的。当然，与此同时，暴力 20
的起源问题与目前的工作绝不是毫不相关的。任何对人类（史前）历史中暴力的起源及其表现形式的思考，都需要研究历史学和考古学以外的几个相关领域的证据，包括灵长类动物学、心理学、动物行为学和人类学。我们对史前暴力的理解在很大程度上依赖它在身体上和物质上的表现，这些暴力行为被骨骼上的损伤和创伤的痕迹记录下来。史前时代的其他证据还包括武器、盔甲、防御工事及其他有关暴力的图像和铭文。重要的是要记住一点，即所有这些证据都是不完整且支离破碎的，呈现出来的只是它们那个时代的物质记录的最小片段，这就意味着非暴力或和平的状态可能很难去证实或证伪，就像暴力甚至战争的发生，我们也很难去证明或否定一样。虽然对灵长类动物学和心理学等相关领域的全面概述不在本卷导言的范围之内，但我们仍将首先简要地回顾一下目前人们对人类发展过程中暴力起源的理解。[2]

人类暴力行为的演变

在自然科学和人文科学探讨的所有主题中，暴力在人性中扮演的角色一直是最棘手也最具争议的问题之一。许多学者带着强烈的先入之见，从他们的研究之初就认为，从根本上说，人类要么是爱好和平的，要么是有暴力倾向的。近年来，也有一些颇具影响力的出版物试图将人类的故事描绘成暴力行为从多到少的一条单一轨迹。[3]这些作品都设想史前人类生活在非常

暴力的社群中，但这个结论不一定能够得到考古记录的证实。[4]暴力一直是人性不可分割的一部分，这种思想在西方人文和科
21 学传统中历史悠久且影响深远。[5]尽管如此，直到大约二十年前，许多考古学家还是倾向于贬低暴力在古代历史中发挥的作用。劳伦斯·基利（Lawrence Keeley）1996 年出版的《文明之前的战争》（*War before Civilization*）使问题出现了转机。这本书促使更多人重新评判史前战争和暴力的作用。史蒂文·勒布朗是本卷的执笔者之一，对于史前时期战争无处不在这一观点，他已成为最热心的支持者之一。他对战争的定义很宽泛，认为战争包括小规模的突袭和伏击，但不包括蓄意杀人和长期不和；他的结论是，因为“基本上，地球上的每个社会群体在几乎每个时期都经历过冲突”，那么导致这类战争发生的根本原因必然具有普遍性。[6]他认为，这个普遍的原因是生态方面的，即马尔萨斯主义者提出的过多人口争夺过少资源的问题。

勒布朗认为，考古学家一直倾向于忽略或贬低有关战争和暴力的证据，这一观点言之有理。正如约尔格·奥斯基德和艾伦·莫里斯在他们撰写的章节中论述的，全球出现了越来越多的始于旧石器时代之暴力活动的考古记录。然而，还没有足够的证据证明，战争（根据它的定义）在任何时代和任何地区都是普遍存在的。有确凿的民族志学的实例表明，狩猎采集者会在群体内部和群体之间阻止暴力活动的发生。[7]来自绳文（Jōmon）时代①的日本和其他地方的考古证据表明，

① 绳文时代，即日本使用绳文式陶器的时代，是日本的石器时代后期。国际学术界公认，绳文时代始于公元前 12000 年，于公元前 300 年正式结束，日本由旧石器时代进入新石器时代。

人口的高密度并不总会导致剧烈的暴力行为，人们有必要考虑人口情况对地方制度和资源保护策略的影响。[8]勒布朗认为，只要我们更加仔细地寻找，史前战争普遍存在的证据就会唾手可得。然而，考虑到我们目前的知识水平，这样的设想是不够成熟的。要想证明史前战争是普遍存在的，那么战争的证据就应该是无处不在的，但在世界上的大部分地区，如在东亚，迄今为止，这一论题或多或少地被人们忽视了。勒布朗 22
和其他人的观点是正确的，即我们可能会通过如更仔细地检查颅脑损伤这样的方法来进一步获得证明史前世界暴力行为的证据。不过，我们认为，这样的研究不一定就能自动证实史前时期普遍存在剧烈的暴力活动。这给如平克的《人性中的善良天使》（*Better Angels of Our Nature*）等研究成果提出了现实的问题，这些研究试图从考古学零散的记录中找到普遍的发展趋势。

谁是暴力的受益者?

从进化的角度来看，暴力对个人或群体有什么好处呢？死亡或重伤的潜在弊端是显而易见的，但人们从什么时候开始认为潜在的好处大于那些危险呢？暴力是否象征着一种适应性行为，这种行为可以增加获取食物、配偶、地位或联盟等资源的途径？还是把它理解为对外部压力的非适应性反应会更好些？当然，暴力并不局限于人类。事实上，据相关研究，包括仓鼠在内的近40%的哺乳动物曾遭受致命的暴力。[9]有些动物是有领地意识的，它们会用暴力来保卫自己的领地，以对抗其他的同类个体或群体。在黑猩猩和倭黑猩猩（人类在进化上的近亲）当中，人们注意到黑猩猩会在自己的群体的领地上巡逻，有时还会攻击、残害或杀死侵入那片领地的其他族群的黑猩猩。与许多人类社群的情况相比，黑猩猩因暴力而死的比例很高。相比之下，倭黑猩猩的暴力程度要低得多，只有一起倭黑猩猩杀死同类的疑似案例。[10]

灵长类动物之间的冲突和攻击行为的证据对于理解人类的暴力行为很重要，但仍然存在许多问题需要人们去解答。关于黑猩猩，人类的影响（如提供补给、导致栖息地丧失和狩猎）发挥的作用，一直是人们在著述中所讨论的问题。[11]人类、黑猩猩和倭黑猩猩是三个关系密切的物种，但其行为习惯截然不同。人类是衍生出来的物种，但现在尚不清楚我们最后的共同祖先
23 是更像黑猩猩还是更像倭黑猩猩，或者与它们完全不同。最近有一种观点认为，人类和黑猩猩都有一种高度的主动攻击倾向——有计划、有目的的暴力行为，并以得到回报为目标。[12]虽然我们可以假设，由于没有对资源的竞争，早期人类走出非洲的活动或多或少地是以和平方式进行的，但在北美工作的研究人员发现，古美洲人的骨骼的暴力创伤率很高，这些骨骼属于新世界的第一批定居者。与欧亚大陆和澳大利亚的许多早期智人（Homo sapiens）的骨骼一样，古美洲人的骨骼也表现出高度的性别二态性（sexual dimorphism）①，这一特征通常与男性争夺女性配偶的竞争加剧有关。在一种新奇的理论中，詹姆斯·查特斯（James Chatters）提出，这些生物学特征可能与所谓的“野生殖民者”（wild type coloniser）种群对资源和配偶的高度竞争有关。[13]

① 性别二态性，是指同一物种不同性别之间身体上的显著分别，包括体型、颜色、身体器官等。

早期史前史中的暴力

本卷共分为六个部分。在第一部分“冲突的起源”中，首先是勒布朗对暴力发展历程的概述，然后是从旧石器时代到铁器时代的六个有关暴力的考古学案例研究。第二部分涵盖了早期国家社会中的“史前和古代的战争”。第三部分“个人暴力与集体暴力”把研究重点转向暴力的社会背景，其中就有性别因素。第四部分以“宗教、仪式和暴力”为主题，讨论了猎人头仪式、人祭和动物祭祀，以及搏击竞技。第五部分考察了“暴力、犯罪和国家”。最后一部分，即第六部分，探讨了“暴力的表现与建构”，其中有关于暴力的艺术和文学表现的章节。

除了这六个方面的内容，各章还集中论述了若干核心主题。
这些主题贯穿本卷，构成其连续性的重要基础，使不同形式的
暴力分析跨越了时间和空间。我们可以把这些暴力形式概括为：
（1）有组织的暴力，更明确地说就是战争；（2）仪式化的暴力，
这种暴力支撑着神秘的相互关系和宗教仪式；（3）维护社会关 24
系的群体内部的暴力，这些暴力行为有时是合法的，有时则通
过法外和私人的手段来实施。

因此，在探讨暴力形式这三大主题的过程中，有相当多的章节考察了古代世界的战争及其作为文明发展和社会融合的双重驱动力的作用。在政治、社会和经济等各个方面，战争对国家组织都具有绝对的意义。在这种正式的背景下，除了有组织的暴力，还有几章探讨了所谓的仪式化暴力的概念，以及暴力的宗教意义和它的各种表现形式。暴力对各种仪式的重要性，无论是祭祀仪式还是体育活动，都不应被忽视，它是集体行为

的一个重要方面。最后，在古代社会中，低强度暴力的威胁或使用是司空见惯的，有几章研究了这类武力（physical force）的使用，这种武力要么强化了社会关系和市民秩序，要么只是使这类关系恢复正常。如前所述，这种暴力有时是通过法律程序来实施的，有时则通过非法的、法外的或纯粹的私人武力来实现。因此，针对弱者和穷人的暴力屡见不鲜。在家庭内部，在紧闭的房门后，针对妇女、儿童和奴隶的暴力维护着男性的统治地位。

本卷的内容按年代顺序展开，时间跨度极大，从第一个人类社会的出现讲到罗马帝国的最后几年，还涉及5世纪的印度和中国。大部分章节大致按时间顺序排布，从旧石器时代、中石器时代到新石器时代，经过青铜时代和铁器时代，最后到早期的城邦国家和帝国。虽然《剑桥世界暴力史》强调了各个时代暴力的历史偶然性，但人们发现在世界广阔的范围内存在几个共同的阶段和发展趋势。其中一个阶段以新石器时代为标志。尽管考古记录呈现出碎片化特征，但旧石器时代和中石器时代之前的暴力证据并非无关紧要，约尔格·奥斯基德对此进行了详尽的论述。然而，新石器时代导致了人类历史上最重大的一次转变，与过去的季节性迁徙相比，人们的生活变得更为稳定，拥有了土地、庄稼和牲畜。当然，人们对这些资源的竞争也加剧了，人口数量的大幅增加以及群体和定居点规模的扩大都凸显了这一点。随着人口数量的增加，新石器时代也导致了个人和群体争夺新的领地。最近的研究强调，直到新石器时
25 代末期，这些不同的因素才合并成了一个“体系”；在此之前，世界各地的社群历史有所不同，有的接受、有的抗拒新石器时代。[14]而相比之前的狩猎采集社会，就暴力本身而言，在

新石器时代并不一定更为盛行，暴力的主要物证，特别是带有暴力创伤迹象的人类遗骸，分布得更为广泛，也更加明显。随着新石器时代的生活方式变得越发复杂，暴力的动机和背景也变得日益复杂，暴力不再被视为一种应急方案，而是被视为一种合法的、得到社会认可的、广泛的社会互动形式。每个人——包括男人、女人和孩子——都受到了暴力的影响，尽管受到影响的程度有所不同。这表明暴力发生的背景各不相同（仪式、家庭、积怨、突袭等），并带来了日趋严重的军事上的不平等，受伤方式和死亡率与年龄和性别有关。[15]

新石器时代的骨骼记录显示，骨骼上的创伤所显示的身体暴力在中欧和西欧的大部分地区十分常见，展现了不同规模的冲突和群体内外的各种冲突。大型的带有围墙的遗址（enclosure site）和可能代表整个群体或定居点的集体埋葬墓地的出现，证明了群体内外的冲突。虽然本卷没有提及，但在新石器时代的中国也出现了越来越多的带有围墙和防御工事的遗址以及相关的暴力证据。[16]在新石器时代，越来越多的人被动员起来，这预示着包括合作和冲突在内的互动之规模的变化，同时，更加专业化和更严格的劳动分工表明，多样化导致社会上的同类人减少，最终导致社会更加不平等，这是发生冲突的另一个潜在推动力。至于社群更加尚武的问题，这种多样化和劳动分工意味着战斗和暴力互动——特别是群体之间的暴力冲突——逐渐从许多人的任务转变为少数受过专门训练的人的任务。换句话说，我们正在研究专业化的战 26
斗和战争的起源，这是之后的历史阶段中许多暴力活动的发展基础。

青铜时代和铁器时代的暴力以及暴力的专业化

近东地区的青铜时代始于公元前 4 千纪的下半段，在这一时期，人们以各种方式改变了暴力和战争的具体形态，本卷中有几章对此进行了专门论述。在世界上绝大部分地区，新石器时代的物质文化记录中很少能见到专门的武器，这表明工具的使用是多用途的（或者是工具兼作武器），工具可以用于生产制造和手工艺，以及附加的军事用途。[17]但在新石器时代的最后阶段，我们见到了单一用途的武器。在青铜时代，这些武器发展成了一套数量众多的、专业化的暴力工具，其中有各种各样的器具和盔甲；同时，人们在战斗中使用马拉战车，防御工事的数量增多、规模扩大。人们在暴力活动中使用的新工具所需的金属和其他原材料，与社会关系的扩大、人口流动性的提高，以及诱因和暴力动员（通过陆地和海洋）的增多有关。现在，冲突、暴力和战争依赖大量的结构性支撑和不断提高的专业化水平。青铜时代更重要的发展可能是精英阶层的出现，而这通常与战士的出现相关联。精英阶层控制和批准大规模的暴力活动，就像颇具争议的德国东北部的托伦瑟河谷（Tollense Valley）① 的战场遗址所显示的那样。[18]到公元前 3 世纪，在欧亚大陆两端的精英们控制着多达五十万人的庞大军队，这些军队参与大规模军事活动，如罗马与迦太基的战争，以及发生在中国的秦赵之战。[19]

然而，我们要记住的是，青铜时代的社会和后来铁器时代

---

① 托伦瑟河谷，位于德国的一处青铜时代的战场遗迹，大约有三千二百年的历史。

的社会（包括他们对暴力互动的态度和表现）很不统一，社 27
会的规模和复杂程度也不尽一致。虽然在这些时期出现了文字记录，记载了城市、国家、帝国和著名人物的事迹和政治活动，但这些记录侧重于记载控制并生产它们的集权化行政体制。专业化和等级制度的发展在空间和时间上是不统一的，而且并不是每个人都能从政治和军事中心的支持和保护中受益，因而造成了生活经历的巨大差异。例如，公元前 1500 年前后的迈锡尼（Mycenae）与爱尔兰西海岸在社会、经济和宗教体制方面的状况就截然不同，特别是在有形的暴力方面，这意味着人们如何战斗，他们使用什么样的武器，他们和谁作战，最重要的是，他们为什么作战，所有这些情况在史前时期并没有得到很好的展现。

回到记录碎片化这一问题，我们并不总是能够详细叙述所有地点和时间的暴力影响社会的方式，但我们可以假定这种多样化的身体/军事暴力的证据是人类对愤怒、野心、恐惧、痛苦和死亡的共同体验，在关注国家制度、军队和战术，以及探究原因的过程中，人们往往会迷失。这些骨骼记录为早期真实发生的（而非构成威胁的）身体暴力提供了最直接的证据，这些证据很好地提醒我们，最终，暴力——特别是身体暴力——影响、改变了个体的生命状态，有时甚至结束了个体的生命。这些个体的死亡对家庭、氏族和社群造成的影响最终可能比古代国家政治中暴力发生的原因和所起的作用更加难以评估。

从早期城邦时期到帝国时代

在青铜时代（约公元前 3500—前 1200 年）和铁器时代

（约始于公元前 1200 年）的美索不达米亚、新月沃土（Fertile Crescent）①，以及随后在印度和中国的一些地方，出现了自发建立的第一批大城市。早期城邦社会的兴起改变了暴力被用作政治工具的方式。为了维持农业经济，这些城邦越来越依赖战争来获得奴隶和其他劳动力，以便让他们在自己的控制下劳作。与其说战争是为了控制土地，不如说是为了强取战利品和
28 人力，后者大部分是妇女和儿童。[20]这种早期城邦国家的暴力反映在外部的“蛮族”试图攫取国家集中在一个地方的资源上。换句话说，城邦国家成了非本邦民族的“一站式购物”中心。结果，那些城邦国家被迫在防卫方面斥巨资以抵御来犯者，或者向敌人朝贡，以阻止此类袭击再次发生。[21]

青铜时代早期出现了第一批城市，也出现了国家级政体，这与更为复杂的政治思想形式，当然还有战争，是相伴而生的。随着城邦国家强占更多的资源，战争变得日益复杂。专业士兵兴起——用马克思主义者的话说，部分新阶级出现——他们将军事技能带到了战场上。在这种情况下，武器的质量得到了提高，特别是随着铁的出现，武器的数量也在成倍增加。伊恩·莫里斯（Ian Morris）写道：“铁剑就是古代人的 AK-47 突击步枪，它赋予每个愤怒的年轻人代表着法律和秩序的杀戮能力。”[22]与青铜相比，价格低廉的铁意味着新的军事系统的发展，这提高了国家发动战争的能力，可以给对手造成更大的伤害。结果，早期城邦国家更有效地战胜了敌人，扩大了它们在青铜时代最先建立的帝国的疆域。在古代世界，不仅在欧洲、

① 新月沃土，是指尼罗河三角洲、地中海东部地带和两河流域这一连串肥沃的土地，由于它们在地图上构成了一弯新月的形状，所以被称为“新月沃土”。

西亚和北非，也在印度北部和中国，人们看到了帝国政权的跌宕起落，你方唱罢我登场，暴力所带来的各种后果都展现出来，人们通过暴力改进和发展了作战技术和控制手段。第一个所谓的帝国扩张主义者阿卡德王国的萨尔贡（Sargon of Akkad），在公元前2400年前后征服了美索不达米亚南部的苏美尔城邦。古巴比伦帝国的兴起（约公元前1800年）、第一批亚述帝国扩张主义者（约公元前1800年）、赫梯帝国（公元前1800—前1200年），以及古埃及新王国（公元前1600—前1200年），这些都是青铜时代晚期军事技术繁荣和中央集权国家结构的产物。再往东，商朝崛起（约公元前1550年），其势力扩展到黄河流域以外，人们通常认为这是使用了青铜和青铜武器的结果。

随着青铜时代的结束和古埃及新王国的消亡，赫梯人和迈 29
锡尼人目睹了新亚述帝国在西亚逐渐形成并崭露头角（约公元前883—前612年），这个帝国从公元前9世纪开始逐步主导了几乎整个地区，甚至包括埃及。它的衰落为波斯的崛起让开了道路，波斯（公元前559—前330年）被许多人称为第一个持久的“世界帝国”。中国也经历了同样的过程，从公元前8世纪到公元前3世纪，东周君主统治了五百年之久。在本卷涉及的最后一个历史阶段，我们看到，在西方，波斯帝国衰落，然后是亚历山大的征服，继而罗马崛起，罗马征服了欧洲的大部分地区、北非和亚洲的最西边。在中国，汉朝（公元前202—公元220年）的出现恢复了政治统一，中华帝国重新建立。有人认为，罗马帝国和中华帝国都给各自的臣民带来了和平与稳定，这长期以来一直是学术界争论不休的话题。当然，帝国政府掌控着帝国内所有人发动战争的能力。与此同时，从理论上讲，这些帝国保护其土地免受外来攻击。控制军队的皇帝本身成为控制权力和资源的手段。因此，在很长的历史时期中，东西方都保持了相对的稳定，我们的证据表明，人口增长与经济繁荣是相伴而生的。[23]于是，号称“罗马治世”（Pax Romana）① 和“中国治世”（Pax Sinica）的时代已成为历史上黄金时代的象征。话虽如此，有大量证据表明，暴力威胁和暴力行为仍然大量存在，不仅来自国家权力机关，而且来自国家体系之外，例如，逃跑的奴隶、海盗和罪犯也会实施暴力。暴力仍然是古代帝国的通用货币。在关于罗马的暴力那章中，加勒特·费根甚至提出，暴力是“等级和地位的表达方式”。罗马和中国的皇权带来的和平终归只是相对于其他不太稳定的时期而言。

暴力与古代世界

一旦我们从史前时期进入早期历史时代，文献记录就为我们提供了关于暴力的全新视角，从而影响了我们看待古代的方式。我们看到的很多与武力，特别是与有组织的国家战争有关的证据，
30 来自古代历史。正如希腊历史学家修昔底德（Thucydides）在《伯罗奔尼撒战争史》（*History of the Peloponnesian War*）中指出的那样，“战争是最暴力的老师”，因此他认为战争揭示了人类在最紧要关头的本性。[24]暴力或暴力的威胁可能在所有古代民族的生活中都发挥了重要作用，包括从国家间有组织的战争到普通人日常生活中的轻度暴力。在前一种情况下，暴力在国家形

---

① “罗马治世”，又称罗马和平，是指罗马帝国存在的五百多年中，前二百年比较兴盛的时期。

成中发挥了至关重要的作用，它证明了社会精英乃至领导人和国王的政治、社会和经济职权的正当性。事实上，暴力似乎与早期国家的形成有着内在的联系。在幼发拉底河和底格里斯河之间的美索不达米亚地区，第一批定居的社群需要保护自己，抵御外来者，并协调自己的行动去攻击他人。[25]于是城市出现了，城市居民建造城墙和其他基础设施来保护自身及其财产。[26]与此同时，那些试图攻击他们的人制定战略，用塔台和撞锤来攻克防御设施。每一项都需要专门的基础设施及协调统一。有人断言，有组织的暴力和文明本身就与控制和保卫土地、专业工匠、士兵、祭司以及统治者携手并进。这种基础设施与世界各地的定居社群同时出现，首先是在西亚和埃及，然后是在印度北部和中国。当然，我们要认识到文化和环境之间存在潜在的差异，这是很重要的——在本卷这种希望涵盖如此众多时空领域的著作中，这一点就更重要了。正如谢伟杰在讨论帝制中国早期时明确指出的那样，关于战争的不同概念和方式是在不同于欧洲和西亚的环境中发展起来的。地方统治者的权力此消彼长，例如，公元前 3 世纪曾出现七个诸侯国，之后只有一位君主成为唯一的统治者，可见，中国历史的发展与当时的西方帝国略有不同。内海的缺乏必然使战争在地域方面变 31
得更加复杂，权力中心就建立在黄河和长江这两条大河的边上。在北部和西部，中原容易遭到来自大草原的游牧民族的进攻，但也有戈壁沙漠、蒙古高原和青藏高原这样的天然屏障。

由于我们掌握的古代文献资料的性质，以及社会中战争所具备的极端特性，暴力在书面和考古记录中都发挥了非常突出的作用，其中，考古记录包括对暴力和军事行动的全新视觉再现。这种对战争的强调，限制了我们对暴力在社会中整体作用的看法。此外，轻度暴力（军事背景之外的小规模暴力互动）无处不在，影响到社会的底层，如奴隶和其他在古代国家中被认为较次要的人，当然也包括那些在身体上自我保护能力较弱的人，如儿童和妇女。人际暴力与协调一致的军事行动有所不同。人们认为军事行动是光荣的、“有男子气概的”，人际暴力在文学传统中受到的关注则要少得多，而且人际暴力在图像呈现中也几乎难觅踪影。尽管如此，我们仍然可以通过详尽的参考资料、关于惩罚和管控的法律法规，以及其他书面评论，认识到它的普遍性。本卷中有几章探讨了社群内部暴力的日常性，这类暴力包括针对妻子和亲属的家庭暴力，以及协调了多种关系的随意武力行为等。[27]

早期文学反映了暴力对古代民族的重要作用。《吉尔伽美什史诗》（*The Epic of Gilgamesh*）等最早的书面故事将英雄塑造成勇士和战争领袖，他既能保卫自己的社群，又能消灭敌人。这首诗称吉尔伽美什为“王中之王，他器宇轩昂，是出生在乌鲁克（Uruk）的一个英雄，像一头狂野的公牛。他作为领袖走在最前面，而当他走在后面时，他受到同伴们的信任。他是一张结实的网，是他的臣民的守护者，他是狂暴的洪水，甚至能摧毁石墙！”《旧约全书》记载了发生在亚当和夏娃的孩子们当中的第一宗谋杀案：该隐（Cain）杀了亚伯（Abel），因为上帝喜欢亚伯为他培育的供品（Gen. 1：4-8）。
32 该隐的谷物祭品比不上他弟弟献上的动物祭品，这个故事本身象征着农民和牧民之间的激烈斗争。埃及的第一代法老们也与战争有密切的关系。[28]南方以暴力手段征服北方，埃及得以实现统一。纳尔迈调色板（Narmer palette）描绘了第一位法老用权杖猛击他的对手，将两片土地合并为一个王国的情形。中国历史上的第一位皇帝秦始皇，在公元前 221 年成为一代帝王——他的手段不只是军事征伐，他还“杀戮太多，以至于无人能够反抗”。[29]他著名的八千兵马俑甚至在他死后也象征着他的军事力量。在亚述宫殿的墙壁上，国王们用文字和画像夸耀着他们对近东各处敌人施展的暴力和权力。[30]西方传统文化中最早的伟大史诗，荷马（Homer）的《伊利亚特》（*Iliad*）和《奥德赛》（*Odyssey*），都对暴力赞誉有加。《伊利亚特》与一场伟大的战争（特洛伊战争）有关，这场战争针对的是一个庞大却注定要灭亡的城市。这部史诗讲述了一个叫阿喀琉斯（Achilles）的人的暴力行为，在故事的结尾，特洛伊最重要的首领赫克托尔（Hector）死于阿喀琉斯之手。《奥德赛》讲的是奥德修斯（Odysseus）回到他的家乡，故事在充满暴力的结局中达到高潮，他杀死了所有想要篡夺其伊萨卡（Ithaca）社群领主地位的人，还杀死了想要霸占他妻子的人。再往东看，本卷的执笔者之一贾罗德·惠特克在印度的吠陀梵语史诗（Vedic Epics）如《摩诃婆罗多》中发现了一种类似的使用暴力来维护个人身份和加强权力关系的方法。日本最早的文字材料，即 8 世纪早期的《古事记》（*Kojiki*）和《日本书纪》（*Nihon Shoki*），描述了日本列岛西部的统治者如何用暴力征服了东部的野蛮人。

在古代，暴力能够调解社会关系，这一事实在两性关系中得到更为清楚的证明。这类人际关系在古代的意识形态中根深蒂固，而战争再一次为其奠定了主基调。男人去打仗，女人守在家里。权力关系通过刻板印象和自我实现得到强化。女人因为不去打仗而被认为是柔弱的，但实际上，女人是因为柔弱而不被允许去打仗。只有在她们的家园和家人受到直接威胁的攻

城战中，女人才会出现在军事行动中。她们从屋顶和墙头上投掷石头和瓦片。用暴力强化权力关系的做法在古代也很常
33 见。[31]同女人一样，奴隶也被禁止参加战斗，尽管他们可以给大船划桨，而且在国家危难时可以获得自由去参加战斗，就像汉尼拔（Hannibal）入侵意大利时发生的那样。像女人那样，奴隶被认为比自由人更柔弱，因为他们不去打仗，他们的奴隶身份常常解释了他们不去打仗的事实。当然，许多奴隶是在战争中被俘获的。战争的法律允许对战败之人和男人进行奴役，并证明这是合理的（尽管男人在战败后经常被处死），对女人和儿童更是如此（Andoc. 11；Xen. *Cyr*. 7. 1. 44）。

出于同样的原因，古代所有社会中的弱者都经常遭受暴力的威胁或暴力行为。对于那些在社会上和政治上无权的人来说，他们的身体可能随时都会遭受社会上和政治上有权势者的虐待和侵犯。在雅典，奴隶只有在受到严刑拷打后才能在法庭上作证。对同一罪行的惩罚因犯罪者的身份而异。如果和社会地位低于自己的人犯下同样的罪行，社会精英可能会免于肉刑。在罗马世界，在圆形剧场中被钉死在十字架上或被处死的刑罚是为地位低下的罪犯准备的。精英们可能会被允许自我了断，或者更“宽大”的处理方式是流放。暴力行为执行和强化了各种形式的等级制度。最终，暴力和意义更加重大的战争决定了政治、社会和经济地位。正如我们已经指出的，在政治上，暴力证明了领导地位的合理性，或者决定了公民身份，从而决定了一个人的社会地位。在社会上，暴力划定了自由人与奴隶，甚至男人与女人、成人与儿童的边界。从经济上讲，暴力保护了财产，但也使获取财产成为可能。古代世界清晰地展示了强权即正义的原则，暴力使人获得财产并证明财产所有权

的正当合理。

我们决不能忽视暴力与繁荣之间的政治、社会和经济联系。武力与经济特权紧密相连（就像它与其他地位特权的关系一样）。像柏拉图（Plato，*Phd.* 66c）和亚里士多德（Aristotle，*Plt.* 1.8，1255b37，1256b1，1256b23-7，1333）这样的哲学家就把战争看作获取财富的一种合理形式。柏拉图（*Resp.* 372e-374a）甚至认为国家需要通过运用军事力量来增加自己的资源。当然，在这个问题上，希腊世界的伟大思想家与东方世界的伟大思想家出现了分歧，如孔子或乔达摩［Gautama，佛陀（Buddha）］，为了达到至善，他们非常厌恶武力。当然，尽 34
管孔子和乔达摩都在君主的宫廷里待过，但这些君主都靠军事力量来维持自身的统治。耶稣基督也从来没有倡导过反对罗马帝国体制的革命，对于罗马的税制，他表达的观点是“恺撒的物当归给恺撒”，恰如其分地显示了税收作为罗马权力象征的作用（Matt. 22：21）。

在任何情况下，战争都会带来掠夺，掠夺土地或作物、武器和盔甲上的金属、在土地上劳作的牲畜和人（如奴隶或农奴）等动产。家庭或氏族通过小规模突袭可能会从邻近村庄夺取作为动产的战利品，而整个社会和政治实体通过更为协调一致的军事行动则会获取更多的货物和动产。战争以劫掠结束——掠夺死者的财产或在围城之后大举攻占一座城市并俘获其民众。随着国家的发展和帝国的壮大，这样的袭击和掠夺被每年的贡品所取代，社群通过付出一部分财产以避免受到攻击。这类贡品在复杂的治理体系中使帝国及其正式的年税制度得以形成。贡品或税收不仅成为切实可行的经济交换方式，也成为臣服的象征。当然，在这种制度中，暴力威胁取代了使用暴力从邻近民族那里掠夺资源的做法。[32]

毫无疑问，在每个古代世界的背景下，随着国家在战争中变得更加集权化、更加步调一致、更加富裕、更加复杂，以及组织耗时更多、更复杂的战役，军事暴力的水平不断升级。战略和战术是与技术进步同步发展的。这一现象本身或许可以解释为什么古代各民族会回望过去遥远的黄金时代，那个时代的人们彼此和平相处，与环境和谐共生。希伯来人想起了在人类堕落和发生第一宗谋杀案之前，人类在伊甸园诞生（Gen. 3：6-24）；希腊人想起了黄金、白银和青铜时代，那时，英雄们与众神同行［赫西俄德（Hesiod），《工作与时日》（*Works and Days*），109-84］；罗马人想起了萨图恩（Saturn）时代的意大利，那时的意大利还未开化，但也尚未被战争和政治冲突所蹂躏［例如，奥维德（Ovid）的《变形记》（*Metamorphoses*）和
35 维吉尔（Vergil）的《埃涅阿斯纪》（*Aeneid*）卷 7］。再往东，在印度，“圆满时代”（Kitra Yuga）的神话反映了昔日时光充满和平的类似观念；中国也有类似的观点，认为人类的幼年时期是完美的或至善的。这些神话本身表明，早期文明很想面对一个没有战争和暴力的世界。

最后，我们应该注意到仪式和象征性暴力在古代社会中发挥的重要作用。[33]作为古代神祇崇拜的主要内容，祭祀行为基本上是一种仪式行为，也是真正的暴力行为。有证据表明，在遥远的过去，一些社会曾有人祭的行为。狩猎活动本身就是一种暴力行为，它很可能隐含在祭祀活动之中，并延伸到古代的其他一系列仪式性的活动中，包括体育比赛、猎兽和角斗表演。[34]体育运动在本质上是一种宗教行为，运动员不仅在不涉及身体接触的项目（如赛跑）中力争胜利，而且在所谓的

“重大项目”（包括摔跤和拳击）中也努力取胜。有些人甚至认为，最初，运动员中的获胜者赢得了把自己献祭给神的权利，而不是像历史上那样主持献祭活动。在第二次布匿战争（Second Punic War）最黑暗的日子里，当汉尼拔兵临城下时，罗马人也把活人当成祭品（Livy，22.57）。圆形剧场在整个罗马帝国时期的城市社会中扮演着核心角色。[35]观众观看猎兽、处决罪犯，当然还有角斗（虽然通常不是角斗到死）。这种比赛最初是作为宗教节日的一部分而存在的，它们后来则成为大众娱乐的一部分。这种仪式化的暴力强化了归属感和对身份的认同。观众按阶级和社会地位就座，所有观众都是拥有一定地位的自由人。他们观看的对象是奴隶和罪犯。如果弗拉维圆形剧场（Flavian Amphitheatre）能容纳5万名罗马观众，那么这个数字可能只代表了罗马城总人口的5%。在不太为人所知的背景下，暴力是剧场和其他舞台演出的核心内容。悲剧总是围绕着谋杀或战争展开，谋杀或战争自然就是任何关系中的极端 36
时刻。家庭和社会加强了暴力的影响，使人们经历分分合合。古代世界向我们展示了程度不同的各种暴力及其与社会各个方面相互作用的严酷现实。

暴力与古代晚期

本卷按照时间顺序，一直讲到从古代向中世纪的传统历史学转变。最近的研究表明，人们对中世纪时期“全世界”各地的相互影响越来越感兴趣，然而，正如我们在此指出的，从暴力和战争的角度来看，早在青铜时代，欧亚大陆内部就已经产生了重要的联系。在古代晚期，罗马帝国和汉帝国的拓展结束了，“蛮族”的力量在不断增长，他们压服了草原内外。汉朝和罗马帝国显然是在不同的境况之下走向衰落的，这构成了本卷最后几章探讨的重点，也为后面几卷打下了基础，后面几卷探讨了中世纪、近代早期等历史时期。帝国的衰落通常充满了征伐和混乱的场景，用爱德华·吉本（Edward Gibbon）的话来说就是“衰亡”（decline and fall）①，但我们也应该关注彼得·布朗（Peter Brown）对这个虽然动荡却很重要的时期的描述，这一时期，时间的接力棒从一个时代传到下一个时代，从而也是“连贯性和改变”并存的时代。[36]战争仍然由精英主宰。罗马的军事头衔，如 *dux*（后来演化为“duke”，即“公爵”）和 *magister*（总督）也延续到后来的时代，但它们只是掩盖了更加实质性的变化。在这一时期，小型骑兵和野战部队在战场上占据绝对优势，非罗马人越来越多地进行不再具备罗马作战风格的战争。随着独立王国的出现，特别是在西方，战争的集中化特点随着军事行动规模的急剧缩小而迅速消失。暴力仍然是权力的一个重要的参照标准，但新兴的封建领地的精英们成为暴力的实施者。

注　释

1. Dave Grossman, *On Combat: The Psychology and Physiology of Deadly Conflict in War and Peace* (PPCT Research Publications, 2004), pp. 159ff.
2. 关于人类发展过程中的暴力的最新综述，请参阅 T. K. Shackelford

---

① 此处应是暗指爱德华·吉本的《罗马帝国衰亡史》（*The History of The Decline and Fall of the Roman Empire*）。

and R. D. Hansen（eds.），*The Evolution of Violence*（New York：Springer，2014）。心理学家史蒂芬·平克对几个相关学科的暴力研究进行了有益的概述，参见 *The Better Angels of Our Nature: A History of Violence and Humanity*（Harmondsworth：Penguin，2011），但应该强调的是，他的数据集和关于人类历史上暴力在逐步减少的重大假设近年来遭到了大量批评。

3. 这种方法至少可以追溯到 Norbert Elias，*The Civilizing Process*（1939）（Oxford：Blackwell，1982）。这种类型的近期作品包括 Azar Gat，*War in Human Civilization*（Oxford：Oxford University Press，2006）；Pinker，*Better Angels*；Ian Morris，*War: What is it Good For? The Role of Conflict in Civilisation, from Primates to Robots*（London：Profile Books，2014）。

4. 例如，可参见 R. Brian Ferguson，'Pinker's List：Exaggerating Prehistoric War Mortality'，in D. P. Fry（ed.），*War, Peace, and Human Nature: The Convergence of Evolutionary and Cultural Views*（Oxford：Oxford University Press，2013），pp. 112－31；Linda Fibiger，'The Past as a Foreign Country：Bioarchaeological Reflections on Pinker's Prehistoric Anarchy'，*Historical Reflections* 44（2018），pp. 6－16。

5. Robert W. Sussman，'Why the Legend of the Killer Ape Never Dies：The Enduring Power of Cultural Beliefs to Distort our View of Human Nature'，in Fry（ed.），*War, Peace*，pp. 97－111.

6. Steven A. LeBlanc with Katherine E. Register，*Constant Battles: Why We Fight*（New York：St Martin's Griffin，2003），p. 9.

7. Kirk Endicott，'Peaceful Foragers：The Significance of the Batek and Moriori for the Question of Innate Human Violence'，in Fry（ed.），*War, Peace*，pp. 243－61.

8. 有关这类因素的有益论述，请参阅 Shannon Tushingham and Robert L. Bettinger，'Storage Defense：Expansive and Intensive Territorialism in HunterGatherer Delayed Return Economies'，*Quaternary International* 518（2019），pp. 21－30。

9. J. M. Gómez et al.，'The Phylogenetic Roots of Human Lethal Violence'，*Nature* 538（2016），pp. 233－7.

10. Richard W. Wrangham, M. L. Wilson and M. N. Muller, ‘Comparative Rates of Violence in Chimpanzees and Humans’, *Primates* 47.1 (2006), pp. 14–26; M. Wilson et al., ‘Lethal Aggression in Pan is Better Explained by Adaptive Strategies than Human Impacts’, *Nature* 513 (2014), pp. 414–17.
11. Sussman, ‘Killer Ape’, p. 104.
12. Richard W. Wrangham, ‘Two Types of Aggression in Human Evolution’, *Proceedings of the National Academy of Sciences* 115 (2018), pp. 245–53.
13. James C. Chatters, ‘Wild-type Colonizers and High Levels of Violence among Paleoamericans’, in M. W. Allen and T. L. Jones (eds.), *Violence and Warfare among Hunter-Gatherers* (Walnut Creek, CA: Left Coast Press, 2014), pp. 70–96.
14. 关于日本的案例，请参阅 Mark Hudson, ‘Slouching Towards the Neolithic: Complexity, Simplification and Resilience in the Japanese Archipelago’, in Gwen R. Schug (ed.), *The Routledge Handbook of the Bioarchaeology of Environmental Change* (London: Routledge, forthcoming)。
15. 关于新石器时代欧洲之暴力的骨骼证据概述，请参阅 Rick J. Schulting and Linda Fibiger (eds.), *Sticks, Stones and Broken Bones: Neolithic Violence in a European Perspective* (Oxford: Oxford University Press, 2012); Penny Bickle and Linda Fibiger, ‘Ageing, Childhood, and Social Identity in the Early Neolithic of Central Europe’, *European Journal of Archaeology* 17.2 (2014), pp. 208–28。
16. 例如，可参见 L. Liu, *The Chinese Neolithic: Trajectories to Early Sates* (Cambridge: Cambridge University Press, 2004); Anne P. Underhill, ‘Variation in Settlements during the Longshan Period of Northern China’, *Asian Perspectives* 33 (1994), pp. 197–228。
17. M. Dyer and L. Fibiger, ‘Understanding Blunt Force Trauma and Violence in Neolithic Europe: The First Experiments using a Skin-Skull-Brain Model and the Thames Beater’, *Antiquity* 91.360 (2017), pp. 1515–28.

18. 有关青铜时代战争最新研究的精彩总结，请参阅 C. Horn and K. Kristiansen (eds.), *Warfare in Bronze Age Society* (Cambridge: Cambridge University Press, 2018)。
19. 关于这些战役以及青铜时代和铁器时代东西方的其他接触，请参阅 Morris, *War*, pp. 64-111。
20. Seth Richardson, 'Early Mesopotamia: The Presumptive State', *Past &Present* 215 (2012), pp. 3-48.
21. James C. Scott, *Against the Grain: A Deep History of the Earliest States* (New Haven, CT: Yale University Press, 2017), p. 34. 正如其指出的，大多数国家在实践中是这样做的。
22. Morris, *War*, p. 101.
23. 关于这个论点的进一步讨论，出处同上。
24. Thuc. 3.82. 本卷提及的古籍的缩写依据 Liddell and Scott, *A Greek-English Lexicon* (*LSJ*), *The Oxford Latin Dictionary* (*OLD*) and the *Oxford Classical Dictionary* 4th edn (*OCD*)，同时，一些期刊的标题已经被缩写，以保持与 *L'Année philologique* 的提法一致。已对一些古代作品的二手资料做出特别注明。
25. Scott, *Against the Grain.* 对近东早期战争的详细介绍，请参阅 William Hamblin, *Warfare in the Ancient Near East to 1600 BCE* (London: Routledge, 2006)。同样值得一读的是 Guillermo Algaze, *The Uruk World System: The Dynamics of Expansion of Early Mesopotamian Civilization: Holy Warriors at the Dawn of History*, 2nd edn (Chicago: University of Chicago Press, 2005)。
26. 近期关于近东围城战的论述是 Israel Eph'al, *The City Besieged: Siege and Its Manifestations in the Ancient Near East* (Leiden: Brill, 2009)。
27. 参见 Werner Riess, *Performing Interpersonal Violence: Court, Curse and Comedy in Fourth Century BCE Athens* (Berlin: De Gruyter, 2012)；以下这本书特别关注家庭暴力：Rosanna Omitowojou, *Rape and the Politics of Consent in Classical Athens* (Cambridge: Cambridge University Press, 2012)；同时，下面这部著作收录了几篇关于针对妇女和奴隶的暴力的文章：Garrett Fagan and Werner Riess, *The Topography of Violence in the Greco-Roman World*

(Ann Arbor: University of Michigan Press, 2014)。

28. 关于统一的埃及的建立过程，请参阅下面这部优秀的入门读物：Barry J. Kemp, *Ancient Egypt: Anatomy of a Civilisation* (London and New York: Routledge, 2006), pp. 60-110；如果想了解作为战争领袖的法老，请参阅 Anthony Spalinger, *War in Ancient Egypt* (London and New York: Routledge 2005)，以及更近的 Anthony Spailinger, 'The Trope Issue of Old Kingdom War Reliefs', *Abusir* (2015), pp. 401-17。

29. Morris, *War*, p. 106.

30. 关于亚述战争的论著，请参阅 S. M. Dalley, 'Assyrian Warfare', in E. Frahm (ed.), *A Companion to Assyria* (Hoboken, NJ: Wiley-Blackwell, 2017), pp. 522-33。

31. 除了本卷中的几章，我们还可以在以下著作中看到关于希腊和罗马历史背景下针对妇女和奴隶的暴力的章节：Fagan and Riess, *Topography of Violence*。关于涉及奴隶和战争的意识形态的论述，请参阅 Peter Hunt, *Slaves, Warfare and Ideology in the Greek Historians* (Cambridge: Cambridge University Press, 2002)。

32. 有关古典时期战争经济学的近期讨论，请参阅 Matthew Trundle, 'Coinage and the Transformation of Greek Warfare', in G. Fagan and M. Trundle (eds.), *New Perspectives in Ancient Warfare* (Leiden: Brill, 2010), pp. 225-51（关于希腊）；Nathan Rosenstein, 'Tributum in the Middle Republic', in J. Armstrong (ed.), *Circum Mare: Themes in Ancient Warfare* (Leiden: Brill, 2016), pp. 80-100（关于罗马）。

33. 关于狩猎、战争、体育运动和社会之间关系的论述，请参阅 P. Vidal Naquet, *Le Chasseur noir: formes de pensée et formes de société dans le monde grec* (Paris: Librairie François Maspero, 1981)；Mark Golden, *Sport and Society in Ancient Greece* (Cambridge: Cambridge University Press, 1998)；Matthew Trundle, 'Greek Athletics and Warfare in the Classical Period', *Nikephoros* 25 (2012), pp. 221-37；关于希腊历史背景下的仪式化战争，参见 Walter G. Runciman, 'Greek Hoplites, Warrior Culture and Indirect Bias', *Journal of the Royal Anthropological Institute* 4.4 (1988), pp. 731-51。

34. 最近关于动物祭祀的论著，请参阅 S. Hitch and I. Rutherford (eds.), *Animal Sacrifice in the Ancient Greek World* (Cambridge: Cambridge University Press, 2017)。
35. 除了本卷的相关章节，其他内容请参阅 Garrett Fagan, *The Lure of the Arena: Social Psychology and the Crowd at the Roman Games* (Cambridge: Cambridge University Press, 2011)。
36. Peter Brown, *The World of Late Antiquity AD 150–750* (London: Thames & Hudson, 1971).

第一部分
冲突的起源

1　战争与暴力的起源

史蒂文·勒布朗

有关人类的暴力（human violence）特别是战争的话题既受到人们的深切关注，又令人反感。数千年来，人类遭受的痛苦和死亡令人震惊，也让人费解。然而，战争涉及的集体行动的水平可能超过了人类在其他任何方面付出的努力。许多人想要远离暴力和战争；有些人则向往昔日的和平，希望能重返那样的时代。我们花费大量时间反复揣摩，试图理解过去几个世纪里发生的暴力和战争问题。但是，我们很少思考在更久远的年代发生的暴力问题。毫无疑问，揭示暴力的起源肯定是我们全面理解暴力问题的关键所在，而只有全面理解暴力问题，我们才能将暴力行为从人类的生存环境中铲除。虽然并不是只有历史学和考古学知识会涉及暴力问题，但在暴力史研究中，这两门学科无疑处于核心地位。我们的目标是学会使用手中各种各样的工具来利用和完善这些知识。 39

达尔文的《物种起源》（*On the Origin of Species*）是对进化证据的概括总结。这部著作旋即奠定了生物体研究的基础。从那时起，一旦达尔文的著作得到了广泛认可，人们就不得不将自己的思考、质疑和解释置于进化论的框架之中。如果像许多人现在所感受的那样，战争在过去既普遍又重要，那么也许我们正处于古代历史和考古学领域的风口浪尖，不得不考虑战争的普遍性和重要性。换句话说，难道我们的思考、质疑和解释不应该总是要考虑到战争可能发挥的作用吗？这并不意味着所有的历史结果都是战争的结果，但战争所起的作用应该始终被考虑在内。大到人口迁徙或文化的迅速变迁，小到山上的一个遗址的选址原因或丛葬（multiple burial）① 出现的缘故，面对这些大大小小的问题，如果我们认为战争在过去是稀松平常的事情，那么我们不应该考虑一下战争在其中可能发挥的作用吗？这种理性的做法将大大加深我们对战争和暴力问题的认识。这种方法可能不是考古学中常见的范式，但它可以也应该成为考古学中常见的范式。

40 人类的暴力行为多种多样。从家族内部的暴力冲突到持续数天乃至数月的战斗，数以万计的人被卷入其中。为了了解过去发生此类暴力行为的时间和地点，当然更包括暴行发生的原因，我们有必要对其进行详细和深入的探讨。也就是说，在设法形成笼统的概括之前，我们需要对暴力行为有详尽的了解。以我们目前对暴力具体形式的理解水平来看，如果把一场村内小群体间的斗殴与凡尔登战役（Battle of Verdun）② 混为一谈，似乎很荒唐。

从最广泛的意义上讲，也许我们可以做出的最重要的区分就是把战争与社会内部的暴力行为区别开来。我和其他许多研究战争的人所说的“战争”，一般是指彼此独立的政治组织之间的受到社会认可的冲突；也就是说，战争是一个群体对另一个群体采取的集体行动，而不存在凌驾于这两个群体之上的更大的政治实体。对战争的这一界定使人们可以将觅食者的突袭

---

① 丛葬，指许多尸体合葬在一起，也指这样的坟墓。

② 凡尔登战役是第一次世界大战中破坏性最大、持续时间最长的战役。战事从 1916 年 2 月 21 日延续到 12 月 19 日，德、法两国投入 100 多个师的兵力，军队死亡人数超过 25 万人，50 多万人受伤。由于伤亡人数太多，这场战役被称为“凡尔登绞肉机”。

行为与酋邦（chiefdom）和国家（state）之间的激战都视为广义上的战争。这种界定方法突破了“突袭”和“真正的战争”之间固有的界限，这个错误的界限阻碍而不是加深了我们对战争的理解。数千年来，突袭和真正的战争一样致命，它对世界上大部分地区的人们的生活产生了同样巨大的影响。

社会内部的暴力行为包括个人暴力，如谋杀，或族群内部成员实施的非致命性的行为。正如下面我们将要讨论的，问题的复杂之处在于什么才是“一个人的族群”（one's group）。“一个人的族群”可以指一个人的近亲，也可以指所有为了共同防御而聚集在一起的人，这个群体可能会有数千人。

最近，我们可以根据一些明显的特例对社会群体——包括所谓的“民族志的现在”（ethnographic present）[①] ——进行界定。例如，一些觅食者群落拥有如此广泛的亲属关系网，以至于我们有可能将所有的争斗都视为一个社会群体内部的个人争斗（用以解决个人分歧）。社会复杂性的另一个极端例子是历史上秘鲁人的部分群落，他们忙于参加流于形式的战争，含蓄地接受了实施统治的政权。那么，这个社会群体是属于社会还是属于国家呢？虽然情况很不明朗，但不管怎样，这个社会群体实行了强有力的社会制裁（social sanction），以限制战争对社会群体成员造成的伤亡。如果想要报复，把对方打伤就够了，不一定非要取人性命，甚至取人性命的做法常常不被允许。在某些情况下，如在南太平洋地区，村庄间的斗殴是经过村里的掌权人物精心策划的。斗殴时可以扔石头，但不能用砍

① “民族志的现在”，指那些尚处于被西方文明的破坏性影响永远改变之前的所谓原始状态的部族或群落。

刀。可能会有很多人受伤，但没人会被杀死。

41 一旦我们的思绪回到过去，就很难发现和评价社会群体间和群体内行为规则的差别。因为社会内部或个体之间（intra-personal）的暴力行为涵盖了非常广泛的范围，而且大多很难从考古记录中梳理出来，这样的暴力行为在考古中并非焦点问题，所以只是被人们一带而过。

战争的形式各有不同。虽然常常会有一些惯例对应该如何打仗做出规定，但在人类历史的绝大多数时间里，个人行为几乎不受什么约束。在某些地方，人们会划出专门的区域来进行贸易，不允许在此发生冲突，或者当人们穿越敌方领地时，会使用公认的表示和平意向的标志。这样的惯例相对较少，并且如果个人或群落违背了这些惯例，其他人基本上没有追偿的权利，所以违反惯例的行为很难得到控制，即使在看似和平的情况下，此类行为也会对他人构成威胁。我们现在对杀害囚徒和取缔某类武器的关切是过去几个世纪发展的结果。在大多数情况下，战争一直是一种无政府主义行为。任何事情都有可能发生：背叛；杀死无助的俘虏；在撤退的时候带上俘虏，有时也会杀掉几个，以便吓退穷追不舍的敌人；折磨和残害俘虏；砍下俘虏的肢体当作战利品进行展示，以便让所有人都知道你是能征善战的；杀死女性俘虏的孩子；以及考古学和历史记载中其他类似的令人不快的行为。杀戮是目标，俘获女人、占领土地和掠夺财富也是目标。此外，还有许多证据表明，过去发生了很多次战争。人们可以给战争下定义，也可以从考古学的角度对其进行研究。就像考古学的许多课题一样，战争这个课题不好研究，但人们可以而且已经成功地对其进行了研究。

致命而又无处不在的战争

为了预测接下来会发生什么，尽管资料有限，而且有一些人持反对意见，但基于考古学、民族学和诸多社会的早期历史记录，我相信可以描绘出一幅关于过去战争的合情合理的历史图景。概括一下我们对战争包括劫掠战争（下文将展开论述）形成的认识，即它是一种十分常见且特别致命的行为。事实上，基于个体死于战争的概率，无首领社会（acephalous society）的战争可能比更为复杂的社会的战争更加致命。对许多人来说，这是一个相当令人震惊的结论。

许多考古学家和其他研究过这一问题的人一致认为，在过
去，战争造成的死亡率非常之高。这些死亡大多是由袭击和其 42
他小规模的遭遇战造成的，每次只有少数人会被杀死。然而，这样的遭遇战非常普遍，因此死亡人数也在不断增加。虽然有些人认为突袭这种常见的无首领战争基本上是一种死亡人数很少的博弈，事实却恰恰相反。尽管每次因袭击而死亡的人数通常很少，但这种袭击的意义远比大多数人意识到的重要得多。在某些气候条件下，即使这种突袭行为往往是一种季节性行为，可它几乎是持续进行的。一个群落可能会袭击别的群落或受到其他多个群落的袭击。在这样的小型社会里，这种袭击造成的死亡人数可能会非常多。各类学者都曾试图估算这类袭击（包括偶尔发生的大屠杀）的死亡率。[1]有一组数据来自南美洲的低地。[2]一些考古学资料也给我们提供了有用的数据。[3]这一估算结果多少有点令人震惊：有 15%—25%的男性和约 5%的女性死于这类袭击（整个南美洲有约 9%的女性死于这类袭击）。鉴于如此高的死亡率，我认为用“战争”来对其进行界定是

比较恰当的，这主要是基于它产生的结果，而不是它使用的方法。

在这些社会里，大多数男人会与武器相伴而眠，而且绝不会不携带武器就走出家门。一些人告诉早期的民族志学者，他们做过噩梦，梦见自己在袭击中被人杀死。他们建立自己的社群是出于防御的目的，他们没有开发其中的大片土地，则是因为那里是凶险之地。然而，族群会设法保护自己领地上最富饶的地方。有充分的证据表明，危险的地域总是不乏有用的资源，一旦这些地域变得安全，很快就会被人们开发利用——对觅食者来说确实如此，对农民来说更是如此。这种情况大大减少了资源消耗，但也可能导致贫困、饥饿甚至死亡。你遇到的每个非近亲或非本族群成员的男性，对你都是一种潜在的威胁。过去的生活充满了恐惧、战争、担忧和饥饿。[4]

考古学对暴力研究有何贡献？

43 不同形式的考古学资料为我们提供了远古时期的大量信息，这些信息主要与一般形式的暴力行为——特别是战争——有关。在这个话题中，我把考古学资料和古代历史资料也就是文字资料放在一起，包括聚落形态资料、骨骼学资料和相关年代的气候资料。虽然许多人担心考古学记录非常不完整，难以对其做出解释，以至于我们从这些记录导出的推断总是有限的和模糊的，但这一点并没有随着时间的推移而得到证实。这门学科继续发展新的方法和解释框架，而我们对过去的把握更加细致入微。尽管可能存在局限性，考古学却是我们了解久远过去的唯一窗口，而且它还有一个优势，那就是覆盖范围遍布世界各地。我们有来自世界上大部分地区的多得惊人的资料，我们可以对已知资料做出相当有力的阐述。

所以，问题是，这些数据是否足够优质，可以作为讨论与过去战争和/或暴力相关的重要事情的基础。对于这个问题，可以如此措辞：在确定远古时代是否发生过战争以及战争的激烈程度方面，考古数据有多大用处？和平的证据可能比战争的证据更难找到。无论如何，众所周知，往上追溯的时间越久远，考古记录就越稀少，因为留存下来的遗迹越来越少，留下遗迹的人也越来越少。此外，相对简单的社会形态留下的遗迹也不那么复杂。我们不能指望旧石器时代晚期的觅食者会建造防御工事，更不能指望解剖学意义上的现代人之前的人会修建防御工事。

尽管存在这些局限性，但人类遗骸本身可能而且也确实有各种各样的创伤。正如乔治·米尔纳（George Milner）所证实的，在历史时期的箭伤中，只有三分之一的案例可以在骨骼上找到生物考古学家能识别出来的证据。[5]我们即将能够恢复受到细菌感染的古代 DNA 证据，因此我们可能很快就会找到战争创伤的另一条证据链。通过丛葬这种形式，我们掌握了战争的间接证据，但除了极少数例外，这些证据很少被用于评估冲
突。[6]当然，还有防御工事。虽然对护城河、城墙之类的东西， 44
人们容易产生多种理解，但我们确实有评估它们的方法。[7]众所周知，并不是所有的发掘都会延伸到我们最有可能发现某些形式的防御工事的遗址边缘地带，但在这类情况下，间接证据会出现，如非常小的房屋间距，这可能是确定群落被墙壁、木桩、栅栏或其他防御结构所分隔的一种方式。我们也有聚居地模型数据。在寻找战争证据的过程中，这类信息经常被忽视，但它可以提供有用的证据。[8]武器制造等其他证据也是存在的，

或者我们肯定可以对其加以阐释。

我们不仅有可能使这些资料重见天日，而且实际上，它们也确实经常被恢复。可以肯定地说，对于任何时期或任何地点，只要我们有数量可观的资料集，至少就会出现一些可以被解释为与暴力或战争有关的证据。在这方面，考古记录绝不是空空如也，只是需要我们去仔细论证。

关于战争的起源

早期的许多考古学家似乎认为战争是普遍存在的。他们研究的往往是不太遥远的过去和复杂社会，所以战争的证据既普遍又明显。值得注意的例外确实存在，如在早期，人们倾向于忽视玛雅人之间发生战争的证据，但这样的例外很少见。[9]在考古学的发展历史中，似乎有一个时期，人们对战争轻描淡写或视而不见。为什么会发生这种情况，在这里无须讨论，但似乎基利所写的《文明之前的战争》[10]这部著作给许多考古学家敲响了警钟，从那时起，就有很多人开始从地区或更大的范围来考虑这个问题了。[11]虽然研究重点的这种改变在二十多年前就
45 已经发生了，但考古学界对战争的思考仍然不太全面，而且在研究方法上往往很幼稚。

我们可以看到，起源的问题有两种不同的含义。其一，战争的原因是什么？关于我们为什么打仗，有没有一些明确的概括？其二，关于起源这个问题，我们可以假设过去有一段时间没有战争，因此我们可以设问，战争这种行为是在什么时候首次发生的？我认为第一种含义是合情合理且十分重要的，我们的目标应该是设法确定这个全球性现象背后的基本原则是什么。如果我们人类希望消除战争，那么就必须了解战争存在的

原因。如果几千年来战争一直与人类如影随形，那么来自考古学的信息对于理解这一点就至关重要。人们无疑会把这看作考古学的伟大目标之一，即解释我们为什么要打仗。

在我看来，起源的第二种含义暗指世界和平或伊甸园是没有事实依据的，因为这假定了一种不为我们所知的行为状态曾经存在。这充其量是一个有待解决的问题，昔日的和平并不是必然的。这是一个有争议的领域。有很多人反对战争是人类历史不可分割的一部分这一观点；对于战争会对我们的基因有所影响的观念，反对的意见就更多了。[12]这些反对意见大多暗指战争开始于农耕之后或是由殖民主义导致的。

虽然存在远古时代战争的大量证据，但学者用来暗指战争
的民族志学证据在很大程度上与战争毫不相关，因为那总是一 46
些否定的证据，如证明缺少能够确认的防御工事，但证据所处的位置或那里的植被本身很可能就体现了重要的防御机制；或者证明只有少数人死于暴力，并且只有少数人被妥善地安葬，这些人很可能不是在战争中丧生的。同样存在问题的是，仅仅某个特定的社会在某段时间内是和平的（并且有大量的例子可以证明），这并不能证明人类天性就是和平的，也不能证明曾经有一个伊甸园般的世界。此外，这种想法导致了这样的观念，即那些持不同意见的人必须要反驳过去就是和平的这一观点。他们觉得举证的责任在于那些认为战争无处不在的人。然而，这本身就是一种谬论。那些主张古代存在和平的人，正如那些主张古代存在战争的人一样，非常有必要证明过去存在和平。证明过去的和平是非常困难的。在研究中，很少有这样的例子（如果有的话），即所有与同一问题相关的证据都得到了审视，并得出了肯定存在过和平时期的结论。最近的民族志学

案例中没有这样的例子，就更不必说考古学案例中了。

简而言之，关于和平的论据不是一种理由充分的论据，而只是一种反映了对和平之渴望的立场。这个问题在其他论著中有一些深入的讨论，[13]但它仍然是坦诚地讨论这个重要话题的一大障碍。

当前围绕战争的几个问题

假设我们可以越过远古时代是否存在重大战争这一问题，那么我们可以解决的主要问题又是什么？以下是一些更加显而易见的问题。这样的战争对社会有什么样的影响？是什么导致了战争的爆发？或者说得更准确一点，是什么导致了战争剧烈程度的变化？

战争对社会的影响可能一直是很深远的。伊恩·莫里斯和彼得·图尔钦（Peter Turchin）都认为，尽管战争在现在和过去都很令人生厌，但它确实带来了积极的社会变化。[14]我已经论述过，就社会的复杂性而言，战争可能是促使社会制度突飞猛进的主要手段。[15]如果这类论点具有合理性，那么战争在过
47 去一直是社会变革的主要推动力，而这样的观点在前工业时代很少被考虑。同样备受争议的问题是战争的起因。在被提出的众多解释中，考古学可能会带来一个独特而重要的信息，那就是气候变化对战争强度变化产生的影响。长期以来，人们一直认为，尼罗河洪水模式的变化导致了埃及一些王国的崩溃和随之而来的社会混乱，这也许会导致埃及面临至少部分被征服的风险。关于气候变化导致社会混乱和冲突的类似论点也出现在中国历史的研究中。[16]在中东地区的史前人类学研究中，气候被牵扯进社会崩溃的问题，而人们对战争强度变化的关注较

少。[17]还有各种各样不太为人所知的论点，如认为北美小冰期（Little Ice Age）的开始导致了当今美国各地冲突的增加；[18]认为气候变化同样与古玛雅的衰落有关，战争也随之增多。[19]有人坚定地认为，气候影响了社会制度，从而导致战争加剧的例子还有很多。然而，要找到这样的例子，我们需要先承认战争的确存在过，还需要有足够完备的气候数据，进而就战争和气候之间的联系提出令人信服的论点，并且能够接受它们之间存在的逻辑关系。[20]

战争与人类的进化

如果战争在全球大部分地区的很长一段时间内是普遍现象，那么它是否导致了人类对能带来战争胜利的特征的选择？这是人类对擅长战争之特征的达尔文式选择，很多人对此非常
反感。许多人下意识地反对人类战争中存在遗传因素的观点， 48
这是基于对基因和进化论的简单而天真的理解。倾向和确定的结果之间经常存在混淆；也就是说，男性可能有暴力倾向，但这并不意味着所有男性都是暴力的。虽然一些基因被认为与暴力行为有关，其中一个甚至被不幸地贴上了“战士”基因的标签，但人们认为任何遗传因素都包括多个基因，而且它们以复杂的方式相互作用，就像大多数行为特征一样。然而，人们已经提出了以考古学记录作为战争依据的一些论点。因此，战争的考古学记录具有广泛而重要的意义，我们既需要正确地处理这些记录，也需要让我们的发现范围更为广泛，并且能够更容易地得出研究结果。[21]

我们能重现古代的觅食者战争吗？

如果我们要探讨古代战争对进化的影响，那么就必须考虑

觅食者战争（forager warfare）的问题。在人类历史的大部分时间里，人类要么是觅食者，要么被组织成小型的没有世袭或常任首领的无等级社会，后者也被称为无首领社会（acephalous society）。那时的人类流动性强，不论时间长短，储备的资源都很少，而且群体的规模较小。群体内的成年男性之间通常有亲缘关系，但成年女性之间的亲缘关系就少多了。如果说战争中有遗传成分的话，那么很可能是从我们还是觅食者的时候进化而来的。因此，了解觅食者战争的频率、性质和结果，对建立一个用于思考战争和人类进化的理论框架至关重要。事实证明，有一些从事农耕的社会，在组织方式上与真正的觅食者非常相似——或者至少与他们没有太大的不同。南美洲的雅诺马马人（Yanomamo）就是例证。[22]还有一些组织更为复杂但未被划入复杂社会的社会，如新几内亚的达尼人（Dani）的社会。[23]这些社会可以提供更多有关无首领社会之战争的比较资料。

49 我们掌握的觅食社会的数据来源有两个：对于近代的觅食者，我们有历史的和民族志的资料；对史前的觅食者，我们只有考古学记录。我们还有一些来自几大洲的民族志资料，如关于非洲的布须曼人（Bushmen）、俾格米人（Pygmies）和哈扎人（Hadza），澳大利亚的所有社群，新几内亚的部分社群，东南亚和印度的几个社群，以及从美洲北部的因纽特人到美洲南部的火地岛人的好几个社群的民族志资料。使用这些觅食者资料的挑战在于要弄清楚获取这些资料的时间。在很多情况下，当人类学家研究他们的时候，他们的人数已经大幅度减少，他们使用金属工具和枪支，并且不再具有高度的流动性。同样棘手的是那些描述遭到农民包围的小型社群的数据。要梳理出我们对这些实际上属于觅食者的民族的认识——同时，他们的邻居也是觅食者（这是我们远古时代的相关模型）——虽然并非不可能，但也困难重重。

这里的一个重要问题是，我们是否可以使用近代的觅食者的历史数据作为研究早期人类战争行为的模型。同样重要的是，近代的觅食者处在农民和国家级社会的包围之下，他们的数据有多大的相关性。有些人认为，我们的灵长类近亲黑猩猩的类似战争的行为为早期人类研究提供了有益的类比，这就使该问题变得更加复杂。这已超出了我们的研究范围，但黑猩猩的数据非常有趣。[24]如果我们能把这些不同类型的数据利用起来，那将极大地增强我们的能力，使我们能够拥有更多的直接数据，而不仅是那些来自远古时代的极其有限的数据。我认为答案是肯定的，我们可以使用这类资料，但我们必须非常谨慎地推断它们的质量和相关性，以及这些类比的有效性。

例如，关于觅食者的民族志数据有两个严重的缺陷。第一，由于更加复杂的社会的出现及其对人们的控制，几乎所有的研究对象都不可能再无拘无束地参战，所以我们获得的关于战争的资料都来自过去的故事，而不是我们直接的观察。第 50
二，由于疾病和其他因素的影响，民族志学者研究过的几乎所有觅食社会的人口数量都急剧减少。这些觅食者还获得了新的工具，如金属刀具、枪、斧头和炊具。这两个因素极大地改变了他们与承载能力之间的关系：与他们接触到外来文化之前的时期相比，更少的人口和更有效的工具使他们距离承载能力的极限更远。

到几乎所有觅食社会的民族志完成时，他们的承载能力已经发生了变化，要么是由于人口减少，要么是由于获得了新技术。如果战争是争夺资源的结果，或者与争夺资源紧密相关，那么在这些民族志中出现的战争图景，与这些觅食者仅仅生活在其他觅食者之间时的情形，是完全不同的。

在澳大利亚、美国加利福尼亚和新几内亚的阿拉佩什山（Mountain Arapesh）这样的非复杂社会的农民中，就有这样的案例。在阿拉佩什山的典型案例中，玛格丽特·米德（Margaret Mead）坚持认为，他们过去一直是和平的，尽管有确凿的证据表明，他们的上一代人曾多次参与战争，由此证明，所有这类研究都涉及战争的问题。[25]因此，20 世纪的大学培养出人类学家，他们的研究成果对于人们理解觅食者的战争而言，远不如早期探险家、传教士和巡逻官员的记载有用。关于阿拉斯加因纽皮雅特人（Iñupiaq）和澳大利亚土著人的早期历史和民族志资料非常具有启发性。[26]这些早期的描述可能存在偏差，而且不完整，必须谨慎使用，但所有的数据都是如此。看来，由于未能理解近代的、20 世纪民族志学所研究的问题，道格拉斯·弗赖伊（Douglas Fry）和布莱恩·弗格森（Brian Ferguson）等人提出的和平社群的观点实际上毫无价值可言。

战争对基因的影响

对于古代的战争对进化产生了巨大影响这一问题，考虑到目前我们对其认识的局限性，现在的进化推论在某种程度上是
51 不是也有局限呢？最明显但实际上经常被忽视的是男性与女性之间的差异，这可能是由于他们在战争中承担了不同的角色。性别二态性的明显差异通常被归因于配偶竞争，也可以用男性群体间的冲突来解释。此外，男性与女性之间还存在某种程度的行为差异。乔伊丝·贝南森（Joyce Benenson）探讨了行为差异的问题，她认为男性的基因决定了他们喜欢战斗和竞争，

乐于与其他小规模的男性群体进行合作。相比之下，女性天生就能在危机四伏的世界之中生存，她们尤其专注于确保自己的孩子能够幸存。这两种进化反应反映了人们面临的不同的选择压力。[27]

有一些基因中的等位基因可能因为战争，被选择的频率较高。其中最明显和最著名的是被不恰当地命名为“战士”的基因。人们对这种潜在遗传影响的研究还不是很深入，据我所知，也没有人利用古代人的 DNA 来研究这类跨越时间的基因。在不久的将来，人们可能会看到这一研究领域发生的巨大变化。我们希望研究人员能够小心谨慎地进行解释，但从总体上讲，社会对这类研究是很老练的，不会因为它未能做到“政治正确”而立即对其进行谴责。

另一个问题是，战争在多大程度上是理性的、固有的或非理性的。总的来说，我们发现了在无首领战争中人们的行为非常理性的几条证据。例如，有证据表明，当情况有变时，战争可以陡然结束，尤其是战争的强度确实与气候有关。这一点在有显著时间深度的考古记录中呈现得最好。北美洲有一个非常恰当的例子。在这里，有利于人口增长的条件似乎在中世纪温暖期就已经具备，而在随后的小冰期，人口承载能力似乎大大降低了。其结果是，美洲大陆大部分地区的战争大幅增加，美洲西南部的人口急剧减少，东南部激烈的战争把政治组织之间的大片空白缓冲区都卷进来。[28]因此，我们有证据证明，战争的某些组成部分是先天地基于男性和女性之间不同的遗传倾向，上述以男性为中心的战争最能说明这一点；有些战争是理性的，正如我们从气候变化的数据中看到的，而且我们也都认识到了战争缺乏理性的那些方面。

社会内部的暴力VS战争

52 如前所述，有时很难区分小型社会的内部暴力与群体之间的战争。对于这样的社会，我们有相当多的民族志学的证据，但没有多少信息来自早期的接触。社会内部暴力的考古证据（几乎都是以骨骼创伤的形式出现的）很难与战争的证据区分开来。民族志学的证据几乎总是在没有战争的环境中收集到的。因此，在更多的现代民族志学资料中，社会内部的冲突似乎是冲突的主要形式。这一点可以从昆人（!Kung）和奈茨利克（Netsilik）因纽特人这样的觅食者身上看到，对于这些人来说，民族志学包含了相当多的社会内部冲突的证据，但没有论及战争问题，因为早在民族志学家到来之前，那里的战争就已经结束了。[29]

大多数的早期历史记述并没有像民族志那样从作者们与受访者的密切交流中受益，所以它们几乎总是描述群体间的暴力。由此，它们提供给我们的群体内部暴力的有用信息少之又少。例如，威廉·巴克利（William Buckley）详细论述了澳大利亚土著居民之间的战争，但很少提及社会内部的冲突。[30]与此类似，伯奇（Burch）在重构有意义的欧洲接触之前的因纽皮雅特人的冲突时，关注的是群体间的斗争，可他认为任何社会内部的冲突远没有那么重要。[31]

这些差异可能属于极端情况。雅诺马马人展现了一种有趣的相处状态。有很多真正意义上的战争，这类战争的死亡率通常很高。结盟的群体之间会发生冲突，假定的盟友受邀赴宴，然后遭袭并被杀死。那么这种情况到底是战争还是社会内部的冲突呢？另外，同一村庄的男人之间用斧头拼杀，互下狠手。然而，大家都竭力避免致对方于死地。谋杀似乎是一种冲动的而非事先规划好的行为；或者，至少不是一种遮遮掩掩的行为。因此，在资料丰富的地方，如在雅诺马马人那里，人们可以找到关于真正战争的有用信息，关于不完全属于战争的群体之间冲突的有用信息，以及关于在社会范围内可控的暴力行为的有用信息。

最后一种非常重要的社会内部暴力形式是群体内的一名男 53
性被其他男性集体屠杀。这类杀戮的理由似乎是，被单独挑选出来予以加害的男性已经变得如此暴力和危险，以至于必须要消灭他，以使群体内部不再出现不必要的暴力或专横行为。据我们所知，这样的人通常是非常优秀的战士。他们似乎通过展示自己的战斗能力来证明自己对社群的价值。他们欺负、伤害或者杀死群体内的其他男性，他们可能会去接近其他男人的女人（对于记录者来说，此类事件在记录中可能会被贬低），他们的行为如此让人无法忍受，以至于他们给社群带来的危险要大于他们作为优秀的战士所带来的价值。因为他们是危险人物，所以杀死他们需要格外谨慎。此外，如果处理不当，他们的亲属可能会觉得这是不公平的，并且会寻求复仇。在某些情况下，社群命令这个人的近亲杀死他，以消除报复的任何理由。在其他方面，这是一种社群行为。一个曾到美国游览的雅诺马马部落的成员向我讲述了他们部落中一名危险战士的情况，人们决定必须把他杀死。他被骗爬上了树，不得已把武器留在树下。他在爬下来时，已经没有武器了，接着他被所有的男性成员围攻，最后被杀死了。

世仇宿怨

给社群带来巨大风险的是家族或宗族间的世仇。[32]这些争斗似乎发生在比觅食群体更大的社群中。它们在部落组织的群体中最为常见。由于部落可能会分裂或进行变革，长期争斗往往属于中等程度的冲突类型。一开始可能是群体内的宿怨或复仇，后来可能会发展为社群分裂，最初的一个群体变成了两个相互竞争的群体。世仇可以延续几代人，这明显削弱了整个社群抵御外部敌人的能力。因此，势必存在控制或消除这类宿怨的机制。一种解决办法是强制人们对过去的暴力行为进行赔偿，以结束世仇。这是一个很宽泛的话题，此处不做进一步的讨论，但它的确是暴力的一个实例，倾向于弥合个人暴力和战争之间的鸿沟。

54 在所有这些案例中，整个社群的目标是减少群体内的暴力行为。其他人可能害怕卷入其中或成为受害者，而且很明显，死去的男性和容易相互实施暴力的男性并不会有助于强有力的防卫。这是很重要的，因为在规模较小的社群中，进攻行为通常由群体的部分成员实施，而防御行动则全员参加。他们将尽一切努力，最大限度地提高每个人的防御能力，因为如果做不到这一点，所有人就都会处于危险之中。因此，群体内的男性暴力对所有人都是一种生存威胁。

追寻远古时代的暴力

我们越往前追溯，就越难把群体内的暴力与战争区分开。人们能获得的关于群体内暴力的唯一证据就是伤口的证据，所以群体内暴力的重要性肯定被严重低估了。复杂社会之间的战争留下了盾牌、盔甲和遗址等证据。不太复杂的社会的成员不太可能把在社群外战死之人的尸首带回社群内埋葬。在这样的社会里，盾牌和盔甲是由易腐烂的材料制成的。因此，随着社会变得相对简单，我们识别过去暴力行为的能力也减弱了。

比起社会内部暴力的情况，因战争而死亡的情况更加难以判断。著名的提洛尔冰人［Tyrolean Iceman，即冰人奥兹（Ötzi）］木乃伊几乎可以肯定是在战争中被杀死的，他没有被下葬，只是在极端的情况下，尸体才得以保存。在有代表性的考古环境中，他的武器装备几乎不可能被保存下来。同样地，北美洲著名的肯纳威克人（Kennewick Man），他的骸骨上嵌着矛尖，他也没有被埋葬在群落里，很可能根本就没有被正式安葬。相比之下，如果一个人因战争或社群内部的暴力而遭受各种不同的非致命创伤，但死于其他原因，并被埋葬在社群内，那么这个人的骸骨很可能会被考古学家发现。

无法通过骨骼残骸识别出所有战死的人，只去研究那些被安葬之人的骸骨，这些不可避免的错误共同导致了人们对战争的低估。当我们回到过去，这种估计不足变得更加严重，因为骨骼不那么完整，有正式墓地的人也更少。因此，当我们回到过去，暴力的证据表明这些伤口不那么致命，也不太可能是战争的结果。

同样的问题也存在于女性遗骸上模棱两可的暴力证据中。55
有证据表明，在社会地位低下的妇女中存在社群内的暴力行为。[33]还有其他发生在女性身上的暴力死亡的证据，但这种死亡似乎与战争无关，如加利福尼亚的那个例子。[34]在这些案例中，女性遭受暴力的概率似乎总是低于男性，这并不奇怪，因为大多数社群间的战争是男人之间的战争，女性通常被俘虏，而不是在战争中被杀害。事实上，一些战争的目标之一就是俘获女人做妻子。然而，有些妇女会在战争中遇害，因此，暴力行为体现在骨骼上的证据并不一定能够明确表示发生过战争或社群内部存在暴力行为。

研究的前景

我们将由此去向何方？通常在考古学领域，特别深入的案例研究可以为人们提供深入分析和解释的典型，这会促使人们提出新的模式和新的问题。这些案例不一定是最权威的，但如果它们能导向人们的进一步考察，构建出可供选择的模型，那么它们可能就是有用的。基利关于新石器时代初期北欧的觅食者和线性陶文化（Linearbandkeramik，缩写为 LBK）① 中农民之间战争的论点就是一个很好的例子。[35]仅仅清晰地讲述战争的实例，讲清楚现存资料的性质，在某些领域可能就是一种有益的进步，如对希腊新石器时代早期战争证据的探讨。[36]最近编辑出版的许多论文集都采用了这种方法。[37]然而，其中一些论文似乎没有提供足够的数据使研究人员确信这些研究方向应该继续坚持下去，或者它们没有成为供大多数学生阅读的主流范例。这是一个多产的研究领域，很多证据还没有被收集起来。

与此同时，很少有研究从地域或时间的层面来审视战争问题。虽然这样的研究很难开展，但它对于帮助人们梳理战争在人类历史中发挥的作用至关重要。我们需要更多精心控制的时间序列。如果我们想要确定气候变化或社会-政治变迁在战争
56 数量增减中发挥的作用，就需要有足够长的时间序列来估计战争的水平。人们曾经尝试用这种方法来研究我们有文字记录的历史时期，但此举已被证实是非常困难的。[38]人们已经在加利

① 线性陶文化，也被称作线纹陶文化复合体，它得名自这种文化中独特的线形装饰陶器。

福尼亚的史前地区，也许还在玛雅人中进行过这种尝试，可对于世界上大多数地区来说，并没有一种足够系统的方式对史前记录进行处理，以便我们能够对很长一段时间内的情况进行有意义的比较。

最后，也许是最重要的，我们需要跳出战争是否存在过的争论。一旦人们界定了一个足够宽泛的时间范围，从而能够得到有意义的表述（任何少于 100—200 年的时间范围都不能支撑形成非常有意义的表述），并界定出一个足够广阔的区域来把一个社群及其近邻囊括在内，那么答案就是，是的，历史上确有战争发生过。甚至在埃及王国时期，埃及人在边界上也进行过战争，王国之间的冲突使他们陷入混乱。从和平的程度来说，埃及是一个例外，就像日本在德川时期的几个世纪一样。这就是为什么战争在这样的情况下基本上停止了，这是很有趣的现象。只有通过考察足够宽泛的时间范围，我们才能看到从战争到和平的转变，（而且经常，或几乎总是）再回到战争的状态；才能推动自己的认识向前发展。和平确实在短时间内或小片区域里普遍存在过，这只是我们对人类状况的浅显认知。

参考论著

早先有些人提出，过去并不像通常描述的那样和平，关于此观点的代表性论著包括：Irenäus Eibl-Eibesfeldt, ‘Aggression in the ! Ko-Bushmen’, in Martin A. Nettleship and R. Dale Givens (eds.), *War, Its Causes and Correlates* (The Hague: De Gruyter Mouton, 1975), pp. 281–96, and *The Biology of Peace and War: Men, Animals and Aggression* (New York: Viking, 1979); David Webster, ‘Warfare and the Evolution of the State: A Reconsideration’, *American Antiquity* 40. 4 (1975), pp. 464–70。关于史前战争的思考真正开始于劳伦斯 · H. 基利以及他的著作 *War before Civilization: The Myth of the Peaceful Savage* (Oxford: Oxford University Press,

1996）。

这种反思催生了许多更加具体的研究成果，例如 Mark W. Allen and Terry L. Jones（eds.），*Violence and Warfare among Hunter-Gatherers*（Walnut Creek，CA：Left Coast Press，2014）；Patricia M. Lambert，'The Archaeology of War：A North American Perspective'，*Journal of Archaeological Research* 10. 3（2002），pp. 207–41。关于古代战争的范围、时间深度、致命性和相关性的几部综合性研究著作也出版了，包括 Azar Gat，*War in Human Civilization*（Oxford：Oxford University Press，2006）以及我自己的一部更具
57 综合性的著作（与 Katherine E. Register 合著）：*Constant Battles: The Myth of the Peaceful, Noble Savage*（New York：St Martin's Press，2003）。

新出现的数据以及人们对这些数据的阐释引发了探索利他主义进化的方法［Samuel Bowles，'Did Warfare among Ancestral Hunter-Gatherers Affect the Evolution of Human Social Behaviors?'，*Science* 324. 5932（2009），pp. 1293–8］，以及为社会变革建模的方法［Peter Turchin，'Warfare and the Evolution of Social Complexity：A Multilevel-Selection Approach'，*Structure and Dynamics* 4. 3（2010），pp. 1–37；*War and Peace and War: The Life Cycles of Imperial Nations*（New York：Pi Press，2005）；Paul Roscoe，'Intelligence，Coalitional Killing，and the Antecedents of War'，*American Anthropologist* 109. 3（2007），pp. 485–95］。

这也引起了进化心理学家的新兴趣：Joyce F. Benenson with Henry Markovits，*Warriors and Worriers*（New York：Oxford University Press，2013）；Todd K. Shackelford and Ranald D. Hansen（eds.），*The Evolution of Violence*（New York：Springer，2014），并且引发了与黑猩猩的冲突进行富有启发性的类比［Dale Peterson and Richard Wrangham，*Demonic Males: Apes and the Origins of Human Violence*（Boston：Houghton-Mifflin，1997）］。

对于过去战争的时间深度、普遍性和致命性，几位人类学家提出了不同的解释：Raymond C. Kelly，*Warless Societies and the Origin of War*（Ann Arbor：University of Michigan Press，2000）；R. Brian Ferguson and Neil L. Whitehead（eds.），*War in the Tribal Zone: Expanding States and Indigenous Warfare*（Santa Fe，CA：School of American Research Press，1992）；Keith F. Otterbein，*How War Began*（College Station：Texas A&M University Press，2004）；Douglas P. Fry，*Beyond War: The Human Potential for Peace*（Oxford：Oxford University Press，2007）；以及更近的 Douglas

P. Fry, 'Life without War', *Science* 336. 6083 (2012), pp. 879-84。这场讨论远未结束。

注 释

1. Lawrence H. Keeley, *War before Civilization: The Myth of the Peaceful Savage* (Oxford: Oxford University Press, 1996); Samuel Bowles, 'Did Warfare among Ancestral Hunter-Gatherers affect the Evolution of Human Social Behaviors?', *Science* 324 (2009), pp. 1293-8.
2. Robert S. Walker and Drew H. Bailey, 'Body Counts in Lowland South American Violence', *Evolution & Human Behavior* 34. 1 (2013), pp. 29-34.
3. Patricia M. Lambert, 'Patterns of Violence in Prehistoric Hunter-Gatherer Societies of Coastal Southern California', in D. L. Martin and D. W. Frayer (eds.), *War and Society*, vol. III, *Troubled Times: Violence and Warfare in the Past* (Amsterdam: Gordon & Breach, 1997), pp. 77 - 110; Patricia M. Lambert and Phillip L. Walker, 'Physical Anthropological Evidence for the Evolution of Social Complexity in Coastal Southern California', *Antiquity* 65. 249 (1991), pp. 963-73.
4. Steven A. LeBlanc and Katherine E. Register, *Constant Battles: Why We Fight* (New York: St Martin's Press, 2003).
5. George R. Milner, 'Nineteenth-Century Arrow Wounds and Perceptions of Prehistoric Warfare', *American Antiquity* 70 (2005), pp. 144-56.
6. Francis B. Harrold, 'A Comparative Analysis of Eurasian Palaeolithic Burials', *World Archaeology* 12. 2 (1980), pp. 195-211.
7. Lawrence H. Keeley, Marisa Fontana and Russell Quick, 'Baffles and Bastions: The Universal Features of Fortifications', *Journal of Archaeological Research* 15. 1 (2007), pp. 55-95.
8. Curtis N. Runnels et al., 'Warfare in Neolithic Thessaly: A Case Study', *Hesperia* 78. 2 (2009), pp. 165 - 94; Steven A. LeBlanc,

Prehistoric Warfare in the American Southwest* (Salt Lake City: University of Utah Press, 1999).

9. David Webster, 'The Study of Maya Warfare: What It Tells Us about the Maya and What It Tells Us about Maya Archaeology', in J. A. Sabloff and J. S. Henderson (eds.), *Lowland Maya Civilization in the Eighth Century A. D.* (Washington, DC: Dumbarton Oaks, 1993), pp. 415–44.

10. Keeley, *War before Civilization.*

11. M. W. Allen and T. L. Jones (eds.), *Re-examining a Pacified Past: Violence and Warfare among Hunter-Gatherers* (Walnut Creek, CA: Left Coast Press, 2014); Elizabeth N. Arkush and Mark W. Allen, *The Archaeology of Warfare: Prehistories of Raiding and Conquest* (Gainesville: University of Florida Press, 2006); J. Carman and A. Harding (eds.), *Ancient Warfare: Archaeological Perspectives* (Stroud: Allan Sutton, 1999); Claudio Cioffi-Revilla, 'Ancient Warfare: Origins and Systems', in M. I. Midlarsky (ed.), *Handbook of War Studies II* (Ann Arbor: University of Michigan Press, 2000), pp. 59–89; Azar Gat, *War in Human Civilization* (Oxford: Oxford University Press, 2006); LeBlanc, *Prehistoric Warfare*; LeBlanc and Register, *Constant Battles*; Ian Morris, *War! What Is It Good For?: Conflict and the Progress of Civilization from Primates to Robots* (New York: Farrar, Straus & Giroux, 2014); G. E. Rice and S. A. LeBlanc (eds.), *Deadly Landscapes: Case Studies in Prehistoric Southwestern Warfare* (Salt Lake City: University of Utah Press, 2001).

12. 更积极地倡导过去是和平的这一理念的一些人是：Douglas P. Fry, *Beyond War: The Human Potential for Peace* (Oxford: Oxford University Press, 2007); Douglas P. Fry, 'Life without War', *Science* 336 (2012), pp. 879–84; R. Brian Ferguson, 'A Savage Encounter: Western Contact and the Yanomami War Complex', in R. Brian Ferguson and N. L. Whitehead (eds.), *War in the Tribal Zone: Expanding States and Indigenous Warfare* (Santa Fe, CA: School of American Research Press, 1992), pp. 199–227。亦可参阅 David Fabbro, 'Peaceful Societies: An Introduction', *Journal of Peace*

Research 15.1 (1978), pp. 67–83; Andrew Lawler, 'The Battle over Violence', Science 336 (2012), pp. 829 – 30; Raymond C. Kelly, *Warless Societies and the Origin of War* (Ann Arbor: University of Michigan Press, 2000)。

13. Steven A. LeBlanc, 'Warfare and Human Nature', in T. K. Shackelford and R. D. Hansen (eds.), *The Evolution of Violence* (New York: Springer, 2013), pp. 73–97.

14. Morris, *War! What Is It Good For?*; Peter Turchin, *Ultrasociety: How 10, 000 Years of War Made Humans the Greatest Cooperators on Earth* (Chaplin, CT: Beresta Books 2016).

15. Steven A. LeBlanc, 'Warfare and the Development of Social Complexity: Some Demographic and Environmental Factors', in Arkush and Allen (eds.), *Archaeology of Warfare*, pp. 437–68. 亦可参阅 Peter Turchin, 'Warfare and the Evolution of Social Complexity: A Multilevel-Selection Approach', *Structure and Dynamics* 4.3 (2010)。

16. David D. Zhang et al., 'Climate Change and War Frequency in Eastern China over the Last Millennium', *Human Ecology* 35 (2007), pp. 403–14.

17. H. Nüzhet Dalfes, G. Kukla and H. Weiss (eds.), *Third Millennium BC Climate Change and Old World Collapse* (Berlin: Springer, 1997).

18. Patricia M. Lambert, 'The Osteological Evidence for Indigenous Warfare in North America', in Richard J. Chadon and Rubén G. Mendoza (eds.), *North American Indigenous Warfare and Ritual Violence* (Tucson: University of Arizona Press, 2007), pp. 202–21; LeBlanc, *Prehistoric Warfare*; George R. Milner, 'Warfare in Prehistoric and Early Historic Eastern North America', *Journal of Archaeological Research* 7.2 (1999), pp. 105 – 51; Herbert D. G. Maschner, 'The Evolution of Northwest Coast Warfare', in Martin and Frayer (eds.), *Troubled Times*, pp. 267–302.

19. Douglas J. Kennett et al., 'Development and Disintegration of Maya Political Systems in Response to Climate Change', *Science* 338

(2012), pp. 788–91.

20. Dwight W. Read and Steven A. LeBlanc, 'Population Growth, Carrying Capacity, and Conflict', *Current Anthropology* 44.1 (2003), pp. 59–86.

21. Steven A. LeBlanc, 'Forager Warfare and our Evolutionary Past', in Allen and Jones (eds.), *Re-examining a Pacified Past*, pp. 26–46.

22. Napoleon A. Chagnon, *Yanomamo: The Fierce People* (New York: Holt, Rinehart & Winston, 1968).

23. Karl G. Heider, *Grand Valley Dani: Peaceful Warriors* (New York: Holt, Rinehart & Winston, 1979).

24. Michael L. Wilson and Richard W. Wrangham, 'Intergroup Relations in Chimpanzees', *Annual Review of Anthropology* 32 (2003), pp. 363–92; Richard W. Wrangham, 'Chimpanzee Violence is a Serious Topic: A Response to Sussman and Marshak's Critique of "Demonic Males: Apes and the Origins of Human Violence" [Wrangham and Peterson 1996]', *Global Nonkilling Working Papers* 1 (2010), pp. 29–47; Richard W. Wrangham and Luke Glowacki, 'Intergroup Aggression in Chimpanzees and War in Nomadic Hunter-Gatherers: Evaluating the Chimpanzee Model', *Human Nature* 23.1 (2012), pp. 5–29; Richard W. Wrangham, Michael L. Wilson and Martin N. Muller, 'Comparative Rates of Violence in Chimpanzees and Humans', *Primates* 47(2006), pp. 14–26.

25. Paul Roscoe, 'Margaret Mead, Reo Fortune, and Mountain Arapesh Warfare', *American Anthropologist* 105 (2003), pp. 581–91.

26. Ernest S. Burch Jr, *Alliance and Conflict: The World System of the Iñupiaq Eskimos* (Lincoln: University of Nebraska Press, 2005); John Morgan, *The Life and Adventures of William Buckley: Thirty-Two Years a Wanderer* (1852) (Canberra: Australian National University Press, 1979).

27. Joyce F. Benenson, *Warriors and Worriers: The Survival of the Sexes* (New York: Oxford University Press, 2014).

28. LeBlanc, *Prehistoric Warfare*; Milner, 'Warfare'.

29. Asen Balikci, *The Netsilik Eskimo* (Garden City, NY: Natural History

Press, 1970); Irenäus Eibl-Eibesfeldt, 'Aggression in the !Ko-Bushmen', in M. A. Nettleship and R. Dale Givens (eds.), *War, Its Causes and Correlates* (The Hague: De Gruyter Mouton, 1975), pp. 281–96; Richard Borshay Lee, *The !Kung San: Men, Women and Work in a Foraging Society* (Cambridge: Cambridge University Press, 1979); Knud Rasmussen, *The Netsilik Eskimos: Social Life and Spiritual Culture*, Report of the Fifth Thule Expedition 8.1–2 (Copenhagen: Gyldendalske Boghandel, Nordisk Forlag, 1931).

30. Morgan, *Life and Adventures of Buckley.*
31. Burch, *Alliance and Conflict.*
32. Christopher Boehm, *Blood Revenge: The Enactment and Management of Conflict in Montenegro and Other Tribal Societies* (Philadelphia: University of Pennsylvania Press, 1986).
33. Debra L. Martin, 'Violence against Women in the La Plata River Valley (AD 1000–1300)', in Martin and Frayer (eds.), *Troubled Times*, pp. 45–76.
34. Lambert, 'Patterns of Violence'.
35. Lawrence H. Keeley and Daniel Caben, 'Early Neolithic Forts and Villages in NE Belgium: A Preliminary Report', *Journal of Field Archaeology* 16.2 (1989), pp. 157–76.
36. Runnels et al., 'Warfare in Neolithic Thessaly'.
37. Allen and Jones, *Re-examining a Pacified Past*; Arkush and Allen, *Archaeology of Warfare.*
38. Turchin, 'Warfare'.

2 旧石器时代和中石器时代狩猎采集部落的暴力

约尔格·奥斯基德

58 从文化的角度来界定，旧石器时代是一个相当漫长的历史阶段，从大约 260 万年前最早的石头手工制品一直到距今约 1 万年的末次冰期结束，都属于旧石器时代。从地质学角度定义的更新世也被包括在这个时间跨度之内。这一时期主要分为三部分：旧石器时代早期（距今 260 万—30 万年），与直立人（*Homo erectus*）和海德堡人（*Homo heidelbergensis*）有关；旧石器时代中期（距今 30 万—4 万年），与欧洲和亚洲部分地区的尼安德特人（*Homo neanderthalensis*），以及非洲和近东的智人有关；旧石器时代晚期（距今 4 万—1 万年），与智人有关。从文化和技术的角度来看，旧石器时代晚期可以被划分为几个不同的时期，或者叫工艺文化丛（techno-complexes），如奥瑞纳时期（Aurignacian，距今 4.3 万—3 万年），格拉维特时期（Gravettian，距今 2.9 万—2 万年），梭鲁特时期（Solutrean，距今 2.2 万—1.7 万年），马格德林时期（Magdalenian，距今 1.7 万—1.2 万年）以及旧石器时代末期（Final Palaeolithic，距今 1.2 万—1 万年）。[1]中石器时代（Mesolithic，距今 10000—5000 年）是一个文化上的分期，它开始于末次冰期［仙女木三期（Dryas Ⅲ）］结束后，通常与欧洲全新世（Holocene）的狩猎采集者有关。在欧洲以外的地方，人们使用“晚归石器时代”（Epipalaeolithic）这一术语。[2]

本章几乎完全围绕人类的遗骸展开论述。关于这些时代，人们还没有发现专门用于战斗的武器或抛射物。由于旧石器时代早期的人类遗骸数量相当稀少，没有可以确定的关于人属［*Homo*，能人（*Homo habilis*），卢多尔夫人（*Homo rudolfensis*）］头骨创伤的资料。后来的人种直立人或东非直立人（*Homo ergaster*）于 180 万年前出现在非洲，一直存在到大约 60 万年前，但也有部分直立人在非洲和亚洲继续生存到 20 万年前甚至 4 万年前。在大约 60 万年前，从非洲和欧洲的晚期直立人中进化出了海德堡人。他们是欧洲和亚洲北部的尼安德特人的祖先，从 20 万年前一直存在到大约 4 万年前。约 4 万年前， 59
在解剖学上的现代人类（智人）到达欧洲后，尼安德特人灭绝。约 20 万年前，智人从非洲的海德堡人中进化出来。[3]

鉴别旧石器时代人类遗骸呈现的暴力行为是一项艰巨的任务。主要的问题在于遗骸的数量少而且残缺不全。特别是在旧石器时代早期，保存下来的人类遗骸通常仅限于头骨和颌骨碎片。完整的骨头或头骨极为罕见。完整保存下来的骨骼在旧石器时代属于特例，但在冰期后的中石器时代或晚归石器时代更为常见，那时有更为偏僻的坟墓，甚至有墓地被保存下来。头骨上的损伤通常很容易辨认，而且这种损伤经常出现在人际暴力的案例中。一般来说，与暴力相关的损伤通常位于头盖骨和小臂上。通常可以区分为干断裂（dry break）和死亡过程中的（perimortem，在死亡前后）骨折这两种类型。[4]钝器所致颅骨外伤的主要鉴定标准是有倾斜角度的骨折角，骨折线呈放射状和环状，骨折表面光滑。一个主要的标准叫作内部斜切面，表现为颅骨内部平面的骨头碎裂。人际暴力引起的头盖骨损伤通常位于额顶骨。假设两名战士面对面站立，惯用右手的攻击者会更频繁地对被攻击者的左侧颅骨造成损伤。关于人际暴力的一个不太能站得住脚的观点是，这类损伤应该位于所谓的帽檐线之上。根据法医学的一些数据，人际暴力造成的损伤应该发生在这条线以上。然而，我们必须谨慎地看待这一观点，因为法医学的一些研究结果似乎与这一基本规则相矛盾。使用已经公开发表的数据时，我们必须认识到，关于损伤的报告的质量是良莠不齐的，这些报告通常不使用可比的生物考古学或法医学的诊断标准或对比方法，特别是在较早的报告中，这种情况更甚。

直立人和海德堡人暴力行为的证据

更新世人类暴力行为的第一批迹象出现在直立人和海德堡人的头骨上，这些头骨来自更新世（距今 78 万—12.6 万年）。[5]
60 所有这些头骨只显示出轻微的已经愈合的损伤，通常表现为头骨外表面的小型圆形凹陷。撞击力没有穿透头骨。小的凹陷大多位于顶骨即头部侧面（共 12 例）和额骨即头部前面（共 7 例）。三个案例中只是枕骨（后脑勺）受到了影响。在这些案例中，没有确凿的证据表明发生过人际暴力。然而，两个来自中更新世的案例似乎显示出更为严重的头骨创伤。来自中国南京葫芦洞（距今 62 万—55 万年）[6]和中国韶关马坝镇（距今约 15 万年）的头骨被认为可能是早期人类暴力行为的证据，尽管不能排除这些创伤是由事故造成的，因为创口愈合良好。最近，在位于西班牙阿塔普埃尔卡（Atapuerca）的著名遗址胡瑟裂谷（Sima de los Huesos）发现了令人信服的证据，证明中更新世时期发生过人际暴力行为。[7]17 号头盖骨显示有两处穿透性的死亡过程中的损伤，骨折角度倾斜，骨折线呈辐射状，骨折表面光滑。没有任何骨重建（bone remodelling）[①] 的迹象，这说明受到的伤害是致命的。两处伤口均位于额骨左侧，并呈现出不同的方向和轨迹。再加上另外两个头盖骨（5 号和 11 号）的骨折方式，我们大概可以将其解释为暴力所致——虽然不能排除身体坠落到低处的洞穴而造成死亡过程中的骨折这种常见的可能性——发现人类遗骸的这处遗址就位于一个竖井的下面，竖井与更大的洞穴系统相连。

有暴力倾向的尼安德特人？

在距今 4 万—3 万年的尼安德特人和他们的祖先以及来自欧洲和近东的早期现代人身上，人们发现了一些轻微的非致命伤。与直立人和海德堡人的案例相似，这些损伤只是显而易见的外伤，并没有穿透头骨。1995 年，托马斯·博格（Thomas Berger）和埃里克·特林考斯（Erik Trinkaus）出版了一项研究成果，指出尼安德特人受的伤主要集中于头骨和上肢处。与 61
近期材料和考古材料的比较表明，这些伤口与美国牛仔竞技者受的伤高度相似。对于这种损伤模式，他们给出的解释是，一种冒险的狩猎策略导致了人们与更大猎物的近距离接触。[8]在后来的一项研究中，这些结论得到了修正；这种创伤性损伤模式并不局限于尼安德特人，也出现在后来的狩猎采集者部落中。此外，狩猎策略并不是这种创伤模式得以形成的唯一原因；研究表明，不能排除人际暴力这个原因，而且它还可能在其中发挥了重要的作用。[9]伤口均有骨反应，表明愈合时无任何并发

① 骨重建，是指在骨代谢活动中，由破骨细胞吸收旧骨，由成骨细胞形成新骨，这种骨吸收和骨形成的过程被称为骨重建。

症。除了这些损伤，还有一些案例显示颅骨以下的骨骼有更严重的创伤模式，主要集中在小臂、肋骨和肩胛带。[10]这些位置的伤口也愈合了，没有发现并发症，但这些伤口肯定会使伤者的日常生活受到限制。和之前的案例一样，如何区分由意外和人际暴力导致的损害或外伤，这仍然是一个普遍的问题。

在克罗地亚克拉皮纳的尼安德特人遗骸中，颅骨和颅骨以下的骨骼上都有一连串的创伤（图 2.1）。大约 900 块骨骼代表了至少 23 个个体，这使得该处遗址成为最重要的尼安德特人遗址之一。对这些遗骸的分析表明，颅骨和颅骨以下骨骼创伤的出现次数和受伤位置与最近的狩猎采集群体的情况相似，暴力通常被视为颅骨创伤的原因。[11]然而，由于克拉皮纳遗骸的高度碎片化，这种比较是很有限的。尽管如此，出现的创伤，尤其是 4 号、5 号和 20 号头骨碎片上的创伤，就其形状、大小和位置而言，似乎是由人际暴力造成的。只有一处位置较远的创伤（克拉皮纳 34.7）位于所谓的帽檐线之下。因为这
62 是一个不确定的标准，不能排除这些损伤也是由个人的暴力行为而不是由事故或其他情况造成的。

另一则实例是来自法国圣塞泽尔的尼安德特人，那是一具残缺不全的骨架。其颅骨碎片显示左侧顶骨有一处愈合良好的伤口（图 2.2）。有人认为这是由利器击打导致的头骨骨折。目前还不清楚这一击打是来自背后还是正面，但被打的人肯定是站着的。这一猛击似乎至少部分地穿透了颅骨，因为颅骨已经破裂，受到影响的部分骨头错位了。受伤的后果可能很严重，且伴随大量出血，可能还有暂时性损伤。此人能够幸存，他所在群体中其他成员的救援和帮助很必要，这样的推测似乎是合理的。[12]

图 2.1　克罗地亚克拉皮纳，额部顶骨碎片 K20，其上部有一处已愈合的小伤口

63

图 2.2　法国圣塞泽尔，左侧顶骨碎片，伤处已愈合

尼安德特人的人际暴力的明确证据，似乎就存在于伊拉克北部沙尼达尔（Shanidar）3号墓的一具遗骸上。遗骸身体左侧的第九根肋骨处有很深的伤口和痂形成，这表明此人死亡时，其伤口正在愈合。死亡似乎发生在受伤约两个月后，但尚不清楚两者之间是否存在关联。实验研究法表明，该伤口可能是由一种动能低、质量小的尖锐器械造成的。[13]虽然不能排除发生狩猎事故或遭到刺矛攻击的可能性，但似乎更像是被刀状燧石人工制品这样的刺伤性武器所伤。这给此人造成的影响可能很严重，因为武器不仅穿透了肋骨，还刺入了胸腔，并穿透了肺部。导致此人死亡的情况尚不明朗，因为保存下来的遗骸上并没有炎症反应的痕迹。不管怎样，这些伤口强有力地表明尼安德特人中存在针对个人的攻击行为。

旧石器时代中期的另一个案例是以色列卡夫泽（Qafzeh）的11号未成年人墓葬，其年代被确定为距今10万—9万年，墓主的头骨损伤已愈合。这是一个十二三岁的少年，被埋在一个有鹿角的坑里。[14]根据早期的研究成果及近期的三维成像方法分析，少年在死前的一段时间内，其额骨位置曾遭受严重的
64 颅脑创伤。凹陷性骨折的位置和形状显示可能是意外伤害，也可能是人际暴力造成的。此人很可能因受伤而患有严重的神经和心理疾病，包括沟通障碍。然而，尽管存在这些缺陷，他生活的社群仍在他在世时和去世时照顾他。精心准备的葬礼仪式，配有陪葬物品（马鹿的鹿角），这种情况在旧石器时代中期是很少见的。这可能表明，尽管年纪很轻，头骨受创后还留下了残疾，但此人对社群十分重要，于是以一种特殊的方式被人们安葬。

旧石器时代晚期狩猎采集者的暴力

在旧石器时代晚期，来自格拉维特时期的下维斯特尼采（Dolní Vestonice）、帕夫洛夫（Pavlov）和姆拉德克（Mladec）的下维斯特尼采 3 号、13 号、16 号，帕夫洛夫 1 号和姆拉德克 5 号的遗骸头骨上有许多已经愈合的创伤，这些伤口并没有穿透骨头，它们在头骨的外表面留下了小而圆的凹陷。这些伤口几乎全部位于顶骨的额部，这表明，它们可能是由反复且激烈的互动导致的。[15]除了这些比较奇怪的损伤，还存在少数伤势较为严重的案例，其伤口已经愈合，没有炎症反应或其他并发症。一个女性的身体被蜷缩着下葬，编号为下维斯特尼采 3 号，她的面部明显不对称，这是由下颌骨一侧的创伤造成的。由于这一创伤已愈合太久，没有表现出明确的特征，所以不能排除这一创伤是由事故造成的，但也可能与暴力有关。另一个例子是下维斯特尼采 11/12 号上已经愈合的颅骨损伤。额骨中部有一处较大的缺损，这是由更严重的创伤造成的。同样，受伤的位置和形状可能是遭受人际暴力的指征。在旧石器时代晚期发生的致命暴力最惊人的证据是著名的松希尔（Sunghir）1 号墓，里面的一具成年男性遗骸的年代也可以追溯到格拉维特时期。在重新调查这些遗骸的过程中，人们在身体的胸椎处（脊柱中部区域）发现了一处 1 厘米长的伤口。[16]伤口处没有任 65
何愈合的痕迹。要造成这样的缺损，一定是有物体穿透了身体，破坏了极其重要的血管，从而导致受害者死亡。因此，似乎是投掷矛之类的抛射物杀死了这个来自松希尔的男子。这似乎是人类被抛射类武器杀死的第一个真实可信的证据。

旧石器时代末期的暴力事件

我们必须等待旧石器时代末期抛射物造成伤害的进一步证据。这可能与技术变革有关，尤其与弓和箭的出现有关。然而，人们很难轻易地辨别诸如箭头或矛尖之类的抛射物和那些投矛器（或梭镖投射器）射出的武器。1937 年，在西西里岛的圣特奥多罗（San Teodoro）洞穴遗址出土了五具遗骸，人们发现了一个成年女性的骨盆骨，随葬了马鹿的一根鹿角，骨盆骨上面嵌入了一枚破碎的燧石弹。愈合的迹象表明伤者在受伤后又存活了很多年。[17]这只是一种可能发生的情况，因为箭没有刺入腹部。否则，受了这样的伤还能幸存下来的机会微乎其微或者根本就不存在。

旧石器时代末期致命抛射伤的一个明显例子来自意大利利古利亚（Liguria）的儿童洞穴（Grotte des Enfants 或 Grotta dei Fanciulli），里面是被合葬的两个孩子，分别为两岁和三岁。该墓葬发掘于 1875 年，其年代距今约 1.1 万年。两个孩子被并排埋葬。在他们的骨盆部位，人们发现了数以百计的穿孔蜗牛壳，它们属于两人服饰的一部分。在对遗骸的重新调查中，研究人员发现，嵌入骨头的一个三角形箭头击中了其中一个孩子的上胸椎。抛射物的位置以及尚未愈合的痕迹表明这是一次致命的伤害。[18]

还有旧石器时代末期和中石器时代的抛射物造成伤害的更多例子。这可以通过个别发现物来证明，如在法国蒙特福特（Montfort）圣利济耶（Saint-Lizier）发现的一段只能大致追溯年代的椎骨，骨头里嵌着石英岩材质的尖头石器，它造成了穿
66 孔。[19]在以色列凯巴拉（Kebara）洞穴的一名中年男子的第七

或第六胸椎中也发现了一个嵌入的抛射物，该男子来自早期的纳图夫（Natufian）文化，这是近东地区的一种晚归石器时代文化。[20]

所有这些案例都是孤立存在的，可能都是群体内或群体间冲突的结果。在此期间，欧洲没有发生更大规模冲突的迹象。在非洲北部，苏丹的撒哈巴山（Jebel Sahaba）墓地可能暗示了更新世末期另一种程度的冲突。该遗址属于晚归石器时代的卡丹（Qadan）文化，距今约 1.16 万年。实际年代可能更为古老，因为埋葬过程影响了用于放射性碳年代测定的骨骼样本。[21]58 人当中至少有 23 人（40%）的躯干部位受到了直接损害或抛射伤。直接被击中骨头的只占少数（有 4 例），但发现有 110 个抛射物直接击中了身体。[22]根据对保存下来的遗骸的最新分析，创伤事件的发生率可能比之前提到的更高。头骨上已愈合的钝器伤和小臂及手脚上的防御性骨折表明，这些人在生活中经常遭遇暴力行为。除了这些愈合良好的创伤性损伤，大腿骨上还有两处以前未被确认的抛射伤和割伤的痕迹。[23]

中石器时代的暴力

中石器时代常常被人们描述为一个暴力证据增多的时代。[24]有时，这种证据的增多通常被认为与更高强度的有组织的群体间冲突和激烈互动有关，也与某些地区的人口增多有 67
关，因为这导致了更高水平的领地权，给人们带来了压力，也增加了群体间爆发冲突的可能性。[25]最近一份关于肯尼亚图尔卡纳湖（Lake Turkana）附近出土文物的报告描述了一起可能发生于群体之间的暴力事件。在一处名为纳塔鲁克（Nataruk）

的遗址，人们沿着一条沙脊和一个小土丘，发掘出 27 具遗骸。尽管有 15 具骸骨未被掩埋且残缺不全，但仍发现了 12 具关节完整的骨骼。[26]这些人类遗骸被埋在一个古代潟湖的沉积物中，该潟湖的年代可追溯到距今 10500—9500 年。与撒哈巴山墓地中遗骸的一个主要区别是，这些尸骨被很随意地摆放。这些人包括成年男性和成年女性，有的仰面躺着，有的俯卧着，还有的不自然地蹲伏着。外伤来自钝器或利器的打击；在体腔内发现了贯穿伤和抛射伤，武器嵌入了颅骨。伤口显然集中在头部，但在少数几具骸骨上，颈部、胸膛、膝盖和脚部曾经受伤。一个令人不安的事实是，有 4 具尸骨的双手似乎被捆绑住了。这可能表明人们在战斗中不仅使用过弓箭以及钝器和锋利的工具，而且还处决过俘虏。然而，对这一遗址的解释仍存在争议；人们对一些头骨上存在的死前创伤、遗址的年代以及尸体没有得到安葬的说法都提出了质疑。[27]因此，对纳塔鲁克存在的大量暴力及其解读必须保持开放的心态。希望未来能对骸骨所处的环境及骸骨上的创伤有更加详细的描述，从而提供关于这个遗址更加丰富和清楚的信息。

与旧石器时代中期和晚期/末期相比，中石器时代暴力加剧的问题很难由骨骼遗骸证明。一个重要的问题是遗骸的保存状态，这不仅涉及遗骸的质量，而且涉及遗骸的数量。一方
68 面，旧石器时代的遗骸碎片化严重；另一方面，中石器时代的人类遗骸保存得十分完好，这导致两个时代的遗骸不具备可比性。在欧洲中石器时代，至少有 1700 个墓葬保存下来。[28]最近的新发现大多是重新确定“旧石器时代”人类遗骸的年代，再加上中石器时代有数量相当多的独立存在的人类遗骸，使得中石器时代的人类遗骸已经超过了 2000 具。因此，中石器时

代被记录下来的创伤数量比以往任何时期的都要多。根据 V. H. 埃斯塔布鲁克（V. H. Estabrook）[29]的研究，到目前为止，中石器时代共有77起创伤事件记录在案。通过对比头骨上和颅骨以下的钝器伤与抛射伤，研究者得出了令人惊讶的结果。由抛射物造成的伤害数量（17处）确实高于旧石器时代晚期的同种伤害数量（3处），这看似合理，因为有充分的证据证明人类使用过弓箭。然而，与钝器伤相比，两个时代的抛射伤的比例非常接近，中石器时代为28%，旧石器时代为23%。

目前尚不清楚大多数颅骨及颅骨以下的创伤是否与暴力互动或事故有关。在研究创伤时，伤口在尸骨上的位置和埋葬的环境可能有助于澄清事实。在现代法医案件中，大多数与暴力有关的损伤往往位于头盖骨，大部分位于额骨、顶骨、脸部（鼻骨、上颌骨和下颌骨），还有小臂（桡骨和尺骨），这导致了所谓的尺骨挡开性骨折。

一些研究把证据与其他定居或半定居的狩猎采集者群体进行对比，否认了中石器时代暴力事件增多的观点。[30]即使在人口稠密的沿海地区，如葡萄牙的贝冢（shell midden），记录在案的暴力伤害率也很低。该地区与创伤有关的大多数病理损伤同日常活动（伤害、事故）有关，而与群体之间或群体内部的暴力冲突无关。[31]

在铁峡谷（Iron Gorge）地区，也就是莱潘斯基维尔 69
（Lepenski Vir）和弗拉萨克（Vlassac）遗址，只能确认6具骸骨上的大部分损伤已经愈合。伤口多为钝器伤，位于正面的部位，这表明曾发生面对面的打斗。在颅骨以下的骨骼上，可以看到尺骨发生骨折，存在未愈合但留存下来的断裂口（假关节），腰骨内嵌入了一个抛射物。骨骼没有重建，表明这处抛射伤是致命的，伤者继续存活了不到两周就死亡了。根据放射性碳年代测定，大多数案例与中石器时代群体和早期农民接触之前的地层相关。因此，基于时间顺序，我们可以排除这些群体与早期农民之间的交流导致暴力事件增多的任何可能性。[32]

在斯凯拉克拉多维（Schela Cladovei），许多遗骸（占全部受检测遗骸的 15%）有受外伤的迹象，放射性碳年代测定表明，这些遗骸属于本地人与外来文化接触之前时期的晚期或新石器时代早期。[33]在这个遗址，人们报告的伤口包括钝器伤、挡开性骨折和抛射物（燧石尖、骨尖）嵌入。[34]但是，关于暴力痕迹的大多数资料局限于第三区（Area Ⅲ）。放射性碳年代测定似乎表明，第三区的年代为距今 8600—8300 年，也就是早期农业聚落出现之前的时期。根据受伤的方式，这些墓葬显示出暴力的迹象，这可能代表了一次孤立的群体暴力事件或在短时间内发生的一系列相关事件。由于两性都成为暴力的受害者，可以认为整个群体都是暴力行为针对的目标，这表明可能发生了被称为战争或袭击的群体间冲突。值得注意的是，抛射伤的发生似乎集中在该地区的中石器时代晚期。在中石器时代的铁峡谷似乎发生了形形色色的暴力，群体内部或群体之间的这些暴力冲突不会与早期农业聚落有关。

乌克兰第聂伯河急流（Dnjepr Rapids）附近的墓地瓦西里耶夫卡（Vasilyevka）Ⅰ-Ⅲ代表了一种特殊情况，其时间可以追溯到旧石器时代末期和晚归石器时代之间的过渡时期，即距
70 今 10800—9980 年。总体上来说，3 处遗址共有 82 个墓地，大部分遗骸保持了弯曲的姿势。在 6 具遗骸中，有几个抛射物距离骨骼非常近，但没有损坏任何骨骼。一些遗骸被几枚抛射物

击中。[35]这可能表明有类似于在新石器时代晚期萨克森-安哈尔特（Saxony-Anhalt）的尤劳发生的伏击情况。[36]根据来自瓦西里耶夫卡Ⅲ的证据，18—35岁的年轻人似乎是袭击的目标。渔民-狩猎-采集者聚落中具有生育能力的男性和女性的减少可能对这一族群产生了严重的影响。

中欧北部和斯堪的纳维亚地区的暴力证据主要限于孔格摩泽（Kongemose）和早期的艾尔特波勒（Ertebølle）文化（距今约8400—5400年）的墓葬，但有一例可以追溯到更早的马格勒摩泽（Maglemose）文化（距今约10800—8400年）。[37]特别是在瑞典南部和丹麦东部，人们发现了大量墓葬，包括那些来自公共坟场［韦德贝克-勃格巴肯（Vedbæk-Bøgebakken）和斯凯特霍尔姆（Skateholm）］的墓葬。总计有21具骸骨出自丹麦和瑞典，他们肯定或可能受到了钝器和抛射物的伤害。大多数创伤，尤其是颅骨创伤已经愈合。从额骨和顶骨的伤口位置来看，这些创伤很可能是由暴力造成的。只有两名受害者是女性，其中来自韦德贝克-谷德维（Vedbæk-Gøngehusevey）的重伤案例显示出严重的伤痕。[38]只有三个案例显示了被箭射伤的痕迹，其中两个案例有骨质点。[39]所有伤口均为致命伤，其中两例的伤口位于骨盆区［斯道拉比耶斯（Stora Bjers），斯凯特霍尔姆Ⅰ，13号墓穴］，一例（韦德贝克-勃格巴肯19A）的伤口位于脖子的下颈椎之间。在丹麦和瑞典的墓葬中，受致命伤之人的数量不到总数的3%，受钝器伤的分别占 71
12%（丹麦）和6.5%（瑞典）。

另一种情况是德国南部巴伐利亚州奥夫内特洞穴的所谓“骷髅巢穴”（skull nests）。由罗伯特·鲁道夫·施密特（Robert Rudolf Schmidt）在1907年发掘的这些遗骸体现出一个异乎寻常的特点。通过放射性碳年代测定，这些头骨的年代可追溯到中石器时代晚期，距今 7360±80 年至 7560±110 年（OxA 1571, 1572, 1573, 1574, 1575）。[40]在洞穴入口处的两个坑中发现了 34 个与下颌骨和颈椎相连的头骨，这表明尸首是在死后立即下葬的。在 9 个案例中，第三或第四颈椎处存在使头颅与躯干相分离的切割痕迹。连同 20 名儿童（大多数在 6 岁以下）和 14 名成年人（大多数为 20—30 岁）的头颅一起，个人的装饰品也被一同下葬。[41]墓葬中保存了 188 颗穿孔的马鹿尖牙和 3773 个穿孔的蜗牛壳。[42]此外，这些装饰品摆放得十分精心，墓葬中还使用了红赭石，这表明人们是小心翼翼地埋葬这些头颅的。尽管只有头颅被下葬，但这一特点符合中石器时代的埋葬传统。对头颅的仪式化处理和审慎埋葬似乎是合理的。

早在 20 世纪初，人们首次对这些头骨进行了形态学分析，之后，莫里森（Mollison）在重新分析遗骸时发现了暴力的迹象。[43]他认为类似斧头的武器造成了头骨的损伤和破碎。在 20 世纪 90 年代，有两项独立研究分头进行，它们的工作重点都是研究奥夫内特头骨的创伤情况。[44]研究结果在几个方面有所不同，但很显然，至少有 8 个人的头部曾受到致命打击，这造成了外伤性损伤。

72 在几个案例中，损伤的创伤性质无法确认。原因是那几个头骨支离破碎，尤其是那些儿童的头骨，人们已经用石膏和其他材料对其进行了深入细致的修复。在大多数案例中，撞击的轮廓是明显的，尽管存在可变性，这可能是由使用不同的武器和/或斧头穿透头骨的角度不同造成的（图 2.3）。看看这些受伤位置，很明显，大多数（有 8 例）位于头骨的枕骨（后侧）位置。其中两例的 4 处损伤位于额部和颅顶骨（图 2.4）。这

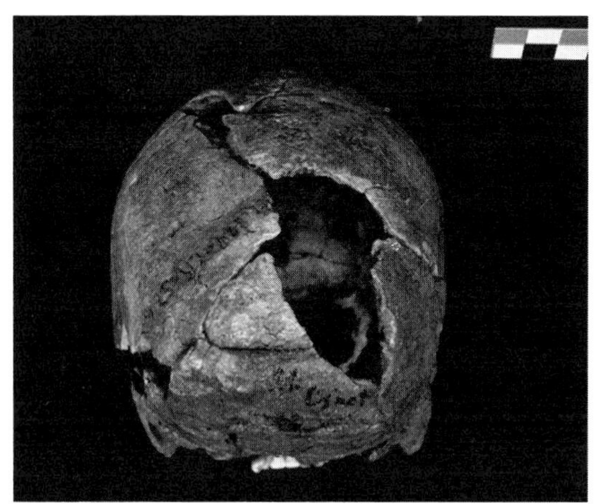

图 2.3 德国奥夫内特，一名年轻成年男性的 21 号头骨枕部视图，带有多处致命伤

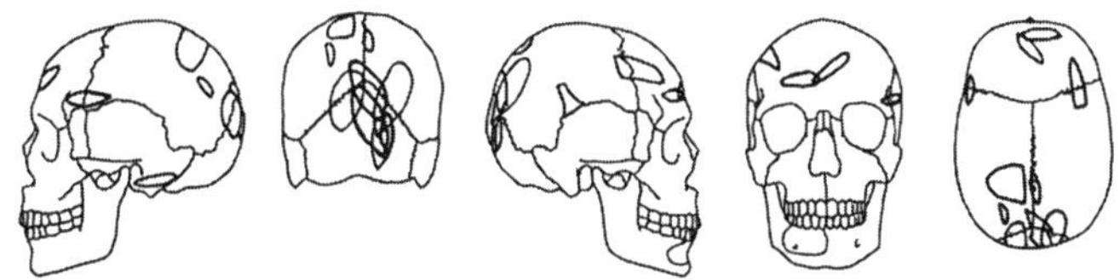

图 2.4 德国奥夫内特，在一处大型头骨沉积物中，至少有 8 人受到钝器击伤，此为伤处的位置图

些部位的伤口似乎仅限于男性。这可能暗示了这样一个场景：男性在反抗袭击者，而女性和孩子试图逃亡，却被袭击者从背后打死。然而，剩下的那些头骨完好的人是否被杀以及如何被 73
杀，仍然是悬而未决的问题。

骷髅巢穴以及人们对它的解读是备受争议的话题。有两个基本问题：一个问题是，奥夫内特是因单一事件形成的，还是里面的头颅已经积攒了几百年；另一个问题是，这些人的暴力死亡与他们的头颅被砍下来后才埋葬这一事实之间是否有关联。用加速器质谱法（AMS）① 对奥夫内特的 5 个头骨的碎片进行测量，人们得出了它们属于中石器时代晚期的结论。这些头骨碎片的时间跨度大约为 600 年，即公元前 6700—前 6100 年。这就使得人们可以将其解释为同步发生的埋葬事件，也可以认为这些头颅是被逐次下葬的。这些头颅被放置在一大一小两个坑中，可能表明这两个坑分属不同的年代。为了回答这个问题，柏林、汉堡的几所大学和牛津大学联合开展了新的研究项目，使用加速器质谱法确定头颅所属的年代，包括使用贝叶斯模型（Bayesian modelling）②，重新对所有头骨进行创伤分析。[45]

霍伦施泰因-施塔德尔（Hohlenstein-Stadel）遗址出土的文物与奥夫内特的类似。在那里，我们在一个满是红赭石的坑里发现了 3 颗头颅的沉积物：在施塔德尔洞穴的入口处发现了一名成年男性、一名成年女性（20—30 岁）和一个年龄为 1 岁半至 2 岁的婴儿的遗骸。我们发现了 12 颗与这名女性的头骨有关的 *Rutilus meidringeri*（一种鲤科鱼）的穿孔牙齿。这些鱼的牙齿很可能是挂在死者脖子或头上的某种装饰品。这些头骨被小心翼翼地放置在小坑中，男性在前，女性紧随其后，婴儿的头颅被放在女性头颅的旁边。该男性骸骨的加速器质谱数据显示其年代为距今 7835±80 年（ETH-5732）或公元前 6743

---

① 加速器质谱法，全称为 Accelerator Mass Spectrometry，是一种质谱分析方法，是加速器和质谱两大技术的结合。加速器质谱法将离子加速到非常高的速度，再使之进入质谱分析单元，从而提高了质谱的灵敏度和辨别度。

② 贝叶斯模型是统计学的一种分类方法，它是利用贝叶斯定理的概率统计知识，对离散型数据进行分类的算法。

±139 年，属于中石器时代晚期的沉积。两名成年人骸骨的头部和身体被小心地分离，他们的脊椎处有切割的痕迹。两名成年人的头骨也有死前遭受钝器打击的痕迹，这样的创伤导致了两人的死亡。婴儿的颅骨没有明显的创伤迹象，但显示了脑积水的病理指征，导致这种疾病的原因多种多样，发病机理十分复杂，其结果是脑部积水增多，使颅骨增大。[46]另外，人们还 74
发现了与下颌骨和上颈椎相连的单独的头骨，如位于多瑙-里斯县（Lkr. Donau-Ries）考夫特斯贝格（Kauftersberg）和位于阿尔萨斯曼勒费尔森（Mannlefelsen）奥伯拉格（Oberlarg）的头骨，与奥夫内特和施塔德尔的头骨存在一些相似之处。两处遗址都缺少直接的 AMS 定年，相比之下，两者存在很多明显的差异。只有曼勒费尔森的头骨上有削去或剥去头皮以及烧伤的痕迹，但也存在明显的致命钝器伤。[47]在奥夫内特、霍伦施泰因-施塔德尔和曼勒费尔森出现的头骨致命损伤引出了中欧中石器时代晚期暴力行为增多的问题。关于奥夫内特骷髅巢穴饰品（穿孔的贝壳和马鹿尖牙）的一项最新研究显示，在中石器时代晚期，不仅存在一种复杂的采集模式，而且存在一个活跃的大规模交换网络。[48]

结　语

群体内和群体间的暴力是否在旧石器时代和中石器时代发挥了重要作用，对于这个问题，我们目前仍然难以回答。最近的研究论著清楚地表明，这个问题已变得越来越重要。弗格森和埃斯塔布鲁克在比较研究中使用的解释旧石器时代和中石器时代之创伤的早期方法受到了各种因素的制约。[49]除了保存问题和不完整的骨骼学记录限制了判断和量化，还存在一个显而易见的难题，那就是在对存在明显创伤的案例进行判断时，如何区分创伤是由事故引起的还是由人际暴力导致的。

在始于中更新世的旧石器时代早期，似乎只有少数发现物指向了孤立的暴力行为。这些案例中的骸骨似乎都未受致命伤，除了阿塔普埃尔卡胡瑟裂谷的17号头盖骨代表的那个个
75 体，那可能是人类自相残杀的第一个证据。旧石器时代中期，在尼安德特人遗骸上发现的伤口主要位于头骨和上肢。近期研究的一个主要焦点是尼安德特人，已有多篇报告公开发表。一些伤口可能与人际暴力有关，但也有可能是高风险的狩猎策略造成的。暴力似乎在这种创伤模式的形成中发挥了作用；然而，这种创伤性损伤模式并不局限于尼安德特人，在旧石器时代晚期的狩猎采集者和智人身上也有发现过。格拉维特人的遗骸数量更多，头骨上存在许多已经愈合的创伤，但这些伤口没有穿透骨头。

松希尔1号墓为旧石器时代晚期的致命暴力提供了惊人的证据。人们在其中一块胸椎上发现了抛射物撞击的痕迹。在发现了第一个被飞矛射死的案例之后，人们还在欧洲和近东的旧石器时代末期和晚归石器时代发现了其他案例，其中包括第一个被箭射中要害却得以幸存的案例。在欧洲中石器时代或其他地区冰期后的晚归石器时代，抛射伤和钝器伤的进一步证据被记录下来。肯尼亚图尔卡纳湖畔的纳塔鲁克和苏丹的撒哈巴山等遗址似乎展现了人类社会内部暴力的新规模。在旧石器时代末期或向晚归石器时代过渡的时期，这些遗址呈现了首次大规模的冲突。与旧石器时代相比，中石器时代暴力加剧的问题不能由骨骼遗骸证明。大约有2000人的遗骸被完好地保存下来，出现这样大规模的墓葬，人们时常理所当然地把这一时期描述

为充满暴力的时代。然而，像奥夫内特这样的遗址确实表明，中石器时代存在发生冲突的可能性，而且暴力冲突有时会导致对个体甚至群体的故意杀戮。不过另外，除了暴力行为，也有零星的证据表明，人们会对受伤和残疾的个人进行治疗和护理。圣塞泽尔、沙尼达尔 3 号墓葬和卡夫泽 11 号墓葬的案例表明，尼安德特人和早期现代人会照顾那些受伤的人，让他们从事故、人际暴力或其他疾病造成的创伤中幸存。例如，沙尼达尔 1 号墓葬里的尼安德特人患上了多种退行性疾病、身受创伤、右臂萎缩，还有可能左眼失明、听力丧失，但仍然活到了
40—50 岁。[50]如果没有群体的帮助，包括治疗伤口和日常的扶 76
持，这些受伤或残疾的人将无法狩猎或采集食物，并且容易受到大型食肉动物的攻击，这样的动物在他们的栖息地随处可见。虽然我们对他们生存所必需的支持要达到何种程度尚不清楚，但更新世和全新世存在对早期狩猎采集者的社会帮助，这是毫无疑问的。

由于人们对史前狩猎采集者暴力行为的话题越来越感兴趣，我们似乎有理由相信，在不久的将来，会有更多旧石器时代和中石器时代的案例被确定下来。除了上述提到的种种限制条件，有一点似乎很明确，那就是在尼安德特人身上发生暴力的频率并不比之前或之后时代的更高。暴力似乎在近代的狩猎采集者和游牧民族，以及旧石器时代和中石器时代的狩猎采集者中都发挥着重要作用。[51]

参考论著

自 Lawrence Keeley, *War before Civilization: The Myth of the Peaceful Savage* (New York: Oxford University Press, 1996) 出版以后，研究工作一

直集中在史前人类的暴力行为上。近年来出版了多部关于暴力的著作，它们涵盖了不同时期、不同地域暴力行为的各个方面：C. Knüsel and M. J. Smith (eds.), *The Routledge Handbook of the Bioarchaeology of Human Conflict* (London: Routledge, 2014); Debra L. Martin and David W. Frayer (eds.), *War and Society*, vol. Ⅲ, *Troubled Times: Violence and Warfare in the Past* (Amsterdam: Gordon & Breach, 1997); J. Carman and A. Harding (eds.), *Ancient Warfare: Archaeological Perspectives* (Stroud: Allan Sutton, 1999)。2014 年，马克·W. 艾伦 (Mark W. Allen) 和特里·L. 琼斯 (Terry L. Jones) 主编了 *Violence and Warfare among Hunter-Gatherers* (Walnut Creek, CA: Left Coast Press) 这部著作。近几年来，越来越多的案例研究出版，但仅有少数文章和章节具有综述性质，如 V. H. Estabrook, 'Violence and Warfare in the European Mesolithic and Palaeolithic', in Allen and Jones's (eds.), *Violence and Warfare*; R. Brian Ferguson, 'The Prehistory of War and Peace in Europe and the Near East', in Douglas P. Fry (ed.), *War, Peace, and Human Nature. The Convergence of Evolutionary and Cultural Views* (New York: Oxford University Press, 2013), pp. 191–240。

77 最早一批暴力案例的时间可以追溯到中更新世，这些案例来自著名的阿塔普埃尔卡的胡瑟裂谷遗址，相关作品如下：N. Sala et al., 'Lethal Interpersonal Violence in the Middle Pleistocene', *PLoS ONE* 10 (2015), https://doi.org/10.1371/journal.pone.0126589, and 'The Sima de los Huesos Crania: Analysis of the Cranial Breakage Patterns', *Journal of Archaeological Science* 72 (2016), pp. 25–43。

有许多专门论述尼安德特人的文章，包括 T. D. Berger and E. Trinkaus, 'Patterns of Trauma among the Neandertals', *Journal of Archaeological Science* 22.6 (1995), pp. 841–52; E. Trinkaus, 'Neandertals, Early Modern Humans, and Rodeo Riders', *Journal of Archaeological Science* 39.12 (2012), pp. 3691–3。关于克罗地亚克拉皮纳的各种已愈合骨骼的外伤性损伤的描述，见 V. H. Estabrook and D. W. Frayer, 'Trauma in the Krapina Neandertals: Violence in the Middle Palaeolithic?', in Knüsel and Smith (eds.), *Routledge Handbook*, pp. 67–89。

关于旧石器时代晚期的暴力行为，只有个别的案例研究有所描述。规模最大的案例集为 E. Trinkaus et al., 'Skeletal and Dental Palaeopathology', in E. Trinkaus and J. Svoboda (eds.), *Early Modern Human Evolution in*

Central Europe: The People of Dolní Vestonice and Pavlov (New York: Oxford University Press, 2006), pp. 419-65。迄今为止，关于旧石器时代晚期致命伤害的唯一研究是对松希尔 1 号墓葬的描述：E. Trinkaus and A. P. Buzhilova, 'The Death and Burial of Sunghir 1', *International Journal of Osteoarcheology* 22. 6 (2011), pp. 655-66。关于旧石器时代晚期或末期，最引人注目的案例来自苏丹撒哈巴山公墓，以下论著中有相关描述：F. Wendorf (ed.), *The Prehistory of Nubia*, vol. Ⅱ (Dallas, TX: Southern Methodist University Press, 1968); M. Judd, 'Jebel Sahaba Revisited', in K. Kroeper, M. Clodnicki and M. Kobusiewicz (eds.), *Archaeology of Early Northeastern Africa*, Studies in African Archaeology 9 (Poznań: Poznań Archaeological Museum, 2006), pp. 153-66。晚更新世与全新世早期的分界线以近期发掘的纳塔鲁克遗址为代表，具体分析见 Marta Lahr and colleagues, 'Inter-group Violence among Early Holocene Hunter-Gatherers of West Turkana, Kenya', *Nature* 529 (2016), pp. 394-8。

截至目前，只有少数文章、章节和著作对中石器时代进行了概述，参见 V. H. Estabrook, 'Violence and Warfare in the European Mesolithic and Palaeolithic', in Allen and Jones (eds.), *Violence and Warfare among Hunter-Gatherers*; the volume edited by M. Roksandic, *Violent Interactions in the Mesolithic*, BAR International Series 1237 (Oxford: Archaeopress, 2004); N. Thorpe, 'Origins of War: Mesolithic Conflict in Europe', *British Archaeology* 52 (2000), pp. 9-12; S. Vencl, 'Stone Age Warfare', in J. Carman and A. Harding (eds.), *Ancient Warfare: Archaeological Perspectives* (Stroud: Allan Sutton, 1999), pp. 57-73; S. Vencl, 'Interprétation des blessures causées par les armes au Mésolithique', *L'Anthropologie* 95 (1995), pp. 219-28。中石器时代的所谓头颅墓葬暗示了一种特殊情况，关于这些头颅的处理方法的描述，见对阿尔萨斯曼勒费尔森遗骸的研究：B. Boulestin and D. Henry-Gambier, 'Le crane mésolithique de l'abri du Mannlefelsen I à Oberlarg (Haut-Rhin): Étude des modifications osseuses', in B. Boulestin and D. Henry-Gambier (eds.), *Crânes trophées, crânes d'ancêtres et autres pratiques autour de la tête: problèmes d'interprétationen archéologie*, BAR International Series 2415 78
(Oxford: Archaeopress, 2012), pp. 77-88。关于德国南部的奥夫内特和霍伦施泰因-施塔德尔遗址的研究，请参阅 D. W. Frayer, 'Ofnet: Evidence for a Mesolithic Massacre', in Martin and Frayer (eds.), *Troubled*

Times; J. Orschiedt, 'The Head Burials from Ofnet Cave: An Example of Warlike Conflict in the Mesolithic', in M. Parker Pearson and N. I. J. Thorpe (eds.), *Warfare, Violence and Slavery in Prehistory*, BAR International Series 1374 (Oxford: Archaeopress, 2005), pp. 67–73。

注释

1. R. G. Klein, *The Human Career: Human Biological and Cultural Origins* (Chicago: University of Chicago Press, 2009).
2. G. Bailey and P. Spikins, *Mesolithic Europe* (New York: Cambridge University Press, 2008).
3. Klein, *Human Career*.
4. E. F. Kranioti, 'Forensic Investigation of Cranial Injuries due to Blunt Force Trauma: Current Best Practice', *Research and Reports in Forensic Medical Science* 5 (2015), pp. 25–37.
5. X.-J. Wu et al., 'Antemortem Trauma and Survival in the Late Middle Pleistocene Human Cranium from Maba, South China', *Proceedings of the National Academy of Sciences* 108.9 (2011), pp. 19558–62, https://doi.org/10.1073/pnas.1117113108.
6. H. Shang and E. Trinkaus, 'An Ectocranial Lesion on the Middle Pleistocene Human Cranium from Hulu Cave, Nanjing, China', *American Journal of Physical Anthropology* 135.4 (2008), pp. 431–7.
7. N. Sala et al., 'Lethal Interpersonal Violence in the Middle Pleistocene', *PLoS ONE* 10 (2015), https://doi.org/10.1371/journal.pone.0126589.
8. T. D. Berger and E. Trinkaus, 'Patterns of Trauma among the Neandertals', *Journal of Archaeological Science* 22.6 (1995), pp. 841–52.
9. E. Trinkaus, 'Neandertals, Early Modern Humans, and Rodeo Riders', *Journal of Archaeological Science* 39.12 (2012), pp. 3691–3, https://doi.org/10.1016/j.jas.2012.05.039.
10. Wu et al., 'Antemortem Trauma'; V. H. Estabrook, *Sampling*

Biases and New Ways of Addressing the Significance of Trauma in Neandertals (Ann Arbor: University of Michigan Press, 2009).

11. V. H. Estabrook and D. W. Frayer, 'Trauma in the Krapina Neandertals: Violence in the Middle Palaeolithic?', in C. Knüsel and M. J. Smith (eds.), *The Routledge Handbook of the Bioarchaeology of Human Conflict* (London: Routledge, 2014), pp. 67–89.
12. C. P. E. Zollikofer et al., 'Evidence for Interpersonal Violence in the St. Cesaire Neanderthal', *Proceedings of the National Academy of Sciences* 99. 9 (2002), pp. 6444–8.
13. S. E. Churchill et al., 'Shanidar 3 Neandertal Rib Puncture Wound and Paleolithic Weaponry', *Journal of Human Evolution* 57. 2 (2009), pp. 163–78.
14. H. Coqueugniot et al., 'Earliest Cranio-Encephalic Trauma from the Levantine Middle Palaeolithic: 3D Reappraisal of the Qafzeh 11 Skull, Consequences of Pediatric Brain Damage on Individual Life Condition and Social Care', *PLoS ONE* 9. 7 (2014), pp. 1–10, https://doi. org/10. 1371/journal. pone. 0102822.
15. E. Trinkaus et al., 'Skeletal and Dental Palaeopathology', in E. Trinkaus and J. Svoboda (eds.), *Early Modern Human Evolution in Central Europe: The People of Dolní Vestonice and Pavlov* (New York: Oxford University Press, 2006), pp. 419–65.
16. E. Trinkaus and A. P. Buzhilova, 'The Death and Burial of Sunghir 1', *International Journal of Osteoarcheology* 22. 6 (2011), pp. 655–66, https://doi. org/10. 1002/oa. 1227.
17. L. Bachechi, P. -F. Fabri and F. Mallegni, 'An Arrow-Caused Lesion in a Late Upper Paleolithic Human Pelvis', *Current Anthropology* 38. 1 (1997), pp. 135–40.
18. D. Henry-Gambier, *Les Enfants de Grimaldi (Grotte des Enfants, site des Baoussé–Roussé, Italie). Anthropologie et Palethnologie funéraire* (Paris: CTHS/RMN, 2001).
19. G. Cordier, 'Blessures préhistoriques animales et humaines avec armes ou projectiles conservés', *Bulletin de la Société Préhistorique*

Française 87. 10–12（1990）, pp. 462–82.

20. F. Bocquentin and O. Bar-Yosef, 'Early Natufian Remains: Evidence for Physical Conflict from Mt. Carmel, Israel', *Journal of Human Evolution* 47. 1–2（2004）, pp. 19–23.
21. D. M. Antoine, A. Zazzo and R. Friedman, 'Revisiting Jebel Sahaba: New Apatite Radiocarbon Dates for One of the Nile Valley's Earliest Cemeteries', *American Journal of Physical Anthropology* 150. S56（2013）, p. 68, https://doi. org/10. 1002/ajpa. 22247.
22. F. Wendorf, 'Site 117: A Nubian Final Palaeolithic Graveyard Near Jebel Sahaba, Sudan', in F. Wendorf（eds.）, *The Prehistory of Nubia*（Dallas, TX: Southern Methodist University Press, 1968）, vol. II, pp. 954–1040.
23. M. Judd, 'Jebel Sahaba Revisited', in K. Kroeper, M. Clodnicki and M. Kobusiewicz（eds.）, *Archaeology of Early Northeastern Africa*, Studies in African Archaeology 9（Poznań: Poznań Archaeological Museum, 2006）, pp. 153–66.
24. D. Frayer, 'Ofnet: Evidence for a Mesolithic Massacre', in D. L. Martin and D. W. Frayer（eds.）, *War and Society*, vol. III, *Troubled Times: Violence and Warfare in the Past*（Amsterdam: Gordon & Breach, 1997）, pp. 181–216; L. H. Keeley, *War before Civilization*（Oxford: Oxford University Press, 1996）; N. Thorpe, 'Origins of War: Mesolithic Conflict in Europe', *British Archaeology* 52（2000）, pp. 9–12; S. Vencl, 'Stone Age Warfare', in J. Carman and A. Harding（eds.）, *Ancient Warfare: Archaeological Perspectives*（Stroud: Allan Sutton, 1999）, pp. 57–73.
25. C. Meiklejohn et al., 'Socioeconomic Change and Patterns of Pathology and Variation in the Mesolithic and Neolithic of Western Europe: Some Suggestions', in M. N. Cohen and G. J. Armelagos（eds.）, *Paleopathology at the Origins of Agriculture*（New York: Academic Press, 1984）, pp. 75–100.
26. M. Lahr et al., 'Inter-Group Violence among Early Holocene Hunter-Gatherers of West Turkana, Kenya', *Nature* 529（2016）, pp. 394–8, https://doi. org/10. 1038/nature16477.

27. C. M. Stojanowski et al., 'Contesting the Massacre at Nataruk', *Nature* 539 (2016), E8-E10,https://doi.org/10.1038/nature19778.

28. J. Grünberg, 'Mesolithische Bestattungen in Europa: Ein Beitrag zur vergleichenden Gräberkunde', *Internationale Archäologie* 40 (2000).

29. V. H. Estabrook, 'Violence and Warfare in the European Mesolithic and Paleolithic', in M. W. Allen and T. L. Jones (eds.), *Violence and Warfare among Hunter-Gatherers* (Walnut Creek, CA: Left Coast Press, 2014), pp. 49-69.

30. M. Roksandic, introduction to M. Roksandic (ed.), *Violent Interactions in the Mesolithic*, BAR International Series 1237 (Oxford: Archaeopress, 2004), pp. 1-8.

31. E. Cunha, C. Umbelino and F. Cardoso, 'About Violent Interactions in the Mesolithic: The Absence of Evidence from the Portuguese Shell Middens', in Roksandic (ed.), *Violent Interactions*, pp. 41-6.

32. M. Roksandic, 'Contextualizing the Evidence of Violent Death in the Mesolithic: Burials Associated with Victims of Violence in the Iron Gates Gorge', in Roksandic (ed.), *Violent Interactions*, pp. 53-74.

33. C. Bonsall, 2008, 'The Mesolithic of the Iron Gates', in G. Bailey and P. Spinkins (eds.), *Mesolithic Europe* (Cambridge: Cambridge University Press, 2008), pp. 238-79; Roksandic, 'Contextualizing the Evidence'.

34. V. C. Boroneant et al., 'A Mesolithic Burial Area at Schela Cladovei, Romania', Epipaléolithique et mésolithique en Europe: Paléoenvironnement, peuplement et systèmes culturels, 5ème Congrés International UISPP, Commission mésolithique, 1995.

35. M. C. Lillie, 'Fighting for Your Life? Violence at the Late Glacial to Holocene Transition in Ukraine', in Roksandic (ed.), *Violent Interactions*, pp. 89-96.

36. C. Meyer et al., 'The Eulau Eulogy: Bioarchaeological Interpretation of Lethal Violence in Corded Ware Multiple Burials from Saxony-Anhalt, Germany', *Journal of Anthropological Archaeology* 28.4 (2009), pp. 412-23;亦可参阅本卷第 14 章。

37. E. Brinch-Petersen, 'Manipulation of the Mesolithic Body', in

J. Piek and T. Terberger (eds.), *Frühe Spuren der Gewalt-Schädelverletzungen und Wundversorgung an prähistorischen Menschenresten aus interdisziplinärer Sicht*, Beiträge zur Ur- und Frühgeschichte Mecklenburg-Vorpommerns 41 (Schwerin: Landesamt für Kulturund Denkmalpflege, 2006), pp. 43-50.

38. G. Lidke Terberger, 'Verletzungen an mesolithischen Menschenresten aus Deutschland und Südskandinavien-Folgen von Streit und Krieg?', *Die Kunde* n. f. 52 (2001), pp. 189-214.

39. T. Terberger, 'Gewalt bei prähistorischen Wildbeutern Mitteleuropas? Ein Diskussionsbeitrag', in Piek and Terberger (eds.), *Frühe Spuren*, pp. 129-54.

40. R. E. M. Hedges et al., 'Radiocarbon Dates from the Oxford AMS System: Archaeometry Datelist 9', *Archaeometry* 31 (1989), pp. 207-34; M. Stuiver and P. J. Reimer, 'Extended 14C Data Base and Revised CALIB 3.0 14C Age Calibration Program', *Radiocarbon* 35 (1993), pp. 215-30.

41. J. Orschiedt, *Manipulationen an menschlichen Skelettresten. Taphonomische Prozesse, Sekundärbestattungen oder Anthropophagie*, Urgeschichtliche Materialhefte 13 (Tübingen: Mo Vince, 1999).

42. S. Rigaud, 'Les Objets de parure associés au dépôt funéraire mésolithique de Große Ofnet: implications pour la compréhension de l'organisation sociale des dernières sociétés de chasseurs-cueilleurs du Jura Souabe', *Anthropozoologica* 48. 2 (2013), pp. 207-30.

43. T. Mollison, 'Zeichen gewaltsamer Verletzungen an den Ofnet Schädeln', *Anthropologischer Anzeiger* 13 (1936), pp. 79-88.

44. D. Frayer, 'Ofnet: Evidence for a Mesolithic Massacre', in D. L. Martin and D. W. Frayer (eds.), *Troubled Times: Violence and Warfare in the Past* (Amsterdam: Gordon & Breach, 1997), pp. 181-216; Orschiedt, *Manipulationen*; J. Orschiedt, 'The Head Burials from Ofnet Cave: An Example of Warlike Conflict in the Mesolithic', in M. Parker Pearson and N. I. J. Thorpe (eds.), *Warfare, Violence and Slavery in Prehistory*, BAR International Series 1374 (Oxford: Archaeopress, 2005), pp. 67-73.

45. R. Schulting et al., 'New Research on the Mesolithic "Skull Nests" of Ofnet Cave, SW Germany', paper presented at the Society for American Archaeology 81st annual meeting, Orlando, Florida, 2016.
46. A. C. Aufderheide and C. Rodrígeuz-Martín, *The Cambridge Encyclopaedia of Human Paleopathology* (New York: Cambridge University Press, 1998), pp. 57-8.
47. B. Boulestin and D. Henry-Gambier, 'Le Crâne mésolithique de l'abri du Mannlefelsen I à Oberlarg (Haut-Rhin): Étude des modifications osseuses', in B. Boulestin and D. Henry-Gambier (eds.), *Crânes trophées, crânes d'ancêtres et autres pratiques autour de la tête: problèmes d'interprétation en archéologie*, BAR International Series 2415 (Oxford: Archaeopress, 2012), pp. 77-88.
48. Rigaud, *Objets de parure.*
49. R. B. Ferguson, 'The Prehistory of War in Europe and the Near East', in D. P. Fry (ed.), *War, Peace and Human Nature. The Convergence of Evolutionary and Cultural Views* (Oxford: Oxford University Press, 2013), pp. 473-7; Estabrook, *Sampling Biases*; Estabrook, *Violence and Warfare.*
50. E. Trinkaus and S. Villotte, 'External Auditory Exostoses and Hearing Loss in the Shanidar 1 Neandertal', *PLoS ONE* 12.10 (2017), https://doi.org/10.1371/journal.pone.0186684.
51. Estabrook, *Sampling Biases*; Estabrook, *Violence and Warfare*; Estabrook and Frayer, *Trauma in the Krapina Neandertals*; Trinkaus, *Neandertals, Early Modern Humans.*

3 安定的生活，动荡的时代：欧洲新石器时代的暴力

马丁·J. 史密斯
里克·J. 舒尔廷
琳达·菲比格

79 欧洲新石器时代是文化、社会和经济发生巨大变革的一个时期，这些变革影响了人们的生存策略、定居模式、技术发展和人口规模，同时也影响了人们的思想意识和世界观。到公元前 2500 年前后新石器时代接近尾声的时候，人们在中欧和西欧建立起来的生活方式已经从以流动性或半流动性的狩猎-渔猎-采集群体为基础，永久性地转变为依靠复杂的农业经济以及广泛的贸易和交换网络的定居社会。自 19 世纪以后，新石器时代社群内部和社群之间暴力的程度和意义一直是人们争论不休的话题，对于这种敌对行为出现的次数和意义，以及在这一过渡时期发生的其他社会变化，主流观点随着时间的推移而变化不定。在过去的几十年里，有人认为相对和平和社会/经济稳定是新石器时代的代名词，有人认为群体和个人之间的暴力冲突可能是一些变化和发展的结果和副产品，甚至有时是变化和发展的催化剂，如今这些看法都得到了重要的修正。在这方面，人们对新石器时代观点的转变可以被看作关于暴力性质和意义的更广泛讨论的缩影。总体上来说，人们认为暴力是人类社会发展的一个重要现象。本章讨论的关键问题集中在从新石器时代开始的暴力总体模式的变化，以及这一时期暴力的区

域性和历时性演变。骨骼创伤的证据是我们研究方法的基础。虽然被解读为武器的物品和被认定为防御设施的结构肯定是重要的证据来源，但两者都存在诸多问题，不能说明在某一特定时期究竟发生了多少真正意义上的暴力行为。在这方面，人类骨骼为暴力行为提供了唯一直接和明确的证据，同时也构成了与人类社会相吻合的一种遗迹形式，因此具有直接可比性。

然而，在新石器时代的墓葬组合中，人们注意到创伤类型 80
具有一定的一致性，这可以被归因于一定程度上共有的物质文化（例如，缺少金属武器）和整个时期的社会组织形态。但是，我们并没有看到一个完全同质的模式。人们在整个研究区域和时间段观察到的暴力表现形式表明，冲突的背景和冲突发挥的潜在作用存在很大差异。在很多方面，新石器时代的暴力互动可能与以前发生的暴力互动几乎没有什么不同。与此同时，冲突的规模不断扩大——更多的参与者被卷入，组织水平显然比之前的更高——这意味着确实发生了一些新的事情，促使社会策略表现出敌意，一些现代观察家将其描述为战争，而不是简单的谋杀。本章还探讨了这一影响深远的发展的可能诱因。

虽然新石器时代的骨骼记录已经为一个时期内大规模的暴力事件提供了明确的证据［例如，1984 年首次发表的新石器时代早期塔尔海姆（Talheim）集体墓穴的证据］，但起初，这些证据对人们如何看待新石器时代社会的影响相对较小，当时的看法常常强调新的生产力经济、新的物质文化、贸易和交流、意识形态，以及仪式和礼节。最近，人们转变了思想观念，过去认为新石器时代的社会是一个和平的农耕社会，现在人们认为这个时代更为复杂，涉及群体内部和群体之间的冲突，群体之间的冲突有时会导致大规模死亡事件的发生，就像那些发生在塔尔海姆、阿斯帕恩-施莱茨（Asparn-Schletz）、舍内克-基里安施塔特恩（Schöneck-Kilianstädten）、维德施泰特（Wiederstedt）、哈尔伯施塔特（Halberstadt）和尤劳（Eulau）的事件一样。[1]在塔尔海姆，38个男人、女人和儿童似乎在同一次事件中遭到杀害，并被草草埋于乱葬岗，而在哈尔伯施塔特，一些青少年和成年男子似乎遭到了处决。人们现在虽然已经开始普遍接受新石器时代并不总是和平的观点，但对于冲突的普遍性和规模、起因及其可能造成的更广泛影响仍有相当多的争论。近期发表的作品强调了男人、妇女和儿童被施以极端致命暴力的案例，[2]使这一时期的人们看起来越来越好
81 战。当然，尽管人们可以找到暴力的物证，却无法指明和平的具体证据。

什么是暴力？

什么是暴力？我们该如何确认史前的暴力？对于新石器时代的大多数时期来说，专业化的武器通常是不存在的，虽然表面上有防御设施，但这些可能反映了权力和/或社群的团结，而非用于防御。因此，本章主要侧重于身体方面，即骨骼证据，它们是发生暴力的最直接证据。我们对暴力的定义是“造成或可能造成伤害或死亡的身体攻击行为”。[3]我们承认，暴力的其他概念包括情感、心理、性或物质损失，而不仅仅是身体伤害，并且人身伤害会导致情感和心理上的创伤；[4]也许最重要的是，对于什么才是真正的身体暴力，存在不同的文化界定标准。[5]后一方面对于人们试图通过几千年前的证据推断意图和意义很重要。虽然我们在此关注的是严重到足以影响骨骼的

暴力创伤，但借由骨骼健康和营养状况指标，骨骼学分析也有可能为目前被称作“结构性暴力”和不平等的问题提供一定的启发。然而，其他许多方面可能并不明显，包括暴力威胁以及情感和心理虐待。[6]同样需要注意的是，骨骼上的暴力痕迹只给我们提供了一小部分受到暴力影响的个体，因为并不是所有的暴力伤害都会影响到骨骼。[7]

之前发生了什么？

如果说直到最近，早期的农耕社会一直被认为是一派和平 82
的景象，那么这一特征更适用于之前的中石器时代的狩猎采集者。然而，从某种程度上讲，这种感觉可以说只不过是一种诡辩术。狩猎采集者的社会组织，包括社群全体成员，通常被描述为高度流动的群体，因此不同政治体的概念并不适用。在这种情况下，作为战争的必要条件，群体之间的冲突已变得不可能，所有的冲突都被视为发生在群体内部，由此被称为“谋杀”。这一特性描述存在许多问题，其中与我们的研究目的最相关的，是狩猎采集社会极具变化性，社会组织涵盖的范围十分广泛。群体成员并不总是流动的，而且确实有考古学和同位素证据表明，在相对较小的空间范围内存在抢地盘的行为。这类证据还得到了大量确凿的民族志学证据的佐证，这些民族志学证据表明，在觅食社会中，领地意识和对入侵的“敏感性”是十分普遍的。[8]中石器时代的骨骼上也不乏与暴力创伤相关的证据；事实上，在某些情况下，有些证据的数量超过了新石器时代的证据数量。[9]也可能存在大规模冲突的证据，如在巴伐利亚的奥夫内特见到的“骷髅巢穴”，那里有 34 个男人、女人和儿童的头颅，许多骸骨表明其生前受过致命的打击，并被分别埋入一个洞穴的两个坑里。最上面的颈椎（颈项）部位，其中一些有被石制工具切割的痕迹，这说明是割掉了带有血肉的头颅，而不是像在仪式中那样，在颅骨上的肉腐烂后再把头颅割掉。既然如此，那么在农耕出现之前，暴力肯定就已经存在了。

新石器时代的社会影响

越来越明显的是，新石器时代给欧洲大部分社会的方方面面都带来了重大的变化。从冲突的角度来看，这意味着什么呢？没有明确的证据表明中石器时代的狩猎采集者和新石器时代的农民之间存在冲突。在中石器时代，除了一些特别肥沃的
83 沿海和河流栖息地，欧洲大部分地区的人口密度可能很低。这一点，再加上差别很大的骨骼保存状况——许多地区没有来自这两个时期的数量充足的骨骼组合——使我们无法得出这样的结论，即这些冲突从未发生过。冲突几乎可以肯定是发生过的。确实如此，即使我们认为步入新石器时代的过程包括当地采用耕种的生活方式这一重要因素，而且在某些情况下无疑是这样的，但是，如下文所述，越来越多的基因证据表明，在新石器时代开始和新石器时代晚期/铜石并用时代开始的时候，人口发生了惊人的快速更替。[10]可以说，在这种情况下，冲突可能更容易发生，因为背景不同、最初语言不通的社群之间更有可能产生误解，而且在关系密切的个人和家庭之间，人们对所有权的看法和对分享的道德责任（尤其是分享食物）的期望非常不同，这与农民必须保留家畜和粮食种子形成了鲜明的对比。[11]

鉴于新石器时代时间跨度大，以及欧洲以农耕为主导的生

活方式的快速发展和随之而来的人口快速增长[12]——可能事实确实如此，尽管我们对放射性碳年代测定的人口数量的精确度存有一定的疑虑[13]——还有把死者葬在大型公墓或纪念碑下面的习惯，与新石器时代相关的证据要多得多。人口的增长，加上更大规模的社会集群的证据，使人们更有可能看到比之前规模大得多的暴力。新石器时代早期和中期的大型土木防御围墙证明曾有一大批人为了族群的工程而聚集在一起。新的年代测定证据表明，英国和爱尔兰的许多围墙耗费的建造时间比之前设想的要短得多，[14]这必然使得参与建造的人数相应增多。对 84
这些工程的描述通常强调它们的仪式性和它们所发挥的作用——通过共同劳动的过程，创造一种群体意识。它们被视为交换、闲聊和牵线搭桥的场所，很像中世纪的商品交易会。

这种叙述虽然可能部分贴切，但并不完整。如果可以动员大量人力来建造这些遗迹，那么他们也可以被指派去从事一些不那么和平的活动。强烈的社群意识的产生本身就意味着在边界之外存在其他社群。虽然这些社群之间的关系通常是友好的，但无论什么时候出了问题，无论存在多微小的差异——真实存在或想象出来的差异——都可能会导致“我们与他们进行对抗”的情况。在英国，至少有一些围墙显示出明确的证据，表明它们曾经遭受大批敌人的攻击，敌人可能有数百个之多，如在英国南部的汉布尔登山（Hambledon Hill）、克里克利山（Crickley Hill）和卡恩布雷亚（Carn Brea）的围墙就是这样。[15]在欧洲大陆也有类似的证据。话虽如此，大多数围墙在建造的时候似乎并没有把防御放在首位。可能是在某个特定的时间和地点，在人们预感要发生暴力事件的时候，建造围墙的总体思路变为修建防御工事。于是，颇具讽刺意味的是，最初旨在将人们聚集在一起以实现某个共同目标的工程，却导致了这样一种情形，即任何社会总是可能会发生这样或那样的冲突（如嫉妒、竞争、对不当行为的指控），这些冲突可能会升级，使整个群体卷入报复行动。一旦一个社群确立了强有力的身份认同，它的成员就会受制于社会的可替代性，在这种情况下，任何成员都可以对群体中其他人的行为负责。[16]因此，他们成为报复性杀人的合理目标，报复性杀人是迄今为止民族志学、历史学和现代研究最常引用的群体间的杀人动机。[17]这并不是说社会替代（social substitution）在中石器时代的狩猎采集社会中不发挥重要作用，而是说社会替代的应用范围可能在新石器时代大幅扩大。然而，社会替代达到何种程度才能成为发生
85 冲突的终极（而非直接的）理由，关于这一点是存在争议的。人们把复仇当作一种策略并在一定的情境中提出这一要求，在许多情况下，可以用付钱（向被杀者的亲属支付抚恤金）的方式来避免发生旨在复仇的流血事件。[18]

对暴力进行量化：评估创伤的普遍性

在过去大约十年的时间里，我们看到研究从以案例为基础转向以地域为基础，这些研究采用了大规模的、基于人口的方法来研究暴力互动的普遍性问题。这种研究方法首次认可研究人员将当地数据放到更广泛的背景下，以确定模式，并在更广泛的欧洲背景下确定地区和国家暴力证据的特征（地图 3.1）。[19]这种“大局观”（big picture）的方法也很重要，因为它让人们注意到了标准的埋葬环境；也就是说，这些地方反映了那个时期最多的一部分骨骼组合，但在叙述中往往遭到忽
86 视，人们更喜欢描述那些更为壮观的乱葬岗。这些骨骼组合不

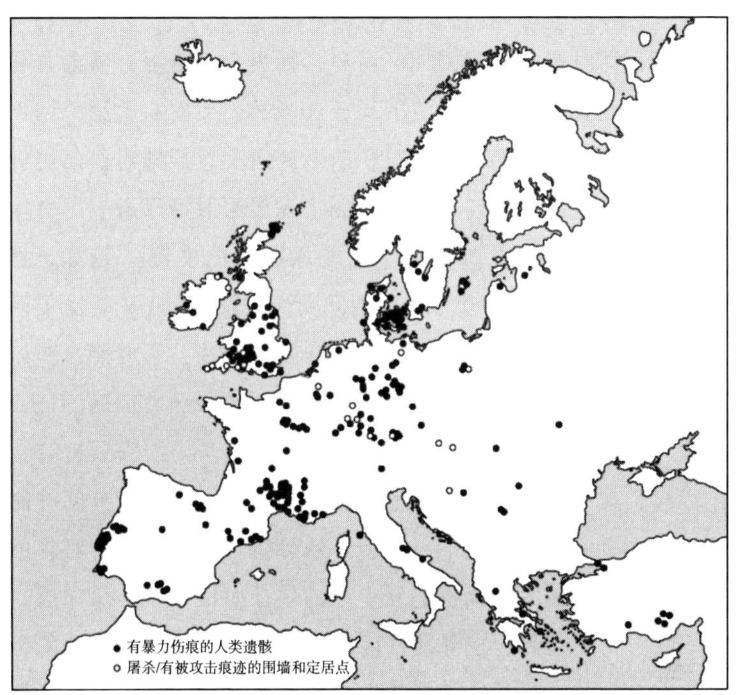

地图 3.1 欧洲新石器时代有暴力伤痕的人类遗骸以及与屠杀地点一致的有被攻击痕迹的围墙、定居点和大规模墓葬的分布图。一方面，这种分布大体上与在欧洲出土的人类遗骸的分布一致。另一方面，位于东欧的地点相对稀少，这更有可能反映出，迄今为止这一主题以及相关出版物和报告未能获得更广泛的国际受众，人们对这一主题的关注程度有所不同。我们猜想，在今后几年里，来自东欧地区的更多例子将引起人们更广泛的关注

是反映了某一次大规模的暴力事件，而是使人们能够洞察到社会内部“日复一日”的暴力，这也许更能代表大多数人在新石器时代的生活经历。

新石器时代的年代因地区而异，如表 3.1 所示，已愈合和未愈合的颅骨创伤的数据范围是从德国的公元前 6 千纪中期到斯堪的纳维亚的公元前 2 千纪早期。这还不包括抛射伤，这类创伤在骨骼遗骸中表现得并不充分，许多抛射物只击中了身体软组织，因此没有在骨骼上留下能检测到的痕迹。[20]例如，据相关研究，在新石器时代晚期西班牙北部的圣胡安港拉丁区（San Juan ante Portam Latinam，SJAPL）遗址中，只在一个头盖骨上发现了未愈合的骨折，而另外六个头盖骨中均嵌有箭头，并且没有愈合的迹象，其他许多骨骼则与断裂的箭头紧密结合
87 在一起，其中许多箭头可能是致死的原因。[21]头部受伤也可能对个人有重大影响，而不一定会导致骨折。因此，人们对骨骼残骸中与暴力相关之创伤的发生率的估计应该是非常保守的。

除了葡萄牙和西班牙北部的特例，致命的颅脑创伤的发生率具有显著的一致性，约占总人口的 3%—5%。上文提到的在 SJAPL 发现的未愈合的抛射物创伤，也属于同一类别。这些数
88 字对当时的人们意味着什么？考虑到我们论述的是由大家庭或氏族组成的小规模定居社会，在一个总人口为 100 人的社群中，仅仅有 3 个人死亡就相当于在一个 10 万人口规模的城市中有 3000 人死亡。这为一些遗址提供了背景。如塔尔海姆（38 人死亡）、阿斯帕恩-施莱茨（67 人以上死亡）、舍内克-基里安施塔特恩（26 人死亡）（参见本卷第 14 章），这些遗址呈现了种族灭绝的特征，可能涉及消灭整个社群或其中的有生力量。此类事件会产生持久的影响，在缺失强有力的中央政治

权力的情况下，被视为“正义”的责任落在了死者得以幸存的亲属和盟友的手中。[22]虽然报复可能会延迟，但完全放弃复仇将是软弱的危险信号。更广泛的经济、社会和政治环境是决定过去的伤害和侮辱的记忆是否、何时以及如何发挥作用的关 89
键因素。[23]

表 3.1 可以追溯到欧洲新石器时代的骨骼创伤*

地区	颅脑损伤占比(%)			数量	数据来源
	非致命	致命	总占比		
丹麦	12.6	4.6	16.9	261	Fibiger et al., ‘Patterns of Violence Related Head Trauma’.
瑞典	6.8	2.6	9.4	117	Fibiger et al., ‘Patterns of Violence Related Head Trauma’.
西班牙北部(SJAPL)	11.5	0.5	12.0	208	Vegas et al., ‘Prehistoric Violence’.
波兰	8.3	3.7	11.9	109	W. Lorkiewicz, ‘Skeletal Trauma and Violence among the Early Farmers of the North European Plain: Evidence from Neolithic Settlements of the Lengyel Culture in Kuyavia, North Central Poland’, in Schulting and Fibiger (eds.), *Sticks, Stones*, pp. 51-76.
英国	5.0	6.2	11.2	545	R. J. Schulting and L. Fibiger, ‘Violence in Neolithic North West Europe: A Population Perspective’, in A. Whittle and P. Bickle (eds.), *Early Farmers: The View from Archaeology and Science* (London: British Academy, 2014), pp. 281-306. M. Smith, *Mortal Wounds: The Human Skeleton as Evidence for Conflict in the Past* (Barnsley: Pen & Sword, 2017), p. 93.

续表

地区	颅脑损伤占比（%）			数量	数据来源
	非致命	致命	总占比		
德国	4.4	3.5	7.6	634	L. Fibiger, 'Conflict and Violence in the Neolithic of North Western Europe', in M. Fernández-Götz and N. Roymans (eds.), *Conflict Archaeology: Materialities of Collective Violence in Late Prehistoric and Early Historic Europe* (New York: Taylor & Francis, 2018), pp. 13–22.
法国	4.2	3.2	7.4	687	Schulting n. d.
葡萄牙	5.0	0.4	5.4	500	A. M. Silva et al., 'Skeletal Evidence of Interpersonal Violence from Portuguese Late Neolithic Collective Burials', in Schulting and Fibiger (eds.), *Sticks, Stones*, pp. 317–40.
平均	7.5	3.0	10.4		
总计				3061	

* 表中“总占比”一项，原书百分比数据如此。——编者注

群体内 VS 群体外

在处理史前考古记录中的创伤性伤害的证据时，比较棘手的一个方面是区分暴力发生于群体内部，还是发生于两个群体之间。当然，后者才属于战争的范畴。从上文提到的围墙以及在塔尔海姆、阿斯帕恩-施莱茨、舍内克-基里安施塔特恩和其他遗址发生的大规模屠杀可以看出，大规模冲突确实发生

过。考虑到受害者的数量，这些事件不太可能发生在当地社群内部。相反，死亡人数接近当地整个社群的规模。在塔尔海姆的案例中，出土的 38 具骸骨的年龄和性别分布与社群实际人口的年龄和性别分布一致，而在阿斯帕恩-施莱茨和舍内克-基里安施塔特恩，年轻女性的比例较低，这表明她们可能是被俘虏来的（参见本卷第 14 章）。这一点在哈尔伯施塔特遗址中表现得淋漓尽致，此处一个集体坟墓里的 9 个人都是青少年或成年男性（出处同前）。在英格兰南部的韦兰铁匠铺（Wayland's Smithy）1 号有室墓穴，也出现了类似的群体，14 具骸骨中有 11 具属于成年男性。一个人的骨盆中嵌有一个箭头，另外两具骸骨与断裂的箭头结合紧密，但在这个案例中没有颅脑损伤的痕迹。因此，人们无法确定这是不是一个集体墓穴，虽然贝叶斯模型的放射性碳年代测定表明，被埋葬的尸体是在很短的一段时间内积聚起来的。[24] 在这两个案例中，在可能是单一社群的地方（有室墓穴通常被解读为当地群体的埋葬地）杀死如此多的男性意味着幸存者（比例严重失调的女性和儿童）的自卫能力将受到严重削弱。民族志学文献证明，在小规模社会中，俘获年轻女性既是一种常见的做法，也是战争的动机之一。[25]

然而，除了这些集体墓穴，在公共坟场、洞穴和丧葬遗址 90
中也发现了因暴力死亡的证据，这些构成了那个时代和/或那个地区的标准埋葬做法。这些案例的背景更加难以解释。许多案例可能代表了发生在群体内部的杀戮。已经记录在案的大多数致命伤害是由头部被击伤造成的，凶器要么是木头、石头等钝器，要么是鹿角棒、斧头或投石器。由于没有发现真正的武器，所以没有办法使用风格上的标准来区分群体内冲突和群体外冲突。而通过骸骨中嵌入抛射物的案例，至少可以在理论上判断冲突的性质。在存在多个社群和政治组织的广大地区，箭头样式基本相同，尽管这些是已经确定的，但也有一些迹象；例如，东米卢斯（Mulhouse-Est）线性陶文化（LBK）墓地的一具尸体上的燧石箭头就不属于本地类型，这表明该受害者受到了来自远方的一群人的袭击。[26]进一步的实验工作正在解决仅通过创伤模式就能更好地识别武器的问题，[27]但更大的问题仍然是一次特定的暴力活动究竟意味着什么。

理解新石器时代社群的含义：暴力是一种沟通方式

对过去的任何分析都会受到由现有经验塑造的思想意识、道德观念和期望的影响。今天的大多数人可能会把对他人使用身体暴力作为最后的手段，而在人类历史的大部分时间里，身体暴力被视为一种可以接受的、融入社会的行为方式。这并不意味着暴力对个人和群体造成的有害后果——从受伤到死亡，从经济困难到丧失个人或政治的独立性——没有让人感受深刻，尽管在另一方面，其他人会从中受益。公元前 6 千纪末期/公元前 5 千纪初期的线性陶文化的最后阶段提供了一个很好的案例研究对象，说明了人们在试图把迥异的数据和各种理论整合起来并试图把起源和意义归因于个人和集体的暴力事件时所面临的困难。

91 虽然线性陶文化的标准的骨骼记录不能证明暴力互动有所增加，但之前提到的大规模死亡遗址肯定能证明这一点，因为大多数或所有遗址的年代可以追溯到线性陶文化时期的结束阶段（参见本卷第 14 章）。这反过来又引出了大规模危机的概念，有时会发生伴随着人际暴力的其他破坏性行为［如在赫克斯海姆（Herxheim）出现的人工制品被故意打碎的现象］。人们一致认为，无论是气候学数据（无论如何，无法将这些数据按时间顺序进行微调，以便令人信服地使其与每个集体墓穴相互关联），还是社会经济学数据（当与更早的线性陶文化进行对比时，这些数据并未显示出间断性），都不能作为唯一的诱因或理由。无论是针对人（和其他动物?）还是物品的暴力，都可以被视为得到社会认可，由社会做出规划并加以执行的行为；另一种观点认为，暴力符合当时的社会规范，无论这种暴力是否源于人们感知到的危机。不过，更为重要的是，社会规范发生了变化，要适应活生生的经验和普遍存在的身体暴力，就像那些线性陶文化晚期的集体墓穴所展示出来的暴力，或者实际上，在丹麦的整个新石器时代的中期和晚期，暴力大行其道，这似乎确确实实存在，而非空穴来风。线性陶文化晚期的大规模死亡遗址构成了一个独特的、非比寻常的时间上和某种程度上受地域限制的集群，而丹麦的证据显示，随着时间的推移，小规模暴力行为的强度越来越稳定，虽然在未来，随着某个“大屠杀”遗址的发掘，这幅图景可能会有所改变。无论是否源于思想意识或其他方面构成的危机，还是关于暴力互动构成要素的公认规范的看法，可能都不如真实的、身体暴力的证据确实存在这一事实更为重要。就线性陶文化而言，更大规模的暴力事件可以说比在它之前和之后的时期都更为普遍。

人口迁徙的基因证据

越来越多的基因证据表明，在新石器时代，欧洲大部分地

区至少两次涌入过大量外来人口，第一次涌入是在新石器时代初期，第二次涌入是拥有草原血统之人的到来。[28]关于这些迁
92 徙的许多细节问题仍有待解决，但它们促使我们（重新）考虑这些造成冲突且显然规模很大的入侵的程度问题。虽然有证据表明，线性陶文化初期阶段的骨骼上带有外伤，这一文化代表着中欧最早的新石器时代文化，可似乎没有迹象表明当时发生了大规模的冲突。然而，劳伦斯·基利和他的同事们长期以来一直认为，在比利时沿“西部边境线”建造的许多围墙是出于防御目的，因为在这些围墙背后是由栅栏支撑的 V 形壕沟。[29]由于这是线性陶文化初期对外扩张的边界，那么防御针对的应该是更往西的那些狩猎采集者。对这些遗址的解释并不明确，而且一直存在争议。[30]几乎没有关于冲突的直接证据，当然也没有任何冲突可以归因于农民和狩猎采集者之间的对抗。这与线性陶文化晚期的情况有很大不同，正如前文提到的塔尔海姆、阿斯帕恩-施莱茨和舍内克-基里安施塔特恩的大规模死亡遗址所反映的那样。

第二次重要的人口迁徙事件被确定在公元前 4 千纪晚期，其标志是在中欧出现的新石器时代晚期绳纹器文化（Corded Ware culture，CWC）和拥有草原血统之人的涌入。[31]与新石器时代初期相比，绳纹器文化很可能表现出更高强度的暴力。然而，在如此广阔的区域和时间跨度内对骨骼创伤发生率进行比较远不是简单易行的办法，目前，我们只能说，证据暂时表明暴力在总体上有所增加。[32]需要强调的是，这种趋势在古代 DNA 研究结果出来之前就已经得到了确认。虽然在绳纹器文化出现之前就已经涉及人口迁徙的问题，但这一点受到了强烈的质疑，因为毫无疑问，基因数据将会受到质疑。[33]绳纹器文

化还与首次出现的正规武器石制“战斧”有关。即便关于它们的用途问题存在争议，但它们显然不是木工工具（和新石器时代早期磨光的石斧头不同，尽管很明显这些工具有时也被当作武器使用）。虽然它们无疑是一种象征符号，可它们不是 93
被随意设计的；它们的外形清楚地表明，其象征的事情之一可能就是致命的暴力。

然而，随着中石器时代向新石器时代过渡，可能很难找到土生土长的新石器时代早期的农民和那些在新石器时代晚期进入中欧的农民之间发生冲突的直接证据。目前还不清楚我们应该以什么样的规模，或在什么时间尺度上设想这种人口流动。毋庸置疑，绳纹器文化这种独特的物质文化不一定是某个族群的标志，因为它即便可能是从外部引进的，也有可能得到了广泛的接受。同时可能产生了连锁反应，冲突超出了绳纹器文化本身的范围。西班牙北部和法国南部的遗址显示，新石器时代晚期/铜石并用时代早期（约公元前 3000 年）的暴力程度有所增加，特别是被箭头射伤的人数有所增多。[34]正如在欧洲的其他地方一样，这些暴力似乎主要影响男性，这表明暴力的背景与新石器时代欧洲中部和西北部的有所不同。在那里，男性遗骸往往显示出更多已愈合的伤口，但未愈合的伤口对男性和女性遗骸的影响程度几乎相同。

冲突与不平等

关于新石器时代暴力的一个中心问题是，在这一时期是否出现了任何“新”的证据，或者暴力行为只是从这一时期开始变得更加明显。如上所述，就可作为武器使用的工具类型和个人层面上暴力行为的具体性质而言，新石器时代与之前的时代相比并没有实质上的不同。从在新石器时代的遗骸和中石器时代的骨骼中发现的暴力伤害类型来看，两者并没有明显的区别。[35]在驯养和定居出现的几千年前，族群之间也有发生各种致命暴力的例子，尽管这有待进一步研究。我们没有理由假定这些行动的参与者的心态与后来时期的有任何不同（将对立群体中的任何成员都视为其整体的代表，因此群体成员就成为合理的目标）。觅食群体的领地意识也不一定比定居族群的弱；事实上，觅食群体通常被认为对他人的侵入非常敏感。[36]在
94 这方面，我们有理由认为，中石器时代的人们表现出的掠夺和争斗行为，可能与其新石器时代后继者的那些行为并没有太大的不同。然而，发生变化的是这种敌对行动的规模。前面提及各种带有遭到大规模攻击迹象的围墙，之后又发生了几次大屠杀，这是欧洲可能也是世界上最早的证据，证明群体成员曾采取大规模的、协调一致的集体行动，去攻击规模相近的守备森严的群体。有人认为，在其他地方建造此类防御工事的重大任务，尤其是后来增加栅栏等额外的防御特征，表明建造者认为，至少在近期和不太遥远的未来，存在可以预见的外部威胁。这可能表明，暴力互动的频率随着潜在参与者数量的增多而提高。

战争规模的扩大、战争频率的提高和战争组织程度的增强，这些隐含的问题引发了另外一些问题：其一，在实践层面，是什么样的改变让这些发展成为可能；其二，潜在的社会驱动力的性质是怎样的，正是这些社会驱动力导致了这种新的敌对模式在此时出现。如前所述，群体间发生冲突的直接原因和根本原因之间往往没有趋同性，在转向驯化的资源之后，战争似乎愈演愈烈（即使考虑到地区差异），这种整体的一致性表明，答案很可能在于这些新社会依赖的经济基础。以觅食为

生的人往往保持较小的群体规模，个体之间出现财富不均的可能性很小，而狩猎采集者的婚姻往往是一夫一妻制，一夫多妻（或一妻多夫）的情况相对较少。这种观点以最近被研究的190个觅食群体的样本为基础，根据的是狩猎采集群体的系统发育分析结果，因此这一观点也被认为适用于过去的情况。[37]如果在这样一个由分散的流动觅食者组成的社会中发生冲突，号召其他人加入自己事业的机会就相对有限，加入这种战斗可能得到的回报也很有限。因此，虽然确实有证据表明中石器时代的群体之间存在敌意，有可能会像在奥夫内特那样，一个群体被另一个群体残酷地屠杀，但我们有理由认为，在这种行动中，双方的参战人数最多不过几十人。

转向依靠培育植物和驯养动物也促进了社会的一系列发 95
展，其可能带来的影响远远超出了人们饮食的变化。在考虑到人类性关系的更广泛基础时，马特·里德利（Matt Ridley）指出，这种转变为个人发展带来了前所未有的机遇。[38]与以前的生活方式不同，务农和放牧给那些最有才能的人带来了可观的回报。技术娴熟的牧民能饲养更多的牛，熟练的农民能种植更多的庄稼，这样人们就能生产出大量的剩余产品。这种发展将使这些人处于此前从未有过的位置，即他们能够购买那些不如自己成功的人的劳动力。在这方面，新石器时代不仅出现了大量的经济不平等现象，而且还首次应验了我们现在熟悉的一句格言：“财富会带来更多财富。”此外，新型经济也对家庭生活产生了深远的影响。以前，群体的规模在很大程度上受到当地环境中可用野生资源的承载能力的限制，群体面临携带多名幼童并保持流动性的困难，而以驯养动物为基础的生活有利于且回馈了规模更大的家庭。这一变化导致了人口的爆炸式增长，这通常被称为新石器时代的人口变迁，[39]从此以后，重回觅食的生活就不再可行了。但可能对家庭关系产生更深远影响的变化是，最成功和最“富有”的个人现在有能力供养不止一个配偶。

对近期牧民的各种研究都一再指出，在这类社会中，婚姻是异族通婚、从夫居，也是一夫多妻制，最有权势和最成功的男人拥有妻子的数量最多。[40]鉴于男女所占比例通常大致相等，在实行一夫多妻制的社会中，有些男子将永远无法结婚。当一夫多妻制的男性繁衍大量后代时，这种不平等会在一两代之内加剧，随着时间的推移，男性拥有财富（以牛的形式）并传给下一代男性，从而越发加剧这种不平等。这样的习俗可能会导致非常强大的族长的出现，他们能够通过家庭纽带命令更多的人效忠，而不像过去那样，只是作为小规模觅食群体中的一
96 员。这些新的社会网络也将创造出规模更大的一群群彼此有血缘关系的个体，由于流动性较低，他们变得对自己现在活动的较小区域更有领地意识。与许多人不久前想象的稳定、平等的社会不同，事实上，对新石器时代更准确的描述可能是不平等、天生不稳定的社会，这也许可以解释为什么从这一时期开始，人类遗骸中的暴力迹象变得更加明显。现在有更多的东西可以去争夺，如牲畜和收获的庄稼，草场，以及开垦好的耕地，但更大的袭击目标可能是其他人。在财富和结婚机会分配不均的情况下，那些获得最多的人损失的也最少。因此，这种不平等可以解释阿斯帕恩-施莱茨、舍内克-基里安施塔特恩、哈尔伯施塔特和韦兰铁匠铺的骨骼组合中不同寻常的人口构成。

结　语

在过去的几十年里，确认的欧洲新石器时代暴力的证据显著增加。人们越发认识到过去曾经发生暴力事件，这反过来导致人们在分析最近和更早发掘出来的人类骨骼残骸时更加注意暴力问题，从而促成了更多发现。在某些情况下，暴力的确切背景是可以辨别出来的，最显著的是线性陶文化晚期的大屠杀遗址。然而，在其他案例中，暴力发生的背景是模棱两可的，它反映的可能是群体内部的冲突（包括谋杀）或群体之间的冲突。虽然这肯定给理解某类冲突的案例提出了巨大的挑战，但也有可能为更广阔的场景提出一些合理的设想。在新石器时代建造大型围墙所需的社群合作的规模是该时期的一种新发展，但这种大规模的协作可能会被用于不是那么和平的目的。越来越多的证据表明，致命暴力的目标是男性，这表明有时妇女（可能还包括儿童）会成为俘虏。牛也可能是劫掠的主要目标，因为在那些把牛保持在一定数量的社会中，牛是财富和地位的主要来源，新石器时代中欧和北欧的大部分地区就是这种情况。在这一时期的大部分时间里，没有出现公然赞美勇士精神的物质文化，或者至少没有考古学上承认的那种物质文化。因此，似乎大多数人在认为有必要（或值得做）的时候就会施展这种能力，他们使用的武器与日常工作中使用的工具并没有太大的区别。一个强大的动机应该是对过去真正遭受过或想象中的不公正进行报复。因为这种冲动并不总是被付诸实
施，所以有通过其他途径来解决这些问题的可能性（如支付 97
补偿金），领导者（如家庭或家族首领）有可能利用和操控一些陈年旧事来达到自己的目的，这是一条常见的通往权力的途

径。因此，新石器时代冲突规模的扩大可能与社会经济和社会政治不平等的加剧息息相关，尽管这并不意味着任何单向性的发展。如前所述，人们提出的许多见解仍然比较新颖。研究新石器时代暴力的人们面临的一个主要任务是更深入地了解欧洲新石器时代不平等的时空变化，及其对暴力的规模和表现形式产生了什么样的影响。我们认为，新石器时代在发展有组织暴力方面的重要性（尤其是在人类社会中）是很难被高估的，理解这种变化可能会让我们更清楚地了解促进和平的条件以及导致冲突爆发的状况。

参考论著

在 20 世纪 60 年代和 70 年代的过程派持有的观点中，新石器时代是和平、平等的这一观念十分盛行，但到 20 世纪末，这种公认的范式开始转变。Lawrence Keeley, *War before Civilisation: The Myth of the Peaceful Savage* (Oxford: Oxford University Press, 1996) 对解构“和平的过去”产生了重大影响，而“和平的过去”是人们在之前达成的共识。对史前暴力证据的新考量反映了一场活跃的辩论，说明人们想要重新评估以前被忽略或摒弃的旧材料。这包括 J. Carman and A. Harding (eds.), *Ancient Warfare: Archaeological Perspectives* (Stroud: Allan Sutton, 1999) 以及 J. Guilaine and J. Zammit, *Le Sentier de la guerre* (Paris: Éditions du Seuil, 2001) 当中的一些重要章节，后一本书主要关注法国，该书在 2008 年有了英译本。Raymond Kelly, *Warless Societies and the Origin of War* (Ann Arbor: University of Michigan Press, 2000) 在理论上有重要影响，特别是该书总结了现在经常被引用的“社会替代理论”，描述了群体冲突的内在逻辑，并为仅从行为层面研究暴力提供了一个备选方案。

在接下来的几十年里，随着骨骼创伤个案的出现，新石器时代暴力的许多证据逐渐浮现。证据数量十分可观，在此不能一一列举，但关键的例子包括 Christopher Knüsel, ‘The Arrowhead Injury to Individual B2’, in Don Benson and Alasdair Whittle (eds.), *Building Memories: The Neolithic Long Barrow at Ascott-under-Wychwood* (Oxford: Oxbow Books, 2006), pp. 218-220；关于暴力的内容，参见 Martin Smith and Megan Brickley, *People of the Long Barrows*（Stroud：History Press，2009），pp. 102-112。John Robb，'Violence and Gender in Early Italy'，in Debra L. Martin and David W. Frayer（eds.），*War and Society*，vol. Ⅲ，*Troubled Times: Violence and Warfare in the Past*（Amsterdam：Gordon & Breach，1997），pp. 111-44 指出，值得注意的是，与青铜时代的同一地区相比，新石器时代意大利的暴力事件非常普遍。里克·舒尔廷和米克·维索茨基（Mick Wysocki）对新石器时代头盖骨的专门研究为英国的暴力现象提供了亟须的量化材料，参见 'In this Chambered Tumulus were Found Cleft Skulls...'，*Proceedings of the Prehistoric Society* 71（2005），pp. 107-38。

产生误判的可能性和建立可靠的中层理论的需要也推动了几项实验 98
性研究的开展。M. J. Smith, M. B. Brickley and S. L. Leach，'Experimental Evidence for Lithic Projectile Injuries：Improving Identification of an Under-recognised Phenomenon'，*Journal of Archaeological Science* 34（2007），pp. 540-53 测试了新石器时代的箭头对动物骨骼的影响；同时，Meghan Dyer and Linda Fibiger，'Understanding Blunt Force Trauma in Neolithic Europe：The First Experiments using a Skin-Skull-Brain Model and the Thames Beater'，*Antiquity* 91. 360（2017），pp. 1515-28 测试了新石器时代的钝器，并使用塑料球来代替头骨进行法医检测。

相关研究论著提供了围墙和定居点遭到攻击的证据，包括对大量人口进行屠杀的明显证据，这些证据促使人们提出进一步的见解，第一篇也是最著名的一篇论文是 Joachim Wahl and Hans König，'Anthropologisch-traumatologische untersuchung der menschlichen skeletresste aus dem bandkeramischen massengrab bei Talheim，Kreiss Heilbronn'，*Fundberichte aus Baden-Württemburg* 12（1987），pp. 65-193；最新的案例来自 Christian Meyer et al.，'The Massacre Mass Grave of Schöneck-Kilianstädten Reveals New Insights into Collective Violence in Early Neolithic Central Europe'，*Proceedings of the National Academy of Sciences* 112. 36（2015），pp. 11217-22。

从整个欧洲大陆的高度着眼以解决新石器时代欧洲战争问题的最全面著作是 Rick Schulting and Linda Fibiger（eds.），*Sticks, Stones and Broken Bones: Neolithic Violence in a European Perspective*（Oxford：Oxford University Press，2012）。随后，C. Knüsel and M. J. Smith（eds.），*The Routledge*

Handbook of the Bioarchaeology of Human Conflict (London: Routledge, 2014)出版。人们认为这部著作具有重要意义，因为它特别关注暴力行为的社会背景［Debra Martin, book review in *International Journal of Palaeopathology* 14.1（2016）, pp. 60-1］。该书涉及新石器时代的章节包括对英国证据的汇总，以及关于西亚的重要章节和聚焦于儿童的章节，儿童经常被排除在暴力叙述之外。

上述提及的近期出版物是在有更多关于暴力的生物考古学综合性著作的背景下出现的。关于主要案例，请参阅以下论著：Phillip Walker, 'A Bioarchaeological Perspective on the History of Violence', *Annual Review of Anthropology* 30（2001）, pp. 573-96; Frayer and Martin (eds.) *Troubled Times*; T. Otto, H. Thrane and H. Vandkilde (eds.), *Warfare and Society: Archaeological and Social Anthropological Perspectives* (Aarhus: Aarhus University Press, 2006); D. L. Martin and C. P. Anderson (eds.), *Bioarchaeological and Forensic Perspectives on Violence* (Cambridge: Cambridge University Press, 2014); Rebecca Redfern, *Injury and Trauma in Bioarchaeology* (Cambridge: Cambridge University Press, 2017)。关于国家形成之前暴力的民族志和民族史学方法的最新概述，请参阅 Mark W. Allen and Terry L. Jones (eds.), *Violence and Warfare among Hunter-Gatherers* (Walnut Creek, CA: Left Coast Press, 2014)。最后，有一部著作向非专业读者介绍了涉及暴力的生物考古学，那就是 Martin Smith, *Mortal Wounds: The Human Skeleton as Evidence for Conflict in the Past* (Barnsley: Pen & Sword, 2017)。这部著作中的一章是关于新石器时代的，作者认为这一时期显示出与之前时代不同的人类战争的新轨迹。

注　释

1. 参见本卷第 14 章。
2. R. J. Schulting and L. Fibiger (eds.), *Sticks, Stones and Broken Bones: Neolithic Violence in a European Perspective* (Oxford: Oxford University Press, 2012).
3. J. Archer, introduction to J. Archer (ed.), *Male Violence* (London:

Routledge, 1994), pp. 1–20.

4. D. Grossman, *On Combat: The Psychology and Physiology of Deadly Conflict in War and Peace* (PPCT Research Publications, 2004).
5. J. Spencer, 'Violence', in A. Barnard and J. Spencer (eds.), *Encyclopedia of Social and Cultural Anthropology* (London: Routledge, 2010), pp. 559–60.
6. A. Reza, J. A. Mercy and E. Krug, 'Epidemiology of Violent Deaths in the World', *Injury Prevention* 7.4 (2001), pp. 104–11.
7. M. J. Smith, M. B. Brickley and S. L. Leach, 'Experimental Evidence for Lithic Projectile Injuries: Improving Recognition of an Under-Recognised Phenomenon', *Journal of Archaeological Science* 34 (2007), pp. 540–53.
8. S. A. LeBlanc, 'Forager Warfare and Our Evolutionary Past', in M. W. Allen and T. L. Jones (eds.), *Violence and Warfare among Hunter Gatherers* (Walnut Creek, CA: Left Coast Press, 2015), pp. 26–46.
9. P. Bennike, *Palaeopathology of Danish Skeletons* (Copenhagen: Akademisk Forlag, 1985). 亦可参阅本卷第2章。
10. I. Mathieson et al., 'Genome-wide Patterns of Selection in 230 Ancient Eurasians', *Nature* 528 (2015), pp. 499–503.
11. E. Cashdan, 'Coping with Risk: Reciprocity among the Basarwa of Northern Botswana', *Man* 20.3 (1985), pp. 454–74.
12. A. Timpson et al., 'Reconstructing Regional Population Fluctuations in the European Neolithic Using Radiocarbon Dates: A New Case-Study Using an Improved Method', *Journal of Archaeological Science* 52 (2014), pp. 549–57.
13. D. A. Contreras and J. Meadows, 'Summed Radiocarbon Calibrations as a Population Proxy: A Critical Evaluation Using a Realistic Simulation Approach', *Journal of Archaeological Science* 52 (2014), pp. 591–608.
14. A. Whittle, F. Healy and A. Bayliss (eds.), *Gathering Time: Dating the Early Neolithic Enclosures of Southern Britain and Ireland* (Oxford: Oxbow Books, 2011).

15. R. J. Mercer, 'The Origins of Warfare in the British Isles', in J. Carman and A. Harding (eds.), *Ancient Warfare, Archaeological Perspectives* (Stroud: Allan Sutton, 1999), pp. 143–56.
16. R. C. Kelly, *Warless Societies and the Origins of War* (Ann Arbor: University of Michigan Press, 2000).
17. K. F. Otterbein, 'Killing of Captured Enemies: A Cross-Cultural Study', *Current Anthropology* 41. 3 (2000), pp. 439–43.
18. Kelly, *Warless Societies*.
19. L. Fibiger et al., 'Patterns of Violence-Related Head Trauma in Neolithic Southern Scandinavia', *American Journal of Physical Anthropology* 150. 2 (2013), pp. 190 – 202; R. J. Schulting, 'Skeletal Evidence for Interpersonal Violence: Beyond Mortuary Monuments in Southern Britain', in Schulting and Fibiger (eds.), *Sticks, Stones*, pp. 223 – 48; M. J. Smith, 'The War to Begin all Wars? Contextualizing Violence in Neolithic Britain', in C. J. Knüsel and M. Smith (eds.), *The Routledge Handbook of the Bioarchaeology of Human Conflict* (London: Routledge, 2014), pp. 109–26.
20. Smith, Brickley and Leach, 'Experimental Evidence', pp. 540–53.
21. J. I. Vegas et al., 'Prehistoric Violence in Northern Spain: San Juan Ante Portam Latinam', in Schulting and Fibiger (eds.), *Sticks, Stones*, pp. 265–302.
22. R. J. Schulting, 'War without Warriors? The Nature of Interpersonal Conflict before the Emergence of Formalised Warrior Élites', in S. Ralph (ed.), *The Archaeology of Violence: Interdisciplinary Approaches* (Albany, NY: SUNY Press, 2013), pp. 19–36.
23. I. W. Schröder and B. E. Schmidt, Introduction to B. E. Schmidt and I. W. Schröder (eds.), *Anthropology of Violence and Conflict* (London: Routledge, 2001), pp. 1–24.
24. A. Whittle, A. Bayliss and M. Wysocki, 'Once in a Lifetime: The Date of the Wayland's Smithy Long Barrow', *Cambridge Archaeological Journal* 17. 1 (2007), pp. 103–21.
25. K. F. Otterbein, 'Killing of Captured Enemies: A Cross-Cultural

Study', *Current Anthropology* 41.3 (2000), pp. 439–43.

26. C. Jeunesse et al., 'Unusual Funeral Practices and Violence in Early Neolithic Central Europe: New Discoveries at the Mulhouse-Est Linearbandkeramik', *Antiquity Project Gallery* (2014), http://journal.antiquity.ac.uk/projgall/jeunesse342.
27. M. Dyer and L. Fibiger, 'Understanding Blunt Force Trauma and Violence in Neolithic Europe: The First Experiments Using a Skin-Skull-Brain Model and the Thames Beater', *Antiquity* 91.360 (2017), pp. 1515–28.
28. I. Mathieson et al., 'Genome-wide Patterns of Selection in 230 Ancient Eurasians', *Nature* 528 (2014), pp. 499–503.
29. M. Golitko and L. H. Keeley, 'Beating Ploughshares Back into Swords: Warfare in the Linearbandkeramik', *Antiquity* 81.312 (2007), pp. 332–42.
30. B. Vanmontfort, 'Forager-Farmer Connections in an "Unoccupied" Land: First Contact on the Western Edge of LBK Territory', *Journal of Anthropological Archaeology* 27.2 (2008), pp. 149–60.
31. W. Haak et al., 'Massive Migration from the Steppe is a Source for Indo-European Languages in Europe', *Nature* 522 (2015), pp. 207–11.
32. C. Meyer et al., 'The Eulau Eulogy: Bioarchaeological Interpretation of Lethal Violence in Corded Ware Multiple Burials from Saxony-Anhalt, Germany', *Journal of Anthropological Archaeology* 28.4 (2009), pp. 412–23.
33. M. Vander Linden, 'Population History in Third-Millennium-BC Europe: Assessing the Contribution of Genetics', *World Archaeology* 48.5 (2016), pp. 714–28.
34. Vegas et al., 'Prehistoric Violence in Northern Spain', pp. 265–302.
35. M. Roksandic et al., 'Interpersonal Violence at Lepenski Vir Mesolithic/Neolithic Complex of the Iron Gates Gorge (Serbia-Romania)', *American Journal of Physical Anthropology* 129.3 (2006), pp. 339–48.
36. LeBlanc, *Violence and Warfare*, pp. 26–46.
37. R. S. Walker et al., 'Evolutionary History of Hunter-Gatherer

Marriage Practices', *PLoS ONE* 6.4 (2011), https://doi.org/10.1371/journal.pone.0019066.

38. M. Ridley, *The Red Queen: Sex and the Evolution of Human Nature* (New York: Viking, 1993).

39. J.-P. Bocquet-Appel, 'When the World's Population Took Off: The Springboard of the Neolithic Demographic Transition', *Science* 333.6402 (2011), pp. 560–61.

40. M. Borgerhoff Mulder et al., 'Pastoralism and Wealth Inequality: Revisiting an Old Question', *Current Anthropology* 51.1 (2010), pp. 35–48.

4 南部非洲石器时代晚期的暴力

艾伦·G. 莫里斯

20世纪60年代末发生了一场关于人类本性的重要的学术 99
讨论。罗伯特·阿德利（Robert Ardrey）出版了三本大众科普读物，这些著作在很大程度上是基于解剖学家雷蒙德·达特（Raymond Dart）的研究和观点；[1]罗伯特·阿德利的基本假设是，人类逐步进化为天生具有攻击性的动物，对他们来说，通过暴力的狩猎活动获得肉食是一件正常的事情。站在另一端的是古人类学家理查德·利基（Richard Leakey），他提出了一种更为温和的人类起源理论，认为人类的肉食只能通过捡拾来获得。[2]讨论中暗含的是人性问题：我们有暴力的倾向，是进化导致的，还是只是在最近的人类历史时期才习得的？如果后者是正确的，那么我们就可以“去掉”好斗的弊习，更好地与地缘政治邻居相处。那么，我们的天性是与人分享，还是注定要和他人进行激烈的竞争？

在这场关于进化的争论中，一个独特的、现存的狩猎采集者群体被提及，这些人要么性情温和，要么富于攻击性，对于他们性格的认识取决于学术站位。20世纪60年代，通过劳伦斯·凡·德·普司特（Laurens van der Post）和伊丽莎白·马歇尔·托马斯（Elizabeth Marshall Thomas）的浪漫主义作品，喀拉哈里沙漠（Kalahari）的布须曼人为全世界所知晓。[3]在很大程度上，雷蒙德·达特已经普及了科伊桑人（Khoesan）就是“活着的原始人”的观点，这些人为理解我们更久远的狩猎采集者祖先的本质提供了模型。[4]综上所述，这些早期观点为喀拉哈里研究小组（Kalahari Research Group）提供了基础，该小组开始对 20 世纪 60 年代的布须曼人的生活展开系统研
100 究。[5]他们关于布须曼人的新民族志提供了关于这些人的大量知识，但基于如下假设：布须曼人不仅代表着过去未改变的残迹，而且在很大程度上没有受到与“更先进”邻居的文化接触的影响。这样的观点遭到了一些学者的质疑。[6]但在很大程度上，布须曼人仍然是解释他们的基因远祖的考古学模型，他们的远祖生活在非洲南部次大陆上，在大约 10 万年前的石器时代晚期出现，一直延续到 17—19 世纪欧洲人到来。

关于喀拉哈里布须曼人的民族志证据假定这些人生活在一种生态平衡中，捕杀动物完全是将其作为食物来源。喀拉哈里民族志认为，结构单一的觅食社群本质上是和平的，只要有可能，人们就会通过化解冲突来避免暴力。[7]然而，历史证据和一些民族志数据表明，暴力比之前想象的更为普遍。理查德·李（Richard Lee）指出，布须曼人群体之间的暴力主要集中在对妇女的争夺上，他记录了数量惊人的致命互动。[8]如果他的数据是根据统计推断出来的，那么多比地区昆人（Dobe !Kung）的谋杀率比 20 世纪 70 年代纽约的谋杀率还要高出三倍，相当于 20 世纪 90 年代纽约谋杀率峰值的两倍。[9]这样的统计数字与人们持有的“温和的布须曼人”的先入之见并不相符，表明基本的假设可能是大错特错的。

令学者感到焦虑的是他们看到了明显的矛盾之处：从社会人类学的视角来看，这些温和的狩猎采集者与他们的环境保持着生态平衡，但历史记录表明，在布须曼人内部存在极端暴力
101 的行为。[10]虽然没有人对历史证据提出异议，但所有人都认为

那个历史时期是一种特殊情况，不能适用于过去。马泰斯·冈瑟（Mathais Guenther）特别指出，“布须曼人在近代的和平方式”是前殖民地时期的以“平等主义、开放和分享”为基础的生活方式的复活。对他来说，历史时期的暴力是一种反常现象，而不是文化常态。

石器时代晚期暴力的考古学证据

20 世纪 60 年代中期，在厄加勒斯角（Cape Agulhas）附近的奎因角，人们发现了一具骸骨，这是来自南部非洲的第一个暗示暴力死亡的考古证据。[11]不幸的是，由于这些骨头是在沙丘面积缩小后暴露出来的，所以几乎没有关于埋葬的相关信息，但依据放射性碳年代测定，时间为公元前 2220±40 年（Beta 241163），这表明此处墓地应该属于新石器时代晚期。骨骼上留下的暴力证据是确定无疑的：两枚骨制箭头嵌入了年轻成年女性骨骼的下胸椎（图 4.1）。对死亡事件的重建表明，当箭射入受害者的后腰时，她可能是俯卧在地上的。虽然无法弄清楚确切的死因，但未愈合的伤口表明，此人是在受伤后不久死去的。

在奎因角骨骼样本的案例中，对暴力行为的确认很简单，但在施暴工具已不在场的案例中，则更难确认具体的暴力行为。为了证明骨折是故意实施的暴力行为导致的，就必须排除意外或疾病的可能性。创伤性骨损伤可分为死前（有明显的愈合迹象）、死亡过程中（没有愈合，但有骨损伤的痕迹，同时仍显示为“绿色”）和死后（软组织腐烂后有枯骨受损的迹象）三种。当可以确定撞击点的性质时，颅骨损伤就成为暴力意图的最有力证据，这些损伤可以被视为凹陷的骨节或放射状骨折。在只有骨折证据的情况下，绝对不可能完全确定某 102

一伤害是意外事故导致的还是源自暴力意图，但许多个体上类似的受伤模式强烈暗示，这是人为伤害。[12]

图 4.1　UCT 317（奎因角）第 12 胸椎和第 1 腰椎显示处于原位的骨箭头。刻度：厘米。左：右侧视图；右：下斜视图

苏珊·法伊弗（Susan Pfeiffer）和我一直在独立研究南部非洲石器时代晚期暴力行为的骨骼学证据，研究 8000 年前至大约 2000 年前的全新世中期到晚期的人类骨骼。我们已经发现了 12 个案例，其中可以确认有 17 人曾受到暴力侵害。[13]表 4.1 依次列出了具体情况，从上到下，证据的确凿性递减。

105 最明显的案例是造成伤害的工具仍在现场的那些遗迹。之前已经提到了奎因角，但法伊弗已经确认了另一个来自纳塔尔海岸巴利托湾的案例，她在一名老年男性已愈合的颅骨损伤中发现了一块嵌入的石头碎片。[14]另一批骸骨（来自梅尔克博斯特兰、莫德尔河、朗克勒普和斯努夫克勒普）都显示出非常独特的颅骨损伤。[15]撞击点位于局部，表明这是钝的、带角的且直径狭窄的工具造成的伤害（图 4.2）。在斯努夫克勒普的
106 案例中，受害者在袭击中得以幸存，而在梅尔克博斯特兰、莫

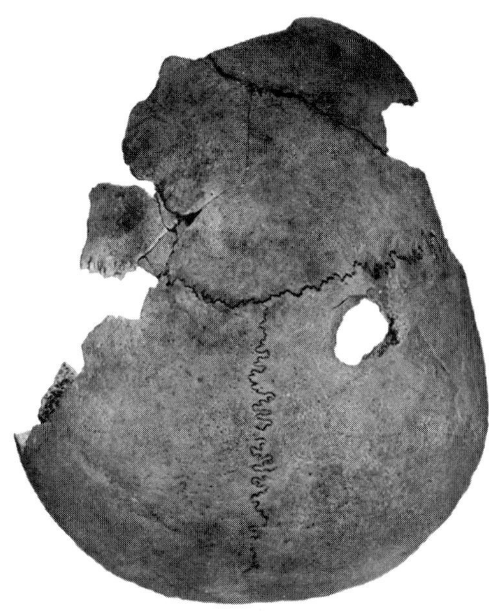

图 4.2　UCT 332 个体 3（朗克勒普）的颅顶顶视图显示，右侧顶骨存在钝器所致的死前损伤

德尔河和朗克勒普，受害者的伤口致其死亡。下一组案例（来自安德烈斯克拉尔、法劳斯科普和惠彻洞穴）显示遗骸受到钝器创伤，放射状裂纹从面积更大的撞击部位延伸开来。[16]安德烈斯克拉尔和惠彻洞穴的两个个体从撞击和随后的颅骨骨折中幸存下来，但法劳斯科普的个体的颅骨损伤更加严重，而且此损伤是在死亡过程中造成的。诺兰赫拉·德拉米尼（Nonhlanhla Dlamini）认为，在 6 个保存下来的颅骨和下颌骨中（出自 13 个个体），有 4 个存在与暴力行为相一致的死前损伤，本章提到的其中 3 个案例（UCT 386、UCT 387 和 UCT 394）清楚地显示了从特定的撞击点产生的放射状骨折创伤。[17]

表 4.1　南非石器时代晚期暴力创伤证据的标本概要

案例*	性别	年龄	伤口	出处
奎因角 UCT 317	女性	20—30 岁	胸椎里的骨箭头	Parkington & Morris, 'Prehistoric Homicide'.
德班博物馆巴利托湾 B 区	男性	>40 岁	已愈合的颅骨损伤里的石片	Pfeiffer, 'Two Disparate Incidences'.
莫德尔河 SAM 6054 a,b,c	3 个儿童	1 岁、6 岁和 12 岁	器物所致的颅骨损伤，凹陷性骨折并伴有放射状骨折	Pfeiffer & van der Merwe, 'Cranial Injuries'.
梅尔克博斯特兰 SAM 6348 a,b	女性和儿童	成年人和青少年	死亡过程中的颅外伤	Pfeiffer et al., 'Violent Human Death'.
朗克勒普 UCT 332	女性	成年人	死亡过程中的颅外伤	Morris, 'Trauma and Violence in the LSA'.
斯努夫克勒普 UCT 372	男性	>50 岁	两处死前颅骨损伤	Morris et al., 'Human Remains from Snuifklip'.
法劳斯科普 UCT 386	男性	40—50 岁	死亡过程中的放射状颅骨骨折	Parkington & Dlamini, 'First People'; Dlamini, 'Notes on Faraoskop'.
法劳斯科普 UCT 387	女性	30 岁以上		
法劳斯科普 UCT 394	女性	50 岁上下		
安德烈斯克拉尔 A 2787	男性	老年人	死前凹陷性骨折并带有放射状裂痕	Pfeiffer, 'Cranial Trauma'.

续表

案例*	性别	年龄	伤口	出处
惠彻洞穴 A 1187	未知	成年人	死前凹陷性骨折	Morris, ‘Trauma and Violence in the LSA’.
萨尔达尼亚湾 SAM 6372 a	女性	成年人	在颈椎附近发现的骨点	Dewar, ‘Late Holocene Burial Clusters’.
巴菲尔湾 UCT 591	男性	成年人	与骨骼相关的骨点	Pfeiffer, ‘Population Dynamics’.
普利登堡湾 NMB 5	女性	30—50 岁	已愈合的颅骨损伤，可能是动物袭击导致的	Pfeiffer, ‘Two Disparate Incidences’.

* UCT：开普敦大学人类生物学系；SAM：开普敦伊兹科博物馆身体人类学收藏；A：威特沃特斯兰德大学解剖科学学院；NMB：布隆方丹国家博物馆。

UCT 386 和 UCT 387 显示了典型的“冲击-对冲”伤，即头部的一侧受到毁灭性打击，导致头骨与基底接触部位产生额外的放射状骨折（图 4.3）。

图 4.3　UCT386（法劳斯科普）颅顶后视图显示，撞击点位于左侧，两侧颅骨呈放射状骨折。刻度：厘米

法伊弗和吉纳维芙·杜瓦（Genevieve Dewar）提到的两处遗址的证据最不充分，但仍然可以被包括在这个样本中。[18]虽然从萨尔达尼亚湾和巴菲尔湾获得的样本没有显示死前或死亡过程中的骨损伤，但在奎因角发现的每个案例中，都有与在 UCT 317 出土的两个骨箭头形状相似的骨箭头，这些骨箭头都与骨头直接结合在一起。[19]这些东西不是陪葬品，可能是坟墓填充物中包含的人工制品，但至少在萨尔达尼亚湾的那个女性案例中，骨点是与颈椎紧密结合在一起的，这表明它在软组织腐烂前就卡在那里。最后一个案例是来自普利登堡湾的 NMB 5，它提醒我们，伤害可能是由其他原因造成的，与人际暴力无关。法伊弗提出，这一系列已愈合的 3 处损伤与大型掠食者如棕鬣狗的咬痕一致。[20]在这个案例中，此人受了重伤，但肯定在袭击中幸存下来。

总结 11 处遗址（不包括普利登堡湾的那个可能是受到动物袭击的案例），我们可以看到一些显而易见的模式。男人、妇女和儿童都是受害者，在某些案例中，受害者的伤口表明，除了杀死受害者，发生暴力事件不可能有其他原因。法伊弗描述了在莫德尔河的一个墓穴中发现的 3 个儿童，每个儿童都是因一种与石器时代后期的挖掘棒相一致的工具造成的颅骨创伤而死的。法伊弗特别关注这些事件发生的时间和地理位置。只有一个案例不是来自开普敦西部或南部沿海地区，而且在从开 108
普敦向北延伸的 150 公里长的沿海地带出现了一些特别集中的案例。其中 9 具骸骨的年代可追溯至公元前 2500 年前后。

石器时代晚期暴力的来龙去脉

想要对骨骼损伤进行解释是很困难的。有些损伤可能是偶然发生的，但骨骼所处的历史背景和它们与考古的联系容易使骨骼损伤被人们确认为人为伤害。法伊弗研究了 152 件南非石器时代晚期人类骨骼样本的长骨创伤愈合模式。其中 11 例骨折已愈合，其部位分布与意外损伤一致——最常见的部位是桡骨和尺骨。所有骨折都没有复杂的断裂模式，股骨上也没有发现骨折，股骨是最大的颅下骨骼。虽然男性和女性均受到影响，其中5个成年人带有已愈合的颅骨创伤，但“没有发现任何青少年有颅骨以下和颅骨的已愈合创伤”。[21]然而，在有遭受暴力迹象的16人中，4人（占25%）是青少年，而且他们都是在死亡过程中遭受暴力的。

如前所述，李描述了他研究的喀拉哈里沙漠的布须曼人里，有相当数量的人在人际交往的过程中因遭受暴力而死亡。[22]受害者几乎都是男性，起因都是性嫉妒。所用的武器几乎都是毒箭。在考古样本中看到的模式是完全不同的。死者中有男人和女人，但格外显眼的是，死者中还有儿童。可能有3个案例涉及弓箭（我们假设出现在遗骸附近的骨制箭头与死因有关），但至少有6例受伤的头盖骨是被一种较细的棍状工具所伤，另外4个或更多案例的死亡原因则是钝器创伤。在一支毒箭定乾坤的世界里，为什么非要用棍棒暴力杀死邻居呢？

法伊弗提出了一个模型，在这个模型中，社群困境是这些史前暴力事件的诱因。[23]她结合了一系列的考古和环境数据，提出3000—2000年前是资源枯竭的时期，在那些更容易获取
109 食物的地点，人口十分密集。这一现象在西开普省（Western Cape Province）的西部海岸地区尤其明显，在这一时期，那里堆积了大量贝类动物的贝壳［“巨型贝丘”（mega-middens）］。结合生物学观测资料，法伊弗发现，在这个时期，这些人的体型变化更大，因为其中包括一些特别矮的成年人。她指出，在人口密度和身高之间存在一种负相关关系，[24]并提出西开普省南部和西南部地区领地权的强化导致了“不平等的社会结构”，这种结构通过社群间（也许还有社群内部）的暴力反映出来。[25]

安东尼·汉弗莱斯（Anthony Humphreys）提出了一个更宏大的命题，该命题可应用到对该地区狩猎采集者的更加宏观的看法上。[26]他认为，喀拉哈里沙漠丰富的语言变异与群体之间的定期接触和联姻（基因流动）相矛盾。只有在领地范围固定、语言被当作民族标识的情况下，这才有意义。他的论点植根于行为生态学。在行为生态学中，基因上的亲缘关系和严格的族群身份会比陌生人之间的互惠和利他更为重要。在不同群体争夺领地所有权时，暴力事件经常发生。这与法伊弗讲到的西开普省西南部海岸的紧张时期一致，但汉弗莱斯将其扩展到更长时间范围内的所有觅食群体，而不仅是在生存环境紧张的某些特定时期。现代民族志学为这种模式提供了可能的线索。希拉里·迪肯（Hilary Deacon）和珍妮特·迪肯（Janette Deacon）提到了讲喀拉哈里语群体的有限领地，并指出在既定的领地内，有些群体拥有水源，并且他们认为这是属于他们自己的水源。[27]其他群体可以获取这些资源，但在获取之前必须请求许可。在沙漠环境中，水是最稀缺的资源，所以人们积极地保护这些水源也就不足为奇了。阿德利（他总是饶有兴趣地想要证明布须曼人是富于侵略性的）指出，“布须曼人可能会在喀拉哈里沙漠里打伤一只动物；但是，即使他们再饥饿，如果这只动物穿过中立地区进入了另一个群体的领地，他们也不会去追赶它”。[28]

还有一些历史资料表明，至少在外人看来，布须曼人远非 110
“人畜无害”，而是被视为令人胆寒的危险对手。这些历史描述并非没有偏见，它们反映了 18 世纪至 20 世纪初南非和纳米比亚的布须曼人与欧洲殖民者之间发生激烈冲突的时期。在这一时期，布须曼人被完全剥夺了土地和生计，被剥夺的方式只能用种族灭绝来形容。[29]随着战争的持续推进，布须曼人开始使用偷来的或买来的欧洲火器，但在最初阶段主要使用弓和毒箭。布须曼人似乎没有专门为战争设计的武器，他们的矛、箭和棍子都属于狩猎和采集工具。毒药的杀伤力发挥了特别重要的作用，布须曼人使用毒箭，尤其是在伏击的时候使用毒箭，对入侵者产生了重大的心理影响，19 世纪纳塔尔的班图人（Bantu）的口述证言证明了这一点：“一个乌穆特瓦人（Umutwa）就在那边的草丛里。一个人被箭射中了才有所察觉；他看了看，但没看到朝他射箭的那个人。然后，这支箭让他没有了力气；他们死的时候，连作战的对手是谁都不知道。”[30]冈瑟和罗伯特·戈登（Robert Gordon）都描述了欧洲殖民者对布须曼人的看法是如何改变的。[31]在整个 18 世纪和 19 世纪，布须曼人被殖民者描述为“凶手”和“强盗”，只有当他们的反击能力减弱时，他们才变成了殖民者口中“无害的人”或“驯服的布须曼人”。尽管布须曼人和殖民者之间的战争是非常不对等的，可布须曼人能够利用他们相对有限的武器技术在殖民地边界地带引起殖民者极大的恐慌。

布须曼人的岩石艺术也为他们在欧洲殖民者到达非洲之前
111 几百年间的冲突提供了一些佐证。帕特丽夏·文尼科姆（Patricia Vinnecombe）在 1976 年的重大研究中考察了德拉肯斯堡山脉（Drakensberg Mountains）的艺术作品。[32]在 4530 幅被记录下来的图像中，她识别出了 115 幅打斗的图像。图像中的武器为弓、箭和有柄的棍子。一些图像是布须曼人之间的打斗（图 4.4），但也记录了布须曼人与恩古尼牧牛人之间的冲突（图 4.5）。虽然这些图像比历史记载还要古老，但相对于石器时代晚期的南部非洲来说，它们的时间仍然是相对较近的。这些图像只记录了男人之间的打斗，没有妇女或儿童作为对手或受害者的迹象。

图 4.4　莱索托加查斯内克河马庇护所的岩石艺术摹图，显示人们用弓箭战斗

历史记载和岩石艺术的资料确实表明，在不远的过去，南部非洲的觅食社群的确有机会和能力对彼此施加暴力，但这与来自早期遗址的暴力伤害的考古证据截然不同。接踵而至的操班图语的人与欧洲殖民者之间的激烈战争是截然不同的，不能认为这就
是 2000 多年前的历史时期的典型模式。有关骸骨的考古证据表 112
明，暴力行为时有发生，但相对较少，通常只涉及 1—2 人。然而，也有迹象表明，此类暴力有时会升级为波及范围更广的冲突。

图 4.4　（续）莱索托加查斯内克河马庇护所的岩石艺术摹图，显示人们用圆头的棍子作战

法伊弗和她的同事描述了从一座坟墓中挖出的 3 具受致命伤的儿童骸骨，[33]但在法劳斯科普遗址发现的受害者可能达 13 人之多。法劳斯科普遗址尚处于积极的科学研究中，所以任何关于骨骼的结论仍然是初步的。考古学中有几条线索表明，所有这些人可能都死于同一个事件。其中 6 具骨骼的放射性碳年代测定结果表明，它们的时间集中在公元前 2030 年前后，与平均值相差不到一个标准差。这种埋葬方式与同一时期坟墓里常见的仪式模式有所不同，约翰·帕金顿（John Parkington）
113 认为这些骨骼是同时下葬的。德拉米尼细致的骨骼分析告诉我们，至少有 3 人，可能还有更多的人死于身体创伤。[34]帕金顿和德拉米尼甚至认为这是布须曼人群体和到来的操科伊科伊语（Khoekhoe）的牧民之间的族群冲突，但还需要更多的信息来证实这一观点。最近，在肯尼亚西图尔卡纳（West Turkana）进行的一项调查的结果为法劳斯科普发生族群暴力冲突的论点提供了更为有力的证据。

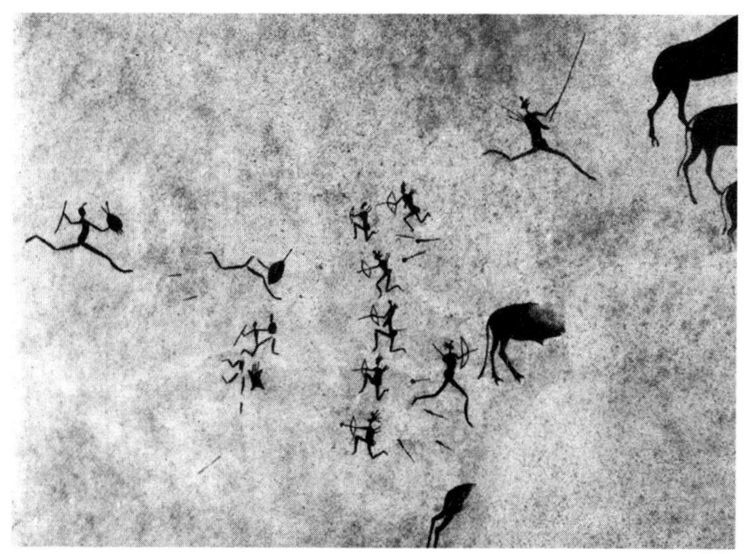

图 4.5　纳塔尔市安德伯格区普莱拉蓬韦尼北部森林保护区的岩石艺术摹图，图中布须曼人正手持弓箭，抵挡追赶他们的手持长矛和盾牌的恩古尼人

纳塔鲁克遗址在全新世早期曾是一个浅潟湖，人们在这里发现了 27 具骸骨。[35]他们生活在 10500—9500 年前的某个地方，以狩猎和捕鱼为生。其中 12 具骸骨为有关节的骨架，在原位置被挖掘出土，其余骸骨则由于侵蚀而直接暴露在地表。没有正式的坟墓，该遗址独特的保存方式表明这些人在死后以各种

114 姿势腐烂。其中，21 人是成年人，6 人是儿童。根据骨骼的性别特征，鉴定出 8 名男性和 8 名女性。在这些骸骨的头部或颈部发现了 5 处，也可能是 6 处锐器损伤。有 5 例为钝器损伤，其中 2 具骸骨内嵌入了 3 件细石器人工制品。玛塔·拉尔（Marta Lahr）和她的同事[36]推测，纳塔鲁克遗址反映了定居生活方式的强化，以及一种"物质更丰富、人口更密集的生活方式"，这种生活方式可能触发了两个社会群体之间的敌对冲突。

这些非洲觅食者之间史前暴力的证据可以追溯到多久以前？除了纳塔鲁克遗址，撒哈拉以南非洲没有任何迹象表明曾经发生大规模的暴力事件。纳塔鲁克（可能还有法劳斯科普）遗址的暴力规模与历史上布须曼人和入侵的班图语人群以及欧洲人之间的暴力冲突之规模是一致的，但与我和法伊弗在分析骨骼残骸时所看到案例的规模不同。我们可以设想这样一种模式，即相邻的群体之间总是会发生低强度的暴力，偶尔会导致死亡，但资源有限等特殊情况可能会引发激烈的冲突。不过，为什么在 10 万年前的石器时代晚期，撒哈拉以南非洲没有出现更多的案例呢？这可能存在几个方面的原因。在我们称为"生物考古学"的背景下分析人类骨骼的理念是相对较新的。几乎所有对 1950 年以前出土的骨骼的研究都集中在个体的种族上，而没有把古病理学和对过去生活的重建考虑在内。[37]尽管在 20 世纪 70 年代和 80 年代，生物考古研究变得更为普遍，但研究人员并没有专门寻找暴力的迹象，因为他们基于这样一个假设，即非洲所有的觅食人群都是非暴力的。最后一个原因是很难区分死亡过程中和死后的骨骼损伤。在过去的 20 年里，法医人类学的蓬勃发展提醒研究人员去寻找死亡事件的证据。唯一在考古学背景下讨论南部非洲暴力的论文来自拜登

(Biden) 和克林 (Kling)。[38]他们在没有证据的情况下，确定了
复杂的、想象中的葬礼仪式，包括在丈夫死后妻子被杀死的仪
式。虽然他们对这些骸骨的解释是不正确的，但现在得到的教 115
训是，需要仔细考察所有丛葬，以确定是否确实有暴力死亡的
迹象。

关于古代暴力的直接考古证据改变了我们对石器时代晚期南部非洲觅食群体侵略行为的解释。从文化的角度来讲，这些人的后代延续到了现代，他们被认为是不具侵略性的平等主义觅食者的范例，但过去的情况显示了更复杂的根源。虽然人们已经注意到，在现存的布须曼人社群内存在暴力行为，即因性嫉妒而谋杀男性，可过去的证据表明，群体之间的敌对即便可能不是普遍现象，也是一种常态。男人、妇女和儿童都受到了影响，虽然人们已经找到他们被箭射死的证据，但大多数案例中存在由狭窄的或不锋利的器具造成的创伤。法伊弗特别指出，这种暴力行为集中在一个特定时期的某个地区，然而，其他模型表明，这种行为可能更为普遍。[39]此处引用的案例全部来自石器时代晚期的南部非洲，但它们确实表明，我们不能假设分布稀疏的史前觅食者天生就不具备攻击性。在使用现代或历史的民族志资料时，我们需要格外小心，尤其是在对待那些关于喀拉哈里沙漠布须曼人的民族志资料时。[40]尽管像纳塔鲁克，可能还有法劳斯科普这样的遗址表明，与重大历史事件类似的大规模暴力事件确实曾经发生，但考古学记录展示的暴力模式是非常不同的。

参考论著

关于布须曼人是不是人类进化之初史前觅食者的典型代表的讨论，

一直是雷蒙德·达特进行著述的根源，但在罗伯特·阿德利的三本著作中，这一点体现得尤为明显：*African Genesis*（London：Collins，1961）；*The Territorial Imperative*（London：Collins，1966）；*The Social Contract*（London：Collins，1970）。阿德利基于达特对布须曼人的研究方法得出了自己的结论，这一结论遭到了 Robin Derricourt，'The Enigma of Raymond Dart'，*International Journal of African Historical Studies* 42.2（2009），pp. 257-282 的严厉批评，最近又受到了 Christa Kulian，*Darwin's Hunch*（Cape Town：Jacana，2016）的批评。这场辩论也属于"喀拉哈里大辩论"（Great Kalahari Debate）的一部分，参见 Richard Lee and Ireven DeVore's classic *Kalahari Hunter-Gatherers: Studies of the !Kung San and Their Neighbors*
116 （Cambridge，MA：Harvard University Press，1976），以及 Edwin Wilmsen，*Land Filled with Flies: A Political Economy of the Kalahari*（Chicago：University of Chicago Press，1989）对喀拉哈里布须曼人并非与他们的邻人不相往来之观点的修订和论证。争论的焦点是与邻近民族的接触对布须曼人的生活方式有多大影响，以及这是否使他们无法成为晚更新世狩猎采集者的样本。

关于骨折及其原因的法医学文献浩如烟海，但 Alison Galloway，*Broken Bones: Anthropological Analysis of Blunt Force Trauma*（Springfield：Charles C. Thomas，1999）和 Erin Kimmerle and José Pablo Baraybar，*Skeletal Trauma: Identification of Injuries Resulting from Human Rights Abuse and Armed Conflict*（Boca Ratan：CRC Press，2008）提供了合理的全面概述，阐述了死亡过程中骨折的本质以及如何用法医证据对它们进行解释，正如 Alan Morris，*Missing and Murdered: A Personal Adventure in Forensic Anthropology*（Cape Town：Zebra Press，2011）所做的那样。这类法医分析被应用于考古学的案例在以下文献中得到了详细的介绍：Nancy Lovell，'Trauma Analysis in Paleopathology'，*Yearbook of Physical Anthropology* 40（1997），pp. 139-70；Philip Walker，'A Bioarchaeological Perspective on the History of Violence'，*Annual Review of Anthropology* 30（2001），pp. 573-96。下面这部著作也对此进行了论述：Clark Larsen，*Bioarchaeology: Interpreting Behaviour from the Human Skeleton*，2nd edn（Cambridge：Cambridge University Press，2015），pp. 172-7。

J. Guilaine and J. Zammit，*The Origins of War*（Oxford：Blackwell，2005）一书研究了欧洲中石器时代的人群中发生暴力的文物证据。该书

以欧洲为中心，在很大程度上依赖早期的研究，这些研究可能没有达到现代考古学家要求的方法论标准，但 Larsen, *Bioarchaeology* 概述了新的生物考古学方法如何通过来自世界各地的案例报告的文献目录，展示对史前暴力的一系列骨骼评估。南非的证据在以下文献中有所描述和列举：Alan Morris, 'Trauma and Violence in the Later Stone Age of Southern Africa', *South African Medical Journal* 100. 6 (2012), pp. 568–70; Susan Pfeiffer, 'An Exploration of Interpersonal Violence among Holocene Foragers of Southern Africa', *International Journal of Paleopathology* 13 (2016), pp. 27–38。

注　释

1. Robert Ardrey, *African Genesis* (London: Collins, 1961), *The Territorial Imperative* (London: Collins, 1966) and *The Social Contract* (London: Collins, 1970).
2. Richard Leakey and Roger Lewin, *Origins* (New York: Dutton, 1977).
3. Laurens van der Post, *The Lost World of the Kalahari* (London: Hogarth Press, 1958); Elizabeth Marshall Thomas, *The Harmless People* (New York: Alfred A. Knopf, 1959).
4. Raymond A. Dart, 'Population Fluctuation over 7,000 Years in Egypt', *Transactions of the Royal Society of South Africa* 27 (1939), pp. 95–145.
5. Richard Lee and Irven DeVore, *Kalahari Hunter-Gatherers: Studies of the !Kung San and Their Neighbors* (Cambridge, MA: Harvard University Press, 1976).
6. Edwin Wilsen, *Land Filled with Flies: A Political Economy of the Kalahari* (Chicago: University of Chicago Press, 1989).
7. Lorna Marshall, 'Sharing, Talking and Giving: Relief of Social Tensions among !Kung Bushmen', *Africa* 31 (1961), pp. 231–49; Patricia Draper, 'The Learning Environment for Aggression and Anti-

Social Behavior among the ! Kung', in A. Montagu (ed.), *Learning Non-Aggression: The Experience of Non-Literate Societies* (New York: Oxford University Press, 1978), pp. 31 – 58; Bruce D. Bonta, 'Conflict Resolution among Peaceful Societies: The Culture of Peacefulness', *Journal of Peace Research* 33. 4 (1996), pp. 403–20.

8. Richard Lee, *The ! Kung San: Men, Women and Work in a Foraging Society* (Cambridge: Cambridge University Press, 1979).
9. Alan G. Morris, 'Trauma and Violence in the Later Stone Age of Southern Africa', *South African Medical Journal* 100. 6 (2012), pp. 568–70.
10. Richard Lee, 'Hunter-Gatherers on the Best-seller List: Steven Pinker and the Bellicose School's Treatment of Forager Violence', *Journal of Aggression, Conflict and Peace Research* 6. 4 (2014), pp. 216–28; Mathias Guenther, 'War and Peace among Kalahari San', *Journal of Aggression, Conflict and Peace Research* 6. 4 (2014), pp. 229 – 39; Douglas Fry and Patrik Söderberg, 'Myths about Hunter-Gatherers Redux: Nomadic Forager War and Peace', *Journal of Aggression, Conflict and Peace Research* 6. 4 (2014), pp. 255–66.
11. Alan G. Morris and John Parkington, 'Prehistoric Homicide: A Case of Violent Death on the Cape South Coast, South Africa', *South African Journal of Science* 78 (1982), pp. 167–9.
12. Nancy Lovell, 'Trauma Analysis in Paleopathology', *Yearbook of Physical Anthropology* 40 (1997), pp. 139 – 70; Nancy Lovell, 'Analysis and Interpretation of Skeletal Trauma', in M. A. Katzenberg and S. R. Saunders (eds.), *Biological Anthropology of the Human Skeleton*, 2nd edn (Hoboken, NJ: Wiley, 2008), pp. 341–84.
13. Alan G. Morris, 'Trauma and Violence in Later Stone Age South Africans', paper presented at the World Archaeology Congress 6, Dublin, 29 June – 4 July 2008; Morris, 'Trauma and Violence'; Susan Pfeiffer, 'Cranial Trauma as Evidence of a Stressful Period among Southern African Foragers', in C. J. Ellis et al. (eds.),

The 'Compleat Archaeologist': Papers in Honour of Michael W. Spence, Occasional Publication 9, London Chapter of the Ontario Archaeological Society (2010), pp. 227–37; Susan Pfeiffer, 'An Exploration of Interpersonal Violence among Holocene Foragers of Southern Africa', *International Journal of Paleopathology* 13 (2016), pp. 27–38.

14. Susan Pfeiffer, 'Two Disparate Instances of Healed Cranial Trauma from the Later Stone Age of South Africa', *South African Archaeological Bulletin* 67.196 (2012), pp. 256–61.

15. Susan Pfeiffer and Nikolaas van der Merwe, 'Cranial Injuries to Later Stone Age Children from the Modder River Mouth, Western Cape Province, South Africa', *South African Archaeological Bulletin* 59.180 (2004), pp. 59–65; Susan Pfeiffer et al., 'Violent Human Death in the Past: A Case from the Western Cape, South Africa', *South African Journal of Science* 95 (1999), pp. 137–40; Morris, 'Trauma and violence'; Alan G. Morris, Anne I. Thackeray and Francis F. Thackeray, 'Late Holocene Human Skeletal Remains from Snuifklip, near Vleesbaai, Southern Cape', *South African Archaeological Bulletin* 42.146 (1987), pp. 153–60.

16. John Parkington and Nonhlanhla Dlamini, *First People: Ancestors of the San* (Cape Town: Creda Communications, 2015); Pfeiffer, '*Compleat Archaeologist*'; Morris, 'Trauma and Violence'.

17. Nonhlanhla Dlamini, 'Notes on Cranial and Mandibular Trauma of Faraoskop Human Remains', unpublished report, Department of Human Biology, University of Cape Town, 2014.

18. Pfeiffer, 'Exploration of Interpersonal Violence'; Genevieve Dewar, 'Late Holocene Burial Cluster at Diaz Street Midden, Saldanha Bay, Western Cape, South Africa', *South African Archaeological Bulletin* 65.191 (2010), pp. 26–34.

19. Susan Pfeiffer, 'Population Dynamics in the Southern African Holocene: Human Burials from the West Coast', in A. Jerardino, D. Braun and A. Malan (eds.), *The Archaeology of the West Coast of South Africa*, BAR International Series 2526 (Oxford:

Archaeopress, 2013), pp. 143–54.

20. Pfeiffer, 'Two Disparate Instances'.
21. Pfeiffer, 'Exploration of Interpersonal Violence', p. 31.
22. Lee, *!Kung San*.
23. Pfeiffer, 'Exploration of Interpersonal Violence'.
24. Susan Pfeiffer and Judith Sealy, 'Body Size among Holocene Foragers of the Cape Ecozone, Southern Africa', *American Journal of Physical Anthropology* 129. 1 (2006), pp. 1–11.
25. Pfeiffer, 'Exploration of Interpersonal Violence', p. 35.
26. Anthony Humphreys, 'Behavioural Ecology and Hunter-Gatherers: From the Kalahari to the Later Stone Age', *South African Archaeological Bulletin* 62. 186 (2007), pp. 98–103.
27. Hilary Deacon and Janette Deacon, *Human Beginnings in South Africa* (Cape Town: David Philip, 1999).
28. Ardrey, *Territorial Imperative*, p. 272.
29. Miklos Szalay, *The San and the Colonization of the Cape 1770–1879*, Research in Khoesan Studies 11 (Cologne: Rüdiger Köppe Verlag, 1995); Mohamed Adhikari, *The Anatomy of a South African Genocide: The Extermination of the Cape San Peoples* (Athens, OH: Ohio University Press, 2010).
30. 出自 1886 年亨利·卡拉韦(Henry Callaway)牧师对姆彭古拉·姆班达（Mpengula Mbanda）的访谈。Gavin Whitelaw, '"Their Village is Where they Kill Game": Nguni Interactions with the San', in P. Mitchell and B. Smith (eds.), *The Eland's People* (Johannesburg: Wits University Press, 2009), pp. 139–63.
31. Mathias Guenther, 'From "Brutal Savages" to "Harmless People": Notes on the Changing Western Image of the Bushmen', *Paideuma* 26 (1980), pp. 123–40; Robert J. Gordon, *The Bushman Myth: The Making of a Namibian Underclass* (Boulder, CO: Westview Press, 1992).
32. Patricia Vinnicombe, *People of the Eland* (Johannesburg: Wits University Press, 2009).
33. Pfeiffer et al., 'Violent Human Death'.

34. Parkington and Dlamini, *First People*.

35. Marta Lahr et al., 'Inter-Group Violence among Early Holocene Hunter-Gatherers of West Turkana, Kenya', *Nature* 529 (2015), pp. 394–7.

36. Lahr et al., 'Inter-Group Violence'.

37. Alan Morris and Maryna Steyn, 'Palaeopathological Studies in South Africa: A History', in J. Buiskstra and C. Roberts (eds.), *A History of Palaeopathology* (Oxford: Oxford University Press, 2012), pp. 235–42.

38. C. L. Biden and Heinrich Kling, 'The Funeral Ceremonies of the Hottentots', *Transactions of the Royal Society of South Africa* 2 (1912).

39. Pfeiffer, 'Exploration of Interpersonal Violence'.

40. Justin Pargeter et al., 'Primordialism and the "Pleistocene San" of Southern Africa', *Antiquity* 90. 359 (2016), pp. 1072–79.

5　欧洲青铜时代的武器、战士和战争

巴里·莫洛伊

克里斯蒂安·霍恩

117 青铜时代战争的转变可能是人类历史上意义最为深远的一次变革。毫无疑问，我们非常了解较为现代的战争指挥和火药等技术带来的影响。然而，正是在公元前 2 千纪，战场上常见的器具——剑、盾牌、长枪、战斧、头盔和护甲——或者被发明出来，或者首先在欧洲各地被人们广泛使用。使用的武器，实施暴力的形式，以及全副武装的战士们一起行动和使用这些武器互相攻击的方式，所有这些共同形成了一种模式，这种模式大体上延续了几千年。本章从欧洲的视角分析这些发展，利用了地中海、欧洲大陆、北欧地区和大西洋岛屿的资料，以便追溯从公元前 3 千纪到公元前 1 千纪早期（青铜时代晚期）的战争发展轨迹。针对个人的暴力已得到了广泛的证实，人们可以从人类遗骸上看到暴力的影子，包括索尔马顿（Thormarton，英格兰）的处于战士年龄的男性，松德（Sund，挪威）的女人、男人和孩子们，以及格拉迪什特-伊约什（Gradište Idjoš，塞尔维亚）的头颅图腾或头颅战利品。对个人或社群暴力的认识依赖一些分布广泛的例子，因此我们的研究重点是在更广泛的范围内了解制度化暴力形式的新发展，特别是通过研究武器和图像，揭示与战争有关的活动。我们使用广义上的青铜时代初期（initial Bronze Age，IBA）的概念，当时金属武器稀缺，且主要由砷铜制成，时间范围大致是从公元前 3 千纪早期到约公元前 1600 年。全青铜时代（full Bronze Age, FBA）的特点是广泛使用锡青铜，时间范围大致是从公元前 2 千纪中期到公元前 2 千纪结束。

大摇大摆地走来的青铜时代初期

在青铜时代之前的几千年里，战斗主要是指人们在有限的 118
肢体动作范围内利用物质文化来给他人造成伤害。人们会把棍棒或斧头之类的武器挥舞成一道弧线，而刀或匕首之类的带刃物件会紧随空手攻击如用拳猛击的动作路径。矛的使用方式多种多样，尽管最致命的伤害方式往往是直线式的猛刺。使用的武器是由抛光或削凿过的石头以及木头、骨头或绳子等有机介质组合而成的。人们也使用如弓和投石器这样的抛射武器。总的来说，战斗的身体技能——本质上是人们使用特定形式物质文化的移动方式——结合了使用武器的战斗风格与从狩猎和工艺活动中汲取的技术。因此，在与物质文化的接触和这些工具的预期效果（劈开、刺穿和打碎）之间存在高度相似性。

到公元前 4 千纪末期，这种情况开始发生变化。在欧洲的地中海地区，人们开始制造金属武器，如戟、匕首和斧头，到公元前 3 千纪早期，在整个中欧地区都出现了这样的金属武器。[1]相对于石制工具来说，金属工具的根本优势在于它能够达到硬度和韧性之间的平衡。对于带刃的武器来说，硬度可以被粗略地定义为一种材料切割其他材料的能力。石头可能非常坚硬和锋利，但它们弯曲的能力非常有限，所以石制的长刃物品是不切实际的。金属工具和金属武器则可以有坚硬的切削刃，同时又非常锋利，它们的韧性更强，允许物体通过弯曲或压痕等延性变形更有效地承受冲击，从而能够抵挡切削，避免折断

或损坏。这或许凸显了金属最具革命性的特点；通过热学和力学的处理方式，人们可以使金属具有不同的硬度和韧性，以用
119 在物品的不同部位上。[2]这样，金属工匠能够摸索和利用武器的硬度和韧性之间的平衡，反过来，这为铸造长兵器（如剑）和击败全青铜时代相对轻薄的武器（如盾牌）铺平了道路。铜合金的展延性也使其易于修理，从而延长了武器的使用寿命。金属的这些品质得到了人们的认可，人们开始在青铜时代初期尝试制作金属匕首、长矛和戟。

戟是第一种被设计出来明确地用以实施人际暴力的武器。戟的双刃被垂直地安装在木杆上。这表明，自铜被人们首次广泛使用以后，这种金属就被用于战争中的创新。戟战可以被看作源于以前使用多功能工具的身体技能。然而，人们首次在一种武器中叠加了刺穿、砍杀（敲击/撕裂）和切割（切断）等多种功能，从而建立了一种社会情境，以对抗他人为主要目的来设计物品。青铜时代初期的匕首是安装在金属或天然材料制作的刀柄上的三角形短刀片。在战斗中，它们的使用方式与石器匕首基本相同，尽管人们越来越注重切割或撕裂式切割的攻击方式。在北欧地区，直到公元前 2 千纪，人们仍在使用燧石匕首，这证明了这种武器在战斗中的有效性，但它已逐渐变得与金属匕首的大致形状相似。

最早的矛头通常尺寸较小，长度一般小于 25 厘米，大多数石制矛头的尺寸在这个范围之内。磨制石斧仍在继续使用，一些地区还出现了更美观、更精致的样式。箭术在新石器时代就已经产生——例如，在德国尤劳（90 号墓）发现的嵌入骸骨的箭头，在整个青铜时代初期欧洲的大部分地区，石制箭头仍然占有重要的地位。[3]例如，人们在托伦瑟河（Tollense）、普

纳布隆（Poulnabrone）和亚美诺伊（Armenoi）发现的人类遗
骸上的箭伤就证明了在青铜时代欧洲的不同地区，人们可能在
冲突中使用了箭术。瑞士小猎人（Petite Chasseur）石碑描绘 120
了手持弓和匕首的人类形象，[4]这可能是用来象征战士的。

防御工事

战争中便携式的物质文化告诉了我们很多关于人们如何战斗的信息，但防御工事可以告诉我们一些他们为冲突做准备或避免冲突发生的方法。公元前 3 千纪后期，在锡罗斯（Syros）的卡斯特里（Kastri），帕罗斯岛（Paros）的库克奥纳里斯（Koukounaries）或希腊群岛的勒纳（Lerna），尤其是在希腊本土等地出现了许多明显带有堡垒的石头建造的防御墙，而克里特岛的定居点通常位于可防御的位置。[5]人们在伊比利亚半岛的东南部建立了带有城墙的防御性的山顶定居点，如在拉巴斯蒂达（La Bastida），人们就修建了这样的防御工事。防御工事在欧洲的其他地方比较少见，尽管在新石器时代欧洲的部分地区偶尔出现过这类建筑。最近在克罗地亚的蒙科多尼亚（Monkodonja）确定了一座堡垒的年代，该堡垒由三面环绕的防御城墙和一个结构复杂的闸门系统构成，建于约公元前 1800 年。大约在三个世纪之后，这一地区掀起了建造堡垒的热潮。四个世纪后，在希腊迈锡尼世界出现了著名的堡垒。

获得晋级：全青铜时代

在全青铜时代，剑和盾的发明可能最明显地突破了人类历史悠久的战争传统。这些武器的全新特性和使用它们所需的身体技能代表了人类暴力的分水岭，因为在其他工艺领域或社会

活动中找不到与这些武器类似的物品，而且需要经过专门的战斗训练，人们才能有效地使用它们。

121 青铜时代爱琴海的 8 字形塔盾是最早出现的盾牌之一，最晚在公元前 17 世纪就已开始使用。也许人类使用过盾牌的最好证据来自迈锡尼的竖井坟墓（公元前 17 世纪—前 15 世纪）。在猎狮（Lion Hunt）匕首和银色的战斗双耳喷口杯（Battle Krater）上，我们看到战士们双手握着很长的矛，肩部借助于男像柱（telamon）① 悬挂盾牌。[6]他们的盾牌没有手柄，使用的方式介于披肩、盔甲和盾牌之间，这是一种过去不常见的方式，靠人体躯干的移动控制盾牌的位置。这些场景表明，盾牌可以用来为成群战士组成的作战队形提供宽阔的防御阵线。长矛是主要的进攻性武器，然而在这两件文物的刻画中，弓箭手都在长矛手的行列中行进。弓箭手戴着同样款式的头盔，这表明他们的社会地位相似。在同样来自迈锡尼的同时代的银色围城角状杯（Silver Siege Rhyton），以及稍晚一些的来自锡拉岛（Thera）阿克罗蒂里（Akrotiri）的微型壁画（Miniature Fresco）上，我们再次看到了作战队形。到公元前 13 世纪时，爱琴海地区出现了中间带手柄的圆形盾牌，取代了早期的大型防身盾，它们在比例和形态上与欧洲其他地方使用的盾牌类似，尽管不同地区的盾牌在大小和图案上有一定的差异。出土于爱尔兰的圆形木制和皮制盾牌（图 5.1）的时间范围被科学地确定为公元前 2 千纪的第二个 250 年到公元前 2 千纪末期。[7]

---

① 男像柱，建筑承重构件，被雕刻成奋力托住重物姿势的男子形象，承受着外檐的重量，并与其身后的建筑形成空间过渡。

122

图 5.1　青铜时代的盾牌，分别出自爱尔兰以下几处郊区：(1) 戈尔湖，(2) 安纳代尔，(3) 加拉湖，(4) 克伦拉腊，(5) 克伦布林。比例尺长度为 30 厘米

这些盾牌代表了曾在欧洲被广泛使用的盾牌的材料和形式，但由于材料的易腐性，绝大部分没有被保存下来。来自伊比利亚半岛［如索拉纳·德·卡瓦尼亚斯（Solana de Cabañas）、卡莫纳（Carmona）或巴达霍斯（Badajoz）等地］的众多石碑精准地描绘了这种带有装饰性凹槽的盾牌，这表明它们曾经存在，尽管没有盾牌的实物被保存下来。

残存下来的青铜盾牌要常见得多，有些盾牌的凹槽和 U 形槽与爱尔兰有机材质的盾牌非常相似，甚至在遥远的斯堪的纳维亚半岛和希腊，人们也发现了这样的盾牌。[8]一些金属盾牌薄到让人难以置信（不到 0.3 毫米），这令人怀疑它们能否经受得住激烈的战斗，但其他盾牌的厚度可达 1.5 毫米，是非常耐用的武器。斯堪的纳维亚南部岩石艺术中出现的圆圈图案可能代表盾牌，因为它们与手持剑和长矛的战士密切相关，但我们不能利用这些资料来确认任何信息。在欧洲大部分地区，金属和有机材质盾牌的直径一般为 50—70 厘米，但在欧洲西北部也有一些金属盾牌，它们的直径要小得多，大约有 30 厘米。盾牌的差别是很显著的，因为大一点的盾牌鼓励共同控制空间的联合作战形式，而较小的盾牌则非常注重单打独斗，因为它们需要被频繁地左右移动才能拦截攻击。[9]使用盾牌的战士也许会被鼓励与战友协同作战，确保能够互相看到对方，以保证彼此的安全。这或许有助于战士作为一个独特社会群体的自我意识的形成，因为在战场上，他们不仅需要依靠自己，而且需要协调一致、互相合作，以及保护自己的战友。

剑

欧洲最早的剑于爱琴海地区发展起来。人们在全青铜时代
123 早期开始使用剑，这些剑在外形上十分类似，都是比较长的双刃武器，中脊高，长度从 55 厘米到 100 厘米以上不等。[10]人们发明剑的时间可能是公元前 18 世纪，但我们的证据表明，人们普遍使用剑的时间可以追溯到公元前 16 世纪，这种又长又细的剑在一些地区一直使用到公元前 13 世纪。这些武器能够实施刺入攻击，并通过大幅度的拉扯动作进行撕裂和切割。中脊的作用是让剑身变得更坚固，但它的存在也限制了剑刃刺入的深度。这可能表明，不致命但流血的伤口很常见，暗示了战斗的炫耀成分，或至少在某些战斗中故意让对方流血而不杀死对方。到公元前 14 世纪，坚固实用的短剑在爱琴海地区变得越来越普遍，如 Dii 型、F 型和 G 型。[11]

在欧洲，剑的改进依循各种截然不同的路线。剑最早出现

在公元前 17 世纪末，分布在喀尔巴阡盆地（Carpathian Basin）到斯堪的纳维亚半岛南部这片地区。这些剑的柄是青铜的，有的剑身的中脊逐渐变细，有的剑身是 30—45 厘米长的叶子形状。这些剑充分展现了青铜的力学特性，人们用青铜制造出利用石器技术无法制造的武器。欧洲其他早期的剑有一系列令人眼花缭乱的各种类型的名字，但在本质上它们都是功能类似的短剑。如果我们重新设想一下这些武器早已消失的有机材质的柄，就会发现，从公元前 16 世纪早期开始，这一系列非常相似的剑就在欧洲大部分地区投入使用，包括从爱尔兰到巴尔干半岛、从斯堪的纳维亚到西班牙的广大地区。[12]这些短剑相对较轻（通常不到 500 克），这就使得它们快速且有效。虽然我们需要注意区域上的差异，但在欧洲的许多地方，这些武器具有类似的功能特性。

在欧洲接下来的一个世纪里，带有有机材质的柄和金属柄的剑的种类明显走向多样化。在意大利北部、巴尔干半岛和喀尔巴阡盆地，各种类型的剑在公元前 15 世纪末开始出现，剑柄的全部或一部分被铸造为剑身不可分割的组成部分。巴尔干 124
半岛连接中欧和爱琴海，值得注意的是，公元前 15 世纪或公元前 14 世纪，当地打造出著名的具有爱琴海风格的剑。这一点很突出，因为当时在中欧也出现了形状类似的细而长的剑。值得一提的是，巴尔干中部泰托沃（Tetovo）出产的剑与爱琴海的一种款式在起源上非常接近，但在剑身上刻有我们在欧洲绍尔布伦-博尤（Sauerbrunn-Boiu）型剑上发现的装饰，表明这两种传统在这种剑上都有所体现。[13]因此，这种分布广泛的剑表明，人员往来导致人们使用剑的方式越来越趋同，但当地用剑的传统方式和剑的传统外观仍然占据主导地位。

到公元前14世纪，如德国的阿森科芬（Asenkofen）型剑被制造出来，在法国也出现了类似的剑，它们采用了与爱琴海的剑一致的长剑样式、锤柄和切割技术。[14]此时在爱琴海，一种被称为F型的短小结实的剑发展起来，标准长度竟然为38—42厘米。在之后的几个世纪，直到青铜时代结束，这种剑一直很受欢迎；其他形状和比例相似的剑也被制造出来，这表明短兵相接的打斗形式变得非常流行。在巴尔干半岛和意大利，许多地方出土了与这些爱琴海类型的短剑功能相似的短剑［仅在阿普利亚（Apulia）的马纳科拉洞穴（Grotta Manaccora）就出土了至少6把短剑］。[15]尽管这些武器的柄看起来都有些不同，无疑是当地工艺或美学传统的产物，但大多数武器适用于类似的战斗模式。

我们简要地阐述了这些剑的形状，因为它们表明欧洲社会在这一时期是非常紧密地联系在一起的，一个地区的创新往往被迅速整合起来（尽管只是一种调整适应），而且通常发生在很大的地区范围内。虽然地区差异仍然很大，但在整个欧洲，人们还是可以找到实质性暴力行为的一些共同线索。这一点在从爱琴海到大不列颠发现的诺维二世（Naue Ⅱ）将军家族的叶形（grip-tongue）剑上表现得最为明显。最早的可以确定时间的例子出现在公元前13世纪中叶的意大利和迈
125 锡尼，[16]表明这些剑的形态发展迅速，并且使用非常普遍。在中欧和北欧，这些剑极大地影响了当地锻造和搏斗的传统。伊比利亚半岛出现了几种从单独手柄到叶形手柄的过渡类型，这表明由于受到外部的影响，剑形的变化相对较快。在不列颠、法国和爱尔兰也出现了类似的改进，这些地方早期对叶形剑的使用可能表明该传统是从这里向东传播到欧洲其他地

区的。[17]

在公元前 14 世纪的斯堪的纳维亚南部和中欧出现的八角形剑柄也表明了一些关于剑的外观和柄的基本理念，是如何在地区之间“传递”，同时又与当地的工艺和战斗传统有意义地整合在一起或建立在这些传统之上的。甚至有人提出，展现地方战斗传统的物品开始具有一定的声望价值，而有机材质剑柄的剑的叶形工艺则被认为更加普通。[18]

剑在欧洲不同地区的功能是相似的，这表明人们普遍认同剑的战斗功能，而战士和铁匠却对剑做出了不同的解读。战斗本身可能是这些“全球化”影响背后的驱动力，但在大多数地区，创新牢牢植根于现有的偏好和传统。全青铜时代的大多数剑严格来讲是短剑，长度短于 70 厘米，重量不到 1000 克（通常会更短更轻）。这些轻型武器的刃非常适合进行刺戳类攻击和相对紧凑的弧形切削攻击，无须使剑远离正面防御的位置。青铜剑的重量轻、长度短、整体的弹性变形（柔韧性）差，这表明青铜时代的欧洲剑很少（如果有的话）适合进行开放的弧形挥动，从而产生动能，使持剑人能够进行强有力的袭击。这意味着他们依赖剑刃的锋利作为通过劈砍造成伤害的主要手段，这需要对攻击目标做拉动剑刃的动作。尽管从专业术语的角度来讲，到公元前 13 世纪，欧洲的大多数剑是短剑， 126
剑柄与剑刃的连接很牢固，柄的形状使锤式和剑式握法都能得到有效利用。这两种握剑方式改变了小弧度的有力劈砍和幅度更大的拉切之间的平衡。

矛

到了全青铜时代，欧洲各地的矛头上都出现了用来安装杆身的孔洞。只有爱琴海传统的长矛在技术上是独特的，它有一个劈开的插口，这个插口必须围绕矛杆进行锻造闭合。在全青铜时代早期阶段，欧洲大部分地区出现了不同比例的宽叶或风筝形状的锋刃。在矛头的孔里只有很小的木柄碎片，所以很难判断全复合木制-青铜武器的长度或重量。我们称之为“长矛”的某些武器还有可能会用更短的杆，在介于使用长矛和剑之间的某种情况下使用，这样，它们既能切割又能刺伤敌人。约阿希姆·塔罗（Joachim Tarot）和理查德·戴维斯（Richard Davis）认为，基于矛头的设计特点，特别是它的长度，当时应该出现了不同的战斗风格。[19]

在大西洋岛屿和欧洲大陆西部地区，出土的矛头既有非常短小的类型，也有长度与当代剑的差不多的种类。公元前 15 世纪—前 13 世纪的爱琴海矛头具有坚固的尖端和横截面，这表明有些武器是用来穿透盔甲和人体的。[20]虽然这些矛头和更早的爱琴海矛头可以达到与西北部最长矛头相同的长度，但到公元前 12 世纪，出现了长度为 20—30 厘米的更短、更袖珍的武器类型。它们明显受到了意大利、中欧和巴尔干地区原型的影响，在这些地区，相对较短且坚固的矛头占据主导地位。[21]中欧的情况大致相同，[22]在北欧世界，矛头的尺寸在公元前 16 世纪大小不拘，但到了公元前 13 世纪，它的尺寸受到限制，这与我们在中欧发现的情况大体一致。[23]

127 据推测，人们使用更长的矛头时会更有意地用刃来进行切割。可以追溯到全青铜时代初期的非常多变的爱尔兰和北欧矛头的使用-磨损证据表明，所有类型的矛头都显示出类似的剑术风格，包括刺、切和砍。[24]大多数欧洲长矛的利刃，使得战士们在矛尖没有击中目标的情况下也能割伤对方。

来自瑞典梅德博（Medbo）的新证据证实了混用武器作战的观点。在这个新证据里，一个长矛手与挥舞棍棒或剑的战士交战。[25]人们在瑞典的布拉斯塔德（Brastad）和洛沃森（图5.2）找到了用长矛杀死对手的证据。在爱琴海全青铜时代早期的印章和盖印上有战斗的场景，这表明矛经常与盾牌结合使用，但剑经常与其他武器分开使用。[26]这种情况至少在公元前13世纪发生了改变，看看欧洲其他带有人物形象的艺术品，我们在斯堪的纳维亚的岩石艺术中看到了手持长矛的人，他们可以同时携带剑和盾牌。

128

图 5.2　来自瑞典洛沃森的岩石艺术图片（RAÄ Tanum 319：1），图片显示一个持斧者被一个持矛者刺中背部，这个持矛者还带着一把未出鞘的剑：要么被杀者有阴茎，要么这就是他展示剑鞘的唯一方式

斧头

我们几乎没有直接证据来证明欧洲的任何地区是如何使用斧头的，因为关于这类人工金属制品磨损的研究非常少见。然而，考虑到斧头作为工具或武器的多种用途，我们不能假定所有斧头都是为单一的使用方式设计的。中欧斧头有深深的领圈状杆洞和位于一边的细长斧刃或刺突，另一边是圆盘状物、刺突或另一个斧刃，特征十分明显；这些物品根本不适合做木工，但非常适合作战（图 5.3）。与这些文物处于同一时期的位于欧洲东北部波罗的海地区的系列战斧也同样具有军事特
129 性，它们有着细长的刃，另一侧可供敲击，但缺少中欧特有的

图 5.3　来自塞尔维亚瓦廷的青铜时代战斧（上）和来自阿尔巴尼亚施科德地区的青铜时代战斧（下）

领圈状杆洞。在亚得里亚海（Adriatic）海岸，有大量的阿尔巴诺-达尔马提亚（Albano-Dalmatian）轴孔斧出现于青铜时代晚期，根据其形状来看，它们也适用于战斗。斯堪的纳维亚青铜时代的轴孔斧尺寸非常大，岩石艺术强有力地表明，这些斧头既是工具，也是武器；在一些场景中，它们与剑和矛等明确的武器一起出现，或者与男性生殖器有关，如在锡姆里斯港（Simrishamn）的案例中展现的那样。[27]后来，持斧者也携带剑，偶尔出现在战斗场景中，可参见福苏姆（Fossum）的案例。

弓箭

我们有关于爱琴海地区的弓箭手参加人与人之间战斗的图像，并且在迈锡尼和克诺索斯（Knossos）陈设体面的坟墓中发现了被凿过的石制箭头。青铜箭头在爱琴海地区也被人们广泛使用，[28]但在欧洲的使用证据不太明确。它们在中欧的存量非常稀少，在大西洋地区似乎根本没有被人们使用过。在捷克共和国的维利姆（Velim）遗址，人们发现了箭头，这里的环境表明公元前 14 世纪当地的人们在遭到攻击时曾使用弓箭。在喀尔巴阡盆地，人们发现了带有轴孔和柄脚的青铜箭头，其中一个箭头来自塞尔维亚格拉迪什特-伊约什防御工事壕沟堤道上烧焦的沉积层。在公元前 1700—前 1500 年前后的北欧地区，大量心形燧石箭头和剑一起出现在坟墓中，如在德国的巴文（Baven）。[29]斯堪的纳维亚的岩石艺术描绘了弓箭手从事的几项活动，如瑞典阿斯佩贝格（Aspeberget）的
一个场面可以被看作一次突袭牛群的行动。公元前 1350—约 130
前 1200 年，在托伦瑟河战场上用来杀死战士的青铜箭头和燧石箭头表明这两种技术被一起使用；同时，人们在战斗中继续使用非金属武器，例如，德齐尔克（De Zilk，荷兰）、韦尔丁

厄（Weerdinge，荷兰）、爱丁顿-伯特尔（Edington Burtle，英国）和菲亚韦-卡雷拉（Fiavé-Carera，意大利）的木制弓箭遗存就证明了这一点。在爱琴海地区，人们在战争中巧妙地使用投石器，可能是陶制的投石器石头来自罗马尼亚巴纳特（Banat）的桑塔纳-切塔特亚-维切（Santana Cetatea Veche）。[30]

盔甲

公元前15世纪末，薄板金属加工技术的发展为用青铜制造胸甲、头盔和护胫甲铺平了道路。第一批胸甲是用金属片制成的，由许多部件组成，如在希腊登德拉（Dendra）遗址出土的整套铠甲。在整个公元前13世纪，这种款式的盔甲开始简化，前面有独立成片的主要部件，后面有金属挡板，这样的款式最为常见。在爱琴海地区，有关盔甲的证据仍然是零碎的，[31]虽然欧洲的相关记录更少，但很明显，直到公元前13世纪，人们使用的仍是由两块形状大致相同的金属板组成的胸甲。爱琴海地区还有几块盔甲的碎片和一些较小的板子，这表明在北非和亚洲发现的片状盔甲曾在这里被人们使用。在西欧，如来自法国马尔默斯（Marmesse）的漂亮胸甲就说明，一直到青铜时代末期，板状盔甲在欧洲都很流行。[32]

未发表的实验考古研究成果（作者为巴里·莫洛伊）表明，厚度为1.5毫米的含10%锡的青铜板甲能够抵挡住当时的剑、投掷轻矛和一张57磅的复合反曲弓从10米外射出的坚固青铜箭头的冲击。用这种青铜制成的鳞片甲也有很好的防护效
131 果，但箭偶尔可以在重叠的金属片之间穿过。在迈锡尼一处墓穴中发现的多层亚麻布是这一地区使用过有机材质盔甲的最好证据，根据图像学可以推测这种盔甲是存在过的。这种盔甲由

在动物骨胶中浸泡过的12层亚麻布制成，背面是10层脱粘亚麻布，即使是在上述近距离范围内，手持武器或抛射式武器也无法完全将其穿透。

必须要提一下来自青铜时代北欧的一件稀有发现物，因为它表明了我们在考古记录中通常会错过的东西。在瑞典的奥斯特拉-格鲁姆（Östra Gerum），人们在沼泽中发现了一件由厚重织物制成的斗篷，其时间可能要追溯到公元前2千纪中叶。[33]这一令人着迷的物品是椭圆形的，大小约为200厘米×248厘米。几处年代久远的切口和细长的破洞表明，斗篷的主人在穿着这件斗篷时至少被带刃的武器袭击过一次。切口的数量表明，斗篷本身可能在防御策略中发挥了作用。技艺娴熟的战士可以在行动中用它来遮挡四肢和身体，或者卡住对手的武器。也许这一发现表明，除了盾牌和盔甲，还有其他的防御措施。

在克诺索斯新医院（New Hospital）遗址出土的青铜头盔表明在公元前1400年之前，人们就开始使用金属头盔了。这些金属头盔与公元前2千纪第二个250年以后著名的野猪獠牙头盔一起被使用，獠牙头盔既是用于防御的盔甲，也是战士勇猛的象征，衡量的标准就是獠牙的数量，人们需要猎杀野猪来制作这种头盔。这些材质不同的头盔在发展过程中可能存在密切的关系，[34]这一点很重要，因为在欧洲发现的许多头盔实际上与在克里特岛新医院遗址发现的头盔完全相同。

爱琴海地区的图像表明，直到公元前12世纪，人们使用的头盔的形状仍然是多种多样的。我们在欧洲大陆发现了许多款式的头盔，其中一些是类似于上面提到的克里特岛头盔的基本款，另一些则是由多块青铜薄片呆板地连接在一起的。其

中，卢埃格山口（Pass Lueg）的头盔很有趣，因为最近的分析表明，这个头盔经历坎坷，它在经过改装后安上了其他头盔
132 的部件，大概是原装部件已经丢失或损坏了。[35]这表明，盔甲这样的东西是普通日用的物件，人们并不指望它们永远崭新如初，但这也表明，特定的部件可以随着时间的推移而保留下来，而不是被回收再利用，这可能体现了它们对其所有者具有个人意义。丹麦维克索（Veksø）的有角头盔表明，有时制作某些盔甲的目的可能不是将其用于战场。

中欧和爱琴海地区出土了一些护胫甲，这些护胫甲的外形都很相似。虽然它们在具体的技术细节上存在显著的不同，[36]但从功能上讲，它们都是卵形的金属薄片，可能由皮革等有机材料做衬底，通常被认为是为了保护胫骨。

从整体上看，很明显，青铜盔甲可能同时具有功能性、视觉冲击力，并且使用广泛，但像盾牌一样，它的沉积过程与进攻性武器的非常不同，因此从考古学角度来说，它的代表性不足。

骨骼考古学

全青铜时代能够明确显示出战斗创伤的骨骼非常少见。在欧洲许多遗址出现了遭受武器创伤的骸骨，虽然这些骸骨通常来自经历过暴力战斗的单个或一小群受害者，但他们的死亡背景都不太明确，可能是也可能不是战争的直接后果。在许多情况下，伤处可能在背部。出于这个原因，我们可能会问，这些受害者究竟是在逃离战斗现场时受伤的，还是在被敌人赶上并与之混战的情况下受伤的。也有可能他们是被处决或谋杀的受害者，在某些情况下，甚至可能是狩猎事故的受害者，但他们都是被武器伤害和杀死的，这一点可以肯

定。例如，瑞典洛沃森的岩石艺术可以提供杀害逃亡者的图片证据，而在克里特岛的阿基亚特里亚达（Agia Triada）出土的文物上，则有剑客和猎犬追捕逃跑的敌人的情景。[37]

在维利姆的（可能是）非丧葬的环境中，出现了相当多 133
的人类遗骸，其中一些是有关节的骨骼，我们认为这些人是一次暴力袭击的受害者。由于许多尸体可能是在非正常的情况下被埋葬的，发掘者认为，至少有一些是暴力的受害者，当时该遗址在几个不同的场合都受到了侵略者的攻击。[38]同样，人们在喀尔巴阡盆地东南部的防御性壕沟中发现了这一时期的人类残骸，说明当时人类的残骸被放置在定居点而非墓地，这是社会暴力的一种表现形式。在马其顿北部的察什卡-韦莱斯（Čaška Veles），人们发现了一些可能与战争有关的暴力事件的受害者，在那里的一所被烧毁的房子里，有已被部分烧焦的儿童和老人的骸骨。很明显，里面没有正当年的男性战士，也没有育龄妇女——前者可能在偏远的地方参加战斗，后者可能被带走了，在新石器时代的一些遗址中也出现了这样的模式。[39]在挪威的松德，人们发现了一处非正式墓地，里面有男人、妇女和儿童，这些人都是被一系列武器击中而死的。[40]

在希腊雅典的城市广场（Agora）和意大利的奥尔莫-迪-诺加拉（Olmo di Nogara）出现的证据特别富有启发性：有些坟墓中的遗骨上有武器造成的创伤，但旁边没有武器陪葬，而有些墓葬里出现了武器，但遗骨上没有明显的损伤。很显然，在丧葬活动中利用物质文化建构的身份，并不一定要全面彰显个人在现实生活中的全部身份。[41]在莫彻雷斯（Mochlos）遗址，有一所大约公元前 1400 年的房子，里面有许多被烧焦的人类遗骸（大概在建筑被烧毁时已经死亡或被困在里面）。[42]这些案例表明，欧洲许多地区的暴力并不局限于战士之间的杀戮。

134 最近发现的公元前 13 世纪的托伦瑟河战场是一个明确与战争有关的暴力的例子。[43]关于这个遗址的故事仍有待展开，但成百上千甚至可能成千上万的战士在这里打过一场仗，许多人在战争中葬身此处。在一片已被勘探过的地区，人们发现了至少 91 具遗骸。大多数死者是年龄在 40 岁以下的男性。对他们伤口的研究表明，他们被杀或受伤的方式多种多样，一些战士的头骨中仍然嵌有箭头，一些人被长矛以相当大的力量刺中身体，还有一些人的头盖骨上有各种形式的创伤。骨骼学表明，当时人们使用的是简单的打击武器，如木棒，它们属于不同的年代，但都是在同一处遗址出土的。

托伦瑟河战场还向我们展示了当时军队可能具有的规模——这是我们第一次有机会更详细地探讨青铜时代的情况。在许多的冲突情况中，以前估计的几十人的规模可能仍是正确的，但托伦瑟河战场告诉我们，那次战役中部署的兵力可能会增加到数倍于这个数字的水平。这反过来表明了当时社会组织的水平：既能为大批战士提供补给，又有能力将他们团结进共同的事业之中。因此，我们可以更加自信地谈论青铜时代欧洲军队的存在。

防御工事

迈锡尼世界的要塞是特别壮观的建筑群，它们的防御特性是不可否认的。它们由采掘于当地的巨大石块砌筑而成，拥有储存资源以抵御围攻的能力，并具有许多明显和巧妙的防御特征。[44]例如，在迈锡尼和梯林斯（Tiryns），来犯的士兵不得不让他们持剑的右臂（而不是盾牌）暴露在防御工事的墙壁前，而在梯林斯，他们还必须穿过一道道城门。这些要塞主要位于公元前 14 世纪到公元前 13 世纪的地层，考虑到其规模大小适中，它们可能受到了北部地区的石头堡垒的影响。这样的奇思 135
妙想可以在伊斯特里亚（Istria）、弗留利（Friuli）和达尔马提亚海岸的卡斯泰利里（*castellieri*）石堡中找到，这些石堡从公元前 1500 年前后开始变得越来越普遍，通常围有多层防护土墙。在意大利东北部，大约从公元前 15 世纪起，人们开始在波河流域（Po Valley）建立要塞，这些要塞在公元前 12 世纪早期被摧毁或废弃。在喀尔巴阡盆地东南部，人们建造了巨大的堡垒，之后又明显弃之不用，这在时间上与意大利北部的情况非常相似。[45]

总的来说，这些大型堡垒的设计显然是为了抵御攻击者，也是为了展示里面的居住者的财富、权力和威望。从公元前 13 世纪开始，在欧洲各地，丘堡（hill fort）和其他大体上呈圆形的土木防御工事逐渐普及，对于这一现象，可以用类似的说法进行描述。在迈锡尼的第一个堡垒建成之前，这些防御工事就越来越流行，它们往往比希腊的堡垒更大，有时甚至要大出好几倍；有些已被烧毁，如罗马尼亚的桑塔纳-切塔特亚-维切，有些留下了遭遇袭击的痕迹，如捷克共和国的维利姆，证明这些建筑物即使并非专用于军事，也具备军事方面的功能。[46]这些地方无疑构成了中心地带，它们既表明了对形势的掌控，也是对潜在争夺者的一种挑战。针对这些物理空间的暴力可能会以各种类型的冲突、战争或其他形式展现出来，这表明暴力行为的规模可能会升级到足以彻底毁灭一个社群的中心地带——欧洲许多遗址遭到猛烈破坏后被废弃也证明了这一点。

从公元前 13 世纪晚期开始，克里特岛的自然景观被选作建造定居点的地址，从山顶到大峡谷的这些定居点在几个世纪内都是易守难攻的地方。在斯堪的那维亚，防御工事出现得很晚，是在青铜时代和铁器时代开始修筑的。这一点很重要，因为处处都有战争存在过的证据，这表明建造防御工事绝不是一种迫不得已的应对措施，而是取决于人们对战争行为的看法、意识形态和社会规则。[47]

讨论

136 盾牌在本质上是一种基础型武器，但它也许应被视为青铜时代最具影响力的发明之一。它极大地促进了战士们以一种越发协作的方式进行战斗，这为军队的发展铺平了道路，而军队可能早在青铜时代就已经出现了。把这种作战形式运用到当时的历史场景中，就是战士用一只手臂控制盾牌，用另一只手臂挥舞进攻性武器，这完全改变了以前身体在战斗中的运动方式。协调地使用一只手来格挡、击打、虚晃，使对手的武器改变攻击方向并控制住他们的武器，以及掌控他们的个人空间，同时还伴有意图刺伤、切割或击打他们或他们的武器的动作，这需要两只手臂和身体都有各自独立的动作路径，其中包括对重量和平衡的运用。这些动作以及对武器的协同使用，是制作工艺品或狩猎活动不可比拟的，因此可以看出，这反映了将物质文化与身体相协调的全新方式。不仅作为个人，而且在团队/合作的环境中，人们也开始以一种需要全新技能组合的方式进行战斗。

青铜时代的新式武器也得益于人们对青铜力学性能的操控，使更加坚硬的刃围绕着更加硬朗的主体部分（相对于彼此而言）。这最大限度地增加了杀敌的机会，同时有效地降低了加工武器时出现破损的风险。正是这种全新社会传统的发展与支撑它们的物质和工艺资源的综合，标志着青铜时代成为人类发展的一个基本分水岭。复杂的军事技艺实践有助于社会实现金属使用方面的前沿创新。

这些战士是谁，他们在社会中的地位是怎样的，对于这些有关青铜时代社会知识的重要问题，我们并不清楚，这是令人沮丧的。使用多种武器所需的重要技能需要训练，装备战士需要物质资源，这些都代表着一个社会的重大投资。在精英阶层的背景下，如迈锡尼的竖井墓，出现了战士的形象，斯堪的纳维亚和伊比利亚的军事象征主义在艺术中占据重要地位，甚至通过在丧葬习惯做法中使用的物质文化把战士身份的概念理想化，这些都告诉我们战士在社会中非常重要。他们通过暴力行 137
为改变社会的能力意味着他们在军事、宗教和经济力量之间的平衡中发挥了重要作用。因此，在欧洲的许多地方，战士是上层集团的一部分，这一点似乎是相当确定的。然而，这对人们了解社会提出了两个关键性的问题：勇士精神是战士身份认同独有的抑或占据主导的方面吗？战士是否属于某个精英阶层，他们是社会中唯一要去参加战斗的人吗？我们很难回答这些问题，尽管有人认为掌握战士技能所需的时间是特定社会成员在其生命中特定阶段之身份的重要表现。

保罗·特里赫恩（Paul Treherne）认为，战士会通过身体修饰（如剃须）、发型和装饰来培养相当独特的审美观念。[48]要将这种外表定义为纯粹的“战士美学”有些困难，但我们可以想象一个投入时间让自己的身体做好战斗准备的人的体型和仪态，这将是又一个补充性的明显标志。虽然战士精英的观点可能因此难以得到证实，但战士在上层集团日常工作事项中的角色应该包括专业训练，因此我们可以认为他们是青铜时代社会和政治网络中，具有特别影响力的技能专家。这使得他们中的许多人在任何特定的社会里都处于精英权力变动的范围内，却没有在普遍意义上权衡这种影响。

在托伦瑟河战场遗址发现的木棒可能展示了这个故事的另一面，[49]一大群非专业战士卷入了一场有大量人员参战的战斗。出土于爱尔兰的有机材质盾牌或金属盾牌，在考古学领域十分著名，但这也暗示在欧洲的大多数地区或全部地区，并非所有的战士都有相同的装备。这反过来又意味着战斗人员之间是有地位和等级差异的，正如我们在有文字记录的历史中多次发现的那样。那些使用剑、盾等更加专业的武器的人被认定为战士，但战斗中有机材质的武器和箭术的使用则意味着战场也许涉及更多的男性，包括那些可能被迫加入战斗的人。

结　语

138 青铜时代发生了人类历史进程中根本性的范式转变。金属技术创造出了全新的实物形式，第一批专门武器的研制和广泛使用处于这一事件视界的重要位置。铁匠们不断突破自己的技术极限，制造出更长、更薄的铸件，从而更有效地平衡了硬度和韧性。在全青铜时代，钣金加工使盔甲和防御性武器成为这个时代最精致的也是大规模生产的产品。

青铜时代社会实践的另一个重要变化产生了社会影响，这就是军事技巧实践的发展。这里我们指的是正式的和得到公认的战斗技能，这些技能通过训练被传递和分享。在欧洲，关于武器造成伤害的性质清楚地表明，使用武器需要一定的技巧，许多例子显示了经常性但不致命的伤害。在欧洲许多社会中，从陶工到铁匠的专业化水平都在不断升级，在这样的环境下，战士技能的专业化是可以预见的。战士的技能不再是基于肌肉运动的习惯模式或者从生存实践或技巧中获得的力学知识，而是专门用于战争的技能。短剑和盾牌暗示着战斗是在狭窄的空间中进行的，这反过来表明所有战士之间的距离应该很近，因此战斗中的身体关系随着相互依赖和同伴的可见性而变化，这既改变了行动，也改变了行动的预期。

战士身份的变化如何与新兴的等级制度或特定的政治制度（如酋长制度）相联系，这是个难题，并且在某些地区，仅凭考古学是不可能解答这个问题的。我们可以借用民族志的例子来检验我们的证据，但这些并不能提供坚实的基础，让我们更充分地了解青铜时代欧洲丰富多样而又在历史上独具特色的社会。[50]为了实现这一目的，我们必须通过基础性研究，包括考古学、骨骼学和实验方法，建立更加全面的数据集，这将为我 139
们提供一个实证的平台，以形成区域性的细致入微的描述。通过这种方式，青铜时代战争研究的未来方向可以有效地解决暴力和冲突管理的社会环境问题，考察塑造了过往社会日常生活的因素。

从骨骼学记录中，我们可以清楚地看到，许多战士和非战斗人员都死于暴力，尽管丧葬证据表明，一些人在死亡时被（哀悼者?）刻画为战士，即便他们可能一辈子都没当过战士。因此，战士身份的象征和参加战争可能在很大程度上带有历史和社会的偶然性，期望、抱负、责任、义务、伪装、运动、展示和仪式都是社会中战士身份的表现形式。在青铜时代的许多社会中，人们将防御工事打造成中心场所的行为凸显了象征性地展示权力对社会的重要性。然而，如果不能得到物质上的支持，这种象征意义是无效的，所以，建造防御工事本身就是一种拥有实权的声明，这种实权是以投入武力作为后盾的。青铜时代的战斗创新，包括专门武器的发明和相关的军事技能传统，塑造了欧洲之后数千年的战争，并使铁器时代军队的发展成为可能。总的来说，青铜时代的特征就是人类社会的暴力有了关键性的进展，不断创新和大规模生产专门用于人际暴力的武器使暴力制度化。如果真的是这样，那么暴力可以不必再被认为是在青铜时代正常社会进程中出现的一种运转失灵——暴力被规划好，动用了一系列劳动力和物质资源，并且在以修筑防御工事的形式构建中心地带方面发挥了重要的作用。

参考论著

对青铜武器着迷是古物研究的一个重要特征，这奠定了考古学的基础，如 William Wilde, *A Descriptive Catalogue of the Antiquities in the Museum of the Royal Irish Academy*（Dublin：Hodges，Smith，1963）。Heinrich Schliemann, *Mycenae*（London：John Murray，1878）一书探讨了特洛伊战争，开启了爱琴海青铜时代的考古学研究，或许就强调了这一点。在涉及青铜时代的研究中，关于战争的研究历史充满曲折，尽管对战争行为的细节研究十分罕见。Anthony Snodgrass, *Early Greek Armour and Weapons*（Edinburgh：Edinburgh University Press，1964）是一部关于爱琴海青铜时代军事装备的著作，也是早期专门研究武器的一本书。Robert Drews，*The End of the Bronze Age*（Princeton：Princeton University Press，1993）将青铜时代战争的研究向前推进了一步，该书详细探讨了战争在青铜时代末期
140 可能扮演的几种角色。对青铜时代的一般性研究越来越少地强调战争、战士和武器是社会力量和社会变革的动力，这促成了 Lawrence Keeley, *War before Civilisation: The Myth of the Peaceful Savage*（Oxford：Oxford University Press，1996）一书，该书指出，考古学家没有系统地整合我们对过去社会的战争研究，从而有意或无意地造成了历史上无战事的假象。约翰·卡曼（John Carman）和他的同事在 *Material Harm: Archaeological Studies of War and Violence*（Glasgow：Cruithne Press，1997）

中探讨了同样的主题。在这本书中，Bridgford, 'Mightier than the Pen? An Edgewise Look at Irish Bronze Age Swords'把战争的物质文化重新置于舞台中央。理查德·奥斯古德（Richard Osgood）也一直在研究这个主题，*Warfare in the Late Bronze Age of North Europe*（Oxford：Archaeopress, 1998）整理并前后对照了关键数据。1999 年，J. Carman and A. Harding (eds.), *Ancient Warfare: Archaeological Perspectives*（Stroud：Allan Sutton）的几位执笔者探讨了青铜时代战争的社会特征和实物证据问题。虽然基利强调把战争研究和社会考古学分隔开来的观点绝对是正确的，但很明显，许多人很认真地把战争视为青铜时代社会的一个核心方面。在爱琴海地区，战争的重要性从一开始就植根于考古学，在 R. Laffineur (ed.), *Polemos: Le Contexte Guerrier en Égée á l'Âge du Bronze*（Liege：Aegeum, 1999）中，一些一流的学者对这一主题进行了深入的探讨。理查德·奥斯古德和萨拉·蒙古斯（Sarah Monks）以及朱迪思·汤姆斯（Judith Toms）出版了一本概论，即 *Bronze Age Warfare*（Stroud：Allan Sutton, 2000），该书分析了大量证据，尽管它延续了将战争研究从更广泛的社会分析中孤立出来的趋势。T. Otto, H. Thrane and H. Vandkilde (eds.), *Warfare and Society: Archaeological and Social Anthropological Perspectives*（Aarhus：Aarhus University Press, 2006）的执笔者通过关注战争研究如何与一系列其他主题联系在一起，在某种程度上恢复了平衡的状态。同样，Mike Parker Pearson and I. J. N. Thorpe (eds.), *Warfare, Violence and Slavery in Prehistory*（Oxford：Archaeopress, 2005）将战争研究带入社会视野。C. Horn and K. Kristiansen (eds.), *Warfare in Bronze Age Society*（Cambridge：Cambridge University Press, 2018）讨论了战争对社会体系如贸易、工艺、创新等方面产生的影响。Anthony Harding, *Warriors and Weapons in Bronze Age Europe*（Budapest：Archaeolingua, 2007）是关于这个主题为数不多的独著之一，该书使用广泛的比较方法记述了从青铜时代初期到铁器出现这一时期的战争发展情况。

除了这些关于战争的专门研究和社会研究，自 20 世纪 60 年代以后，史前青铜发现（Prähistorische Bronzefunde）系列丛书出版了多种包括武器在内的青铜文物的详细目录。这一系列丛书中的许多著作为人们开展详尽的武器和战争区域研究提供了基础。Peter Schauer, 'Eine urnenfelderzeitliche Kampfweise', *Archäologisches Korrespondenzblatt* 9 (1979), pp. 69-80, 以及 K. Kristiansen, 'Krieger und Häuptlinge in der

Bronzezeit-ein Beitrag zur Geschichte des bronzezeitlichen Schwertes', *Jahrbuch des Römisch-Germanischen Zentralmuseums Mainz* 31 (1984), pp. 187–208，这些研究关注战争的物质文化，开展了剑和矛的微痕研究。布里奇福德（Bridgford）的微痕研究受到了克里斯蒂安森（Kristiansen）著作的影响，她将中断了很长一段时间的微痕研究带入新千年，在近来的期刊出版物上出现了越来越多的专业研究［如 A. Dolfini
141 and R. Crellin, 'Metalwork wear analysis: The loss of innocence', *Journal of Archaeological Science* 66 (2016), pp. 78–87］。Peatfield's contribution to Laffineur's *Polemos book* ('The Paradox of Violence: Weaponry and Martial Art in Minoan Crete')同样考虑了剑的功能，完善了微痕研究的方法。在 21 世纪的头十年里，对青铜时代战争的研究成为许多新研究的主题。这一主题特别注重物质文化，并采用了实验考古学的方法，这引发了一系列深入研究，包括有意关联不同的分析方法，以形成"战斗考古学"的视角，具体参见 Barry Molloy, 'What's the Bloody Point: Bronze Age swordsmanship in Ireland and Britain', in B. Molloy (ed.), *The Cutting Edge* (Stroud: Tempus, 2007), pp. 90–111。在维也纳举行的欧洲考古学家协会会议和研讨会上，这种对材料的关注是显而易见的，该会议之后出版了 M. Mödlinger and M. Uckelmann, *Warfare in Bronze Age Europe: Manufacture and Use of Weaponry* (Oxford: Archaeopress, 2011)。大约在同一时间，在许多研究中，人们可以看到，对战斗情况的兴趣成为探索其社会特征的一种手段，如 C. Horn, 'Harm's way–An Approach to Change and Continuity in Prehistoric Combat', *Current Swedish Archaeology* 21 (2013), pp. 93–116。关于暴力的骨骼学研究通常属于比较专业的研究或更为宽泛的项目，但托伦瑟战场遗址的发现使其成为一些新研究的核心，如 Detlef Jantzen et al. (eds.), *Tod im Tollensetal: Forschungen zu den Hinterlassenschaften eines bronzezeitlichen Gewaltkonfliktes in Mecklenburg-Vorpommern* (Schwerin: LKDMV, 2014)。

注　释

1. Christian Horn, *Studien zu den europäischen Stabdolchen* (Bonn:

Habelt, 2014); Ronan O' Flaherty, 'A Weapon of Choice-Experiments with a Replica Irish Early Bronze Age Halberd', *Antiquity* 81. 312 (2007), pp. 423-34; Jan Apel, *Daggers, Knowledge and Power* (Uppsala: Uppsala University Press, 2001); Derek Simpson, 'The Stone Battle Axes of Ireland', *Journal of the Royal Society of Antiquaries of Ireland* 120 (1990), pp. 5-40; D. Olausson, *Flint and Groundstone Axes in the Scanian Neolithic: An Evaluation of Raw Materials based on Experiment* (Lund: CWK Gleerup, 1983).

2. Tobias Kienlin, E. Bischoff and H. Opielka, 'Copper and Bronze during the Neolithic and Early Bronze Age: A Metallographic Examination of Axes from the Northalpine Region', *Archaeometry* 48 (2006), pp. 453-68.
3. R. Osgood and S. Monks (eds.), *Bronze Age Warfare* (Stroud: Allan Sutton, 2000); J. Junkmanns, *Pfeil und Bogen: Von der Altsteinzeit bis zum Mittelalter* (Ludwigshafen: Hörnig, 2013); Wolfgang Haak et al., 'Ancient DNA, Strontium Isotopes, and Osteological Analyses Shed Light on Social and Kinship Organization of the Later Stone Age', *Proceedings of the National Academy of Sciences* 105. 47 (2008), pp. 18226-31.
4. Richard Osgood, 'Central and Eastern Europe', in Osgood and Monks (eds.), *Bronze Age Warfare*, pp. 83-4.
5. Ourania Kouka, 'The Built Environment and Cultural Connectivity in the Aegean Early Bronze Age', in B. Molloy (ed.), *Of Odysseys and Oddities: Scales and Modes of Interaction between Prehistoric Aegean Societies and Their Neighbours* (Oxford: Sheffield Studies in Aegean Archaeology/Oxbow Books, 2016), pp. 203-24; Barbara Hayden, *Reports on the Vrokastro Area, Western Crete: The Settlement History of the Vrokastro Area and Related Studies* (Philadelphia: University of Pennsylvania Press, 2004); Vincente Lull et al., 'The La Bastida Fortification: New Light and New Questions on Early Bronze Age Societies in the Western Mediterranean', *Antiquity* 88. 340 (2014), pp. 395-410; Roger Mercer, 'The Origins of Warfare in the British Isles', in J. Carman and A. Harding (eds.), *Ancient Warfare:*

Archaeological Perspectives (Stroud: Allan Sutton, 1999), pp. 143–5; Aleksandar Szentmiklosi et al., 'Cornesti-Iarcuri-A Bronze Age Town in the Romanian Banat?', *Antiquity* 85. 329 (2011), pp. 819–38; Bernhard Hänsel, Kristina Mihovilić and Biba Tržan, *Monkodonja* 1 (Pula: Istrian Archaeological Museum, 2015).

6. Stefan Hiller, 'Scenes of Warfare and Combat in the Arts of the Aegean Late Bronze Age. Reflections on Typology and Development', in R. Laffineur (ed.), *Polemos: le contexte guerrier en Égée àl'Âge du Bronze* (Liege: Aegeum, 1999), pp. 319–31.
7. Marion Uckelmann, *Die Schilde der Bronzezeit in Nord-, West-und Zentraleuropa* (Stuttgart: Steiner, 2012); Richard Harrison, *Symbols and Warriors: Images of the European Bronze Age* (Bristol: Western Academic and Specialist Press, 2004).
8. Uckelmann, *Schilde der Bronzezeit*, pp. 56–9.
9. Uckelmann, *Schilde der Bronzezeit*; Barry Molloy, 'For Gods or Men? The Use of European Bronze Age Shields', *Antiquity* 83. 322 (2009), pp. 1052–64.
10. Imma Kilian-Dirlmeier, *Die Schwerter in Griechenland (ausserhalb der Peloponnes): Bulgarien und Albanien* (Stuttgart: Steiner, 1993); Barry Molloy, 'Swords and Swordsmanship in the Aegean Bronze Age', *American Journal of Archaeology* 114. 3 (2010), pp. 403–28.
11. Molloy, 'Swords and Swordsmanship'.
12. Colin Burgess and Sabine Gerloff, *The Dirks and Rapiers of Britain and Ireland*, Prähistorische Bronzefunde 4. 7 (Munich: C. H. Beck, 1970); Tiberiu Bader, *Die Schwerter in Rumänien*, Prähistorische Bronzefunde 4 (Stuttgart: Steiner, 1991); V. Bianco Peroni, *Die Schwerter in Italien: Le spade nell'Italia continentale* (Munich: C. H. Beck, 1970); Anthony Harding, *Die Schwerter in ehemaligen Jugoslawien* (Stuttgart: F. Steiner, 1995).
13. Barry Molloy, 'Conflict at Europe's Crossroads: Analysing the Social Life of Metal Weaponry in the Bronze Age Balkans', in A. Dolfini et al. (eds.), *Prehistoric Warfare and Violence* (New York: Springer, 2018), pp. 199–224.

14. Peter Schauer, *Die Schwerter in Süddeutschland, Österreich und der Schweiz I: Griffplatten-, Griffangel- und Griffzungenschwerter* (Munich: C. H. Beck, 1971); Kristian Kristiansen and Thomas Larsson, *The Rise of Bronze Age Society: Travels, Transmissions and Transformations* (Cambridge: Cambridge University Press, 2005), pp. 130-1.
15. Peroni, *Schwerter in Italien.*
16. Kilian-Dirlmeier, *Schwerter in Griechenland*; Reinhard Jung, Mathias Mehofer and Iannis Moschos, 'Fonevontas me ton idio tropo: Oi eirinekes epafes yia ton polemo metaxi dutikis Elladas kai Italias kata ti diapkeia ton opsimon Mukinaikon xronon', in S. A. Paipetis and Ch. Giannopoulou (eds.), *Politismiki Allilogonimopoisi Notias Italia kai Dutikis Elladas mesa apo tin Istoria* (Patras: Ministry of Culture), pp. 85-7.
17. D. Brandherm, *Las Espadas del Bronce Final en la Peninsula Iberica y Baleares* (Stuttgart: Steiner, 2007); Barry Molloy, 'Nought may Endure but Mutability: Eclectic Encounters and Material Change in the 13th to 11th Centuries BC Aegean', in Molloy (ed.), *Of Odysseys*, pp. 343-84.
18. Kristian Kristiansen, 'The Tale of the Sword-Swords and Swordfighters in Bronze Age Europe', *Oxford Journal of Archaeology* 21.4 (2002), pp. 319-32.
19. Joachim Tarot, *Die bronzezeitlichen Lanzenspitzen der Schweiz* (Bonn: Habelt, 2000); Richard Davis, *The Early and Middle Bronze Age Spearheads of Britain* (Stuttgart: Steiner, 2012).
20. Barry Molloy, 'The Origins of Plate Armour in the Aegean and Europe', *Talanta: Proceedings of the Dutch Archaeological and Historical Society* 44-45 (2013), pp. 273-94.
21. Molloy, 'Nought may Endure', pp. 343-84.
22. Marek Gedl, *Die Lanzenspitzen in Polen* (Stuttgart: Steiner, 2009).
23. Gernot Jacob-Friesen, *Bronzezeitliche Lanzenspitzen Norddeutschlands und Skandinaviens* (Hildesheim: Lax, 1967), p. 286.
24. Barry Molloy, 'Hunting Warriors: The Transformation of Weapons, Combat Practices and Society in Bronze Age Ireland', *European*

Journal of Archaeology 20. 2 (2017), pp. 280–316; Christian Horn, 'Weapons, Fighters and Combat: Spears and Swords in Early Bronze Age Scandinavia', *Danish Journal of Archaeology* 2 (2013), pp. 20–44.

25. Andreas Toreld, 'Svärd och mord: Nyupptäckta hällristningsmotiv vid Medbo i Brastad socken, Bohuslän', *Fornvännen* 107 (2012), pp. 241–52; RAÄ Brastad 617.
26. Molloy, 'Swords and Swordsmanship', pp. 403–28.
27. Peter Skoglund, *Rock Art through Time: Scanian Rock Carvings in the Bronze Age and Earliest Iron Age* (Oxford: Oxbow Books, 2016), fig. 2. 1; RAÄ Simrishamn 23:1.
28. Robert Avila, *Bronzene Lanzen- und Pfeilspitzen der griechischen Spätbronzezeit*, Prähistorische Bronzefunde 5 (Munich: C. H. Beck, 1983).
29. Anthony Harding, *Warriors and Weapons in Bronze Age Europe* (Budapest: Archaeolingua, 2007), p. 88; Friedrich Laux, 'Die bronzezeitlichen Gruppen der älteren und mittleren Bronzezeit beiderseits der Elbe mit besonderer Berücksichtigung der Lüneburger Gruppe', in W. Budesheim and H. Keiling (eds.), *Zur Bronzezeit in Norddeutschland*, Beiträge für Wissenschaft und Kultur (Neumünster: Wachholtz, 1999), pp. 67–97, fig. 1.
30. Junkmanns, *Pfeil und Bogen*, pp. 39–40; Nikos Vutiropoulos, 'The Sling in the Aegean Bronze Age', *Antiquity* 65. 247 (1991), pp. 279–86; Florin Gogâltan and Victor Sava, 'War and Warriors during the Late Bronze Age within the Lower Mureş Valley', *Ziridava Studia Archaeologica* 26. 1 (2012), p. 70.
31. Nicholas Verdelis, 'Neue Funde von Dendra', *Mitteilungen des deutschen archäologischen Instituts (Athenische Abteilung)* 82 (1967), pp. 1–53; Marianne Mödlinger, 'European Bronze Age Cuirasses. Aspects of Chronology, Typology, Manufacture and Usage', *Jahrbuch des Römisch-Germanischen Zentralmuseums Mainz* 59 (2014), pp. 1–49.
32. Mödlinger, 'European Bronze Age Cuirasses'.

33. Andreas Oldeberg, *Die ältere Metallzeit in Schweden I* (Stockholm: Almqvist & Wiksell, 1974), no. 2549.
34. Marianne Mödlinger, 'From Greek Boar's-Tusk Helmets to the First European Metal Helmets: New Approaches on Development and Chronology', *Oxford Journal of Archaeology* 32.4 (2013), pp. 391-412.
35. Mathias Mehofer, 'Die Kammhelme vom Typ Pass Lueg: Archäologische und archäometallurgische Untersuchungen zur spätbronzezeitlichen Handwerkstechnik', in A. Lippert (ed.), *Die zweischaligen ostalpinen Kammhelme und verwandte Helmformen der späten Bronze- und frühen Eisenzeit* (Salzburg: Salzburg Museum, 2011), pp. 119-30.
36. Maria Stavropoulou Gatsi, Reinhard Jung and Mathias Mehoefer, 'Tafos "Mykinaiou" polemisti ston Kouvara Aitoloakarnanias. Proti Parousiasi', in N. C. Stampolidēs (ed.), *Athanasia: The Earthly, the Celestial and the Underworld in the Mediterranean from the Late Bronze and the Early Iron Age; International Archaeological Conference, Rhodes 28-31 May, 2009* (Ērákleio: Crete University Press, 2012), pp. 247-65.
37. Barry Molloy, 'Martial Minoans? War as Social Process, Practice and Event in Bronze Age Crete', *Annual of the British School at Athens* 107 (2012), p. 102.
38. Harding, *Warriors and Weapons*, pp. 86-8.
39. 参见本卷第 14 章。
40. Hilde Fyllingen, 'Society and Violence in the Early Bronze Age: An Analysis of Human Skeletons from Nord-Trøndelag, Norway', *Norwegian Archaeological Review* 36 (2003), pp. 27-43.
41. Sarah Smith, 'Skeletal Evidence for Militarism in Mycenaean Athens', *Hesperia* 43 (2009), pp. 99-109; A. Canci, D. Contursi and G. Fornaciari, 'La Necropoli dell'età del Bronzo di Olmo di Nogara (Verona): primi risultati dello studio paleopatologico', in L. Salzani and I. Angelini (eds.), *La Necropoli dell'età del Bronzo all'Olmo di Nogara* (Verona: Commune di Verona, 2005), pp. 495-

501; A. Canci, C. Maino and E. Gaspari, 'Cutmarks da lama metallica sui resti scheletrici degli armati della necropoli del Bronzo medio e recente di Olmo di Nogara (Verona). Traumi inflitti, trapanazioni terapeutiche e lesioni postdeposizionali', *Bollettino del Museo Civico di Storia Naturale di Verona* 33 (2009), pp. 133–48.

42. Richard Seager, 'Excavations on the Island of Mochlos, Crete, in 1908', *American Journal of Archaeology* 13 (1909), pp. 273–303.

43. Detlef Jantzen et al., 'A Bronze Age Battlefield?: Weapons and Trauma in the Tollense Valley, North-Eastern Germany', *Antiquity* 85.328 (2011), pp. 417 – 33; Ute Brinker et al., 'Die menschlichen Skelettreste aus dem Tollensetal: Ein Vorbericht', in D. Jantzen et al. (eds.), *Tod im Tollensetal: Forschungen zu den Hinterlassenschaften eines bronzezeitlichen Gewaltkonfliktes in Mecklenburg-Vorpommern*, Beiträge zur Ur- und Frühgeschichte Mecklenburg-Vorpommerns (Schwerin: LADKMV, 2014), pp. 191–208.

44. Spyros Iakōvidēs, *Late Helladic Citadels on Mainland Greece* (Leiden: Brill, 1983).

45. Elodia Bianchin Citton, 'Il Veneto tra Bronzo Recente e Bronzo Finale: Popolamento e aspetti socio-economici di un'area di cerniera tra l'adriatico e l'Oltralpe', in E. Borgna and P. Cassola Guida (eds.), *From the Aegean to the Adriatic: Social Organisations, Modes of Exchange and Interaction in Postpalatial Times (12th – 11th BC)* (Rome: Quasar, 2009), pp. 257–72.

46. Richard Osgood, *Warfare in the Late Bronze Age of North Europe* (Oxford: Archaeopress, 1998); Florin Gogâltan and Victor Sava, *Sântana cetatea veche: O fortifica ţie de pământ a epochi bronzului la mureşul de jos* (Arad: Complexul Muzeal, 2010); Anthony Harding and Carol Palmer, *Velim: Violence and Death in Bronze Age Bohemia. The Results of Fieldwork 1992–95, with a Consideration of Peri-mortem Trauma and Deposition in the Bronze Age* (Prague: Archeologický, 2007).

47. Krzysztof Nowicki, *Defensible Sites in Crete c. 1200 – 800 BC (LM IIIB/IIIC through Early Geometric)* (Leuven: Peeters, 2000); Julie

Wileman, *War and Rumours of War: The Evidential Base for the Recognition of Warfare in Prehistory* (Oxford: Archaeopress, 2009).

48. Paul Treherne, 'The Warrior's Beauty: The Masculine Body and Self-Identity in Bronze-Age Europe', *Journal of European Archaeology* 3.1 (1995), pp. 105–44.

49. Jantzen, 'Bronze Age Battlefield?'.

50. Jonathon Haas and Matthew Piscatelli, 'The Prehistory of War: Misled by Ethnography', in D. Fry (ed.), *War, Peace, and Human Nature* (Oxford: Oxford University Press, 2013), pp. 168–90.

6　武器、仪式和战争：欧洲铁器时代的暴力

彼得·威尔斯

142 在铁器时代的欧洲，暴力的考古学证据和象征性表现物是丰富而复杂的。有一些证据，如骨骼上的创伤和战场上损坏或丢失的武器，相对来说简单易懂，但这类证据并不充足。其他证据——如放置在坟墓里、坑里和被扔进水体里的武器，以及环绕山顶定居点建造的防御城墙——则更为复杂，人们通常从政治和仪式的角度，而不是从严格的军事角度去解释这些证据。武装部队无论是以战士雕像的形式，还是在华丽金属物品上的场景中展示出来，都增加了证据的丰富性和复杂性。与铁器时代欧洲有联系的地中海社会的书面资料提供了另一种信息。本章将研究从不同来源获得的这些证据，以简要概述欧洲铁器时代暴力的各种信息来源。

欧洲的铁器时代究竟有多暴力？

有必要从一开始就提出普遍性的问题，即对于铁器时代的欧洲居民来说，这一时期究竟有多暴力？阅读局外人（希腊和罗马评论家）的记述，人们会认为，至少在铁器时代晚期，居住在地中海海岸以北地区的各民族确实非常暴力。希腊作家
143 讲到凯尔特（Celtic）[1]雇佣兵在东地中海地区服役的情况，他们之所以被雇用，是因为人们认为这些人在战斗中非常勇猛。恺撒把他笔下的这个民族称为高卢人，塔西佗评论了日耳曼人，

他们把这些群体描述为好斗的、随时准备去参加战斗的民族。[2]但在探讨这些特征时，我们需要提醒自己，这些特征都是局外人的描述，他们只是目睹或听闻了关于欧洲温带地区的民族与地中海地区社会接触的情况。就恺撒而言，他率领罗马军团对抗高卢人，当然，高卢人以暴力做出回应。因此，我们必须谨慎地解读希腊语和拉丁语的叙述，因为其描述的民族状况可能是不寻常的，书写者并不了解这些民族的历史和各种经历。

从铁器时代开始，在欧洲就出现了大量武器，但从对武器本身的研究转向由此导出关于暴力的结论并非易事。在早期的考古学研究中，人们通常认为武器是暴力的象征，并从袭击和战争的角度来解读欧洲的大部分史前历史。今天，随着数据的增多和解释框架的日益复杂，许多调查人员在很大程度上用符号化和礼仪性的术语，而不是从实战的角度来解释证据。[3]一些研究者，如西蒙·詹姆斯（Simon James）等人对这种方法进行了批判，他们认为把铁器时代描绘成一个和平时期的做法也太过火了。[4]另外，尼尔·沙普尔斯（Niall Sharples）认为战争在不列颠铁器时代是很普遍的。[5]尼科·罗伊曼斯（Nico Roymans）指出，欧洲大陆上大莱茵兰地区的当地部落享有骁勇善战的美誉，罗马军队在征服高卢后愿意招募他们作为自己的雇佣兵。[6]弗雷泽·亨特（Fraser Hunter）在关于铁器时代硬币上战士形象的研究中提出，战争在这一时期主要是精英集团的一种活动，战士的形象出现在硬币上和剑上，偶尔也出现在他们墓葬中的头盔和其他武器上面。[7]这种方法表明，至少在铁 144
器时代的部分时间里，军事活动是由一小群精锐的战士而不是由庞大的军队进行的。

被称为铁器时代的这个时期长达八个世纪，从公元前 800

年前后开始，到罗马征服时期，也就是在公元前 50 年前后结束。随着时间的推移，环境改变了，在地理方面，各个区域的差别也很大。因此，我们不能一概而论，妄称铁器时代的欧洲从整体上说是暴力的，或者是非暴力的。相反，我们需要仔细考察来自特定地点和不同时代的证据。

武　器

在欧洲的铁器时代，与暴力相关的数量最多的证据，无论是直接的还是暗示性的证据，都是武器。进攻性的武器主要有剑、矛、长枪、斧头、弓和箭以及投石器。防御性的武器主要有盾牌、头盔和胸甲。在铁器时代初期，许多剑、矛、长枪、斧头和箭头仍然是用青铜制作的；到铁器时代末期，这类武器几乎全部由铁制成。盾牌通常由有机材料（如木材和皮革）制成，但其正面是青铜材质，有的还非常华丽。头盔通常是由青铜制作的，在铁器时代末期有的是铁制的，里面垫有皮革或其他柔软的材料。胸甲主要是青铜做的，而锁子甲是铁做的。[8] 对于进攻性武器，通常不可能区分出用于战斗的武器和用于狩猎的武器。许多武器很可能是两种用途兼而有之。

武器主要在三种情况下得以重现。到目前为止，大多数武器是在坟墓里找到的，通常被放在下葬的尸体旁边，或者在火葬的情况下，被放在火化过的遗骸旁边。许多武器也出现在沉积物中，特别是在水体中，但有时也出现在深坑和壕沟中。其他武器则被放置在所谓的“燔祭场所”（burnt offering place, *Brandopferplätze*），尤其是在欧洲的阿尔卑斯山周边地区。在定居点和战场上出土的武器少之又少。

145 战车和军号不是严格意义上的武器，但它们与武器和军事活动有关。恺撒描述了他在公元前 55—前 54 年入侵不列颠时，不列颠人使用的战车。[9]墓穴中经常有战车出土，里面还有成套的武器，特别是在英格兰北部的约克郡（Yorkshire）。[10]经典文献对被称为卡尼克斯（carnyx）① 的军号有所描述；根据这些记载，战士们会在战斗中吹响号角。它们出现在冈德斯特拉普坩埚（Gundestrup cauldron）上的军事场景中（见下文），人们还在欧洲不同地区的遗址里发现了青铜军号。[11]

战争中也会用到马匹。恺撒在描述他于高卢发动的战争时，提到自己曾雇用日耳曼骑兵部队，因为日耳曼人以擅长骑马作战而著称。[12]在大约公元前 400 年的哈尔施塔特文化的剑鞘和大约公元前 100 年的冈德斯特拉普坩埚上，都有战士骑在马背上的形象（见下文）。

墓穴中的武器

铁器时代绝大多数有武器的墓穴是男性的坟墓，尽管已确认少数女性的墓穴里也有武器，尤其是在东欧斯基泰人（Scythian）所在的地区。[13]在所有已发现的墓地中，有武器之坟墓的比例通常很低，很少超过 20%。大多数有武器的坟墓里通常有矛头或长枪头的遗存，有时还有盾牌。一般情况下，只有装备最丰富的坟墓里有剑，直到铁器时代后期，剑才在更多墓地中出现。[14]在整个铁器时代，剑是成年男性身份的特殊象征。装饰最为精心的男性墓葬里有剑，这些剑有的非常华丽，剑柄饰以象牙或黄金，剑鞘装饰着各种各样的饰品。在早期铁器时代后期，即哈尔施塔特文化 D 时期（约公元前 600—

① 卡尼克斯是铁器时代凯尔特人使用的一种细长 S 形的管乐器，在战场上用来激励军队士气，造成敌军恐慌。

前 480 年），在装备精良的男性的墓室里，剑被匕首取代。[15]大
146 多数匕首的柄和鞘十分华美。在霍赫多夫（Hochdorf）的墓葬中，匕首和匕首鞘全部覆以装饰精美的金箔。[16]最后，防御性武器——头盔和胸甲——在坟墓中很少见，即使有，通常也只在最富裕的坟墓中才会出现。

考古学家从坟墓中发掘的武器几乎都保存完好，基本上没有被使用的痕迹。因此，很明显，武器发挥着重要的象征作用，即使它们很少在战斗中真正被使用。武器的这种象征意义在沉积物和图像中被进一步凸显。下面的两个例子将说明有武器的坟墓之特征的一系列变化。在德国巴伐利亚北部的格罗塞布施塔特（Grosseibstadt）1 号坟堆，一个 40 岁的男人和一辆四轮马车一同下葬，时间是早期铁器时代初期，公元前 650 年前后。[17]此人平躺在开阔的位置，一把带有木鞘的铁剑放置在他的右侧。墓室里放置了 37 个容器，包括 2 个青铜盘、1 个青铜双耳细颈罐和 34 个陶罐，大多非常华美。还出土了用于马具和轭的金属连接件，以及包括牛骨和猪骨在内的动物骨头。

在格罗塞布施塔特，遗骸和陪葬品被放在墓室的地面上，而在法国北部塞纳河畔的迈勒耶（Mailleraye-sur-Seine），一处公元前 2 世纪上半叶的火葬坟墓被垂直置于坑里。[18]在坟墓底部有 8 个容器，其中之一是玻璃容器，里面装着一个人的骨灰。6 个铁制轮箍被放在这些容器的顶部。轮箍旁边放着铁制的矛尖、斧头、胸针和一个青铜器皿。在轮箍上面放着两个铁制柴架（碳架），还有另外两个铁制轮箍和一个倒置的大型青铜容器。在这堆物品的最上面是 3 把带鞘的剑。附近放置了盾牌的 3 个圆形装饰物和 3 个矛尖。

在俄罗斯欧洲地区的菲力波克瓦（Filippokva）遗址，在一个被希腊作家称为由斯基泰人占领的地区，发现了一处包括25个坟堆［或者叫史前古冢（kurgans）］的墓地，其中就有随葬了兵器的重要墓葬。1号古冢的时间可以追溯到公元前4世纪，古冢里面有用在马具上的黄金装饰，一把铁剑和一把铁 147
匕首（上面都装饰满了黄金）。剑刃上镶嵌着金丝，剑柄上缠绕着金丝；匕首刃上镶嵌着金子，匕首柄两端各有一对狮身鹰首兽。[19]

沉积物中的武器

很多武器，包括许多最华美的武器，都发现于水体中，特别是河流和湖泊中，但异乎寻常的是，在铁器时代晚期，人们把武器放置在结构复杂而干燥的避难所。在丹麦南部的约特斯普林（Hjortspring），人们在沉积物中发现了剑、矛、盾和其他器具，数量多得足以装备一支大约80人的部队，此外，在一个小池塘里还发现了一艘木船，其时间大约可追溯到公元前350年。[20]在瑞士的拉坦诺（La Tène）遗址和港口（Port）遗址，数以百计的质量上乘的铁剑被沉入水底，它们要么是从岸上被扔下来的，要么是从船上被扔进水里的。许多剑鞘的顶端有装饰，每个剑鞘上的图案都很独特。[21]在汇入多瑙河的众多支流中，人们也发现了类似的剑。[22]在伦敦泰晤士河，人们发现了许多华丽的防御性青铜武器，其中包括在滑铁卢桥附近和林肯附近的威瑟姆河发现的巴特西盾牌（Battersea Shield）和头盔（见下文）。

其他武器被埋在地下的坑里。一个突出例子是在法国中南部的廷蒂尼亚克（Tintignac），人们从该处遗址的一个坑里发掘出许多剑和剑鞘、10个青铜头盔和7个军号，在此坑上方，罗马人修建了一座宗教圣所。[23]在法国夏朗特（Charente）阿格里斯（Agris）的一个山洞中出土了一件令人惊叹的铁制头盔，上
148 面装饰着黄金和珊瑚。而在法国北部昂夫勒维尔（Amfreville）的一处河床里，出土了一件同样华丽的头盔。[24]

人们在被指定为“避难所”的地方也发现了武器，尤其是剑。在法国北部的阿龙德河畔古尔奈（Gournay-sur-Aronde）长方形遗址周围的壕沟中，人们发现了大约 500 把剑及其剑鞘，其中许多剑被故意弯曲得变了形，这让它们变得无法使用。在法国北部的昂克尔河畔里布蒙（Ribemont-sur-Ancre），德国巴登－符腾堡州（Baden-Württemberg）的诺德海姆（Nordheim）和巴伐利亚州曼兴（Manching）著名的古凯尔特城堡定居点，人们也发现了剑和其他武器的类似但规模较小的沉积物。尽管对于进行调查的考古学家来说，在里布蒙出土的武器比在古尔奈出土的少，可他们在那里发现了大量人类骨骼遗骸。许多骸骨没有头骨，但该遗址包括排列得整整齐齐的成堆的人类长骨，表明这是一个复杂的仪式，涉及对死亡战士的处理方式。[25]

武器的艺术表现

在欧洲的铁器时代，绘画作品并不多见，但有少数重要的作品与武器和战争有关。一些石像展示了战士们佩带的武器，哈尔施塔特剑鞘和冈德斯特拉普坩埚展示了战士们手持武器的场景，铁器时代的一些硬币上也有武器的图案。这些描绘对于我们理解铁器时代的人们如何看待那些携带并可能使用武器来保卫社群，或者获得财富或领地的人尤其有价值。在某种意义上，艺术表现比其他任何资料都更能使我们通过图像创造者的眼睛去“看”。

在符腾堡北部希尔施兰登（Hirschlanden）的一个坟堆旁，人们发现了一尊真人大小的砂岩雕像，雕像佩着一把匕首，匕首形状与在哈尔施塔特文化 D 时期的许多富裕墓穴中出土的匕首相似。在法国东部的维克斯（Vix），在一座富有女性的坟墓附近的“避难所”里有两尊石制坐像，其中一尊坐像右侧佩着短剑或匕首，左手握着盾牌的顶端，盾牌放在他小腿前方的地面上。在法兰克福附近的格劳博格（Glauberg）古墓中， 149
一座近乎完好的雕像在右侧佩着短剑，躯干穿着胸甲。这三座雕像都展示了战士“英勇的”姿态。[26]

奥地利哈尔施塔特 994 号坟墓中的剑鞘上雕刻了 4 个戴着头盔、身穿胸甲、手持长矛的骑士形象。[27]从右边数第二个骑士的腰带上别着一把短剑。第一个骑士在踩踏一个人，而第二个骑士似乎在用长矛刺这个人。在下一个局部画面的左边是 3 个手持长枪或矛和盾牌的行进中的男子。最左边的图案似乎是两个男人在地上打斗。

铁器时代的“西图拉①艺术”（situla art），其时间大约可以追溯到公元前 600—前 400 年，并以意大利东北部、奥地利和斯洛文尼亚为中心，许多图案中出现了武器和使用武器的人们。现藏于罗得岛州普罗维登斯市罗得岛设计学院的这件西图拉展示了由 14 名士兵组成的行进队伍，他们都戴着头盔，拿着盾牌，还有矛或长枪。意大利北部切尔托萨（Certosa）的西图拉也展示了一排排行进中的军队，里面有一些扛着战斧的人；在这件西图拉上，两个骑马的人戴着头盔，肩上也扛着战斧。一个来自斯洛文尼亚瓦采（Vače）的青铜腰带板上有两

① 西图拉是一种带纹饰的桶形容器，据猜测，多用作盛酒礼器。

个骑马的人用长枪和战斧打斗的场景。[28]

在来自丹麦北部沼泽的冈德斯特拉普坩埚内部金属护板 E 的顶部有 4 个骑马战士的图案，他们都戴着头盔，其中两人手持长枪。[29]他们的下面是 6 个步兵，都拿着盾牌和矛或长枪。右边是 3 个手持军号并正在吹奏的人，这种军号类似于在廷蒂尼亚克坑中发现的军号。

在英国出土了一系列属于铁器时代末期到罗马时代早期的用石灰石雕刻的小雕像（平均身高 12.5 厘米）。大多数完好
150 的雕像佩有一把剑，通常垂直地放在雕像背后。不管这些雕像意味着什么，它们都表明，剑在塑造它们的雕刻家心目中是很重要的。[30]

铁器时代的许多硬币上有手持武器的人物形象。[31]骑马的战士手里拿着剑、矛和投枪，他们通常戴着头盔，穿着某种款式的铠甲。有些人骑在马背上，携带着卡尼克斯，这类似于冈德斯特拉普坩埚描绘的情景以及在廷蒂尼亚克沉积物中出土的那些文物。

武器上的装饰

随便翻阅一本关于凯尔特艺术的书籍，就会发现武器是铁器时代欧洲装饰最华丽的一种物品。在许多文化中，军事装备与装饰有关，无论是在现代世界还是在古代世界，军事活动往往是高度仪式化的行为。铁器时代的刀剑、盾牌和头盔上装饰的水平和复杂程度表明，这些武器显然要为更加多样、更加复杂的目的服务，而不仅是用于战斗。

在早期铁器时代，有的剑柄装饰着象牙和黄金，有的剑鞘和匕首柄镶嵌着珊瑚。在东欧“斯基泰人的”埋葬惯例中，

剑和其他武器通常精心地用黄金装饰，有时上面还有人物形象，与上文提到的菲力波克瓦出土物品的情况一样。在铁器时代晚期，大约从公元前 450 年起，剑鞘上就开始出现各种各样的装饰。其中一些剑鞘，如许多来自瑞士拉坦诺遗址的文物，剑鞘的顶部有凹面浮雕，那个位置的装饰很容易被人看见。来自欧洲各地的许多剑刃在顶端压有标记，这些标记是用淬硬的铁模制成的。[32]拉坦诺文化早期的一些剑鞘表面刻有复杂的图形装饰或曲线图案。到了晚期，刻压的装饰经常被用在剑鞘上。

盾牌和头盔都是欧洲铁器时代最华丽的物品。例如，被认为可以追溯到公元前 100 年前后的青铜巴特西盾，上面有复杂的圆形和螺旋形立体纹饰，还有红色的珐琅镶嵌。来自林肯附近威瑟姆河的一块盾牌上面也有精致的圆形立体装饰，以及棕 151
榈叶和其他样式的图案，还雕刻着精美的螺旋形线条。来自滑铁卢桥附近泰晤士河的青铜头盔上，有两个圆锥形的“角”以及由线条和圆圈组成的复杂浮雕图案。[33]

防御工事

在欧洲，从新石器时代开始，一些定居点就通过在周围建造围墙来加强防御。青铜时代晚期，人们在许多山丘的顶部修筑了防御工事，这个传统一直延续到早期铁器时代。人们对法国东部的拉索瓦山（Mont Lassois）、德国西南部的海涅堡（Heuneburg）、捷克共和国的斯特拉多尼斯（Stradonice）和英国南部的梅登城堡（Maiden Castle）开展了最为广泛的研究。[34]所有这些遗址，以及数十个已被发现但尚未被充分研究的类似遗址，都坐落在山顶上，周围筑有由泥土、木料和石头建造的围墙。

在铁器时代晚期，即公元前 2 世纪—前 1 世纪，欧洲大陆中部地区的社群建立了史前欧洲规模最大的定居点，现代考古学称之为古凯尔特城堡（*oppida*）。公元前 58—前 51 年，尤利乌斯·恺撒率领军团攻打高卢，他用这个词指代高卢的一些地点。绝大多数古凯尔特城堡的面积可达数百公顷，城堡位于山顶，有非常高大的土墙，周围被原木和切割的石块环绕。巴伐利亚州曼兴的一座古凯尔特城堡被发掘得最为充分，不同寻常的是它位于多瑙河附近的平坦地带，一边受到多瑙河的保护，另一边又有帕尔河（Paar River）的护卫，另外两边则受到沼泽的保护。建造围墙的劳动力需求想必是非常巨大的。赫伯特·洛伦茨（Herbert Lorenz）估计，修建曼兴的围墙系统耗费了大约 6 万棵大树、1.5 万磅铁钉，以及 25 万立方米的泥土和琢石。[35]

152 尤利乌斯·恺撒在他对高卢战争的描述中，满怀钦佩地描写了这些围墙的构造。[36]根据他的记述，木梁间隔两英尺摆在地上，然后在木梁之间和木梁的顶部添加一层层琢石。这一步骤不断重复，直到围墙达到数米的高度。恺撒指出，这种技术使建筑既坚固又防火。水平木梁为整体结构提供了坚实的骨架，可以承受住攻城锤的力量；木梁被石层隔开，使建筑物免遭火灾破坏。围墙的考古发掘结果与恺撒的描述相符。[37]

在考古学的早期阶段，古凯尔特城堡及其围墙几乎完全被解释为出于防御目的，但最近，许多研究人员强调了它们的展示作用——他们认为，设计这座建筑的目的是借以展示居住在里面的社群的力量，以此给朋友和敌人留下深刻的印象。但是，从恺撒对自己在高卢战争中所作所为的描述里，我们可以清楚地看到，在有需要的时候，这些围墙可以起到防御的作用（尽管不能让高卢人有效地抵挡罗马人的进攻）。大陆上的古凯尔特城堡西起法国中部，东至斯洛伐克，南起阿尔卑斯山脉，北至北欧平原。在不列颠，古凯尔特城堡这个术语蕴涵着不同的意思，它指的是广义上铁器时代晚期的定居点，但定居点没有在山顶选址或修建大规模的防御墙。然而，在整个铁器时代，丘堡在不列颠的地位都非常重要。梅登城堡是欧洲最具视觉冲击力的丘堡，其庞大的多重墙（multiple walls）守护着山顶。[38]这只是铁器时代不列颠一系列重要的山顶定居点之一。

作为铁器时代丘堡的例子，我在这里援引一个来自早期铁器时代和两个来自铁器时代晚期的古凯尔特城堡。海涅堡位于多瑙河上游的符腾堡州，人们已经研究了它半个多世纪之久。铁器时代，人们在该遗址的居住时间可以追溯到公元前600—前480年。[39]这处遗址位于高于周围土地的高地之上。遗址的外缘四周有一道墙，这道墙至少历经了六个不同的建造阶段，证明该遗址在公元前6世纪和公元前5世纪初一直具有重要地
位。围墙大部分由木料、石头和泥土修筑而成，但也有一部分 153
由泥砖构成。这一阶段在防御建筑遗址的历史中具有特殊的重要性，因为它体现了对外来军事建筑技术的应用。当时，这种泥砖建筑适用于地中海地区，而在欧洲温和潮湿的气候下并不实用。事实上，海涅堡遗址的砖块在尺寸上与同时期希腊遗址的砖块相吻合。同时，人们在建造泥砖墙的时候，沿着墙的部分地段建造了一系列非本地特色的堡垒，这些堡垒可以俯瞰西边丘堡下面广阔的定居点。[40]

捷克共和国摩拉维亚（Moravia）的斯塔雷-赫拉迪斯科（Staré Hradisko）是铁器时代晚期的一处带有围墙的定居点，

属于古凯尔特城堡类型。[41]这些带有围墙的丘堡定居点的时间可以追溯到公元前2世纪初到公元前1世纪末，有些丘堡一直沿用到公元1世纪。在遗址的发掘中，人们发现了一个结构复杂的定居点，里面的道路将遗址划分为不同的区域，每个区域都有住宅、储藏窖和手工作坊。

在德国南部的曼兴，人们对从遗址中出土的许多武器进行了全面研究，结果表明，武器是战争和仪式的沉积物。[42]其中包括剑、剑鞘、带链的剑带和皮带钩、矛头、枪尖、盾牌的金属部件、箭头以及头盔和锁子甲的碎片。在曼兴，武器的两项主要功能的确认——作为战斗工具和作为仪式用品——强调了武器在这一时期的多重用途。

战 场

尽管在坟墓和沉积物中，以及在修筑了防御工事的山顶遗址中，包括那些有着厚重围墙的古凯尔特城堡，都有武器的证据，但关于暴力行为的直接证据则相对较少。根据我们目前的了解，尚不清楚这是因为实际发生的战斗太少，或是因为大多
154 数武装冲突是小规模的，所以没有留下太多的物证，还是因为我们没有找到战争发生的地方。然而，从铁器时代的最后几十年开始，一些证据充分的战场提供了那里曾发生军事事件的直接证据。五个例子将说明现有资料的特征。

根据尤利乌斯·恺撒对高卢战争的描述，公元前52年，联合起来的高卢人和罗马军队之间的最后一次大战发生在法国中部的阿莱西亚（Alesia）。[43]人们在该遗址发掘出了那个时代的各式武器，包括剑、矛、长枪、箭头和头盔。[44]被挖掘出土的大部分武器是典型的铁器时代武器，而不是罗马人的武器。

这可能反映了以下事实：为罗马一方作战的许多士兵是铁器时代群体的成员，他们与罗马结盟，或被罗马征服。数量较少的典型的罗马武器主要是远距离投掷型武器，而不是近距离使用的武器。

在穿过阿尔卑斯山进入巴伐利亚南部的山道的北端，在多滕比希尔（Döttenbichl）遗址出土了铁器时代和罗马类型的大量武器。[45]在罗马武器中，有铁制投石机的螺栓尖，其中至少一个带有第 19 军团的标志——LEG XIX，这有力地证明了该部队的存在。在过去的几十年里，人们对如何解读该遗址进行了大量的讨论。它是罗马军队在公元前 15 年发起进攻的战场吗？当时罗马军队征服了阿尔卑斯山和多瑙河之间的土地，也就是现在的巴伐利亚南部。或者也许是当地的战士在战胜一支罗马小分队后不久，把武器和其他物品存放在此处？最近的研究表明，公元前 100—前 50 年，这里是当地各民族举行仪式的地方，并且人们在沉积物中发现了公元前 15 年罗马人在入侵时携带的武器。

自 1987 年发掘工作开始，位于德国北部的卡尔克里泽（Kalkriese）遗址提供了强有力的证据，证明它就是公元 9 年著名的条顿堡森林战役（Battle of the Teutoburg Forest）① 发生的地方。[46]罗马和希腊的许多史料提到过这场战役，当地战士在 155
一位本地领袖［罗马人称他为阿米尼乌斯（Arminius）］的指挥下，打败了罗马第 17、第 18、第 19 军团以及众多随行部队。人们已经挖掘出了数千件武器和军事装备，其中绝大多数是罗

① 条顿堡森林战役，公元 9 年发生于古罗马与日耳曼部落之间的一场决定性战役，是古罗马在最强盛的时代遭遇的最惨痛的失败。

马式的，以及1000多枚硬币。除了石弹、枪头、匕首、剑、锁子甲和头盔，人们还发现了骡子、马和人类的骨头。当地战场的地形与古代作者的描述大致相符。考古学家研究了不同武器的位置和装备的遗存，如罗马士兵凉鞋上的钉子，以重现战役的进程。

在英格兰格洛斯特郡（Gloucestershire）的卡德伯里城堡（Cadbury Castle）遗址，考古学家发现了骨骼证据和武器。这些证据表明，在约公元1世纪中期发生了一次军事活动，可能与始于公元43年的罗马征服不列颠相对应。[47]出土了大约28具人骨，还有当地铁器时代和罗马人的武器，以及当地的许多胸针或搭扣。被发掘的少量骸骨并不能代表发生过一场大战，但可能反映了在罗马征服不列颠的过程中发生的许多小规模战斗。同样在不列颠，自第二次世界大战之前开始发掘梅登城堡后，在该遗址发现的小型墓地就一直被认为是“战争公墓”。最近人们对这座墓地中的遗骨进行分析，确认其中一些人死于一场战役期间的暴力行为，时间大约是公元前的最后一个世纪或公元1世纪。[48]一具骸骨的椎骨之间嵌入的罗马铁制投石机的螺栓尖提供了强有力的证据，证明此人曾与罗马军队的成员发生冲突，时间可能是在罗马征服不列颠期间。

文字资料

156 我们没有任何来自温带欧洲铁器时代各民族关于战争或军事活动的书面资料，以补充墓葬、沉积物、军事建筑、战场和沼泽尸体的证据。然而，我们确实从他们南边的邻居希腊人和罗马人那里获得了书面资料。但是，我们必须非常谨慎地对待这些资料，因为这些资料的作者并不了解自己描述的那些民族的历史发展进程，而且在大多数情况下，他们把铁器时代的各民族视为敌人。尽管如此，这些文献是我们必须探讨的资料来源。

在公元前 4 世纪和公元前 3 世纪，这些资料的作者告诉我们，“凯尔特”雇佣军在地中海东部地区的军队中服役，并特别指出这些人是众所周知的异常勇猛的战士。[49]资料没有告诉我们他们把这些人称为“凯尔特人”是什么意思，也没有说清楚这些人来自欧洲的哪个地区。

关于铁器时代军事活动的最详尽记载出现在上文提到的尤利乌斯·恺撒的记述中。从他那里，我们了解到古凯尔特城堡的防御特性、高卢人的战术，以及高卢人生活方式的诸多细节。他描述的武器与在墓葬和沉积物中发现的武器非常吻合。在讲到于公元前 55 年和公元前 54 年入侵不列颠的事时，他描述了不列颠人在战车上作战的情形，而在那里的铁器时代坟墓中，我们确实发现了战车。

结　语

虽然有大量证据证实了冲突和战争的硬件——武器、丘堡、受伤的遗骸、图像以及来自希腊和罗马世界的文献资料——但很难估计到底发生过多少实际的暴力和战争。在铁器时代的不同时期，欧洲不同地区的情况各不相同。骸骨上武器造成的损伤痕迹，许多沼泽尸体展现的明显的死亡原因，以及恺撒和其他作家的文字描述都清楚地表明，在这一时期肯定发生过暴力。但是，在仪式的环境中——在坟墓和各种各样的沉积物中——发现的大量武器也表明它们发挥了重要的展示和象征作用。它们的含义远比简单的作战工具复杂得多。[50]环绕丘 157

堡修建的防御工事也发挥着重要的作用，它们是地位和权力的象征，同时还能抵御入侵。在武器装饰上投入的大量精力也表明武器具备展示权力、地位和传达身份的功能。

因此，似乎许多与暴力和战争有关的证据是为了恐吓潜在的敌人，展示严阵以待的状态和自身的军事力量，人们通过这样的方式来避免战争的发生。同样重要的是，武器在铁器时代的欧洲还扮演了主要的象征性角色。虽然许多武器，包括数量往往十分庞大的矛和剑，通常是朴实无华的，似乎只是出于纯粹的功能性目的，但有些武器则非常华丽，被饰以青铜，甚至是黄金，有的武器还被饰以珊瑚和象牙。把武器放置在坟墓中以及虔诚地把它们存放起来，这些都进一步证明武器的作用远远超出了纯粹的军事用途。

那么，根据希腊和罗马关于欧洲各民族的文献，对所有关于武器、防御工事和战场的考古证据进行解释的意义是什么呢？欧洲的铁器时代有多暴力？欧洲长达八个世纪之久的铁器时代并不是一个特别暴力的时期。正如所有人类社会一样，竞争包括土地和积累的财富在内的资源有时会导致暴力的发生。然而，在罗马的征服军队到来之前，没有证据表明发生过大规模的军事对抗，也没有证据表明社群之间经常发生战争。像约特斯普林、古尔奈、里布蒙、拉坦诺和曼兴这样的遗址似乎反映了有组织的军队的失败，但这样的遗址很少，而且彼此之间距离很远，战争的规模很小，最多也只有几百名战士参与。更常见的是更小规模的对抗，发生在小型的突袭队伍，甚至是个人之间，即被我们称为“精英”的成员之间，他们争夺对自己社群或特定资源的控制权。霍赫多夫睡椅背面的持剑战士的图案暗示了这种个性化的战斗，而且许多武器上的高级装饰清楚地表明了它们与一小群社会地位很高的人之间的关联。

随着罗马军团数千名全副武装战士的到来，暴力相对罕见
且规模很小的情况发生了改变。随着恺撒于公元前 1 世纪 50
年代入侵高卢中部和北部，随后征服多瑙河以南从上游源头到 158
黑海之间的土地，以及后来罗马在公元 43 年入侵不列颠，欧
洲变成了一个更加暴力的地方。不仅受到罗马军队直接攻击的
地区的各民族变得高度军事化，而且罗马大规模暴力的影响渗
透到主要战场的北部和东部地区。在德国北部、丹麦和瑞典南
部的沼泽中沉积的许多武器证明了这些历史带来的深远影响。
在罗马征服之前和征服期间，温带欧洲各民族的军事化对社群
的社会和政治组织产生了重大的影响。然而，在罗马军队到来
之前，铁器时代的欧洲各民族并不是特别暴力。希腊和罗马的
文献将他们描述成好战的民族，这是基于非常特殊的情况，而
不是铁器时代整个欧洲的典型特征。

参考论著

关于欧洲铁器时代的大致情况，请参阅 J. Collis, *The European Iron Age* (New York: Schocken Books, 1984); S. Moscati et al. (eds.), *The Celts* (New York: Rizzoli, 1991); M. Green (ed.), *The Celtic World* (London: Routledge, 1995); D. Beilharz et al. (eds), *Die Welt der Kelten: Zentren der Macht, Kostbarkeiten der Kunst* (Ostfildern: Jan Thorbecke Verlag, 2012); J. Farley and F. Hunter (eds.), *Celts: Art and Identity* (London: British Museum Press, 2015)。

关于欧洲的铁器时代有多暴力的问题，请参阅 N. Sharples, 'Warfare in the Iron Age of Wessex', *Scottish Archaeological Review* 8 (1991), pp. 79-89; S. James, 'A Bloodless Past: The Pacification of Early Iron Age Britain', in C. Haselgrove and R. Pope (eds.), *The Earlier Iron Age in Britain and the Near Continent* (Oxford: Oxbow Books, 2007), pp. 160-73。

对欧洲铁器时代武器的探讨，参见 S. Sievers, *Die Waffen aus dem Oppidum von Manching*（Wiesbaden：Reichert Verlag, 2010）。关于剑，参见 R. Pleiner, *The Celtic Sword*（Oxford：Clarendon Press, 1983）；关于匕首，参见 S. Sievers, *Die mitteleuropäischen Hallstattdolche*（Munich：C. H. Beck, 1982）；关于不列颠的剑，参见 I. M. Stead, *British Iron Age Swords and Scabbards*（London：British Museum Press, 2006）。

关于有武器出土的墓地的例子，请参阅 K. Kromer, *Das Gräberfeld von Hallstatt*（Florence：Sansoni, 1959）；F. R. Hodson, *The La Tène Cemetery of Münsingen-Rain*（Bern：Stämpfli, 1968）；W. Krämer, *Die Grabfunde von Manching und die latènezeitlichen Flachgräber in Südbayern*（Stuttgart：Franz Steiner, 1985）；J. Waldhauser, 'Keltische Gräberfelder in Böhmen', *Bericht der Römisch-Germanischen Kommission* 68（1987）, pp. 25–179；N. Ginoux, *Élites guerrières au nord de la Seine au début du IIIe siècle av. J.-C. : La nécropole celtique du Plessis-Gassot (Val-d'Oise)*（Lille：Université Charles-de-Gaulle, 2009）；I. M. Stead, *Iron Age Cemeteries in East Yorkshire*（London：English Heritage, 1991）。

159 沉积物中的武器是另一种相关研究较多的证据类型，关于此类沉积物的讨论见于以下著作：R. Bradley, *The Passage of Arms: An Archaeological Analysis of Prehistoric Hoards and Votive Deposits*（Cambridge：Cambridge University Press, 1990）；K. Randsborg, *Hjortspring: Warfare and Sacrifice in Early Europe*（Aarhus：Aarhus University Press, 1995）。关于在拉坦诺出土的剑和剑鞘：J. M. de Navarro, *The Finds from the Site of La Tène*, vol. I, *Scabbards and the Swords Found in Them*（Oxford：Oxford University Press, 1972）。关于在阿龙德河畔古尔奈出土的相关文物：T. Lejars, *Gournay III: Les fourreaux d'épée. Le sanctuaire de Gournay-sur Aronde et l'armement des Celtes de La Tène moyenne*（Paris：Éditions Errance, 1994）。关于在廷蒂尼亚克出土的相关文物：C. Maniquet, *Les Guerriers gaulois de Tintignac*（Limoges：Éditions Culture & Patrimoine en Limousin, 2009）。

关于武器上的装饰，参见 V. and R. Megaw, *Celtic Art*（London：Thames & Hudson, 1989）；关于剑鞘，参见 P. S. Wells, *How Ancient Europeans Saw the World: Vision, Patterns, and the Shaping of the Mind in Prehistoric Times*（Princeton：Princeton University Press, 2012）, pp. 112–30。

关于佩带武器的雕像的例子，我们可以在以下论著中找到：O.-H.

Frey, 'Menschen oder Heroen? Die Statuen vom Glauberg und die frühe keltische Grossplastik', in H. Baitinger and B. Pinsker (eds.), *Das Rätsel der Kelten vom Glauberg* (Stuttgart: Theiss, 2002), pp. 208-18。关于冈德斯特拉普坩埚，参见 F. Müller, *Art of the Celts 700 BC to AD 700* (Bern: Historisches Museum, 2009), pp. 136-7。

最后，关于防御工事，参见 I. Ralston, *Celtic Fortifications* (Stroud: Tempus, 2006)。

注　释

1. 希腊作家把铁器时代居住在西欧和中欧的各民族统称为"凯尔特人"，而罗马人把他们遇到的这些群体统称为"高卢人"。关于古代文献资料与考古学间关联之复杂性的论述，参见 P. S. Wells, *Beyond Celts, Germans and Scythians: Archaeology and Identity in Iron Age Europe* (London: Duckworth, 2001)。
2. D. Timpe, 'Entdeckungsgeschichte', *Reallexikon der germanischen Altertumskunde* 7 (1989), pp. 337-89.
3. 参见本卷第 21 章。
4. S. James, 'A Bloodless Past: The Pacification of Early Iron Age Britain', in C. Haselgrove and R. Pope (eds.), *The Earlier Iron Age in Britain and the Near Continent* (Oxford: Oxbow Books, 2007), pp. 160-73.
5. N. Sharples, 'Warfare in the Iron Age of Wessex', *Scottish Archaeological Review* 8 (1991), pp. 79-89.
6. N. Roymans, 'Romanization, Cultural Identity and the Ethnic Discussion: The Integration of Lower Rhine Populations in the Roman Empire', in J. Metzler et al. (eds.), *Integration in the Early Roman West: The Role of Culture and Ideology* (Luxembourg: Musée National d'Histoire et l'Art, 1995), pp. 47-64.
7. F. Hunter, 'The Image of the Warrior in the British Iron Age: Coin Iconography in Context', in C. Haselgrove and D. Wigg-Wolf (eds.),

Iron Age Coinage and Ritual Practices (Mainz: Philipp von Zabern, 2005), pp. 43–68.

8. 有关这些不同种类武器的说明和论述，请参阅 F. Müller, *Art of the Celts 700 BC to AD 700* (Bern: Historisches Museum, 2009)。
9. Caesar, *The Gallic War*, trans. H. J. Edwards (Cambridge, MA: Harvard University Press, 1986), book 4, p. 33.
10. I. M. Stead, *Iron Age Cemeteries in East Yorkshire* (London: English Heritage, 1991).
11. F. Hunter, 'The Carnyx in Iron Age Europe', *Antiquaries Journal* 81 (2001), pp. 77–108.
12. Caesar, *Gallic War* , book 7, p. 13.
13. V. I. Guliaev, 'Amazons in the Scythia: New Finds at the Middle Don, Southern Russia', *World Archaeology* 35. 1 (2003), pp. 112–25; A. Mayor, *The Amazons: Lives and Legends of Warrior Women across the Ancient World* (Princeton, NJ: Princeton University Press, 2014), pp. 63–83.
14. 墓地的例子，请参阅本章参考论著援引的研究。
15. S. Sievers, *Die mitteleuropäischen Hallstattdolche* (Munich: C. H. Beck, 1982).
16. J. Biel, *Der Keltenfürst von Hochdorf* (Stuttgart: Theiss, 1985), pl. 22.
17. G. Kossack, *Gräberfelder der Hallstattzeit an Main und Fränkischer Saale* (Munich: C. H. Beck, 1970).
18. M. -C. Lequoy, 'Le Depôt funéraire de la Mailleraye-sur-Seine', in D. Cliquet et al. (eds.), *Les Celtes en Normandie: les rites funéraires en Gaule (IIIème-Ier siècle), Revue Archéologique de l'Ouest* supplement 6 (1993), pp. 121–33.
19. E. Korolkova, 'The Filippovka Kurgans and the Animal Style', in J. Aruz et al. (eds.), *The Golden Deer of Eurasia: Scythian and Sarmatian Treasures from the Russian Steppes* (New York: Metropolitan Museum of Art, 2000), pp. 80–1.
20. K. Randsborg, *Hjortspring: Warfare and Sacrifice in Early Europe* (Aarhus: Aarhus University Press, 1995).
21. J. De Navarro, *The Finds from the Site of La Tène*, vol. I, *The*

Scabbards and the Swords Found in Them (Oxford: Oxford University Press, 1972).

22. W. Torbrügge, 'Vor- und frühgeschichtliche Flussfunde', *Bericht der Römisch-Germanischen Kommission* 51-2 (1971/2), pp. 1-146.
23. C. Maniquet, 'Le Dépôt culturel du sanctuaire gaulois de Tintignac à Naves (Corrèze)', *Gallia* 65 (2008), pp. 273-326.
24. F. Müller, *Art of the Celts 700 BC to AD 700* (Bern: Historisches Museum, 2009), pp. 206-7.
25. J.-L. Brunaux, 'Religions et sanctuaires', in C. Goudineau (ed.), *Religion et société en Gaule* (Paris: Éditions Errance, 2006), pp. 95-116. 与古尔奈和里布蒙类似的武器储藏遗址可能比人们想象的更为常见，参见 V. Holzer, 'Roseldorf/Sandberg (Österreich)-Ein keltisches Heiligtum nach dem Modell von Gournay-sur-Aronde', in S. Groh and H. Sedlmayer (eds.), *Blut und Wein: Keltischrömische Kultpraktiken* (Montagnac: Éditions Monique Mergoil, 2007), pp. 77-90。
26. O.-H. Frey, 'Menschen oder Heroen? Die Statuen vom Glauberg und die frühe keltische Grossplastik', in H. Baitinger and B. Pinsker (eds.), *Das Rätsel der Kelten vom Glauberg* (Stuttgart: Theiss, 2002), pp. 208-18. 本章将讨论所有这些雕像。
27. M. Egg, M. Hauschild and M. Schönfelder, 'Zum frühlatènezeitlichen Grab 994 mit figural verzierter Schwertscheide von Hallstatt (Oberösterreich)', *Jahrbuch des Römisch-Germanischen Zentralmuseums* 53 (2006), pp. 175-216.
28. O.-H. Frey, 'The World of Situla Art', in L. Bonfante (ed.), *The Barbarians of Ancient Europe: Realities and Interactions* (Cambridge: Cambridge University Press, 2011), pp. 287, 291.
29. S. Nielsen et al., 'The Gundestrup Cauldron: New Scientific and Technical Investigations', *Acta Archaeologica* 76 (2005), pp. 1-58.
30. I. M. Stead, 'Chalk Figurines of the Parisi', *Antiquaries Journal* 68 (1988), pp. 9-29.
31. D. Allen, 'Belgic Coins as Illustrations of Life in the Late Pre-Roman Iron Age of Britain', *Proceedings of the Prehistoric Society* 24

(1958), pp. 43–63; D. F. Allen and D. Nash, *The Coins of the Ancient Celts* (Edinburgh: Edinburgh University Press, 1980); Hunter, 'Image of the Warrior'.

32. L. Deutscher, 'Latènezitliche Schwerter mit Stempelmarken', *Jahrbuch des Römisch-Germanischen Zentralmuseums* 59 (2012), pp. 245–362.
33. 关于这三件物品，参见 J. Farley and F. Hunter, *Celts: Art and Identity* (London: British Museum Press, 2015), pp. 18–19, 36–7, 44–5, 86。
34. B. Chaume, C. Mordant and C. Allag, *Le Complexe aristocratique de Vix: nouvelles recherches sur l'habitat et le système de fortification et l'environnement du Mont Lassois* (Dijon: Éditions Universitaires de Dijon, 2011); M. Fernández-Götz and D. Krausse, 'Rethinking Early Iron Age Urbanisation in Central Europe: The Heuneburg Site and its Archaeological Environment', *Antiquity* 87. 336 (2013), pp. 473–87; P. Drda, 'L'Oppidum celtique du Hradiště près de Stradonice en Bohême: les défenses', *Études Celtiques* 25 (1988), pp. 59–67; N. Sharples, *Book of Maiden Castle* (London: Batsford, 1991).
35. H. Lorenz, *Rundgang durch eine keltische 'Stadt'* (Pfaffenhofen: W. Ludwig Verlag, 1986), pp. 25–30.
36. Caesar, *Gallic War*, Book VII, p. 23.
37. S. Fichtl (ed.), *Murus celticus: Architecture et fonctions des remparts de l'Âge du Fer* (Glux-en-Glenne: Bibracte, 2010).
38. Sharples, 'Warfare, Iron Age Wessex'.
39. 根据最近的实地调查结果，下面这部著作重新对海涅堡进行了概述：D. Krausse et al., *Die Heuneburg-keltischer Fürstensitz an der oberen Donau* (Darmstadt: Konrad Theiss Verlag, 2015)。
40. 关于复原图，参见 M. Steffen, 'Komplexe Zentren nördlich der Alpen: Die Entstehung der Fürstensitze', in D. Beilharz et al. (eds.), *Die Welt der Kelten: Zentren der Macht, Kostbarkeiten der Kunst* (Ostfildern: Jan Thorbecke Verlag, 2012), p. 94。
41. J. Meduna, 'Das keltische Oppidum Staré Hradisko in Mähren',

Germania 48 (1970), pp. 34–59.

42. S. Sievers, *Die Waffen aus dem Oppidum von Manching* (Wiesbaden: Reichert Verlag, 2010).
43. Caesar, *Gallic War*, Book VII, pp. 75–89.
44. M. Reddé et al., 'Fouilles et recherches nouvelles sur les travaux de César devant Alésia (1991–1994)', *Bericht der Römisch-Germanischen Kommission* 76 (1995), pp. 73–158.
45. W. Zanier, 'Der römische Alpenfeldzug unter Tiberius und Drusus im Jahre 15 v. Chr.: Übersicht zu den historischen und archäologischen Quellen', in R. Asskmap and Tobias Esch (eds.), *IMPERIUM – Varus und seine Zeit* (Münster: Aschendorff Verlag, 2010), pp. 73–96.
46. P. S. Wells, *The Battle that Stopped Rome: Emperor Augustus, Arminius, and the Slaughter of the Legions in the Teutoburg Forest* (New York: W. W. Norton, 2003).
47. J. C. Barrett, P. W. M. Freeman and A. Woodward, *Cadbury Castle Somerset: The Later Prehistoric and Early Historic Archaeology* (London: English Heritage, 2000).
48. R. Redfern, 'A Re-appraisal of the Evidence for Violence in the Late Iron Age Human Remains from Maiden Castle Hillfort, Dorset, England', *Proceedings of the Prehistoric Society* 77 (2011), pp. 111–38.
49. J. Bouzek, 'The Celtic Mercenary Reconsidered', in C. Gosden, S. Crawford and K. Ulmschneider (eds.), *Celtic Art in Europe: Making Connections* (Oxford: Oxbow Books, 2014), pp. 223–33.
50. 参见本卷第 21 章。

7 日本列岛的暴力和战争的起源

马克·哈德森

里克·J. 舒尔廷

琳达·吉莱索

160 本章考察的是日本列岛暴力的起源及其早期历史，重点探讨了绳文时代（约公元前 14500—前 900 年）和弥生时代（约公元前 900—公元 250 年）。[1]关于日本武士兴起的问题，虽然人们已经从比较的角度进行了广泛的研究，但在专家圈子外，日本早期暴力和战争的趋势问题很少受到关注。[2]然而，出于几个方面的原因，日本列岛是一个思考暴力和历史变化之间的联系的好地方。第一，它拥有一系列的狩猎采集定居点，能够对仍在进行的关于暴力和农业的探讨有所贡献。[3]直到公元前 1 千纪，日本西部才完全进入农业社会，而在位于北部的北海道，狩猎采集活动一直持续到 20 世纪初。[4]第二，由于生态和历史的双重因素，日本列岛的狩猎采集者表现出极大的多样性。在生态上，从南部的亚热带岛屿到北部的亚北极苔原，觅食者的栖息地范围十分广阔。社会组织从相对简单的形式到考古记录反映的一些最为复杂的狩猎采集者的形式不等。[5]事实上，在史前时期的日本，很多狩猎采集者从
161 事某种植物耕作，这让我们想到了第三种因素：如果（正如人们普遍认为的那样）农业是有组织的战争背后的一个重要刺激因素，那么在由觅食者耕作向实现全面耕作的演变过程中，暴力是在什么时间点出现的呢？最后，日本在东亚世界

体系边缘的位置提供了一个研究“部落地区”的作用和类似的殖民过程的机会，日本当时的环境和根据现有文献推断的环境截然不同。[6]接下来，在简要讨论史学发展趋势之后，我们概括了绳文时代和弥生时代有关暴力的考古学证据及其他相关证据，然后对早期日本农业和暴力之间的联系进行了总结性论述。

研究动态

和在世界其他地区一样，直到最近，日本考古学中有关暴力和战争的问题才受到人们的重视。在前现代时期，石制箭头和青铜武器并不罕见，但这类物品有时被赋予了一系列异想天开的解释。[7] 1877 年，随着美国动物学家爱德华·摩斯（Edward Morse）在东京的大森贝冢进行发掘，日本开启了科学考古的历程。摩斯认为，从大森发掘出来的人骨中有嗜食同类的痕迹，这一观点没有被后来的研究证实，但他通过强调“种族”融合的历史，影响了日本考古学和人类学的发展。维多利亚时代的人们认为某些种族或民族天生比其他种族或民族更强大，这一观点使人们觉得在分析或解释历史的过程中没有必要特别关注暴力的问题。审查制度的作用也需要被考虑在内，当时日本已经启动了一个现代化项目，涉及频繁的战争和殖民冲突。例如，人类学家坪井正五郎就曾明确表示支持发生于 1904—1905 年的日俄战争。[8]在这场冲突的高潮时期，他在日本公开发表了第一篇关于人类学和战争的文章， 162
但这篇文章使用的民族志学例子来自非洲和美洲，从而在人类历史中引入了战争这一角色，并刻意避免提及日本过去犯下的暴行。[9]从 20 世纪 30 年代到 1945 年，审查制度变得更加公开化，这深刻地影响了日本的考古学、人类学和历史学的实践。[10]

日本在第二次世界大战中的失败使考古学家们有可能促成一种全新的日本“民主”历史，这种历史解释和批判了天皇扮演的角色。如果帝国制度是日本专制势力崛起的原因，那么史前史早期的日本就会被刻画成更加和平、平等的社会。20世纪40年代末，对静冈市弥生时代登吕（Toro）遗址的发掘似乎为这样一个社群的存在提供了完美的范例。[11]战后强调古代日本和平起源的一个例外是江上波夫的“骑士”入侵理论，但这种观点遭到了来自日本和英国的广泛批评。[12]然而，到了20世纪60年代，日本面临着日益严重的工业污染后果和冷战的国际紧张局势，社会-政治趋势与人们对日本历史上的冲突产生的兴趣结合起来。[13]特别是不断增多的考古记录清楚地表明，弥生时代的特点就是有大量的暴力证据，尤以日本西部地区为甚。对这种变化的解释通过挖掘佐贺的吉野里町遗址而变得明朗且具体。佐贺的吉野里町遗址是一个被多条壕沟和带有瞭望塔的栅栏包围的大规模定居点（图7.1）。[14]第二次世界大战结束五十周年进一步促进了研究的发展，到20世纪与21世纪之交，人们对于日本史前暴力和战争的演变已经达成了新的
168 共识。[15]虽然不能否认在绳文时代发生过小规模袭击的可能性，但人们普遍认为有组织的战争始于弥生时代的农业时期。因此，日本的研究集中于开始农业生产后与暴力有关的发展问题，同时继续轻视开始农业生产之前狩猎采集者之间的冲突问题。

图 7.1 在吉野里町遗址重建的防御设施

暴力和考古学记录

在本卷中，不止一位作者讨论了暴力的考古学特征，表7.1提供了一些得到广泛认可的标准。正如下文要讨论的，除了剥头皮和同类相食，可以在弥生时代以后的日本找到几乎所有这些标准的相关证据。

骨骼创伤

正如在其他地方一样，在日本，人们很早就于人类骨骼中发现了箭头和其他类似的、明确的暴力痕迹。然而，由于体质人类学家历来最感兴趣的是解决人口姻亲关系的问题，他们经常轻视骨骼创伤的证据。人们如果在研究中特别关注史前材料里的创伤性伤害，就经常会发现更多这样的例子，这导致许多 164
地区人际暴力的发生率显著上升。[16]

表 7.1　广泛存在的关于暴力的考古学特征

骨骼创伤	武器创伤，挡开性骨折，剥头皮，食人
武器/军事装备	专门的杀人工具，盾牌，盔甲
定居点	防御工事，难以接近的村庄位置，避难地点
墓葬	骸骨带有创伤的集体坟墓，“战士”坟墓
艺术描述	对武器和/或实际冲突的描述
武器的仪式性处理	特有的沉积物、窖藏等

在日本，最古老的骨骼暴力案例是在冲绳县港川的一处更新世晚期遗址发现的一名年轻成年女性的头骨，她在死亡过程中可能受到过伤害。该遗址的时间可以追溯到距今 2 万—1.6 万年。关于这个头骨的报告得出的结论是，“贯穿伤被认为是由某种强烈的外力造成的，比如，从高处向前额射出的箭”。[17]另一个著名的例子来自渥美半岛（Astumi Peninsula）保美（Hobi）的晚期绳文贝冢遗址，人们在那里发现了一名老年男性的骸骨，其头盖骨上有多处钝力损伤。铃木尚（Hisashi Suzuki）说，至少有 2—3 人参与了袭击，而且他们从背后对其进行了多次击打。[18]虽然这只是个案，但由于极端暴力手法的使用，所以很耐人寻味。然而，这是“群体内”还是“群体外”的冲突仍然无法确定，后者是“战争”的标准之一。中尾和他的同事最近对
165 绳文时代进行了评述，列举了 23 个带有明显致命伤害的个体证据——表现为钝器对头盖骨的伤害和头盖骨后嵌入的石头和骨头抛射物，并且没有愈合的迹象——提出有 1.8%的成年人死于暴力。[19]这项研究的作者们断言，这是一个较低的比例，但这种基于文献的综述是存在问题的，进一步的研究肯定会提高这个数字。作为与此问题相关的例子，我们提供了一个案例，即来自北海道南部岛牧坂井矶（在中尾及其同事的概述中，

没有在该岛发现任何受到伤害的骸骨）绳文时代晚期遗址的一具可能是成年女性的骸骨，在其右顶骨发现一处巨大的死前钝力损伤（图 7.2）。另一个例子是来自后绳文时代（中尾及其同事的研究未涉及的时期）的成年女性头骨，是在北海道南部的

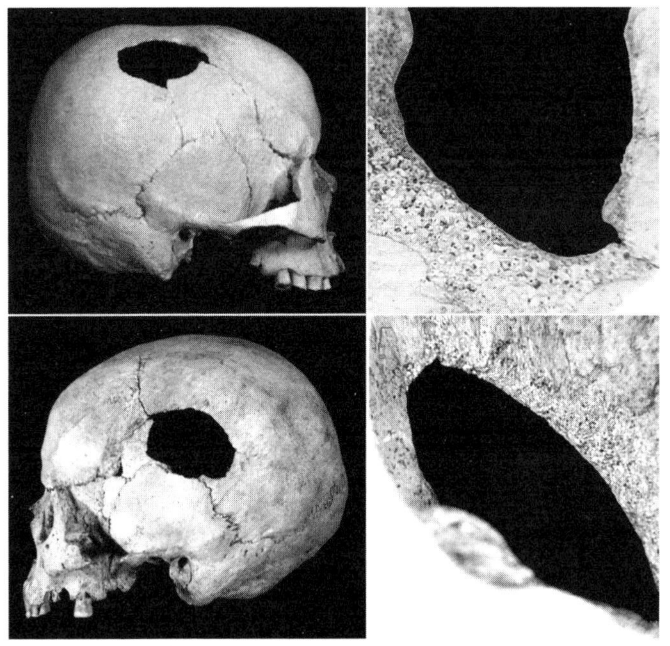

图 7.2　在岛牧坂井矶绳文时代晚期遗址发现的疑似成年女性的右顶骨上的死前钝力损伤（上），以及在南有珠 6 号遗址发现的后绳文时代成年女性颅骨（下），右侧的图像显示内部遭到斜切

南有珠 6 号遗址发现的。已经出版的关于这个头骨的记述专注于颅骨测量学，以显示其与阿伊努头骨的密切关系，但也顺便提及在左顶骨有“一处鸡蛋大小的骨缺损……大概是人为造成的伤害”。[20]最近，里克·舒尔廷重新检查了这个头骨，他确认这是一个遭受死前伤害的案例（图 7.2）。在北海道和其他

岛屿也发现了有愈合迹象的、钝器造成的颅脑损伤，女性和男性兼而有之（图 7.3）。目前，学界正在系统地汇编这些案例。

166

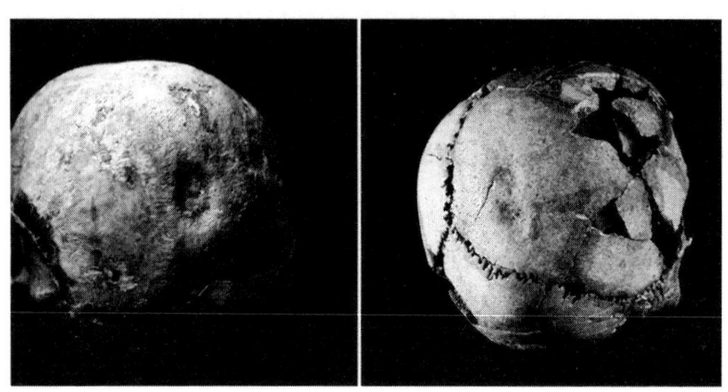

图 7.3　来自北小金（左）和高砂（右）的颅骨钝力损伤图

有关弥生时代暴力的描述可以在中国的史书如《魏志》中找到，该书描述了 3 世纪日本西部的战争状态。然而，没有更多的文献，只有考古学能够提供一些之前几个世纪的暴力和战争的遗迹。桥口在对弥生时代的战争进行述评时，搜集了日本西部 118 处遗址中多达 262 起暴力事件的数据（暴力的痕迹要么在骨头上，要么在从坟墓里挖掘出来的武器尖端上，人们认为这些武器的残留物最初是卡在受害者体内的）。[21]仅九州北部就有来自 97 处遗址的 228 个案例。在所有这些案例中，
167 21.2%的案例来自弥生时代初期和早期，64.3%的案例来自弥生时代中期，6.8%的案例来自弥生时代晚期，剩下 7.7%的案例不属于任何特定阶段。九州北部和弥生时代中期的案例占比过高，这反映了人们的一种保存偏好，因为在那个阶段，埋葬死者的传统是使用巨大的瓮棺。然而，弥生时代中期的详细数据显示，该阶段的前三分之一（占所有案例的 34.8%）似乎

比第二个三分之一（占所有案例的 18.6%）和最后的三分之一（占所有案例的 10.9%）更加暴力。

在桥口确认的案例中，42 例在骨头上有明显的伤口痕迹，或是被砍伤，或是头骨不见了，又或是戟尖/剑尖/箭头尖卡在了骨头上。在这一时期，最早显示出暴力痕迹的案例可以追溯到绳文时代末期向弥生时代过渡的时期。人们认为，来自长野县宫前遗址（福冈）的两个个体死于暴力。在 12 号墓中，骨头没有被保存下来，但尸体的位置可以通过最初覆盖尸体的黑色颜料来确定。在该位置的胸部区域发现了两个朝鲜样式的石制箭头，它们的尖端和柄都已不见，这一事实使考古学家认为它们不属于陪葬品。在同一遗址的 5 号墓中，在尸体所在区域发现了一个尖端缺失的石制箭头，人们也判断它不是陪葬品。来自留在骸骨上武器的暴力痕迹最早出现在新町遗址（福冈），时间可以追溯到弥生时代初期和早期之间的过渡时期。这是来自石砌木棺墓 24-1 的一名男性，他的左股骨头上嵌入了一个经过打磨的朝鲜柳叶型石制箭头。在股骨周围还发现了这个箭头的另外两块碎片，这些碎片的位置表明这个人是从上面和后面被击中的。在股骨上没有观察到愈合的痕迹，因此可以得出结论，这一伤口——或与此同时受到的其他伤害——导致了此人的死亡。

这些始于弥生时代的对个人施加暴力的痕迹都与这一时期来自亚洲大陆的第一批稻农的定居点有关。直到弥生时代早期的中间阶段，所有这些发现都位于九州北部的沿海地区。在此之后，在弥生时代早期的下半段和弥生时代中期的上半段，暴力的痕迹延伸到佐贺的九州内陆、筑后和中津平原，然后延伸到了熊本平原、壹岐和长崎的平户。这一时期与第一批青铜武

器出现在九州北部坟墓里的时间相吻合。然后，从弥生时代中期的中间阶段开始，骨骼暴力的痕迹似乎从九州北部的沿海地
168 区消失，并在佐贺和筑后平原迅速增多。例如，我们知道，在隈西小田（Kuma Nishioda）遗址（福冈）出土了一具成年男性的骸骨，他的前额有被钝器击伤的痕迹，在隈西小田和藤崎（福冈）有两个只有头骨的案例，在横隈狐塚（Yokokuma Kitsunetsuka，福冈）和吉野里町（佐贺）有两个被斩首的案例。此外，在长冈遗址（福冈），六人身上显示了多处伤口，就和隈西小田的那几个案例一样。与此同时，在濑户内海（Inland Sea）和大阪湾（Osaka Bay）地区，人们发现了人类骸骨上最早的暴力痕迹，包括在南方（Minamikata，冈山）和玉津田中（兵库县）发现的剑伤。[22]

墓葬

在绳文时代，没有发现所谓的战士坟墓。在几处绳文遗址中，人们发现了埋葬多人的坟墓，它们通常表现为遗骸关节脱落且被重新排列的二次埋葬，但迄今为止没有直接证据表明这些骸骨曾遭受暴力。相比之下，从弥生时代中后期开始，人们发现了包含精致武器的“战士坟墓”。[23]第一套朝鲜样式的青铜武器是在吉武高木遗址（福冈）的 M3 木棺墓中发现的，这是弥生时代中期的初期阶段的遗物。其中有两柄青铜剑、一个青铜矛头和一件青铜戟，还有一面朝鲜样式的铜镜、一些珠子和一个小陶罐。这些（剑、矛和戟）是弥生时代中期的三大主要青铜武器。从同一遗址的另外七座坟墓分别出土了一把青铜剑。对于弥生时代中期来说，这种墓仅限于九州-山口的北部地区；埋有武器的坟墓从弥生时代晚期开始出现在这个地区之外的遗址中。根据寺泽的弥生时代日本西部墓葬数据库的资

料，埋藏青铜或铁制武器的墓葬占埋藏陪葬物品墓葬的63.2%。[24]埋有武器的坟墓在弥生时代中期（在这一阶段，79.9%的坟墓有陪葬物品）比在弥生时代晚期（54%的坟墓有陪葬物品）占比更高。令人遗憾的是，寺泽并没有提及古墓 169
的总数，因此在弥生时代已知的所有古墓中，无法评判埋有武器的古墓的重要性（相对于数千座没有陪葬物品的古墓，有陪葬物品的古墓仅为438座）。埋有武器的坟墓的数量因地点而异，这类坟墓一般集中在为上层集团预留的区域，如吉武高木、吉武大石、吉武樋渡、馆岩（Tateiwa，福冈）、唐子台（Karakodai，爱媛县）或宫内坟丘墓（鸟取）。大多数坟墓（81.9%的弥生时代中期九州北部的坟墓和66.7%的弥生时代晚期的坟墓）只埋藏一种武器，一般是青铜剑或铁剑，有的是青铜戟。

武器以及与暴力相关的文物

我们探讨绳文时代的冲突时遇到的一个问题是明显缺乏专门武器的佐证。但是，从世界范围来看，在狩猎采集者和纯粹的种植者中，缺少正规武器的情况并不罕见。相反，日常器具如石斧、棍棒、长矛和弓箭等，人们在有需要的时候就会随身携带。武器缺乏精妙的设计可能更多地与没有出现专门的战士阶层有关，这些战士试图通过物质文化把自己从社群中区分出来。[25]另一个问题是，由于人们倾向于对暴力轻描淡写，原本可以用于武力目的的物品往往会被解释为其他东西。举个例子，石“棒”是绳文时代的一个特征，通常被解读为传统的男性性征，尽管小杉康（Yasushi Kosugi）认为它们在冲突中被当作棍棒使用，[26]而且它们确实可能造成了上文提到的那种颅骨钝力损伤。绳文时代晚期和末期的一些武器，可能受到了中国北方青铜刀的影响，因此被人们称为石“剑”或石“刀”。

第一批武器是弥生时代初期和早期的打磨过的石制匕首，这些武器显然不是为了狩猎（和箭头不同，箭头可以用来打
170 猎或追捕别人）。这些物品主要是在彰显特殊身份的坟墓中发现的（如支石墓，里面有巨大的顶石，这种石头在西方被称为“墓石”），而且这些物品很明显与拥有重要社会地位——可能还有政治地位——的个人有关。它们起源于朝鲜半岛，是移居来的农民带入九州北部的众多元素之一。它们被完整地保存在坟墓中，无疑成为墓主人地位的标志。然而，这种匕首的尖端也在其他坟墓中出土过，如在帘遗址（福冈）的 3 号埋葬罐中，匕首的尖端卡在埋葬者的第二肋骨和第二椎骨之间。

青铜兵器出现在弥生时代中期的九州北部地区，其中吉武高木墓地（福冈）被认为是日本第一个出土青铜兵器的遗址。这些武器（青铜剑、戟和矛头）主要出土于坟墓中，有的出现在最富有的墓葬里，它们会与朝鲜半岛和中国的青铜镜放在一起。

在弥生时代中期的最后阶段，铁制兵器出现在九州北部的坟墓中。在弥生时代晚期，铁制兵器几乎取代了所有的青铜兵器和石制箭头。绝大多数兵器是铁制的剑和箭头，还有一些矛头和戟。在弥生时代中期，在九州北部最富有的坟墓中，铁制武器与中国铜镜和玻璃珠放在一起。在弥生时代晚期的最后阶段，它们也开始出现在九州以外的坟墓中。所有这些青铜或铁制武器最初都是从亚洲大陆引进的，主要来自朝鲜半岛，但已知也有一些中国武器，如吉野里町半地下坟墓的青铜剑。朝鲜样式的武器是在当地的区域中心生产的，而中国武器则很少被模仿。

弥生时代数量最多的武器是投石器（主要在定居点的壕

沟中发现）和箭头。箭头最早是由石头制成的，然后是青铜（弥生时代中期），最后是铁（弥生时代晚期）。弥生时代的箭头主要用于狩猎，但可以肯定，它们也被用作武器，因为我们在人类骨骼中发现了许多例证，如在土井浜（Doigahama）遗址（山口）发现的124号遗骸，他的身上有13个嵌入的石箭头。人们也发现了一些木制武器，如棍棒、匕首、剑、戟、箭头和弓。在诸如南方（冈山）和笹井（Sasai，福冈）的几处遗址还发现了木制胸甲。在笹井，人们发现了一件胸甲和两块木制漆盾的碎片，它们都来自弥生时代晚期。胸甲饰有雕刻的三角形图案和饰带镶缀，盾牌一面被漆成红色，另一面被漆成
黑色。这不仅是专门设计的盔甲，它也表明，至少对某些人来 171
说，战争是一种尽显尊贵身份的活动。木制的匕首和剑意味着存在正规的战斗训练。

定居点

在整个绳文时代（1万多年），没有任何明显的防御工事或避难所，这是令人震惊的，同时表明当时缺乏有组织的战争，即政权/社群之间的大规模武装冲突。唯一周围被壕沟环绕的绳文遗址位于北海道南部的静川，但人们在壕沟内侧只发现了两个坑式建筑，这一事实可能暗示此沟的作用与暴力无关。在三内丸山遗址（青森），一座被认为是大型的、抬高的宗教建筑可能是瞭望塔。[27]虽然这座建筑物可能不是独一无二的，但如果与北美复杂的狩猎-渔猎-采集者相比，这种明显缺少防御工事的情况似乎就是不同寻常的了。[28]

在那珂和江辻遗址（福冈）出现了弥生时代初期带有壕沟的定居点。在江辻遗址的壕沟内侧，人们还发现了朝鲜样式

的房屋。在弥生时代早期，人们继续修建带有壕沟的定居点，如在福冈和佐贺的板付、石崎勾田和菜畑遗址。在板付，V 形壕沟被完整地保存下来，并将村庄完全封闭在一个椭圆形的区域中，从北到南长 110 米，从东到西宽 81 米。壕沟的宽度为 1.5—4.5 米，深度范围是 0.7—2.3 米。壕沟两边各有一道土堤。在壕沟西南部只有一条 4 米宽的通道允许人进出。在村庄的西北部，有一条内沟圈出了一小块区域，里面有一些储藏坑。到了弥生时代中期，此处的居民不再使用这条壕沟。

阿尔布斯-巴斯蒂德（Arbousse-Bastide）在对弥生时代和古坟时代日本封闭式定居点的研究中发现，在他的数据库中（600 处遗址），18%的遗址的时间可以追溯到弥生时代初期和早期，大约 35%的遗址属于弥生时代中期，44%的遗址属于弥生时代晚期，只有 3%的遗址属于古坟时代早期。[29] 大多数遗址
172 （70.5%）位于地势相对较高的高地、丘陵或河流阶地。这些壕沟有的结构单一，有的结构复杂，它们以曲线形为主，有 V 形或梯形的横截面。它们的长度从 10 米至数千米不等（取决于遗址的保存情况及挖掘程度），宽 3—5 米，深 1—3 米。虽然很少有 5 厘米到 1 米高的土堤保存下来，但它们都有明确的证据。它们位于壕沟外侧或内侧，壕沟内侧的土堤一般出现在有多重壕沟的遗址内。据推测，大多数遗址在土堤顶部有木栅栏，在梯形壕沟的一侧有许多用于防御的木桩，这样的例子有很多，如在吉野里町。平原上一些遗址的壕沟可能会被季节性的洪水淹没，如在唐古·键（奈良）。入口的大门一般很简单，包括壕沟中断的地方，两侧有两个大的柱坑，用来安置木门。有的壕沟没有中断的地方，而是通过一座木制人行桥允许人进出。已知一些遗址中有减速弯道，如吉野里町的北入口，

它由一条独立的L形壕沟构成。人们已证实在吉野里町确实有瞭望塔，这些瞭望塔建在堡垒之上，以保护弥生时代晚期的定居点。已知有12座海角堡垒（*éperons barrés*），特别是在濑户内海地区（山口县和爱媛县），其时间可以追溯到弥生时代中期和晚期。这些堡垒显然是为监视和保卫九州、大阪和奈良平原之间的重要贸易路线而建造的。

战士形象的构建与武器的象征意义

从肖像学的角度来看，弥生时代的人们几乎没有留下什么艺术创作的痕迹。我们拥有的少数人类图像表现的都是狩猎的场景或穿着特殊服饰的个人，这些人被解释为“萨满”在举行“仪式”。在青铜钟和陶器上有一些全副武装的人物形象。例如，从清水风遗址（奈良）出土的一个罐子，在罐肩处有两个人物的形象，每个人都拿着一面盾牌和一杆戟，戴着可能是羽毛做的帽子，旁边是带有活动地板的建筑物，还有一头受伤的鹿和四条鱼。然而，在弥生时代的人物形象中，战士是很罕见的。这与许多社会形成了鲜明对比，在那些社会中，战争或暴力在精英的统治体系里的重要性常常通过不同媒介中的战争图像表现出来。[30]在弥生时代，这样的战士形象大多出现在 173
坟墓中。

在弥生时代中期和晚期的九州北部，青铜和铁制武器与精英群体有关，他们的坟墓不与平民的墓葬建在一处，平民的墓葬中没有这样的贵重物品。在九州以外的日本西部，直到弥生时代晚期，坟墓里才出现这类武器，即使当时的人们已经知道青铜并且用它来制造大型青铜钟和青铜武器（刀、戟），这些青铜武器被贮藏起来，有时和青铜钟放在一起，如位于岛根的荒神谷遗址就存在这种情况。这些秘藏通常被解释为“仪式性”存放，但从荒神谷出土的358把青铜剑的尺寸来看，它们可能曾被用作商贸交易的原始货币。

在九州的弥生时代晚期，青铜武器不见踪影，取而代之的是铁制武器，巨大的青铜矛头被制造出来。由于合金中铅含量太高，这些矛头太软了，不能用作武器，但它们具有明显的象征意义。青铜矛头分布在濑户内海的西部地区，可这里没有青铜钟；而青铜钟在畿内（京都-奈良）地区生产，主要分布在濑户内海的东部地区，那里没有青铜矛头。这一事实值得我们注意，同时也说明了这两样物品都是政治符号和/或贵重的东西。[31]

另外一个有趣的地方是，在弥生时代最富有的坟墓中，数量最多的陪葬物品是中国的铜镜。例如，在福冈的三云庄司南川1号墓中，出土了35面镜子、1把青铜剑、2个青铜矛头和1件青铜戟。弥生时代中期的冈本秀D号墓中，共出土了大约30面青铜镜、5个青铜矛头、2把青铜剑和1件青铜戟。在弥生时代晚期，平原町墓中出土了39面铜镜和唯一一把铁剑。这些社群的领袖似乎具备双重角色和形象：一方面是“精神”层面的领袖，以铜镜为象征；另一方面是“战争”层面的领袖，以武器为象征。

日本列岛的农业和暴力

174 至少自20世纪80年代以后，日本的考古学家已普遍接受这样一个观点，即在公元前1千纪以后，农业是导致日本列岛的战争和暴力规模不断升级的主要原因。人们通常用经济术语来解释这一过程：农业带来了人口的增长，而人口的增长反过来又导致了现有资源与要养活的人口之间失衡的矛盾。[32]然而，如果绳文时代至少在某些阶段也经历了资源富足导致人口增长和相当大的社会复杂性，那么在那个时代不应该也有类似的矛盾吗？在北太平洋地区资源丰富的觅食社会中，战争无疑是司空见惯的，人们常常把这种情况与绳文时代的情况进行对比。[33]绳文时代村庄的流动性也非常小，在那里，对耕种作物的利用似乎比在北太平洋地区大多数狩猎采集者社群中更为常见。[34]如果绳文时代的人们已经从事早期形式的农业，那么战争不应该是这一时代的一个重要元素吗？

在本卷的第1章中，史蒂文·勒布朗提出，包括狩猎采集者在内的人口数量将一直增长，直到超过承载能力，暴力和战争的增加与继而发生的资源冲突有关。暴力导致的高死亡率已经在委内瑞拉的狩猎采集群体中得到证明，但对北美洲西部狩猎采集群体人口的长期分析所得出的结论与勒布朗的观点相反，即采集群体会根据变化的气候条件来调整人口的数量。[35]特别是在日本东部，众所周知，绳文时代人口的多寡随年代发生变化；人们对这种变化的原因争论已久，但目前没有证据表明暴力与这种人口压力有关。[36]

绳文时代的食物生产与暴力之间的关系在文献中很少被论 175
及，但这是战争起源的比较研究中一个重要的问题。在试图解释绳文时代和平富足这一明显的矛盾时，松木武彦提出了意识形态因素的解释。他认为，正如绳文时代的人们知晓却避免采用全面的农业生产方式一样，他们做出了文化上的决定，通过其他（非特定的）方式来化解资源冲突，从而避免全面战争的爆发。[37]这种解释方法存在的问题是，它无法适用于不同的时间和空间范围，以及它隐含的绳文时代世界观和社会-政治结构的比较同质性。任何一个选择了不同道路也就是征服和扩张道路的群体，都希望可以获得巨大的利润，至少他们的初衷是这样的。那么，为什么我们似乎没有看到这种策略的证据呢？基思·奥特拜因（Keith Otterbein）认为，袭击和战争妨碍甚至阻止了人工培植，这种观点可能与绳文时代的证据相吻合。[38]然而，罗伯特·罗索恩（Robert Rowthorn）和保罗·西布赖特（Paul Seabright）采用了一种截然不同的方法，他们将向农业过渡的过程解释成一种囚徒困境的理论模式，在这种模式中，保护农业资源和设施的成本不断增加，导致这种经济体系迅速传播。请注意，在这最后一种模式中，社会发生有组织暴力的可能性更大，即使战争实际的发生率并不总是在增加。[39]

在日本考古学中，人们通常在马克思主义的框架下解释精英个体的出现，即稻田中的群体劳作需要大量的劳动力和组织机构来建立堤坝和灌溉系统，因此一些人可能被任命为社群之间的“调解人”，以处理与土地和剩余产品有关的冲突。这些人最终会获得越来越多的权威和权力，于是出现了代表性人物，他们利用暴力和压迫来巩固这种权力。[40]如上所述，在从九州北部到畿内地区出土的骨骼上发现了弥生时代发生冲突的明显痕迹，考虑到弥生时代中期人口增长的重要性和农业平原的有限规模，这样的冲突必然是不可避免的。与此同时，带有壕沟的定居点发展起来了，其中一些还拥有
176 非常复杂的防御系统，第一批青铜武器开始出现在坟墓中。然而，在某一特定的地区出现暴力痕迹并不一定意味着该地区的首领通过暴力建立了权威，或者他们试图通过暴力来赢得或扩大权威，也不意味着有组织的冲突曾经反复发生，甚至存在过训练有素的军队。

结　语

这篇简要的综述表明，从列岛最早期的殖民定居开始，暴力一直是日本人类社会生活的特点之一。中尾和他的同事提出，在绳文时代，暴力造成的死亡率为1.8%。这个数字比其他一些史前社会的数字要低，但它肯定不是微不足道的，特别是因为它很可能是最低的估计。这一方面是因为暴力创伤的案例可能没有全部被呈现，另一方面是因为只有一小部分因暴力而死亡的人会留下骨骼证据，最明显的是抛射伤的案例。不论绳文时代的暴力如何普遍，这一时期发生暴力事件的背景仍然不甚清晰。值得注意的是，前文提到的在北海道绳文遗址中发现的两处致命颅骨损伤属于女性而非男性，而当时人们认为主要是男性会受到小规模社会冲突的影响，这显然是没有根据的。[41]那么，这会是家庭暴力的证据吗？又或者，把妇女和儿童作为报复和反击的对象是小规模社会中群体间冲突的一个反复出现的特点。报复虽然经常被援引为冲突的主位动机，然而，复仇在多大程度上可以作为终极理由，这是有争议的，甚至对狩猎采集者来说，可能还有潜在的社会-政治/经济动机。[42]

在绳文时代的骨骼记录中，与暴力相关的创伤证据目前正在接受重新评估，这将有助于正在进行的关于狩猎采集者社群冲突的讨论。弥生时代暴力的性质和规模出现了重大转变，至少在日本的西部，“有组织的战争”变得更为普遍。与绳文时代不同的是，筑有防御工事的定居点和新型专业化武器在弥生
时代很常见。对于日本的许多考古学家来说，争夺土地、水、 177
铁等资源是弥生时代发生冲突的主要原因。类似于酋邦的政治团体为了势力而相互争斗，这一过程在随后的古坟时代变得更

加暴力，当时，从亚洲大陆引进的军事新技术完全改变了日本战争的形态。

参考论著

关于日本史前史最好的概述性著作是 Gina L. Barnes, *Archaeology of East Asia: The Rise of Civilization in China, Korea and Japan* (Oxford: Oxbow Books, 2015)。有关绳文时代的综合性著作没有提及暴力或战争的问题。最近的一项调查列举了绳文遗址中骨骼暴力的已公开发表的例子，即 Hisashi Nakao et al., 'Violence in the Prehistoric Period of Japan: The Spatio-temporal Pattern of Skeletal Evidence for Violence in the Jōmon Period', *Biology Letters* 12 (2016), e20160028。Hisashi Nakao, 'Violence is Not the Answer: Environmental Change and the Jōmon', in Gwen R. Schug (ed.), *Routledge Handbook of the Bioarcheology of Climate and Environmental Change* (London: Routledge, 2020)更详细地讨论了绳文时代的暴力问题。

实际上，有很多关于弥生时代的战争和酋邦兴起的著述。以下研究是很好的阅读起点，J. Edward Kidder, *Himiko and Japan's Elusive Chiefdom of Yamatai: Archaeology, History, and Mythology* (Honolulu: University of Hawai'i Press, 2007); Koji Mizoguchi, *The Archaeology of Japan: From the Earliest Rice Farming Villages to the Rise of the State* (Cambridge: Cambridge University Press, 2013)。下面这篇论文提供了对日本学者研究弥生时代战争之方法的有益总结：Makoto Sahara, 'Rice cultivation and the Japanese', *Acta Asiatica* 63 (1992), pp. 40 - 63。在日本，Takehiko Matsugi, *Hito wa naze tatakau no ka: Kōkogaku kara mita sensō* (Tokyo: Kōdansha, 2001)也是一本不错的综述性著作。

注　释

1. 形成这些成果的研究已获得欧洲研究理事会（European Research Council）欧盟地平线 2020（European Union's Horizon 2020）研究

和创新计划的资助（赠款协议编号为646612），该项拨款被授予玛蒂娜·罗贝兹（Martine Robbeets）、贝加尔湖-北海道项目（加拿大社会科学与人文研究委员会）以及强强合作计划（日本科学基金会）。

2. 最近的一系列关于武士起源的论文，参见 *Asian Studies/ Azijske študije* 6.2（2018）特刊，由卢卡·库利贝格（Luka Culiberg）主编。

3. M. Allen and T. Jones (eds.), *Violence and Warfare among Hunter-Gatherers* (Walnut Creek, CA: Left Coast Press, 2014); D. P. Fry and P. Söderberg, 'Lethal Aggression in Mobile Forager Bands and Implications for the Origins of War', *Science* 341 (2013), pp. 270–3.

4. M. J. Hudson, 'The Historical Ecology of Colonialism and Violence in Hokkaido, Sakhalin and the Kuril Islands, AD 1200–1900', in J. Habu, P. Lape and J. Olsen (eds.), *Handbook of East and Southeast Asian Archaeology* (New York: Springer, 2018), pp. 695–706.

5. 关于绳文时代可能已经出现奴隶的观点，参见 Tatsuo Kobayashi with S. Kaner and O. Nakamura, *Jomon Reflections: Forager Life and Culture in the Prehistoric Japanese Archipelago* (Oxford: Oxbow Books, 2004), pp. 133–4。

6. R. Brian Ferguson and N. L. Whitehead (eds.), *War in the Tribal Zone: Expanding States and Indigenous Warfare* (Santa Fe, CA: School of American Research Press, 1992).

7. Peter Bleed, 'Almost Archaeology: Early Archaeological Interest in Japan', in R. J. Pearson (ed.), *Windows on the Japanese Past: Studies in Archaeology and Prehistory* (Ann Arbor: Center for Japanese Studies, University of Michigan, 1986), pp. 57–67.

8. Eiji Oguma, *A Genealogy of 'Japanese' Self-images* (Melbourne: TransPacific Press, 2002), pp. 57–8.

9. Shōgorō Tsuboi, 'Sensō no jinruigakuteki kansatsu', *Tōkyō Jinruigaku Zasshi* 19.217 (1904), pp. 249–59.

10. Arnaud Nanta, 'Savoirs et colonies: l'archéologie et l'anthropologie japonaises en Corée', in J.-J. Tschudin and C. Hamon (eds.), *La Société japonaise devant la montée du militarisme* (Paris: Philippe

Piquier, 2007), pp. 21–31.

11. Walter Edwards, ‘Buried Discourse: The Toro Archaeological Site and Japanese National Identity in the Early Postwar Period’, *Journal of Japanese Studies* 17 (1991), pp. 1–23.

12. Namio Egami, ‘The Formation of the People and the Origin of the State in Japan’, *Memoirs of the Tōyō Bunko* 23 (1964), pp. 35–70. 对这一理论的批评，参见 Walter Edwards, ‘Event and Process in the Founding of Japan: The Horserider Theory in Archaeological Perspective’, *Journal of Japanese Studies* 9 (1983), pp. 265–95。

13. Kōji Mizoguchi, *The Archaeology of Japan: From the Earliest Rice Farming Villages to the Rise of the State* (Cambridge: Cambridge University Press, 2013), pp. 10, 19–20.

14. M. J. Hudson and Gina L. Barnes, ‘Yoshinogari: A Yayoi Settlement in Northern Kyushu’, *Monumenta Nipponica* 46 (1991), pp. 211–35.

15. Makoto Sahara, ‘Rice Cultivation and the Japanese’, *Acta Asiatica* 63 (1992), pp. 40–63; Takehiko Matsugi, *Hito wa naze tatakau no ka: Kōkogaku kara mita sensō* (Tokyo: Kōdansha, 2001).

16. Rick J. Schulting and Linda Fibiger, ‘Skeletal Evidence for Interpersonal Violence in Neolithic Europe: An Introduction’, in R. J. Schulting and L. Fibiger (eds.), *Sticks, Stones and Broken Bones: Neolithic Violence in a European Perspective* (Oxford: Oxford University Press, 2012), pp. 1–15. 拒绝承认绳文时代存在暴力行为的论证是，在日本东部，三起案例中存在带有愈合迹象的嵌入式抛射物尖端，都涉及成年男性，这可能代表了意外事件，而不是冲突行为，具体参见 Nelly Naumann, *Japanese Prehistory: The Material and Spiritual Culture of the Jōmon Period* (Wiesbaden: Harrassowitz, 2000), pp. 61–2。

17. H. Hisashi Suzuki, ‘Skulls of the Minatogawa Man’, in H. Suzuki and K. Hanihara (eds.), *The Minatogawa Man. The Upper Pleistocene Man from the Island of Okinawa*, UMUT Bulletin 19 (Tokyo: University Museum, University of Tokyo Press, 1982); 关于港川遗址的年代测定，参见 R. Nakagawa et al., ‘Pleistocene

Human Remains from Shiraho-Saonetabaru Cave on Ishigaki Island, Okinawa, Japan, and Their Radiocarbon Dating', *Anthropological Science* 118 (2010), pp. 173-83。

18. H. Suzuki, 'On the Three Cases with Injuries by Conflicts', *Journal of the Anthropological Society of Nippon* 83(1975), pp. 269-79.
19. Hisashi Nakao et al., 'Violence in the Prehistoric Period of Japan: The Spatio-temporal Pattern of Skeletal Evidence for Violence in the Jomon Period', *Biology Letters* 12 (2016), 20160028.
20. Yukio Dodo, 'A Human Skull from the Epi-Jomon Period from the Minami-Usu Six Site, Date, Hokkaido', *Journal of the Anthropological Society of Nippon* 91(1983), pp. 169-86.
21. Tatsuya Hashiguchi, 'Yayoi jidai no tatakai', *Kōkogaku Kenkyū* 42 (1995), pp. 54-77, and *Yayoi jidai no tatakai: tatakai no jittai to kenryoku kikō no seisei* (Tokyo: Yūzankaku, 2007); S. Fujiwara, 'Tactics in Fighting during the Yayoi Period', *Nihon Kōkogaku* 18 (2004), pp. 37-52 (in Japanese).
22. Kaoru Terasawa, *Ōken tanjō* (Tokyo: Kōdansha, 2000), pp. 128-30.
23. Itoshima Shiritsu Itokoku Rekishi Hakubutsukan (eds.), *Wakoku sōsei: Ken ni miserareta Yayoijin* (Fukuoka: Itokoku Rekishi Hakubutsukan, 2013); L. Gilaizeau, 'Diplomacy from the Grave: Interactions between Western Japan and the East Asian Continent from a Burial Point of View', *Crossroads* 9 (2014), pp. 45-62; L. Gilaizeau and M. Guillon, 'La Perception de la sépulture aux périodes Yayoi et Kofun au Japon. Résultats et réflexions sur les investissements de ces sociétés dans leurs tombes et leurs nécropoles', in M. Lauwers and A. Zemmour (eds.), *Qu'est-ce qu'une sépulture?Humanité et systems funéraires de la Préhistoire à nos jours* (Antibes: Éditions APDCA, 2016), pp. 293-310; Mizoguchi, *Archaeology of Japan*, pp. 143-62.
24. K. Terasawa, 'Yayoi jidai oyobi Kofun jidai shoki shuchō bosei sōhin ichiran', in K. Terasawa (ed.), *Kōkoshiryō daikan daijūsei: Yayoi-Kofun jidai iseki-ibutsu* (Tokyo: Shogakukan, 2004), pp. 372-83.

25. R. J. Schulting, 'War without Warriors? The Nature of Interpersonal Conflict before the Emergence of Formalised Warrior Elites', in S. Ralph (ed.), *The Archaeology of Violence: Interdisciplinary Approaches* (Albany, NY: SUNY Press, 2013), pp. 19-36.
26. Yasushi Kosugi, 'Jōmon bunka ni sensō wa sonzai shita no ka: sekibō o motsu shakai', in Kōkogaku Kenkyūkai (ed.), *Bunka no tayōsei to hikaku kōkogaku* (Okayama: Kōkogaku Kenkyū kai, 2004), pp. 215-24 (in Japanese with English summary).
27. Kobayashi, *Jomon Reflections*, pp. 124-6, 186-7.
28. Cf. Allen and Jones, *Violence and Warfare.*
29. T. Arbousse-Bastide, *Les Structures d'habitat enclos de la Protohistoire du Japon (période Yayoi 350BC-300AD)*, BAR International Series 1345 (Oxford: Archaeopress, 2005).
30. J. Guilaine and J. Zammit, *Le Sentier de la guerre* (Paris: Éditions du Seuil, 2001), pp. 223-57; B. Midant-Reynes, *Aux origines de l'Égypte. Du néolithique à l'émergence de l'état* (Paris: Fayard, 2003), pp. 326-36.
31. M. J. Hudson, 'Rice, Bronze, and Chieftains: An Archaeology of Yayoi Ritual', *Japanese Journal of Religious Studies* 19 (1992), pp. 139-89.
32. Matsugi, *Hito wa naze tatakau*, pp. 12-17.
33. H. Maschner and K. Reedy-Maschner, 'Raid, Retreat, Defend (Repeat): The Archaeology and Ethnohistory of Warfare on the North Pacific Rim', *Journal of Anthropological Archaeology* 17.1 (1998), pp. 19-51.
34. Gary Crawford, 'Advances in Understanding Early Agriculture in Japan', *Current Anthropology* 52, supplement 4 (2011), pp. 331-45; Hiroo Nasu and Arata Momohara, 'The Beginnings of Rice and Millet Agriculture in Prehistoric Japan', *Quaternary International* 397 (2016), pp. 504-12.
35. Kim Hill, A. M. Hurtado and R. S. Walker, 'High Adult Mortality among Hiwi Hunter-Gatherers: Implications for Human Evolution', *Journal of Human Evolution* 52 (2007), pp. 443-54; Robert L.

Kelly et al. , ' A Continuous Climatic Impact on Holocene Human Population in the Rocky Mountains', *Proceedings of the National Academy of Sciences* 110 (2013), pp. 443-7.

36. Takamune Kawashima, ' Social Change at the End of the Middle Jōmon: A Perspective from Resilience Theory', *Documenta Praehistorica* 40 (2013), pp. 227-32.

37. Matsugi, *Hito wa naze tatakau*, pp. 17-21.

38. Keith Otterbein, *How War Began* (College Station: Texas A&M University Press, 2004).

39. Robert Rowthorn and Paul Seabright, *Property Rights, Warfare and the Neolithic Transition*, working paper 654 (Toulouse: Institut d'Économie Industrielle, 2010).

40. Y. Kondō, *Zenpōkōenfun no jidai* (Tokyo: Iwanami, 1983), pp. 80-140; Terasawa, *Ōken tanjō*, pp. 126-40.

41. R. J. Schulting and L. Fibiger, ' Violence in Neolithic North-West Europe: A Population Perspective', in A. Whittle and P. Bickle (eds.), *Early Farmers: The View from Archaeology and Science* (London: British Academy, 2014), pp. 281-306.

42. R. B. Ferguson, ' Explaining War', in J. Haas (ed.), *The Anthropology of War* (Cambridge: Cambridge University Press, 1990), pp. 26-55.

第二部分
史前和古代的战争

8　狩猎与战争：古埃及军事暴力的仪式化

约翰·C. 达内尔

尼罗河环境下的屠杀与庆祝活动

尽管古埃及文化以尼罗河谷为中心，但上埃及前王朝 181
（proto-kingdom，约公元前 3250—前 3100 年，古埃及王朝从其发展而来）是居住在沙漠的群体和尼罗河流域的人们之间互动交流的产物，这种互动交流的时间可追溯到公元前 5 千纪和公元前 4 千纪。在涅伽达文化（Naqada）一期（约公元前 4000—前 3500 年）——直接促使第一王朝和统一的埃及国家诞生的第一个连续的文化阶段，人类冲突的表现是人们在动物领域以及涉及动物领域的仪式化行为。图像暗示的军事活动更多是战争的结果，甚至是对俘虏的仪式化呈现，而不是描绘冲突本身的任何细节。

这种早期的战争仪式化，以及对战争的描述，在大约三千年的“法老”国度的图像和文学描述中反复出现。甚至公元前 2 千纪后期赞美王室的文字也能公开并轻松地展示血腥冲突带来的战利品，在仪式的语境下用动物献祭暗指战利品，这往往掩盖了古埃及战争的现实：“你要去底比斯了，这多么令人愉快，/你的战车上绑着砍断的手，/外国首领像被绑住的小鸟一样站在你面前。”拉美西斯时代的文献 P. Anastasi Ⅱ 5，3-4

对法老英雄归来的描述揭示了埃及文献和图像中对暴力和血腥的短暂认可，几乎总是代表着混乱但必要的序幕，随之而来的是庆祝尼罗河的秩序在军事上战胜了外国的混乱。

狩猎和战争

182 在公元前 4 千纪，上埃及的图像表明，当时的人们把战争和狩猎等同起来。一只犬科食肉动物（很少是猫科动物）可能会尾随在一群动物（或单个猎物）后面，它代表的是人类政府的专门机构；人类在狩猎仪式上要猎取的动物被犬科动物包围的画面，可能是为了与王室统治者的人类敌人的动物形象保持平衡，后者也获得了曲角羚羊的称号，这是献祭的象征性符号。[1]来自涅伽达文化二期末期（在埃及和努比亚，约公元前 3250 年）的复杂仪式场面包括狩猎和献祭，还有人类冲突及其结果的图像，后来，法老的艺术家可以用狩猎和战争成对出现的图标来描述他的能力。[2]这种并列的形式出现在埃及新王国的纪念碑上——古底比斯西岸的哈布城（Medinet Habu）的拉美西斯三世（约公元前 1184—前 1153 年在位）祭庙第一座塔门的塔上，在塔的正面（东侧）有统治者痛击敌人的场景，在北塔的背面有敌方军事活动的场景，在南塔的背面有国王狩猎公牛的场景。

前王朝社会的精英成员对某些沙漠猎物的仪式化狩猎和捕获，以及在尼罗河环境中带回这些动物以举行适当的祭祀，在沙漠岩石表面和一些参与者的身体上都有对这些活动的描述，这体现了沙漠的尼罗河化过程。[3]许多狩猎和祭祀活动集中在一年一度的节日举办，人们把仪式秩序强加于自然世界，象征性地扩展了有序宇宙的范畴。最早的埃及人对人类冲突的描绘是

把被征服的敌人变成献祭的动物，为法老战争的形象化描述、 183
图像研究以及后来的文学作品提供了模板。直到新王国时期，大型军事行动可能都伴随着狩猎远征。在新王国的初始阶段，狩猎探险队与军事活动的联系似乎已经形成，在第十八王朝的前半段，人们多次聚集。[4]因此，图特摩斯一世（Thutmosis Ⅰ，约公元前 1504—前 1492 年在位）在叙利亚北部与来自米坦尼王国（Mitanni，美索不达米亚北部）的敌人作战，并在尼耶（Niye）猎杀大象；图特摩斯三世（约公元前 1479—前 1425 年在位）在北方的战役中再次于尼耶猎象，并在努比亚的一次战役中猎杀犀牛。

仪式和节日中的战斗

庆祝埃及征服外国人的战斗仪式与许多宗教节日和庆祝活动有关，已有证据表明，在前王朝时期晚期和后来的周年大庆（Jubilee，理想情况下，于在位三十年后重新确认王权）及新王国宫廷（*durbar*）庆典中，人们周期性地举办这类节日活动。[5]随着阿蒙霍特普二世（Amenhotep Ⅱ，约公元前 1427—前 1400 年在位）统治极盛期的到来，以及他的父亲图特摩斯三世在努比亚建立更为稳定的卫星国以取代常规的军事行动，并与古代近东建立正常的外交关系，已成惯例的外国进贡场面成为法老的普遍标志。[6]正如体育之王的形象取代了第十八王朝早期在军事上很活跃的统治者一样，体育竞技能力的展示也以节日期间体育比赛的形式出现，[7]其中包括外国的进贡活动。

在拉美西斯时代的摔跤和棍棒战斗的场景中，埃及士兵与 184
外国人作战（也许这些外国人在埃及工作，在非致命的战斗中扮演某个角色）；比赛中被记录下来的埃及参与者的演讲内容与这些活动的非致命性相符合，并为这些活动增添了一丝轻松和愉快。[8]在后来的新王国的历史背景下，人们在动物献祭仪式和征服外国人之间保持着某种联系，用于献祭的肥牛的两角之间可能会戴上代表外国敌人头颅的饰物，小手被固定在像手臂一样的角的尖端，被献祭的牛成为消灭外国势力的象征。[9]在描述埃及统治外国地区的庆祝活动中——在图坦卡蒙（Tutankhamun，约公元前 1336—前 1327 年在位）接见努比亚总督的场景中，在霍伦赫布（Horemheb，约公元前 1323—前 1295 年在位）描绘的庆祝征战努比亚凯旋的活动中——外国俘虏可能与来自同一外国地区的大概已被埃及化的成员形成对比，后者在庆祝埃及的胜利和统治中扮演重要角色。

更为暴力的是，对外国敌人的惩罚可能会神奇地反映在对埃及罪犯的惩罚中，绞刑柱叉状构件的顶部是外国敌人的头颅。同样，外国敌人、埃及叛军和罪犯的名字可能会出现在被诅咒的雕像上，这相当于是完全超出社会规范的证据。[10]埃及的宗教文献没有描述任何关于人类或宇宙之内在邪恶的概念，
185 尽管人们有能力做出邪恶之事；[11]因此，战斗是维持平衡和扩大终极秩序领域（指埃及），并对抗外部混乱（指濒临崩溃的外国土地）的一种手段。从文献上看，敌人表现得穷凶极恶、兽性大发、混乱不堪，但文献关于他们的本性和针对他们所采取之行动的描述通常使用一种正式的语言，即运用有限的概括性术语。[12]士兵的铭文更加强调军事实力和俘获俘虏，而不是任何公然的杀戮欲望。

对外国人的诅咒仪式和刑事处决仪式可能出现在早王朝时期，显然是对敌人进行斩首，[13]也许发生在一场击打仪式之后。在埃及中王国时期的位于努比亚第二瀑布附近的米尔吉萨

(Mirgissa) 堡垒，一具被斩首的尸体和坩埚一起被埋在沙子中，以表示对被诅咒之人进行的猛烈惩罚，被打碎的仪式器皿，以及被诅咒的人像，这些似乎代表着在用充满魔力的做法执行真正的死刑。[14]国王可能会用火刑威胁外国统治者（已被叛乱者所证实），也许是焚烧被诅咒的人像。[15]驴子就像一阵台风，它象征着混乱的力量和对抗宇宙秩序，它的毁灭也可能代表着对包括人类和更多自然力在内的敌人的控制。[16]甚至在对被捆绑的外国人的标准化描述中，人们把这些外国人与作为祭品的鸟进行类比，弯曲地缠绕在俘虏上臂的绳索更像是在表明敌人的身份，而不是真实约束的表现，后者在视觉资料和文献 186
中被证实是脖子和手腕上的枷锁和棍子。[17]

仪式和战争之间的这种密切联系一直延续到新王国时期，宇宙的概念影响着埃及人如何展示战争的结果，如果展示的不是战争实践的话。图特摩斯一世在返回埃及时，将努比亚领袖的尸体——他是被埃及统治者亲手杀死的——悬挂在船头。就像埃及新王国的亡灵书（Netherworld Books of New Kingdom Egypt）常常描述的那样，敌人的尸体往往被倒挂，这带有诅咒意味；当埃及王室的船出现在努比亚时，努比亚人就变成了象征着被打败的混沌之神阿佩普（Apep）的蛇的形象，他总是被胜利的太阳神的咆哮打败和推翻。[18]阿蒙霍特普二世用他的权杖亲手杀死了塔克西［Takhsy，贝卡谷地（Beqaa Valley）北部］的七名统治者，并效仿图特摩斯一世，将他们的尸体倒挂在他载有王室猎鹰犬的船头；其中六具尸体最终被挂在底比斯的墙壁上，剩下一具尸体被挂在努比亚的纳帕塔(Napata)的墙壁上。[19]在图坦卡蒙统治时期，西亚敌人的统治者被悬挂在埃及船舶桁端笼子里的形象，让人们想起了仪式化的捕鱼和打鸟的情景，[20]这可能象征着对敌人的征服既是个人层面的也是宇宙层面的，既涉及王室领域，也涉及私人领域。俘虏也可能被绑在王室战车的车身、轭或马上，其他的俘虏被
187 绳子拖在后面，这让人想起了战车的某些功能性部件（如安全销）可以雕刻成外国敌人头颅的形状。[21]

权力的象征：统治者痛击敌人并把他们踩在脚下

在涅伽达文化二期的晚期遗址（在涅伽达文化一期早有预兆）当中，以及直到罗马统治时期，统治者抓住跪着的一个或几个敌人，举起武器——通常是一把权杖——仿佛要击打他抓住的敌人的场面，成为胜利的主要标志。[22]盘状和梨形权杖起源于前王朝时期，梨形权杖作为最常见的武器留存下来，它象征着王室通过暴力行为进行统治。一个得意扬扬的人暴戾地给他的敌人建立秩序，这种形象代表了对早王朝时期逐步出现的统治者的关注。权杖在早期可能是作为王权的无形代表而出现的，弓或船可能变成了统治的人格化代表，从而避免了对早期统治者具象化表现的需求。[23]统治者继续保持战争与狩猎之间的联系，并用与毁灭人类敌人相同的方式，对以野兽形象出现的混沌之神施以重击。[24]

在涅伽达文化二期末期，对一个男性人物形象的描绘清晰可辨，他在一个被绑住的囚犯（或一群囚犯）的头顶上挥舞权杖（这是一个大型仪式性事件场景中的小型装饰图案之
188 一），这样的形象在涅伽达文化三期（作为一个更突出的元素，这描述的可能是对一次冲突结果进行庆祝的仪式）再次出现。[25]在这两个例子中，事件都发生在战斗之外，在仪式的背景下，作为一种进行奉献的手势，这种同样引人注目的姿势

也可能会出现在其他仪式中。[26]来自第十二王朝早期士兵尸体的证据表明，这样的一击对于绝望的伤兵来说确实是致命的，至少有一些版本的殴打场景可能是在仪式的背景下演绎出来的。[27]埃赫那吞（Akhenaton）和麦伦普塔（Merneptah）的统治确实为王室的胜利提供了佐证，他们不仅展示了尸体，还罕见地刺穿了战败的敌人领袖。

根据关于法老权力的文献和图像，埃及的神灵既许可战争，也对埃及人的军事胜利起到了一定的作用。到新王国时期，显然，埃及统治者发动战争的权力来自众神，神赐予他一件武器——通常是一把镰状刀，而国王则摆出一副猛击的姿势；这种呈现方式在肖像学中十分常见，甚至被证明是卜塔（Ptah）神的梦境的显现。神圣的统治者自己也会把敌人踩在脚下。在雕像的底座、仪式结构和宫殿的步道以及凉鞋的鞋底都会出现被绑缚的敌人形象，而王家权杖的柄上可能是弯着腰、显得筋疲力尽的敌人形象，这些敌人是让国王暴怒的人，国王会摆出“让异域低头”（*waf-khasout*）的姿势。[28]

严肃认真地战斗

尽管在气候变化时期，努比亚撒哈巴山丘（Gebel 189
Sahaba）旧石器时代墓地（至少距今1.16万年）“被虐杀”的人类遗骸成为人类冲突的一种表现形式，关于人类冲突的形象化描述，最早的连续且形象化的证据出现在公元前5千纪和公元前4千纪之交的上埃及和下努比亚。与狩猎和战争的仪式类似，在与主要对峙势力的交战中，古埃及有组织的冲突强调速度和策略，强化了公元前1千纪后半段重装步兵战斗的基础。避开冲击的总体策略导致雇佣兵人数增多，特别是在法老时期的后期阶段，这对埃及社会产生了一定的影响。[29]然而，军事训练本身可能就是充满暴力的，而且也许包括相当多的肉搏战训练，同时培养长距离快速移动所必需的体能。[30]位于贝尼哈桑（Beni Hasan）的中王国贝克特（Baket）墓地的场景显示了 220 种不同的摔跤姿势/擒拿技法，还在装饰中描绘了对一个筑有防御工事的地点进行突袭的情景。[31]

图像证据和人类遗骸都表明，抛射武器和近距离战斗的毁灭性打击造成的大多数伤害集中在胸部和腹部。[32]尽管没有一座王室纪念碑提及，但埃及内部和周边的冲突可能都采取了盟
190 主之间进行决斗（*monomachy*）的形式。[33]然而，在相关场景和赞美性文献中，国王最终直接与敌人的首领作战，其他所有战斗似乎都是次要的。古王国时期的胜利赞美诗表明，真正成功的战役包括击败敌人和埃及军队安全返回。[34]没有任何古埃及资料表明他们不愿意杀死敌人，尽管有一篇关于书吏的文献［来自《兰辛莎草纸卷》（P. Lansing）］指出，埃及士兵可能会因照顾俘虏而感到窘迫。士兵可能会在死者和垂死的人中间穿梭，并把垂死之人送走［实际上可能是医疗分诊的结果，《埃德温·史密斯纸草文稿》（Papyrus Edwin Smith）可能是一本生存手册］，但对战斗中的劫掠行为持否定态度。

战斗结束后，收集的战利品成为一长串具有纪念意义的清单的来源。尽管肢解受诅咒之人的做法出现在新王国的《亡灵书》中，但唯一得到充分证明和许可的在战场上肢解敌人的做法属于新王国的传统，即从显然已经死去的对手身上截下一只手作为杀死对方的证据；一个士兵可能会把那些砍下来的手挑在自己的矛上，看起来十分可怕。[35]拉美西斯时代的埃及士兵可能也会摘除利比亚敌人的阴茎和睾丸，埃及人也许觉得

这些未割包皮的利比亚人的外表很奇怪，并将打败敌人形象地比喻为消灭他们的“种子”。上交这类战利品，战士可以获得“勇者之金”。除了记录被杀敌人的数量，这些被砍下来的身体部位也可能成为埃及人展示胜利的一种方式。文献偶尔提到过用敌人的鲜血来涂抹身体，但上下文讲的是王室尊号和底比斯城作为战士女神化身的象征性的盥洗室的事情。[36]

除了一些痛击的场面，埃及的军事场景通常不强调敌方平 191
民的痛苦或对失败者的惩罚。在埃赫那吞和麦伦普塔统治时期，出现了刺穿敌方指挥官的证据——埃赫那吞时期的证据出现在由库施（Kush）的一位总督领导的一次规模较小的袭击之后，这次袭击针对的是明显威胁到金矿开采地区的沙漠东部的一个群体；麦伦普塔时期的证据出现在利比亚入侵埃及导致的一次大规模战役之后。[37]埃及习语“放在木桩上”，并没有说明放的是活人还是死尸。具体的处理方式从埃及罪犯身上得到了证实，[38]并且这种方式揭示了——正如较早的诅咒文本揭示的那样——所有那些超出玛阿特（*maat*，宇宙秩序）的人，无论是埃及人还是外国人，可能都会遭到类似的毁灭。从拉美西斯三世统治时期开始，对“海上民族”（Sea Peoples）企图入侵埃及的描述显示，入侵者的家族和侵略军一起乘坐大型马车，遭到了法老军队的攻击。

无论是在埃及国内的斗争还是在国外的战役中，埃及军队都可以把食物当作武器。在前王朝时期的“利比亚调色板”（Libyan Palett）中，被毁坏的外国植被可能为与外国动物资源一起出现的树木提供了背景，并且再次出现在拉美西斯战争的图像中，外国景观的毁坏与敌人防御设施的破坏相对应。[39]中王国时期的来自努比亚的一篇岩石碑文描述了一种焦土政策，即埃及军队烧毁了努比亚敌人的住所和粮食，这是王室常规做法的一部分。[40]在努比亚国王皮耶（Piye，约公元前 744—前 714 年在位）征服埃及北部地区并建立第二十五王朝霸权的时候，他可能会在一座受困的城市中哀叹马的困境，尽管这似乎是王室谴责敌人首领的一种方式；人所受的苦难无人关注，显
192 然，这些人被认为是自讨苦吃，因为他们反对获胜的皮耶，于是将自身置于与宇宙秩序对立的位置。

外国人从暴力的实施者和对象向社会成员的转变

外国人的涵化可能是对埃及统治者自愿臣服的结果，他们之后当仆从（*hem*-servant），可能会从事具体的工作，这是尚未被同化且仍然保持独立的外国人阶层。[41]做仆从是埃及化的一种手段，也是一条成为训练有素的战俘的道路。在描绘俘虏命运的画面中，战俘的涵化过程标志着外国俘虏不受约束的行为和捉住他们的埃及人对他们实施的暴力行为，与被安抚和完全埃及化的——尽管要适当地表示恭敬——外国人以及他们现在埃及盟友的有序行为之间的界限。[42]这并不一定是个讲究人人平等的过程；为文明国家工作的概念，建立在假定当地人无所事事的基础上，在总督统治下的墨西哥，这种概念出现在强制劳动的论点中，在那里，人们认为新大陆的土著人是“悲惨的人”（*persona miserable*），[43]这与埃及人常用“悲惨的”这个形容词来描述努比亚和努比亚人相类似。通过服兵役实现的涵化可能包括外在的变化，如烙印、割礼、学习埃及语，以及
193 最终获得土地。[44]与此同时，外国人可以在后备部队中保持一种特殊的身份。[45]

妇女和战争

虽然埃及统治者可以将埃及的外国对手视为“女人”，但在埃及对战争的描述中，外国女性比男性更好。在古王国晚期的图像中，亚洲妇女照顾着她们惊慌失措的、受伤的男同胞，在关于第十七王朝底比斯人袭击喜克索斯王朝首都的描述里，只有喜克索斯的妇女出现在敌人宫殿的城墙上并拉响了警报。[46]在图像中，女性俘虏并没有受到管押，尽管在埃及晚期《捕获约帕》（*Capture of Joppa*）的故事中，两性似乎都被戴上了手铐。无论是文字还是图像都没有涉及奸淫敌人的问题，这表明，战争意识形态并不鼓励人们实施性暴力。[47]

在早期的形象中，我们并没有看到埃及的女性统治者参与对外国人的统治，而在第十八王朝后期，女性统治者成为积极的参与者。第十八王朝早期的女王们在军事事务和外交关系上扮演的不仅是仪式性的角色。在一个证据特别充分的、有精心设计的外交信函交流的时期，女王奈费尔提蒂（Nefertiti）可能会以痛击外国妇女的姿态出现，她可能会站在国王身后挥舞自己的武器［安克赫娜蒙（Ankhesenamun）］，甚至可能会以正在践踏外国妇女的女狮身人面像的形象出现。[48]

埃及文学中的暴力和战争

最早的关于军事活动的文学描述出现在古王国晚期非王室 194
墓穴里的自传体碑文中，在中王国伊始（第十一王朝晚期）的门图霍特普二世（Monthuhotep Ⅱ，约公元前 2061—前 2010 年在位）统治时期之前，未见到关于王室介绍自己的资料。第十二王朝小说文学的出现拓展了古埃及人对战争和暴力进行劝诫的体裁，尽管在现存的中王国时期材料中，战争和暴力这两个主题很少出现。在《辛努赫·的故事》（*Story of Sinuhe*）里，主人公在无意中听到阿蒙涅姆哈特一世（Amenemhat Ⅰ）驾崩（也可能是被暗杀）的消息后，从埃及逃往叙利亚-巴勒斯坦一带，与“雷特耶努的英雄”（hero of Retjenu，这一称号暗指在诅咒仪式中使用的规则）进行了一对一的打斗。[49]对于辛努赫和“雷特耶努的英雄”之间的决斗，故事使用了与王室措辞相似的语言进行生动的描述，这是一个预先安排好的事件。雷特耶努的那个男人在埃及人自己的军营袭击了辛努赫；辛努赫的胜利——埃及的箭术战胜了敌人的标枪和近战武器——使这个埃及人能够实施他的外国敌人威胁要实施的行为（在用箭刺穿了那个叙利亚人的脖子后，辛努赫跳到奄奄一息的敌人身上，用战斧给了敌人致命一击）。相比于辛努赫和“雷特耶努的英雄”之间似乎是模仿他人的一对一打斗，《美里卡拉的教谕》（*Instruction of Merikare*）采用了亚洲永远处于战争状态的传统主题，亚洲既不能征服别人也不能被别人征服，同样不能偷偷摸摸地宣布战争之日的到来。

另一种发展于中王国早期并在新王国得到充分发展的文体类型是“王室小说”。[50]这一术语是指以国王本人为中心人物的历史文献，通常涉及军事活动，国王在军事活动中必须对外国的侵略做出回应，这往往与会议磋商有关。统治者难免会对外国的侵略行为感到愤怒——不承认埃及，不遵守其边界线，这些都是固有的敌对行为，甚至发生在任何部队加入战斗之
195 前——并下令做出回应。在这种体裁的模板内，可能会有一些变化，这体现了如何改编真实事件以适应既定的但有一定可塑性的蓝本。至少在一个例子中［塞提一世（Sety Ⅰ）的努比

亚战争]，国王的命令是等待敌人计划的进展。在另一场战役[图特摩斯三世的美吉多（Megiddo）战役]中，有人主张迅速进攻王室，这是一个鲁莽的建议，结果遭到了驳斥，最终得到尊重的请求是：推迟进攻，以免让军队的后卫军陷入潜在的危险境地。王室小说这种体裁展现了埃及人喜欢在意识形态模板中呈现和解释事件，这与他们对时间二重性的看法一致，线性形式在循环的时间中发展并加强循环时间的宇宙相关性，其中独特的、个人的事件呼应并预示着胜利秩序的重复。这可能是我们在早王朝（也可能是前王朝）时期看到的文学表现形式，在这一时期，节日庆祝与历史事件同时发生，有时还涉及这些事件的参与者。

伴随着早期王室小说的半虚构框架故事的先驱作品，一种新的文学传统在新王国时期（尤其是拉美西斯时期）出现，同时，一种创新的体裁——历史小说——发展起来，它几乎完全以冲突和战斗为焦点。即使是在小部头的历史小说文集中——只有四个故事部分地流传于世——从嘲讽没有造成（埃及人或外国人）伤亡的围困的书信到虚构的战争描写，叙述的暴力程度也有很大的不同。

幸存下来的古埃及图像和文献证据揭示了人们把战争和狩猎等同起来的态度，以及确保和证明秩序战胜混乱的必要的重复手段。无论是文献还是画面，都强调这场似乎无休无止的冲突的结局是完满的，这往往掩盖了历史细节，几乎除去了军事冲突中血腥事实的细节。由于埃及统治者既是首席行政官又是最高祭司，统治者的形象和国王痛击被束缚的、无助的敌人的场面显得十分突出。虽然公开处决可能至少在某些情况下发生过，但埃及人对战争的描述掩盖了战斗令人震撼的细节和可怕的结果，这些都隐藏在秩序反复战胜混乱力量的意象背后。在承认了埃及至高无上的地位之后，这种玛阿特秩序模式似乎也允许传统的敌人进入埃及社会，使埃及人能够避免——至少直到法老文明晚期——将外国人和军事对手完全妖魔化。

参考论著

196 关于战争和狩猎，请参阅以下文献：Stan Hendrickx，‘L’iconographie de la chasse dans le contexte social prédynastique’, *Archéo-Nil* 20（2010）, pp. 106–33; Stan Hendrickx et al.，‘Late Predynastic/Early Dynastic Rock Art Scenes of Barbary Sheep Hunting from Egypt’s Western Desert. From Capturing Wild Animals to the “Women of the Acacia House”’, in H. Riemer et al.（eds）, *Desert Animals in the Eastern Sahara: Status, Economic Significance and Cultural Reflection in Antiquity*, Colloquium Africanum 4（Cologne：Heinrich Barth Institut，2010）, pp. 189 – 244; Wolfgang Decker and Michael Herb, *Bildatlas zum Sport im alten Ägypten. Corpus der bildlichen Quellen zu Leibesübungen, Spiel, Jagd, Tanz und verwandten Themen,* Handbuch der Orientalistik XIV 1–2（Leiden：Brill，1994）。

关于战争和军事图像的整体研究如下：Juan Carlos Moreno Garcia，‘War in Old Kingdom Egypt（2686–2125 BCE）’, in J. Vidal（ed.）, *Studies on War in the Ancient Near East: Collected Essays on Military History,* Alter Orient und Altes Testament 372（Münster：Ugarit Verlag，2010）, pp. 5–41; Anthony J. Spalinger, *War in Ancient Egypt: The New Kingdom*（Malden，MA：Blackwell，2005）; Rolf Gundlach and Carola Vogel（eds.）, *Militärgeschichte des pharaonischen Ägyptens: Altägypten und seine Nachbarkulutren im Spiegel aktueller*, Forschung, Krieg in der Geschichte 34（Paderborn：Ferdinand Schöningh，2009）; Susanna Heinz, *Die Feldzugsdarstellungen des Neuen Reiches: Eine Bildanalyse*（Vienna：Verlag der Österreichischen Akademie der Wissenschaften，2001）。

对仪式化暴力进行论述的有 Alan R. Schulman, *Ceremonial Execution and Public Rewards: Some Historical Scenes on New Kingdom Private Stelae,* Orbis Biblicus et Orientalis 75（Leuven：Peeters，1988）; Kerry Muhlestein,

Violence in the Service of Order: The Religious Framework for Sanctioned Killing in Ancient Egypt, BAR International Series 2299（Oxford：Archaeopress，2011）。关于魔法和军事暴力，参见 Robert Kriech Ritner, *The Mechanics of Ancient Egyptian Magical Practice*, Studies in Ancient Oriental Civilization 54（Chicago：Oriental Institute，1993）。

关于武器，参见 Walter Wolf, *Die Bewaffnung des altägyptischen Heeres*（Leipzig：J. C. Hinrichs'sche Buchhandlung，1926）；Yigael Yadin, *The Art of Warfare in Biblical Lands in the Light of Archaeological Study*（New York：McGraw-Hill，1963）；Ian Shaw，*Egyptian Warfare and Weapons*（Princes Risborough：Shire Publications，1999）；Gregory Phillip Gilbert，*Weapons, Warriors and Warfare in Early Egypt*，BAR International Series 1208（Oxford：Archaeopress，2004）。关于其中一些武器对身体造成的影响，请参阅 J. M. Filer，'Ancient Egypt and Nubia as a Source of Information for Cranial Injuries'，in John Carman（ed.），*Material Harm, Archaeological Studies of War and Violence*（Glasgow：Cruithne Press，1997）。关于战车，参见 Mary A. Littauer and Joost H. Crouwel，*Selected Writings on Chariots and other Early Vehicles, Riding and Harness*，Culture and History of the Ancient Near East 6（Leiden：Brill，2002）；André J. Veldmeijer and Salima Ikram（eds.），*Chasing Chariots: Proceedings of the First International Chariot Conference (Cairo, 2012)*（Leiden：Sidestone Press，2013）。关于埃及军队航海方面的问题，参见 Shelley Wachsmann，*Seagoing Ships and Seamanship in the Bronze Age Levant*（College Station and London：Texas A&M University Press and Chatham Publishing，2008）；David Fabre（ed.），*Le Destin maritime de l'Égypte ancienne*（London：Periplus Publishing，2004）。

关于埃及军事文献的研究包括以下著作：Anthony J. Spalinger， 197
Aspects of the Military Documents of the Ancient Egyptians（New Haven，CT and London：Yale University Press，1982）；Colleen Manassa，*The Great Karnak Inscription of Merenptah: Grand Strategy in the 13th Century BC*，Yale Egyptological Studies 5（New Haven，CT：Yale Egyptological Seminar，2003）；Patrik Lundh，*Actor and Event: Military Activity in Ancient Egyptian Narrative Texts from Tuthmosis II to Merenptah*，Uppsala Studies in Egyptology 2（Uppsala：Akademitryck AB，2002）；Heinz Felber（ed.），*Feinde und Aufrührer: Konzepte von Gegnerschaft in ägyptischen Texten besonders des*

Mittleren Reiches, Abhandlungen der Sächsischen Akademie der Wissenschaften zu Leipzig, phil. -hist. Klasse 78/5 （Leipzig: Verlag der Sächsischen Akademie der Wissenschaften zu Leipzig, 2005）。关于青铜时代战争的外交方面，请参阅 Raymond Cohen and Raymond Westbrook（eds.）, *Amarna Diplomacy: The Beginnings of International Relations*（Baltimore, MD: Johns Hopkins University Press, 2000）。

注 释

1. Stan Hendrickx, 'The Dog, the *Lycaon Pictus*, and Order over Chaos in Predynastic Egypt', in K. Kroeper, M. Chlodnicki and M. Kobusiewicz（eds.）, *Archaeology of Early Northeastern Africa*, Studies in African Archaeology 9（Poznan: Poznan Archaeological Museum, 2006）, pp. 728, 736–9; John Coleman Darnell, 'The Wadi of the Horus Qa-a: A Tableau of Royal Ritual Power in the Theban Western Desert', in R. F. Friedman and P. N. Fiske（eds.）, *Egypt at its Origins 3*, Orientalia Lovaniensia Analecta 205（Leuven: Peeters, 2011）, pp. 1151–93; Gwenola Graff, *Les Peintures sur vases de Nagada I-Nagada II: nouvelle approche sémiologique de l'iconographie prédynastique*, Egyptian Prehistory Monographs 6（Leuven: Leuven University Press, 2009）, pp. 91–112.
2. Bruce Beyer Williams and Thomas J. Logan, with William J. Murnane, 'The Metropolitan Museum Knife Handle and Aspects of Pharaonic Imagery before Narmer', *Journal of Near Eastern Studies* 46. 2（1987）, pp. 245–85; Winfried Barta, *Das Selbstzeugnis eines altägyptischen Künstlers（Stele Louvre C 14）*（Berlin: Verlag Bruno Hessling, 1970）, pp. 104–20.
3. John Coleman Darnell, 'Homo Pictus and Painted Men: Depictions and Intimations of Humans in the Rock Art of the Theban Western Desert', in D. Huyge and F. van Noten（eds.）, *'Whatever Happened to the People?' Humans and Anthropomorphs in the Rock Art of Northern*

Africa (Brussels: Royal Academy for Overseas Sciences, 2018), pp. 397–418.

4. Howard Carter, ' Report on the Tomb of Zeser-Ka-Ra Amen-hetep I, Discovered by the Earl of Carnarvon in 1914 ', *Journal of Egyptian Archaeology* 3 (1916), pl. 21, no. 4; Kurt Sethe, *Urkunden der 18. Dynastie*, Urkunden des ägyptischens Altertums IV(Leipzig: Hinrichs, 1906–9), pp. 103–5, 893, ll. 14–17; Wolfgang Helck, *Urkunden der 18. Dynastie*, Urkunden des ägyptischen Altertums IV (Berlin: Akademie Verlag, 1955–8), p. 1246, l. 3, and p. 1248, ll. 1–13.
5. Marc Leblanc, ' " In Accordance with the Documents of Ancient Times" : The Origins, Development, and Significance of the Ancient Egyptian Sed-Festival (Jubilee Festival) ', unpublished PhD thesis, Yale University, 2011, pp. 458–509.
6. Diamantis Panagiotopoulos, ' Foreigners in Egypt in the Time of Hatshepsut and Thutmose III ', in E. H. Cline and D. O'Connor (eds.), *Thutmose III: A New Biography* (Ann Arbor: University of Michigan Press, 2006), pp. 377–89, 400–1.
7. Andrea Gnirs and Antonio Loprieno, ' Krieg und Literatur ', in R. Gundlach and C. Vogel (eds.), *Militärgeschichte des pharaonischen Ägypten: Altägypten und seine Nachbarkulturen im Spiegel aktueller Forschung*, Krieg in der Geschichte 34 (Paderborn: Ferdinand Schöningh, 2009), pp. 270–9; Wolfgang Decker, ' Sport und Fest im alten Ägypten ', in C. Ulf (ed.), *Ideologie-Sport-Aussenseiter. Aktuelle Aspekte einer Beschäftigung mit der antiken Gesellschaft*, Innsbrucker Beiträge zur Kulturwissenschaft Sonderheft 108 (Innsbruck: Innsbrucker Beiträge zur Kulturwissenschaft, 2000), pp. 111–45.
8. John Coleman Darnell and Colleen Manassa, *Tutankhamun's Armies: Battle and Conquest during Ancient Egypt's 18th Dynasty* (Hoboken, NJ: Wiley, 2007), pp. 208–9, 272, nn. 102–7.
9. Jacques Leclant, ' La " Mascarde" des boeufs gras et le triomphe de l'Égypte ', *MDAI(K)* 14 (1956), pp. 128–45; Anthony J. Spalinger, ' Chauvinism in the First Intermediate Period ', in H. Vymazalová and M. Bartá (eds.), *Chronology and Archaeology in Ancient Egypt (The*

Third Millennium B. C.) (Prague: Czech Institute of Egyptology/ Karolinum Press, 2008), p. 252.

10. Linda Borrmann, 'Form Follows Function: der Zeichencharakter der altägyptischen Ächtungsfiguren', in G. Neunert, A. Verbovsek and K. Gabler (eds.), *Bild: Ästhetik-Medium-Kommunikation*, Göttinger Orientforschungen Ägypten 58 (Wiesbaden: Harrassowitz, 2014), pp. 103 – 17; Hans-Werner Fischer-Elfert, *Abseits von Ma'at: Fallstudien zu Aussenseitern im Alten Ägypten*, Wahrnehmungen und Spuren Altägyptens 1 (Würzburg: Ergon Verlag, 2005).
11. Erik Hornung, *Der ägyptische Mythos von der Himmelskuh: eine Ätiologie des Unvollkommenen*, 3rd edn, Orbis Biblicus et Orientalis 46 (Freiburg and Göttingen: Universitätsverlag Freiburg and Vandenhoeck & Ruprecht, 1982), pp. 90–5; Jan Assmann, *Ma'at: Gerechtigkeit und Unsterblichkeit im alten Ägypten* (Munich: C. H. Beck, 1990), pp. 174–95; Mpay Kemboly, *The Question of Evil in Ancient Egypt*, Egyptology 12 (London: Golden House Publications, 2010).
12. Detlef Franke, 'Schlagworte: Über den Umgang mit Gegnern in Memorialtexten des Mittleren Reiches', in H. Felber (ed.), *Feinde und Aufrührer: Konzepte von Gegnerschaft in ägyptischen Texten besonders des Mittleren Reiches*, Abhandlungen der Sächsischen Akademie der Wissenschaften zu Leipzig, phil.-hist. Klasse 78/5 (Leipzig: Verlag der Sächsischen Akademie der Wissenschaften zu Leipzig, 2005), pp. 89–110.
13. Amaury Pétigny, 'Le Châtiment des rois rebelles à Memphis dans la seconde moitié du Ier millénaire av. J.-C.', in L. Bares, F. Coppens and K. Smoláriková (eds.), *Egypt in Transition: Social and Religious Development of Egypt in the First Millennium BCE* (Prague: Karolinum Press, 2010), pp. 343 – 53; X. Droux, 'Une representation de prisonniers décapités en provenance de Hiérakonpolis', *Bulletin de la Société d'Égyptologie de Genève* 27 (2005–7), pp. 33–42.
14. Robert Kriech Ritner, *The Mechanics of Ancient Egyptian Magical*

Practice (Chicago: Oriental Institute, University of Chicago Press, 1993), pp. 153–80.

15. Kyle van Leer, 'A Textual Analysis and Commentary on the Tod Inscription of Sesostris I', unpublished senior essay, Yale College, 2013, pp. 68–79.

16. Françoise Labrique, '"Transpercer l'âne" à Edfou', in J. Quaegebeur (ed.), *Ritual and Sacrifice in the Ancient Near East*, Orientalia Lovaniensia Analecta 55 (Leuven: Peeters, 1994), pp. 175–89; Dirk Huyge, 'Detecting Magic in Rock Art: The Case of the Ancient Egyptian "Malignant Ass"', in H. Riemer et al. (eds.), *Desert Animals in the Eastern Sahara: Status, Economic Significance and Cultural Reflection in Antiquity*, Colloquium Africanum 4 (Cologne: Heinrich Barth Institut, 2010), pp. 293–307.

17. Hermann Junker, 'Die Feinde auf dem Sockel der Chasechem-Statuen und die Darstellung von geopferten Tieren', in O. Firchow (ed.), *Ägyptologische Studien* (Berlin: Akademie Verlag, 1955), pp. 168–75; Renate Müller-Wollermann, *Vergehen und Strafen: zur Sanktionierung abweichenden Verhaltens im alten Ägypten*, Probleme der Ägyptologie 21 (Leiden: Brill, 2004), pp. 209–16.

18. Sethe, *Urkunden der 18. Dynastie*, p. 8, ll. 14–19, l. 5; Vivian Davies and Renée Friedman, *Egypt* (London: British Museum Press, 1998), p. 110; Erik Hornung, *The Ancient Egyptian Books of the Afterlife*, trans. David Lorton (Ithaca, NY: Cornell University Press, 1999), pp. 38–9; John C. Darnell, *The Enigmatic Netherworld Books of the Solar Osirian Unity: Cryptographic Compositions in the Tombs of Tutankhamun, Ramesses VI, and Ramesses IX* (Göttingen: Vandenhoeck & Ruprecht, 2004), pp. 209–16; Andrea Klug, *Königliche Stelen in der Zeit von Ahmose bis Amenophis III*, Monumenta Aegyptiaca 8 (Brussels: Fondation Égyptologique Reine Élisabeth, 2002), pp. 351–2.

19. Peter Beylage, *Aufbau der königlichen Stelentexte, vom Beginn der 18. Dynastie bis zur Amarnazeit*, ÄAT 54 (Wiesbaden: Harrassowitz,

2002), pp. 267–8, 696–700; Klug, *Königliche Stelen*, pp. 278–92.

20. Alfred Grimm, 'Ein Käfig für einen Gefangenen in einem Ritual zur Vernichtung von Feinden', *Journal of Egyptian Archaeology* 73 (1987), pp. 202–6; Alfred Grimm, 'Der Tod im Wasser: Rituelle Feindvernichtung und Hinrichtung durch Ertränken', *Studien zur Altägyptischen Kultur* 16 (1989), pp. 111–19; Yvan Koenig, *Magie et magiciens dans l'Égypte ancienne* (Paris: Pygmalion Editions, 1997), pp. 149–56.
21. Abdel-Hamid Zayed, 'Une representation inédite des campagnes d'Aménophis II', in P. Posener-Kriéger (ed.), *Mélanges Gamal Eddin Mokhtar I*, Bibliothèque d'Études 87/1 (Cairo: Institut Français d'Archéologie Orientale, 1985), pp. 5–17, pls. 1–2; Ritner, *Mechanics*, pp. 122–5; Darnell and Manassa, *Tutankhamun's Armies*, p. 242, n. 177.
22. Emma Swan Hall, *Pharaoh Smites His Enemies* (Berlin: Deutscher Kunstverlag, 1986); Caleb R. Hamilton, 'Conflict in the Iconography of the Protodynastic and Early Dynastic Periods', in R. Landgráfová and J. Mynářová (eds.), *Rich and Great: Studies in Honour of Anthony J. Spalinger on the Occasion of his 70th Feast of Thoth* (Prague: Carolinum Press, 2016), pp. 99–113.
23. John Coleman Darnell, *Theban Desert Road Survey II: The Rock Shrine of Pahu, Gebel Akhenaton, and Other Rock Inscriptions from the Western Hinterland of Qamûla*, Yale Egyptological Publications 1 (New Haven, CT: Yale Egyptological Institute, 2013), pp. 122–3; Stan Hendrickx et al., 'Late Predynastic/Early Dynastic Rock Art Scenes of Barbary Sheep Hunting from Egypt's Western Desert. From Capturing Wild Animals to the "Women of the Acacia House"', in H. Riemer et al. (eds), *Desert Animals in the Eastern Sahara: Status, Economic Significance and Cultural Reflection in Antiquity* (Cologne: Heinrich Barth Institut, 2010), pp. 219–20; Darnell, 'Wadi of the Horus Qa-a', p. 1173.
24. Nicholas Reeves, *The Complete Tutankhamun* (London: Thames & Hudson, 1990), pp. 176–7.

25. Williams and Logan, 'Metropolitan Museum Knife Handle', pp. 245–85; John Coleman Darnell et al., *Theban Desert Road Survey in the Egyptian Western Desert 1: Gebel Tjauti Rock Inscriptions 1–45 and Wadi el-Hôl Rock Inscriptions 1–45*, Oriental Institute Publications 119 (Chicago: Oriental Institute of the University of Chicago, 2002), p. 16.
26. Arno Egberts, *In Quest of Meaning: A Study of the Ancient Egyptian Rites of Consecrating the Meret-Chests and Driving the Calves 1*, Egyptologische Uitgaven 8/1 (Leiden: Nederlands Instituut voor het Nabije Oosten, 1995), pp. 54–7.
27. Carola Vogel, 'Fallen Heroes? Winlock's "Slain Soldiers" Reconsidered', *Journal of Egyptian Archaeology* 89 (2003), pp. 239–45; Alan R. Schulman, *Ceremonial Execution and Public Rewards: Some Historical Scenes on New Kingdom Private Stelae*, Orbis Biblicus et Orientalis 75 (Leuven: Peeters, 1988); Kerry Muhlestein, *Violence in the Service of Order: The Religious Framework for Sanctioned Killing in Ancient Egypt*, BAR International Series 2299 (Oxford: Archaeopress, 2011); Anthony J. Spalinger, *Icons of Power: A Strategy of Reinterpretation* (Prague: Karolinum Press, 2011), pp. 10, 90–119.
28. Ritner, *Mechanics*, pp. 119–36; Darnell and Manassa, *Tutankhamun's Armies*, p. 254, n. 124.
29. Colleen Manassa, *The Great Karnak Inscription of Merneptah: Grand Strategy in the 13th Century BC*, Yale Egyptological Studies 5 (New Haven, CT: Yale Egyptological Seminar, 2003), pp. 77–82; Dan'el Kahn and Oded Tammuz, 'Egypt is Difficult to Enter: Invading Egypt–a Game Plan (Seventh-Fourth Centuries BCE)', *Journal of the Society for the Study of Egyptian Antiquities* 35 (2008), pp. 37–66.
30. Ricardo A. Caminos, *Late-Egyptian Miscellanies*, Brown Egyptological Studies 1 (London: Oxford University Press, 1954), pp. 91–5; Hartwig Altenmüller and Ahmed M. Moussa, 'Die Inschriften auf der Taharkastele von der Dahschurstrasse', *Studien zur Altägyptischen*

Kultur 9 (1981), pp. 57–84; Wolfgang Decker and Frank Förster, 'Sahures tranierte Truppe. Sporthistorische Bemerkungen zu einem Relief aus der Pyramidenanlage des ägyptischen Königs Sahure (2496–2483 v. Chr.)', *Nikephoros* 24 (2011), pp. 17–70.

31. Abdel Ghaffar Shedid, *Die Felsgräber von Beni Hassan im Mittelägypten*, Zaberns Bildbände zur Archäologie 16 (Mainz am Rhein: Verlag Philipp von Zabern, 1994), p. 31, figs. 43–5.
32. Gonzalo M. Sanchez, 'A Neurosurgeon's View of the Battle Reliefs of King Sety I: Aspects of Neurological Importance', *Journal of the American Research Center in Egypt* 37 (2000), pp. 143–65.
33. David Klotz, 'Emhab versus the *tmrhtn*: Monomachy and the Expulsion of the Hyksos', *Studien zur Altägyptischen Kultur* 39 (2010), pp. 211–41; Bernard Mathieu, 'Du conflit archaïque au mythe osirien: pour une lecture socio-politique du mythe dans l'Égypte pharaonique', *Droits et Cultures* 71 (2016), p. 20, n. 76.
34. Kurt Sethe, *Urkunden der Alten Reiches*, 2nd edn (Leipzig: J. C. Hinrichs'sche Buchhandlung, 1933), vol. I, p. 103, l. 6–p. 104, l. 4.
35. Susanna Heinz, *Die Feldzugsdarstellungen des Neuen Reiches: Eine Bildanalyse* (Vienna: Verlag der Österreichischen Akademie der Wissenschaften, 2001), p. 239.
36. Kenneth A. Kitchen, *Ramesside Inscriptions, Historical and Biographical 2* (Oxford: Blackwell, 1979), p. 354, l. 5; Epigraphic Survey, *Reliefs and Inscriptions at Karnak 3: The Bubastite Portal*, Oriental Institute Publications 74 (Chicago: Oriental Institute, University of Chicago Press, 1954), pl. 16 C, l. 34.
37. William J. Murnane, *Texts from the Amarna Period in Egypt* (Atlanta: Scholars Press, 1995), pp. 101–3; Manassa, *Great Karnak Inscription*, p. 100.
38. Müller-Wollermann, *Vergehen und Strafen*, pp. 197–8.
39. Krzysztof M. Cialowicz, *Les Palettes égyptiennes aux motifs zoomorphes et sans décoration*, Studies in Ancient Art and Civilization 3 (Cracow: Uniwersytet Jagiellonski, 1991), pp. 56–7; Spalinger, *Icons of Power*,

p. 63, n. 17 and p. 64, n. 3. 参见 Jacques Vandier, *Mo'alla, la tombe d'Ankhtifi et la tombe de Sébekhotep*, Bibliothèque d'Études 18 (Cairo: Institut Français d'Archéologie Orientale, 1950), pp. 220–5 中关于食物作为埃及内部冲突的一种武器的内容。

40. Zbynek Zába, *The Rock Inscriptions of Lower Nubia (Czechoslovak Concession)* (Prague: Universita Karlova, 1974), inscription no. 73; Christopher J. Eyre, 'The Semna Stela: Quotation, Genre, and Functions of Literature', in S. Israelit-Groll (ed.), *Studies in Egyptology Presented to Miriam Lichtheim* (Jerusalem: Magnes Press, 1990), pp. 134–65.

41. Claude Obsomer, *Sesostris Ier, Étude chronologique et historique du règne* (Brussels: Connaissance de l'Égypte ancienne, 1995), pp. 630–5; Tobias Hofmann, *Zur sozialen Bedeutung zweier Begriffe für <Diener>: b3k und hm*, Aegyptiaca Helvetica 18 (Basel: Schwabe Verlag, 2005), pp. 169–71, 257–8; Oleg Berlev, 'A Social Experiment in Nubia during the Years 9–17 of Sesostris I', in M. A. Powell (ed.), *Labor in the Ancient Near East*, American Oriental Series 68 (New Haven, CT: Yale University Press, 1987), pp. 143–58.

42. Bernadette Menu, 'Captifs de guerre et dépendance rurale dans l'Égypte du Nouvel Empire', in B. Menu (ed.), *La Dépendance rurale dans l'Antiquité égyptienne et procheorientale* (Cairo: Institut Français d'Archéologie Orientale, 2004), pp. 187–209.

43. Alejandro Cañeque, *The King's Living Image: The Culture and Politics of Viceregal Power in Colonial Mexico* (New York and London: Routledge, 2004), pp. 185–212.

44. John Coleman Darnell, 'A Bureaucratic Challenge? Archaeology and Administration in a Desert Environment (Second Millennium B. C. E.)', in J. C. Moreno Garcia (ed.), *Ancient Egyptian Administration* (Leiden: Brill, 2013), pp. 791–2, nn. 31–2; Sally Katary, 'Land-Tenure in the New Kingdom: The Role of Women Smallholders and the Military', in A. Bowman and E. Rogan (eds.), *Agriculture in Egypt: From Pharaonic to Modern Times*, Proceedings of the British

Academy 96 (Oxford: Oxford University Press, 1999), pp. 61-82.

45. John Coleman Darnell et al. , *Two Early Alphabetic Inscriptions from the Wadi el-Hôl: New Evidence for the Origin of the Alphabet from the Western Desert of Egypt*, Annual of the American Schools of Oriental Research 59/2 (Boston: American Schools of Oriental Research, 2005), pp. 87-90.

46. Manassa, *Imagining the Past*, pp. 91-4.

47. John Coleman Darnell, 'The Stela of the Viceroy Usersatet (Boston MFA 25. 632), his Shrine at Qasr Ibrim, and the Festival of Nubian Tribute under Amenhotep II', *Égypte Nilotique et Méditerranéenne* 7 (2014), pp. 239-76, http://recherche. univ-montp3. fr/egyptologie/enim.

48. Silke Roth, *Gebieterin aller Länder* (Freiburg: Universitätsverlag, 2002), pp. 26 - 9; Epigraphic Survey, *Reliefs and Inscriptions at Luxor Temple 1: The Festival Procession of Opet in the Colonnade Hall*, Oriental Institute Publications 112 (Chicago: Oriental Institute Press, 1994), pls. 28 - 9; Friedhelm Hoffmann, 'Warlike Women in Ancient Egypt', *Cahiers de Recherches de l'Institut de Papyrologie et d'Égyptologie de Lille* 27 (2008), pp. 49-57.

49. Hans-Werner Fischer-Elfert, 'The Hero of Retjenu - an Execration Figure (*Sinuhe* B 109 - 13)', *Journal of Egyptian Archaeology* 82 (1996), pp. 198-9.

50. Beate Hofmann, *Die Königsnovelle: 'Strukturanalyse am Einzelwerk'*, Ägypten und Altes Testament 62 (Wiesbaden: Otto Harrassowitz, 2004); Manassa, *Great Karnak Inscription*, pp. 107 - 9; Manassa, *Imagining the Past*.

9　有关玛雅战争考古的最新进展

斯坦利·塞拉芬

据 19 世纪早期的探险家约翰·劳埃德·史蒂芬斯（John 198
Lloyd Stephens）和弗雷德里克·卡瑟伍德（Frederick Catherwood）等人推测，就像其他古代文明一样，玛雅社会的国王和战士居于统治地位。此外，早期的殖民记述经常提及暴力活动。尽管如此，直到不久以前，研究玛雅的学者对这些主题还一直缺乏兴趣。[1]在一些通俗作品中，古典时期的玛雅社会（约 250—1000 年）被描述为由来自空置的仪式中心的祭司统治的和平神权政治体。人们认为，发生暴力事件和战争的原因，主要是出于宗教动机的人祭和为了获得献祭的祭品而发动的袭击，不包括物质动机，如获取领地。然而，随着人们发现了博南帕克（Bonampak）壁画，破译了象形文字，观点开始逆转，塔季扬娜·普罗斯库里亚科夫（Tatiana Proskouriakoff）证实，古典时期的纪念碑经常记录玛雅统治者的军事功绩。[2]别的证据来自实地考察，其中一些记录了玛雅早期历史上防御工事的建造情况。

大约自 1980 年以后，暴力研究的步伐大大加快。人们对许多描绘献祭和战争的图像的兴趣迅速增长。越来越多的考古项目明确地致力于调查这类活动的物质证据，如防御性的定居点模式、防御性建筑、被蓄意破坏的建筑物和纪念碑、迅速遭废弃的成堆的人工制品，以及物质文化和武器的突然变化。玛雅人的埋葬模式也是暴力事件发生的论据之一。

尽管资料迅速增多，人们也逐渐认识到战争在玛雅历史文化 199

发展上的重要性，但关于玛雅战争的很多基本方面，还存在许多分歧，如战争的参与者都有谁，战争是如何进行的，冲突的规模有多大，动机是什么。就目前我们对这一领域的了解和存在的争议，本章进行了简要综述。根据时间和地点，运用各种方法提出的新发现和专家的见解被一一呈现。我们在其他地方也能看到关于玛雅战争研究的综合评价，[3]本章的目的是介绍此领域的最新进展，特别是关于古典时期之前玛雅战争根源的考古新证据，碑文中新的发现显示了古典时期地缘政治的复杂性，尤其是涉及卡努尔（Kaanul）王朝（或称蛇王朝），后古典时期的大规模埋葬，以及玛雅人之间、玛雅人与西班牙人之间的接触时期的战争。然而，我将首先简要介绍玛雅人是谁，他们居住了三千多年的地理区域是怎样的，研究的时期，以及他们进行战争的总体模式。

玛雅人是谁？

玛雅人是居住在今墨西哥南部、伯利兹（Belize）、危地马拉、萨尔瓦多和洪都拉斯西部的规模最大的土著民族，有大约600万人口。人们已经确认了32种有所区别但又相互关联的玛雅语言，如今最常见的是尤卡坦半岛的尤卡坦语（Yukateko）。在西班牙人到来的时候，尤卡坦语的使用者称自己为“玛雅人”，但这一名词并不适用于其他任何群体。古玛雅从未在政治上统一于一个帝国之下。相反，在玛雅地区，有很多相互竞争的城邦。一些较大的城市，如蒂卡尔（Tikal）和卡拉克穆尔（Calakmul），在古典时期的鼎盛期，居民曾多达10万人，它们确实在一定程度上控制了一些属地。虽然我们不知道古玛雅人是否认为自己与其他古玛雅人有血缘关系，但广泛的考古研究已经证明，他们之间密切的文化和基因联系可以追溯到几千年以前。

玛雅历史可以被分成若干时间段，具体如表 9.1 所示。美 200
洲最初的殖民发生在古印第安人时期，那时的游牧民族遵循狩猎采集的生活方式。虽然其确切时间和性质还存在一些争议，但最流行的理论认为，现代西伯利亚族群是在临近更新世末期通过现在淹没于水中的白令海峡陆桥进入阿拉斯加的。由于当时的海平面比现在的要低得多，所以那时的这条陆桥暴露在水面之上。科学界广泛认可的人类在美洲居住的最古老证据来自智利南部的蒙特韦尔德（Monte Verde），其时间大约可以追溯到 1.48 万年前。人类在玛雅地区居住的最久远证据几乎同样古老。2007 年，潜水员探测了墨西哥尤卡坦半岛的广阔水下洞穴，发现了一具近乎完整的人类骨骼，其时间可追溯到公元前 13000—前 12000 年。[4]而之后的古代时期缺乏永久定居的证据，这些游牧民族逐渐采用了农业的生产方式，最早培育的品种包括南瓜、玉米、豆类和辣椒等。一些人认为该地区至少在 4000 年前就引入了玉米种植业，这也反映了第一批说玛雅语的民族已经到来，而另一些人则解释说，公元前 1000 年之后，在前古典时期中期，人们广泛使用陶器并在乡村定居生活，这反映了玛雅人最初进入该地区的情况。[5]

表 9.1 玛雅主要历史时期

时期	时间
古印第安人时期	公元前 7000 年之前
古代时期	公元前 7000—前 2000 年
前古典时期早期	公元前 2000—前 1000 年
前古典时期中期	公元前 1000—前 400 年
前古典时期晚期	公元前 400—公元 250 年
古典时期早期	250—600 年
古典时期晚期	600—800 年
古典时期末期	800—1000 年
后古典时期	1000—约 1517 年
殖民地时期	约 1517—1821 年

玛雅地区位于中美洲更大的文化区的东南端，该文化区向北延伸至墨西哥北部的沙漠。中美洲是世界上少数几个经历国家层面的社会独立崛起和文字发明的地区之一，也是古代世界的主要人口中心之一。中美洲的各个民族展示了巨大的
201 文化多样性和基因多样性。中美洲两个最著名的群体是玛雅人和纳瓦人（Nahua），后者在通俗作品中通常被称为阿兹特克人（Aztec），尽管现在和过去都有更多的其他群体存在。虽然该地区存在巨大的多样性，但这里的各个民族在文化方面有一些共同的地方，主要包括以下方面：认为现在的世界经历过几次失败的创世；认为物体可以有灵魂；在球场上用橡皮球玩游戏；玉米、豆类、南瓜、辣椒和可可在饮食中具有重要地位。这些共同特征的根源通常可以追溯到奥尔梅克人（Olmec），在墨西哥湾南部海岸附近的遗址发现的巨大的头部石雕，就是他们制作的。

中美洲各民族在战争行为上的共同点也很明显。和其他地方一样，这里也有一些重要的物质动机和宗教动机。由于缺乏役畜，控制大片地区存在后勤方面的困难；政治组织倾向于行使霸权，而不是控制领地。战争通常不是为了消灭或直接管理敌对的城邦，而是为了使它们成为自己的从属国，确立纳贡制度，[6]尽管这些惯例有时会被打破，转变成更具破坏性的征服战争，尤其是在玛雅古典时期末期。在该地区，关于袭击和征服的最古老证据分别与定居村庄和国家的首次出现密切相关，这为强调战争在社会政治复杂性的出现中起关键作用的模型提供了支持。

整个中美洲都存在夺取战利品和进行人祭的问题，这些问题与战争密切相关。来自艺术、殖民地时期的文献和人类遗骸

的证据表明，战利品通常包括整个头部或头部的一部分，尤其
是面部骨骼和下颌骨，而长骨有时会被制成乐器。关于人祭，
人们普遍认为，把被捕获的活的受害者带回家乡并在公开仪式
上将其处决是战争的一个重要目标。人们经常在公共仪式场所
的大型集体墓葬中发现被献祭者的遗骸。锶和氧同位素分析结
果通常显示这些人并非本地人，而多处愈合的伤口表明，他们
之前遭受暴力是稀松平常的事情。在公共仪式上羞辱、折磨和
处决俘虏有各种各样的宗教和社会动机。他们纪念领袖和勇士 202
的丰功伟绩，同时也与非战斗人员分享共同的经历。因此，对
外部群体发动的战争为实现战略目标（如控制重要的贸易路
线）提供了条件，随后的纪念活动则促进了群体内部的凝聚
力和共同身份的形成。

前古典时期玛雅的战争

玛雅地区最早的、可能的战争证据可以追溯到该地区首次出现有人定居的村庄的时候，时间是前古典时期中期的前半段（公元前 1000—前 700 年）。这些早期的全职农学家可能与生活方式跟自己截然不同的狩猎采集者进行过互动。最近人们在危地马拉玛雅南部低地的帕西翁河（Pasión River）地区的赛巴尔（Ceibal）遗址的新发现，极大地增进了我们对这个早期阶段的战争和相关活动的认识。发现的证据包括三具可能是被献祭者的骸骨，其中两具是婴儿，而第三具是成年人，他们的手臂被放在背后，还有一个雕刻成贝壳形状的战利品，上面描绘了一个被斩下来的人头形象。[7]这些都是在最大的仪式广场地下被发现的。因此，从其最早的证据来看，玛雅人的战争似乎重视夺取战利品，在纪念战争的公共仪式上实施暴力，以及社

群领袖在这些仪式上扮演的重要角色，可能还有实际的战争行为。

前古典时期中期的后半段（公元前700—前400年），永久定居点的数量出现了大幅增长，这表明当时的大多数人口是定居的。得到广泛使用的玛蒙陶器（Mamom pottery）进一步表明了更大的文化同质性，这种陶器“以独特的红色、黑色和奶油色的泥釉为特征，有的还带有蜡质触感”。[8]在这样的背景下，考古学家遇到了比之前更多的战争证据，尽管这些证据
203 在很大程度上仍然与纪念战争的公共仪式暴力相关，而且其中可能包括战俘。有人认为，这种对俘虏的关注是由于参战群体之间的文化同质性，而这反过来又促进了战争行为的文化规则的发展。最近从赛巴尔找到的证据包括在东部庭院（East Court）的地下出土的两具被肢解的儿童遗骸和中央广场（Central Plaza）的两具成年人遗骸。成年人遗骸附近的柱孔可能是用来支撑受害者尸体的脚手架留下的痕迹。在这个遗址发现的一具年代稍晚的成年男性骨骼显示出死者的左额部在死前曾受到穿透性创伤，头骨内有一块黑曜石刀片的碎片。[9]

在之后的前古典时期晚期，永久定居点的数量迅速增长。对最近在圣巴托洛（San Bartolo）遗址发现的壁画的分析表明，神圣王权制度是在这个时候建立起来的。埃尔米拉多（El Mirador）拥有玛雅地区最高的金字塔，而且可能是前西班牙时期所有玛雅遗址中最大的一座，其时间可以追溯到这一时期。它使所有同时代的遗址相形见绌，并在一个时期内保持了相当大的文化同质性，属于奇卡内尔陶器范畴（Chicanel Ceramic Sphere）之陶器的广泛分布和一致性在一定

程度上反映了这种文化同质性。在社会政治复杂性日益增强的背景下，以具备防御功能的聚落模式、防御性建筑、大规模墓葬和骨骼创伤等形式出现的战争考古证据越来越多，这表明冲突进一步加剧。许多遗址的聚落格局的变化表明人们对场所的防御能力有了更大的关注。在佩特什巴通湖（Petexbatún Lake）地区，前古典时期中期的村庄坐落在帕西翁河沿岸的低海拔地区，而前古典时期晚期的新定居点，如阿瓜泰卡（Aguateca），则建立在悬崖之上。[10]许多遗址周围修建了城墙、护城河和/或防御工事，如佩滕（Petén）北部的贝坎（Becan）和埃尔米拉多。

在这一时期，与战争有关的暴力行为的人类骨骼证据也在增加。在伯利兹奎略（Cuello）遗址的广场地下挖掘出两个大规模墓葬，其中出土了 47 名被献祭者的遗骸。[11]有几具遗骸显示出剔除肌肉和肢解尸体的切割痕迹。这些遗骸几乎都是男性，遗骸上还有一些颅骨和颅骨以下部位骨折愈合的现象，表 204
明其中一些人在临死之前参加了暴力活动，可能就是战争。愈合的头骨骨折反映了这些人曾参与人际或群体间的冲突，这在来自位于今梅里达（Merida）附近米斯内（Misne）的北部低地遗址的两具男性遗骸上也有所体现。[12]

总之，前古典时期战争的证据虽然不多，但一直在慢慢积累。逐步形成的模式是，玛雅战争的几个重要方面有相当大的时间跨度，这一点在随后的古典时期变得愈加清晰。这包括在公共仪式上用俘虏献祭，夺取战利品，并将战争与统治权联系起来。

古典时期早期玛雅的战争

虽然神圣王权制度的起源可以追溯到前古典时期晚期，但在古典时期早期，王室的各个王朝就在许多重要的低地建立了玛雅定居点，如蒂卡尔、卡拉克穆尔、科潘（Copan）和帕伦克（Palenque）等，不一而足。这一时期几乎没有明确的战争证据，直到象形文字的破译揭示了墨西哥中部的大都市特奥蒂瓦坎（Teotihuacan）可能参与了几个王室家族的建立。铭文研究表明，在 378 年，一个名叫西雅吉·阿克（Sihyaj K'ahk'）的人拥有尊贵的头衔卡卢姆特（*Kaloomte'*），此人在某些方面与特奥蒂瓦坎有关，在他到达蒂卡尔之后，一个新的王朝建立起来，之后这个王朝的统治长达数个世纪。[13]大约五十年后，即 426/427 年，这个新的王朝转而在玛雅地区东南边缘的科潘建立了一个长寿的王朝，一直延续到 822 年。虽然没有明确的证据表明在这些开国事件中发生过战争，但一些学者认为征服是必然的。这些新继位的玛雅国王经常被描绘成一身特奥蒂瓦坎战士装扮的形象，包括他们的投矛器所使用的矛也不是玛雅古典时期常见的矛。这宣扬了他们的军事实力，而不管他们是否参加过
205 实战。来自科潘王朝的创立者基尼奇·亚克斯·库克·莫（K'inich Yax K'uk' Mo'）本人的骨骼证据表明，情况可能确实如此。他的遗骸上有大量令人印象深刻的愈合伤，这些创伤伴其一生，包括右桡骨和尺骨、三根肋骨、肩胛骨以及头骨的骨折。[14]尽管之前人们将科潘铭文中比较缺乏战争相关事件的现象理解为科潘没有卷入过战争，但上文描述的骨骼创伤的直接证据暗示了战争在一个重要的玛雅王国的崛起中的重要性，在这个时期几乎没有任何关于暴力的直接证据。

也许古典时期早期的战争最直接的迹象来自亚述那（Yaxuna）北部低地的遗址。24号墓葬里死亡过程中的骨骼创伤、反常的埋葬姿势以及发现的其他相关文物证据（这些证据可以追溯到4世纪或5世纪早期），表明这代表了一个被屠杀的王室家族，可能与卡努尔王朝有关系。[15]这个事件可能涉及因受到特奥蒂瓦坎的影响而前来的西雅吉·阿克，如上所述，此人可能在几个南部低地建立王室家族的过程中发挥了关键作用，给这个北部低地进而向南给古典时期玛雅的“心脏地带”带来了重要的政治变革。这一事件很可能也涉及位于普克（Puuc）山西北端的重要中心奥克斯金托克（Oxkintok），依据是该地的陶器和建筑与上述地区的存在相似之处，这些相似之处开始于古典时期早期结束时，并一直延续到古典时期晚期的早期阶段。此外，古典时期早期的遗骸上也有已愈合的颅骨创伤，可能是因为参与人际或群体间冲突。[16]

在古典时期早期结束时，许多重要的玛雅中心之间已经形成了长期的政治对抗，尽管很难确定这种情况能回溯到多久之前。石碑上的象形文字提到了蒂卡尔与卡努尔王朝之间的一系列战争，近年来有很多关于这些战争的新资料出现。在古典时期早期，蛇王们以墨西哥金塔纳罗奥州（Quintana Roo）南部的济班切（Dzibanché）为基地，形成了一个巨大的盟友关系网，附属政权的遗址包括像伯利兹的卡拉科尔（Caracol）这样的大型中心。在对战争事件的描述中，回溯年代最为清楚的 206 是562年蒂卡尔被卡努尔国王“天空见证者”（Sky Witness）打败，此后蒂卡尔进入长达130年的衰落期。[17]直到古典时期晚期，这里才立起新的纪念碑，而与卡努尔王朝相关的中心经历了一个全盛时期。599年和611年，卷蛇王（King Scroll

Serpent）在玛雅的西部边缘地区打败了帕伦克人，这是玛雅目前已知最远的军事远征，卡努尔王朝的野心进一步彰显。

总之，古典时期早期提供了一个很好的例子，说明缺乏战争的证据并不意味着证据不存在，因为直到 6 世纪，关于战争的记录才出现在象形文字的碑文中。与战争相关的事件成为玛雅纪念碑共同的主题，因此，我们对玛雅战争的大部分了解来自碑文，在评估战争动态变化趋势的证据及战争对发展中的玛雅政治体之间政治关系的相关影响时，我们应该记住这点。

古典时期晚期玛雅的战争

在古典时期晚期，战争的证据变得更加丰富，特别是象形文字的相关记载越来越多。发端于古典时期早期的竞争还在继续，如蒂卡尔和卡努尔、亚斯奇兰（Yaxchilan）和彼德拉斯内格拉斯（Piedras Negras）之间的竞争，而新的竞争也出现了，如帕伦克和托尼纳（Tonina）、科潘和基里瓜（Quirigua）之间的竞争。这些地点是盟友关系网的首府，尽管其效忠对象经常改变。新发现的刻有铭文的纪念碑甚至让碑铭研究者确定，强大的卡努尔王朝的首都从古典时期早期的济班切搬到了古典时期晚期的卡拉克穆尔，并进一步确认，这次迁都是由于 636 年发生的一场内战。[18]

在玛雅地区的西部边缘，塔瓦斯科（Tabasco）托尔图格罗（Tortuguero）的巴拉姆·阿贾乌国王［King Bahlam Ajaw，美洲虎之王（Jaguar Lord）］在 6 号纪念碑上纪念他于 649 年攻克了科马尔卡尔科（Comalcalco）最西部的主要地点。从此
207 以后，科马尔卡尔科不再使用自己的乔伊昌（Joychan，意为

“被天空环绕”）徽标符号，而是采用了巴卡尔（Baakal，骨头）的徽标符号；徽标符号是以某种方式与不同的政治实体联系在一起的符号复合体，尽管它们的含义还不完全被现代人所理解。巴卡尔徽标通常与帕伦克联系在一起，但也一度被认为是属于托尔图格罗遗址的东西。这意味着政治上的从属关系，不过，目前尚不清楚它属于托尔图格罗，还是帕伦克，之后进行统治的是最著名的国王基尼奇·哈纳布·帕卡尔（K'inich Janaab Pakal）。[19]

尽管帕伦克的国王们很少被描绘成战士的形象，但为了争夺乌苏马辛塔河（Usumacinta River）沿岸贸易路线的控制权，帕伦克曾多次与邻居发生战争。它的主要竞争对手是位于恰帕斯（Chiapas）高地以南 64 公里的托尼纳。在托尼纳，人们在显眼的位置展示纪念其军事胜利的公共艺术作品。在 692 年、711 年以及后来可能在 8 世纪，它曾经多次击败帕伦克，虽然帕伦克国王基尼奇·坎·巴拉姆二世（K'inich Kan Bahlam Ⅱ）可能在 687 年俘获并杀死了托尼纳的统治者。[20]

乌苏马辛塔河地区的另一场重要较量发生在亚斯奇兰和彼德拉斯内格拉斯之间。精雕细琢的纪念碑描述了从 359 年到 808 年，这两个中心之间爆发的多次冲突，其中彼德拉斯内格拉斯胜四次，亚斯奇兰胜六次。[21]这两个政治体在领地边界修筑了防御工事，其时间可以追溯到 8 世纪，这个发现进一步强调了此地区战争的范围，也证实了战争存在物质动机的观点。[22]

在北部低地，有一条直接将科巴（Coba）与其西部 100 公里处的亚述那连接起来的中美洲最长的路，人们将其解释为为了迅速调动部队而设计的基础设施，因此，这是军事扩张的证据。这条路可能是由女王卡维尔·阿贾乌（Lady K'awiil Ajaw）委托修建的，目的是帮助科巴在与崛起于半岛西北部地区的对手普克的竞争中占据上风，可能是在得到卡努尔盟友
208 的认可后修建的。然而，当奇琴伊察（Chichen Itza）崛起并成为该地区的主导时，这条路就在700年被废弃了。[23]

蒂卡尔和卡努尔之间的竞争也波及了玛雅地区的东南边缘。位于洪都拉斯西部的科潘是蒂卡尔的长期盟友，并于426年在基里瓜建立了殖民地。然而，在基里瓜发现的象形文字记录了科潘的失败，这次失败导致了738年该地区第十三位统治者瓦沙克拉胡恩·乌巴·卡威尔（Uaxaclajuun Ub'aah K'awiil）的被捕和牺牲。[24]这场叛乱可能受到了强大的卡努尔的怂恿，因为基里瓜的面积比科潘小得多，而且基里瓜在两年之前接受了一位来自卡拉克穆尔的领主。

古典时期末期玛雅的战争

一些最引人注目的关于征服、破坏和崩溃的考古学、骨骼学和象形文字证据的时间可以追溯到古典时期末期，特别是那些位于乌苏马辛塔河和帕西翁河水系沿岸遗址的证据。研究者为解释这一模式提出了各种假设，其中最重要的解释是精英阶层内的地位竞争、人口过剩、干旱，或者几个原因兼而有之。著名的博南帕克壁画是在8世纪末由亚斯奇兰国王谢尔德·杰格瓦三世（Shield Jaguar Ⅲ）委托绘制的，该遗址从属于亚斯奇兰。壁画似乎展示了在某一定居点外进行的战斗，这样的证据在玛雅地区比较少见。一些场景发生在战后的定居点，包括折磨和处决俘虏，这些俘虏赤身裸体，已被抹去所有的身份记号。这座建筑三个雕有图案的门楣描绘了战士在780年和787

年制伏俘虏的情形，并标注了具体日期，以证明这些事件的真实性。

多斯皮拉斯（Dos Pilas）、阿瓜泰卡和坎古恩（Cancuen）等帕西翁河沿岸的遗址有丰富的关于征服与崩溃的考古学和碑文证据。648 年，多斯皮拉斯作为蒂卡尔王朝的一个分支建立起来，甚至使用了相同的徽标符号，但在卡努尔王朝（以卡拉克穆尔为基地）的帮助下，与蒂卡尔进行了一系列艰苦的斗争。679 年，多斯皮拉斯的国王贝拉吉·昌·卡威尔（B'ajlaj Chan K'awiil）击败了蒂卡尔，人们用 2 号象形文字梯道来纪念他，上面有令人毛骨悚然的描述："血流成河，头骨堆积如山。"[25]事实上，据相关研究，该遗址有一个集体墓穴， 209
里面埋葬着被砍下的头颅和被修饰过的头骨，[26]这些很可能是在一次军事行动中遭俘获的被献祭者的遗骸。760 年，该地点在被征服之后遭废弃，随后王室家族逃往阿瓜泰卡，这是佩特什巴通王国的另一个首都。然而，阿瓜泰卡只存续到 800 年。阿瓜泰卡有相当多的蓄意焚烧和破坏权力集团建筑物的证据，人们在这些建筑物里发现了大量垃圾。显然，袭击来得太过突然，以至于许多贵重物品没来得及带走，这是一项罕见的考古发现，类似于因突然的火山爆发而被掩埋的遗址。许多因撞击而折断的长矛和箭头也被人们找到了。[27]坎古恩遗址大约在同一时间遭到了攻击，敌人可能是南部高地的前贸易伙伴。这里的证据包括两处集体墓葬，里面有 55 具遗骸——包括末代国王和王后，他们被随意地扔在宫殿的两个水池里——还有仪式的终止和对场地的废弃。[28]

当中部和南部低地的许多玛雅定居点的人口正在减少时，北部低地的奇琴伊察正处于其实力的顶峰。长期以来，人们一直认为战争是这个定居点进行政治控制的一种特别重要的工具，这在很大程度上是因为它在艺术中突出了军事主题。美洲豹神庙（Upper and Lower Temples of the Jaguar）的壁画描绘了不同定居点的大规模战斗，其中一次是在陡峭的山区，另一次是在海岸。除了传统的玛雅武器，特别是长矛，许多战士挥舞着投矛器和飞镖。在奇琴伊察的圣井（Sacred Cenote）中，人们发现了投矛镖杆和镖尖实物。[29]奇琴伊察拥有中美洲已知最早的头骨架（*tzompantli*）。这个结构的正面覆盖着刺穿头骨的雕饰，人们认为正是这种雕饰支撑着真正的头骨架。有证据表明它确实起到了这一作用，人们从圣井中找到了六个头骨，这
210 些头骨的一侧都被打上了大洞，这与后来在阿兹特克头骨架上发现的技术相同。[30]到目前为止，人们已经在圣井中发现了一百多具骸骨。在奇琴伊察瓦解之后的很长一段时间里，圣井仍然是重要的朝圣地点。通过研究，人们发现，这些遗骸涉及各个年龄段的人，男女都有，并显示出被肢解和剔除肌肉的切割痕迹，这可能与对被献祭者的死后处理有关。该地曾经发动军事进攻的最有力证据来自亚述那遗址，这是一处历史悠久的遗址，位于奇琴伊察西南仅 18 公里的地方。在古典时期末期的早期阶段有亚述那被破坏的证据，之后该地被废弃。索图塔（Sotuta）复合型陶器与奇琴伊察有关，其时间可以追溯到古典时期末期，但人们只在亚述那的一个小乡村被重新占领时才发现了这种陶器。[31]奇琴伊察最终可能在 11 世纪中期由于过去 2000 年中最严重的干旱而灭亡。[32]

后古典时期玛雅的战争

后古典时期通常分为后古典时期早期（1000—1200 年）

和后古典时期晚期（1200—1517 年）。后古典时期早期的特征是总体人口规模急剧缩小，许多地点到古典时期末期的晚期时遭到废弃。人们的定居地点也普遍从内陆转向河流、湖泊和沿海地区，这很可能是为了在长期严重干旱期间利用更稳定的食物来源、远距离的沿海贸易和政治关系网。

后古典时期晚期的考古学遗迹更加丰富，这表明与后古典时期早期相比，人口数量在某种程度上有所反弹。战争的证据也更加充足，如更大规模的聚集地点和更强的防御性、防御工事、集体墓葬，以及殖民地时期的文件等。图卢姆（Tulum）和玛雅潘（Mayapan）周围的防御工事就是著名的例子。在危地马拉高地，基切人（K'iche'）和卡奇克尔人（Kaqchikel）分别在被陡峭峡谷环绕的山顶上建造了自己的首都库马尔卡伊（Q'umarkaj）和伊希姆切（Iximché）。在这段时间，人类墓葬中关于暴力和战争的证据有在昌波顿（Champotón）的海湾沿岸遗址出土的许多被献祭者的遗骸，[33]危地马拉佩滕伊察湖 211
（Lake Petén-Itza）地区泽克佩滕（Zacpetén）的一座有遭毁坏遗骸的集体坟墓，[34]以及伊希姆切被斩首的 48 个头骨的沉积物。[35]

玛雅潘崛起于北部低地的西北角并控制了大片地区。玛雅潘风格的陶器，特别是陈木（Chen Mul）造型的雕像香炉，在这一时期的许多低地地区很常见，而且玛雅潘遗址在规模上要比同时代的其他遗址大一个数量级。战争在该地区的地缘政治中扮演重要角色的证据非常丰富，来源也多种多样，包括艺术品、武器、埋葬模式、骨骼损伤和人种史学记录。玛雅潘的围墙是“中美洲已知最大围墙的典型”，它清楚地表明了人们对防御能力的强烈关注。[36]放射性碳测年法测定了围墙的年代，围墙被埋在玛雅潘非常重要的宗教建筑库库尔坎神庙（Temple of Kukulkan）内，时间为 1020—1170 年［双西格玛校准（two-sigma calibrated）］。[37]这座大型神庙有着鲜明的军事风格。它的正面保留着肋骨外露的灰泥人物和盘旋的秃鹫，暗示着它们代表死去的被献祭者。在头颅位置放的是装有头骨的壁龛。

玛雅潘一系列大规模墓葬的时间可以追溯到该遗址被占据时期的后半段，也可以追溯到其瓦解前后，这表明战争在该遗址的崛起以及维持和消亡中都发挥了重要作用。墓葬中有一具脸部朝下的成年女性的骨架，在她的右肩胛骨处嵌有一个箭头，这是到目前为止在中美洲被报告的箭头嵌入骨头的唯一例子。[38]另一个大规模墓葬发现于偏远的依茨玛尔·陈（Itzmal Chen）建筑群的入口处，里面至少有 20 具被焚烧和杀戮的遗
212 骸，以及众多的陈木雕像香炉碎片和抛射物尖端。[39]根据殖民地文献提到的科沃伊人（Kowoj）是玛雅潘东门的守护者这一说法，有人认为这个广场与科沃伊社会群体有关。科沃伊社会群体在危地马拉中部低地佩腾湖区（Peten Lakes region）的殖民地记述中更为人所知，该记述将科沃伊人和伊察人描述为死对头。最近在泽克佩滕发掘的有近 40 具被毁坏的遗骸的集体墓葬，被解读为体现了科沃伊人针对伊察人的战争行为。[40]这个集体墓葬与从玛雅潘的依茨玛尔·陈建筑群发现的遗骸类似。

在位于更南部的危地马拉高地也有大量的战争证据。殖民地文献将基切人描述为一个好战的社会群体，他们可能在 13 世纪统治着一个被征服的国家。殖民地文献也描述了他们的前附属国卡奇克尔如何在 1470 年前后脱离其宗主国的统治，并建立自己富有竞争力的王国。

总而言之，我们对奇琴伊察灭亡和玛雅潘崛起之间的一个世纪或更长时间内战争的盛行程度所知甚少，但在之后的后古典时期晚期迅速增多的证据证实了长期以来的观点，即这一时期是尚武精神日益增长的时期。在古典时期末期和后古典时期早期，随着旧政治秩序的崩溃和人口的大规模减少，社会和政治关系的重新谈判可能起到了重要作用。众所周知，弓箭在这一时期被广泛使用，但这种技术转变[41]产生的潜在重大社会政治影响很少受到关注。有趣的是，这一时期正好与北美和安第斯山脉地区战事频发的历史时期相吻合，而且对于整个半球的突发事件，气候可能也是一个诱因。[42]

殖民地时期玛雅的战争

我们对接触时期玛雅战争的认识，很大程度上是基于这一
时期的大量历史文献。根据这些文献，暴力冲突虽然不是普遍 213
存在的，但在入侵的西班牙人和他们遇到的许多独立的玛雅群体之间很常见。不同的玛雅群体对抗西班牙人的常用策略包括外交、搜集情报和城市伏击。

西班牙人首先遇到的是尤卡坦半岛的玛雅人。第一次接触发生在1502年，当时克里斯托弗·哥伦布（Christopher Columbus）的兄弟巴托洛缪（Bartholomew）在靠近洪都拉斯海岸的一个海湾群岛附近遇到了尤卡坦玛雅人的一艘独木舟。哥伦布扣押了船上的贵重物品及船长。这次冲突的消息可能已经流传开了，因为在1511年，当佩德罗·德·瓦尔迪维亚（Pedro de Valdivia）探险队的一小群海难幸存者被冲上尤卡坦海岸时，他们被当地的玛雅领主俘获，其中几个人成了祭品。1517年，当弗朗西斯科·埃尔南德斯·德·科尔多瓦（Francisco

Hernández de Córdoba）率领的探险队在尤卡坦半岛东北角的卡托切角（Cabo Catoche）登陆时，许多满载尤卡坦玛雅人的大型独木舟出来迎战西班牙人，促使他们上岸，之后他们很快遭到了伏击，被迫仓皇撤退。德·科尔多瓦的舰队沿着半岛的海岸向西，然后向南，直到饮用水储备不足，被迫在昌波顿登陆。翌日早晨，他们遭遇了玛雅人的一场规模庞大、组织严密的军事进攻，最终大部分远征船员被杀死。事实证明，伏击策略仍然是有效的，如在 1532 年，隶属切尔和佩契（Chel and Pech）政治组织的尤卡坦玛雅人假意与小蒙特霍（Montejo the Younger）率领的西班牙探险队修好，以引诱他们深入内陆。西班牙人认为他们终于成功地在奇琴伊察建立了固定的首府，但最终发现自己遭到围攻，被迫逃离。[43]直到 1542 年，经过三次入侵尝试，蒙特霍家族才在梅里达建立了固定的首府。

并非所有暴力都是针对西班牙人的，因为在玛雅人与西班牙人接触后，一些在后古典时期产生的仇怨仍然持续。最著名的故事与科科姆（Cocom）和修（Xiu）这两个贵族世家有关，他们是玛雅潘最强大的两个家族。科科姆一直统治着这个地方，直到修领导了一场暴力的颠覆活动，导致科科姆在卡吞 8 阿豪日（K'atun 8 Ahau）① 崩溃。1441—1661 年，整个科科姆家族，除了一个男孩幸存下来，其他所有人都未能幸免于难。人们没有遗忘这一暴行，在将近一百年后，当机会来临时，科科姆家族进行了报复。在 1536 年的一个干旱时期，修家族的一支分遣队提出请求并在表面上得到允许，安全地通过了科科
214 姆家族的土地，到达奇琴伊察的圣井，来举行求雨仪式。科科

① 卡吞 8 阿豪日是玛雅文明卓尔金历法的纪年方式。

姆家族在奥兹马尔（Otzmal）对修家族进行了大屠杀，采用了类似于对付西班牙人的伏击战术。

在危地马拉高地，西班牙人为了建立永久性的驻扎地，发动了两次大规模的入侵，一次是在 1524 年，另一次是在 1527 年。两次入侵一共持续了五年时间，西班牙人同时进行了大规模的杀戮。[44]他们的纳瓦人和其他中美洲盟友在这场胜利中发挥了关键作用，这一事实在当地人对这些事件的描述中得到了进一步确认。西班牙人之所以遭遇如此激烈的抵抗，很可能是因为该地区玛雅人的王国，特别是基切人、卡奇克尔人和楚图希尔人（Tz'utujil）的王国，它们之间经常交战，因此长期处于战备状态。尽管玛雅政治组织的特点是彼此分裂割据成小国，但情报搜集可以跨越国界，就像阿兹特克皇帝蒙特祖马（Moctezumah）曾在 1519 年提醒基切人提防西班牙人的到来。玛雅人对基切人和卡奇克尔人的记述使用了拉丁字母，这些记述清晰地表明，他们知道佩德罗·德·阿尔瓦拉多（Pedro de Alvarado）和他的军队即将在 1524 年到来；同时，这些记述描述了在战斗开始之前开展的大规模准备工作，包括宴请特贡（Tecúm）① 将军、放血、歌唱、舞蹈和游行，还有从全国各地召集 8400 名战士。在有关战争的一段情节中，基切人将阿尔瓦拉多引诱到他们已经废弃不用的克察尔特南戈［Quetzaltenango，谢拉朱布（Xelajub'）］。六天后，该镇突然被基切人的军队包围。西班牙方面设法逃脱围困，与玛雅军队交战。玛雅军队假装投降，并试图在城市中再次发动伏击，他

① 特贡指的是特贡·乌曼（Tecúm Umán），印第安民族英雄，也是玛雅帝国最后一位国王，他在同西班牙殖民者的战斗中十分英勇，最后壮烈牺牲。

们邀请阿尔瓦拉多进入自己的首都库马尔卡伊，那里地形陡峭，街道狭窄，西班牙的马匹将成为制约因素。阿尔瓦拉多显然怀疑有人设下了圈套，于是迅速掉头，在首都外的开阔平原地带与在那里等候的基切人部队作战。当地人的描述突出了特贡的勇敢，他砍下了阿尔瓦拉多坐骑的头，但被刺伤和踩踏。与此同时，西班牙的纳瓦人同盟军的描述强调了高地玛雅人经常使用木桩陷马坑。一个卡奇克尔人在对 1524 年阿尔瓦拉多参观首都伊希姆切的描述中，讲到了玛雅人运用的独特的心理战方法，包括为了让他做噩梦，把他的住处安排在鬼魂出没的祖帕姆（Tzupam，头骨架）宫殿，考古学家后来在与此地紧邻的地方发现一个埋藏了 48 个被斩下的头骨的坑。[45]

215 直到 1697 年，西班牙人才征服了最后一个独立的玛雅王国，其首都设在危地马拉弗洛雷斯湖（Lake Flores）畔的塔亚萨尔（Tayasal）。然而，征服并不彻底，各个独立的玛雅社群仍然继续存在，他们远离西班牙的控制中心。

总之，对殖民地时期玛雅战争的研究强调了外交、情报搜集和城市伏击的重要性，这些都是对付西班牙人和其他玛雅族群的典型策略。这些策略在该地区可能沿用了相当长的时间，尽管需要更多的工作来证实这一说法。虽然在玛雅地区有大量的遗址可以追溯到整个殖民地时期，这一时期在考古学上仍然不太为人所知，不过这种情况正在慢慢发生改变。在伯利兹蒂普（Tipu）开展的一个大型项目包括发掘一座西班牙教堂及其地下的墓地，里面埋葬了 500 多具遗骸，其时间可以追溯到 1544—1707 年。[46]通过分析这些遗迹，人们发现有关暴力的证据出奇地少，而在关于殖民地时期这一边境地区的描述中，有很多关于反抗和报复的记述。对殖民地时期早期的遗址和骨骼残骸的进一步研究，特别有望改变我们对玛雅战争，以及对战争在接触时期的玛雅社会中发生的重大变化里所发挥作用的认识。

结 语

现在人们普遍认为，战争在玛雅历史的文化发展中（包括在其最早的起源上）发挥了重要作用。最近对前古典时期中期玛雅南部低地赛巴尔的研究，阐明了战争在伴随着不平等和定居村庄出现的重大社会变革中发挥的重要作用。有关这一时期的证据包括受害者的遗骸，他们可能是在突袭中被俘获并被带到敌人家乡的，在那里，人们举行公开处决的仪式，以便让整个社群分享战斗经验，用这种方式促进团结并形成共有的群体身份。

最近对古典时期遗址的研究表明，战争既有仪式动机，也有物质动机。许多公共纪念碑证实了俘获和献祭高级别敌人的行为，此类行为让这些地方得以建立统治地位，并向从属地索取贡品。他们还在取得胜利的地方建立新的王朝并控制重要的
贸易路线。事实上，在古典时期早期的许多地方，如蒂卡尔、 216
科潘和奥克斯金托克（Oxkintok），战争与王朝的建立有关。关于卡努尔王朝，新发现的象形文字材料显示，它打造了一个有趣且复杂的政治效忠关系网，以左右其敌人蒂卡尔。在古典时期末期，有证据表明因战争而崩溃的定居点数量继续增加。与此同时，在后古典时期，考古证据表明，战争在玛雅潘地区首都城市的兴起中发挥了重要作用。

尽管关于玛雅战争的基本方面仍存在分歧，如冲突的规模、谁参与了战争以及谁是战争的目标，但近年来，正如本

章力图证明的那样，与战争有关的证据正在迅速增多。这表明，我们很快就能更好地解决其中的一些问题。基于激光雷达的测绘调查有望让我们更好地了解玛雅中心与腹地的关系，从而了解玛雅政治组织的真正范围。这很可能会促使人们确认地形的防御特征（这一点在以前未得到确认），并使人们对发动战争的领地动机的重要性进行更系统的评估。对人类遗骸的锶和氧同位素分析已经很先进了，而且表明被献祭者通常不是本地人。这些分析还表明，科潘王朝的创始人很可能来自蒂卡尔，他骸骨上的伤痕与战士骸骨上的伤痕相符。而亚克斯·努恩·阿伊因一世（Yax Nuun Ayiin I）是当地人，是蒂卡尔的一位国王，疑为特奥蒂瓦坎统治者的儿子。基于碳和氮同位素的古食谱重建表明，在古典时期末期的彼德拉斯内格拉斯，战争使食物生产和分配被扰乱；但它也表明，在后古典时期晚期，当玛雅发生局部战争时，食物生产系统是稳定的。这些领域的进一步发展，再加上对创伤和行为模式的骨骼分析，我们有可能进一步深入了解谁参与了战争，特别是平民在战争中发挥的作用，这对可集结的部队的规模有影响。古气候重建、AMS 放射性碳年代测定和贝叶斯统计模型的进步，都使更精确的遗址年代学得以发展，并为评估干旱和人口过剩在引发战争时发挥的作用提供了更坚实的实证依据。这样的研究表明，干旱可能导致了古典时期许多遗址包括奇琴伊察的崩溃，尽管干旱是否导致了古典时期
217 末期和后古典时期晚期的局部战争还有待证实。与此同时，理论上的进步已经证明了基于文化和历史情境的解释在确定战争证据方面的重要性，以及战争对受其影响的古玛雅人的意义。

参考论著

以下论著提供了对古玛雅战争考古学的最全面述评：David L. Webster，'The Not So Peaceful Civilization：A Review of Maya War'，*Journal of World Prehistory* 14.1（2000），pp. 65-119；'Ancient Maya Warfare'，in K. Raaflaub and N. Rosenstein（eds.），*War and Society in the Ancient and Medieval Worlds*（Cambridge，MA：Harvard University Press，1999），pp. 333-60；'The Study of Maya Warfare：What It Tells Us about the Maya and What It Tells Us about Maya Archaeology'，in J. Sabloff and J. Henderson（eds.），*Lowland Maya Civilization in the Eighth Century AD*（Washington，DC：Dumbarton Oaks，1993），pp. 415-44。

目前还没有关于玛雅后古典时期战争的全面综述，但有几本有用的开篇之作：Marilyn A. Masson and Carlos Peraza Lope，*Kukulcan's Realm: Urban Life at Ancient Mayapán*（Boulder：University Press of Colorado，2014）；Prudence M. Rice and Don S. Rice（eds.），*The Kowoj: Identity, Migration, and Geopolitics in Late Postclassic Petén, Guatemala*（Boulder：University Press of Colorado，2009）。

关于玛雅殖民地时期战争的详细论述，参见 Matthew Restall，*Seven Myths of the Spanish Conquest*（Oxford：Oxford University Press，2003）；Matthew Restall and Florine Asselbergs，*Invading Guatemala: Spanish, Nahua, and Maya Accounts of the Conquest Wars*（University Park：Pennsylvania State University Press，2007）；Grant D. Jones，*The Conquest of the Last Maya Kingdom*（Stanford，CA：tanford University Press，1998）；John F. Chuchiak IV，'The Burning and the Burnt：The Transformative Power of Fire，Smoke，and Flames in Conquest and Colonial Maya Ritual，Warfare，and Diplomacy'，in V. Tiesler and A. K. Scherer（eds.），*Smoke, Flames, and the Human Body in Mesoamerican Ritual Practice*（Washington，DC：Dumbarton Oaks，2018）。

重点关注玛雅战争的论文集有 Andrew K. Scherer and John W. Verano（eds.），*Embattled Places, Embattled Bodies: War in Pre-Columbian Mesoamerica and the Andes*（Washington，DC：Dumbarton Oaks，2014）；M. Kathryn Brown and Travis W. Stanton（eds.），*Ancient Mesoamerican Warfare*（Lanham，MD：AltaMira Press，2003）。

更全面地论述献祭和暴力的论文集，请参阅 Leonardo López Luján and Guilhem Olivier（eds.），*El Sacrificio humano en la tradición religiosa Mesoamericana*（Mexico City：Instituto Nacional de Antropología e Historia/Universidad Nacional Autónoma de México，2010）；Heather Orr and Rex Koontz（eds.），*Blood and Beauty: Organized Violence in the Art and Archaeology of Mesoamerica and Central America*（Los Angeles：Cotsen Institute of Archaeology Press，2009）；Vera Tiesler and Andrea Cucina（eds.），*New Perspectives on Human Sacrifice and Ritual Body Treatments in Ancient Maya Society*（New York：Springer，2007）；Elizabeth H. Boone，*Ritual Human Sacrifice in Mesoamerica*（Washington，DC：Dumbarton Oaks，1984）。

218 人们提出了形形色色的理论来解释玛雅战争的模式。韦伯斯特（Webster）的唯物主义理论模型强调人口压力和地位竞争[‘Warfare and Status Rivalry：Lowland Maya and Polynesian Comparisons’，in G. Feinman and J. Marcus（eds.），*Archaic States*（Santa Fe，CA：School of American Research，1998），pp. 311-52]是战争的推动力，而战争反过来又在社会政治演变中发挥了重要作用[‘Warfare and the Origin of the State’，*American Antiquity* 40. 4（1975），pp. 464-71]。随着大规模的考古证据不断积累[如 Diane Z. Chase and Arlen F. Chase，‘Caracol，Belize and Changing Perceptions of Ancient Maya Society’，*Journal of Archaeological Research* 25. 1（2017），pp. 185-249]，早期认为玛雅战争在很大程度上局限于精英阶层参与的观点[如 David A. Freidel，‘Maya Warfare：An Example of Peer-Polity Interaction’，in C. Renfrew and J. Cherry（eds.），*Peer-Polity Interaction and Sociopolitical Change*（Cambridge：Cambridge University Press，1986），pp. 93 - 108]逐渐被取代。Charles Golden and Andrew K. Scherer ，‘Territory，Trust，Growth，and Collapse in Classic Period Maya Kingdoms’，*Current Anthropology* 54. 4（2013），pp. 397-435 认为，通过祭祀等公共仪式和战争等公共活动，与统治者进行直接互动，有助于通过建立信任来巩固政治体。当人口增长和领地范围扩大使广泛参与这些建立信任的活动不再可行时，政治体便开始分裂。

注 释

1. David Webster, ‘The Not So Peaceful Civilization: A Review of Maya War’, *Journal of World Prehistory* 14. 1 (2000), pp. 65–119.
2. Tatiana Proskouriakoff, ‘Historical Implications of a Pattern of Dates at Piedras Negras, Guatemala’, *American Antiquity* 25 (1960), pp. 454–75.
3. 例如,Webster,‘Not So Peaceful Civilization’。
4. James C. Chatters et al., ‘Late Pleistocene Human Skeleton and mtDNA Link Paleoamericans and Modern Native Americans’, *Science* 344 (2014), pp. 750–54.
5. Prudence M. Rice, *Maya Calendar Origins: Monuments, Mythistory, and the Materialization of Time* (Austin: University of Texas Press, 2009), pp. 150–1.
6. Andrew K. Scherer and John W. Verano, ‘Introducing War in Pre-Columbian Mesoamerica and the Andes’, in A. K. Scherer and J. W. Verano (eds.), *Embattled Bodies, Embattled Places: War in Pre-Columbian Mesoamerica and the Andes* (Washington, DC: Dumbarton Oaks, 2014), pp. 1–24.
7. Takeshi Inomata, ‘War, Violence, and Society in the Maya Lowlands’, in A. K. Scherer and J. W. Verano (eds.), *Embattled Places, Embattled Bodies: War in Pre-Columbian Mesoamerica and the Andes* (Washington, DC: Dumbarton Oaks, 2014), pp. 25–56.
8. Rice, *Maya Calendar Origins*, p. 150.
9. Juan Manuel Palomo, Takeshi Inomata and Daniela Triadan, ‘Mortuary Rituals and Cranial Modifications at Ceibal: From the Early Middle Preclassic to the Terminal Classic Period’, *Ancient Mesoamerica* 28 (2017), pp. 305–27.
10. Inomata, *Embattled Places, Embattled Bodies*, pp. 25–56.
11. Frank P. Saul and Julie M. Saul, ‘The Preclassic Population of Cuello’, in N. Hammond (ed.), *Cuello: An Early Maya Community in Belize* (Cambridge: Cambridge University Press, 1991),

pp. 134–58.

12. Stanley Serafin, Carlos Peraza Lope and Eunice Uc González, 'Bioarchaeological Investigation of Ancient Maya Violence and Warfare in Inland Northwest Yucatan, Mexico', *American Journal of Physical Anthropology* 154 (2014), pp. 140–51.
13. David Stuart, 'The Arrival of Strangers: Teotihuacan and Tollan in Classic Maya History', in D. Carrasco, L. Jones and S. Sessions (eds.), *Mesoamerica's Classic Heritage: From Teotihuacan to the Aztecs* (Boulder: University Press of Colorado, 2000), pp. 465–513.
14. Kenneth C. Nystrom and Jane E. Buikstra, 'Trauma-Induced Changes in Diaphyseal Cross-Sectional Geometry in Two Elites from Copan, Honduras', *American Journal of Physical Anthropology* 128. 4 (2005), pp. 791–800.
15. Vera Tiesler et al., *Before Kukulkán: Bioarchaeology of Maya Life, Death, and Identity at Classic Period Yaxuná* (Tucson: University of Arizona Press, 2017).
16. Serafin, Lope and González, 'Bioarchaeological Investigation', pp. 140–51.
17. S. Martin and N. Grube, *Chronicle of the Maya Kings and Queens: Deciphering the Dynasties of the Ancient Maya* (London: Thames & Hudson, 2008).
18. Christophe Helmke and Jaime J. Awe, 'Sharper than a Serpent's Tooth: A Tale of the Snake-Head Dynasty as Recounted on Xunantunich Panel 4', *PARI Journal: A Quarterly Publication of the Pre-Columbian Art Research* 17 (2016), pp. 1–22.
19. Sven Gronemeyer, *Tortuguero, Tabasco, Mexico: Its History and Inscriptions*, Acta Mesoamericana 17 (Markt Schwaben: Verlag Anton Saurwein, 2006).
20. Martinand Grube, *Chronicle*, p. 181.
21. Andrew K. Scherer and Charles Golden, 'War in the West: History, Landscape, and Classic Maya Conflict', in Scherer and Verano (eds.), *Embattled Bodies*, pp. 57–92.
22. Andrew K. Scherer and Charles Golden, 'Tecolote, Guatemala:

Archaeological Evidence for a Fortified Late Classic Maya Political Border', *Journal of Field Archaeology* 34 (2009), pp. 285-305.

23. Tiesler et al., *Before Kukulkán.*
24. Matthew G. Looper, 'New Perspectives on the Late Classic Political History of Quirigua, Guatemala', *Ancient Mesoamerica* 10 (1999), pp. 263-80.
25. Stanley P. Guenter, 'The Inscriptions of Dos Pilas Associated with B'ajlaj Chan K'awiil', *Mesoweb* (2003), www.mesoweb.com/features/guenter/DosPilas.pdf.
26. Lori E. Wright, *Diet, Health, and Status among the Pasión Maya: A Reappraisal of the Collapse*, 1st edn, Vanderbilt Institute of Mesoamerican Archaeology (Nashville, TN: Vanderbilt University Press, 2006).
27. Kazuo Aoyama, 'Classic Maya Warfare and Weapons: Spear, Dart, and Arrow Points of Aguateca and Copan', *Ancient Mesoamerica* 16 (2005), pp. 291-304.
28. Arthur A. Demarest et al., 'Economy, Exchange, and Power: New Evidence from the Late Classic Maya Port City of Cancuen', *Ancient Mesoamerica* 25 (2014), pp. 187-219.
29. Lane A. Beck and April K. Sievert, 'Mortuary Pathways Leading to the Cenote at Chichen Itza', in G. F. M. Rakita et al. (eds.), *Interacting with the Dead: Perspectives on Mortuary Archaeology for the New Millennium* (Gainesville: University Press of Florida, 2005), pp. 290-304.
30. Vera Tiesler Blos and Andrea Cucina, 'Where are the Warriors? Cranial Trauma Patterns and Conflict among the Ancient Maya', in D. C. Martin, R. P. Harrod and V. R. Perez (eds.), *The Bioarchaeology of Violence* (Gainesville: University Press of Florida, 2012), pp. 160-79.
31. Tiesler et al., *Before Kukulkán.*
32. Julie A. Hoggarth et al., 'The Political Collapse of Chichén Itzá in Climatic and Cultural Context', *Global and Planetary Change* 138 (2016), pp. 25-42.

33. A. H. Cen et al., 'Sacred Spaces and Human Funerary and Nonfunerary Placements in Champoton, Campeche, During the Postclassic Period', in V. Tiesler (ed.), *New Perspectives on Human Sacrifice and Ritual Body Treatments in Ancient Maya Society* (New York: Springer, 2007), pp. 209–31.
34. William N. Duncan and Kevin R. Schwarz, 'A Postclassic Maya Mass Grave from Zacpetén, Guatemala', *Journal of Field Archaeology* 40. 2 (2015), pp. 143–65.
35. C. Roger Nance, Stephen L. Whittington and Barbara Elizabeth Jones-Borg, *Archaeology and Ethnohistory of Iximché* (Gainesville: University Press of Florida, 2003).
36. Bradley W. Russell, 'Fortress Mayapan: Defensive Features and Secondary Functions of a Postclassic Maya Fortification', *Ancient Mesoamerica* 24 (2013), pp. 275–94.
37. Carlos Peraza Lope et al., 'The Chronology of Mayapan: New Radiocarbon Evidence', *Ancient Mesoamerica* 17 (2006), pp. 153–75.
38. Serafin, Lope and González, 'Bioarchaeological Investigation', pp. 140–51.
39. Elizabeth H. Paris et al., 'Violence, Desecration, and Urban Collapse at the Postclassic Maya Political Capital of Mayapán', *Journal of Anthropological Archaeology* 48. 1 (2017), pp. 63–86.
40. Duncan and Schwarz, 'Postclassic Maya Mass Grave', pp. 143–65.
41. Douglas J. Kennett et al., 'Sociopolitical Effects of Bow and Arrow Technology in Prehistoric Coastal California', *Evolutionary Anthropology* 22. 3 (2013), pp. 124–32.
42. Elizabeth Arkush and Tiffiny A. Tung, 'Patterns of War in the Andes from the Archaic to the Late Horizon: Insights from Settlement Patterns and Cranial Trauma', *Journal of Archaeological Research* 21. 3 (2013), pp. 307–69.
43. Restall, *Embattled Bodies, Embattled Places*, p. 104.
44. Ibid., p. 111.
45. Ibid., p. 108.

46. Mark N. Cohen et al., 'Archaeology and Osteology of the Tipu Site', in S. L. Whittington and D. M. Reed (eds.), *Bones of the Maya: Studies of Ancient Skeletons* (Washington, DC: Smithsonian Institution Press, 1997), pp. 78–86.

10 美索不达米亚早期的暴力与国家权力

史蒂文·加芬克尔

219 战争和暴力是古代近东早期国家最重要的特征和传统。考古证据表明，早在公元前4千纪晚期文字发明之前，暴力和战争就已成为这些社会的特征，但得益于文献中的记载，我们更有能力去评估暴力和战争对这些社会造成的影响。本章的重点是最早的历史记录中暴力和战争的证据，这些证据主要来自美索不达米亚。

对于古代美索不达米亚人来说，无论是在自然界还是在人类社会，暴力都是无处不在的。位于现代伊拉克南部的美索不达米亚南部，是历史学家找到用于研究复杂社会发展的第一个证据的地方。现存最早的书面记录是关于国家事务的，因此我们将研究的重点放在暴力与国家的联系上。楔形文字记录的古代近东历史从公元前4千纪晚期开始，延续到公元1世纪，但本章聚焦于这个漫长时代的前半段中美索不达米亚各王国的崛起以及它们与暴力和战争的关系。

历史学家把公元前3千纪初期到公元前2千纪中期确定为美索不达米亚早期。用政治学的术语来讲，这一时期是美索不达米亚从几十个独立城邦向巴比伦大城统治下的一个庞大王国转变的时期。正如下文将要讲到的，这样的庞大王国是遵循经验发展起来的，并与王室的意识形态和对暴力的运用密切相关。这段历史的一个重要方面，也是国家崛起的一个关键因素，就是国家与战争和暴力的关系。

三千多年间，美索不达米亚人书写了非常丰富的古代文
献。这些文献提供了大量有关暴力和战争的资料。王室铭文、
文学作品、信函和行政档案经常以暴力为主题。事实上，在某 220
些时期出现了大量文献，它们都直接与暴力和战争事件相关。
很早以前，文字就被用来记录战争的胜利，尤其是对资源的获
取，所以我们的证据不仅讲述了暴力的故事，也提醒我们，暴
力是许多现存文献的创作动力。

我们能够从历史学的角度研究这个话题，从根本上是由于它在现存王室铭文记录中的突出地位。这种强调凸显了暴力在国家发展和王权扩张方面的中心作用。事实上，我认为，在美索不达米亚出现了一种国家倡导暴力行为的修辞艺术，这种虚华的辞藻影响了世世代代人们的行为。因此，这主要是一段来自上层的历史。在某种程度上，因为合法行使暴力是国家的专属权力，很少有文献能让我们感受到日常世俗生活中人们遭受的暴力。然而，国家在行政上对暴力的反应，特别是对战利品、贡品和王室战役伤亡的记录，让我们看到暴力经济和战争经济及两者对日常生活的影响。

本章内容分为三个部分。首先，我将介绍一系列相关主题，以帮助理解在美索不达米亚早期，人们是如何想象和理解暴力和战争的。这种考察将包括讨论暴力是如何被定义的，它与神灵的关系是怎样的，以及它与王权的发展和暴力的司法概念是如何联系起来的。其次，我将通过考察与国家发展相关的系列暴力行为，来讨论早期历史背景下的暴力。在此，我们将审视政治体观念的发展及其与军事活动的联系，以及那些战役带来的战利品。美索不达米亚早期的战争经济与暴力有内在联

系。被派往周边地区的军队往往会带回大量的俘虏和牲畜。在某些情况下，国家倡导的暴力带来的战利品创造了一种与贡品和庇护概念并行的经济，美索不达米亚的一些社会开始对这种经济产生依赖。最后，我将简要考察这些暴力王国后来的发展情况，以及伴随它们的产生和扩张而形成的王室修辞。

暴力与战争

> 那时，我，乌尔纳姆（Ur-Namma），威猛的战士，乌
> 尔城的主人，苏美尔和阿卡德的国王，借助我主南纳
> 221 （Nanna）神的力量，在乌图（Utu）神的英明统率下，在
> 这片土地上实现了正义……我消除了仇恨、暴力，并为正
> 义而呐喊。我在这片土地上实现了正义。
>
> （乌尔纳姆，乌尔国王，公元前21世纪）[1]

在美索不达米亚早期，国家的发展与暴力和战争相伴，而国家对暴力和战争的反应是其日益增长的权力的标志之一。美索不达米亚的国王们宣称自己有权行使暴力。最终，得到国家支持和神明授权的暴力成为唯一合法的暴力。国王们承诺，他们要消除国内的暴力行为（在他们支持下进行的暴力活动除外），他们还承诺要向外部世界开战，以强劲地扩张权力。

暴力始终是王室铭文的主题，这意味着美索不达米亚早期各个社群的权力集团非常熟悉与王室活动相关的图像和语言。

> 玛尼什图苏（Manishtushu），天下之王；当他征服安

> 山（Anshan）和希里胡姆（Shirihum）时，有船横渡下海（Lower Sea）。海那边的三十二座城池集结起来参加战斗，但他战胜了［它们］。进而，他征服了城市，打倒了统治者，之后，他激起军队的斗志，一直掠夺到银矿（Silver Mines）。他从下海对面的山脉中开采黑色的石头，把它装上船，［把船］停泊在阿加德（Agade）的码头。
>
> （玛尼什图苏，阿卡德国王，公元前 23 世纪）[2]

公元前 3 千纪晚期的阿卡德王国王室铭文展示了语言的早期发展情况，这些铭文通常描述了美索不达米亚对周围世界的暴力控制。这有时被看作与自然界的斗争，但更多的时候是为了获得必要的资源。早期的很多证据表明，最著名的王室军事行动本质上是为了一堆战利品而进行的突袭。

不容否认，古代美索不达米亚的文明可外化为它所缔造的城市奇迹。城市及其神庙是最显著的景观特征，城市的城墙将外部世界拒之门外。这一点在《吉尔伽美什史诗》中表现得最为明显，史诗讲到邀请刚刚开化的恩奇都（Enkidu）进入那个城市世界，并写道："请到乌鲁克的城市广场（Town 222
Square）来吧，在这里，你也会像个男子汉一样，找到属于你自己的位置。"[3]这部史诗很好地记录了美索不达米亚人对待社群内外的暴力行为的态度。它在美索不达米亚文学传统中流传了 2000 年之久，其主题对于读者和听众如何理解他们与周围世界的关系至关重要。乌鲁克是美索不达米亚最早也最大的城市之一，是城市文明的典范。史诗追溯了吉尔伽美什的英雄之旅，在这一过程中，他因允许城市内的暴力行为而受到谴责，同时却因将暴力带入未开化的周边地区而得到赞扬；结局和开始一样，在乌鲁克坚固的城墙上，吉尔伽美什的主要职责是保卫乌鲁克。

在古代美索不达米亚，城市是文明的中心，城市数量的激增是早期文明历史的典型特征。正是在这些城市里，像乌尔纳姆（上文已提及）这样的国王承诺要杜绝暴力。然而，暴力本身被认为是同一文明的内在组成部分。扎伊娜卜·巴赫拉尼（Zainab Bahrani）引用了苏美尔的神话作品、恩基（Enki）和世界秩序（World Order）的理论，对美索不达米亚的身体和暴力进行研究。[4]在这部作品中，战争被认为是文明世界的一种艺术形式（苏美尔文中的“我”）。

古代美索不达米亚人懂得城市文明的胜利是建立在暴力颠覆自然和周围社群的基础之上的。这再次将他们的世界与城市的神圣起源联系起来。苏美尔的文学作品《伊南娜和埃比赫》（*Inana and Ebih*）提到，人们需要征服东部山区，这个责任落在女神伊南娜的手中，她掌管着战争和内陆农业的丰产。

> 拥有令人生畏的神圣权力的女神，她以恐怖为衣，以伟大的神圣权力为坐骑，伊南娜，你是神圣武器阿安卡（*a-an-kar*）的完美化身，你浸透了鲜血，战斗中冲锋在前，把盾牌放在地上，顶着风暴和洪水，伟大的伊南娜女神，你知晓如何谋划战斗，你用箭和力量毁灭辽阔的土地，并轻松地征服它们。你像狮子一样在天地之间咆哮，蹂躏那些民众。你像一头巨大的野牛，战胜了充满敌意的土地。[5]

这种对外部世界的征服往往具有显著的经济效益。就像吉尔伽美什在雪松林与胡姆巴巴（Humbaba）发生暴力冲突，他把木材带回了乌鲁克，并希望美索不达米亚真正的国王们能够 223
供给类似的资源。国王们通过战胜外来者，带回了丰富的战利品。与此相关，我们注意到了著名的纳拉姆辛石碑（Stele of Naram-Sin），这块石碑描述了国王对周边山区的胜利，埃兰人（Elamite）的国王把这块石碑作为战利品带到了苏萨（Susa）。[6]这种模式在美索不达米亚反复出现，宣扬暴力胜利的王室纪念碑也成为获胜后的战利品。著名的汉谟拉比石碑上铭刻着所谓的汉谟拉比“法典”，法国考古学家在发掘苏萨城时发现了这块石碑，苏萨城离它最初所立之处有几百公里远。这些石碑是王权的象征，而且与暴力的关系非常密切，它们足以被视为战争的战利品，并在古代近东其他地方的另一座王宫中获得新生。

王室文献和图像中常见的主题是他们总是能够击溃外来者，这也成为美索不达米亚传统王权的支柱之一。国王控制暴力和将冲突地点转移到社群之外的能力，强化了他作为民众守护者的角色。[7]从公元前 3 千纪到公元前 1 千纪，王室图像经常将国王描绘成用头顶着土筐帮助建造庙宇和城墙的形象。两千年来类似的这些形象说明了王权概念异乎寻常的延续性。国王的领导职责是基于其具备保护社群不受暴力侵害的能力，他在社群内建立对暴力的行政控制，并通过经常性的战争对其文明边界之外的世界实施暴力控制。正如我们将要看到的，在公元前 3 千纪末期，这些军事行动如此具有规律性，以至于它们几乎成为一年一度的活动。

国王对合法行使暴力的垄断是基于他从众神那里继承的权力。我们已经看到，暴力是美索不达米亚诸神的神圣属性。美

索不达米亚南部城市的巨大发展最终意味着，在这些城邦之间以及在其文明的文化边界内，暴力是司空见惯的。随着城市的
224 发展，他们开始争夺边境地区的土地和水源，所以他们需要采取一种方法，使他们能够在苏美尔和阿卡德的土地上，在他们的城墙之外开战。于是就产生了正义战争的概念，在正义的战争中，王权寻求并接受神灵的参与，这加深了神权和国王使用暴力的授权之间的联系。从城市拉格什［Lagash，宁吉尔苏（Ningirsu）神之家］的王室铭文中，我们深入地了解了这个过程，该铭文的时间可以追溯到公元前3千纪中期。[8]

> 恩利尔（Enlil），所有土地之王，众神之父，以他的权威命令划定了宁吉尔苏神和萨拉神（Shara）的边界。基什（Kish）王麦西里姆（Mesalim），奉伊什塔兰（Ishtaran）之命，丈量边界并在那里立碑为记。乌玛（Umma）的统治者乌什（Ush）行事傲慢：他砸碎了那座界碑，向拉格什平原进军。恩利尔的战士宁吉尔苏，在他［恩利尔］的命令下，与乌玛开战。在恩利尔的命令下，他将巨大的战争之网撒在它的身上，并在平原上为它筑起坟冢。
>
> ［恩美铁那（Enmetena），拉格什国王，公元前25世纪］[9]

这种精准表达暴力的观念与日益严重的矛盾相伴而生，矛盾就是王权利用神的命令在国内消除暴力，却在国外发动战争。这种暴力和战争的本质在文献中被生动地描述出来，并被刻在了纪念碑上。在相邻的两座城市乌玛和拉格什之间长达一

个世纪的暴力冲突中，它们在两地的边界地区为争夺沃土而战，许多这样的王室铭文也得以保存下来。鹫碑（Stele of the Vultures）是其中最著名的纪念碑之一，石碑的一面描述了士兵紧随国王身后投入战斗的情形，另一面则是宁吉尔苏神正在用他的权杖屠杀敌军士兵，并用他的战网首先把敌军兜了起来。这些早期国家的许多居民曾亲身经历这样的暴力活动，因为这种暴力的特点之一是民众，尤其是上层集团，广泛地参与战斗。

公元前 3 千纪，美索不达米亚的历史以领地国家的发展为特征，这是对城邦国家不能以非暴力方式管理自身事务的一种回应，这种发展是通过更大规模的、精心策划的暴力行动实现 225
的。最后，如果断言是国家垄断了暴力行为那就过于简单化了，但美索不达米亚的解决办法是将暴力集中在国王手中。我们将回到公元前 3 千纪和公元前 2 千纪早期，按照时间顺序对领地国家的形成过程进行研究，关于这一过程虽有丰富的文献记录，但我们必须先详细阐述王权的发展及其对古代美索不达米亚人境况的影响。

美索不达米亚的国王们经常宣称自己是宇宙之王。这并非要表达一种真正想成为世界四方之王的愿望，而是提出了在国内拥有无限霸权的要求。汉谟拉比石碑是在这个漫长的次级国家形成时期即将结束时雕刻的，它标志着这一过程的顶峰。

> 彼时，为了增强人民的力量，众神直接说出我的名字：汉谟拉比，虔诚的王子，他尊奉众神，以便让正义在这片土地上获胜，他驱散邪恶，防止有人恃强凌弱，他像

> 太阳神一样在万民之上升起，普照大地。
>
> （汉谟拉比，巴比伦国王，公元前 18 世纪）[10]

无论是文字还是图像，汉谟拉比的石碑都向他的王国子民清楚地表明，他承认自己的权威是无限的。当然，这种对全人类的权力主张并不需要完全征服外部世界；相反，它关注的是我们所称的美索不达米亚世界，它要求这片土地臣服于王权，这就赋予了王室家族专属的行使暴力的权力。在一篇被现代观察者称为“尼普尔谋杀案审判”（The Nippur Murder Trial）的文献中，人们找到了关于这一观点的确凿证据。这场审判发生于公元前 20 世纪末，但它出现在公元前 2 千纪一个学校的练习中。

> 鲁辛（Lu-Sin）的儿子南纳西格（Nanna-Sig）、理发师库埃尼尔［Ku-Enil，库南纳（Ku-Nanna）的儿子］、园丁恩里耳安南［Enlil-Ennam，阿达卡拉（Adda-Kalla）的奴隶］，他们杀死了尼沙库（nishakku）的官员卢伊南纳［Lu-Inanna，卢加尔阿平杜（Lugal-Apindu）的儿子］。在卢加尔阿平杜的儿子卢伊南纳被杀死后，他们告诉卢伊南纳的妻子宁达达［Nin-Dada，卢尼努尔塔（Lu-Ninurta）的女儿］，她的丈夫被杀了。卢尼努尔塔的女儿宁达达没有开口，［她的］嘴唇紧闭。他们的案子被呈送到［城市］
> 226 伊辛（Isin）的国王面前，国王乌尔尼努尔塔（Ur-Ninurta）下令将他们的案子交给尼普尔议会（Assembly of Nippur）处理……根据尼普尔议会的决定，鲁辛的儿子南纳西格、理发师库埃尼尔（库南纳的儿子）、园丁恩里耳

> 安南（阿达卡拉的奴隶）被交出来处死。[11]

这次审判既显示出这些早期城市社区的日常暴力，也显示了王室试图控制这类事件。[12]在国王的命令之下，三个被控谋杀的人被带到城市议会上接受审判，在国王的主持下，这次犯罪行为受到了惩罚。这段文字，当然还有汉谟拉比石碑上的“法典”，非常清楚地表明国王无法阻止暴力行为在其国境内发生，但我们看到了被允许和不被允许的暴力之间的明确界限。[13]

美索不达米亚早期的历史发展

如果我们现在回过头来仔细研究这个漫长时期的历史发展，就可以看到国家的崛起伴随着这种对待暴力的双重态度，也就是国内不应该存在暴力行为，除非由神灵选定的君主来实施，而与此同时，必须强劲有力地、经常性地向国外输送暴力。在美索不达米亚早期，人们面对的第一场斗争是与环境的抗争。富饶肥沃的土壤和可利用的水资源使这一地区成为文明的摇篮，但这样的地域条件也使它成为一个充满危险的地方。这些河流恰巧在一年中错误的时间泛滥，使洪水成为人们一直关注的问题。对水利环境的掌控让城市及其领导者有能力创造大量的剩余产品，并支撑以高度的行业专业化为特点的大量城市人口。在美索不达米亚早期，职业种类数量激增，其中包括 227
为我们留下历史证据的抄写员，以及稍晚一些出现的士兵，这些士兵的任务是合理地向外部世界展示暴力。

公元前3千纪的大约前六个世纪，美索不达米亚进入了历史学家所称的早王朝时期。这反映了城邦的世俗权威在增强，我们认为这种权威与王朝王权制度有关。这一时期也被描述为美索不达米亚的“战国”（warring states）时期，彼时各个城市为了争夺地区霸权而相互竞争。宫殿和城墙具备了纪念性公共建筑的新功能，这一点可以追溯到公元前 3 千纪的初期，清晰地表明了社群内军事领导的成长和社群需要被保护以免受到暴力侵害的观念。[14]

早王朝时期的一些最具说服力的考古证据直接显示，领导层带来了新的暴力形式。乌尔的王室墓地是我们最好也最著名的例子，其时间大约可以追溯到公元前 2600 年。[15]墓地的坟墓里堆满了丰富的陪葬品，凸显了城市上层集团从社会中榨取财富的能力，他们以此彰显自己的地位。值得注意的是，这些墓葬也显示出暴力是精英文化的一部分。其中一座坟墓埋葬了 74 名侍从的尸首，包括士兵和乐师，他们被杀死之后，尸体埋在精心安排的坟墓里，这与美索不达米亚为庆祝重大事件而举行的宴会形成了对照。杀死侍从并为精英陪葬的这种做法并
228 不是美索不达米亚经久不衰的惯例，但这个王室墓地的证据表明，这些统治者有能力在国内实施暴力。

在王室墓地出土的另一件物品乌尔军旗（Standard of Ur）更为著名，我们通过这件文物发现，在美索不达米亚流传更为久远的一个概念是国王即战争的领袖。像鹫碑一样，在军旗的一侧，国王正率领他的军队投入战斗。我们尚不清楚上面被屠杀和践踏之人的身份（他们可能是外来者或邻近城市的士兵），但处于这场暴力活动中心的伟人拥有的权力十分清晰明了。[16]乌尔军旗另一侧的图像展示了这场暴力活动的受益者：国王和他的廷臣在举行宴会，四周是侍从和乐师。这些精英统治着一个结构严密的社会，在这个社会中，他们用暴力来维持

自己的特权和财富。

公元前 3 千纪中期的文献充分地展示了乌玛和拉格什之间长达一个世纪的冲突，这说明美索不达米亚南部的各个城邦无力解决与领地扩张相关的紧张局势。在这种环境下，暴力的发生总是与国家的形成相伴而生，但城邦之间经常发生的暴力会产生反作用，而且这也绝对不符合美索不达米亚的叙事传统，即暴力应该针对冲积平原以外的世界。前面引用过的恩美铁那铭文表明，早期的人们倾向于通过外交手段来调解美索不达米亚国家之间的冲突。在那篇文献中，我们发现基什国王在神的命令下确立了乌玛和拉格什之间的边界。在早王朝时期晚期，基什就是一座以军事实力著称的城市，强大的军事力量使它在美索不达米亚城市中享有更高的声望。

美索不达米亚第一个大型领地国家的建立也起源于基什，这是萨尔贡开展军事行动的第一个基地。作为阿卡德的国王，他将美索不达米亚南部统一为一个王室社会。

> 萨尔贡，阿加德的国王，伊什塔尔（Ishtar）的执行官，宇宙之王，安（An）选定的祭司，土地的主人，恩利尔的统治者，他征服了乌鲁克城，并摧毁了它的城墙。他在战斗中战胜了乌鲁克……他在战役中俘获了乌鲁克的国王卢加尔扎吉西（Lugalzagesi），给他戴上颈枷并将他带
> 到了恩利尔的城门。阿加德的国王萨尔贡在战斗中战胜了 229
> 乌尔，征服了这座城市并摧毁了它的城墙。他征服了艾宁玛（Eninmar），摧毁了它的城墙，并征服了它的辖区和拉格什远至大海的区域。他在海里清洗了他的武器……精神之主恩利尔让他天下无敌。恩利尔把上海（Upper Sea）

和下海都赐给他。

（萨尔贡，阿卡德国王，公元前 24 世纪）[17]

通过多次征战打败该地区的诸多古代城邦，萨尔贡得以崛起。他在力图使以前独立城邦的从属地位常态化时，提出需要在美索不达米亚南部为王室精英开辟天地，而不要指望在旧城邦中确立他们的社会经济地位。对于那些为王朝利益服务的士兵来说尤其如此。众所周知，这些努力包括建设了新首都阿卡德，这座城市在王朝覆灭后遭到废弃。新王国的权力和财富是在暴力中建立起来的，并在频繁的战役中延续下去，就像前文援引的玛尼什图苏铭文提到的那样。

旧城邦的影响力太过强大，以至于阿卡德的国王们不得不面临发生在美索不达米亚南部的叛乱。

纳拉姆辛，阿加德强大的国王。当四方之士群起反抗他的时候，他凭借伊什塔尔对他的垂爱，一年之内九战九胜，那些反抗他的国王都被他俘获了。鉴于他保护自己的城市根基免受危险，他的城市要求伊安娜（Eanna）献出伊什塔尔，尼普尔献出恩利尔，图图尔（Tuttul）献出达甘（Dagan），凯什（Kesh）献出宁胡尔萨格（Ninhursag），埃利都（Eridu）献出恩基，乌尔献出辛（Sin），西帕尔（Sippar）献出沙玛什（Shamash），库撒（Kutha）献出内尔伽勒（Nergal），他成为他们城市的神，他们在阿加德给他建了一座神庙。

（纳拉姆辛，阿卡德国王，公元前 23 世纪）[18]

对于美索不达米亚早期城市的居民来说，经历战火司空见惯。在上面的铭文中，纳拉姆辛的成功被归功于他与众神的紧密关系，他的人民希望他能得到神性的回报。神圣的王权是萨尔贡王朝实施的国家建设的另一项创新。就像文献记载的乌尔的仪式谋杀一样，神圣的王权是一种短暂的现象，这不是公元前 3 千纪之后美索不达米亚社会的特征，但这些实践显示了暴 230
力、神谕和精英之间的密切关系。

历经三代传承后，萨尔贡建立的王朝终于在内部叛乱和外部威胁［尤其是来自扎格罗斯山脉的一群古提人（Guti）］的双重打击之下垮台。后世的美索不达米亚抄写员在《阿卡德的诅咒》（*Cursing of Akkad*）等文献中记载了这个王国的衰落情况。[19]从这部关于崩溃和哀叹的文学作品中诞生的经久不衰的形象之一，即古提人是威胁文明世界的暴力外来者。此时，为了保护美索不达米亚南部诸城市，人们需要按照阿卡德国王创建的模式建立一个更大的王国。

公元前 21 世纪，乌尔第三王朝（公元前 2112—前 2004 年）的国王们追随萨尔贡王朝的足迹，再次把美索不达米亚南部的各城市联合成一个独立的王国。他们的统治时代是所有古代历史中资料最为翔实的时期之一。在世界各地的博物馆、图书馆和私人收藏中，现存的文献超过 10 万种，还有无数尚未公开的泥板。事实上，大量的文献证据使得我们有可能在特定的某年里追踪一些王室作坊几乎每一天的具体活动。这些文献的大部分内容是为国王及其属下创建的行政公文。

这一时期以及它的书面记录里引人注目的一个方面，是无处不在的战争和国家发起的暴力行为。美索不达米亚南部记录时间的习俗之一就是使用王室年号。每年都以重大事件命名，如建造神庙或偶像雕塑，又或一次军事行动。公元前 3 千纪末期，通过年号记录下来的最常见事件是王国边界以外的频繁袭击。公元前 21 世纪近一半的年号以战胜外国城市和土地的事件来命名。在乌尔第三王朝留存下来的大量文献中，人们很难找到和平相处的时刻。第一次提到军事活动的年号出现在舒尔吉（Shulgi）第二十年，当时乌尔的公民被组织成长矛兵。在舒尔吉击败卡尔哈尔（Shulgi's defeat of Karhar，这是舒尔吉第
231 二十四年的年号）之后，军事活动变得更加频繁。从曼努埃尔·莫利纳（Manuel Molina）收集的资料来看，从舒尔吉第二十五年开始，人们已经发现了几十种关于乌尔第三王朝的文献资料。[20]从那一年开始，大量幸存的文件源源不断地涌现，在战争年代，资料数量达到顶峰。因此，这个时期的大部分文献在很大程度上是暴力的产物。

公元前 21 世纪，在乌尔历代国王的统治之下，几乎年年都发生战争。因而这个王国的武装冲突可能没有间断地持续了一个世纪之久。从根本上来说，乌尔第三王朝在这一时期持续不断地参与战争，与其说是战略上的需要，不如说是社会和经济上的需要。王权的意识形态与暴力实践密切相关，国王成功地进行军事行动的能力对他的公众形象至关重要。国王依靠军事精英在周边地区实施暴力。王室和军事精英都开始依赖战役给他们的家庭带来财富。我描述的是一种通过战争形成的恩庇侍从关系。王国越来越多地把参与军事活动和通过这种活动取得的直接经济利益联系在一起。文献资料甚至告诉我们，国王们会在获得战役的战利品后举行宴会，这显然与五百年前乌尔军旗上的场景相呼应。

公元前 21 世纪持续不断的战争的开始，是美索不达米亚

南部一千年社会发展的顶峰，这种发展与建立以国王本人、国王的神圣授权及其军事能力为中心的领地国家的政治计划有关。成千上万的行政公文记录了向美索不达米亚冲积平原的北部和东部进军的结果，这尤其引人注目，因为我们还没有找到乌尔首都的中央国家档案，这些档案必然包含重要的军事记录。[21]当然，这些战役也被记录在王室铭文中。

> 舒辛（Shu-Suen），威武的国王，乌尔之王，四方之 232
> 王，借助他的主人恩利尔的力量，在恩利尔心爱的女人宁利勒（Ninlil）的指挥下，在大大小小的战斗中取得了胜利。无论是强者还是弱者，都死于他手。他像播撒种子一样埋下了正义之人和邪恶之人的头颅。他把敌人的尸体堆成一堆。他俘虏了他们的主人……那些逃避战斗的人，那些像鸟儿一样逃命的人，都没能逃出他的手掌心。他把他们的城镇和村庄夷为平地。他摧毁了他们的城墙。他追上那些城市的民众，弄瞎了他们的眼睛，让他们在伟大众神的果园里充当奴仆。他俘获了那些城市的女人，把她们当作礼物送到了伟大众神的织布作坊。他牵走了他们的牛、绵羊、山羊和驴子……
>
> （舒辛，乌尔国王，公元前21世纪）[22]

在这个例子中，王朝的倒数第二位国王舒辛，于他在位的第八年，在东北边境征战，在历经几年的挫折后，他试图恢复王朝的权力和声望。他的叙述通常包括血腥的毁灭故事，但也详细列举了从遥远的社群拖曳来的战利品。实际上，该文献接下来详述了那里正在进行的资源开采。在战役结束后，人们开始收集战利品，这些地区成为牲畜和外国商品等贡品的稳定来源。主要是苏美尔的军事精英成员和战败社群的联合领导人实现了这样的转变。

乌尔第三王朝的国王们在其东部和东北部边境开展军事活动，是为了确保来自其从属国、军事人员和王国高级官员的贡品能够源源不断地供应。很明显，这些袭击活动的目的在于获取资源和削弱外部群体；他们的目标并不是完全控制外国领地。当然，即使没有活跃的对外贸易，当地经济的繁荣也足以支撑美索不达米亚南部的大型城市中心，但乌尔第三王朝的声誉经济（prestige economy），以及由经济支持的世袭政府，需要不断注入来自国家东部和东北部边缘地区的资源。美索不达米亚在萨尔贡和乌尔纳姆王朝时期发展起来的庞大行政机构，把很大一部分精力投入了记录精英在这个庇护和控制体系中的参与情况上。行政人员写下并保存了显要人物的一长串贡品清单，以纪念他们对王室的贡献。

233 乌尔王国恰好在公元前 3 千纪末期崩溃，这也是内部斗争和外部力量共同作用的结果。事实上，乌尔的最后一位国王被一位埃兰国王带到了东方，他也是暴力战争的受害者，这在那个时代已经司空见惯。乌尔城沦陷之后，其他小王国之间的冲突又持续了两个世纪，这些小王国比独立的城邦要大，但远远小于阿卡德王国或乌尔王国。[23]到公元前 18 世纪，这个时代的战火已经为巴比伦王国的兴起奠定了基础，汉谟拉比在该地区建立了自己的霸权。他通过战争和外交两种手段征服了美索不达米亚，战争和外交成为公元前 2 千纪大部分时间里古代近东的特征。

最后，我认为，在普遍的国家形成模式及其与暴力的关系中，各个城邦的国王们第一次把暴力推向城市和城墙以外，这些城市和城墙不断发展以护他们周全，之后，领地国家的国王们把暴力推向美索不达米亚文明的文化边界之外。这些国王发现自己统治着规模更大的政治群体，在这些群体中，有必要坚称只有国王才能行使唯一合法的暴力，他们代表与自己直接相关的神圣力量来行使暴力。

美索不达米亚早期所有这些领地王国都是靠暴力创立和维持的；每个王国的统治都只延续了几代人，这表明国王们未能在那些致力于暴力的制度之外建立更持久的制度。他们成功地为国家使用合法的暴力，但没有在国王扩展的军事事务外建立起国家的概念。这些国家的短暂性和实验性与使用暴力有关。

到青铜时代晚期，领地国家的观念已经在美索不达米亚的 234
政治经济中根深蒂固，它的发源地是巴比伦城。汉谟拉比王朝长期的继任者是巴比伦的喀西特（Kassite）诸国王，我们可以在著名的“阿马尔奈文书”（Amarna Letters）中看到他们对这些模式的坚持程度，该文书记录了埃及第十八王朝的法老们与近东国王们的一些外交信函。[24]这些书信见证了法老及其信使所做的诸多努力，以在列强环伺的情况下保卫自身，同时确保自身能够继续获得朝贡贸易商品。诸如埃及、巴比伦和赫梯等国家的国王再也不能泰然自若地与外来者作战了，但他们为了捍卫国土完整，已准备好开战。[25]这些国王承认彼此是各自势力范围内的暴力仲裁者。公元前 14 世纪，巴比伦国王伯尔纳布里阿什（Burna-Buriash）在写给埃及法老的信中说：

> 我和我的兄弟共同宣示友好，这就是我们所说的：“正如我们的父辈彼此是朋友，我们也将是朋友。”现在，

> 我的商人们……被扣留在迦南（Canaan）……迦南是属于你的地域。它的君王是你的仆人。在你的国家，我被掠夺了。要追究他们的责任，他们要为自己抢走的钱财做出赔偿。你要杀死那些杀我仆人的人，以血还血。你若不杀这些人，他们必定会再杀人，无论是我们商队里的人，还是你自己的使者，这样，你我之间的通信将因此断绝。[26]

这封信提出了几种设想，这些设想可能是在公元前 2 千纪近东王室的宫廷中做出的，这是过去两千年历史发展的结果。第一，适当使用暴力是王室的特权。第二，这种特权只在国家边界内行使，而边界通常是由文化决定的。第三，控制暴力的好处可以从商业角度来衡量。第四，到青铜时代末期，这是众多有影响力的大王国共同的事业。

美索不达米亚晚期历史中的王室辞藻和暴力

235 美索不达米亚晚期历史的血腥程度不亚于我所描述的早期历史。从公元前 1200 年到公元前 6 世纪波斯人征服美索不达米亚，然后到公元前 4 世纪亚历山大征服波斯，两河流域的居民很少能享受到太平日子。一年一战的习俗成为宫廷固有的观念，尽管战争的规模最终发生了变化。大约在青铜时代末期（约公元前 1200 年），我们看到了一种转变，即从目的是加强权力观念和获得财富的定期袭击周边地区，到每年以仪式化的暴力表达方式彻底征服这些地区。

在公元前 1 千纪的新亚述帝国时期，美索不达米亚的军队携带他们的武器远征至塞浦路斯和埃及；然而，自公元前 3 千纪中期以后，暴力的主旨和人们对暴力的基本理解并没有在实质上发生改变。国王作为众神的使者，肩负着在国内维持秩序和在国外实施暴力的使命。

> 辛那赫里布（Sennacherib），伟大的国王，强有力的国王，亚述之王，无与伦比的国王，虔诚的牧羊人，他尊崇伟大的神明，守护真理，热爱正义，帮助弱者，追求善行，他是一个完美的男人，有男子气概的战士，一流的统治者，他是控制违抗者的缰绳，他用闪电突袭敌人。伟大的阿舒尔（Ashur）神，您是巍峨的高山，赐予了我无与伦比的主权，使我的武器比所有坐在宝座上的人的武器都更强大。
>
> （辛那赫里布，亚述国王，公元前 7 世纪）[27]

公元前 1 千纪的新变化是神命的范围。国王们不再仅仅统治美索不达米亚世界，他们宣称拥有对所有王国的权力。拥有无与伦比主权的国王不得不向周围的王国开战，对美索不达米亚的精英们来说，这场冲突带来的好处是实实在在的。最终，在古代美索不达米亚，这种暴力可以用数字表达，并用最生动的措辞描述：

> 我用剑杀死了希里姆姆（Hirimmu）的民众，这是一 236
> 群危险的敌人，他们从远古时代起就不臣服于我们的先王，我没有留下一个活口……我平安地回到亚述，并掳走了 208000 人，7200 匹马和骡子，11073 头驴子，5230 峰骆驼，80050 头牛，800100 只绵羊和山羊。另外还有我的士兵掳去并分给他们自己的人口、驴子、骆驼、牛、绵羊

和山羊。此外，我又手刃了仇敌的兵丁，就是那些在我轭下顽梗不服的人。我将他们的尸首挂在杆子上。

（辛那赫里布，亚述国王，公元前 7 世纪）[28]

在新亚述的王室铭文中，我们发现，这些措辞与一千五百年前阿卡德国王和乌尔国王使用的语言有明显的相似之处。美索不达米亚以外的世界是国家暴力的集结地和财富的源泉。公元前 3 千纪的国王杀死了一众敌人，带走了俘虏和牲畜。公元前 1 千纪的王权扩大了这一事业的规模，但没有强化国家与战争之间的关系。后来的亚述人、巴比伦人和波斯人带着刀剑越过王国的边界，用暴力建立帝国，以确保他们有能力维持王权依赖的庇护制度。这些努力受到了长期发展的暴力修辞的鼓励，暴力修辞是王室进行决策的催化剂。在美索不达米亚这个秩序井然的世界里，暴力受到王室法令的约束，而环绕着这片土地的混乱状况可以通过众神许可的战争来平息。

参考论著

对这一主题展开广泛讨论的较新著作是 William J. Hamblin, *Warfare in the Ancient Near East to 1600 BC: Holy Warriors at the Dawn of History* (London: Routledge, 2006)。这是一部综合性著作，但在研究政治史和美索不达米亚发展的方法上有些过时。更为犀利的论著是 Zainab Bahrani, *Rituals of War: The Body and Violence in Mesopotamia* (New York: Zone Books, 2008)；Seth F. C. Richardson, 'Mesopotamia and the "New" Military History', in L. L. Brice and J. T. Roberts (eds.), *Recent Directions in the Military History of the Ancient World*, PAAH 10 (Claremont, CA: Regina Books, 2011), pp. 11–51。

Davide Nadali and Jodi Vidal (eds.), *The Other Face of the Battle: The Impact of War on Civilians in the Ancient Near East* (Münster: Ugarit-Verlag,

2014）贡献颇多，其中包括根据留存下来的“官方”证据对不好估量的
战争费用进行了评估。以下著作主要讨论了反抗和叛乱的主题：Seth 237
Richardson（ed.），*Rebellions and Peripheries in the Cuneiform World*，American
Oriental Series 91（New Haven，CT：American Oriental Society，2010）；Timothy
Howe and Lee L. Brice（eds.），*Brill's Companion to Insurgency and Terrorism*
in the Ancient Mediterranean（Leiden：Brill，2016）；John J. Collins and
J. G. Manning（eds.），*Revolt and Rebellion in the Ancient Classical World and*
the Near East, In the Crucible of Empire，Culture and History of the Ancient
Near East 85（Leiden：Brill，2016）。

关于美索不达米亚早期诸国王之间发生的战役，请参阅 Benjamin Foster，*The Age of Agade, Inventing Empire in Ancient Mesopotamia*（London：Routledge，2016）；Piotr Michalowski，*The Correspondence of the Kings of Ur, An Epistolary History of an Ancient Mesopotamian Kingdom*（Winona，IN：Eisenbrauns，2011）。关于早期战役带来的经济影响，参见 Steven Garfinkle，‘The Economy of Warfare in Southern Iraq at the End of the Third Millennium BC’，in H. Neumann et al.（eds.），*Krieg und Frieden im Alten Vorderasien, Proceedings of the 52e Rencontre Assyriologique Internationale*（Münster：Ugarit-Verlag，2014），pp. 353-62。

关于早期美索不达米亚的专题讨论，请参阅 J. N. Postgate，*Early Mesopotamia, Society and Economy at the Dawn of History*（London：Routledge，1992）；Norman Yoffee，*Myths of the Archaic State, Evolution of the Earliest Cities, States, and Civilizations*（Cambridge：Cambridge University Press，2005）。关于军事组织的论述，请参阅 Postgate，*Early Mesopotamia*；Stephanie Dalley，‘Ancient Mesopotamian Military Organization’，in J. M. Sasson（ed.），*Civilizations of the Ancient Near East*，4 vols.（New York：Scribner，1994），vol. I，pp. 413-22。

关于美索不达米亚的王室铭文，请参阅多伦多大学出版社的“美索不达米亚王室铭文”系列丛书和艾森布朗（Eisenbrauns）出版社的“新亚述时期王室铭文”系列丛书。关于王室铭文，请参阅 Mario Liverani，‘“Untruthful Steles”：Propaganda and Reliability in Ancient Mesopotamia’，in S. C. Melville and A. L. Slotsky（eds.），*Opening the Tablet Box, Near Eastern Studies in Honor of Benjamin R. Foster*，Culture and History of the Ancient Near East 42（Leiden：Brill，2010），pp. 229-44。有关本章提到的历史事件的概

述，请参阅 Marc Van De Mieroop, *A History of the Ancient Near East ca. 3000–323 BC*, 3rd edn (Hoboken, NJ: Wiley-Blackwell, 2016)。

注　释

1. Martha T. Roth, *Law Collections from Mesopotamia and Asia Minor*, 2nd edn (Atlanta, GA: Scholar's Press, 1997).
2. Douglas R. Frayne, *Sargonic and Gutian Periods (2334–2113 BCE)*, Royal Inscriptions of Mesopotamia Early Periods 2 (Toronto: University of Toronto Press, 1993), pp. 75–6.
3. Andrew George, *The Epic of Gilgamesh* (Harmondsworth: Penguin, 1999), p. 12.
4. Zainab Bahrani, *Rituals of War: The Body and Violence in Mesopotamia* (New York: Zone Books, 2008), p. 10.
5. 关于《伊南娜和埃比赫》，英译依据的是苏美尔文学的电子文本语料库：http://etcsl.orinst.ox.ac.uk/cgi-bin/etcsl.cgi? text=t.1.3.2。
6. 纳拉姆辛胜利石碑和汉谟拉比石碑都存放于巴黎卢浮宫，在该博物馆的网站上可以看到这两块石碑。
7. 'Yet he is the shepherd of Uruk-the-Sheepfold, Gilgamesh, the guide of the teeming people. He is their shepherd and their protector, pre-eminent, expert, and mighty': George, *Gilgamesh*, p. 4.
8. 这些铭文记录了乌玛和拉格什之间的一系列战役，参见 Jerrold S. Cooper, *Reconstructing History from Ancient Inscriptions: The Lagash-Umma Border Conflict*, Sources from the Ancient Near East 2.1 (Malibu: Undena, 1983)。
9. Jerrold S. Cooper, *Sumerian and Akkadian Royal Inscriptions I, Presargonic Inscriptions* (New Haven, CT: American Oriental Society, 1986), pp. 54–5.
10. Roth, *Law Collections*, pp. 76–7.
11. 译自 Samuel Noah Kramer, *From the Tablets of Sumer*, 3rd edn (Indian Hills, CO: Falcon's Wing Press, 1956), pp. 57 – 8。参见

Thorkild Jacobsen, 'An Ancient Mesopotamian Trial for Homicide', in W. L. Moran (ed.), *Toward the Image of Tammuz and Other Essays on Mesopotamian History and Culture*, Harvard Semitic Series 21 (Cambridge, MA: Harvard University Press, 1970), pp. 198 - 201; Martha T. Roth, 'Gender and Law: A Case Study from Ancient Mesopotamia', in V. H. Matthews, B. M. Levinson and T. Frymer-Kensky (eds.), *Gender and Law in the Hebrew Bible and the Ancient Near East, Journal for the Study of the Old Testament*, supplementary series 262 (1998), pp. 173-4。

12. 'Mesopotamian texts reflect the extensive involvement of the state in the process of remedying homicide': Pamela Barmush, 'Blood Feud and State Control: Differing Legal Institutions for the Remedy of Homicide during the Second and First Millennia B. C. E.', *Journal of Near Eastern Studies* 63. 3 (2004), pp. 183-99.

13. "法典"还根据行凶者的社会地位对其进行相应的惩罚，从而加强了国王和王室上层集团的权力。

14. 这个时代也见证了对外贸易的增长，这反映了精英阶层，特别是国王的私欲，他们想通过拥有奢侈品和储存大量财富来展示自己的地位和对社会的控制能力，参见 Marc Van De Mieroop, 'In Search of Prestige: Foreign Contacts and the Rise of the Elite in Early Dynastic Mesopotamia', in E. Ehrenberg (ed.), *Leaving No Stones Unturned: Essays on the Ancient Near East and Egypt in Honor of Donald P. Hansen* (Winona Lake, IN: Eisenbrauns, 2002), pp. 125-37; Walther Sallaberger, 'The Management of Royal Treasure: Palace Archives and the Palatial Economy in the Ancient Near East', in J. Hill, P. Jones and A. Morales (eds.), *Experiencing Power, Generating Authority: Cosmos, Politics, and the Ideology of Kingship in Ancient Egypt and Mesopotamia* (Philadelphia: University of Pennsylvania Museum, 2013), pp. 219-55。

15. 伦纳德·伍利爵士（Sir Leonard Woolley）在王室墓地发掘的文物目前藏于大英博物馆和宾夕法尼亚大学博物馆。许多文物，如我在下文将要提到的乌尔军旗，都可以在这些博物馆的网站上看到。关于所有这些文物及其他论述，请参阅 Julian Reade, 'The Royal Tombs of Ur' and 'The Great Death Pit at Ur', in J. Aruz

and R. Wallenfels (eds.) ,*Art of the First Cities: The Third Millennium B. C. from the Mediterranean to the Indus* (New York: Metropolitan Museum of New York, 2003) , pp. 93-107, 120-32。

16. 乌尔王室墓地的修建时间比所谓的拉格什-乌玛边境冲突早了约一个世纪；在美索不达米亚各城邦之间日渐激烈的竞争和战争的背景下，我们很容易看到军旗上描绘的暴力。

17. 译自 Douglas Frayne, *Sargonic and Gutian Periods (2334 - 2113 BCE)* , Royal Inscriptions of Mesopotamia Early Periods 2 (Toronto: University of Toronto Press, 1993) , pp. 10-11。

18. Ibid. , pp. 113-14.

19. 参见 Jerrold S. Cooper, *The Curse of Agade* (Baltimore, MD: Johns Hopkins University Press, 1983)。《阿卡德的诅咒》是系列文献中的一篇，这些文献资料哀叹古代美索不达米亚城市和王国的崩溃，其中包括《哀悼苏美尔和乌尔的毁灭》。参见苏美尔文学的电子文本语料库，http://etcsl . orinst. ox. ac. uk/cgi-bin/etcsl. cgi?text=c. 2. 2* #。

20. Manuel Molina, 'The Corpus of Neo-Sumerian Tablets: An Overview', in S. J. Garfinkle and J. C. Johnson (eds.), *The Growth of an Early State in Mesopotamia: Studies in Ur III Administration*, Biblioteca del Próximo Oriente Antiguo 5 (Madrid: Consejo Superior de Investigaciones Científicas, 2008) , pp. 19-53.

21. Bertrand Lafont, ' The Army of the Kings of Ur: The Textual Evidence' , *Cuneiform Digital Library Journal* 5 (2009).

22. Douglas R. Frayne, *Ur III Period (2112 - 2004 BCE)* , Royal Inscriptions of Mesopotamia Early Periods 3/2 (Toronto: University of Toronto Press, 1997) , pp. 303-4.

23. 这种情况在马里的档案中有详细记载。马里是位于幼发拉底河大弯处的商业转运港，它是连接美索不达米亚和更广阔近东地区的贸易路线的交会点。公元前 18 世纪，巴比伦的汉谟拉比征服了马里，它的宫殿被烧毁，里面曾保存许多王室档案。敌对国王之间的权力争夺在著名的马里书信中保存得最为完整：“没有哪个国王可以单靠自己就能实现真正的强大：有 10—15 个国王追随巴比伦的汉谟拉比，同样多的国王追随拉尔萨的里姆辛（Rim Sin of

Larsa)、埃什嫩纳的伊巴勒皮埃勒（Ibal-pi-El of Eshnunna),以及卡特纳的阿姆特皮埃勒（Amut-pi-El of Qatna);但有 20 个国王追随雅穆哈德的雅里姆利姆（Yarim-Lim of Yamhad)。”译自 Jack M. Sasson, *From the Mari Archives, an Anthology of Old Babylonian Letters* (Winona Lake, IN: Eisenbrauns, 2015), p. 82。

24. William L. Moran, *The Amarna Letters* (Baltimore, MD: Johns Hopkins University Press, 1992).

25. 血腥的战争仍时有发生，其中最为著名的是埃及人和赫梯人之间的冲突，这场冲突在公元前 13 世纪的卡叠什战役中达到高潮。

26. Moran, *Amarna Letters*, p. 16.

27. A. Kirk Grayson and J. Novotny, *The Royal Inscriptions of Sennacherib, King of Assyria (704–681 BCE), Part 1*, Royal Inscriptions of the Neo-Assyrian Period 3/1 (Winona Lake, IN: Eisenbrauns, 2012), p. 32.

28. Grayson and Novotny, *Royal Inscriptions of Sennacherib*, pp. 36–7.

11 暴力与罗马的战争方式

乔纳森·罗斯

238 在本章的标题中，“罗马的战争方式”是“西方的战争方式”的变体，该理论由维克多·戴维斯·汉森（Victor Davis Hanson）首次提出，之后招致了诸多批评，而且我也不太赞同这一理论。[1]不管怎样，“罗马的战争方式”在多大程度上反映了其文化的内在特征，或罗马人对战争普遍特征的反应，都是值得怀疑的。即使就最基本的武器装备而论，罗马军队也是随着时间的推移而发生了巨大变化的。此外，人们倾向于关注罗马的统治区域，而不是整个地中海世界，可能会造成罗马与众不同这一错觉。例如，苏珊·马特恩（Susan Mattern）关于罗马政治和军事价值观以及荣耀、统治和威望之重要性的论述，都是非常不错的，但这些论述适用于任何一个帝国。[2]

直到20世纪中叶，学者仍然认为罗马军队并不是特别地暴力，而是以克制为其主要特征。在一部经典著作中，特奥多尔·蒙森（Theodor Mommsen）称赞罗马的纪律，却对它的残忍或野蛮只字不提。[3]1914年，坦尼·弗兰克（Tenney Frank）提出罗马人是勉强参战的，即所谓的“防御性帝国扩张主义”理论。[4]第二次世界大战开始时，H. H. 斯卡拉德（H. H. Scullard）在评论一篇私人发表的关于罗马暴行的论文（很明显，这是关于此问题的第一篇专题论文）时得出结论：“罗马的军事方法……以现代战争（或者更确切地说，相对现代的战争）的标准来判断，是异常残忍的，但以当代战争的惯例来判断，它们出奇地人道。”[5]

1979 年，威廉·V. 哈里斯（William V. Harris）《罗马共和 239
国的战争与帝国扩张主义》（*War and Imperialism in Republican Rome*）一书的出版，极大地改变了人们对罗马战争本质的一致看法，这部著作在半个世纪后仍具有一定的影响力。[6]哈里斯假定罗马社会是好战的，这反映在其意识形态和制度上，并认为这种好战的文化推动了高于平均水平的军事暴力和好战的帝国扩张主义的发展。到了 20 世纪末，认为罗马残酷而积极地扩张到相对和平的地中海世界的观点已经司空见惯。如果说有什么不同的话，那就是这种观点变得更加消极了。蒂姆·康奈尔（Tim Cornell）将罗马比作犯罪集团，暗示罗马军队最好被视为“黑帮的拳头”。[7]在近期一部广受欢迎的关于罗马帝国的研究著作中，尼尔·福克纳（Neil Faulkner）把罗马帝国称为“一个以战利品为食的肉食国家”。[8]

2006 年，亚瑟·埃克斯坦（Arthur Eckstein）的《地中海的无政府状态、国际战争与罗马的崛起》（*Mediterranean Anarchy, Interstate War, and the Rise of Rome*）对这一观点提出了质疑。[9]尽管埃克斯坦并不否认罗马是一个好战的国家，但他认为罗马深陷于地中海世界，其他国家也同样穷兵黩武。从这个角度来看，罗马帝国是其领导者进行理性决策的结果，而不是由与生俱来的军事文化造就的。这种“防御性帝国扩张主义”的模式又悄然兴起了，但在关于所谓的“文化现实主义者”的争论中，罗马历史学家尚未达成共识。

王政时代的罗马与早期罗马

从公元前 8 世纪到公元前 6 世纪，罗马最早的历史神话中充满了军事暴力。[10]在维吉尔讲述罗马起源的史诗《埃涅阿斯纪》中，先知西比尔（Sybil）预言："我看到了战争和战争带来的所有恐怖。我看到台伯河正流淌着鲜血、翻涌着血沫。"[11]这些故事为那些认为罗马特别好战的人提供了佐证。然而，值得注意的是，几乎所有现存书籍都是在 500—700 年之后的奥古斯都时代写就的。此外，维吉尔强调罗马的血腥历史是为了与奥古斯都·恺撒开创的罗马帝国和平的黄金时
240 代做对比。我们需要用批判的眼光来看待这种关于暴力的文字描述。

早期罗马的古代历史学家认为罗马强大而富于攻击性，但我们不可能由此断言它的国王是不是"帝国扩张主义者"。公元前 6 世纪规模宏大的朱庇特神庙（Temple of Jupiter）表明罗马当时已经统治了意大利中部，尽管我们不知道这种统治是通过武力还是靠大量财富实现的。在伊特鲁里亚（Etruscan）国王的统治被推翻之后，共和国得以建立，文献资料记载，罗马征服了处于国王掌控之中的地区。这或者意味着共和国失去了土地，它必须重新征服土地，或者更令人怀疑的是，早期的征服只是虚构出来的。无论如何，早期罗马的传说都不能体现王政时代罗马的真实特征。战争和贵族英雄的故事可能掩盖了商贸城市和商人家族的历史。

到公元前 6 世纪，罗马拥有了一支由有产公民组成的民兵式军队，这支队伍由地方官员征召，并在战争结束后自行解散。这是那个时期地中海城邦的典型特征，即拥有希腊式的征兵、武器和战斗体系，也就是所谓的"重装步兵体系"。[12]虽然后来的证据表明，贵族领导的氏族（*gentes*）在早期罗马的地位十分重要，但关于早期罗马军事实践的资料存在争议。李维

(Livy) 和狄俄尼索斯 (Dionysius) 讲述了法比 (Fabii) 或称法比氏族的故事，法比氏族组成一支氏族力量与维爱 (Veii) 的伊特鲁里亚居民对战，尽管两人都将此次事件描述为一个特例。[13]然而，几乎没有证据表明，在其他时代和地方，存在这种与强大的军事氏族有关的地方性纷争和仇杀。即使是在莎士比亚复述的盖乌斯·马尔西乌斯·科利奥兰纳斯 (Gaius Marcius Coriolanus) 的传说中，故事的焦点也只是放在个人身上，而不是放在氏族的争端上。

在公元前 5 世纪的一百年间，经过一系列战争，罗马确立了在拉丁姆 (Latium) 这块约 894 平方公里土地上的霸权。与此同时，罗马的贵族和平民进行了漫长的权力斗争。令人震惊的是，虽然“阶级冲突”中出现了暴力事件，但它并没有导致希腊城邦中常见的那种普遍的内部暴行和混乱，这种现象不禁让人质疑罗马人是否会不假思索地诉诸暴力。我们也必须批判性地看待共和国早期的战争故事。

战争在我们的历史叙述中占据了很大一部分，但几乎可以 241
肯定的是，李维虚构了早期战争的细节。例如，对于在公元前 494 年击败了沃尔西人 (Volscian) 之后的情形，李维这样描述道：“在那场混乱的无差别屠杀中，伤亡人数比以往历次战争的都要多。只有少数人得以幸免于难，因为他们手无寸铁地前来自首。”[14]在攻城战中杀死被俘的居民是一种常见的做法，李维的描述应该不是特指共和国早期。在另一段描述军事暴力的文字中，李维说，在一场他认为可追溯到公元前 462 年的战斗之后，“沃尔西人被消灭殆尽。我在一些编年史中发现，13470 人在战斗和追击中阵亡，1750 人被俘，27 面军旗被缴获。虽然可能有些夸张，但这确实是一场大屠杀”。[15]这些数字不一定是李维编造的，可能是他在更早的资料中发现的。然而，即使这些数字来自同时代的作品（这是不太可能的），我们也需要应用德国军事历史学家汉斯·德布吕克（Hans Debrück）所说的事件考辨法（*Sachkritik*）①，即我们需要评判这些在古代手稿中发现的数字是否具有合理性。[16]

公元前400年前后，罗马征服伊特鲁里亚人的城市维爱，使自己的土地面积和人口规模都翻了一番。这是罗马在意大利半岛崛起的关键时刻。公元前387年，高卢人突袭并洗劫罗马，罗马人为此修建了一道防御城墙，但这并没有打破这种征服的趋势。在这次挫败和森提乌姆之战（Battle of Sentium，公元前295年）间的一个世纪里，罗马打败了意大利中部强大的萨莫奈（Samnite）联盟，将高卢人赶出了伊特鲁里亚的土地，并控制了重要的坎帕尼亚（Campanian）海岸线。被征服的意大利各民族被组织为盟军（*socii*），他们在名义上（实际在某种程度上）是独立的。这些盟军不用缴税，但不得不向罗马提供兵源。

罗马在早期征服中面临这些民族断断续续的叛乱，还有一些内乱，不过这些叛乱和内乱的细节和规模难以确定；尽管如此，并没有直接的证据表明罗马人特别残忍。无论罗马间接控制意大利的最初动机是什么，罗马组织权力的方式在一段时间内产生了重大影响。从短期来看，相对于盟友来说，它很可能已经降低了军事暴力的水平，因为罗马军队一般不负责驻守或担当警察的职责。此外，这种方式表明，罗马不太像其他帝国

① 事件考辨法，德布吕克发展出的一套独创的科学研究方法，即对历史上流传至今的军事史料进行批判性考证。

扩张主义国家那样拥有统治的思想体系。如果说罗马的扩张有什么特别之处的话，那就是罗马人乐于同化外来人口并与其分享权力，而不是罗马的好战性。 242

到公元前 280 年，罗马直接或间接地征服了意大利北部和中部地区。那一年，针对意大利南部希腊人城邦的战争在伊庇鲁斯（Epirus）国王皮洛士（Pyrrhus）的支持下爆发。尽管罗马在战术上失败了，但它集结新军队的能力使其最终获胜，随着时间的推移，这成为一种趋势。在这一时期，罗马的重装步兵方阵逐渐转变为灵活机动的步兵支队军团，后者结合了轻步兵和重步兵（有些士兵可能还装备了短剑），并运用比重装步兵方阵更开放的队形。作为地中海的一个大国，罗马在公元前 3 世纪中叶与迦太基发生冲突，爆发了两次布匿战争。

共和国中期

关于布匿战争，我们有李维和波利比乌斯（Polybius）的两个相对完整的叙述版本，前者在许多方面引用了后者的资料。加上其他出处的资料，如阿庇安（Appian）和普鲁塔克（Plutarch）的著作，我们就有了相当可靠的对事件具体过程的描述。我们现有的历史资料通常包括数字、军队的规模、战斗中阵亡和受伤的人数，有时还有对平民死亡的描述和被带走的奴隶的数量。例如，阿庇安声称，在第二次布匿战争（公元前 218—前 201 年）期间，共有 30 万罗马士兵被杀死。[17]虽然这个数字可能会受到质疑，但很明显，罗马军队规模庞大，伤亡惨重，然而我们不要忘了，较高的伤亡是源于陆军和海军的庞大规模。

认为罗马人异常残暴的主要依据是波利比乌斯对“阿非

利加征服者西庇阿”（Scipio Africanus，也作西庇阿·阿非利加努斯）武力征服迦太基或新迦太基之后情形的描述。攻城战发生在公元前209年，即第二次布匿战争期间，当时波利比乌斯还没有出生，但他是严谨的历史学家，也有机会接触到罗马的档案和见证人。因此，他生动的描述很可能是准确的。

> 根据罗马习俗，他们得到的命令是消灭遇到的一切活物，一个不留，但在接到命令之前，他们绝对不会开始掠
> 243 夺。采用这种做法就是为了制造恐怖，所以当罗马人占领城市时，你不仅会看到人的尸体，也会看到狗被砍成两半，还有别的动物被肢解。[18]

在古代战争中，在占领的城市里屠杀民众是很常见的现象。杀死狗和其他动物的行为则让波利比乌斯大为震惊。不论罗马人是否真的在新迦太基或其他地方这样做，以及在这种情况下杀死动物是不是罗马人的常规做法，似乎都很难证明罗马人的军事暴力比其他人的更残忍。毕竟，每天大规模屠杀动物的行为不但过去是，现在仍然是世界各地的一种常规活动。然而，通过进一步阅读，我们注意到，波利比乌斯说，在西庇阿下令后，士兵停止了杀戮和随后的掠夺行为；他们遵守纪律，训练有素。因此，波利比乌斯并没有将暴力认定为无脑的暴行，而是将其作为一种被合理运用的权力工具。

公元前202年，迦太基人在扎马（Zama）战败，之后五十年里，罗马人打败了两个强大的希腊化时期的王朝，即安提柯（Antigonids）和塞琉古（Seleucids），成为地中海世界首屈一指的国家。为了控制意大利以外的地区，罗马采用在近东已经沿

用了几个世纪的行省制。然而，它并没有扩大帝国的行政机构，而是利用现有的精英进行统治，并依靠军队来惩罚叛乱或反抗。罗马继续沿用意大利的盟友体制，此外，罗马人还让一些国家作为附属国独立出去，甚至与其结成真正意义上的同盟。

虽然短剑（*gladius*）的引入时间尚有争议，但可以肯定的是，此时的罗马军团正在使用这种武器进行战斗。与长矛相比，这种武器需要更近的距离去搏斗，而且短剑的使用对非战斗人员的死亡方式也有影响。关于十分暴力的“罗马的战争方式”，另一个常被引证的经典文本来自李维对第二次马其顿战争（公元前 200—前 197 年）的描述。在与罗马人发生小规模战斗后，马其顿国王腓力五世命令埋葬牺牲的马其顿人，他认为这种体恤能提高士气。李维写道，实际上，这起到了反作用，他的士兵看到了那些被挥舞着短剑的士兵杀死的人支离破碎的尸体：

> 那些惯于与希腊人和伊利里亚人作战的人，以前只见过长枪和箭造成的伤口，甚至很少见过长矛造成的伤口，现在看到了被西班牙短剑肢解的尸体，有的胳膊被砍掉，
> 有的肩膀或脖子被完全砍断，有的头颅从躯干上被砍下来， 244
> 有的肚子被剖开，还有其他可怕的伤口。因此，他们惊恐地意识到自己要对付的是什么武器，要和什么人作战。[19]

有可能是腓力五世或其他什么人提到了这件事，让这件事适时地出现在李维的文本中。或者，李维或其他人的描述可能只是凭空捏造的。不管这是否代表了腓力五世的态度，我们需要记住的是，短剑造成的伤口确实比长矛造成的伤口更残忍。

当然，军队在战斗中的目标就是给敌方士兵带来死伤。问题是罗马人在战争中是否比其他人更野蛮、更凶残。在古代，暴力行为往往是例行公事，因此士兵可能并不认为军事暴力与他们的平民生活有很大不同。战争可以是“正面交锋”（open battle），也就是说，两军面对面，在罗马，这种战争通常发生在战场上。在描述这种战斗的本质时，布莱恩·坎贝尔（Brian Campbell）写道：“在罗马军队中作战是一种个人经历，它涉及面对面的战斗，在战斗中，男人凭借肌肉力量和砍杀武器，给敌人带来赫然的、血淋淋的伤口。”[20]当阅读关于战争的描述时，特别是为了理解军事暴力，我们应该始终牢记这些描述中的修辞成分。此外，我们的大多数资料来源，即使是那些有戎旅经历的人撰写的，写的也是他们没有亲身经历过的战争。

关于罗马战争发展的节奏问题，存在相当多的争论，但人们普遍认为罗马战争在不同时期有起有落。哈里斯首先提出，罗马共和国几乎一直处于战争状态，这是他认为罗马共和国特别好战的一个原因。然而，应该指出的是，并非所有战争都是千篇一律的。我们有必要把短期的和小规模的冲突，与特别漫长的战争（如第一次和第二次布匿战争）以及那些激烈的战斗［如皮洛士战争（Pyrrhic War）］区别开来。不过，区分它们并不总是容易的事情。即使是那些被描述得十分详细的战争，也存在许多未知的情况，人们对许多冲突只是一笔带过。在其他特殊情况下——关键问题是有多少这种特殊情况——我们根本没有证据证明这些事件确实发生过。

245 罗马在东部取得了一系列决定性胜利，但罗马共和国显然不愿意直接吞并那些羸弱但富足的地区，如塞琉古叙利亚和托勒密埃及。这种现象引发了人们对罗马的帝国扩张主义本质的激烈争论。追随哈里斯的思想流派援引间接控制的观念来解释罗马不愿吞并的原因，罗马人用间接控制的办法行使实际权力，同时让这些国家保持名义上的独立。那些更相信埃克斯坦的人，则把这种对吞并羸弱却富饶之土地的犹豫不决的态度作为罗马改进其防御性帝国扩张主义模式的证据。

除了对罗马帝国扩张主义动机的争论，还有一个问题，即罗马人是否比同时代的其他国家杀死了更多敌人。例如，普林尼（Pliny）指出，公元前 121 年，法比乌斯·马克西姆斯（Fabius Maximus）在伊泽尔河（River Isara）杀死了 13 万阿洛布罗基人（Allobroges）和阿维尔尼人（Averni）。[21]阿庇安说，在罗马人于公元前 146 年取得第三次布匿战争的胜利后，70 万迦太基人里只有 5 万人幸存。[22]除了这些数字的可信度问题，除非我们在其他古代国家也发现有类似的情况，否则它们就没有任何意义，而我们很少发现关于这一时期其他国家的具体伤亡数字。问题不在于罗马人是否在战争中杀过人，甚至是大量杀人，而在于与同时代的人相比，罗马人的杀人规模是否更大，方式是否更残忍。

公元前 150 年，西班牙的执政官塞尔维乌斯·苏尔皮修斯·加尔巴（Servius Sulpicius Galba）邀请卢西塔尼亚人（Lusitanians）的首领们参加谈判，然后杀死了他们。人们经常援引这个例子来证明罗马人的残忍。但是，加尔巴曾在罗马因背信弃义而遭到起诉（尽管依靠贿赂被判无罪）的事实有时却未被提及。[23]在之前一年的卢西塔尼亚人的胜利中，7000 名罗马士兵被杀，这也许不能成为借口，但确实有助于解释这场大屠杀。尽管加尔巴究竟是因为屠杀还是因为背信弃义而受到惩罚，这一问题仍存在争议，这样的屠杀却似乎并不是罗马的通常做法。

大规模奴役也被用来作为罗马军队对非战斗人员实施暴力的例子。根据李维和普鲁塔克的描述，公元前 167 年，埃米利乌斯·保卢斯（Aemilius Paullus）将军把被俘的 15 万人变为奴隶，这些俘虏可能是罗马人在征服伊庇鲁斯（今阿尔巴尼亚）后，从 70 个城市中掳掠来的。[24]虽然这条信息有两个出处，但仍不足以证明这就是事实，因为两位作家很可能都引用了单一且夸张的或虚构的资料。就像伤亡情况一样，我们在同
246 时代的其他国家中很少能见到这种大规模奴役的资料，但这到底是俘虏得以幸存的证据还是罗马特别残忍的证据，我们无法做出判断。

大规模驱逐出境的做法在某些古代国家如古亚述和古巴比伦很常见，但在罗马似乎很少见。然而，驱逐出境的事情确实发生了。公元前 193 年，罗马人在打败凯尔特人的支系波伊人（Boii）之后，将他们全部赶出了山南高卢的土地，这是一次明显的种族清理。此后不久，在公元前 180 年，罗马人将大约 8 万名利古里亚人从其意大利西北部的家乡驱逐到半岛南部。不过，此种情况局限于相对短暂的时期。它们可能代表着我们不知道的某种试验或特殊情况。与其他古代（和现代）国家相比，种族清洗和驱逐人口都没有成为罗马的习惯做法。

公元前 2 世纪，罗马人的态度发生了重大转变。他们变得不那么愿意在军团中服役了，这反映在公元前 151 年民众反对征税的几次示威抗议中。[25]罗马的精英阶层变得不太可能亲自参与战争：可能在公元前 150 年之前，全部由最富有的罗马人组成的骑兵部队消失了，取而代之的是由非罗马人组成的骑

兵。“价值”（*virtus*,字面意思是“男子气概”）的全部含义，开始从代表军事技能和勇气转变为更多是哲学层面上的美德。[26]这些都不能反驳罗马文化一直是好战的，但确实引发了一些问题。

共和国后期

到公元前 100 年，罗马军队已经发展成为一支专业化的军队。军团完全由重装步兵组成，每支步兵队的规模大约是 600 人。军团士兵都受过训练，既能打仗，又能担任工兵，这一双重职能使罗马人在围城战中取得了巨大的胜利。安东尼奥·圣苏奥索（Antonio Santosuosso）认为，是军队的职业化而非传统的罗马文化，造就了一种特别野蛮和暴力的战争方式。[27]在罗马共和国后期，确实出现过极端军事行为的证据，但很难说这是文化上的问题，还是罗马人所进行的战争 247
或者仅仅是保存下来的一些资料的性质问题。有相当多的文献为我们提供了公元前 1 世纪的军事和其他暴力的相关资料，包括撒路斯特（Sallust）、恺撒、西塞罗、维勒乌斯·帕特尔库鲁斯（Velleius Paterculus）、阿庇安、普鲁塔克和约瑟夫斯（Josephus）等人撰写的文献。

在所谓的同盟者战争（Social War，公元前 91—前 88 年）① 中，意大利同盟者反抗罗马，根据维勒乌斯·帕特尔库鲁斯的说法，在这场战争中，各方共损失了 30 万人，这个数

① 同盟者战争是意大利同盟者为争取罗马公民权、反对罗马统治者而发起的战争。这场战争历时三年多，以罗马的胜利告终。同盟者虽然失败了，但他们获得了盼望已久的罗马公民权。经过这场战争，罗马加快了由共和向帝制转变的进程。

字与第二次布匿战争中的伤亡人数相当，但第二次布匿战争发生这种状况的可能性要小得多。[28]虽然战争确实很激烈，但值得注意的是，这场战争在很大程度上是由于罗马人的和解而不是残酷的镇压而宣告结束的。唯一的例外是对萨莫奈人的态度，他们的土地遭到了严重破坏。然而，这种破坏也是在战争结束后的六年间有条不紊地进行的，这一事实表明，这可能是出于政治决定，而不是情绪使然。

罗马的内乱越来越多，经常爆发暴力事件，军队也逐渐参与其中。在这样的内乱中，残暴的行为应该是稀松平常的：例如，在公元前 87 年，秦纳（Cinna）的士兵在罗马炫耀他们政治对手的头颅。当苏拉（Sulla）成为独裁官时，西班牙发生了激烈的战斗，致使塞多留（Sertorius）和庞培（Pompey）两位将军进行了决斗。20 世纪 80 年代，人们在瓦伦西亚（Valentia）古城遗址的发掘中发现了公元前 75 年庞培围攻这座城市的遗迹。除了武器，还发现了 14 具骨骼，这些骨骼带有遭受过酷刑的痕迹。一个年长的人被绑了起来，一根标枪插进了他的直肠。一个年轻人被砍掉了四肢。发掘者推断这些人是塞多留的追随者，他们在遭到围攻后被处死。这种情况是有可能发生的，尽管他们也有可能是被塞多留的人杀死的。[29]这样的考古证据可能非常有戏剧性，但人们几乎从未能够明确地解释这些证据。

尤利乌斯·恺撒的作品辞藻华丽并且带有倾向性，但他对自己目睹的战争场景进行了详细而全面的描述。然而，他提供的数据就是另外一回事了。虽然他声称引用的是赫尔维蒂人（Helvetii）自己的统计数据，可该部落的总人口为 26.3 万，与罗马人作战时被杀的人数为 15.3 万，这些数据是不可信的。[30]对于其他来源的数据，我们就更需要持怀疑的态度了。
维勒乌斯·帕特尔库鲁斯说，在高卢战争的 10 年中，高卢人
死了 40 万。[31]普鲁塔克给出了更高的数字，他写道，300 万高 248
卢人参战，100 万人被杀，100 万人被俘。[32]这么高的数字至少
是值得怀疑的，不能不加批判地全盘接受。

2015 年，阿姆斯特丹自由大学（Vrije Univesiteit Amsterdam）的考古学家宣布，凯瑟尔（Kessel）市附近的一场战役的遗迹经放射性碳年代测定可追溯到公元前 1 世纪，可能与恺撒在公元前 55 年打败日耳曼部落的滕克特利人（Tencteri）和乌西皮特人（Usipete）有关。人们在对这一发现进行描述时经常引用 15 万日耳曼人被杀的数字，尽管这个数字并没有出现在恺撒的叙述中。他给出的数字是，这些部落有 43 万名战士（不是部落的总人口），这个数字暗示了这样庞大的被杀人数是如何得出的。[33]虽然骨骼和武器的残骸能告诉我们很多信息，但它们并不能说明罗马人在本质上是暴力的。考古学以文物为研究对象，不过，这并不一定使该学科更加客观。

尽管孤立的证据可以说明问题，但我们在把它们作为论据使用时必须非常小心。在处理古代文献或考古遗迹时，我们必须认识到这样一个事实，即能保存下来的东西很少，而且我们很难解释这些东西。当然，仅仅因为文献证据是修辞性的（全都是修辞性的）而忽视它，或者仅仅因为考古学证据是模棱两可的（全都是模棱两可的）就忽视它，那就像过分简单的轻信一样具有误导性。即便如此，对于罗马共和国时期军事暴力的性质和程度，我们根本没有依据以给出明确的结论。

帝国早期

在恺撒被刺杀后，他的甥外孙屋大维继位，并最终改名为

奥古斯都·恺撒大帝。人们通常认为他是罗马帝国的第一位皇帝。在奥古斯都的自传《奥古斯都业绩录》（*Res Gestae*）和历史学家狄奥·卡西乌斯（Dio Cassius）的作品以及其他许多参考论著中，都有关于奥古斯都军事行动的翔实资料。然而，关于其统治时期的情况，却缺乏塔西佗的那种强有力的叙事，塔西佗的《编年史》是从奥古斯都去世写起的。奥古斯都吞并了最后一个希腊化君主制国家托勒密埃及，进行了一系列的征
249 服战争和军事上的广泛改革。长期以来，军队实际上是职业化的，在那时正式成为官方军队，有了固定的服役条件。罗马军团由罗马公民和外省的后备军组成，构成了武装力量的主要部分，并由海军和驻扎在罗马附近的禁卫军补充。尽管奥古斯都统治时期罗马帝国的政策十分稳定，但比起其他统治者，他把更多的土地纳入罗马的直接统治之下。

在奥古斯都统治期间发生过几次严重的叛乱。在现代城市卡尔克里泽附近，人们发现了公元 9 年著名的条顿堡森林战役的遗址，在这场战役中，日耳曼士兵消灭了三个罗马军团。塔西佗的描述与考古证据大体一致。文献和实物证据都表明，日耳曼人非常残暴，他们拷打和杀害被俘的罗马人。这可能表明罗马人的暴力并不比其他人的暴力更严重，但同样，人们在得出结论时必须慎之又慎。[34]当时在潘诺尼亚（Pannonia）爆发了一次叛乱，虽然不太为人所知，但这次叛乱形势非常严峻，镇压起来异常困难。双方武装力量和平民的伤亡无疑是十分惨重的，但目前尚不清楚具体的数字。这件事提醒我们，有些数据被夸大了，也有一些数据完全丢失了。

与公元前 1 世纪相比，公元 1 世纪的战争有所减少。然而，正是在这一时期，人们发现了罗马极端军事暴力的证据。

罗马人在公元 43 年入侵不列颠，并在随后的几十年里扩大了他们的势力。塔西佗在他的《阿古利可拉传》（*Agricola*）一书中，以骇人的细节描述了不列颠女王布狄卡（Boudicca）起义期间发生的暴力，但最常被引用的关于罗马军事暴力的段落来自他对阿古利可拉的一次战役的描述，该战役发生于现在的苏格兰，时间是公元 83 年或公元 84 年。他引述了卡尔加库斯（Calgacus，苏格兰的一位国王或酋长的名字或头衔）的话："他们劫掠、杀戮、以虚假的头衔篡位，却称之为帝国；他们制造了荒漠，却称之为和平。"

实际上，出自历史文献的引语并不会减弱其虚夸的成分，但重要的是要记住，虚夸并不一定意味着不真实，甚至错误。当我们阅读古代资料中的引文或演讲时，它们的用词是否准确、确凿的资料或见证人的基本意思是什么，这些都是非常有价值的。在这种情况下，塔西佗几乎不可能是从获胜的阿古利可拉那里听到卡尔加库斯的演讲（当然是用凯尔特方言说的）细节的，也不太可能从苏格兰的囚犯那里听到。即使他听到了 250
演讲的一些细节，但很明显，塔西佗写这篇演讲是为了表达自己的观点，而且是用他自己的话来讲。然而，大多数历史学家认为，这种演讲，就像古代历史中的大多数演讲一样，是作者虚构出来的。事实上，可能连卡尔加库斯这个人都是塔西佗杜撰出来的。

颇具讽刺意味的是，即使卡尔加库斯说的那段话是真实的，实际上也不太可能为我们提供关于罗马帝国扩张主义本质和暴力的真实信息，更何况这还可能是塔西佗杜撰出来的。毕竟，一个部落或部落联盟的首领，身处罗马帝国边缘的一个岛的另一端，本来就对罗马军事活动的历史不太了解。塔西佗只是处在更好的位置上，能够更好地判断罗马人在漫长的时间和广阔的空间内的所作所为。引语应该被视为华丽的修辞，而不是罗马军事暴力的确凿证据。

在帝国早期爆发过一些小规模战争，如公元 49 年的罗马诺-博斯普兰（Romano-Bosporan）冲突，我们只能通过偶然的机会来了解这场冲突。这提醒我们，大量伤亡的数字可能是被夸大过的；同时，在某些情况下，冲突及其人员损失并没有被记录下来，或者对这些情况的认知没有被保存下来。幸存下来的详细证据可能具有比它本身更重要的意义，只因为它是能用得上的资料。约瑟夫斯写了一本关于公元 66—73 年的犹太战争的专著，并在其他著作中引用了这本书，他常被人们引为罗马军事暴力的主要见证人。他说，在第一次犹太战争（First or Great Revolt）中，大约有 119.7 万犹太人被杀。[35]约瑟夫斯对犹太战争后的屠杀和大规模奴役的骇人描述，被视为罗马帝国时期罗马人典型的暴力行为。

军队对任何反抗迹象进行镇压的程度可以被用来衡量其是否好战。在一项对罗马军事政策的研究中，爱德华·勒特韦克（Edward Luttwak）声称这是罗马人的一个特点，他援引了围困马萨达（Masada）事件（马萨达是一个由反叛者占据的沙漠前哨），以此来强调罗马人的执着，即使是最微小和最遥远的抵抗，他们也要消灭掉。[36]尽管从约瑟夫斯的著作中，我们可以清楚地看到，罗马人在公元 70 年占领耶路撒冷后的三年里忽视了马萨达，而围攻马萨达的事件发生在公元 73 年（或
251 此前后），这使人觉得围攻好像持续了三年之久。然而，攻城战实际上并没有持续几年，甚至也没有持续几个月，按照罗马人的标准，围城时间很短，可能只有四到六个星期。[37]因此，

勒特韦克认为罗马会铲除哪怕是最小、最微不足道的反抗迹象，是基于对约瑟夫斯著作的错误解读。

虽然那些声称罗马非常残暴的人经常援引约瑟夫斯的描述，但也有些人从不同的角度来看待这一证据。实际上，弗兰克·拉塞尔（Frank Russell）认为罗马在犹太战争中有所克制。[38]仔细阅读约瑟夫斯的作品，我们会发现，虽然有惩罚性措施，如禁止犹太人进入神庙所在地、专为犹太人设立税种，但大多数未参与起义的犹太人似乎没有遭受其他惩罚。而那些支持罗马的犹太人，如国王阿古利巴二世（Agrippa Ⅱ）和约瑟夫斯本人，都得到了奖赏。吉尔·甘巴什（Gil Gambash）承认罗马人在犹太战争中表现得十分残暴，正如约瑟夫斯生动描述的那样，但他认为这只是一个例外，而不是罗马镇压叛乱的常规做法。[39]

当犹太战争爆发时，巴达维亚人（Batavians）也爆发了起义。巴达维亚人是居住在今荷兰莱茵河三角洲地区的一个部落，位于罗马帝国的另一端。尽管罗马人伤亡惨重，死伤可能多达 2 万人，但在镇压之后，他们并没有采取严厉的措施。[40]当然，罗马的军事资源紧张和承受的压力是一个因素，但那些认为罗马很残忍的人需要考虑和解释，为什么罗马这一次在惩罚叛军方面保持了沉默。当这两场斗争都在进行中的时候，尼禄的统治受到了军事挑战，这导致了他的死亡和朱里亚-克劳狄王朝的终结。在这场被称为“四帝之年”（Year of the Four Emperors，公元 69—70 年）① 的政治动荡中，

① “四帝之年”是指在罗马帝国前期，公元 69 年这一年中出现了四位罗马皇帝。四位皇帝分别是加尔巴（Galba）、奥托（Otho）、维特里乌斯（Vitellius）和韦伯芗（Vespasian）。

西班牙、日耳曼尼亚和叙利亚的军队分别将各自的军事指挥官推上皇位。塔西佗抱怨说，在四帝之年的内战中，罗马军队对待意大利城市就像对待自己的敌人一样。[41]所有这些战斗的最终结果是韦伯芗取得了决定性的胜利，并建立了弗拉维王朝。

252 历史学家把公元 71—193 年的弗拉维王朝和随后的安敦尼王朝统治时期称为“罗马治世”（Pax Romana），或“罗马和平时期”（Roman Peace）。就像爱德华·吉本认为的那样，无论这是对人类的真正恩惠，还是一种假象，这一时期都引发了人们对罗马军事暴力更为广泛的讨论。155 年，来自今土耳其西北部米西亚（Mysia）地区的希腊演说家埃利乌斯·阿里斯泰德（Aelius Aristides）在安敦尼·庇护（Antoninus Pius）皇帝面前发表了一篇演讲。在《罗马颂》（*To Rome*，又称 *Regarding Rome*）中，阿里斯泰德盛赞罗马帝国，他说：“您用坚定而仁慈的统治掌管着一个庞大的帝国。”[42]我们有一份该演说辞的副本，虽然毫无疑问这是经过编辑的版本，但我们几乎没有理由怀疑它完全代表了阿里斯泰德的真实言论。当然，这是一句真实的引语，但并不意味着它可以像塔西佗的谴责话语（很可能是杜撰出来的）一样从表面进行解读。不过，值得注意的是，这些古人自己也对他们所生活的帝国的本质提出了异议。这让 2000 年后的今天的讨论变得更加客观。

在罗马和平时期，进攻性活动一度中断，但在 2 世纪初，图拉真通过两场战争（分别在 101—102 年和 105—106 年）征服了盛产黄金的达契亚（Dacia）王国，即现代的罗马尼亚。110 年前后建成的图拉真纪功柱，再现了这些战役的场景。在安放图拉真遗体的底座之上，有一幅长达 34 米的卷轴，包含

155 个独立的场景。其中一个场景里，士兵正在展示一些头颅，很明显这些头颅属于被插在军营外杆子上的达契亚人。这些士兵可能是罗马人，或者是罗马附属机构的人员。他们也可能是凯尔特人，这个民族有猎人头的传统习俗。事实上，对于这一图像可以有多种解释，这些解释可能与罗马的军事暴力有关，也可能无关。

罗马和平的状态在 2 世纪 60 年代被打破。161 年，帕提亚人从东部入侵罗马，引发了一场为期五年的战争，日耳曼部落联盟的马科曼尼人（Marcomanni）和夸狄人（Quadi），以及讲波斯语的草原民族萨尔马提亚人（Sarmatian），沿着多瑙河边境入侵。马可·奥勒留（Marcus Aurelius）在位的大部分时间，就用于与这些人作战，另一根纪功柱纪念了这些事迹，这无疑是受到了图拉真纪功柱的启发。同样，主题也是皇帝的战争，尽管我们对具体的冲突所知甚少。在其中一个场景里，一些日耳曼人正在砍掉其他日耳曼人的头颅，这些行为显然是在罗马人的监督之下进行的，虽然我们不了解具体发生了什么事情。在另一个场景中，罗马士兵放火烧毁了一个村庄——这种行为尽管被如此突出地展示出来，但它本身并不那么引人注目。实际上，相比于图拉真纪功柱，马可·奥勒留纪功柱上的场景更多展示的是对手无寸铁的敌人和非战斗人员实施的暴力。

一根纪功柱上的一系列图案比另一根纪功柱上的更为暴 253
力，这并不能反映出潜在的现实，而这样的情形是否告诉了我们一些关于罗马战争文化的普遍信息，本身也是值得怀疑的。我们不知道罗马人为什么会选择在这些纪功柱上描绘特定的场景，也不知道谁是目标受众，更不知道其他文化里那些没有保存下来的图像中是否也有类似的情况。事实上，呈现军事暴力的文化与军事暴力的文化之间有着根本性的区别。对所有实物证据，包括雕塑、浮雕、绘画和建筑，我们都应该提出这些证据是否准确和是否存在偏见的问题。[43]许多对罗马军事艺术的解释，特别是在军事暴力的背景下，是透过文化霸权理论的镜头来看的。精英们通过对形象（或关于同一事件的文字描述）的某种宣传来维持权力的观点虽然被广泛接受，但还远未得到证实。即使在现代，媒体的影响，甚至是国家主导的媒体的影响，也是一个极具争议的话题。[44]

在对军事暴力进行讨论的过程中，现代战争史学家经常会提及暴力造成的总体死亡率。[45]当然，这个问题是悬而未决的，因为根据定义，谋杀不属于战斗中的死亡。然而，这两个比率之间似乎确实存在某种总体相关性。可靠的证据十分匮乏，特别是在早期阶段，尽管一些人试图通过收集所谓的“大数据”来克服这种数据上的不足。这种外推法不可全信。有人说，古代历史没有统计学，只有算术。虽然这不是一个严格且可靠的法则，但很少有足够的数据从古代流传下来，形成统计学上重要的样本。

纵观军事历史，涣散的或不守纪律的武装力量更有可能杀害、残害和强奸平民，以及偷窃或毁坏财产。纪律（*Disciplina*）或“风纪”是一个拉丁语术语，也是罗马军事文化的基本元素。它涵盖了诸多概念，但其中最基本的一项是向士兵灌输暴
254 力是一种需要严加控制之行为的思想。不仅进行战斗要奉命行事，对平民实施暴力也要遵从命令，这在古代是很普遍的现象，同时是一个关于命令和控制的问题。这一点在掠夺、杀害或俘虏敌人的情况下尤其如此，如果敌人被俘虏了，就会被卖

为奴隶。一支纪律严明的军队，其忠诚超越了唯利是图的动机，尽管它可能是一支职业化的部队。从指挥和控制的角度来看，其原因是显而易见的。

在某些军事体系中，士兵可以为了自身利益而进行掠夺，以作为对自己的奖励或对敌人的惩罚。这种情况在罗马的体制下确实发生过。然而，总的来说，抢劫是有条不紊地进行的，这说明了罗马人对士兵纪律的态度。研究罗马军事暴力的人需要清楚地区分系统性的掠夺和个人掠夺，前者是纪律的标志，后者是无纪律的标志。

在任何国家，影响战争的一个因素必然是是否存在强大而富于侵略性的敌人。人们曾多次指出，在罗马和平时期，罗马人缺少这样的对手。帕提亚帝国确实袭击过罗马人，可只是偶尔为之。虽然罗马曾经入侵帕提亚，但有很长一段时间双方是和平相处的。日耳曼部落在 2 世纪开始攻击罗马，直到 4 世纪才取得重要进展。这与罗马是否具有攻击性的问题有关，因为罗马显然没有像建立地中海帝国时那样努力地去征服它的东部邻国或重新征服日耳曼尼亚。这一事实需要交给那些假定罗马帝国的文化非常好战的人来处理。

马可 · 奥勒留继位后，战争的节奏确实加快了。北部的日耳曼部落和操伊朗语的部落越来越多地从大草原发动入侵。在波斯的萨珊王朝崛起后，东方的冲突也在增多。康茂德（Commodus）遇刺结束了安敦尼王朝的统治，并引发了另一场内战（191—193 年）。最后，塞维鲁王朝得以建立，直到 235 年亚历山大 · 塞维鲁（Alexander Severus）死亡，塞维鲁王朝终结。直到 3 世纪末，罗马军队使用的武器仍是长矛，采用的依然是密集队形的作战方式。这将对“战争的面貌”产生影响，我们需要认识到，这也是一个“罗马的战争方式”盛行的时代。

罗马帝国在 3 世纪的危机（235—285 年）中经历了大规模的内战、瘟疫、通货膨胀和外国入侵。如果不是军队拯救了它，这些很可能会导致罗马的灭亡。这当然与我们对罗马军事暴力的看法有关，经过一系列军人皇帝的统治，军队并没有利
255 用自己的优势去掠夺帝国积累的财富，而是为了维护国家统一和保卫国家而奋力战斗。

结　语

毋庸置疑，罗马的战争是充满暴力的，但这本身并不能证明罗马人有一种独特的战争方式，也不能证明罗马人格外好战、特别残酷或十分野蛮。在真空的环境中研究罗马的军事暴力，必然会呈现出一幅扭曲的画面。罗马的战争被视为地中海地区冲突的重要组成部分，这一点是很重要的。事实上，我们对其他古代国家，尤其是中国的军事历史有足够的了解，因此可以把罗马放在一个更广阔的背景下研究。

研究的广度不仅对得出的结论有重大影响，而且对文化和战争关系的隐含假设也有很大影响。这在军事历史学家中是一个被广泛讨论的话题，但将文献和图像解释为反映了潜在的现实，那就必须明确地提及其涉及的历史问题。此外，虽然现代理论对我们理解罗马军事暴力做出了很大贡献，但学者应该利用关键工具来理解几个世纪以来在罗马历史研究中积累起来的古代资源，或者借鉴相关研究方法。

事实是，尽管我们对罗马的了解比对其他任何古代文化的了解都要多，或者说正因为如此，我们无法确定罗马的军事暴

力是否与其他古代文化的有所不同。坦率地讲，历史学家不能就此断言，罗马是特别好战的还是不那么好战的，或者实际上与同时代的其他社会或我们现在的社会一样。

参考论著

关于综合评述，请参阅 Adrian Goldsworthy, *The Complete Roman Army* (London:Thames & Hudson, 2011); Patricia Southern, *The Roman Army: A History 753 BC-AD 475* (Stroud:Amberley,2014)。关于特定时期的历史论著，参见 Michael Sage, *The Army of the Roman Republic: From the Regal Period to the Army of Julius Caesars* (Barnsley:Pen & Sword,2018); Lawrence Keppie, *The Making of the Roman Army* (Norman: University of Oklahoma Press, 1998); Yann Le Bohec, *The Roman Imperial Army* (New York: Routledge,2013)。Nathan Rosenstein, 'Republican Rome' 和 Brian Campbell, 'The Roman Empire' 非常宝贵，具体参见 Kurt Raaflaub and Nathan Rosenstein (eds.), *War and Society in the Ancient World* (New York: Routledge,1993)。有关（真正的）百科全书式方法，请参阅 Yann Le 256
Bohec (ed.), *Encyclopedia of the Roman Army*, 3 vols. (Malden, MA: Wiley-Blackwell,2015)。

近期关于帝国扩张主义的研究论著，参见 D. W. Baronowski, *Polybius and Roman Imperialism* (Bristol: Bristol Classical Press, 2011); Andrew Erskine, *Roman Imperialism* (Oxford:Oxford University Press,2010); Vladimir D. Mihajlovic and Marko A. Jankovic, *Reflections on Roman Imperialism* (Newcastle upon Tyne: Cambridge Scholars, 2018)。关于武器，请参阅 M. C. Bishop and J. C. N. Coulston, *Roman Military Equipment* (London: Batsford,1993)。关于罗马战争的两篇论文分别是 A. D. Lee, 'Morale and the Roman Experience of Battle' 和 Catherine Gilliver, 'The Roman Army and Morality in War', 均收入 Alan Lloyd, *Battle in Antiquity* (Swansea: Classical Press of Wales, 2009)。Nathan Rosenstein's chapter 'Mortality in War' in *Rome at War* (Chapel Hill:University of North Carolina Press,2004), pp. 107-40 探讨了伤亡人数的问题。

聚焦于军事暴力的论述，包括 Emma Dench's chapter 'Force and

Violence' in *Empire and Political Culture in the Roman World* (Cambridge: Cambridge University Press,2018) , pp. 105-33; Graeme Ward, 'The Roman Battlefield: Individual Exploits in the Warfare of the Roman Republic' 和 Serena Witzke, 'Violence against Women in Ancient Rome: Ideology versus Reality' ,均收入 Werner Riess and Garraett Fagan (eds.) ,*The Topography of Violence in the Greco-Roman World* (Ann Arbor: University of Michigan Press, 2016)。

进行专门研究的论著有 Adam Ziolkowski, '*Urbs direpta*, or How the Romans Sacked Cities' , in John Rich and Graham Shipley (eds.) , *War and Society in the Roman World* (New York: Routledge, 1993) ;关于战争的考古学证据，请参阅 Manuel Fernández-Götz, *Conflict Archaeology: Materialities of Collective Violence from Prehistory to Late Antiquity* (New York: Routledge, 2017) ,其中大约一半内容是关于罗马战争的。

威廉·哈里斯回到他的论题研究领域，参见 *Roman Power: A Thousand Years of Empire* (Cambridge: Cambridge University Press, 2016) ,同时，亚瑟·埃克斯坦阐述了与之相反的观点，参见 *Rome Enters the East: From Anarchy to Hierarchy in the Ancient Mediterranean, 230 - 170 BC* (Malden, MA: Wiley-Blackwell, 2012)。

注 释

1. Everett Wheeler's review in the *Journal of Interdisciplinary History* 21. 1 (1990) , pp. 122-5.
2. Susan Mattern, *Rome and the Enemy: Imperial Strategy in the Principate* (Berkeley: University of California Press, 2002) , pp. 162-210.
3. Theodor Mommsen, *History of Rome*, 3 vols. , trans. W. P. Dickson (London: R. Bentley, 1862-6) , vol. I, book 2, ch. 8.
4. Tenney Frank, *Roman Imperialism* (New York: Macmillan, 1914).
5. H. H. Scullard, review of M. M. Westington, *Atrocities in Roman Warfare to 133 B. C.* , *Classical Review* 54. 1 (1940) , p. 58.
6. W. V. Harris, *War and Imperialism in Republican Rome* (Oxford: Oxford

University Press, 1985).

7. Tim Cornell, *The Beginnings of Rome: Italy and Rome from the Bronze Age to the Punic Wars, c. 1000 - 264 BC* (New York: Routledge, 1995), p. 367.
8. Neil Faulkner, *Rome: Empire of the Eagles* (New York: Pearson, 2010), p. xii.
9. Arthur Eckstein, *Mediterranean Anarchy, Interstate War and the Rise of Rome* (Berkeley: University of California Press, 2009).
10. Primarily in Livy, Book 1 and Dionysius of Halicarnassus books 1-4.
11. Verg. *Aen*. 6. 86, cited in Faulkner, *Rome*, p. 2.
12. Livy 1. 43 对这支重装步兵军队有过描述，尽管准确性存疑。
13. Livy 2. 48-50; Dion. Hal. 9. 11. 3.
14. Livy 2. 30. 15.
15. Livy 3. 8. 10-11.
16. Arden Bucholz, 'Hans Delbrück and Modern Military History', *Historian* 55. 3 (1993), pp. 520-2.
17. App. *Pun*. 134.
18. Polyb. 10. 15.
19. Livy 31. 34. 3-4.
20. Brian Campbell, *War and Society in Imperial Rome: 31 BC-AD 284* (New York: Routledge, 2002), pp. 68-70.
21. Plin. *HN* 7. 51.
22. App. *Pun*. 19. 130.
23. E. g. by Faulkner, *Rome*, p. 91.
24. Livy 45. 34. 5; Plut. *Aem. Paul*. 29. 3.
25. Polyb. 35. 4. 4.
26. Myles McDonnell, *Virtus and the Roman Republic* (Cambridge: Cambridge University Press, 2009).
27. Antonio Santosuosso, *Storming the Heavens: Soldiers, Emperors, and Civilians in the Roman Empire* (Boulder, CO: Westview Press, 2003).
28. Vell. Pat. 2. 15. 3.
29. Martin Llorene Alapont et al., 'La Destrucción de Valenta por Pompeyo (75 a. C)', *Quarderns De Difusio Arqueologica* 6 (2009),

pp. 9-40.

30. Caes. *BGall*. 1. 29.

31. Vell. Pat. 2. 47.

32. Plut. *Caes*. 15. 3.

33. N. Roymans, ‘A Roman Massacre in the Far North. Caesar's Annihilation of the Tencteri and Usipetes in the Dutch River Area’, in M. Fernández-Götz and N. Roymans (eds.), *Conflict Archaeology: Materialities of Collective Violence in Late Prehistoric and Early Historic Europe* (Oxford: Taylor & Francis, 2018), pp. 167-81. 恺撒的叙述参见 *BGall*. 4. 15。

34. Tac. *Ann*. 1. 61. Wolfgang Schlüter and Rainer Wiegels, *Rom, Germanien und die Ausgrabungen von Kalkriese* (Osnabrück: Universitätsverlag Rasch, 1999).

35. Joseph. *BJ* 6. 420.

36. Edward N. Luttwak, *The Grand Strategy of the Roman Empire: From the First Century CE to the Third*, rev. edn (Baltimore, MD: Johns Hopkins University Press, 2016), p. 3.

37. Jonathan P. Roth, ‘The Length of the Siege of Masada’, *Scripta Classica Israelica* 14 (1995), pp. 87-110.

38. Frank Russell, ‘Roman Counterinsurgency Policy and Practice in Judaea’, in Thomas Howe and Lee Brice (eds.), *Brill's Companion to Insurgency and Terrorism in the Ancient Mediterranean* (Leiden: Brill, 2016).

39. Gil Gambash, ‘Foreign Enemies of the Empire: The Great Jewish Revolt and the Roman Perception of the Jews’, *Scripta Classica Israelica* 32 (2013), pp. 184ff.

40. Tac. *Hist*. 4. 13-79, 5. 14-26.

41. Tac. *Hist*. 3. 33.

42. Ael. Arist. *To Rome*.

43. 相关论述，请参阅 S. Dillon and K. E. Welch (eds.), *Representations of War in Ancient Rome* (Cambridge: Cambridge University Press, 2009)。

44. 相关论述，请参阅 Paul Zanker, *The Power of Images in the Age of*

Augustus (Ann Arbor: University of Michigan Press, 1990); Clifford Ando, *Imperial Ideology and Provincial Loyalty* (Berkeley: University of California Press, 2013), esp. 'Images of Emperors and the Empire', pp. 206-73。

45. Azar Gat, *The Causes of War and the Spread of Peace* (Oxford: Oxford University Press, 2017), pp. 67-70.

12 古代晚期罗马的战争与军事暴力

道格·李

史学语境和历史语境

257 从表面上看，战争以及与之相关的暴力是古代晚期的重要特征，这一观点似乎是没有争议的。这几个世纪——从 3 世纪早期到 7 世纪早期——经历了蛮族入侵，这导致西罗马帝国在 5 世纪衰落，以及伊斯兰世界的入侵，这严重削弱了东罗马帝国在 7 世纪时的实力。然而，我们不能理所当然地认为这样的观点无须讨论，尤其是因为古代晚期已经发展成为历史研究的一个领域。

在史学术语中，古代晚期领域有一个相对较近的谱系，只在最近的半个世纪才被确立为历史研究的公认时期。这首先体现了彼得·布朗的学术影响，对古代晚期的研究是从他影响力巨大的综述《古代晚期的世界》（*The World of Late Antiquity*，1971 年）开始的。在此之前，古代晚期涵盖的几个世纪当然也曾受到学者的关注，但当时通常以一种杂乱的方式和轻视的态度来研究，不同的时间和地理因素被视为其他历史研究领域的附属品，无论是罗马历史上最后几个世纪的式微导致的西罗马帝国在 476 年不可逆转的衰落，还是中世纪早期西方出现的“黑暗时代”，又或是君士坦丁堡的建立（这拉开了拜占庭帝国的历史序幕）带来的地中海东部的发展。

相比之下，布朗的《古代晚期的世界》对这一时期的研究采取了一种更为综合和集中的方法，展现了还原能力和创造力——这是一种积极的视野，有助于产生大量的学术成果并将古代晚期确立为一个独立的历史领域。[1]然而，布朗积极的愿景 258
是形成一种强调社会和文化变革，以及宗教生活和艺术表现的特殊发展历程的叙述，而不是集中于政治和军事事件的更为传统的叙述。与此同时，假设蛮族入侵者的意图是摧毁罗马文明的观点受到了质疑，而且持这种观点之人的数量也在减少，形成的累积结果就是蛮族入侵造成的暴力越来越被人们淡化。这种研究方法最突出地反映在沃尔特·高法特（Walter Goffart）于 1980 年对蛮族在西罗马帝国定居问题所做的研究中，这部著作的副标题十分生动——《定居的技巧》（*The Techniques of Accommodation*），著作的开头描述了定居是一个“和平和顺利的过程”，结束语则暗示，在 5 世纪，“与入侵相比，将蛮族的保护者融入西方社会结构的过程更令人难忘”。[2]

虽然这种方法可以被视为一种无可厚非的尝试，它试图以一种更加全面、更为公正的视角来看待蛮族入侵带来的影响，以取代传统的刻板看法，即认为四处劫掠的部落涌入帝国，造成死亡和破坏，但这反过来激起了一些人对旧有观念的强调，他们认为重要的是不要忽视伴随入侵而来的暴力——“战争的恐怖”，引用了下面这本书中靠前一章的标题：布莱恩·沃德-珀金斯（Bryan Ward-Perkins）的《罗马的覆灭与文明的终结》（*The Fall of Rome and the End of Civilization*），这部著作是对最小化思想学派最持久的回击之一。此书于 2006 年出版，但可以看到，对此类观点的回应最早出现在 20 世纪 90 年代初，并再次强调了蛮族群体和罗马帝国之间互动的暴力规模。[3]

因为这场讨论涉及4世纪和5世纪蛮族入侵带来的影响，所以讨论的焦点主要集中在帝国的西半部。然而，一个更加全面的视角包括了东部和整个古代晚期的时间范围（从3世纪到7世纪），这无疑表明了战争和暴力在古代晚期的重要性。最重要的还有波斯的历史维度。正是在3世纪20年代，帕提亚的安息政权被萨珊波斯人推翻，这标志着罗马帝国战略位置的
259 重要重构——并且形势继续恶化。很快，波斯的新政权开始对帝国采取更加激进的战略，到3世纪中叶时，罗马帝国遭遇了一连串的重大失败，这使得帝国的形势更为动荡。在古代晚期的最后阶段，7世纪早期，在伊斯兰世界入侵之前，罗马帝国和波斯之间爆发了持续二十年之久的战争。在此期间，波斯军队占领了帝国东部所有的省份，甚至在626年围攻了君士坦丁堡。皇帝希拉克略（Heraclius）顶住了波斯军队的进攻，之后依靠匮乏的资源，以惊人的速度扭转了战局，并在628年意外地取得了胜利。不过，不可避免的是，这场旷日持久的战争使两国的国力都处于衰弱状态，这推动阿拉伯人在7世纪30年代取得了令人意想不到的胜利。在这中间的几个世纪里，罗马帝国和波斯之间战争的节奏发生了很大变化，例如，5世纪基本上是和平的，但毫无疑问，这两个大国之间的互动导致了激烈的冲突。[4]

北方蛮族的入侵也不局限于从4世纪到5世纪这段时间。早在3世纪中叶，莱茵河和多瑙河沿岸以及黑海地区就遭到了入侵，这进一步加剧了帝国的动荡形势，尽管在3世纪末，帝国最终以极小的领土损失为代价恢复了统治秩序。同样，在6世纪后期和7世纪早期，帝国面临着来自多瑙河流域下游的游牧民族阿瓦尔人（Avars）和斯拉夫人（Slavs）的巨大挑战。

此外，尽管罗马共和国时期常见的那种扩张主义战争在古代晚期的罗马帝国极为少见，但在 6 世纪中期有一个明显的例外，当时的查士丁尼（Justinian）皇帝发起了一系列战役，试图夺回 5 世纪时被蛮族入侵者占领的西部省份的控制权，这导致在北非和意大利发生了大规模的战争和暴力事件。最后，除了与外部敌人的冲突，在古代晚期的几乎每个世纪里都发生过重大的内战。[5]

古代晚期是罗马历史上战火纷飞的一个阶段。这一点已在 260
前文呈现的要点中有所体现，但是，通过比较古代晚期和它之前的时期——元首制时期（公元前 1 世纪末期至公元 3 世纪早期），这一点可以得到强化。元首制时期是传统上与罗马和平时期联系在一起的一个时期。罗马和平的理念是为了皇帝和帝国统治的利益而形成的一种意识形态，因此这绝不意味着罗马世界军事暴力的结束。[6]元首制下的罗马帝国发动扩张主义战争的频率远低于共和国时期，罗马帝国只经历了为数不多的敌人入侵，而这个时期也标志着长期内战的结束（内战摧毁了罗马共和国的最后一个世纪），尽管在公元 68—69 年和 192—193 年发生过短暂却血腥的内战。此外还有相当数量的外省起义，特别是在犹地亚（Judaea）和不列颠，但这些都是特殊情况。

那么，为什么古代晚期的战争会发生激化呢？就外部冲突而言，萨珊波斯在东方崭露头角无疑是至关重要的因素。自共和国中期（公元前 3 世纪—前 2 世纪）以后，罗马帝国第一次遇到了在物质和军事资源上都能与之匹敌的敌人，这使后者能够对罗马的权力构成非常严峻的挑战。此外，这个对手非常咄咄逼人，尤其是在它出现后的第一个世纪里，尽管这在一定程度上是由于历代波斯统治者决心用屡试不爽的军事成功之道来巩固新政权的地位。[7]同时，这也是对 2 世纪罗马人不断侵略帕提亚安息政权的一种回应。在那个时期，罗马军队曾三次深入帕提亚腹地，从而越发败坏了安息王朝的名声，并为萨珊王朝推翻其统治奠定了基础。因此，虽然萨珊波斯的影响似乎是
261 一个不受罗马控制的外部因素，但罗马帝国在萨珊波斯的建立过程中无意间起到了重要的作用。

3 世纪北方蛮族的影响也同样如此。1 世纪时，经济上不发达、政治上不统一的帝国北部社群逐渐提高了农业生产率、扩大了人口规模。因此，随着社会分层和政治集中化程度的提高，到 3 世纪中叶，他们对帝国构成了更为严重的军事威胁。这些发展在很大程度上得益于他们与帝国的商业和外交交流，这些交流促进了农业的发展，并将帝国的补贴发放给身份明确的首领。帝国更愿意与那些拥有强大权力的人打交道，这是合乎情理的，因为这使签订和维持协议变得更加容易，但这也产生了意想不到的后果——刺激了更强大的蛮族群体的出现。由于帝国与这些蛮族群体的关系从根本上说是剥削性的（例如，商业往来的一个重要因素是将蛮族奴隶输送到帝国），而且还包括周期性的帝国军事侵略，这些更强大的蛮族群体对帝国毫无好感。事实上，就像在波斯，领袖的地位是通过在战争中获胜来得到认可的。[8]

3 世纪中叶的外部军事挑战反过来又大大增加了帝国内部发生战争的概率。依照传统，皇帝都来自元老院的精英阶层，在这些精英中，人们的军事才能受到重视，但想要获得登上皇位的资格，军事能力不如与王朝的关系更重要。在这一时期，罗马帝国在边境面临的种种问题很快改变了这种局面，结果是

军事经验成为必要条件（在某种程度上，它超过了其他所有条件，包括元老院精英的身份）。这样，对于有能力和抱负的高级军官来说，即使出身于较低的社会阶层，获得皇位也成为一个现实可行的目标。随之而来的是人们对皇位更为激烈的竞争，由于竞争者都是指挥军队的军人，周期性的内战几乎就成了不可避免的结果。这种情况在 3 世纪中期尤为明显，而在 4
世纪和 5 世纪，仍然经常发生内战，即便皇帝们努力恢复王朝 262
的连续性。在 6 世纪，这已经不成什么问题了，这似乎在很大程度上是因为皇帝采取了让与他们有血缘或姻亲关系的人担任军队高级军官的策略，但在 7 世纪早期再次出现军事危机的背景下，战争又有所抬头，其规模可与 3 世纪中叶时相比。[9]

古代晚期战争的独特之处何在?

虽然古代晚期战争的频率明显提高，但仍存在一个问题，即古代晚期的战争在多大程度上有别于罗马历史早期阶段的战争，特别是涉及暴力主题的时候。实际上，总体情况是一个相当连续的过程，但也有可能确定某些重点的变化。从帝国最重要敌人的角度出发，萨珊波斯的军队主要依靠骑兵和箭术，在这些方面，他们与自己的帕提亚前辈没有什么不同；在战争中，他们很快就证明自己在某一方面比帕提亚人更为擅长——这是一个重要的变化——那就是围攻，关于这一点，我们将在下文详细展开。在元首制时期，北方的蛮族群体大体上继续依靠与他们祖先一样的武器和战术，而在匈人（Huns）和阿瓦尔人到来之前，即 1 世纪和 2 世纪的时候，帝国也曾面临萨尔马提亚人和阿兰人（Alans）等草原游牧民族的骑术和射箭技能的挑战。就罗马军队本身而言，在整个古代晚期，他们的重装步兵和紧密有序的部署方式都占有重要的地位。然而，人们越来越期望这些部队在武器技能方面能够更加多样化，特别是投掷技术和箭术——传统上与轻装步兵有关的专业领域——同时，专业弓箭手队伍的数量也在增加。同样明显的是，罗马骑兵的数量在古代晚期有所增加，尤其是骑马的弓箭手，这无疑是为了应对匈人带来的冲击。[10]

263 需要重点强调的两个最重要的变化与激战有关——骑兵和箭术发挥了更大的作用——在战争暴力中，箭术发挥的作用更大，因为几乎不可能让战马攻入稳固的步兵队形。在古代晚期，骑兵在战场上的主要角色被定位为：在战前与敌军骑兵进行小规模冲突和对抗；对敌人的步兵编队施加心理压力，使其加速丧失凝聚力；在敌人败退时袭扰他们，或者为罗马军队的撤退提供掩护。[11]这些各不相同的活动无疑包含了暴力的重要因素，特别是涉及骑马的弓箭手时，他们大量运用箭术，无论是徒步射箭还是骑马射箭，都有可能产生更明显的暴力影响。6 世纪的历史学家普罗科匹厄斯（Procopius）的作品包含了许多生动的描述，包括箭射入战士的脸部和身体的情形，这经常会带来致命的后果，[12]但更为重要的是，在 552 年意大利那场至关重要的塔吉纳战役（Battle of Taginae）中，罗马步兵的密集战力以新月形阵形部署，给哥特人的军队造成了巨大的伤亡。两年后，罗马又以同样的方式与法兰克人和阿勒曼尼人（Alamanni）的军队在卡西利努姆（Casilinum）对战。[13]尽管箭术在古代晚期之前无疑是罗马战争的一个组成部分，但在古代晚期，它似乎被用作一种审慎的战术决策，以对付诸如哥特人（Goth）和汪达尔人（Vandal）等敌人，因为他们的战力无法与罗马匹敌。这并不是说蛮族的箭术在这个时期总是不能发挥效力：378年，罗马人在阿德里安堡（Adrianople）惨败，哥特人的箭术在其中确实发挥了一定作用，尽管战斗的进程使得 264
罗马步兵紧密地聚集在一起，为哥特人的弓箭手提供了更容易命中的目标。[14]

如果说在其他方面，古代晚期的战争基本要素与罗马历史早期的相比大体保持不变，但这一时期还是有另一种截然不同的方式，这为战争提供了一个独特的视角，并且与暴力的主题紧密相关，即这一时期最重要的历史学家之一阿米阿努斯·马尔切利努斯（Ammianus Marcellinus）与其他罗马历史学家（似乎包括普罗科匹厄斯在内）相比，能够将战争描写得让读者有身临其境之感。[15]在现代学术领域，阿米阿努斯写作的这个特点与约翰·基根（John Keegan）开创的所谓“直面战争”的军事历史研究方法有异曲同工之妙。这种方法避开了将军超然的鸟瞰视角，而倾向于直接参与激烈战斗的普通士兵的经验。正如基根研究的副标题表明的那样，他的研究重点是中世纪和更近历史时期的案例，但他的方法逐渐影响了古代战争的研究，尽管在某些方面遇到了一些阻力。[16]

虽然阿米阿努斯是名初级军官，而不是普通士兵，但他比古代大多数罗马历史学家拥有更直接的军事经验。“他参加过战斗，为自己的生命而战，目睹过别人被杀，无疑也亲手杀死过一些人，并且不是在远距离，而是通过肉搏战，他知道自己在做什么，也看到了后果。”从军事经验角度来说，明显属于例外的是恺撒大帝，但他当然是从将军的角度来写的——在罗马军事历史的背景下，在最为详尽的对基根方法有效性的评估中，这是一个突出的对比，参见金伯利·卡根（Kimberly Kagan）2006年的学术专著《统帅的视角》（*The Eye of*

Command）。尽管卡根认为恺撒的方法有助于人们更好地理解战争结果的原因，但她还是赞成这一观点，即阿米阿努斯对战
265 斗的叙述提供了参与者的视角和基根珍视的现实主义印象，即便是在阿米阿努斯本人不在现场的斯特拉斯堡战役（Battle of Strasbourg，357 年）中。阿米阿努斯对战争的描述无疑包含了古代读者期望的那种耸人听闻的文学套路，比如，地面沾满鲜血，战士被活埋在成堆的尸体下，书中还讲到了武器带来的冲击力的细节，而这些细节具有真实性，如（在斯特拉斯堡）阿勒曼尼人试图“用剑反复砍击以斩断盾牌，相互紧密交错形成一堵墙，以此来保护自己人”，以及（在阿德里安堡）剑击对哥特人造成的影响是“他们被打残或失去了右手，或者身体的一侧受伤，气息奄奄”。[17]

然而，也许不足为奇的是，阿米阿努斯最持久的实例为战争提供了“直面战争”的叙述，这次战争与他的亲身经历有关——359 年，波斯军队围攻并且最终占领了位于阿密达（Amida）的罗马边境堡垒，这座堡垒坐落于底格里斯河上游。这次围攻持续了两个多月，虽然阿米阿努斯没有提供连续的叙述，但叙述仍然非常详细，包括从防御者的角度表达这类战争的起起伏伏，以及它可能带来的创伤。[18]从众多的小片段中，我们可以看到他生动的叙述。书中以令人毛骨悚然的细节描述了波斯人发动的进攻在第二天带来的影响：

> 每个人都尽自己所能或者在有医疗救助的情况下护理自己的伤口；一些重伤的人经过长时间的挣扎，失血过多而死；另一些人，被剑刺得血肉横飞，却医治无效，当他们最后咽气时，尸体被弃之不顾；在一些严重受伤的人身

> 上，外科医生禁止尝试任何治疗方式，哪种方式都只会造成更多无谓的痛苦；一些人面临着箭被拔出的危险，忍受着比死亡更糟糕的折磨。

在围城战接近尾声的时候，他从另一个视角对这种类型的战争进行了描述：

> 波斯人的庞大身躯由排成一行行的大象驮着，它们发 266
> 出的声响和体型使它们成为人们能想象到的最可怕的东西。虽然我们四面受困，承受着手持武器的人、攻城设施和野兽的多重压力，但我们从城垛上用铁制投石器把圆形石头投掷出去，砸碎了木制攻城塔的接头，让他们的投石器和那些投石手一同栽落下去。一些人虽未受伤，却直接摔死了，另一些人则被沉重的残骸压碎了。大象也被武力击退。掷向大象的火把一碰到它们的身体，它们就狂奔起来，驯象人失去了对它们的控制。但是，尽管后来我们烧毁了敌人的围城工事，他们还是不给我们喘息之机。[19]

阿米阿努斯对围攻阿密达的描述意义重大，因为这不仅是一个特别好的“直面战争”的例子，还因为，围城战是古代晚期战争的一个显著特征，而且相当普遍。据估计，超过一半的军事活动中有围城行为。更确切地说，这是罗马与萨珊波斯冲突的一个显著特征，因为与围城能力似乎很有限的帕提亚人不同，波斯人很快就表现出了强大的围城能力，无论是由于优越的后勤组织还是因为利用了罗马战俘的技术知识。他们围城能力的最早展示是在 256 年，他们成功占领了幼发拉底河沿岸的罗马要塞杜拉欧罗普斯（Dura-Europos）。这处保存完好的遗址提供了一组与围城战相关的珍贵证据，包括筑垒、一系列抛射物（长矛、箭、石弩投掷物）的残迹，以及盾牌残片和盔甲。然而，最让人着迷的特点是墙壁下波斯隧道里的遗骸和罗马的反隧道工程，其中一条隧道里有二十个罗马士兵与一个波斯人的遗骸和装备，很显然，波斯人故意点火烧掉了支撑隧道的木桩，导致隧道坍塌，这些人就被压死了。人们曾多次尝试重现事件可能的发生顺序，最近提出的一种意见是，波斯工兵可能故意将致命的硫黄烟雾扇入反隧道，使罗马士兵窒息而死。人们即使对化学战的早期迹象仍有疑问，但依然会同意这样的观点，即“这些令人毛骨悚然的沉积物使我们以考古学的方式接近古代战争直观且真实的恐怖”。[20]

267 诸如此类的物证可以得到文本资料的佐证，就像我们在阿米阿努斯的案例中看到的那样。我们需要考虑文学套路对关于围城的描述所发挥的影响，即使是像阿米阿努斯这样的亲历者的描述；但这些基于个人经验的叙述仍然值得我们注意。另一种珍贵的资料是 6 世纪早期的编年史，人们认为这部著作的撰写者是柱头修士约书亚（Joshua the Stylite），因为它是用古叙利亚语（阿拉姆语的一种方言）写成的，这本书受希腊罗马文学传统的影响很小。该编年史详细记载了 502—505 年波斯对美索不达米亚北部的入侵，主要包括对多个城市的围攻，作者住在其中一个城市——埃德萨（Edessa），但波斯人对它的关注较少，而且作者明显是从基督徒的视角来写作的，他的叙述包含了许多珍贵的详尽细节，这些细节在其他关于古代围城的报告中并不突出。例如，他对波斯围攻君士坦提纳［特拉（Tella）］的描述突出了民众对犹太人居民可能是“第五纵队”的怀疑，这导致了一场大屠杀。作者还提到了一系列与粮食和后勤这一重要问题有关的事件，其中一些与暴力的主题有关。据说，波斯国王卡瓦德（Kavad）之所以放弃围攻君士坦提纳，是因为十二个月前，波斯的掠夺使周围的乡村受到严重破坏，以至于无法提供物资来支持军队；而在 503 年，波斯围攻阿密达，在罗马人突围期间，一些幸存下来的居民因饥饿而同类相食——不仅吃掉那些死于战争或死于营养不良的人，而且为了食物主动杀害老人和小孩。作者还记录了农村的战斗中未被掩埋的尸体如何助长了野生动物的食腐行为，这些动物于是有恃无恐地攻击孤独的旅行者，并大胆地进入村庄，抢走儿童。[21]

正如这段历史暗示的那样，古代晚期的围城战不仅对涉及的部队，而且对被包围城市及其腹地的平民也产生了严重的影响。在一座城市被占领后，掠夺几乎不可避免地到来，特别是 268
如果围攻持续了很长一段时间（如在 359 年，攻陷阿密达用了 73 天，而 502—503 年再次攻陷此城用了三个月），士兵为了发泄愤怒而随意屠杀居民。幸存的士兵和平民通常成为奴隶，而这一切都意味着这些人要脱离家庭和社群。波斯人对待一些被占领的罗马城市的具体做法并不常见。例如，359 年，阿密达的罗马指挥官和他的高级军官们被钉死在十字架上。此外还有资料特别生动地揭露了俘虏遭受的残酷待遇。例如，年老体弱的囚犯在前往波斯途中难以跟上大部队，他们的小腿肌肉或腿筋就会被切断，只能等死。然而，必须承认的是，掠夺、杀戮和奴役居民是古代围城结局的标准特征。与此同时，当涉及奴役问题时，我们可以为波斯独特的做法找到一个理由。在古代，人们通常的预期是战争俘虏会进入奴隶市场，在那里，他们大多会被个人购买。波斯人则经常将被占领的罗马城市的所有人口迁移到波斯，在那里，他们被派去为国家工程工作，最重要的是灌溉工程和城市建设。这似乎是一项经过慎重考虑的政策的一部分，从数量上和技能上补充了波斯国王们可用的劳动力。[22]

在围城战中，北方蛮族通常被视为一股较小的威胁势力，至少在古代晚期的前几个世纪是这样的，一方面是因为他们缺乏技术知识，另一方面是因为他们无法组建维持成功围城所必需的后勤基础设施。然而，这并没有阻止他们在形势有利时进行尝试，如在 378 年，哥特人在阿德里安堡取得胜利后，尝试占领君士坦丁堡，但未能成功。如果说古代晚期在这方面有什么突出之处的话，那就是帝国中心易受攻击，有时甚至会被占领，这在元首制时期是不可想象的。比较著名的事件是罗马在
269 409—410 年三次被哥特人包围，并最终在第三次遭到洗劫，而在 455 年，汪达尔人似乎通过背叛行为，以类似的方式对这座城市进行了掠夺。在 6 世纪 30 年代和 40 年代东罗马与哥特军队的冲突中，罗马也遭受了多次围攻；在之后的 626 年，君士坦丁堡被阿瓦尔人和波斯军队联合围困（他们最终未能得逞）。无论这些尝试是否成功，它们都在不同程度上使这些大都市的居民直接感受到了战争及其后果，这是许多世纪以来从未有过的。[23]

可以理解的是，在古代晚期历史学家的叙述中，围攻和激战的故事是最引人注目的，所以在结束本节内容时特别需要指出，这一时期的大部分战争和相关的暴力主要由低水平的突袭构成，这不可能产生战略层面上的影响，但可能有助于让敌人处于守势，而且肯定会对非战斗人员造成和其他战争形式一样

的严重影响。事实的确如此，例如，4 世纪前后，罗马军队驻扎在莱茵河流域，周期性地入侵蛮族地区，摧毁村庄和庄稼，就像蛮族为了寻找战利品而突袭帝国的领土一样。20 世纪 80 年代早期，在诺伊波茨（Neupotz）的河砾石中，人们发现了 3 世纪中期的某个时候，蛮族的马车满载着大量的罗马战利品和俘虏返回家园的遗迹，这生动地说明了当时的状况。这种小规模的战争当然不是古代晚期独有的，但这个时期的一些历史片段以一种特别可怕的方式展现了战争。据说，在 4 世纪 50 年代晚期皇帝小尤利安（the junior emperor Julian）① 掌管高卢的时候，他鼓励军队越过莱茵河发动袭击，并为那些带回蛮族人头颅的士兵提供经济奖励；6 世纪早期，在美索不达米亚北部罗马与波斯的冲突中，罗马军队在入侵波斯领土时，显然是奉命（未说明原因）杀死所有十二岁以上的男性。[24]然而，这些行为似乎并不具有典型性。关于古代晚期战争和暴力的独特之处，我们最好将重点放在箭术使用的增多和围城事件的增加等方面，这些都是由战争的模式引起的。

古代晚期制度化的军事暴力

到目前为止，我们的焦点主要集中在战争及其暴力元素 270
上，尤其是在战斗和围攻中体现出来的暴力元素。然而，军事暴力并不局限于这些显而易见的情况。强迫和暴力的使用在维持军队方面发挥了重要作用，这一点并不奇怪，而军队

① 皇帝小尤利安，即弗拉维乌斯·克劳狄乌斯·尤利安努斯（Flavius Claudius Julianus，331—363 年），君士坦丁王朝的罗马皇帝，361—363 年在位。由于支持宗教信仰自由，反对将基督教视为国教，所以他被基督教会称为叛教者尤利安（Julian the Apostate）。有时候他被称为尤利安二世，以与 193 年在位的狄图斯·尤利安努斯相区分。

存在的理由就是使用武力。最明显的方面是征召人力进入军队，但还有其他与维持军队有关的领域，这一点将在下面予以讨论。

由于历史上很多时期的军队是依靠征兵制来维持的，所以征兵制在古代晚期的使用似乎并不具备特别重要的意义。然而，这就使人们忽略了这个时期更直接的历史背景，以及古代晚期征兵制的一些具体特征。虽然有时在元首制时期，对征兵制的使用可能比传统上人们认为的要多，但这并不是该时期始终不变的特征，特别是在后期，即 2 世纪末和 3 世纪初的塞维鲁时期——也许是在塞维鲁时期士兵军饷的显著提高和其他服役条件的改善，鼓励了更多的志愿者入伍。[25]3 世纪末戴克里先皇帝时期，征兵制重新开始实施，但在 3 世纪中叶的军事动乱（相关文献记载不足）期间，征募人力可能再次成为常态。与在政府的其他领域一样，戴克里先将这些安排正式化，并将其整合进新财政体制，其中包括要求土地所有者根据自己的地产规模提供新兵。征兵制的重新使用反映了对更大规模军队的需求，军队的规模可能增加了 25%—50%，这是应对帝国当时面临的多重威胁所必需的。对征兵制的依赖可能需要使用武力，这一点可以从埃及僧侣帕柯缪（Pachomius）的科普特语传记中看到。4 世纪早期，帕柯缪在年轻的时候被征召入伍；他和其他人一起被运送到尼罗河下游的亚历山大港，途中，这群人在不同的地方停留了一夜，他们被关押在监狱里，这样做显然是为了防止他们逃跑。在 4 世纪，另一个阻止新兵逃跑的策略
271 是在他们的手上或胳膊上文身。文身除了会对身体造成伤害，还会带来心理上的伤害，因为这种永久标记的方法以前只用在奴隶身上。[26]

随着4世纪的流逝，征兵的压力越来越大，在穆尔萨之战（Battle of Mursa,351年）这场内战中，损失了大量人力，结果，皇帝尤利安远征波斯失败（363年），罗马在阿德里安堡也打了败仗（378年）。正是在这样的背景下，小亚细亚的一位主教顺便提到，在征募新兵的过程中，士兵经常攻击和伤害当地农民，瓦伦斯皇帝准许对拒绝服兵役的僧侣使用棍棒（375年）。[27]显然，为了避免服兵役，个人用自残来回应已经成为司空见惯的现象，这种暴力的形式就是截断手指，使自己无法抓握住武器——帝国当局试图使用各种策略来阻止此种做法。在维持晚期罗马军队方面，征兵制继续在古代晚期剩下的时间里扮演重要的角色，尽管与强行实施征兵制相关的具体证据越发有限（一份关于6世纪80年代的报告称，神职人员被强制服兵役，征兵人员把孩子从他们的父母身边强行拖走）。[28]

果不其然，强制力的使用扩大到了支持军队的其他活动之上。例如，在国家军火库生产武器和盔甲（*fabricenses*）的人也被文身，这是古代晚期另一个独特的地方。有证据表明，士兵有时会被派去协助征税；[29]此后士兵大概是这样被部署的，以便使用武力威胁来对付那些不愿意纳税的人，而且由于军队是政府的主要支出项目，这可以被视为另一个帮助维持武装部 272
队之强制力的例子。最后，军事徭役（*munera sordida*，“不光彩的职务”）指的是那些地位较低的平民可能被帝国的官员强迫从事为军队磨面粉和烤面包的工作——这项任务有时需要很大规模的人力，在6世纪早期，埃德萨的居民就曾经从事这些工作。[30]强制人们完成这些任务的过程并不一定涉及暴力，但根据不同的环境，强迫很容易变成武力，武力又很容易演变成暴力。

在古代晚期，罗马军队组织的根本变化也在这一领域产生了重大影响。到4世纪早期，军队已经被重新划分为机动野战部队（*comitatenses*）和驻扎在边境省份的部队（*ripenses*,后来是 *limitanei*）。驻扎于边境省份的部队和之前的几个世纪一样，驻扎在常设的营地和堡垒中，但机动野战部队在不参加战役时（有时也在战役中），在城镇驻扎。房主被迫让出三分之一的住所给士兵居住——这种安排必然导致“主人”和“客人”之间的紧张关系，因为给房产划定比例本来就很困难。然而，除此之外，很明显（不出所料），士兵还试图利用他们的地位和潜在的武力威胁从房主那里榨取物资——最常见的是柴火、床垫和橄榄油。从一系列旨在控制士兵行为的帝国法律中可以清楚地看出，这是一场失败的斗争，士兵经常诉诸暴力。被认定为柱头修士约书亚所著的同时代编年史提供了最详细和最生动的描述，说明了事情可以失控到什么程度。据说，在505年，驻扎在埃德萨的部队将房主驱逐出他们的房产，并偷窃食物、衣服和牲畜，甚至强奸当地妇女：“那些假扮成救世主来帮助我们的人……像敌人一样掠夺我们。”[31]

273 因为罗马士兵对平民的暴力行为并不是古代晚期才出现的新鲜事物，所以值得强调的是，由于前面提到的军事组织发生的根本变化，这种现象在古代晚期显著增多——具体来说，就是建立了野战部队并将其驻扎在城市的中心。同样，需要更大规模的军队和更集中化的后勤组织，这意味着在征兵和后勤等领域更多地使用强制手段。因此，无论罗马早期的历史有多少连续性，在古代晚期，“制度化”的军事暴力还是发生了重大变化。

基督教是否起到了缓和作用？

最后一个值得稍加考虑的问题是，古代晚期的另一个显著特征——基督教日益增大的影响——是否将其影响力扩展到对战争中暴力的态度，以及对暴力的使用方面。除了异教徒尤利安（the Pagan Julian，361—363 年在位，即前文提到的皇帝小尤利安），4 世纪早期，从君士坦丁开始，历任皇帝都给予了基督教会官方支持，并以各种方式证明了这种支持，包括为慈善活动和教堂建设提供物质资源。然而，这种支持并没有延伸到接受《新约》中明显的和平主义元素（《旧约》中的战斗英雄们，如大卫王，是更具吸引力的榜样），教会领袖们也没有期望皇帝能够放弃其军事角色。此外，在罗马历史的这一阶段，重点更多地放在防御上，而不是帝国强权的扩张，这使得人们有可能将战争视为一种正当的活动，以保护基督教帝国免受异教敌人的攻击；但即使有扩张的机会，如 6 世纪查士丁尼收复西部的运动，宗教也可以被用来为自己辩护，查士丁尼将他的战役描述为对蛮族入侵者的准十字军运动，这些蛮族被引入歧途，接受了阿里乌主义（Arianism），这是基督教的一种异端。君士坦丁对基督教的接受也没有引发军队的彻底基督教化。在 4 世纪，士兵对宗教的忠诚似乎是谨慎的，皇帝们更关心的是保持士兵的政治忠诚，而不是把一种新的宗教强加给他 274
们。4 世纪后，军队的宗教情况逐渐改变，但很显然，宗教并没有消除战争中的暴力或消除士兵对平民的暴力行为。[32]

我们可以从两个方面论证基督教在战争中确实发挥了积极作用，尽管第一个方面可能最终不那么令人信服。这就是基督教在鼓舞士气方面起到的作用，无论是将军在战斗中高举圣像鼓励即将面对敌人的军队，还是主教通过带领抵抗围困的守军祈祷来安抚他们。[33]然而，这与用异教宗教仪式鼓舞共和国或元首制下的罗马军队士气没有多大区别，也与汉尼拔战争那段最黑暗的日子里，用引入新神的办法鼓励罗马居民十分类似。

在古代晚期的战争中，基督教发挥作用的更强有力的例证是主教和神职人员在减轻战争造成的一些恶劣影响上发挥的作用，当波斯国王或蛮族统治者包围了他们的城市，他们在代表社区与围城者进行的谈判中发挥越来越突出的作用，他们在促成释放战俘（通常通过使用教会资源），或向因战争而流离失所的平民难民提供食物等方面也发挥了重要的作用。[34]首先是在这些地区，可以看到彼得·布朗宣扬的古代晚期使用的各种方法——主教在整个社会和教会的慈善活动方面发挥的作用日益增大——与此同时，古代晚期战争的频率更高，这无疑也带来了暴力造成的恶果。

结　语

军事暴力在罗马历史上普遍存在，所以试图在古代晚期和早期之间做出太明显的区分是不明智的。尽管如此，有一个很好的例子可以证明古代晚期战争的频率更高，这当然是与公元
275 后几个世纪的元首制时期相比较而言。此外，由于在古代晚期，帝国经常发现自己缺少经验，在军事上处于不利地位，战争影响到帝国的一些远离边境的地区，这些地区在公元后的前两个世纪基本上没有发生过军事冲突。围城战在古代晚期是种十分常见的战斗形式，带来的结果是平民更直接地感受到战争带来的暴力，而军队规模的扩大对招募和后勤造成了压力，这导致更多地使用国家力量来维持军队。最后，在 4 世纪早期建

立的野战部队通常在平民住处安排宿营地，使更多的社区暴露在自己国家士兵的偶发暴力之下。从这些不同的角度来看，古代晚期可以被看作罗马历史上这样的一个时期，即无论是在战争发生时还是在维持武装力量的情况下，军事暴力都发挥了重要作用。

参考论著

关于在广阔的时间和地理背景下，围绕这一话题的诸多主题展开的饶有趣味的论述，请参阅 Brent Shaw, 'War and Violence', in Glen Bowersock, Peter Brown and Oleg Grabar (eds.), *Late Antiquity: A Guide to the Postclassical World* (Cambridge, MA: Belknap, 1998), pp. 130-69。菲利普·兰斯（Philip Rance）提供了一种截然不同的方法，他发表了一系列关于古代晚期战争的重要文章；他对一些重要的核心问题的观点综述，请参阅他撰写的关于战争的章节，in the Later Roman Empire section of Philip Sabin, Hans Van Wees and Michael Whitby (eds.), *The Cambridge History of Greek and Roman Warfare*, 2 vols. (Cambridge: Cambridge University Press, 2007), vol. Ⅱ, pp. 342-78。拙著 *War in Late Antiquity: A Social History* (Oxford: Blackwell, 2007) 更加全面地论述了古代晚期战争的历程、基督教的影响，以及其他相关问题。

关于罗马军队在古代晚期的演变过程，权威著作 A. H. M. Jones, *The Later Roman Empire 284-602: A Social, Economic and Administrative Survey* (Oxford: Blackwell, 1964) 的第 17 章内容仍然是非常有用的；以下著作的相关章节也谈到了这一问题：Brian Campbell, Doug Lee and Michael Whitby in volumes Ⅻ, XIII and XIV of the new edition of *The Cambridge Ancient History* (Cambridge: Cambridge University Press, 2005, 1998 and 2000 respectively)。惠特比（Whitby）撰写过一篇非常有价值的关于古代晚期上半段的军队的论述：'Emperors and Armies, AD 235-395', in S. Swain and M. Edwards (eds.), *Approaching Late Antiquity* (Oxford: Oxford University Press, 2004), pp. 156-86。一系列相关主题的有用的文献调查（虽然不是关于暴力本身的），请参阅 Alexander Sarantis and Neil Christie (eds.), *War and Warfare in Late Antiquity: Current Perspectives* (Leiden: Brill, 2013) 中

第一卷的内容。

276 介绍古代晚期罗马帝国最重要的军事竞争对手萨珊波斯王朝的最佳研究是 James Howard-Johnston, 'The Two Great Powers of Late Antiquity: A Comparison', in Averil Cameron (ed.), *The Byzantine and Early Islamic Near East*, vol. Ⅲ, *States, Resources and Armies* (Princeton, NJ: Darwin Press, 1995), pp. 157–226，同时，在下面这部著作中有进一步的相关材料：Scott McDonough and myself in Brian Campbell and Lawrence Tritle (eds.), *The Oxford Handbook of Warfare in the Classical World* (Oxford: Oxford University Press, 2013)。

关于罗马帝国与北方蛮族之间的互动，彼得·希瑟（Peter Heather）的这部著作最具影响力：*The Fall of the Roman Empire: A New History* (London: Macmillan, 2005), 而下面这部著作的许多章节提出了一系列关于匈人的军事影响和帝国如何应对的观点：Michael Maas (ed.), *The Cambridge Companion to the Age of Attila* (Cambridge: Cambridge University Press, 2015)。Hugh Elton, *Warfare in Roman Europe, AD 350–425* (Oxford: Clarendon Press, 1996) 对帝国及其北方邻居在 4 世纪和 5 世纪的军事能力进行了理性的论述。

注　释

1. Averil Cameron, 'The "Long" Late Antiquity: A Late Twentieth-Century Model', in T. P. Wiseman (ed.), *Classics in Progress: Essays on Ancient Greece and Rome* (Oxford: Oxford University Press, 2002), pp. 165–91; I. Wood, *The Modern Origins of the Early Middle Ages* (Oxford: Oxford University Press, 2013), pp. 288, 305–12.
2. W. Goffart, *Barbarians and Romans, A. D. 418–584: The Techniques of Accommodation* (Princeton, NJ: Princeton University Press, 1980), pp. 3, 230.
3. E. g. P. Heather, *Goths and Romans, 332 – 489* (Oxford: Clarendon Press, 1991), p. 317, n. 10.
4. A. D. Lee, 'Roman Warfare with Sasanian Persia', in B. Campbell and

L. Tritle (eds.), *The Oxford Handbook of Warfare in the Classical World* (Oxford: Oxford University Press, 2013), pp. 708-25.

5. 关于 3 世纪，参见 J. Drinkwater, 'Maximinus to Diocletian and the "Crisis"', in A. K. Bowman, P. Garnsey and A. Cameron (eds.), *The Cambridge Ancient History*, vol. XII, *The Crisis of Empire, AD 193-337*, 2nd edn (Cambridge: Cambridge University Press, 2005), pp. 28-66; 关于 6 世纪，参见 A. D. Lee, *From Rome to Byzantium, AD 363 to 565: The Transformation of Ancient Rome* (Edinburgh: Edinburgh University Press, 2013), chs. 12-14; 关于内战，参见 A. D. Lee, *War in Late Antiquity: A Social History* (Oxford: Blackwell, 2007), pp. 66-73。
6. G. Woolf, 'Roman Peace', in J. Rich and G. Shipley (eds.), *War and Society in the Roman World* (London: Routledge, 1993), pp. 171-94; A. Goldsworthy, *Pax Romana: War, Peaceand Conquest in the Roman World* (New Haven, CT: Yale University Press, 2016).
7. 相关类似资料，请参阅 J. Howard-Johnston, 'The Two Great Powers of Late Antiquity: A Comparison', in A. Cameron (ed.), *The Byzantine and Early Islamic Near East*, vol. III, *States, Resources and Armies* (Princeton, NJ: Darwin Press, 1995), pp. 157-226。关于波斯统治者，参见 M. Whitby, 'The Persian King at War', in E. Dabrowa (ed.), *The Roman and Byzantine Army in the East* (Cracow: Jagiellonian University Press, 1994), pp. 277-63; S. McDonough, 'Military and Society in Sasanian Iran', in Campbell and Tritle, *Warfare*, pp. 601-20, esp. pp. 602-4。
8. P. Heather, *The Fall of the Roman Empire: A New History* (London: Macmillan, 2005), pp. 84-94.
9. Lee, *War in Late Antiquity*, pp. 66-73.
10. 关于萨珊波斯王朝，参见 Lee, 'Roman Warfare'; 关于北方蛮族，参见 H. Elton, *Warfare in Roman Europe, AD 350-425* (Oxford: Clarendon Press, 1996), ch. 2; 关于草原游牧民族，参见 J. C. N. Coulston, 'Tacitus *Historiae* I. 79 and the Impact of Sarmatian Warfare on the Roman Empire', in C. Carnap-Bornheim (ed.), *Kontakt-Kooperation-Konflikt: Germanen und Sarmaten zwischen dem*

1. und dem 4. Jahrhundert nach Christus (Neumünster: Wachholtz, 2003), pp. 415 – 33；关于罗马军队，参见 P. Rance, ‘The Later Roman Empire: Battle’, in P. Sabin, H. Van Wees and M. Whitby (eds.), *The Cambridge History of Greek and Roman Warfare* (Cambridge: Cambridge University Press, 2007), vol. II, pp. 342–78, at pp. 348–58。

11. 关于骑兵的限制，参见 A. Goldsworthy, *The Roman Army at War, 100 BC–AD 200* (Oxford: Clarendon Press, 1996), pp. 230 – 1；关于骑兵的主体作用，参见 Rance, ‘Battle’, pp. 353–4。

12. 细节和详述，参见 B. Shaw, ‘War and Violence’, in G. Bowersock, P. Brown and O. Grabar (eds.), *Late Antiquity: A Guide to the Postclassical World* (Cambridge, MA: Belknap, 1998), pp. 130–69, at pp. 132–3。然而，请注意下面这部著作展现的怀疑态度：C. Whately, *Battles and Generals: Combat, Culture and Didacticism in Procopius' Wars* (Leiden: Brill, 2016), pp. 161–8，作者发现了荷马带来的影响，尽管这可能没有充分考虑到以下论著强调的奖励受伤士兵的书面报告的证据：I. Colvin, ‘Reporting Battles and Understanding Campaigns in Procopius and Agathias: Classicising Historians' Use of Archived Documents as Sources’, in A. Sarantis and N. Christie (eds.), *War and Warfare in Late Antiquity* (Leiden: Brill, 2013), pp. 571–97, at pp. 590–2。

13. Procop. *Goth.* 4. 32. 6 – 10, Agathias 2. 9, with P. Rance, ‘Narses and the Battle of Taginae (Busta Gallorum) 552’, *Historia* 54. 4 (2005), pp. 462–3.

14. 关于更早时期的例子，以及对影响投掷物攻击力有效性的许多不同变量的有价值论述，参见 E. L. Wheeler, ‘Firepower: Missile Weapons and the "Face of Battle"’, *Electrum* 5 (2001), pp. 174 – 81。关于战术决策，参见 Rance, ‘Taginae’, pp. 465 – 9；关于阿德里安堡，参见 Amm. Marc. 31. 13. 2。

15. Whately, *Battles and Generals*, pp. 231–2 认为普罗科匹厄斯的视角更像是将军而非普通士兵的视角。

16. J. Keegan, *The Face of Battle: A Study of Agincourt, Waterloo and the Somme* (London: Jonathan Cape, 1976). 关于影响，可参见

Goldsworthy, *Roman Army at War*, chs. 5–6; A. B. Lloyd (ed.), *Battle in Antiquity* (London: Duckworth, 1996); P. Sabin, 'The Face of Roman Battle', *Journal of Roman Studies* 90 (2000), pp. 1–17。关于评价，参见 Wheeler, 'Firepower', pp. 169–74。

17. J. Matthews, *The Roman Empire of Ammianus* (London: Duckworth, 1989), pp. 287–8; 关于模式化形象，参见 C. P. T. Naudé, 'Battles and Sieges in Ammianus Marcellinus', *Acta Classica* 1 (1958), pp. 92–105, at p. 104; 关于真实形象，参见 Amm. Marc. 16. 12. 44, 31. 13. 4。
18. Matthews, *Ammianus*, pp. 57–65; K. Kagan, *The Eye of Command* (Ann Arbor: University of Michigan Press, 2006), ch. 2; J. Levithan, *Roman Siege Warfare* (Ann Arbor: University of Michigan Press, 2013), ch. 7.
19. Amm. Marc. 19. 2. 15, 19. 7. 6–7 (trans. W. Hamilton).
20. 关于评价，参见 Rance, 'Battle', p. 359; 关于杜拉欧罗普斯的材料，参见 S. James, *Excavations at Dura-Europos 1928–1937, Final Report VII: The Arms and Armour and Other Military Equipment* (London: British Museum Press, 2004); 关于隧道，参见 S. James, 'The Deposition of Military Equipment during the Final Siege at Dura-Europos, with Particular Regard to the Tower 19 Countermine', *Carnuntum Jahrbuch* (2005), pp. 189–206, at p. 204 (quotation); 关于化学战的提法，参见 S. James, 'Stratagems, Combat and "Chemical Warfare" in the Siege Mines of Dura-Europos', *American Journal of Archaeology* 115. 1 (2011), pp. 69–101。
21. F. R. Trombley and J. W. Watt (trans.), *The Chronicle of Pseudo-Joshua the Stylite* (Liverpool: Liverpool University Press, 2000), pp. 73–4（大屠杀和物资短缺），p. 94（同类相食），p. 102（野生动物）。有关古代晚期战争中同类相食的其他调查报告，参见 Lee, *War in Late Antiquity*, pp. 134–5。
22. 关于被钉死在十字架上和切断腿筋的刑罚，参见 Amm. Marc. 19. 9. 2, 19. 6. 2; 关于人口迁移，参见 Lee, *War in Late Antiquity*, pp. 136–7, and E. Kettenhofen, 'Deportations: The Sasanian period', *Encyclopaedia Iranica* (1994), www.iranicaonline.org/articles/deportations#pt2。

23. 下面这部著作中有很多相关材料：L. Petersen, *Siege Warfare and Military Organisation in the Successor States (400 - 800 AD): Byzantium, the West and Islam* (Leiden: Brill, 2013)。

24. 关于罗马入侵，参见 Amm. Marc. 17. 10. 6 - 7, 17. 13. 12 - 14, 27. 10. 7, 30. 3. 1；关于诺伊波茨，参见 E. Künzl (ed.), *Die Alamannenbeute aus dem Rhein bei Neupotz: Plunderungsgut aus dem römischen Gallien* (Bonn: Habelt, 1993), 镣铐的存在意味着这是人类的战利品；关于猎人头，参见 Lib. *Or.* 18. 45；关于年轻男性，参见 Ps. -Joshua, *Chronicle*, p. 96。

25. P. A. Brunt, 'Conscription and Volunteering in the Roman Imperial Army', *Scripta Israelica Classica* 1 (1974), pp. 90-115[转载于同作者的 *Roman Imperial Themes* (Oxford: Clarendon Press, 1990), ch. 9].

26. 关于古代晚期的军队规模，参见 Lee, *War in Late Antiquity*, pp. 74-9；关于帕柯缪，参见 *Bohairic Life of Pachomius*, pp. 7-8；关于文身，参见 C. P. Jones, '*Stigma*: Tattooing and Branding in Graeco-Roman Antiquity', *Journal of Roman Studies* 77 (1987), pp. 143-4, 149; C. Zuckerman, 'The Hapless Recruit Psois and the Mighty Anchorite, Apa John', *Bulletin of the American Society of Papyrologists* 32 (1998), pp. 184-6。

27. Greg. Nys., *Hom. in XL Mart.* (Migne, PG 46. 784c); N. Lenski, 'Valens and the Monks: Cudgelling and Conscription as a Means of Social Control', *Dumbarton Oaks Papers* 58 (2004), pp. 93-117.

28. 关于截肢，参见 Amm. Marc. 15. 12. 3; *Cod. Theod.* 7. 13（一位皇帝下令，手指缺失的新兵将被活活烧死）。因此，4 世纪 70 年代的一位将军竟然用砍掉逃兵的右手来惩罚他们，这令人感到惊讶(Amm. Marc. 29. 5. 49)。关于之后几个世纪的情况，参见 M. Whitby, 'Recruitment in Roman Armies from Justinian to Heraclius (ca. 565-615)', in Cameron, *Byzantine and Early Islamic Near East*, vol. III, pp. 61-124（强制募兵的情况见 p. 81）。

29. 关于 *fabricenses*, 参见 *Cod. Theod.* 10. 22. 4（398）。关于征税，参见 *P. Abinnaeus* 3（4 世纪中期）；Theodoret *Hist. eccl.* 4. 17. 1（4 世纪晚期）；Justinian, *Novel* 103 and *Edict* 13. 9, 11（6 世纪中

期)。关于罗马后期的发展，参见 R. MacMullen, *Soldier and Civilian in the Later Roman Empire* (Cambridge, MA: Harvard University Press, 1963), p. 60, n. 31。

30. 关于4—5世纪人们要承担的义务，请参阅 *Cod. Theod.* 7.5.2; 11.16.15, 18; 关于埃德萨，参见 Ps.-Joshua, *Chronicle*, p. 66 (630000 *modii* of grain), p. 88 (850000 *modii*)。3世纪末的法学家阿卡狄乌斯·查里西乌斯 (Arcadius Charisius) 提供的一份军事徭役清单没有提到这样的工作，这意味着在古代晚期，这些工作还很新奇 (*Dig.* 50.4.18); 更多资料参见 C. Drecoll, *Die Liturgien im römischen Kaiserreich des 3. und 4. Jh. n. Chr.* (Stuttgart: Franz Steiner, 1997), esp. pp. 261-3。

31. 关于在城市宿营的问题，参见 Lee, *War in Late Antiquity*, pp. 163-75; 关于帝国的法律，参见 *Cod. Theod.* 7.9.1-4 (esp. 1, 这涉及"以暴力手段夺取物品"); 关于埃德萨，参见 Ps.-Joshua, *Chronicle*, pp. 103-4。

32. 关于更多细节和参考资料，请参阅 Lee, *War in Late Antiquity*, ch. 7。

33. M. Whitby, '*Deus Nobiscum*: Christianity, Warfare and Morale in Late Antiquity', in M. M. Austin, J. D. Harries and C. J. Smith (eds.), *Modus Operandi: Essays in Honour of Geoffrey Rickman* (London: Institute of Classical Studies, 1998), pp. 191-208.

34. C. Rapp, *Holy Bishops in Late Antiquity* (Berkeley: University of California Press, 2005), pp. 228-34.

13　帝制中国早期的暴力与战争

谢伟杰

277 “Violence”的现代汉语意思是“暴力”，结合了两个汉字“暴”（字面意思是“激烈的、突然的或剧烈的”）和“力”（字面意思是“武力、力量或权力”）。但是，尽管这是一种现代表达方式，[1]可自古以来，中国人对使用蛮力伤害或者摧毁人和物，以实现某种目的的行为并不陌生。“暴”和“力”虽然分开使用，但在青铜时代以后的中国古书中经常出现，用以描述各种可被视为暴力的行为。

在古代中国，人们认为暴力在本质上并不坏，尽管人们总是认为它的层次位于公众道德之下。一种特定的暴力行为是好是坏，取决于谁针对谁，以及出于什么目的。从国家的角度来看——借用韦伯式的定义——当暴力以维持和平与安稳还有维护某些道德原则为借口而得到许可时，暴力就是合法的，否则就是非法的。对于那些反对国家的人来说，这个定义肯定会被推翻。暴力发生的方式和规模各不相同。最大和最具破坏性的无疑是战争，但暴力也以执法、宗教仪式、比赛、抢盗、复仇、家庭暴力、谋杀等形式存在。由于不可能在一章的篇幅中涵盖所有这些暴力形式，在接下来的内容中，我将主要论述战争问题，因为战争不仅对人们和社会产生了广泛的影响，而且总是与其他类别的暴力形式同时发生。[2]

278 本章旨在分析帝制中国早期对暴力与战争的认知和实践，时间是从公元前3世纪的最后25年到6世纪末。在这个时期，中国出现了早期帝国，之后历经近四个世纪的政治分裂（约从3世纪初到6世纪末），国家通过各种方式来实施或控制暴力，经受了不同强度的战争。

历史背景

由于我要研究的历史时期跨度超过八个世纪，所以提供一份简要的历史发展大纲和某些相关的地理细节以做好准备，是至关重要的。公元前3世纪，华夏大地被分成七个规模较大的诸侯国和少数几个小规模政权。在之前的几个世纪，由于战争不断，强国以牺牲弱小邻国的利益为代价扩大地盘，政权的数量一直在减少。从公元前5世纪开始，以战争形式出现的暴力不断升级，规模不断扩大，七个主要诸侯国和小的缓冲国之间产生了直接的、激烈的军事对抗，后者被一一消灭。人们称这一时代为战国时期，这个名称清楚地揭示了其显著的时代特征。秦国是七个诸侯国中最靠西的大国，它逐渐取得了无可比拟的军事优势，威胁着其他大国的生存。

公元前232年，年轻的秦王嬴政（公元前210年驾崩，公元前246—前210年在位）多次发动大规模征战。在十年内，他消灭了对手，在中国建立了第一个统一的帝国；这样，他就有资格成为皇帝，并自称始皇帝。为了确保其新生帝国的稳定和永续，秦始皇试图垄断对暴力的使用，因此他没收私人武器，将其熔化并锻造成青铜乐器，还将十二尊巨大的青铜雕像安置在都城。尽管如此，战争并没有结束。事实上，秦始皇继续动员军队，努力驱逐北部的蛮夷，并在南方拓展新的土地，从而使那些在几十年的诸侯纷争中幸存下来、希望过上稳定生活的人，再次陷入了繁重的军事活动。秦始皇的过早逝世给他

279 的直接继承人留下了一个民众怨声载道的帝国，秦二世对他的臣民实施更加严格的控制，这使情况变得更为糟糕。因此，与秦始皇建立永世帝国的愿望相反，秦朝在民众起义后不久就垮台了。更具有讽刺意味的是，由于先前没收了民众的武器，首义的反叛者是拿着简易的木制武器起义的。起义引发了大范围的暴力活动，最终演变成一场长达五年的内战。

正是刘邦（公元前 195 年驾崩，公元前 202—前 195 年在位），反秦浪潮中的一介平民，最终打败了其他竞争者，建立了西汉（前汉）王朝（公元前 202—公元 9 年）。与短命的秦朝不同，西汉持续了两个多世纪，因此成为统一帝国的典范，在中国历史上经常被援引为统一战争的理由。起初，西汉把精力主要放在内部纷争上，但后来随着草原战士的威胁不断增加，西汉不仅在域内采取防御措施，而且还发起了一系列远征。这些远征标志着中华帝国第一次尝试在域外进行军事行动，汉朝军队调整并改变了他们的战争方式，包括战略、战术和军队类型的使用。军事上的成功转化为领土的拓展，西汉在巩固庞大帝国的过程中达到了顶峰。

秦朝和西汉都是在西北地区建立政治中心的帝国，西北地区具有很高的战略价值。因此，这两个政权都非常重视北方边地的防御，并将势力扩展到亚洲腹地。[3]然而，帝国的重心在公元 1 世纪发生东移，当时，自称刘邦后裔的刘秀（公元前 5—公元 57 年，25—57 年在位）在内战中打败了其他争夺皇权的竞争者，推翻了篡汉的政权（该政权的统治时间为 9—23 年），建立了东汉（后汉）王朝（25—220 年）。虽然后汉声称自己恢复了（前）汉帝国，但它与前汉还是存在很大的区
280 别。为了符合建立王朝的东部地区那些人的既得利益，后汉将

帝国中心东迁。因此，后汉的军事驻扎部队也从前汉在西北的部署地撤退。[4]此外，部分原因是吸取了内战的教训，刘秀废除了前几个世纪实行的普遍征兵制度，目的是加强国家对暴力使用权的垄断。然而，废除征兵制的做法遭到了后人的诟病，他们把后汉军事实力不如前汉的事实归咎于此。[5]这种说法是否正确还有待商榷，但后汉确实面临着截然不同的内外环境，它从早期开始就是一个四面受敌的帝国，饱受政治内斗和外敌的困扰。[6]后汉最终以其土地被割据为军阀领地而告结束，这标志着一个漫长的政治分裂时代的开始。[7]

后汉结束之前，中华早期帝国的政治、文化和经济中心都位于北方，尤其是在黄河中下游沿岸地区，而从古风时代（Archaic period）① 开始，中国南方就一直被视为偏远和野蛮的乡村地区。但是，帝国的分裂使南方有机会成为另一个重心。一些试图继承后汉统治的军阀将自己的军队驻扎在南方的长江沿岸地区，其中两个军阀最终分裂了南方并建立了各自的王国，他们面临的是另一个试图控制整个北方的竞争性政权。这三国之间的僵局持续了半个世纪，这就是众所周知的三国时期（220—265 年）。这一时期启发了中国、日本和朝鲜半岛的许多有趣的民间文学和暴力故事。[8]

三国时期被一个后来者——西晋（265—317 年）所终结。 281
然而，西晋实现的统一是短暂的。兼任军事统治者的亲王们挑起了一场内战，使中国北方陷入一片混乱，[9]而被征召来的非汉民族雇佣兵则利用这一混乱局面谋求自身的利益。诸多所谓的

---

① 古风时代，文化史上通常把公元前 8 世纪—前 6 世纪的希腊城邦形成时期称为古风时代或古朴时代。作者在此处可能是借用这一时代所代表的时间范围。

“蛮夷王国”出现了——这个时期在传统上被称为“十六国”——而被称为东晋（317—420 年）的流亡中的晋朝政府，在南方找到了避风港。随后，南方经历了一系列朝代更替，直到 7 世纪初，北方再次处于一个强大的中央集权王朝——隋朝（581—618 年）的统治下，这个王朝有能力统一南方。

4 世纪到 7 世纪是一个动荡的时期，暴力似乎渗透到国家和社会的各个层面。北朝和南朝之间不仅有旷日持久的战争，而且各政权内部也有军事对抗。特别是在北方，非汉民族统治者和他们的臣民之间爆发了族群冲突，有少数极端的屠杀案例被记录在册。持续不断的战争和随之而来的混乱使暴力成为当时人们日常生活的一部分，甚至在不同群体之间也会发生暴力事件。在这一时期，各个政权尝试了不同的策略来重申对暴力使用权的垄断，但只取得了部分的和渐进的成功。直到 7 世纪初，得到许可和未得到许可的暴力才再次被单一的王朝国家控制。

正义之战的概念

公元前 221 年，在秦始皇消灭了最后一个对手后，他颁布了一份布告来为自己的军事活动进行辩护。他声称，六国灭亡是它们咎由自取，因为它们背叛了与秦国的联盟，违背了与秦国的盟约，断绝了与秦国的交往，甚至策划暗杀他，这一切都使他别无选择，只能诉诸武力。因此，军事征战在本质上不是进攻性的，而是惩罚性的；秦国所做的就是纠正对手的错误。在他提出这一论点之后，他的朝臣称赞他们的君主兴起的是“正义之师”（义兵），处决了邪恶的敌人，并在统一中国的过程中取得了前所未有的成功。[10]

尽管帝国的建立可能具有开创性，可正义之师的概念并不 282
新鲜。[11]虽然帝国在很大程度上是通过强力建立起来的，但秦朝仍然试图证明自己的征战是正当的。事实上，正义之师是一种古老的传统，其时间至少可以追溯到公元前11世纪末，据说当时的周人发明了“天命”的概念，来解释为什么他们仁慈的统治者会取代，甚至依靠武力取代商朝的最后一位昏君，成为中国的最高统治者。这一理论的实质是，统治者的正义将使他获得上天的授权，并有责任发动带有惩罚性质的战争，从而为天下带来和平与秩序。此后，这一理论构成了中国政治意识形态的支柱，解释了统治权的转移，界定了暴力的合法使用。[12]周初统治者利用这一概念为他们的军事行动进行辩护的言论被收集在中国古典文学作品中，几乎所有受过教育的古人都研究过这些古典文学作品，中国历史也经常会引用这些内容。[13]

战国时期，面对战争的加剧及其带来的灾难性社会影响，孟子和荀子等政治哲学家都主张，使用武力的适当性和正义性要从民众的福祉出发，把民众的福祉放在首位的统治者会得到民众广泛的和全心全意的支持，而这就可以转化为不可战胜的军事力量。[14]这听起来可能不切实际，但其修辞功能是政治宣传的有用工具。

虽然在中国历史上，秦始皇长期被指责为暴君，但他还是 283
大力地宣传其征战的正义性。除了上文提到的布告，他留下的碑文也清楚地表明了这一意图。在对新战胜的东方的一系列帝国巡游中，他和他的随从竖起石碑，并题写碑文来赞扬他的卓越成就。[15]在这些碑文中，有三个清晰而一贯的主题：秦朝统治者秉持正义，消灭六国；通过统一战争，皇帝结束了所有的战争，他的臣民将享受永久的和平与秩序；这位皇帝已经取得了空前的成就，统一了天下，并将给予他的臣民稳定和繁荣。[16]虽然秦始皇和他的朝臣没有实现他们描绘的美好图景，但石刻文字的修辞力量比秦朝本身要持久。秦朝的统治者不仅发扬了前代的正义之师的基本原则，而且通过实现统一帝国的理想，在理论上强化了这一原则。此后，“以帝国的名义”给了统治者——特别是皇帝——发动正义战争的完美理由。[17]

与短命的秦朝不同，前汉持续了两个多世纪；后汉声称自己是前汉的延续，又进行了两个世纪的统治，两汉王朝前后共持续了四百年的时间，这一漫长的统治无疑鼓励和培育了统一帝国的理想。在分裂之后，维护和恢复统一的帝国，不仅是大多数（如果不是所有）统治者的梦想，而且也是军事行动的正当理由。[18]

220 年，东汉的末代皇帝退位，在之后的几年里，三国中的两国公开宣称他们的政权是汉朝的唯一合法继承者，并发誓要统一帝国。然而，三国斗争的成熟果实被后来者西晋夺取
284 了，西晋也声称统一是其征战的大义，其成功是天命授予的。西晋的统一是短暂的，但实现统一的理想并没有消失。无论是北方的蛮夷王国，还是南方的东晋政权，都经常把统一作为发动战争的正当理由。南朝以收复北方的名义发动了北伐，而北方的非汉民族统治者则抱着统一帝国的理想，试图战胜南方。北方的一个突出例子是著名的淝水之战（383 年），一位非汉民族君王刚刚统一了北方，就向东晋发起了有史以来规模最大的军事行动，目的在于实现完全的统一。尽管他在战役中遭遇惨败，但这并没有阻止其他北方统治者追寻同样的理想并发动实现统一的战争。

另外两个为战争辩护的观念也源自汉朝的先例。鉴于这个
帝国的长期统治，延续和恢复其统治成为合法使用军事暴力的
一个强有力的理由。如上所述，刘秀利用他与皇室的远亲关
系，声称他建立的新王朝——后汉——是对汉帝国的光复。无
独有偶，与他同时代的竞争者也利用了自己与前汉直接或间接
的关系，并据此宣称自己的合法性。随着后汉的结束，刘备
（161—223 年）也拔高了他与汉朝皇室的远亲关系，从而建立
了蜀汉王国——三国之一。兴复汉室不仅为政治宣传提供了口
号，也为蜀汉的合法性提供了支撑。因此，蜀汉政权以恢复汉
帝国的名义，接连发动北伐战争，但都以失败告终。甚至非汉
民族统治精英也利用汉朝的名义来达到他们自己的政治目的。
当西晋陷入内战的困扰时，匈奴部落——原本属于一个草原民
族，是两汉的宿敌，他们现在生活在中华帝国的北疆——的首
领们援引本族从公元前 2 世纪开始就通过与汉朝皇室通婚来表
达长期的忠顺，以此寻求恢复汉帝国的正当理由。匈奴人很好
地运用了汉代尊崇的孝道的道德原则。前汉鼓励和奖励履行孝
道（包括复仇）的行为，这种做法被后汉强化。虽然在中华 285
帝国早期，国家倾向于不容忍私人复仇，并采取严厉措施加以
控制，但为王朝或君主复仇是战争的正当理由。一个著名的例
子是前汉的武帝，他在公元前 2 世纪 40 年代到公元前 1 世纪
80 年代，多次发起对匈奴的讨伐，公开宣称的理由之一，就
是洗雪刘邦（前汉的建立者，也是汉武帝的曾祖父）被匈奴
所败之辱。[19]

汉帝国作为帝国的典范，也极大地强化了人们对汉文化的认同感。在 3 世纪到 7 世纪漫长的政治分裂时期，保护汉文化成为东晋和随后的南朝发动战争的另一个正当理由。东晋和南

朝都声称自己是汉文化的继承者和保护者，并与北方的非汉民族政权抗衡。这种主张总是与统一帝国的理想交织，并逐渐超越了民族的界限。因此，北方的一些非汉民族统治者公开拥护统一帝国的理想和对汉文化的认同。经常被援引的例子是北魏的孝文帝（471—499 年在位），他试图通过推行支持汉文化的改革和发起统一南方的征战来证明自己是中国的合法统治者。尽管孝文帝在征伐南方的战役中失败了，但为建立一个基于汉文化的统一帝国而战的观念，仍然在前现代中国的正义战争观念中占据核心地位。

战争和兵役

帝制中国早期的战争经历了从帝国统一时期到分裂时期的深刻变化，这些变化既反映了之前时代的做法，又有其自身的发展。战国时期的军事实践对塑造早期帝国的军事实践发挥了重要作用，因为秦和西汉早期的统治者深度参与了那些年的战
286 争，运用了他们吸取的经验教训。[20]战国时期的战争最显著的特点是频繁而广泛地动员人们进行全面的战争。这一时期的各个诸侯国，尤其是好战的秦国，为了扩大地盘或仅仅是为了生存，进行了改革，以增强自己的军事实力。普遍征兵制度是为了满足在不断升级的战争中持续增加的人力需求而推行的。在这一制度下，几乎所有身体健全的男子（在不同的统治时期，服兵役的最低年龄从 17 岁到 23 岁不等），主要是农民，将接受基本的军事训练，然后参加各种军事活动；因此，很多人具备军事经验。[21]这一时期，诸侯国间发生了激烈的战争，每个诸侯国都展开全面动员，把尽可能多的人力投入战场或围城战。

秦始皇已经习惯了以这种方式发动战争，他毫不犹豫地沿用了这种做法。此外，统一为新帝国提供了更多的征召兵源。秦国动员了数十万人进行征战，据说有 60 万人被用来征讨南方的楚国。统一后，秦始皇没有让他的民众得到休息，他发动了一次北伐——击退匈奴并在边地修建防御工事；他还发动了一次南征——征伐遥远的南方，并修建了一条运河用于交通和通信。根据历史记载，总共派遣了 80 万人。[22]帝国不仅派遣士兵，还派遣他们的家属、其他平民和罪犯在新纳入统治的地区建立定居点。然而，繁重的大规模动员最终引发了民众骚乱和起义，这在很大程度上导致了秦朝的迅速垮台。

前汉早期的统治者沿袭了在军事行动中大规模部署人力的做法；因此，动员数十万人的战役很常见。此外，前汉早期的战争主要发生在中央政府和诸侯的分封王国间，诸侯拥有自己的军队，他们瓜分了帝国的东部。这种战争实际上是秦及其对手在东方和西方之间军事对抗的延续，而且是在域内进行的，地形适合步兵作战。从战国时期开始，步兵就占据了主导地位，不仅是因为地形，还因为与战车兵、骑兵和水军相比，这种类型的军队需要的训练时间最少，由此可以在固定的时间内 287
培养出尽可能多的士兵。普遍的兵役制度为帝国提供了充足的应征兵，这些人容易被训练成步兵，这与大规模战役的盛行相适应。

这样大规模的战争造成了巨大的伤亡。除了那些在战斗中死亡的人，杀害俘虏也导致了很高的死亡人数。必须经常在各个方面全面动员士兵与敌人作战，这意味着尽可能直接、迅速地消灭敌军是首选的办法。这就解释了为什么在战国和帝国时代早期，经常出现屠杀战俘的现象。秦军因经常屠杀战俘而声名狼藉；例如，公元前 260 年，据说一位秦国将军处决了 40 万投降的赵国士兵——尽管这个数字很可能是被夸大的。另一个臭名昭著的事件发生在秦朝灭亡后的内战期间，起义军首领项羽最初接受了大批秦军的投降，但后来他改变了主意，下令坑杀 20 万人。在遭围困并负隅顽抗的城市被攻占后，大规模屠杀的场面也屡见不鲜。项羽在这方面的名声特别不好，汉初的一个例子见于公元前 154 年皇帝颁布的一条法令，这条法令鼓励对曾经参加封地造反的反叛者进行大规模屠杀，并把这作为最有效和最迅速的镇压手段。

经过近一个世纪的巩固和发展，汉武帝（公元前 140—前 87 年在位）统治时期的军事格局发生了重大变化，战争实践也不得不改变并适应新的战略条件。反叛王国的问题已经解决，现在对帝国最紧迫的军事威胁就是匈奴草原联盟。[23] 匈奴通常更喜欢发动零星的骑兵突袭，而不是与汉朝进行激烈的战斗。汉朝在域内战争中采取的全面动员和大规模战役的方式，已经不能适应这种新形势的需要。汉朝需要的是一支能够迅速
288 应对匈奴突袭的军队，也就是专业的骑兵。对于汉朝来说，骑兵并不是一种新型军队，但想要拥有一支专业的骑兵部队，需要大量的箭术和骑术训练，同时还需要一些辅助支持——如马匹的饲养和训练。此外，为了保卫不断拓展的土地，汉朝还需要在边地部署驻军，甚至偶尔还需要出征域外。所有这些都需要军队的职业化以及兵役在时间和空间层面的延伸，而这是现有制度不能支持的。在普遍征兵制度下，军队实际上由民兵构成：兼职的士兵-农民在军队服役，通常是短期的，或在参加完一场战役后，就回归平民生活。但是，新的战争要求汉朝军队在更远的地方作战，作战的时间也更长，这使民兵负担过

重，并给应征士兵及其家人的生活造成了社会和经济上的干扰。

因此，汉武帝时期是汉朝军事实践和军事体制的过渡时期。一方面，汉朝军队仍在全面动员和发动作战，试图取得对匈奴和其他外敌彻底的、决定性的胜利；另一方面，由于这种方式与对外作战不相适应，汉朝军队适应了变化，义从、罪犯和雇佣军逐渐取代应征士兵，成为军队的主体，骑兵部队在远征军中发挥着越来越重要的作用。[24]汉武帝依靠这支新式军队，进行了一系列代价高昂的远征。尽管他对匈奴的进攻没有成功到让后者屈服的程度，但他的军事努力确实削弱了匈奴的军事力量，破坏了草原联盟内部脆弱的权力平衡，引发了内部冲突。[25]在后汉早期，汉朝最终赶走了敌对的匈奴人，而那些声称效忠于汉朝皇帝的匈奴人则被允许在帝国的北疆定居。也正是在后汉初年，随着普遍征兵制度的正式废除，军事变革才正式完成，支撑了几个世纪的军事实践的制度结束了。[26] 289

后汉维持了一支常备军。一旦应征入伍，士兵就会留在军队里，成为职业军人。此后，文职和军事人员正式分开；这种分设在汉代之后变得更加明显。从人数上看，军队继续以步兵为主，而从中原或非汉民族骑手中招募的骑兵在各种各样的军事行动中，特别是在对付骚扰北方边地的非汉民族对手时，发挥着越来越重要的作用。[27]

2 世纪晚期，随着后汉政权的瘫痪，国家对暴力的垄断被打破。虽然发动战争仍然是接下来的四个世纪里国家承担的最重大任务，但武力的使用脱离了国家的统一控制，转由地方军阀和地方军事豪强掌控。持续不断的战争和官方认可的军事力量的削弱，使暴力在社会各个阶层普遍存在，并经常发生。为了保护自己，人们在当地精英和地方豪强的带领下组织成武装群体；一些群体甚至结成了共同防御联盟。在防御能力强的地方建立的坞堡变得很常见，特别是在北方，西晋灭亡后的严重动荡和所谓蛮夷王国之间的暴力冲突为它们的兴盛提供了条件。南方的地方精英也有武装力量供其差遣，在需要的时候，这些武装力量可以执行他们的意志，尽管他们的定居点通常没有北方的那样戒备森严。因战争而流离失所的难民也宣誓效忠于他们的首领，并转变成武装团伙，四处寻找安全的避难所。由于各种各样的地方军事力量广泛存在，国家几乎不可能通过军事手段消灭这些力量，因此在必要时，讲和是一种备选方案。一些雄心勃勃的当地精英选择与非汉民族统治者合作，向
290 他们宣誓效忠，以换取个人政治生涯的发展，最重要的是，国家承认他们对地方事务的实际控制和对私人部队的指挥。[28]在正式承认私人军队的地方领导权的同时，国家也希望将这些部队从私人暴力转变为受约束的军事力量。

私人军事力量的盛行，不仅助长了远离国家控制的离心力，而且使国家维持军队的稳定供应变得更加困难。人力短缺是 3—6 世纪南北方各个政权面临的共同问题。由于废除了普遍的兵役制度，后汉不得不依靠专业的常备军，而不是临时征召的士兵，后者在战役后就会被遣散。国家可能想要集结一支庞大的军队，但军事人口减少带来的限制不允许他们这样做。征兵不再那么容易了，原因是普遍的混乱造成登记人口急剧减少，也有人因为害怕被征召入伍而没有登记。为了寻求保护，一些人向地方豪强求助，充当私人随从。

一方面，国家必须与地方势力竞争军队的兵源；另一方面，国家也必须牢牢控制住现有军队。因此，国家大范围采用

世袭兵役制。一名男子一旦应征入伍，他将终生服役，在他死后或在他不能履行职责的情况下，由另一名男性家庭成员继任。这个士兵的家人将被列入军户而不是平民的登记册。所以，军户身份是世袭的，以确保兵员的持续供应。

世袭的军户也受到各种限制，以便将他们与平民区别开来。军人不仅是一种职业，而且是一个法律地位低下的社会阶层。由于世袭兵役制的困境和不利待遇，他们很少士气高昂，所以国家需要为他们提供各种各样的战斗激励，包括在胜利后授予他们平民的地位。但是，这些措施对改善大多数世袭士兵的困难处境并没有起到什么作用，兵变也常有发生；有几次甚 291
至引发了大规模起义，推翻了当时的政权。[29]

另一种常见且有效的获取人力的方法是将战败的敌人收编进自己的军事体系。因此，与战国和汉初时期相比，屠杀战俘比较少见。交战各方广泛招募战败者加入自己的军队。强制迁徙也成为一项辅助措施，以确保稳定的人力资源。国家一旦俘虏战败的军队或投降的平民，就会强行将他们转移并重新安置在政治中心或其他战略地区，这样他们就可以听命于国家。考虑到非汉民族政权的性质，这种政策在北方特别普遍。

非汉民族的统治精英，无论他们来自哪个民族，在庞大的汉族人口中都形成了一个强大但规模较小的军事少数派。起初，这两个群体之间的区别很明显，非汉民族政权主要依靠自己的同胞争夺地区主导权。[30]然而，随着战争的进行，统治者承受着不断补充和扩大自己军队的压力，因此不得不从本民族以外招募新兵。例如，在淝水之战中，试图统一南方的非汉民族王朝将众多民族吸纳进自己的远征军。考虑到每个非汉民族政权中战士的数量相对有限，他们也欢迎其他民族的战士加入，逐渐地，甚至汉族也被包括在内——起初只是履行一些辅助职责，后来直接参加战斗。

由于军事人口通常定居在坞堡或政治都城，在这一分裂时期，战争往往是周期性地围攻大规模防御工事和戒备森严的城市中心，而不是运动战。历史记录提供了围城战的某些详细记载。对于南朝来说，他们不仅擅长围城战——这是定居民族的传统——而且擅长水战。考虑到南方的水路网络，在南方的竞争者当中，水战频繁发生。这也为南方提供了对付北方敌人的
292 关键战略优势。北方骑兵，尤其是重装骑兵（在这一时期被引入并盛行），在北方战场上占有绝对优势，但南方的水路一直是不可逾越的天然屏障。

军事仪式和宗教因素引发的战争

长期以来，人们一直将帝国形成之前的战争与仪式和宗教信仰紧密联系在一起，与战争本身相比，这一时期的历史著作对战争前后的仪式和宗教习俗进行了更为详细的描述。[31]这些做法在早期帝国中仍然盛行。历史典籍记载了为军事目的服务的预言、占卜和其他神秘技术的运用，以及前代流传下来的或当时作者所写的论述这个主题的书籍和节选。军事仪式和宗教信仰总是交织在一起。在战国时期，有一个神话是关于中华文明的缔造者黄帝和发明武器的凶猛人物蚩尤之间的战争。蚩尤被打败并被杀，但由于他发明了武器，他在大众文化中成为战神。[32]前汉的开国皇帝刘邦起初成为起义首领时，就向黄帝和蚩尤献上了祭品，以感谢他们在军事行动中对他的护佑。[33]蚩尤作为战神的地位得到了汉朝皇帝的正式承认。例如，汉武帝曾参拜蚩尤祠，承认他是“兵主”。几个世纪后，东晋军队在

出征前仍向蚩尤进献贡品。

尽管在前帝国时期和早期帝国的战争中，民众的信仰和狂热崇拜的实践渗透到各个方面，但直到2世纪晚期，宗教团体才得以组织起来，先是道教团体，后来是佛教团体，它们出现、壮大并参与战争。道教在后汉末年开始流行并迅速发展起来。184年，一个名为“太平道”的庞大教派发起了席卷整个帝国的黄巾起义，险些推翻这个王朝。[34]在很大程度上，由于 293
后汉末年的政治腐败和经济困难，太平道宣扬了能够带来和平与繁荣之新世界的承诺。尽管该教派的教规名为《太平经》，并认为战争、疾病、水灾和火灾是世界上的四宗罪，[35]但该教派仍采用暴力作为必要之恶，试图推翻统治王朝，实现他们追求的理想世界。对信徒来说，这是一种神圣的暴力，可以将他们从现世的苦难中拯救出来。黄巾起义最终失败了，但某些道教教派仍然保留着运用暴力改变现实世界的精神特质；它还提供了一个为战争进行辩护的概念。2世纪末至4世纪，在西南地区甚至出现了两个由道教教派支持的政权，[36]而其他道教教派在东南地区也获得了广泛的影响，那里是南朝的政治、文化和经济中心所在地。399年，一位名叫孙恩的道家传道者发动了一场激烈反抗东晋政权的起义。他的追随者被称为长生人。虽然孙恩在遭遇军事挫折后于402年自杀，但他的妹夫卢循带领追随者并使他们重新振作起来。起义最终在411年被镇压，东晋的经济中心地区遭到毁坏，严重动摇了东晋王朝的统治基础。[37]这次起义有个特点值得一提，那就是起义者会带着他们的家人一起转移，当战争的形势对他们不利时，他们会溺毙自己的孩子，口中诵念：“贺汝先登仙堂，我寻后就汝。”[38]这使杀婴行为蒙上了一层宗教意味。

作为在后汉时期传入中国的外来宗教，佛教也在后汉灭亡后的动荡时期迅速发展，社会政治影响力不断增强。佛教寺
294 院，特别是北方的那些佛教寺院，在皇族或贵族的支持下成为大地主。此外，它们拥有自己的扈从部队、佃户和奴婢，在紧急情况下这些人可以转变为私人军事力量。当然，这些佛教寺院会与国家争夺人力资源，也威胁到国家对暴力的垄断。因此，虽然在某些情况下，寺院的军队可能会为当权者服务，但他们也是朝廷潜在的敌人。在北朝，朝廷和佛教寺院之间发生过两次大规模冲突，一次是在 446 年，另一次是在 574 年。在这两次冲突中，佛教群体受到了惩罚，和尚和尼姑被迫还俗，寺院遭到毁损，其财产也被国库没收。

另外，某些佛教教派以最暴力的方式向现状发起了挑战。世俗世界连年不断的战争助长了类似西方千禧年主义（millenarianism）①的思潮的传播。像道教一样，一些佛教教派通过诉诸军事手段来推广对完美世界即将到来的信仰。佛教徒发动的起义有相关的历史记录，例如，在 473 年、481 年和 514 年都爆发了佛教徒起义。515 年，规模最大的佛教徒起义爆发，一个叫法庆的和尚自称“大乘佛教”教徒，他声称一个新的佛陀（据称是他自己）已经降临并将净化这个世界，他将为信徒建立新的世界秩序。法庆在势头最盛时召集了 5 万多人，他发起的运动蔓延到广大地区，持续了两年之久。

虽然在帝制中国早期，宗教之间没有发生过战争，但在 3—6 世纪，带有宗教因素的反叛或起义仍在战争中占据重要

---

① 千禧年主义，基督教神学末世论之一，又称太平盛世到来论。

地位。这种宗教性的暴力展示了这个动荡时代之暴力的普遍性质。

参考论著

现代研究者在研究帝制中国早期的暴力和战争问题时，往往受到历史学家和编纂者提供的只言片语和总结性材料的支配，这些历史学家和编纂者通常缺乏第一手的实战经验，并以刻板的、程式化的方式来描述主题。许多被记载下来的战争可能带有修辞色彩，同时，许多实际发生过的战争并没有留下任何细节。虽然对该领域的研究还不够充分，但某些工作为未来的研究奠定了坚实的基础。

下面这部著作对中国古代直至公元1世纪的各种得到许可的暴力进行了基础性和开创性的研究：Mark Edward Lewis, *Sanctioned Violence in Early China* (Albany, NY: SUNY Press, 1989)。作为对战国和秦汉时期战争的概述，以下研究也是十分有用的：Robin D. S. Yates, 'Early China', in Kurt Raaflaub and Nathan Rosenstein (eds.), *War and Society in the Ancient and Medieval Worlds: Asia, the Mediterranean, Europe, and Mesoamerica* (Cambridge, MA: Center for Hellenic Studies, Harvard University, 1999), pp. 7–46。关于分裂时期，David A. Graff, *Medieval Chinese Warfare, 300–* 295
900 (London: Routledge, 2002) 是西方第一部综合性研究著作和必读书。*Military Culture in Imperial China*, edited by Nicola Di Cosmo (Cambridge, MA: Harvard University Press, 2009)（此书已有中译本，〔美〕狄宇宙主编：《古代中国的军事文化》，袁剑译，北京：社会科学文献出版社，2024年）这部论文集当中的几章与本章研究的历史时期有关，而B. Meissner et al. (eds.), *The Cambridge History of War* (Cambridge: Cambridge University Press, 2020) 的第一卷提供了关于这一主题的全新总结。

关于涉及合法使用暴力的话语，除了 Mark Edward Lewis, 'The Just War in Early China', in Torkel Brekke (ed.), *The Ethics of War in Asian Civilization–A Comparative Perspective* (London: Routledge, 2006), pp. 185–200,有著作讨论了中国不同知识传统（主要是在前帝国时期）中的正义战争，参见 Ping-Cheung Lo and Sumner B. Twiss (eds.), *Chinese Just War Ethics: Origin, Development, and Dissent* (London: Routledge, 2015)。关于实

战，我们有幸掌握了分裂时期攻城战的一些细节，和力加（Benjamin E. Wallacker）撰写了一系列文章，这些文章虽然已发表很长时间，但仍然十分有用：'Studies in Medieval Chinese Siegecraft: The Siege of Yu-pi, A. D. 546', *Journal of Asian Studies* 28 (1969), pp. 789 - 802; 'Studies in Medieval Chinese Siegecraft: The Siege of Ying-ch'uan, A. D. 548 - 549', *Journal of Asian Studies* 30. 3 (1971), pp. 611 - 22; 'Studies in Medieval Chinese Siegecraft: The Siege of Chien-k'ang, A. D. 548-549', *Journal of Asian History* 5(1971), pp. 35-54。

注 释

1. Tōru Satō , *Gendai ni ikiru Bakumatsu, Meiji shoki kanwago jiten* (Tokyo: Meiji Shoin, 2007), p. 768.
2. 关于中国公元前 7 世纪到公元 1 世纪的暴力活动，参见 Mark E. Lewis, *Sanctioned Violence in Early China* (Albany, NY: SUNY Press, 1989)。
3. 关于西北地区在秦汉帝国政治中的战略意义，参见 Wicky W. K. Tse, *The Collapse of China's Later Han Dynasty, 25 - 220 CE - The Northwest Borderlands and the Edge of Empire* (London: Routledge, 2018), pp. 25-54。
4. Ibid. , pp. 71-88.
5. 关于征兵制及其废除的概述，参见 Mark E. Lewis, 'The Han Abolition of Universal Military Service', in Hans van de Ven (ed.), *Warfare in Chinese History* (Leiden: Brill, 2000), pp. 33-75。
6. 关于两汉的不同和后汉四面受敌的情况，参见 Wicky W. K. Tse, 'The Latter Han Empire and the End of Antiquity', in Paul R. Goldin (ed.), *The Routledge Handbook of Early Chinese History* (London: Routledge, 2018), pp. 180-95。
7. 除了 Tse, *Collapse of Later Han Dynasty*, Rafe de Crespigny, *Fire over Luoyang: A History of the Later Han Dynasty* (Leiden: Brill, 2017) 也对后汉帝国的失败进行了最新的和全面的分析。

8. Kimberly Besio and Constantine Tung, *Three Kingdoms and Chinese Culture* (*Albany, NY: SUNY Press*, 2012).
9. 唯一对这次内战进行详细研究的英文论文是 Edward L. Dreyer, 'Military Aspects of the War of the Eight Princes, 300-307', in Nicola Di Cosmo (ed.), *Military Culture in Imperial China* (Cambridge, MA: Harvard University Press, 2009), pp. 112-42, 中文版第 129—161 页。
10. 司马迁:《史记》，北京：中华书局，2002 年，第 235—236 页。
11. 正如陆威仪（Mark E. Lewis）所说，在秦国发动统一战争之前，义兵学说经历了漫长的发展阶段，参见 'The Just War in Early China', in Torkel Brekke (ed.), *The Ethics of War in Asian Civilization-A Comparative Perspective* (London: Routledge, 2006), pp. 185-200。
12. 关于对战争和军事暴力看法的简要概述，参见 Wicky W. K. Tse, 'Warfare', in Goldin (ed.), *Early Chinese History*, pp. 329-32。
13. 关于这些言论的英译本，参见 James Legge (trans.), *The Chinese Classics*, vol. III, *The Shoo King or The Book of Historical Documents* (Taipei: SMC Publishing, 2000), pp. 300-5, 453-63。
14. Bryan W. Van Norden (trans.), *Mengzi: With Selections from Traditional Commentaries* (Indianapolis, IN: Hackett, 2008), pp. 6-8, 27-9; Eric L. Hutton (trans.), 'A Debate on Military Affairs', in *Xunzi: The Complete Text* (Princeton, NJ: Princeton University Press, 2014), pp. 145-62.
15. 关于这些碑文的历史和内容的详细分析，参见 Martin Kern, *The Stele Inscriptions of Ch'in Shih-huang: Text and Ritual in Early Chinese Imperial Representation* (New Haven, CT: American Oriental Society, 2000)。
16. Ibid., pp. 10-49.
17. 陆威仪强调了正义战争的理念与半神统治者的指挥权之间的联系：'Just War in Early China', pp. 185-92。
18. 关于"大一统"理想在中国历史上的发展及其意义，参见 Yuri Pines, *The Everlasting Empire: The Political Culture of Ancient China and Its Imperial Legacy* (Princeton, NJ: Princeton University Press,

2012）,pp. 11-43。

19.《史记》，第 2917 页。

20. 有关中国早期战争的简要介绍，参见 Tse,‘Warfare’,pp. 319-29; Robin D. S. Yates,‘Early China’, in K. Raaflaub and N. Rosenstein（eds.）,*War and Society in the Ancient and Medieval Worlds: Asia, the Mediterranean, Europe, and Mesoamerica*（Cambridge, MA: Center for Hellenic Studies, Harvard University, 1999）, pp. 7-46, esp. pp. 25-30（关于战国时期）。

21. Lewis, *Sanctioned Violence*, pp. 54-67.

22.《史记》，第 252—253 页。

23. 关于汉朝与匈奴的关系问题，参见 Nicola Di Cosmo, *Ancient China and its Enemies: The Rise of Nomadic Power in East Asian History*（Cambridge, MA: Cambridge University Press, 2002）, pp. 206-54。

24. 前汉军制概览，参见 Michael Loewe,‘The Western Han Army: Organization, Leadership, and Operation’, in Di Cosmo（ed.）, *Military Culture*, pp. 65-89，中文版第 71—101 页。

25. 关于汉武帝发动的战役，参见 Michael Loewe,‘The Campaigns of Han Wu-ti’, in F. A. Kierman Jr. and J. K. Fairbank（eds.）, *Chinese Ways in Warfare*（Cambridge, MA: Harvard University Press, 1974）, pp. 67-122。

26. Lewis,‘Han Abolition’, pp. 33-75.

27. 关于后汉与北方民族的冲突，参见 Rafe de Crespigny, *Northern Frontier: The Policies and Strategy of the Later Han Empire*（Canberra: Faculty of Asian Studies, Australian National University, 1984）;后汉军事机构及有关事项概览，参见 Rafe de Crespigny,‘The Military Culture of Later Han’, in Di Cosmo（ed.）, *Military Culture*, pp. 90-111，中文版第 102—128 页。

28. 关于这个动荡时期的战争问题，参见 David A. Graff, *Medieval Chinese Warfare, 300-900*（London: Routledge, 2002）, pp. 54-96。对同一时期军事文化的新近概述，参见 Andrew Chittick and Wicky Tse,‘China in the Period of Disunion, 200-600 CE’, in Burkhard Meissner et al.（eds.）, *The Cambridge History of War*, vol. Ⅰ, *War and the Ancient World*（Cambridge: Cambridge University

Press,2020)。

29. 关于当时的世袭军人问题，参见 Chittick and Tse,'Period of Disunion'。

30. 在这一时期，非汉民族统治者亲自参加战斗是一种普遍现象，这可能是草原民族的传统，他们需要不断的军事胜利来加强自己的权威和统治权。然而，首领的死亡可能会导致政权的迅速消亡。

31. 有关中国早期的军事仪式和相关的宗教习俗，请参阅以下内容：Frank A. Kierman Jr,'Phases and Modes of Combat in Early China', in Kierman and Fairbank (eds.), *Chinese Ways in Warfare*, pp. 27-66; Ralph D. Sawyer,'Martial Prognostication', in Di Cosmo (ed.), *Military Culture*, pp. 45-64，中文版第 51—70 页；Lewis, *Sanctioned Violence*, *passim*。

32. 关于黄帝和蚩尤的神话，参见 Lewis, *Sanctioned Violence*, pp. 174-205。

33.《史记》，第 350 页。

34. 关于黄巾起义，参见 P. Michaud,'The Yellow Turbans', *Monumenta Serica* 17 (1958), pp. 41-127。

35. 有关经典的介绍和精选译文，请参阅 Barbara Hendrischke, *The Scripture on Great Peace: The Taiping Jing and the Beginning of Daoism* (Berkeley: University of California Press, 2006)。

36. Terry F. Kleeman, *Great Perfection: Religion and Ethnicity in a Chinese Millennial Kingdom* (Honolulu: University of Hawai'i Press, 1998).

37. 关于这一时期的其他宗教反叛，参见 Chi-tim Lai,'Daoism and Political Rebellion during the Eastern Jin Dynasty', in Frederick Hok-ming Cheung and Ming-chiu Lai (eds.), *Politics and Religion in Ancient and Medieval Europe and China* (Hong Kong: Chinese University Press, 1999), pp. 77-100。

38. Ibid., p. 90.

第三部分

个人暴力与集体暴力

14　早期大屠杀：欧洲新石器时代的大规模暴力

克里斯蒂安·迈耶

正如考古记录显示的，早在几千年前，具有致命意图的大 299
规模暴力活动就已经成为人类历史的一部分。在这方面，最能说明问题的是一些罕见的史前大屠杀遗址，在这些遗址中，人们发现了许多致命集体暴力的受害者的骸骨，这些骸骨不符合当时和当地公认的、往往十分多样的埋葬习俗。这些反常的沉积环境（主要特征是缺乏可辨认的死后处理痕迹）通常是杂乱无章的集体坟墓，或位于冲突地点，受害者的尸体没有被归拢到同一个地方，只是任凭他们死在自己倒下的地方而没有去掩埋。[1]这两种类型的屠杀遗址都属于欧洲新石器时代，我们可以假设，在这些情况下，从最广泛的意义上来讲，可能没有足够多受害者的亲属幸存下来，他们本来可以安排并举办体面的葬礼。这样的遗址表明，被定为攻击目标的社群可能或多或少遭到了彻底摧毁。

很显然，在目前已知的为数不多的新石器时代案例中，大规模暴力的受害者确实得到了处理和安葬。他们通常被整齐地排列好进行丛葬（而不是更加杂乱的集体埋葬），很可能那个群体的更大一部分人幸存下来。因此，要么那次攻击（如果确实发生过）部分地失败了，要么攻击者从一开始就没有打算对整个社群进行全面屠杀。这样的案例也很难与宗教仪式区
分开来，因为宗教仪式可能同样包括对人的身体造成创伤的行 300

为。由此，重要的是需要谨记，尽管骨骼损伤可能清楚地表明一个或很多具有反常埋葬特征的人属于暴力死亡，可靠和持久的解释必须牢固地建立在对各自的考古背景进行详细分析的基础上，以及更普遍地建立在结合了有关现象的比较方法的基础上。即使这样，解释也需要定期重新评估，特别是在方法上取得重大新进展或发现和分析新的有关遗址时。

目前已知最早的欧洲大屠杀（在此，大屠杀被定义为多名受害者在很短的时间内被众多攻击者暴力杀戮，重要的是，还包括随后死者的尸体遭到漠视），可以追溯到新石器时代早期。此时，人们的生活方式一般包括大体上的永久定居，富有条理地种植作物，管理家畜，以及使用涉及木材、石头、骨头、皮革、织物和陶器的日常技术。新石器时代主要的定居生活方式也导致了永久墓地和农田的设立，这些墓地和农田显然已历经几代人，表明了人们对各种资源的长期投资。反过来，这意味着继承物质资料以获得成功的农业在新石器时代变得更为重要，因此，随着时间的流逝，社会的不平等现象逐渐加剧。这与大多数前新石器时代的社会形成了鲜明对比，前新石器时代对考古景观的影响要短暂得多，这一阶段通常缺乏永久的定居地和更大规模的墓地。旧石器时代和中石器时代的社群流动性强，活动地区广泛，并未受到新石器时代农业生活方式更加地方化的束缚而被局限在某个地方，而新石器时代的人们会在固定的地方投入大量的时间，长期储存种子和物资，之后，划分出群体必要的势力范围，在那里通过基本的合作来维持生计。

伴随着此类合作行为，暴力冲突也成为人类社会互动的基本类型之一，并被称为“人性的一部分”。[2]暴力冲突可以划分为社群内部的冲突和社群间的冲突。社群内部的冲突通常只涉及少数个体，因此在总体规模上受到限制，而社群间的冲突可能涉及更多个体，所以暴力活动的规模通常更大。由于人类社会内部共存、共同劳作和共同经营的特点，许多社群形成了多种有效的方法来解决纠纷，而不会造成太大的总体伤害。[3]对于具有高度流动性的前新石器时代的欧洲群体来说，没有必须定 301
居的农业生活方式的羁绊，解决群体间冲突的一种方式很可能就是避免冲突。[4]这大体上意味着暂时远离争端的源头，在别的同样宜居的地方，像从前一样继续生活。对于定居农民来说，这种基本的、有效的行为并不容易持续下去，尤其是在相当短的时间内，因为它需要人们放弃维持生计的手段，这会导致人们失去很多资源，而这些资源原本已经与建立定居点、照料农田和不同程度的社会-经济网络结合在一起了。当然，有计划的群体迁徙是新石器时代生活方式在欧洲得以成功传播的一个必要组成部分，[5]个人也可能在一生中改变自己的居住地，从而成为不同社群的“成员”。无论如何，这两种迁徙是出于不同的原因而进行的不同类型的行动，而不是在社群间发生冲突时，流动群体采取的典型回避行为。

然而，我们可以根据人种学的类比进行推测，在史前时代，当独立自主的群体之间出现严重分歧，并且之前所有的“外交”努力都归于失败的时候，有时冲突会最终升级到这样的程度，即一个群体可能认为，消灭对抗的“他者”是解决不断发展的冲突唯一可行的办法。在很短的时间内，一个群体被另一个群体有针对性地毁灭，[6]这类事件在生物考古学记录中可能就会被定性为大屠杀，这是从史前考古学中可获得的“最显著的毁灭证据”。[7]在新石器时代甚至更早的时期，确实有一些这样的屠杀案例。例如，最近肯尼亚的纳塔鲁克就被认为是大屠杀地点，那里至少有 12 个人可能遭到了暴力杀害。
302 由于尸体显然没有在事后被收集起来，人们认为他们是在潟湖的环境中死亡并就此沉积下来的，尽管这种观点和解释遭到了质疑。[8]纳塔鲁克遗址的年代被确定为大约 1 万年前，这比该地区已经完全确定的新石器时代生活方式的时间要早。不过，新石器时代社会的一些特征已经在该地区出现，我们可以假设，处于这一时间和地点的人们曾经争夺该地区固有的有限资源。这通常被认为是在史前时代引发战争的主要潜在原因之一，特别是当人们认为群体的生存受到威胁时，如严重的气候变化使维持生计变得不太稳定且难以预测。[9]

在欧洲新石器时代，经过仔细分析的几处遗址（见下文）生动地显示，在战争时期，屠杀曾多次被选为最后的手段，也就是很可能通过各种暴力手段，包括直接杀戮和选择性捕获，对整个社群进行无差别破坏。正如比较研究所表明的，这种大规模暴力事件通常不是自发发生的，而是需要一段较长的时间来“预先形成适当的气氛”，[10]例如，一个群体感到已被另一个群体支配。此外，占支配地位的群体通常会觉得自己有能力在不危及自身的情况下消灭他人，而且在自己社群的人看来，他们很有可能会采取措施羞辱受害者，从而缓解真正实施致命的大规模暴力所带来的压力。谁积极参与了屠杀事件是一个特别有价值的问题，因为与之后的时期相比，在欧洲新石器时代的大部分时间里，似乎没有出现职业士兵，甚至没有专门用来伤害或杀害他人的大量武器。因此，早期大屠杀的行凶者必然是“普通人”，[11]他们使用随手可得的工具，这些工具也适用于战
303 争。虽然弓和箭是当时的专用武器，但在已发现的屠杀案例

中，人们只是零星地使用这样的武器，至少有确凿的证据可以证明这一点。此外，新石器时代早期的弓通常不被认为是一种战争武器，更确切地说，它相当于一种狩猎工具。[12]

这种情况在新石器时代后期发生了改变，因为在欧洲的许多遗址中，特别是在欧洲大陆的西部，人们发现了许多箭伤，抛射物尖端嵌在人类骨骼中。[13]但是，在本章所述的中欧早期的大屠杀遗址中，在死者骨骼上发现的大多数伤口显然是由沉重的手持木器和石器造成的，如钝斧和棍棒。正如不久前线性陶文化——中欧第一个完整的农耕文化——显示的那样，他们的斧子不仅是工具和致命的武器，而且体现了与社会地位、亲属关系、出身和由此导致的社会不平等相关的信息，社会不平等已经出现在新石器时代早期的遗址中。[14]

由于在解释具备多种用途的新石器时代武器和工具，以及地貌中可能存在的防御结构时存在歧义，这些考古发现和特征只应被视为社群间实际冲突的可能迹象。人们认为在史前战争中很少出现屠杀和极端事件，而关于严重的史前战争最可靠的迹象和唯一的直接证据是受害者本人的骸骨。[15]这些资料如果得到详细分析，可能会显示出谁被杀害了，谁可能幸免于难，屠杀是如何进行的，受害者在真正的屠杀事件发生之前、期间和之后经历了什么事情。对从不规范埋葬中发现的多具人类遗骸的专门的生物考古分析，以及其他沉积特征，让我们有针对性地将聚光灯对准新石器时代的集体暴力及其特定背景。

在新石器时代的“埋葬”记录中确认大屠杀

大屠杀的主要特点是许多人同时因暴力而亡，这样的结果 304

是由另一个群体的主动行为造成的，该群体将受害者定义为不受欢迎的他者。[16]因此，要在考古记录中真正识别出史前大屠杀，就有必要找到受害者的身体残骸，因为只有这些才是直接的证据。生物考古学的迹象通常由两部分构成：骨骼残骸显示出明显的死前受伤的痕迹；它们大致在同一时期，在一个界限清晰的区域内被嵌入考古记录，这个区域可能具备反常沉积的单一特征（如乱葬坑），也可能具备一些相似类型的不同特征（如相邻的坑或壕沟），或者具备屠杀地点本身的特征（尸体只是被简单地丢在地上）。在欧洲新石器时代，如果受害者被正常安葬，通常是在自然死亡型墓地被单独埋葬，或在集体坟墓里被埋葬，他们会与大屠杀的背景撇清关系，而这反过来可能掩盖了大屠杀事件本身。自然死亡型墓葬遗址的特点是其使用时间长，通常不可能重建足够详细的埋葬年表，以确定一些埋葬实际上是属于同一时期的，并且在短短几天的时间内完成。这是稳妥地确认大屠杀的必要条件，根据定义，大屠杀的持续时间很短。只有在埋葬背景多少有些不同寻常的情况下，如几个有明显死前受伤痕迹的人被埋在同一座坟墓里，也就是丛葬，才能把一块普通的墓地确定为一场大屠杀的证据。如果能进一步证明受害者之间有直接的血缘关系，而且他们的人口统计学数据与活跃社群的相符合，这就为他们处于同一时代提供了进一步的有力论据。[17]

如果死者被安置在更大的集体坟墓中，在那里，相继进行的几乎每次埋葬都会导致骨骼成分的混合，这会使识别他
305 们是否属于同一时期的大屠杀受害者变得更加困难。经过一段时间持续的埋葬行为，即使是同时沉积的一堆尸体也会因早期和可能更晚埋葬的骨骼遗骸的侵入而被“稀释”，这只

是埋藏学的因素带来的影响。如果疑似受害者的骨骼残骸经受了进一步的宗教仪式处理，这意味着尸体已经与直接的大屠杀背景脱离关系，并进入新的而且可能非常复杂的环境，那么识别出史前大屠杀也就更加困难，甚至大屠杀的可能性被直接排除在外了。在这种新的情况下，可能包括剔除肌肉、肢解尸体和毁损尸体在内的死后操作或许会叠加在集体暴力的痕迹上，甚至可能完全消除这些痕迹。[18]即使这些年代稍近的痕迹可能与大屠杀的痕迹非常相似，但它们的终极目的也许截然不同，如祖先崇拜或复杂的丧葬仪式。就时间框架和区域相关性而言，位于德国南部的奥夫内特洞穴和赫克斯海姆围城遗址中神秘的人类遗骸沉积就是这种让人左右为难的例子。在奥夫内特，许多分离的头颅被精心地安放在两堆尸体中，旁边还有一些人工制品。这些头骨残骸和相关联颈椎的时间可以追溯到中石器时代晚期，它们可能来自一场大屠杀，[19]因为头骨上有明显的死前损伤，但它们周密的沉积方式表明了更多甚至可能完全不同的东西。赫克斯海姆的新石器时代早期遗址最初也被一些作者认为是大屠杀的现场，但最近被认为是复杂的二次埋葬仪式、同类相食和/或人祭的证据。[20]在骨骼残骸中发现的一些死前损伤可能表明一些人甚至大多数人在那里遭遇了暴力死亡，但明显模式化的肢解和对大量尸体的细致处理表明，在那里进行过相当长时间的高度复杂的仪式活动，而且反复进行了多次，这种情 306
况不能轻易地简化为概念上更简单、更单一和相当短暂的大屠杀事件。[21]

在综述性的概要之后，本章的其余部分将主要关注中欧的新石器时代早期和上述提到的线性陶文化，因为这一在考古学上定义明确的“文化”不仅产生了像赫克斯海姆这样无法下定论的遗址，而且充分确认了这一地区曾发生屠杀和大规模杀戮。虽然在线性陶文化常规的墓葬中，有时（但很少）会发现人际暴力带来的伤痕，可迄今为止，从这些早期农民身上发现的致命暴力的证据主要以集体暴力的形式出现，主要是大量的在死亡过程中遭到的钝力颅骨损伤，同时，这种损伤使很多人死亡。这些例子还记录了箭伤的情况，以及可能遭受酷刑和/或残害的受害者的情况，这符合已经提及的大屠杀比较研究的预期。

线性陶文化墓葬与新石器时代早期的屠杀和大规模杀戮的案例

线性陶文化是欧洲新石器时代的主要文化现象之一，其时间可以追溯到约公元前 5500—前 4900 年。[22]最终，它的影响几乎从黑海延伸到法国大西洋沿岸，这主要是农民大规模迁徙的结果，这些农民是近东族群的后裔。[23]这些人最先把定居的农耕生活方式带到中欧，从而彻底改变了整个地区的面貌。这些移民从现在的匈牙利出发，主要沿着重要的水道，在中欧肥沃的土地上定居下来，建立了许多相互联系的定居点和广布的贸易网络，这些网络很可能是由亲属关系连接起来的。

目前已知的线性陶文化所有的丧葬遗址显示，个体埋葬的通常做法是在专用墓地或定居点内进行土葬或火葬。[24]无须探
307 究过多的细节，我们可以这样说，线性陶文化大多数可辨认坟墓的特征体现为对死者进行明显的处理，而且尸体根据不同的区域模式被安排和摆放。总的来说，典型的线性陶文化的埋葬

模式体现为尸体面向左侧蜷伏，大致是东西向摆放，通常随附陪葬物品。然而，线性陶文化时期的丧葬仪式种类繁多，我们可以有把握地认为，由于保存有限，实际上，有很大一部分丧葬方式是考古学看不到的。这就给人们留下了很大的猜测空间，即已知的坟墓到底具有多大的代表性；线性陶文化人口中相当大一部分可能没有以今天考古学仍然可以看到的方式被埋葬。尽管如此，许多研究已经从各种视角考察了线性陶文化已知的各种墓葬，特别是那些显示了大规模暴力迹象的、有人类残骸出现的遗址，这些是研究的重点，那些展现了各种类型非常规摆放的人类尸体和残肢的遗址已经得到了相当多的关注。

由于已经存在内容丰富且容易获得的文献，我将只概述下面列出的每个大规模暴力遗址最重要的特征。有关每个遗址更深入的资料和论述，可在下文引用的原创性学术论著中找到。

塔尔海姆：典型的大屠杀集体坟墓？

1983 年，线性陶文化的第一座集体坟墓于德国巴登-符腾堡州的塔尔海姆被发现，自那以后，它就被贴切地描述为“关键的发现”。[25]对人类骨骼遗骸的详细分析显示，至少有 34 个有大部分关节的个体，其中 16 个是生物学上的亚成年人（占 47%）。在 18 个成年人中（占 53%），9 个被确定为男性，7 个被确定为女性，还有 2 个无法确定其性别。这些尸体是同
时被杂乱无序地埋在集体坟墓里的，这意味着所有人是同时死 308
亡的。许多死前损伤证实了这一点，其中大部分是钝器造成的颅脑损伤，这些损伤主要是从背后造成的。大约 56% 的骨骼显示出这样的死前损伤。不是所有人都体现出遭受致命暴力的

明确迹象，那些没有任何明显损伤的人也极有可能是暴力的受害者。人们没有找到陪葬物品，该集体坟墓似乎位于线性陶文化定居点附近，而不属于公共墓地的一部分。一般认为，这个社群的大多数成员，如果不是全部的话，在大屠杀中被杀害，因为样本的人口统计资料与活跃社群的人口统计资料是一致的。此外，有证据表明，在集体坟墓里被发现的个体中，至少有一些人之间可能存在生物学上的亲戚关系，这进一步支持了如下观点，即一个定居的线性陶文化社群很可能在塔尔海姆被完全摧毁。[26]自从首次公布以后，塔尔海姆集体坟墓已成为最常被引用和最广为人知的中欧新石器时代大屠杀遗址。

阿斯帕恩-施莱茨：屠杀受害者散落的遗骸？

自 1983 年以后，在下奥地利州（Lower Austria）阿斯帕恩-施莱茨一个有围墙的线性陶文化定居点的外壕沟中，人们发现了几十具部分关节脱落的骨骼遗骸。到目前为止，一些出版物提供了 67 个人的数据，[27]但这些只是该遗址的部分人类遗骸的数据。分析显示，共有 26 名亚成年人（占 38%）和 41 名成年人（占 62%），成年人中的 26 人被确定为男性，13 人被确定为女性，还有 2 人无法确定其性别。值得注意的是，到目前为止，年轻女性的证据明显不足，因为在样本中只有 5 名 40 岁以下的成年女性，而同龄的男性有 17 名。这种差异通常
309 被解释为有针对性地捕获育龄妇女的表现。与塔尔海姆拥挤的集体坟墓形成鲜明对比的是，在阿斯帕恩-施莱茨发现的骨骼残骸散落在壕沟内的大片区域，并显示出明显的遭到食肉动物啃咬的痕迹，这表明个体在死后暴露的时间更长。所有被发现的 33 个头骨都显示出死前遭受暴力行为的证据，

这些都是致命的钝器伤。伤口分布在头骨各处。像在塔尔海姆一样，这些受害者是在定居点被发现的，但没有被统一埋葬在阿斯帕恩-施莱茨的集体坟墓中。到处散落的骨骼碎片和食肉动物的咬痕表明，在大屠杀事件发生后，没有人立即试图“埋葬”这些尸首，因此，由于暴力杀害、选择性捕获，可能的幸存者分散到别处，当地社群很可能就这样被摧毁了。

舍内克-基里安施塔特恩：遭到戕害的乡村人口？

2006 年，在德国黑森州（Hessen）的舍内克-基里安施塔特恩附近，人们发现并挖掘出线性陶文化的另一座集体墓葬。[28]和在塔尔海姆一样，死者被放置在定居点内，呈现出原始状态，没有任何明显的对尸体进行安排和处理的迹象。没有陪葬物品，从集体墓葬内发现的文物被认定为居住垃圾，它们很偶然地被裹挟在填充物中。例外的是两个骨箭头，它们在被发现时是与骨骼遗骸紧密接合在一起的，很有可能是在尸体沉积时嵌入的抛射物尖端。除了这些可能的箭伤，颅骨各处有多处伤口，这表明发生了与在塔尔海姆和阿斯帕恩-施莱茨类似的致命的大规模暴力事件。[29]这些遗址的另一个相似之处是缺少年轻的成年女性。此样本中仅有 2 名被确定为年龄超过 40 岁的女性。相比之下，9 名被确定为男性的人在死亡时似乎都不到 40 岁。另外 2 个成年个体无法确定其性别。因此，集体墓葬包括 13 名成年人（占 50%），以及 13 名生物学上的亚成年人（占 50%）。明显缺少年龄为约 9 岁至 16 岁的受害者，这可能表明青少年和年轻女性一起遭到绑架，生 310
死未卜。

此样本与之前描述的样本之间存在明显的区别，那就是在骨骼的肢骨中发现大量死亡前后的骨折。大约一半的胫骨和腓骨碎片有明显的死亡前后的断裂痕迹，这表明下肢骨受到了有针对性的破坏，这种破坏要么发生在死前，要么发生在死后。无论如何，肢解受害者的尸体似乎是屠杀事件本身的一部分，随后就是在乱葬坑中胡乱地放置尸体。

哈尔伯施塔特：被处决的俘虏？

2013 年，人们在德国萨克森－安哈尔特州（Sachsen-Anhalt）的哈尔伯施塔特发现了线性陶文化的另一座集体墓葬，这处遗址离一个已被发现的、可能是同时代的定居点不远，那里也有许多墓葬。[30]该集体墓葬内有被杂乱放置的 9 具尸体，其中 7 具为男性，1 具可能为男性，还有 1 具可能为女性。[31]他们死亡时的年龄为 16—40 岁。与在其他集体墓葬中一样，人们没有发现专门的陪葬物品，只发现了被解释为居住垃圾的小陶器碎片。这处遗址在过去曾遭到破坏，很可能早在史前时代就已经被破坏了，所以一些仍有关节的骨骼是残缺不全的。此外，在一些末端缺失的四肢骨骼上还发现了食肉动物的啃咬迹象。人们发现了 7 个颅骨的残骸，这些残骸都显示死者在死亡前后曾受到钝器伤害。这与在塔尔海姆、阿斯帕恩－施莱茨和舍内克－基里安施塔特恩被屠杀的受害者头骨所有部位多次受伤的情况截然不同。在哈尔伯施塔特，人们几乎只在死者头部后方一个严格限定的区域内发现了创伤，只有一处创伤位于额骨。锶、碳和氮同位素分析显示，从集体墓葬中发现的个体并非当地人，因为他们的饮食和血统明显不同于被仔细埋葬在定居点内的人群。综合关于这个集体墓葬的所有现有资料，可能会得出一种解释，这种解释与针对之前列出的三个大
311 屠杀遗址提出的解释有所不同。在哈尔伯施塔特，受害者似乎

不是当地定居点的居民，也不是在混乱的冲突中被杀的，而是以一种克制的方式被处决的，可能因为他们本身就是之前被捕的侵略者。因此，虽然哈尔伯施塔特集体墓葬是线性陶文化大屠杀的一个遗址，但它很可能与塔尔海姆、阿斯帕恩-施莱茨和舍内克-基里安施塔特恩的遗址不同，它并不是同一类型大屠杀造成的结果。

普遍模式和独特之处

正如上述小节标题中的问号所示，对于列出的线性陶文化的每个大规模暴力遗址，生物考古学的解释永远不能声称是绝对的和最终的解释。在任何情况下，当前所做解释的有效性都依赖对骨骼残骸在其特定沉积环境下的原始分析以及比较的方法，这不仅需要将屠杀与人类遗骸的其他反常沉积进行整合，也需要研究更多常规的线性陶文化的墓葬遗址。正如我在其他著作中已经部分研究过的那样，[32]线性陶文化的屠杀和集体墓葬遗址确实显示出一些客观、可识别的模式，这些模式与各自的考古特征联系在一起，但它们也显示出某些特性，使迄今为止被发现的每个遗址都成为独一无二的存在。根据最近对舍内克-基里安施塔特恩和哈尔伯施塔特集体墓葬的详细分析，简要地重新评估这些模式和特点，并尽可能对它们进行拓展研究，似乎是明智的。

人们发现的第一个大规模暴力遗址——塔尔海姆——仍然是典型的集体坟墓，在那里，受害者被集中在一起，并在定居点的环境中以一种看似实用的方式被集体处理，没有任何仪式和仔细埋葬的迹象。这种沉积方式标志着所有已发现的线性陶文化集体墓葬都是非正常的埋葬，即使是在这种文化里已知的各种各样的埋葬处理方式中也是如此。集体墓葬与线性陶文化的其他大多数埋葬特征之间的主要区别是没有给予死者可识别的死后关注。这反过来又意味着他们个人的文化身份被公然忽视了，这种文化身份通常会通过精心的安排、摆放的方向和常有的陪葬物品而被纳入葬礼仪式。[33]一种解释可能是这些死者的身份或重要性并不为负责处置尸体的
312 人所知，因为受害者的社群可能已被他们或其他人暴力摧毁。另一种可能的情况是，如果相关社群的一部分人在这场大规模死亡事件中幸存下来，同时需要埋葬的受害者的绝对数量可能会使剩余的人力资源和通常已经存在的葬礼制度负担过重。如果这种死亡被认为“不好”和具有潜在的危险性，那么对待在这种情况下的死亡，人们甚至有足够的理由拒绝将其仔细埋葬。[34]人们观察到，带有致命伤的尸体很少被安葬在普通的墓地或定居点的坟墓中，这可能是这种习俗的另一种表现形式。

屠杀遗址的人口统计资料显示，不论年龄或性别，每个人都可能成为集体致命暴力的受害者。相反，对于线性陶文化来说，也可以假设致命暴力的肇事者主要是男性。尤其是线性陶文化已知的武器显然被用于大规模杀戮，而这明显与男性有关，同时可能具有象征意义。[35]这也符合以下观点：在某种程度上，处于生育年龄的年轻成年女性可能在大屠杀中幸免于难。如果对一个定居社群的攻击获得成功，并导致其他所有人要么死亡，要么分散，那么她们很可能被以男性为主的侵略者俘获。

据骨骼残骸所示，杀戮本身大多是由重型近距离击打武器

对头部造成的钝器创伤实现的。屠杀遗址显示，遗骸的头骨上
到处都是伤痕，轻微的创伤主要出现在头部后方。这与屠杀比
较研究的预期一致，即攻击方通常实力更强，或多或少能够战
胜规模小得多的一方，后者更倾向于逃跑而不是进行反击。[36]
形成鲜明对比的是，哈尔伯施塔特的集体墓葬显示出一种偏态
分布的人口统计特征，受害者多为年轻男子，而且与迄今为止
已发现的其他所有线性陶文化遗址相比，其颅骨损伤模式的局
限性更为明显。这两个特征使这个大规模死亡遗址明显与众不
同，并显示了一种截然不同的背景，人们认为这是对来自另一
个社群的俘虏执行处决，而不是屠杀当地的村庄社群。一般来 313
说，男性受害者出现在屠杀遗址，可能表明哈尔伯施塔特集体
墓葬中的个体是从攻击力量或袭击方俘获的，而不是从远处被
带到哈尔伯施塔特定居点的俘虏。由于他们的同位素特征明显
不同于在同一地点的聚落埋葬的人群，毫无疑问，他们身上带
有外部血统。

除了常见的死前头部钝器伤，在大规模暴力遗址也会出现锐器伤，这种锐器伤很可能主要是由箭头造成的。尽管人们很少能在新石器时代早期大规模死亡遗址的这些骨骼残骸中找到这种类型的伤口，但很有可能人们在屠杀中经常使用锋利的武器。比较研究表明，例如，箭在射人时很少击中骨头，大多数情况下只会伤到软组织。[37]如果在沉积之前将抛射物从尸体上取走，那么这些伤害，即使是重伤或致命的，也会随着骨架化（skeletonisation）而消失。因此，无法可靠地评估箭伤或其他锐器伤的实际数量，即便没有留下证据，也不能作为没有这些证据的证明。这与钝器伤不同。如果施加足够大的力量，就会造成常规性的骨折，而在所有大规模暴力遗址随处可见的钝器

颅骨损伤表明，这显然是永久消灭对手的首选方法。在舍内克-基里安施塔特恩遗址，钝力还被专门用来破坏许多人小腿的长骨。在其他地方也发现了死前颅骨之下的骨折，但数量少得多，也没有清晰的模式。因此，总的来说，钝力损伤可以被认为是新石器时代早期最典型的创伤类型，当然，这与那个时代的技术水平密切相关。如果在大规模死亡遗址根本没有观察到任何颅骨创伤，那么对于新石器时代的人来说，集体暴力是极不可能的死亡原因，即使死者被埋葬在混乱的集体坟墓中。但是，即便是在最明显的大规模暴力事件遗址，也不是大屠杀的每个受害者都一定会显示出受伤的证据，因为骨骼组合往往出于各种原因保存得不够完整。此外，不是每处伤口都会伤及
314 骨头，即使它们伤到了骨头，暴力的痕迹也可能已经被埋葬学过程从骨头表面去除。大规模暴力事件中个体死亡的原因同样有所不同——如果没有像在哈尔伯施塔特那样严格限定的伤害模式被确认的话。

骨骼保存不完整和受损的一个重要原因是动物的活动。虽然穴居动物可能会在沉积和发掘之间的任何时间偶然发现掩埋物，而且通常会移动或移走较小的骨头，但在对遗址进行解释时必须将发生在死亡之后的食肉动物的活动（如果确实有食肉动物在此活动过）考虑在内。关于新石器时代早期的大规模暴力遗址，在阿斯帕恩-施莱茨和哈尔伯施塔特发现的人类遗骸显示了食肉动物对尸体的改变，这些尸体至少在一段时间内被食肉动物啃咬过。这大大增强了之前人们确认的受害者显然在死后遭到忽视的判断，反过来又表明这些遗址和/或地貌可能不是常规的埋葬，而是实际的沉积物。虽然新石器时代后期的一些群体显然也有过这种剔除肌肉的行为，[38]但很明显，

许多致命伤害、反常沉积和食肉动物带来的伤害是几乎同时发生的，目前并不能证实新石器时代早期的线性陶文化中也存在类似的情况。不过有趣的是，赫克斯海姆的例子表明，至少线性陶文化的部分人群确实有非常复杂的方式来肢解人体，其原因还有待探明。

受到在赫克斯海姆所进行研究之结果的影响，有人提出，线性陶文化的其他几个大规模死亡遗址实际上也可能具有仪式的性质。[39]虽然我们必须承认，区分偏仪式性和偏实用性的做法肯定有挑战性，有时甚至是不可能的，特别是考虑到在过去几千年消亡的考古文化中保存下来的墓葬组合并不完整，但事实上，线性陶文化大规模暴力遗址的主要特点是明显缺乏可辨认的（埋葬）仪式，这一点可以通过考古手段加以确定。[40]正是赫克斯海姆遗址非常清楚地表明，在对尸体的处理和改变上可以投入多少时间、精力和细致的关注，遗骸和其他精心挑选的人工制品一起被埋在一个显然很特别的沉积地点。与此形成 315
鲜明对比的是，在塔尔海姆、舍内克-基里安施塔特恩和哈尔伯施塔特几处遗址，没有精美的随葬品，也没有发现对逝者有某种关怀，这些尸体是被集体埋葬的，没有特色且明显是被粗心地放置在似乎之前就已经存在的坑里，或者被随意地放置在定居点附近，所有这些都指向了这样一个假设，即这些人更有可能是世俗战争的受害者，而不是扩展了的仪式实践的核心。当然，他们不像绝大多数已被发现的同时代人那样得到了个人化的标准埋葬。

到目前为止，每个新发现的新石器时代早期大规模死亡遗址都为线性陶文化的整体丧葬情况增加了更多以前未知的数据，因此，未来的发现很可能会使人们能够对线性陶文化的墓葬、仪式、大规模暴力、战争，以及处理尸体的模式和特点进行更为详细的评价。

结　语

在人类骨骼残骸中被确认的暴力伤害（有时被牢固地模式化了），以及几座集体墓葬和其他大规模死亡遗址表明，集体致命暴力已经成为中欧新石器时代早期生活的重要组成部分。显然，在发生严重冲突的时期，屠杀定居社群是一种可行的选择，事实上，在约公元前 5000 年（经过放射性碳年代测定校订）之前和相近年代，在线性陶文化序列接近尾声时，各种群体曾反复选择这种做法。根据比较研究，这些屠杀很可能被解释为积极进取的群体在感到自身福祉和繁荣受到威胁时的一致反应。[41]似乎在线性陶文化接近尾声时，在欧洲地区更大的地理范围内，首次满足了有利于集体暴力的若干相互关联的条件，其中很可能包括相对较高的人口密度和不利的气候条件等其他重要因素。[42]

对于人类社会的过去和现在，所有的自然环境变化必然经过了个体的文化过滤，所以即使当前已发现的在线性陶文化后期发生的暴力最终可能是由自然现象引起的，如急剧变化且不稳定的气候，总体情况也肯定比任何单一因果理论能
316 够解释的情况要复杂得多。许多未知因素会影响新石器时代早期不同地方受社会动荡影响之人的行为，并且至少会绵延几十年，所以当然不可能用相同的原因来解释每种反常的行为和暴力行为，即使大规模暴力遗址似乎于线性陶文化在作为一个文化实体即将结束的时候扎堆出现。但是，如果人们在专门的比较研究中发现了合理且可靠的模式，就像那些集

中出现的线性陶文化的大规模暴力遗址，那么事件很可能发生在一段相当短的时间内，而且事实上由相同或密切相关的因素造成。由于线性陶文化的大多数人口不是彼此孤立的，而是可能通过亲属关系在很远的距离上联系在一起，像屠杀这样的破坏性事件的消息将沿着既定路线传遍线性陶文化地区并向更远的地方传播，可能支持了在其他地方发生的类似的致命集体暴力。

似乎早在新石器时代早期，历史通常就是由胜利者“书写”的，在这种情况下，胜利者主要通过从线性陶文化的物质和精神层面“消灭”大规模暴力的被谋杀者和被打败的受害者，有效地使他们几乎永远保持沉默。这种沉默主要是通过有意识地不使用常见的线性陶文化的“埋葬惯例表现”来达成的，[43]因此拒绝出于个人纪念的目的来仔细埋葬暴力的受害者。但是，随着精确的生物考古技术的出现，情况有时可能会发生逆转，死者的骸骨如果被偶然发现，实际上可能会成为过去大规模暴力事件主要的（很大程度上也是唯一的）信息来源。对这些遗骸的细致分析可以从受害者一方的角度揭示事件真相，说明他们究竟是如何相互关联在一起的，他们遭受了哪些伤害，以及在整个新石器时代和之后的时期，大规模暴力及其背景可能发生了怎样的变化。新石器时代后期许多来自不同文化的集体墓葬和丛葬已经被人们发现，这些墓葬展示出另一组特点，如在一座坟墓中发现了经过仔细排布的留有致命暴力迹象的大量身体骨骼，[44]迄今为止，这样的组合对线性陶文化来说是未曾出现的。进入青铜 317
时代后，更有条理的多人共用坟墓继续被使用，但整个战场也浮现出来，[45]这进一步表明，一个专门的战士阶层出现了，这个阶层与新石器时代早期全面从事农耕和战斗的人截然不同。

同样，从最广义的角度来讲，对与复杂的大规模暴力相关的丧葬遗址的解释可能会随着新发现而改变，而且总是只能反映当前的研究状态。关于中欧的新石器时代早期大屠杀和其他大规模暴力遗址，目前可以明确以下情况：（a）大规模暴力的受害者作为一个群体，其主要特点是生前有颅骨损伤，最起码也有颅骨之下的损伤；（b）大规模暴力的受害者的尸体在反常的环境下被发现，尸体没有被仔细安放，大多位于定居区之内，而不是墓地；（c）我们缺乏可识别的证据证明尸体经过仔细的死后仪式处理；最后，（d）受害者先前拥有的个人身份，在不同的情况下，本来可能会通过精心准备的某场葬礼来表达，却遭到了暴力压制和文化上的否定。

参考论著

为了更好地评估新石器时代早期的线性陶文化大规模暴力遗址，对这种考古文化及其丧葬习俗有基本的了解是很必要的。有部著作基于大量数据对丧葬进行了多学科的分析，触及线性陶文化的许多方面：Penny Bickle and Alasdair Whittle（eds.），*The First Farmers of Central Europe. Diversity in LBK Lifeways*（Oxford：Oxbow Books，2013）。以下论著详细地考察了在公墓和定居点内已发现的丧葬仪式：Norbert Nieszery，*Linearbandkeramische Gräberfelder in Bayern*（Espelkamp：Marie L. Leidorf，1995）；Iris Trautmann，*The Significance of Cremations in Early Neolithic Communities in Central Europe*（Tübingen：Universität Tübingen，2006）；Joachim Pechtl and Daniela Hofmann，'Irregular Burials in the LBK – All or None?'，in Nils Müller-Scheeßel（ed.），*'Irreguläre' Bestattungen in der Urgeschichte: Norm, Ritual, Strafe ...?*（Bonn：Habelt，2013），pp. 123 – 38；

Daniela Hofmann, 'The Burnt, the Whole and the Broken: Funerary Variability in the *Linearbandkeramik*', in Zoë L. Devlin and Emma-Jayne Graham (eds.), *Death Embodied. Archaeological Approaches to the Treatment of the Corpse* (Oxford: Oxbow Books, 2015), pp. 109-28。

关于屠杀和大规模暴力遗址，最好每次都查阅原始的分析论文，因为 318
粗浅的间接论述有时会歪曲某些方面。最重要的文章如下。关于塔尔海姆：Joachim Wahl and Hans Günter König, 'Anthropologisch-traumatologische Untersuchung der menschlichen Skelettreste aus dem bandkeramischen Massengrab bei Talheim, Kreis Heilbronn', *Fundberichte aus Baden-Württemberg* 12 (1987), pp. 65-186; Joachim Wahl and Iris Trautmann, 'The Neolithic Massacre at Talheim: A Pivotal Find in Conflict Archaeology', in Rick Schulting and Linda Fibiger (eds.), *Sticks, Stones, and Broken Bones: Neolithic Violence in a European Perspective* (Oxford: Oxford University Press, 2012), pp. 77-100。关于阿斯帕恩-施莱茨：Maria Teschler-Nicola et al., 'Anthropologische Spurensicherung: Die traumatischen und postmortalen Veränderungen an den linearbandkeramischen Skelettresten von Asparn/Schletz', *Archäologie Österreichs* 7 (1996), pp. 4-12; Maria Teschler-Nicola, Thomas Prohaska and Eva Maria Wild, 'Der Fundkomplex von Asparn/Schletz (Niederösterreich) und seine Bedeutung für den aktuellen Diskurs endlinearbandkeramischer Phänomene in Zentraleuropa', in Jürgen Piek and Thomas Terberger (eds.), *Frühe Spuren der Gewalt – Schädelverletzungen und Wundversorgung an prähistorischen Menschenresten aus interdisziplinärer Sicht* (Schwerin: Landesamt für Kultur und Denkmalpflege, 2006), pp. 61-76; Maria Teschler-Nicola, 'The Early Neolithic Site Asparn/Schletz (Lower Austria): Anthropological Evidence of Interpersonal Violence', in Schulting and Fibiger (eds.), *Sticks, Stones*, pp. 101-20。关于舍内克-基里安施塔特恩：Christian Meyer et al., 'The Massacre Mass Grave of Schöneck-Kilianstädten Reveals New Insights into Collective Violence in Early Neolithic Central Europe', *Proceedings of the National Academy of Sciences* 112.36 (2015), pp. 11217-22。关于哈尔伯施塔特：Christian Meyer et al., 'Early Neolithic Executions Indicated by Clustered Cranial Trauma in the Mass Grave of Halberstadt', *Nature Communications* 9 (2018), pp. 2472。一些比较研究主要基于有关某些特定遗址的论文，关注线性陶文化中反常的大规模墓葬：Eva Maria Wild et

al. , 'Neolithic Massacres: Local Skirmishes or General Warfare in Europe?', *Radiocarbon* 46 (2004), pp. 377–85; Christian Meyer et al., 'Mass Graves of the LBK: Patterns and Peculiarities', in Alasdair Whittle and Penny Bickle (eds.), *Early Farmers: The View from Archaeology and Science* (Oxford: Oxford University Press, 2014), pp. 307–25; Andrea Zeeb-Lanz and Fabian Haack, 'Diversity in Ritual Practice at the End of the LBK', in Luc Amkreutz et al. (eds.), *Something Out of the Ordinary? Interpreting Diversity in the Early Neolithic Linearbandkeramik and Beyond* (Newcastle upon Tyne: Cambridge Scholars, 2016), pp. 247–79。

有些论著从时间和地理的角度，以更广阔的视角来考察新石器时代的暴力、冲突和战争，主要包括 Jonas Christensen, 'Warfare in the European Neolithic', *Acta Archaeologica* 75 (2004), pp. 129–56; R. Brian Ferguson, 'The Prehistory of War and Peace in Europe and the Near East', in Douglas P. Fry (ed.), *War, Peace, and Human Nature: The Convergence of Evolutionary and Cultural Views* (New York: Oxford University Press, 2013), pp. 191–240; Julian Maxwell Heath, *Warfare in Neolithic Europe: An Archaeological and Anthropological Analysis* (Barnsley: Pen & Sword, 2017); Linda Fibiger, 'Conflict and Violence in the Neolithic of Central-Northern Europe', in Manuel Fernández-Götz and Nico Roymans (eds.), *Conflict Archaeology: Materialities of Collective Violence from Prehistory to Late Antiquity* (London: Routledge, 2018), pp. 13–21。

319 关于战争的一般起源和史前史的专著来自不同作者，他们的观点自然略有不同。下面这部著作颇具影响力：Lawrence H. Keeley, *War before Civilization: The Myth of the Peaceful Savage* (New York: Oxford University Press, 1996)。另一部经典力作是 Steven A. LeBlanc and Katherine E. Register, *Constant Battles: Why We Fight* (New York: St Martin's Press, 2003)。

注 释

本章对新石器时代早期集体暴力遗址的概述在某种程度上是基于作者和各位同事多年来进行的研究。虽然这里陈述的是作者的总结性观点，但非常感谢之前所有合作者对个别遗址研究的早期投入。特别感谢库尔特·W. 阿尔特（Kurt W. Alt）、德特勒夫·格罗南博恩（Detlef Gronenborn）、维特·德雷斯利（Veit Dresely）和哈拉尔德·梅勒（Harald Meller）的鼎力支持。

1. Christian Meyer et al., 'Mass Graves of the LBK: Patterns and Peculiarities', in A. Whittle and P. Bickle (eds.), *Early Farmers: The View from Archaeology and Science* (Oxford: Oxford University Press, 2014), pp. 307–25.
2. Clark Spencer Larsen, foreword to Debra L. Martin, Ryan P. Harrod and Ventura R. Pérez (eds.), *The Bioarchaeology of Violence* (Gainesville: University Press of Florida, 2012), p. xi.
3. Philip L. Walker, 'A Bioarchaeological Perspective on the History of Violence', *Annual Review of Anthropology* 30 (2001), pp. 588–9.
4. Douglas P. Fry, 'War, Peace, and Human Nature: The Challenge of Achieving Scientific Objectivity', in D. P. Fry (ed.), *War, Peace, and Human Nature: The Convergence of Evolutionary and Cultural Views* (New York: Oxford University Press, 2013), p. 7.
5. Daniela Hofmann, 'Keep on Walking: The Role of Migration in Linearbandkeramik Life', *Documenta Praehistorica* 43 (2016), pp. 235–51.
6. Philip G. Dwyer and Lyndall Ryan, 'The Massacre and History', in P. G. Dwyer and L. Ryan (eds.), *Theatres of Violence: Massacre, Mass Killing and Atrocity throughout History* (New York: Berghahn, 2012), p. xv.
7. Debra L. Martin and Ryan P. Harrod, 'Bioarchaeological Contributions to the Study of Violence', *Yearbook of Physical Anthropology* 156 (2015), p. 129.
8. M. Mirazón Lahr et al., 'Inter-Group Violence among Early Holocene Hunter-Gatherers of West Turkana, Kenya', *Nature* 529 (2016), pp. 394 – 8; Christopher M. Stojanowski et al., 'Contesting the Massacre at Nataruk', *Nature* 539 (2016), E8–E10.
9. Carol R. Ember and Melvin Ember, 'Violence in the Ethnographic Record: Results of Cross-Cultural Research on War and Aggression', in

D. L. Martin and D. W. Frayer (eds.), *Troubled Times: Violence and Warfare in the Past* (Amsterdam: Gordon & Breach, 1997), pp. 8–9; Keith F. Otterbein, *How War Began* (College Station: Texas A&M University Press, 2004), p. 205; Walker, 'Bioarchaeological Perspective', p. 591.

10. Stefan Klusemann, 'Massacres as Process: A Micro-sociological Theory of Internal Patterns of Mass Atrocities', *European Journal of Criminology* 9 (2012), p. 471.
11. Dwyer and Ryan, 'Massacre and History', p. xvi.
12. Detlef Gronenborn, 'Der "Jäger/Krieger" aus Schwanfeld. Einige Aspekte der politischsozialen Geschichte des mitteleuropäischen Altneolithikums', in J. Eckert, U. Eisenhauer and A. Zimmermann (eds.), *Archäologische Perspektiven. Analysen und Interpretationen im Wandel. Festschrift für Jens Lüning zum 65. Geburtstag* (Rahden: Marie Leidorf, 2003), pp. 36–7.
13. Jean Guilaine and Jean Zammit, *The Origins of War: Violence in Prehistory* (Oxford: Blackwell, 2005).
14. R. Alexander Bentley et al., 'Community Differentiation and Kinship among Europe's First Farmers', *Proceedings of the National Academy of Sciences* 109. 24 (2012), pp. 9326–30.
15. Rick J. Schulting and Linda Fibiger, 'Skeletal Evidence for Interpersonal Violence in Neolithic Europe: An Introduction', in Rick J. Schulting and Linda Fibiger (eds.), *Sticks, Stones, and Broken Bones: Neolithic Violence in a European Perspective* (Oxford: Oxford University Press, 2012), p. 1.
16. Dwyer and Ryan, 'Massacre and History', p. xvii.
17. Wolfgang Haak et al., 'Ancient DNA, Strontium Isotopes, and Osteological Analyses Shed Light on Social and Kinship Organization of the Later Stone Age', *Proceedings of the National Academy of Sciences* 105. 47 (2008), pp. 18226–31; Christian Meyer et al., 'The Eulau Eulogy: Bioarchaeological Interpretation of Lethal Violence in Corded Ware Multiple Burials from Saxony-Anhalt, Germany', *Journal of Anthropological Archaeology* 28. 3 (2009), pp. 412–23.
18. Bruno Boulestin and Anne-Sophie Coupey, *Cannibalism in the Linear*

Pottery Culture: The Human Remains from Herxheim (Oxford: Archaeopress, 2015).

19. David W. Frayer, 'Ofnet: Evidence for a Mesolithic Massacre', in D. L. Martin and D. W. Frayer (eds.), *Troubled Times: Violence and Warfare in the Past* (Amsterdam: Gordon & Breach, 1997), pp. 184–212.
20. Jörg Orschiedt and Miriam Noël Haidle, 'Violence against the Living, Violence against the Dead on the Human Remains from Herxheim, Germany: Evidence of a Crisis and Mass Cannibalism?', in Schulting and Fibiger (eds.), *Sticks, Stones*, pp. 121–37; Andrea Zeeb-Lanz et al., 'Human Sacrifices as "Crisis Management"? The Case of the Early Neolithic Site of Herxheim, Palatinate, Germany', in C. A. Murray (ed.), *Diversity of Sacrifice: Form and Function of Sacrificial Practices in the Ancient World and Beyond* (Albany, NY: SUNY Press, 2016), pp. 171–89.
21. Andrea Zeeb-Lanz and Fabian Haack, 'Diversity in Ritual Practice at the End of the LBK', in L. Amkreutz et al. (eds.), *Something out of the Ordinary? Interpreting Diversity in the Early Neolithic Linearbandkeramik and Beyond* (Newcastle upon Tyne: Cambridge Scholars, 2016), pp. 247–79.
22. Penny Bickle and Alasdair Whittle (eds.), *The First Farmers of Central Europe: Diversity in LBK Lifeways* (Oxford: Oxbow Books, 2013), p. xv.
23. Wolfgang Haak et al., 'Ancient DNA from European Early Neolithic Farmers Reveals their Near Eastern Affinities', *PLoS Biology* 8 (2010), e1000536.
24. Daniela Hofmann, 'The Burnt, the Whole and the Broken: Funerary Variability in the Linearbandkeramik', in Zoë L. Devlin and Emma-Jayne Graham (eds.), *Death Embodied: Archaeological Approaches to the Treatment of the Corpse* (Oxford: Oxbow Books, 2015), pp. 109–28.
25. Joachim Wahl and Hans Günter König, 'Anthropologisch-traumatologische Untersuchung der menschlichen Skelettreste aus dem

bandkeramischen Massengrab bei Talheim, Kreis Heilbronn', *Fundberichte aus Baden-Württemberg* 12 (1987), pp. 65–186; Joachim Wahl and Iris Trautmann, 'The Neolithic Massacre at Talheim: A Pivotal Find in Conflict Archaeology', in Schulting and Fibiger (eds.), *Sticks, Stones*, pp. 77–100.

26. Kurt W. Alt, Werner Vach and Joachim Wahl, 'Verwandtschaftsanalyse der Skelettreste aus dem bandkeramischen Massengrab von Talheim, Kreis Heilbronn', *Fundberichte aus Baden-Württemberg* 10 (1995), pp. 195–217; R. Alexander Bentley et al., 'Isotopic Signatures and Hereditary Traits: Snapshot of a Neolithic Community in Germany', *Antiquity* 82.316 (2008), pp. 290–304; Andreas Duering and Joachim Wahl, 'A Massacred Village Community? Agent-based Modelling Sheds New Light on the Demography of the Neolithic Mass Grave of Talheim', *Anthropologischer Anzeiger* 71 (2014), pp. 447–68.

27. Maria Teschler-Nicola et al., 'Anthropologische Spurensicherung: Die traumatischen und postmortalen Veränderungen an den linearbandkeramischen Skelettresten von Asparn/Schletz', *Archäologie Österreichs* 7 (1996), pp. 4–12; Maria Teschler-Nicola, 'The Early Neolithic Site Asparn/Schletz (Lower Austria): Anthropological Evidence of Interpersonal Violence', in Schulting and Fibiger (eds.), *Sticks, Stones*, pp. 101–20.

28. Guntram Schwitalla and Klaus Michael Schmitt, 'Ein Massengrab aus der Umgehungsstraße oder "Aus der Linearbandkeramik ist alles bekannt"', *HessenArchäologie* 2006 (2007), pp. 31–2.

29. Christian Meyer et al., 'The Massacre Mass Grave of Schöneck-Kilianstädten Reveals New Insights into Collective Violence in Early Neolithic Central Europe', *Proceedings of the National Academy of Sciences* 112.36 (2015), pp. 11217–22.

30. Barbara Fritsch et al., 'Die linienbandkeramischen Gräberfelder von Derenburg "Meerenstieg II" und Halberstadt "Sonntagsfeld", Lkr. Harz', *Jahresschrift für mitteldeutsche Vorgeschichte* 92 (2008), pp. 25–229.

31. Christian Meyer et al., 'Early Neolithic Executions Indicated by

Clustered Cranial Trauma in the Mass Grave of Halberstadt', *Nature Communications* 9 (2018), p. 2472.

32. Meyer et al., 'Mass Graves of the LBK'.
33. Debra Komar, 'Patterns of Mortuary Practice Associated with Genocide: Implications for Archaeological Research', *Current Anthropology* 49.1 (2008), pp. 123–33.
34. Jörg Petrasch, 'Gewalttätigkeiten in der Steinzeit-Archäologisch-kulturgeschichtliche Analysen zur Ermittlung ihrer Häufigkeiten', in J. Piek and T. Terberger (eds.), *Frühe Spuren der Gewalt-Schädelverletzungen und Wundversorgung an prähistorischen Menschenresten aus interdisziplinärer Sicht* (Schwerin: Landesamt für Kultur und Denkmalpflege, 2006), p. 159.
35. Bentley et al., 'Community differentiation', p. 9329.
36. Klusemann, 'Massacres as Process', p. 473.
37. George R. Milner, 'Nineteenth-Century Arrow Wounds and Perceptions of Prehistoric Warfare', *American Antiquity* 70.1 (2005), p. 147.
38. Martin Smith, 'Bones Chewed by Canids as Evidence for Human Excarnation: A British Case Study', *Antiquity* 80.309 (2006), pp. 671–85.
39. Zeeb-Lanz and Haack, 'Diversity in Ritual Practice'.
40. Meyer et al., 'Mass Graves of the LBK', p. 318, fig. 16.4.
41. Herbert D. G. Maschner and Katherine L. Reedy-Maschner, 'Raid, Retreat, Defend (Repeat): The Archaeology and Ethnohistory of Warfare on the North Pacific Rim', *Journal of Anthropological Archaeology* 17.1 (1998), p. 42.
42. Meyer et al., 'Massacre Mass Grave of Schöneck-Kilianstädten', p. 11221.
43. Penny Bickle et al., 'Roots of Diversity in a *Linearbandkeramik* Community: Isotope Evidence at Aiterhofen (Bavaria, Germany)', *Antiquity* 85.330 (2011), p. 1256.
44. Tomasz Konopka et al., 'Evidence of Interpersonal Violence or a Special Funeral Rite in the Neolithic Multiple Burial from Koszyce in Southern Poland–A Forensic Analysis', *Anthropological Review* 79.1 (2016), pp. 69–85.

45. E. Smits and G. Maat, 'An Early/Middle Bronze Age Common Grave at Wassenaar, the Netherlands: The Physical Anthropological Results', *Analecta Praehistorica Leidensia* 26 (1993), pp. 21–8; Detlef Jantzen et al., 'A Bronze Age Battlefield? Weapons and Trauma in the Tollense Valley, North-Eastern Germany', *Antiquity* 85.330 (2011), pp. 417–33.

15　不列颠铁器时代和罗马不列颠时期的性别暴力

丽贝卡·雷德芬

本章将考察不列颠从公元前9世纪到公元5世纪早期不同 320
社群的情况，并使用暴力网络（Web of Violence）模型来考察暴力在本章标题所述两个时期内的考古学和第一手资料来源的证据。之所以选择这一模型，是因为它承认社群内所有形式的暴力都是相互关联的，并且有许多共同起因，如亲密的伴侣之间发生暴力的情况在社会和政治动荡期间不断增多。[1]我们讨论的大多数证据是通过对人类遗骸的分析而获得的生物考古学数据。研究古代个体的骨骼遗骸为研究过去的社会提供了一个独特且公正的视角，因为在整个生命过程中，从胚胎发育到死亡，骨骼体现了关于饮食、年龄、性别、行为模式、健康和流动性的信息。[2]当把这些数据放在社群的环境、社会文化、政治和经济结构中进行解释时，就有可能对性别角色、社会等级和大规模事件（如环境灾难或殖民时期）的影响做出推断。[3]每种被研究的个体都提供了自己的视角，尤其是儿童的遗骸特别
重要，因为他们的健康和护理受到社会文化价值观的指导，他 321
们的身体对生活环境的状况很敏感，而且他们的死亡年龄往往比成年人的更精确，由此，他们的健康状况提供了一个了解其社群某一特定时期情况的“窗口”。[4]在本章中，年龄不仅是指一个人死亡时的年龄，它遵循生命历程的方法，承认生物年龄和社会年龄之间的差异，即一个人在生物学上仍然是亚成年

人，但在社会中被视为成年人。亚成年人是指生理上还没有成年的人，年龄通常为0—18岁。同时，本章还区分了性和性别，后者是对男人和女人的角色、职业、活动和责任的社会建构。[5]

通过使用暴力网络这一模型，本章集中阐述“精神性身体”的方法，该方法主张心灵与身体不可分离或对立；承认可以通过考察生物考古学证据中年龄、性别或社会地位的不平等，揭示这两个时期的“社会主体”和“政治主体”的重要视角，因为这些不平等往往导致健康状况的差异。[6]

不列颠考古学上的铁器时代和罗马时代形成了鲜明的对比。铁器时代的特点是小型农业社群组成多样化的部落联盟，显示出强烈的地区身份。来自这些社群的考古证据表明，不列颠和欧洲大陆在丧葬习俗、纪念性建筑和贸易关系方面存在巨大差异，公元前55—前54年恺撒入侵不列颠后，罗马帝国在英格兰东南部建立了附属王国。[7]

关于社会组织的证据有两个来源：丧葬记录和罗马原始资料。两者都证明了分级社群的存在，人们的社会地位是由管理和获得资源、人口、专门知识所创造及维系的，社会群体包括
322 神职人员（德鲁伊教）、战士、农民和奴隶。社会地位似乎更多地由生命过程的具体阶段而不是由性别来确定，不同地区之间丧葬习俗的对比表明，丧葬习俗在不同的社群之间是各不相同的。丧葬习俗直接影响了我们对这些社群生物考古学方面的认知，因为直到铁器时代晚期（公元前1世纪至公元1世纪），大多数不列颠人经历了一种无法复原的丧葬仪式。[8]笼统地说，年龄更小的孩子，尤其是婴儿，没有可以复原的陪葬物品。青少年经常与“成人的”物品一起埋葬，而成年男女有类似的陪葬物品（如陶器和动物相关物品），许多墓葬位于靠

近定居点的墓地。在整个不列颠，有一种趋势，即精英人物的陪葬物品包括军事装备、镜子和罗马宴会器具等物品。在区域层面，根据社群身份，地位较低的人以墓中的物质文化和动物相关物品来进行区分，这些物品显示出坟墓内人们死亡时的性别和年龄差异。其他许多墓葬是没有陪葬物品的，一些人经历了二次埋葬仪式。这样的墓葬经常出现在非公墓的环境中，被 323
认为埋葬的是地位较低的人或被社群视为“他者”的人。[9]

表 15.1　暴力网络的方法适用于铁器时代晚期和罗马不列颠时期，以及这些形式的证据的来源（依照 Hamby and Grych, *Web of Violence*）

暴力的类型	原始证据	间接证据	
		铁器时代晚期	罗马不列颠时期
虐待儿童：杀婴、疏于照顾、身体虐待	生物考古学		罗马原始资料
不平等：年龄、性别、社会地位	生物考古学	罗马原始资料	罗马原始资料
亲密伴侣间的暴力	生物考古学		罗马原始资料
社群人身攻击	生物考古学	罗马原始资料	罗马原始资料，特指与不列颠相关的资料
社群暴力：接触或参与	生物考古学	罗马原始资料	罗马原始资料，特指与不列颠相关的资料

公元 43 年，克劳狄一世的征服导致了不列颠社会的动荡与剧变。人们建立起城市中心，引进了新的工业、建筑和农业技术。社群得以重组，并处于帝国行政部门的统治之下，帝国的权威通过军事进驻得到加强。这从根本上改变了这些社群的组织，引入了生命历程、性别角色和社会地位等全新的概念。

然而，多塞特郡（Dorset）的丧葬证据表明，尽管男权社会和法律等级制度被强加于不列颠，但男性和女性身份的属性通常保持着与铁器时代晚期的稳固联系。自由的和强迫性的迁徙不仅增加了人口，而且在物质文化和丧葬习俗方面造成了巨大的多样性，流动同位素研究和铭文就是明证。[10]

在这一时期，人们在定居地之外建立了公墓，由于是重建，尤其是在英格兰东南部进行重建，考古学家见到了成千上万的墓地，大多数墓地的时间可以追溯到 3 世纪和 4 世纪，这意味着现有的数据集集中反映了晚期罗马的城市墓地的情况。生物考古学表明，在一个区域内以及在城市中心之间，存在显著的健康差异，这说明移民对人口健康产生了影响。[11] 由此，与讨论铁器时代晚期一样，在讨论针对特定人群的证据时我们必须保持谨慎，因为它可能不完全适用于整个行省。

在罗马人的世界中，生命历程受到时空变化的影响。不列颠与其他西北行省大体相似：在丧葬处理方面存在明显的性别和年龄差异，同时显示出强烈的地域特征，陪葬物品被认为是
324 社会地位的体现。大多数年龄稍大的儿童和成年人有一件（还有其他的）陶器或动物相关的物品随葬，他们被埋葬在正式的墓地里。[12] 也有证据表明，在军事环境中，尸体各部位被展示出来，在有限的环境中，人们有目的地处理关节脱落的遗骸，而在家庭环境中，则对其进行秘密埋葬。

铁器时代的不列颠

在整个不列颠，由于丧葬记录的差异，地位不平等的证据并不明确。在东约克郡的阿拉斯公墓，非精英和精英人士被分开埋葬。约书亚·佩克（Joshua Peck）对健康状况的研究表

明，非精英人士可能在童年时期经受了更大的压力，并参加了劳动密集型活动，但未能确认这两个群体之间存在显著的健康差异。这一结果表明，等级制度要么未对健康产生负面影响，要么被葬礼仪式掩盖了。我们也未能通过对这些人膳食的稳定同位素分析，发现不同埋葬类型之间的社会地位差异。[13]

尚未发现体现在健康层面的性别不平等的证据，因为东约克郡男女数据对比的压力指标未能揭示显著的区别，从来自多塞特郡的统计学分析数据中也没有发现死亡风险中的性别差异。[14]然而，对于蓄意伤害，特别是由锋利的武器造成的创伤，S. S. 金（S. S. King）在对维特望遗址（东约克郡）人口的研究中报告了统计学上显著的性别差异，在这处遗址中，许多个体身上与攻击或故意击打有关的骨折已愈合，如一名男性的肩胛骨骨折已经愈合，而另一名男性的鼻骨创伤也已经愈合。[15]
在全国范围内，铁器时代的数据显示，两性都遭受过人际暴力 325
造成的伤害，如可能由投掷来的石块造成的凹陷性颅骨骨折，以及利器伤害。如一名年轻的成年男性，左髂骨内表面有一处死前刺伤，头盖骨上有多处利器伤；还有犬科哺乳动物的咬痕，这表明他在死后并没有被立即下葬。[16]人们经常在山上的堡垒中发现人类遗骸，这为社群之间的战争提供了证据。在凯默顿营地（Kemerton Camp）史前山顶古城遗址［布列敦丘（Bredon Hill）］主要门道的入口处，人们发掘出大屠杀的人类遗骸层，经过加速器质谱法碳 14 测定，其时间可追溯到公元前 2 世纪中期到公元前 1 世纪中期，人们认为这反映了部落间发生冲突的一个时期。人们对材料的分析表明，死者大多数是 18—34 岁的年轻成年男性，但也有成年女性和未成年人，其中许多人身上有遭到锐器和钝器伤害的证据。也有证据表明头骨和四肢被分割和毁损过，动物觅食的埋藏学证据表明，尸体曾被遗弃在露天的环境中。[17]数据显示，在公墓内部和公墓之间存在显著差异，包括创伤出现频率和创伤模式的差异，于是出现了这样一种意见，即由于受到少数不人道的墓葬仪式的影响，我们的观点失之偏颇，许多丘堡还没有被（完全）挖掘。

根据现有数据，尚无证据表明与虐待儿童和老年人以及亲密伴侣间暴力有关的伤害。后者可能很难被准确地辨别出来，
326 因为在袭击和亲密伴侣间暴力造成的伤害之间没有模式上的区别。女性有肋骨、肩胛骨和鼻骨骨折的证据，但在这个历史时期，这样的女性屈指可数。从当时的历史背景来看，这一时期缺乏更广泛的证据证明性别的不平等，这表明造成这种暴力的许多社会因素并不存在，或至少在考古记录中尚未查明。[18]这并不意味着带有已愈合创伤的男女个体不是亲密伴侣间暴力的受害者，或者其他类型人际攻击的受害者。

总的来说，分析表明，男性特别是年轻的成年男性，提供了暴力的大部分证据；但也有证据表明女性曾参与其中。人们所受的创伤反映出各种钝器和锋利武器的使用，这些武器特别针对头部和躯干部位，突出了其致命意图；也有证据表明曾发生“过度杀戮”——暴力行为超过了致人死亡的必要程度——和毁尸行为。[19]在这些人身上观察到的伤害范围和模式反映了不同程度的暴力行为，暴力不仅存在于个体之间，也存在于社群之间。许多人与武器一起下葬，但并不是每个带着武器下葬的人都有暴力行为的骨骼证据；这些武器通常被折断或弄弯曲了，这就意味着葬礼被用作表演的手段，以便为社群创造“军事资本”（图 15.1）。这些人的年龄大多为 17—35 岁，

他们布置有序的坟墓通常远离其死亡地点，这有力地表明这些遗骸属于战士阶层。[20]

图 15.1　艺术家再现的铁器时代维特望遗址的二轮战车墓葬图

相比之下，并非来自公墓的亚成年人和成年人有关节的骨骼和脱臼式骨骼表明，这些人在死前受过伤，包括过度杀戮、肢解和斩首；还有证据表明他们的四肢曾经受到束缚，这强烈地表明 327
他们曾被卷入表演性的暴力活动。在剑桥郡（Cambridgeshire）的瓦德尔布里（Wandlebury）丘堡，其中一个坑里有一具亚成年人骨骼的上半部分，它是被装在一个麻袋里下葬的，胸部朝下，头朝左，这表明躯干和头部仍处于连接状态。有证据表明，该遗骸的骨盆上有武器造成的死前损伤，这表明其下半身是被人强行移走的。人们选择以这样的一些方式摆弄这些人的尸体，他们已经很少考虑如何摆放的问题，即使顾及这个问题，也会认为这些人是“他者”，即地位较低的人和仪式暴力的受害者。[21]

另一种形式的仪式暴力是人祭。在罗马入侵不列颠的过程中，罗马原始资料记载了这种做法（在铁器时代欧洲的其他社群中也存在这种做法），例如，罗马军队在莫纳岛［Isle of Mona，安格尔西岛（Anglesey）］打过一仗，这是威尔士海岸附近的一个岛，也是德鲁伊教的圣岛。[22]在不列颠，最有说服力
328 的证据来自沼泽尸体，还有一些沼泽尸体是在爱尔兰和北欧发现的，这些人似乎是以表演性很强的方式被故意杀害的。对这些遗骸的胃内容物进行检查，结果表明，他们在死前有过一顿仪式性用餐，其中最引人注目的是来自丹麦的格劳巴勒男子（Grauballe Man）。[23]来自不列颠的最著名例子是林道人（Lindow Man），他被埋在一片泥炭沼泽中，时间为公元前 3 世纪至公元 1 世纪。分析表明，他在被勒死后，头部仍然受到持续的击打，他的脖子被扭断，并且也可能被刺伤。[24]

这些被破坏和摆布的尸体还可能代表被俘虏和奴役的人。有人认为，在铁器时代的不列颠，处于任何社会地位的群体都有可能被俘虏或奴役，而在诺曼人征服英格兰之前，这类奴隶贸易很有名。在少数几处仪式沉积物中，在精英墓葬中以及在靠近英吉利海峡海岸线的丘堡中，出土了大量的镣铐和成套的锁链。没有关于不列颠的数据，但在公元前 1 世纪的高卢，据估计有 30 万奴隶被运到罗马，罗马每年还需要 1.5 万名奴隶。[25]这种贸易和不列颠铁器时代的俘虏也为本地的社群服务，使这些社群能够从欧洲大陆进口奢侈品，同时履行自己的社会和宗教义务，正如罗马原始资料描述的那样，这一趋势也在欧洲大陆得到了证实。人类学研究提供了不同的范式，包括俘虏在礼物交换方面和作为不同语言、地点和文化习俗的知识持有者的价值。20 世纪 40 年代，人们只在威尔士的林恩·克雷格

湖（Llyn Cerrig Bach）发现了与奴役用具直接相关的人类遗骸，但用具似乎已经不复存在了。[26]

对接触前和接触后的美洲被奴役者和被俘者进行的生物考 329
古研究强调了普遍的健康差异、饮食压力的稳定同位素证据，以及殴打和惩罚导致的愈合和未愈合创伤的存在。[27]由于骨骼变化通常反映长期的健康状况，人们对其进行了初步检查。通过比较来自丹纳伯里（Danebury）丘堡和不列颠正式墓地的个体，可以看出两者存在身高、死亡年龄和其他健康指标的差异（表 15.2），但这些差异都不足以区分两种埋葬类型——正如新世界（New World）研究提到的那样。对墓地人群骨胶原的膳食稳定同位素分析与对有部分关节或脱臼的人骨沉积物的膳食稳定同位素分析的结果也是如此，两组之间没有发现差异。[28]如上所述，目前唯一可辨认的差别是死亡前不久所受的创伤和随后如何处理尸体。这表明，“差异”在于个人的身体如何促成了暴力行为，尤其是在社会动荡时期，如在公元 61 年，罗马军队占领威尔士的安格尔西岛后，罗马文献描述的社会动荡时期：“下一步是……摧毁那些供他们进行野蛮膜拜的小树林，因为他们认为用人类的内脏来请教神灵是一种义务。”[29]

罗马不列颠时期

人们经常讨论不列颠在军事上的殖民化问题，但仍未充分探讨其他形式的暴力，尽管在建立和维持稳定、富饶行省的漫长过程中，暴力必定会被使用。在克劳狄征服不列颠之前，许多社群已经存在，并与罗马保持着牢固的关系，而在英格兰南部，恺撒入侵带来的影响仍然很大。然而，这种关系与征服和
殖民有很大的不同。 330

表 15.2　健康参数总结

遗址或地区	人口统计学	健康变量 （*压力指标）	结果（百分比 是粗略的患病率）	出处
丹纳伯里 （汉普郡）	总人数=63 亚成年人人数=26 确认性别的成年人人数=37	*身高	男性平均身高为 164 厘米 女性平均身高为 156 厘米	Hooper（1984）
		*眶顶板筛孔样病变	47.9%	
		*多孔性骨质增生	5.6%	
		*牙釉质发育不全	—	
		龋齿	7.15%	
		*骨膜新骨形成	4.8%	
		创伤	—	
多塞特郡 （英格兰西南部）	总人数=190	*身高	男性平均身高为 169 厘米 女性平均身高为 156 厘米	Redfern（2006，2008，'Reappraisal of the Evidence'）
		*眶顶板筛孔样病变	亚成年人 5.5% 男性 36.9% 女性 60.8%	

续表

遗址或地区	人口统计学	健康变量 （★压力指标）	结果（百分比 是粗略的患病率）	出处
	亚成年人人数 = 72 男性人数 = 65 女性人数 = 53	★多孔性骨质增生	亚成年人 2.8% 男性 36.9% 女性 32.1%	
		★牙釉质发育不全	亚成年人 8.4% 男性 16.9% 女性 9.4%	
		龋齿	亚成年人 6.9% 男性 52.3% 女性 39.6%	
		★骨膜新骨形成	亚成年人 9.7% 男性 76.9% 女性 67.9%	
		佝偻病	亚成年人 1.4%	
维特望遗址 （东约克郡）	总人数 = 451	★身高	男性平均身高为 168.7 厘米 女性平均身高为 157.6 厘米	King, ‘What Makes War?’

续表

遗址或地区	人口统计学	健康变量 （★压力指标）	结果（百分比 是粗略的患病率）	出处
	亚成年人人数 = 85	佝偻病	亚成年人 1.2% 男性 3.5% 女性 1.7%	Good（2005）
		坏血病	亚成年人 4.7%	
	亚成年人人数 = 43 男性人数 = 141 女性人数 = 153	创伤	男性 31.9% 女性 24.2%	King, 'What Makes War?'
东约克郡 （伯顿弗莱明、 加顿车站、柯克本 和拉兹顿）	总人数 = 267 亚成年人人数 = 144 男性人数 = 72 女性人数 = 51	★眶顶板筛孔样病变	亚成年人 7.7% 男性 4.9% 女性 2.3%	Peck, 'Status, Health'
		★骨膜新骨形成	亚成年人 15.4% 男性 2.1% 女性 6.5%	
		★牙釉质发育不全	亚成年人 1.8% 男性 7.2% 女性 7.4%	

针对原住民社群的暴力既猛烈又让人难以捉摸。新的城市 332
中心纷纷建造起来，它们的建筑结构、组织和装饰改变了人们的流动方式，而社群结构创造了新的时代，性别限制了人们的流动和对资源的获取，这两者都加强了罗马帝国的权力。[30]遭受入侵的经历，加上由征兵和迁往新定居点，以及奴役和殖民造成的社群分裂，必将给人们造成心理和身体上的创伤，研究表明，这种创伤会波及几代人。[31]帝国对取得该行省的态度被雕刻在小亚细亚一座神庙的大理石石板上（图 15.2），在这块石板上，克劳狄一世是个半裸的英雄，他举起了握紧的拳头，正在征服一个代表不列颠（名字叫不列颠尼亚）的女性阿玛宗人（Amazon）,后者正被拉扯头发。这样的描绘有多层次的寓意。行省以女性形象示人，而在罗马世界，人们认为女性的身体不值钱。半裸的不列颠尼亚，身体被雕刻成屈服的姿势，被战无不胜的英雄摆布，这就有了性暴力和殴打的弦外之音（我们还应该记住，这些图像可能会被描画出来，[32]也许会夸大不列颠尼亚脸上的恐惧表情，并可能增加软组织损伤）。

军事活动的证据体现在两个方面：独特的建筑和物理边界的设立［如哈德良长城（Hadrian's Wall）］，以及旨在将帝国意志强加于该行省的军事行为。在生活中，士兵的独特服装，他们的军徽和佩剑，使他们在平民环境中显得与众不同。死后，他们的墓碑描绘了他们行使帝国权力的情形，雇佣兵部队的士兵举着作为战利品的头颅。文德兰达（Vindolanda）堡［诺森伯兰郡（Northumberland）］的信件展示了他们对原住民的蔑视，以及在有争议的、通常是有限的空间中创造出的“罗马”微观世界。[33]军事活动的生物考古学证据则分为三类：克劳狄入侵的潜在受害者，布狄卡（Boudica）暴乱的潜在受害者，以及作为战利品的尸体部位。与武器和被烧毁定居点的考古证据相比，生物考古学记录中关于入侵和叛乱的证据很少。

333

图 15.2　土耳其阿弗罗狄西亚塞巴斯特恩神庙的浮雕，描绘了克劳狄皇帝征服不列颠尼亚的情景

人们在不列颠的一些丘堡中发现了与公元 43 年克劳狄入侵有关的人类遗骸 334
其中最著名的是梅登城堡的丘堡遗迹。东边入口处的墓葬很可能反映了铁器时代晚期和征服时期的冲突。被埋葬在号称“比利时战争公墓”的大多数人是年轻的成年男性，这被称为灾难性的人口统计资料，最具说服力的死亡前证据是锐器和钝力武器造成的创伤。这些创伤包括面部和头部的损毁性刀伤，目的是防止人们逃跑。一些男性受到的伤害反映了他们在死于多种致命打击之前，曾试图保护自己不受攻击者的伤害，这表明他们遭遇了过度杀戮。

来自科尔切斯特（Colchester）和朗蒂尼亚姆（Londinium，伦敦）的关于布狄卡暴乱（公元 61 年）的证据比较少见。原始资料显示，叛军残害嫁给罗马男人的本地妇女的身体，对妇女和儿童毫不留情。[34]值得注意的是，罗马军队在欧洲大陆犯下了种族灭绝的罪行，经常杀害不曾参与战斗的妇女和儿童。在科尔切斯特被挖掘的破坏层中有烧焦的人类遗骸，在布狄卡暴乱之后的间歇层中发现了带有利器伤的下颌骨，这些极有可能是无法逃离大屠杀的居民的遗骸。[35]

征服之后，军事活动的大部分证据是军事定居点展示和/或处置作为战利品的尸体部位。这些证据包括颅骨或关节脱落的四肢，通常出土于定居点内的坑中或外部的防御沟中。对科尔切斯特军团壕沟遗骸的调查表明，人们在堡垒中展示了头颅和其他身体部位。在文德兰达，从一条壕沟中出土了一块年轻男性的头盖骨，上面有多处骨折，有利器伤，还有曾被挂在柱 335
子上进行展示的证据。[36]

有证据表明，在罗马时期，城市中心发生过集体或孤立的杀戮事件，尸体被放置在坑里、沟里或井里，通常位于有限的空间内。这些事件的背景并不总是明朗的，因为它们往往不能追溯到动荡时期。尽管如此，这些证据表明，与农村地区相比，当地人和非不列颠本地人经常被成群地杀害，这可能反映了司法处决或者他们成了竞技场的受害者。[37]

原始资料中的本土作品强调奴役、暴力压迫和性暴力，而这些行为很可能只是人们痛苦生活的冰山一角。这是一个被罗马人武力夺取的地方，生物考古学提供了虐待的证据。在这一时期，受过攻击和利器伤并痊愈的女性较多，创伤的分布和形态符合攻击和亲密伴侣间暴力的特征；这些伤害反映了许多妇女社会地位低下和她们的屈服状态。例如，在科里尼翁-多布诺鲁姆［Corinium Dobunnorum，赛伦塞斯特（Cirencester）］，人们发现了几名多处肋骨骨折的女性的遗骸，其中一名女性的颅骨上有一处已愈合的武器伤。[38]

丽贝卡·高兰（Rebecca Gowland）的研究发现了几起老年女性遭受虐待的案例，其中一人的脸部在死前曾遭受多次击打。[39]A. 罗恩博格纳（A. Rohnbogner）对数百名未成年人进行了详细分析，虽然发现了很多意外伤害的案例，但只发现了一起潜在的儿童虐待案例——一个幼儿的一处肋骨骨折（如今，这种骨折被认为是识别儿童虐待的“黄金标准”）。罗恩博格纳还注意到一名 11 岁儿童的肱骨干处有愈合的骨折痕迹，判断为意外造成的创伤。但是，身体虐待也会造成这种骨折。没有证据并不代表没有虐待，特别是在原始文献中有殴打儿童和
336 奴隶的相关记录；因为骨折不是虐待儿童的典型表现，[40]我们应该放宽标准，将可能以其他方式成为证据而被忽略的内容包括在内，如健康差异和代谢疾病的存在。

因为原始资料记录了规范的丧葬习俗，所以相比于前一时

期，我们更容易识别出那些不合乎标准的墓葬。在各种不同的遗址类型中，有许多实例符合法医学对秘密埋葬的定义，但我们不应忽视潜在的仪式行为。例如，一个人被葬在一条壕沟里，这条壕沟与北安普敦郡（Northamptonshire）一座桥梁的建设有关；人们也在水井沉积物中发现了人类遗骸，如在怀特岛（Isle of Wight）布雷丁（Brading）别墅的一处水井里，人们发现了一名青少年的遗骸，上面有犬科哺乳动物反复啮咬的痕迹，这表明尸体没有得到及时的处理。同样有证据表明人们对人类遗骸的仪式化处理，如在赫特福德郡（Hertfordshire）的一处宗教场所发现的一名青少年的头盖骨，软组织的移除和头盖骨被展示表明他是被谋杀的。[41]

在这一时期，斩首是一种常见的埋葬类型，这在成年人身上表现得最为典型，不同墓地的斩首比例不尽相同。[42]在邓斯特布尔［Dunstable，贝德福德郡（Bedfordshire）］，一名3—6个月大的婴儿被斩首，其头部被放在腿上，一名成年女性也被斩首，但不同寻常的是，她的小腿也被切断并被放在上臂的位置。人们最近通过对证据的反思，发现许多情况更像是处决，许多案例中出现了多次重击以割断头部的手法。人们已经确认了遗骸的手部存在自卫伤，这表明在许多情况下，这些处决不是合法的杀戮或规范的葬礼做法。这似乎与在德里菲尔德3—6号阶地（Driffield Terrace，约克郡）挖掘的墓地的情况相同，那里的大多数墓葬中是被斩首的年轻男性：通过检查人类遗骸，人们也确认了这些人的面部和手部存在曾受到攻击并伤愈 337
的证据，一名成年男性的骨盆上有食肉动物的咬痕——这样的发现在不列颠尚属首次。[43]

尽管在考古中更容易发现奴役的证据，但关于这一时期的这类证据仍不明确。格洛斯特郡（Gloucestershire）一个早期罗马集体墓穴的流动同位素揭示了欧洲大陆移民的存在，这可能反映了为扩大农村经济而迫使劳工转移。当我们运用在铁器时代概括出来的生物考古学标准确认这些人的情况时，更多人身上出现了袭击造成的伤害的证据（这种伤害在征服后有所增加），因为我们注意到许多肩胛骨和肋骨有骨折的现象，一些研究者认为这是死者曾遭受殴打的表现。然而，从健康差异的角度来看，这一点还远远不够明确，从格洛斯特郡集体墓葬与同一埋葬地区规范墓地的人口的比较中可以看出，该地区的人口没有健康方面的差异。这很可能反映了这一时期人们社会地位的流动性和快速变化，他们在一生中可能经历许多截然不同的社会地位；这也反映了被奴役者在职业方面的巨大变化。[44]

饮食不足引发的疾病有所增加，尽管许多情况下可以用精英阶层的地中海儿童保育方法（如襁褓法）来解释，但这也可能反映出对儿童的忽视——拒绝为其提供食物和没有提供足够的照顾。我们未能通过食物的稳定同位素分析确定食物和地位之间的明确关系（埋葬类型可以证明被埋葬者的地位）。然而，无论埋葬类型如何，氮值增加的个体的死亡率提高了，这表明他们比同龄人经受了更大的压力，没有多少文化缓冲能够充分保护他们。这一结果可能也为这一时期不稳定的社会地位和身份提供了证据。在这一时期，成年时期获得的社会经济缓冲无法抵御早年经历的艰难所带来的后果。[45]

338 在罗马人的生命历程中，婴儿期和儿童期是伴随着社会规则和法律规则的两个不同时期，这些时期的经历强烈地受到个人性别的支配，妇女在家庭内生活和学习，相比之下，男子则会得到更多的社会经济自由、政治自由和教育。在罗马征服不列颠之后，人们猜想女性的社会地位下降了，这使她们（无论是否结婚）依赖家庭，尤其是依赖男性，以获得资源和安全感；但是，考古学和生物考古学的证据因地区而异，也因农村和城市环境而异。来自多塞特郡的证据表明，与人们的预期相反，男性有更高的死亡风险，健康状况存在显著的性别差异，农村和城市的健康模式也存在显著差异。亚成年人的证据表明，与铁器时代晚期相比，他们的死亡风险以及罹患代谢疾病和传染病的风险更高，其中城市亚成年人面临的风险最高。这一证据反映了育儿方面的关键变化，特别是母乳喂养持续的时间和断奶做法的变化，这涉及并减少了特定食谱的使用，这些变化将增加发病和死亡的风险。[46]

然而，成年人的健康状况、人口统计学和死亡率的证据并不明确，反映出原住民和移民混合的健康经验，因为生物考古学家依赖的许多指标是在童年时期形成的，而且许多人的童年在不列颠以外的地方度过。这一观点得到了对不列颠南部城市墓地之研究的验证，这些研究明确了大城镇和小城镇之间的差异，[47]揭示了不列颠的生活方式比学者通常提出的要更加复杂和多样；罗马征服后向不列颠尼亚大规模移民所带来的影响，城市中心的建立和农村经济的扩张导致了健康状况的不平衡，而对许多人来说，贫困、奴役和社会地位下降等结构性暴力的制度加剧了这种不平等。

结　语

本章考察的时期代表了不列颠考古记录从史前时代到历 339
史时期的转变，而人们在人类遗骸中捕捉到了这种剧变和转换。铁器时代的生物考古学证据只代表了一小部分人口，而且仅来自不列颠的某些地区，这些不同类型的社群曾实行高度复杂的葬礼仪式。对遗骸的分析只能揭示出关于不平等的有限证据，但由于葬礼仪式的存在，我们能够查明仪式暴力和将尸体当作社会手段的问题。其中一些活动在罗马原始资料中有所描述，但生物考古学证据揭示了它们的复杂性和多样性。遗骸也为罗马征服时期部落间的暴力和社群的毁灭提供了证据。

我们从城市、农村和军队的墓地中发掘了罗马时期更多的人类遗骸，这反映了新的定居模式和社会结构的引入。这也是一个移民涌入和社会等级制度更加明显的时期，生物考古学研究已经能够识别和展示这些因素如何直接影响人们的健康和葬礼仪式。这一时期有大量的原始资料，但这些资料侧重于历史事件，把社会底层群体特别是儿童和老年人排除在外。通过对人类遗骸的分析，我们可以建立一个独立且独特的资料集，用来研究罗马不列颠时期的生活对“沉默的大多数”的影响。

通过使用暴力网络的方法，我们发现，在这些对比鲜明的时期，有相似类型的暴力发生在社群中（如发生在仪式中的暴力），反映了这些类型的暴力作为重要社会工具的影响力。在这两个时期，由于葬礼仪式和我们对事件发生的社会文化背景的理解有限，有些证据往往会让人迷惑不解，如在有限的地方处理尸体部位和遗骸。通过集中讨论不平等这一主题，我们希望在此提出的生物考古证据能够表明，暴力不局限于对身体造成伤害，而且还会影响健康，增加死亡风险，往往会影响整个生命历程，因为任何暴力行为都不是孤立发生的。

参考论著

对不列颠铁器时代考古学最全面的概述是 Barry Cunliffe, *Iron Age Communities in Britain: An Account of England, Scotland and Wales from the Seventh Century BC until the Roman Conquest*（London: Routledge, 2009）。这本书已出过好几个版本，说明由于承包人考古学（contractor archaeology） 340
规模的扩大和可移动文物计划（Portable Antiquities Scheme）的引入，考古证据有所增加。这些进展提供了丰富的数据，因为现在承包人经常使用科学的年代测定和其他技术，在过去的十年中，我们对这一时期特别是丧葬习俗、人口流动和物质文化分布方面的理解发生了根本性变化。例如，来自肯特郡的新数据已经揭示了不列颠铁器时代长途移民的第一个证据，具体参见 Jacqueline I. McKinley et al., *Cliffs End Farm, Isle of Thanet, Kent. A Mortuary and Ritual Site of the Bronze Age, Iron Age and Anglo-Saxon Period with Evidence for Long-Distance Maritime Mobility*（Salisbury: Wessex Archaeology, 2015）。在有些著述中作者也承认，应该将证据放在更为广泛的欧洲背景之下，以下两部著作进行了实例论证：C. C. Haselgrove and R. E. Pope, *The Earlier Iron Age in Britain and the Near Continent*（Oxford: Oxbow Books, 2007）; C. C. Haselgrove and T. Moore, *The Later Iron Age in Britain and Beyond*（Oxford: Oxbow Books, 2007）。

暴力是铁器时代社群中的一股强大力量，直到 21 世纪初，大多数人回避这种观点，有一篇论文是例外：Niall Sharples, 'Warfare in the Iron Age of Wessex', *Scottish Archaeological Review* 8（1991）, pp. 79–89。事实上，涉及军事装备和战士墓葬的研究少之又少［John R. Collis, 'Burials with Weapons in Iron Age Britain', *Germania* 51（1973）, pp. 121–33］。在过去的十五年里，学者逐渐认识到暴力在这些社会的互动中发挥了关键作用，影响了社会组织和丘堡的使用；以下两篇论文阐述了这一观点：S. James, 'A Bloodless Past: The Pacification of Early Iron Age Britain', in Haselgrove and Pope（eds.）, *Earlier Iron Age*, pp. 160–73; Ian Armit, 'Hillforts at War: From Maiden Castle to Taniwaha Pa', *Proceedings of the Prehistoric Society* 73（2007）, pp. 25–38。独特的是，梅拉妮·贾尔斯（Melanie Giles）关注这些社群中武器的社会文化意义，强调它们是如何创造和维持战士身份的：'Seeing Red: The Aesthetics of Martial Objects in the British and Irish Iron Age', in D. Garrow, C. Gosden and J. D. Hill (eds.), *Rethinking Celtic Art* (Oxford: Oxbow Books, 2008), pp. 78-99。

这一时期的特征之一是埋葬仪式无法复原，但新的数据集、科学的年代测定和其他技术正在向这一观念发起挑战，最近，T. J. 布思（T. J. Booth）和他的同事有一篇相关的论文：'New Evidence for Diverse Secondary Burial Practices in Iron Age Britain: A Histological Case Study', *Journal of Archaeological Science* 67 (2016), pp. 14-24。一部新的综述 D. W. Harding, *Death and Burial in Iron Age Britain* (Oxford: Oxford University Press, 2016) 揭示了这一时期人类和动物的丧葬方式表达的复杂社会身份。

相比之下，罗马不列颠时期的资料更为丰富，分期也更加明确，人们运用这些数据集构建出生命历程、性别和地位等级以及身份的其他方面，Pearce's 'Status and Burial' chapter in M. Millett, L. Revell and A. Moore (eds.), *The Oxford Handbook of Roman Britain* (Oxford: Oxford University Press, 2016) 对这些研究进行了概述。自古代以来，军事特别是武器和装备一直是研究的焦点，对此进行概述的作品是 Bishop's 'Weapon and Military Equipment' chapter in L. Allason-Jones (ed.), *Artefacts in Roman Britain: Their Purpose and Use* (Cambridge: Cambridge University Press,
341 2011)。然而，只有少数论著关注针对原住民社群的军事暴力，S. 詹姆斯（S. James）在他的研究中广泛探讨了这一主题，参见 *Rome and the Sword: How Warriors and Weapons Shaped Roman History* (London: Thames & Hudson, 2011)。

格林（Greene）让人们越来越清楚地认识到，军事社群不仅由士兵组成，参见她的文章 'Female Networks in the Military Communities of the Roman West: A View from the Vindolanda Tablets', in E. A. Hemelrijk and G. Woolf (eds.), *Women and Roman City in the Latin West* (Leiden: Brill, 2013)，上述研究建立在另一部早期作品的基础之上：A. Goldsworthy and I. Haynes, *The Roman Army as Community, Including Papers of a Conference Held at Birkbeck College, University of London on 11-12 January, 1997, Journal of Roman Archaeology*, supplementary series 34 (1999)。

注 释

我要感谢主编给我重新审视这些证据的机会。非常感谢以下人员帮助我查找并分享存档的资料，还回答了许多与他们的研究相关的问题：Ian Armit, Bettina Arnold, Andrew Birley, Sally Brooks, Anwen Caffell, Sally Croft, Jessica Dowdell, Rebekah Hart, Malin Holst 和 Niall Sharples。特别感谢 Jo Buckberry 和 BARC 之前的学生们为维特望遗址资料所做的工作，同时感谢他们友好地分享研究成果。

1. 关于暴力网络模型，参见 Jennifer Turpin and Lester Kurtz (eds.), *The Web of Violence: From Interpersonal to Global* (Urbana: University of Illinois Press, 1997); Sherry Hamby and John Grych, *The Web of Violence: Exploring Connections among Different Forms of Interpersonal Violence and Abuse* (New York: Springer, 2013)。
2. Rebecca L. Gowland, 'Entangled Lives: Implications for the Developmental Origins of Health and Disease Hypothesis for Bioarchaeology and the Life Course', *American Journal of Physical Anthropology* 158.4 (2015), pp. 530–40.
3. Debra L. Martin, Ryan P. Harrod and Ventura R. Pérez, *Bioarchaeology: An Integrated Approach to Working with Human Remains* (New York: Springer, 2015).
4. 对亚成年人的分析是了解更广泛的社群健康状况的关键，因为他们的骨骼提供了人口的“晴雨表”，参见 Mary E. Lewis, *The Bioarchaeology of Children: Perspectives from Biological and Forensic Anthropology* (Cambridge: Cambridge University Press, 2007), p. 19。
5. Sîan E. Halcrow and Nancy Tayles, 'The Bioarchaeological Investigation of Childhood and Social Age: Problems and Prospects', *Journal of Archaeological Method and Theory* 15 (2008), pp. 190–215. Bettina Arnold, 'Gender and Archaeological Mortuary Analysis', in S. M. Nelson (ed.), *Women in Antiquity: Theoretical Approaches to Gender and Archaeology* (Lanham, MD: Altamira Press, 2007), pp. 107–40.
6. Nancy Schleper-Hughes and Margaret M. Lock, 'The Mindful Body: A

Prolegomenon to Future Work in Medical Anthropology', *Medical Anthropology Quarterly* 1. 1 (1987), pp. 6–41.

7. Barry Cunliffe, *Iron Age Britain* (London: Batsford, 2004).
8. Robert Whimster, *Burial Practices in Iron Age Britain: A Discussion and Gazetteer of the Evidence c. 700 B. C. – A. D. 43*, BAR International Series 90 (Oxford: Archaeopress, 1981); G. A. Wait, *Ritual and Religion in Iron Age Britain*, BAR International Series 149 (Oxford: Archaeopress, 1985); Timothy Champion, 'Power, Politics and Status', in M. Green (ed.), *The Celtic World* (London: Routledge, 1997), pp. 85–94.
9. Miranda Aldhouse Green, *Dying for the Gods: Human Sacrifice in Iron Age and Roman Europe* (Stroud: Tempus, 2001); Niall Sharples, *Social Relations in Later Prehistory. Wessex in the First Millennium BC* (Oxford: Oxford University Press, 2010); Whimster, *Burial Practices.*
10. Hella Eckardt (ed.), *Roman Diasporas: Archaeological Approaches to Mobility and Diversity in the Roman Empire*, *Journal of Roman Archaeology*, supplementary series 78 (2010); Hella Eckardt, Gündula Müldner and Mary E. Lewis, 'People on the Move in Roman Britain', *World Archaeology* 46. 4 (2014), pp. 1 – 17; Hamlin, 'Material Expression'; David Mattingly, *An Imperial Possession: Britain in the Roman Empire* (Harmondsworth: Penguin, 2006).
11. Laura Bonsall, 'Variations in the Health Status of Urban Populations in Roman Britain: A Comparison of Skeletal Samples from Major and Minor Towns', PhD thesis, University of Edinburgh, 2013; John Pearce, 'Burial Evidence from Roman Britain: The Un-numbered Dead', in John Scheid (ed.), *Pour une archéologie du Rite: Nouvelles perspectives de l'archéologie funéraire*, Collection de L'École française de Rome 407 (2008), pp. 29–42.
12. Rebecca Gowland, 'Playing Dead: Implications of Mortuary Evidence for the Social Construction of Childhood in Roman Britain', in G. Davies, A. Gardner and K. Lockyear (eds.), *TRAC 2000. Proceedings of the Tenth Annual Theoretical Roman Archaeology Conference, London 2000* (Oxford: Oxbow Books, 2001), pp. 152 – 68;

Mary Harlow and Ray Laurence, *Growing Up and Growing Old in Ancient Rome: A Life Course Approach* (London: Routledge, 2002).

13. 关于健康状况的证据，参见 Joshua J. Peck, 'Status, Health, and Lifestyle in Middle Iron Age Britain: A Bioarchaeological Study of Elites and Non-Elites from East Yorkshire, Northern England', *International Journal of Paleopathology* 3.2 (2013), pp. 83-94; 关于膳食的稳定同位素分析，参见 Mandy Jay, 'Diet in the Iron Age Cemetery Population at Wetwang Slack, East Yorkshire, UK: Carbon and Nitrogen Stable Isotope Evidence', *Journal of Archaeological Science* 33 (2006), pp. 653-62。
14. Rebecca C. Redfern and Sharon N. DeWitte, 'A New Approach to the Study of Romanization in Britain: A Regional Perspective of Cultural Change in Late Iron Age and Roman Dorset using the Siler and Gompertz-Makeham Models of Mortality', *American Journal of Physical Anthropology* 144.2 (2011), pp. 269-85.
15. S. S. King, 'What Makes War? Assessing Iron Age Warfare through Mortuary Behaviour and Osteological Patterns of Violence', unpublished PhD thesis, University of Bradford, 2010.
16. Charlotte A. Roberts and Margaret Cox, *Health and Disease in Britain: From Prehistory to the Present Day* (Stroud: Allan Sutton, 2003); J. Peck, 'The Biological Impact of Culture Contact: A Bioarchaeological Study of Roman Colonisation in Britain', unpublished PhD thesis, Ohio State University, 2009; Rebecca C. Redfern, 'Does Cranial Trauma Provide Evidence for Projectile Weaponry in Late Iron Age Dorset?', *Oxford Journal of Archaeology* 28.4 (2009), pp. 399-424; S. S. King, 'Socialized Violence: Contextualising Violence through Mortuary Behaviour in Iron Age Britain', in C. J. Knüsel and M. J. Smith (eds.), *The Routledge Handbook of the Bioarchaeology of Human Conflict* (London: Routledge, 2014), pp. 185-200. 死前创伤的例子引自 King, 'What Makes War?'。
17. A. Gaynor Western and J. Derek Hurst, '"Soft Heads" Evidence for Sexualised Warfare during the Later Iron Age from Kemerton Camp, Bredon Hill', in Knüsel and Smith (eds.), *Routledge Handbook*,

pp. 161–84.

18. Sally Engle Merry, *Gender Violence: A Cultural Perspective* (Chichester: Wiley-Blackwell, 2009); Roberts and Cox, *Health and Disease in Britain*; Rebecca C. Redfern, 'Violence as an Aspect of the Durotrige Female Life Course', in S. Ralph (ed.), *The Archaeology of Violence: Interdisciplinary Approaches* (Albany, NY: SUNY Press, 2012), pp. 63 – 97; Rebecca C. Redfern, 'Identifying and Interpreting Domestic Violence in Archaeological Human Remains: A Critical Review of the Evidence', *International Journal of Osteoarchaeology*, special issue (2015), https://doi.org/10.1002/oa.2461.
19. King, 'What Makes War?'; Rebecca C. Redfern, 'A Re-appraisal of the Evidence for Violence in the Late Iron Age Human Remains from Maiden Castle Hillfort, Dorset, England', *Proceedings of the Prehistoric Society* 77 (2011), pp. 111–38; Roberts and Cox, *Health and Disease in Britain*.
20. Giles, *Forged Glamour*; Melanie Giles, 'Performing Pain, Performing Beauty: Dealing with Difficult Death in the Iron Age', *Cambridge Archaeological Journal* 25.3 (2015), pp. 539–50.
21. B. Hartley, 'The Wandlebury Iron Age Hill Fort, Excavations of 1955 – 6', *Proceedings of the Cambridge Antiquarian Society* 50 (1957), pp. 1–27.
22. Miranda Aldhouse Green, 'Ritual Bondage, Violence, Slavery and Sacrifice in Later European Prehistory', in M. Parker Pearson and I. J. N. Thorpe (eds.), *Warfare, Violence and Slavery in Prehistory*, BAR International Series 1374 (Oxford: Archaeopress, 2005), pp. 155–64 对人祭进行了深入的探讨。
23. P. Asingh and N. Lynnerup (eds.), *Grauballe Man: An Iron Age Bog Body Revisited* (Aarhus: Aarhus University Press, 2007). 关于铁器时代和古罗马时期欧洲沼泽尸体的详细论述，参见 Aldhouse Green, 'Dying for the Gods'。
24. Jody Joy, *Lindow Man* (London: British Museum Press, 2009); Ian Stead, John Bourk and Don Brothwell, *Lindow Man: The Body in the Bog* (London: British Museum Press, 1986); Robert C. Turner and

Robert G. Scaife, *Bog Bodies: New Discoveries and New Perspectives* (London: British Museum Press, 1995).

25. Barry Cunliffe, *The Ancient Celts* (Oxford: Oxford University Press, 1997). 关于奴隶制的考古学证据总结，参见 H. Thompson, 'Iron Age and Roman Slave Shackles', *Archaeological Journal* 150 (1993), pp. 57–168。

26. Aldhouse Green 'Ritual Bondage'; Bettina Arnold, 'Slavery in Late Prehistoric Europe: Recovering the Evidence for Social Structure in Iron Age Society', in D. B. Gibson and M. N. Geselowitz (eds.), *Tribe and Polity in Late Prehistoric Europe. Demography, Production, and Exchange in the Evolution of Complex Social Systems* (New York: Springer, 1988), pp. 179 – 92; P. Macdonald, 'Llyn Cerrig Bach: An Iron Age Votive Assemblage', in S. Aldhouse Green (ed.), *Art, Ritual and Death in Prehistory* (Cardiff: National Museum of Wales, 1996), pp. 32–3.

27. 可参阅 Andrew Pearson et al., *Infernal Traffic: Excavation of a Liberated African Graveyard in Rupert's Valley, St Helena*, Research Report 169 (London: Council for British Archaeology, 2011)。

28. Mandy Jay and Michael Richards, 'British Iron Age Diet: Stable Isotopes and other Evidence', *Proceedings of the Prehistoric Society* 73 (2007), pp. 169 – 90; Rhiannon E. Stevens et al., 'Investigating Dietary Variation with Burial Ritual in Iron Age Hampshire: An Isotopic Comparison of Suddern Farm Cemetery and Danebury Hillfort Pit Burials', *Oxford Journal of Archaeology* 32. 3 (2013), pp. 257–73.

29. Tac. *Ann.* 14, 30.

30. John Peponis and John Wineman, 'Spatial Structure of Environment and Behaviour', in R. B. Bechtel and A. Churchman (eds.), *The Handbook of Environmental Psychology* (Hoboken, NJ: Wiley, 2002), pp. 271 – 91; Adam Rogers, *The Development of Towns. The Oxford Handbook of Roman Britain*, ed. M. Millett, L. Revell and A. Moore (Oxford Oxford University Press, 2014).

31. 下面这篇论文论述了殖民对健康、心理和社会的影响：Paul

Farmer, ‘ An Anthropology of Structural Violence ’, *Current Anthropology* 45. 3 (2004) ,pp. 305–25。

32. Iain Ferris, *Enemies of Rome. Barbarians through Roman eyes* (Stroud:Sutton Publishing,2003).

33. Simon James,*Rome and the Sword: How Warriors and Weapons Shaped Roman History* (London,Thames & Hudson,2011);Valerie M. Hope, ‘Trophies and Tombstones: Commemorating the Roman Soldier’, *World Archaeology* 35. 1 (2003), pp. 79 – 97; Andrew K. Bowman, *Life and Letters on the Roman Frontier. Vindolanda and its People* (London:British Museum Press,2004).

34. Dio Cass. 62. 1–12;Tac. *Agr*. 1. 16. 31.

35. 见本章注释 19。关于来自科尔切斯特的证据，参见 Colchester Excavation Committee,‘Telephone Exchange Site and Dr Williams Garden’ (1966),Record ID COLEM 2001. 5. B24;Philip Crummy,‘Colchester:Death by the Sword in Boudicca's War?’, *Colchester Archaeologist* (2014), www. thecolchesterarchaeologist. co. uk/? p=13560。

36. Rosemary Luff,‘The Human Remains from the Legionary Ditch’, in P. Crummy (ed.), *Colchester Archaeological Report 3: Excavations at Lion Walk, Balkerne Lane, and Middleborough, Colchester, Essex* (Colchester: Colchester Archaeological Trust and Department of the Environment,1984), pp. 97 – 8; Louise Loe, ‘ Appendix 1. Specialist report on the human skull (8658) from Vindolanda, Northumberland’, Vindolanda Charitable Trust, 2001, A. Birley pers. comm.

37. Rebecca C. Redfern and Heather Bonney, ‘ Headhunting and Amphitheatre Combat in Roman London, England’, *Journal of Archaeological Science* 43 (2014),pp. 214–26.

38. Alan McWhirr, Linda Viner and Calvin Wells, *Romano-British Cemeteries at Cirencester. Cirencester Excavations II* (Cirencester: Cirencester Excavation Committee, 1982); Roberts and Cox, *Health and Disease*.

39. Rebecca L Gowland, ‘ Elder Abuse: Evaluating the Potentials and Problems of Diagnosis in the Archaeological Record’, *International*

Journal of Osteoarchaeology (2015),doi 10.1002/oa.2442.

40. A. Rohnbogner, 'Exploring Concepts of Romanisation and its Impact on Child Health in Late Roman Britain', unpublished PhD thesis, University of Reading, 2015; P. Worlock, M. Stower and P. Barbor, 'Patterns of Fractures in Accidental and Nonaccidental Injury in Children: A Comparative Study', *British Medical Journal (Clinical Research Education)* 293.6539 (1986), pp. 100–2.
41. Isle of Wight: author's unpublished report, 2002, deposited with Brading Roman Villa. St Albans, Hertfordshire: Simon Mays and James Steele, 'A Mutilated Human Skull from Roman St Albans, Hertfordshire, England', *Antiquity* 70.267 (1996), pp. 155–61.
42. Belinda Crerar, 'Deviancy in Late Romano-British Burial', in Millett, Revell and Moore (eds.), *Handbook of Roman Britain*; C. L. Matthews, 'The Roman Cemetery at Dunstable, Durocobrivae', *Bedfordshire Archaeological Journal* 15 (1981), pp. 310–12.
43. K. Tucker, '"Whence this Severance of the Head?": The Osteology and Archaeology of Human Decapitation in Britain', unpublished PhD thesis, University of Winchester, 2012. 有关约克的资料，参见 Caffell and Holst, 'Driffield Terrace'。
44. 关于罗马帝国更加明显的奴役现象，以下论著进行了论述：N. Lenski, 'Captivity, Slavery, and Cultural Exchange between Rome and the Germans from the First to the Seventh Century CE', in C. M. Cameron (ed.), *Captivity, Slavery, and Cultural Exchange between Rome and the Germans from the First to Seventh Century CE* (Utah: University of Utah Press, 2008), pp. 80–109; M. George (ed.), *Roman Slavery and Roman Material Culture* (Toronto: University of Toronto Press, 2013)。
45. 以下论著论述了由文化界定的儿童保育方法的作用：Rebecca L. Gowland and Rebecca C. Redfern, 'Childhood Health in the Roman World: Perspectives from the Centre and Margin of the Empire', *Childhood in the Past: An International Journal* 3 (2010), pp. 15–42。
46. 关于不列颠的研究成果展现了变化的证据，具体如下：Lindsay Allason-Jones, *Women in Roman Britain* (York: Council for British

Archaeology, 2005); Emily A. Hemelrijk, *Hidden Lives, Public Personae: Women and Civic Life in the Roman West* (Oxford: Oxford University Press,2015) ;R. C. Redfern, S. N. DeWitte et al. , ' Urban-Rural Differences in Roman Dorset, England: A Bioarchaeological Perspective on Roman Settlements ' , *American Journal of Physical Anthropology* 157 (2015) ,pp. 107-20。

47. Martin Pitts and Rebecca Griffin, ' Exploring Health and Social Well-being in Late Roman Britain: A Intercemetery Approach ' , *American Journal of Archaeology* 116. 2 (2012) ,pp. 253-76. Laura Bonsall, ' A Comparison of Female and Male Oral Health in Skeletal Populations from Late Roman Britain: Implications for Diet ' , *Archives of Oral Biology* 59 (2014) ,pp. 1279-300.

16　古埃及社会中的暴力

唐纳德·B. 雷德福

在可控的暴力和国家支持的（字面意义上的）“恐怖主 342
义”领域，古埃及是近东复杂社会中最典型的示范实例。在大约公元前3200—前3000年，在尼罗河谷民族国家快速发展的时期，一种好战和暴力扩张的气氛笼罩着早期的“大人物”社会，即法老制度。为了保持埃及社会的生产力和效率，不让任何人通过选择脱离社会，国家采取了强制性措施，往往包括残酷且不同寻常的惩罚手段。另外，在私人社会中，如果暴力行为没有危害到国家的平稳运行，那么当权者就不太关心这些行为。正如人们预料的那样，当埃及征服一个帝国时，它将自己的暴力机制带到了被征服的土地上。然而，令人意想不到的是法定的和制度化的暴力赋予这个国家以信仰体系的方式，及其创造关于地狱之概念的方式。

国家制造的暴力

埃及东部沙漠的岩石艺术从遥远的史前时代一直流传到我们的时代。[1]主题中固有的内容是胁迫和暴力的暗示：人们用某种网把各种动物圈起来；猎人用长矛刺羚羊或用套索套住羚羊；一只猎鹰虎视眈眈地盘旋；成对的男人们似乎在打仗。[2]在很多情况下，这些岩画具有实际意义，而不是纪念性的艺术品。这些迹象背后隐藏着一个直接的信息。它们标明了在哪里
可以找到猎物，或者运输的通道在哪里。只有在肉搏战中，我 343

们才会触及一个根源更深、历史更悠久的主题。两个男人摆好打斗的架势，或手持武器，或赤手空拳，这一主题让人想起尼罗河谷古代艺术[3]中类似的场景，这些场景中的形象最终进入了象形文字体系。对于势均力敌的两个人进行打斗的这种设计，我们可以发现与之类似的场面：一名战士在体格和位置上比另一名战士更占优势，并准备给他致命一击。[4]

上文描述的暴力是以象形文字形式出现的，但也运用了一种相当明显的象征主义手法。[5]随着前王朝时期的结束，次要艺术（minor arts）① 采用了一种惩罚性的（如果不是令人生畏的）图案，许多内容借鉴了美索不达米亚的雕刻。一头公牛顶起一个俯卧的人或者毁坏一座堡垒；[6]一只猎鹰、一只蝎子和一头狮子各自拿着锄头，冲破坚固的围栏；[7]狮子撕开束手就擒的猎物；怪诞的长颈兽互相咆哮，必须对其加以约束。[8]当我们在上述情境中看到这些动物的时候，它们已经成为领导者角色的“权力符号”。这一切都证明了尼罗河谷历史上的一件大事：当埃及被无情地拉入乌鲁克的世界经济体系时，地方上正在为控制资源而进行激烈的竞争。[9]

在公元前 4 千纪最后两个世纪的动荡中，我们看到了一个新职位即王位的建立。这一职位在古代世界没有先例，它并非通过尘世祖先的血统获得合法性，同时代和古王国的文献很少提及国王的父亲、兄弟姐妹或他的大家庭。埃及国王被描绘成一个有传奇色彩的巨人，像黎明破晓时天空中的一颗让人惊恐的恒星。当不得不提到他的祖先时，我们就被带入天国的领

① 装饰或应用艺术等有实际用途者被称为次要艺术，用以区别绘画、平面艺术、雕塑和建筑等为艺术而艺术的主要艺术。

域：他的父亲是无所不能的“阿图姆”（Atum）①，或者是地神盖布（Geb）②，或者是黄脸狒狒之王，又或者是其他超自然力量。因为国王是不能变幻形态的领袖，从外表来看，人们认 344
为此时的他并不是王朝的一员。他是一个神圣的“大人物”，他来自永恒，并将最终回到永恒。他独自行动，坚持自我，建立自己的联盟，制定自己的法律，扩展对世界的统治。最好从界限理论的角度看待“大人物”（埃及语中的 *wr*）或“法老”（Pharaoh）[10]的崛起，这是对乌鲁克世界体系的回应。造成的重要冲击效应包括王室意识形态的建立、国家政治和文化的联合，以及“民族国家”的出现。于是，一种新的群体——“文职人员”应运而生，随之而来的是历法、赋税、度量衡和书写系统等官僚机制。[11]

这些创新似乎是无害的、和平的，但在这个过程中，武力和惩罚伴随而来。在尼罗河谷民族国家快速发展的时期，一种好战和暴力扩张的气氛笼罩着早期社会。第一王朝（约公元前 3100—前 2900 年）的国王们采用的名字是猎鹰荷鲁斯（Horus）的形象化符号，表明谁胆敢反对他们，他们就会对谁进行猛烈的惩罚：“荷鲁斯是一位斗士”，“荷鲁斯是一头黄牛”，“荷鲁斯是一条眼镜蛇”，“荷鲁斯是刽子手”，“荷鲁斯是一个摘心的人”，“荷鲁斯高举着手臂”。世界艺术中流传最为久远的场景之一（最早的例子可以追溯到公元前 4 千纪，最

---

① “阿图姆”原是赫利奥波利斯的地方神，后来在神话传说里与太阳神拉融为一体，称阿图姆-拉（Atum-Re），成为宇宙太阳神的多种表现形式之一，是众神与人类的创造者。

② 盖布是埃及神话中的地神，同时也是象征埃及神祇最高等级的九柱神之一，是整个世界的支撑者。

晚的例子则可以追溯到罗马时代）是“重击头部”的场景，生动地暗示了那些违背国王意志之人的下场。[12]这一场景主要是为了供公众观看，展现了一个占统治地位的人物（在历史时期是国王）准备压扁一个匍匐在他脚下的敌人的头骨。尼罗河流域生命意识形态中的鲜明对比给人一种贬损的感觉：刽子手身材修长，体格健壮，胡子刮得干干净净，穿着得体；敌人赤身裸体，头发凌乱，肮脏不堪。敌人可能是本国人，也可能是外国人：不管什么人，违反法老的法律就会受到同样的惩罚。

埃及人毫不含糊地表达了他们对这些人十足的蔑视。森沃斯雷特三世（Senwosret Ⅲ,公元前 19 世纪中期）

> 345 对于攻击过他的敌人，他绝不怜悯；遭到敌人攻击时他就会进攻，该停止的时候就停止……努比亚人只要听到一丝声响，就会应声倒下；（只要）回答他，他就会退却，如果有人向他进攻，他就会转身逃跑。撤退后，他变得更富有攻击性。他们当然不是值得尊敬的人，他们是懦弱的可怜虫。陛下已经看见了！这不是谎言！[13]

阿赫托依三世（Akhtoy Ⅲ,公元前 21 世纪）告诉我们北方人是如何攻击他的：

> 现在说说那些弓箭手吧！瞧，卑鄙的亚细亚人！他将给所到之处带来厄运，缺水，长满荆棘，那里的道路因为山岭的缘故，都是迂回曲折的。他居无定所，只能被迫在贫困中流浪，徒步穿越各地。从荷鲁斯时代起，他就一直

> 在战斗，从未征服过别人，也从未被别人征服过。[14]

这样的人是次等人，只适合做苦役：不必关心他们，也不必对他们仁慈。[15]

影响的范围

随着埃及国家趋于稳定，在即将迈入公元前 3 千纪的时候，法老越来越意识到国家周边地区的重要性，于是开始有意识地表达自己的利益诉求。尽管自然赋予埃及安全而不可逾越的边界，以及丰富的粮食储备和矿物资源，埃及却发现某些关键物品不够充足，尤其是精英阶层需要的那些物品。要想获得它们，人们必须到国外去，并希望当地居民能够自愿地交出法老渴望的任何东西。既然猎鹰荷鲁斯的教义赋予了法老普遍的影响力，努比亚人、利比亚人和亚细亚人应该心甘情愿地作为忠诚的臣民，同埃及人一样，服从法老的意愿。[16]

于是，忠诚和顺从的概念就产生了，这是一个人对地上之神应尽的义务。迦南城镇里一个顺从的首领可以说是“在法老的水上”，[17]这种措辞来自埃及灌溉系统顺利运行所需的合 346
作。如果他默许交出法老要求他交出的东西，他就会得到奖赏。他甚至可能会被邀请到埃及，“去领略法老的魅力”。[18]需要注意的是，古王国时期的埃及政府没有永久性的基础设施，也没有常驻官员来确保所需物品的安全运送。[19]然而，无论出于什么原因，这些外国首领做事拖拖拉拉、言辞刻毒，埃及拥有划算高效的方式来执行自己的意志。一支部队的分遣队会被派到不愿上交物品的首领所在的城镇，收集所要求的商品，并有可能拆除该居民点，以儆效尤。[20]埃及人不能容忍任何对立。

如果当地人不愿意放弃埃及人想要的东西，他们就会被迫放弃那些东西。勘探者征用当地劳动力，深入遥远的溪谷（除雨季外一直保持干燥的山谷、沟渠或河床），寻找铜、绿松石和其他宝石。[21]阿蒙涅姆哈特二世（Amenemhet Ⅱ，公元前 19 世纪）的编年史记载，有十艘挤满了士兵的运输船，从地中海东部海岸一直航行到塞浦路斯，然后把大量物资带回埃及。[22]

在被认为对国家至关重要的问题上，埃及人习惯于设想最糟糕的状况并做出反击。如果在埃及势力范围内的一位首领一直顽固不化，而出于某种原因无法立即对其采取惩罚措施，那么埃及就可以求助于魔法的力量。埃及人在红色的碗或陶俑上写上首领及其领地、妻子、家人、军队和牲畜的名字，后面跟着一个祈使句，内容是希望消灭上述提到的人或物。然后，人们在仪式上打碎这些碗或小像。尽管人们可能会认为这是一种象征性的贬损仪式，但对名字和地理细节的广泛关注，使“诅咒文献”具有重要的历史意义。[23]

347 在我们认定的向忠诚首领征用的东西的清单中，有一项是我们经常忽略的，那就是人力，考虑到埃及本土的人口规模，这是一个奇怪的需求。然而，对外国劳动力的获取在他们的思想中占据了过于主导的地位。我们可能会认为远征的目的在于促进和平贸易，但很明显，远征的目的是掳掠奴隶，摧毁当地人的定居点，特别是在努比亚，他们将数千人运送到埃及。抵抗招致了致命而狂热的报复：田地和粮仓被烧毁，俘虏有时会被刺死。这种暴力的方式一度迫使当地居民自愿向他们的埃及新主人投降，尽管随着时间的推移，在埃及工作的好处明显超过了作为一个“自由人”在沙漠中饿死的前景。埃及人在自己的故土诋毁和妖魔化外国人，外国人被迫移居埃及，适应埃及人的生活方式，被埃及人接受并融入埃及社会。[24]那些做出妥协的人——如“签订条约的努比亚人”（*Nhsyw htpw*）——被安置在城镇，承担民事和军事任务。[25]指派外国居民在田野或建筑工地工作的做法始于古王国时期，在新王国时期变得十分常见。

用以辟邪的纪念活动

在我们探讨的这个时期内，埃及的势力范围保持得相当稳定。巴勒斯坦、黎凡特南部、比布鲁斯和黎巴嫩构成了埃及的舒适区。[26]在南部，第二瀑布之外的下努比亚处于埃及的控制之下，商队也扩大了埃及的接触范围。[27]向西，绿洲和北非海岸同样在埃及的掌控之中，甚至连希腊都可以算作埃及的领地。[28]

在古王国全盛时期，当埃及尽情地享受其势力范围带来的成果时，对于那些不遵从法老命令的人，埃及人采取了纪念性的、先发制人的措施，这是对古老的、惩罚性的痛击头部场景 348
的重现。在交通要道的显眼位置，或者神庙墙壁的外墙，所有的过路人都能看到的地方，大型艺术作品或浮雕告诉人们那些反抗法老意志的人将会遭遇什么以及已经发生了什么。佩戴徽章的国王举起武器，大步跨过那些通常匍匐在脚下的外国首领，准备给予致命一击。[29]失败者的名字和收获的战利品被加入场景，并从普通的登记册转移到历史的时间中。“不要招惹法老！”似乎是显而易见的信息。他以前取得过胜利，他也能再次取得胜利！

有组织的军事力量

埃及人口比它周边社群的人口要庞大得多，因此埃及仅凭武力威胁就能够实现其意志。[30]法老不需要专门的战术，他们创造了一种大规模行动的战术，一旦使用这种战术，就可以彻底击垮巴勒斯坦和努比亚的敌军，这些敌军规模较小，也不专业。即使装备简陋，仅凭其庞大的规模，法老的军队也肯定会获胜。

关于规模内含的力量，最早的表现形式是伴随在荷鲁斯左右的那些守护神，而国王被称为 *smsw-Hr*，意思是“荷鲁斯的追随者”。[31]在凯旋的队伍中，他们高高举起旗帜，走在国王的前面。他们构成了强大的力量——蝎子、狮子、猎鹰、塞特动物（Seth animal）、豺狼、公牛，这些动物蕴含着“大人物”身体里那种不可抗拒的力量。他们在国王的加冕典礼上和赛德节（*sed* festival）出现，赛德节是国王登基三十周年纪念日。即使不能成为“荷鲁斯的追随者”，他们也要倚靠在紧邻国王的王座上。[32]而后来，在王表的制定中，[33]“荷鲁斯的追随者”被包括在内，并被视为古代国王的化身，产生这一概念的社会背景是很现实的。“领主”是当地贵族的首要成员，他们的形
349 象经常出现在坟墓内的艺术作品中，按照习俗的要求，这些人以庄严的姿势站得笔直。然而，在领主身后，你会看到成排的“随从”（*smsw*），这些人有时还手持棍棒。领主被贴切地称为“主人”，[34]而随从则是他的“打手”。

古王国的远征军几乎不需要什么专业技能，这是这些人给我们现代人留下的基本印象。庞大的规模起到了重要作用：“在面对沙漠之外的亚细亚人的问题时，陛下动用了武力，陛下把数以万计的军队从整个上埃及、从象岛（Elephantine）到艾特菲赫（Atfih）、从下埃及的两个行政区，投放到‘要塞’和堡垒的周边地区。”埃及也从苏丹的五个部落地区招募新

兵，还从太迈胡（Temehu,利比亚）那里征兵。每支特遣队由各个相关地区的官员负责指挥，这些人包括城镇长官、廷臣、省级首领、种植园管理人、外国居民监督员、神职人员和地区会计员。[35]在巴勒斯坦，同样的军队可以在五种不同的场合轻易地集结起来进行惩罚性活动，这表明招募组织的效率很高。但是，主导计划的是对人力的整体考虑，无论出于什么目的，都需要大量人力，不管是民用建筑还是战争："军队"（*msc*）这个词来源于一个简单的词根，它的意思是"行军"。然而，随着时间的推移，对规模的重视并不意味着没有针对特定任务进行的训练，我们开始了解到各种各样的部队，如 *hy* 部队（具体意思未知），*mnf3t*（精英部队?）。书吏和探险队同行以记录探险活动内容和战利品清单。[36]

就战略对手而言，除了通过掠夺其财产、资源和人口来惩罚顽固不化的外国社群，埃及人还试图通过袭击来破坏该社群的经济生活。他们砍倒并摧毁庄稼，放火烧掉粮仓，拆除堡垒，把果园的树木连根拔起，烧毁房屋（*Urk.* I，103）。幸存者要么被处决，要么被当作战俘（字面意思是"活着的被击倒的人"）带走。不知为何，那些注定要被处死的人被"钉在木桩上"，也就是身体被刺穿。

虽然军事艺术作品经常描绘围城和封锁的方法，但我们对战场上的战术所知甚少。狼牙棒、战斧和弓等武器意味着同时使用身体格斗和远距离攻击的策略。[37]如果后来描述的内容反 350
映的是真实可信的准则，那么步兵可能是被安排在某种方阵中。在埃及历史的大部分时间里，埃及人没有切实可行的围城装置。[38]弓箭手用箭密集地射向城墙上的守军，工兵对城门发起攻击。在"遮帘"的保护下，人们挥舞着长长的矛状武器，把城墙上的人赶走；最终，围城的梯子立了起来。[39]然而除此之外，进攻部队可能只能等待敌人饿死了。

由于预计边境沿线的外国人会实施暴力报复，埃及人将他们的边境思维方式扩展到国家的边界。在国家形成时期，庞大的建筑曾被用来为劳工、仆人、士兵等提供营地，现在这些建筑被用作保护边境走廊和战略入口的堡垒。[40]在努比亚和三角洲的东部边境，需要防范的只有广阔的荒野和稀少的外来人口，这就使得带有崖径、斜堤、护城河和塔楼的堡垒建筑完全没有存在的必要。这样精心设计的防御工事是为了对抗攻城塔和攻城槌的，而不是努比亚人或迦南贝都因人力量微弱的试探。事实上，建造这种“不必要的”纪念性建筑的动机和建造第四王朝金字塔的动机是一样的：夸耀性浪费。这就是我们所能做到的，这就是我们的宇宙宣言！

国家恐怖主义和惩罚

在埃及迈入复杂社会的初期，无论是谁掌权，他都已经意识到人口规模大对国家的好处。人多力量大。每个人都支持优胜者，希望他对于自己未来的个人成就有所裨益，几乎不需要任何诱因，人们就会聚集在“大人物”周围。这种“从众”效应不可避免地使首领定居地区的人口变得密集，这个地区特点是专业知识和技能的隔绝。为了保持新的生产推动力（国家）的有效运转，需要一个新奇的组织，它是能够促进技术
351 发展和合作并进行胁迫（假如当时还没有出现的话）的行政机构。因此，在行政机构的指导下，形成了一个环环相扣的活动的金字塔，它以威胁和恐吓来维持，以奖励来达到平衡。

这一实践和世俗层面国家建设的第一次伟大实验的成功，

在理论层面产生了一个意义重大的哲学概念。玛阿特是埃及特有的概念，它是一种传达了宇宙秩序、社会效率、正义和稳定的复合性概念。在思考和实践中，人们优先考虑任何切实可行和可望成功的事情。那些有损正当交易和效益以及有碍目标实现的东西代表了玛阿特的对立面。据说诸神靠玛阿特“生活”，国王也每天到神庙里向玛阿特祈祷。在任何时候，没有玛阿特都是不能容忍的，因为这样会威胁到现存的有序社会。[41]在虚构的幻想中，从一个朝代到另一个朝代的更替被描绘得栩栩如生，在老国王死后的混乱和无序中，玛阿特回到了其应有的位置。

> 放心吧，全国的人们啊，因为好日子已经到了！神明已在大地上显现，公平的交易已经到位。上埃及和下埃及的一个国王，他拥有数百万年的历史，拥有像荷鲁斯一样伟大的王权！……他是拉的儿子，比任何（前任）国王都有能力……来看看！玛阿特已经制服了恶魔，而邪恶的行为已经失败了……尼罗河水涨起来了，它不会减少，尼罗河带来了繁荣！[42]

由于人们坚持认为玛阿特意味着国家的生存，所以任何采取分离和不合作行为的人都将被定罪。其行为被认为是对法老和众神的背叛。在埃及社会中，每个人都有自己的职业定位，都有义务承担他或她工作中的责任和任务。逃避指定任务和逃离居住地点的人，会遭到治安人员的追捕，而且他们的家庭会遭受监禁和苦役等形式的报复。[43]渎职、未经授权的干涉和官员的腐败可能会招致一百下鞭打，留下五处开放性伤口。[44]事

实上，“一百下鞭打”的威胁在埃及法律中随处可见，例如，
352 在法庭上撤销誓词就要遭受这种刑罚。[45]政府官员如被发现未经授权就进行征税或者骗取税收，将面临致残和流放的风险。[46]虽然这些严厉的措施在很大程度上是为了起到威慑作用而提出的，而且很少真正实施，但可以肯定的是，详细的地名表明了一定程度的真实性。[47]个人滥用神庙财产和动产，可能会受到刺刑的惩罚：“他若从神庙中拿走财产或带走人，就让法律来惩罚他，将他推倒并刺死在这座神庙的旁边。”[48]无论刺刑是不是一种常见的惩罚，盗墓者的命运肯定是这样的，[49]那些被判叛国的人可能也会遭到这样的惩治。[50]一般来说，残酷的和异常的惩罚只能由国王来授权行使。[51]其他形式的死刑还包括砍头，这是一种非常古老的行刑方式，早在前王朝时期就已为人所知。[52]将犯人扔给鳄鱼，这样的情况在法庭场景和文学主题中都得到了证明。密谋反对国王或犯有煽动罪的人会被处以火刑。这些被判有罪的人要么被绑起来扔进火中，要么被扔进建在宫殿门口的火塘里，在宫殿门口，所有人都能目睹行刑的过程。[53]

众神的暴力

诉诸暴力，这种习惯在古埃及生活的许多方面得到了证实，它根植于一种与国家本身一样古老的心态。超自然世界提供了暴力的原型，预示着埃及社群和行政部门的行动处于模仿的过渡性地带。无论国家认为这样做是否合理，这都得到了处于永恒“超越”之中的根本原理的支持。

353 与其他古代文化有所不同，埃及和非洲东北部在地理和生态方面展现了一种典型的紧张感，这可以从战斗的角度进

行解释。每年，在尼罗河的泛滥平原上和尼罗河穿过的沙漠中，荒野都在与播种过的土地做斗争：混乱和反抗生命的力量在与丰饶和生命做斗争。这场竞赛永远不可能有获胜的一方，但这种矛盾为以神话的形式进行富有成效的解释打开了大门。[54]猎鹰有着“斑驳的羽毛”，是“天空的主宰”，它盘旋在冲积层之上，使这片土地生机勃勃，并保卫着这片土地；而就在泛滥平原和三角洲的另一边，潜伏着奇形怪状的塞特动物——红色的野猪（?），它是混乱、无序和死亡的捍卫者。[55]当河水到达最低点时，沙漠似乎在侵蚀肥沃的土地；但几周后，随着水位上升，丰饶的力量击退了入侵者。荷鲁斯和塞特陷入了无休止的战斗。塞特在荷鲁斯（化身为国王）过早的逝世中起到了一定作用，他将国王击倒，并将国王的尸体扔进了尼罗河。在那里，国王的血肉与水混合在一起，给水带来了养分。正是这个神话告诉大家君主制这一前所未有之新现象的思想体系。国王不仅是猎鹰，而且难以言喻地，他也是塞特的化身，这两个敌对的神明在君主身上处于一种平衡的状态。

从小亚细亚到尼罗河三角洲，在整个黎凡特的沿海社群中，常见的神话主题专注于海怪和英雄之神的故事。[56]海怪不断企图入侵土地，捉住女神；但他的尝试总是被英雄挫败。巴力（Ba’al,主）化身为亚姆（Yam,大海），女神（阿娜特或阿施塔特）成为十分重要的人物。这个情节存在于非洲东北部的起源话语中；但人们更多关注的是，那时候的英雄只是一个毫无防卫能力的婴儿，他被迫和自己的母亲逃到北方，在那里，他得到了神圣的内部沼泽居民的保护。长大成人后，他和他年轻的追随者们走出沼泽，与塞特对峙并征服了他，获得了自己被谋杀的父亲的合法继承权。

354 荷鲁斯-塞特的神话不仅是了解法老君主制的基础，而且人们在讨论埃及于宇宙中扮演的角色时，总会不经意间讲到这些神话。[57]在被称为“荷鲁斯的胜利”的伟大作品中，[58]塞特和他的随从们被贬为邪恶的化身，他们被打败，并被驱逐出埃及北部，被赶到充满邪恶的亚洲。在那里，他们与“亚细亚人”合二为一，这些人从来不做好事，每当他们试图再次入侵埃及神圣的土地时，就应该被痛打一顿。情节的模式有助于把埃及历史上的几个主要事件（包括“出埃及”）合理化。[59]

但是，以暴力为行为特征的塞特有时是出于善的目的实施暴力的：“至于我，我是塞特，九柱神（众神大会）中拥有强大力量的神。我养成了每天在数百万艘帆船（太阳船）的船头杀死太阳的敌人的习惯——没有别的神能做到这一点！”[60]这里提到的敌人是指潜伏在尼罗河中等待太阳的巨蛇阿波菲斯（Apophis）。在其他地方，英雄之神与怪物战斗并僵持不下的主题，是西亚文化中的一种创作设计，在埃及只被偶尔使用，此类主题往往出现在涉及树的就职仪式神话中（《金字塔铭文》229，663—664）。[61]

在古代世界，神明在天上施暴的经典且广为流传的例子就是洪水的故事。上帝出于各种原因厌倦了他创造出来的天地万物，并决定将其消灭。当然，在埃及，洪水对社会是有益的，这样的情节主题没有任何意义。然而，有一个关于人类毁灭的故事，是由反对太阳神的阴谋引起的。拒绝听从命令被认为是反叛行为。在对这个阴谋了如指掌后，拉决定毁灭他创造的事物。他召唤“眼睛”，那是火焰，太阳的热量化身为一头母狮的形象，拉把它送到地面以便杀死所有人类。然而，事实证明，这种屠杀的效率太高了，感到后悔的拉不得不终止这一行为。为了终止对人类的屠杀，他诱骗母狮喝下一种特别强效的饮料，使它喝醉，无法继续劫掠。[62]尽管这种处理方式十分怪诞，但这个故事确实是非常古老的。

来世的暴力

这个出现于公元前 3 千纪早期的国家，似乎笃定来世是一 355
个丰富多彩的世界。在西亚和东南欧的信仰体系中，死者生活在令人讨厌的、恐怖的暮色之中。与之形成鲜明对比的是，埃及人从一开始就想象出一个“来世”，从细节上看，它既吸引人，又令人厌恶。“西方”（埃及人对冥界的称呼）是尘世国家和复杂社会的克隆，是人世间生活的复制品，转变成了停尸房的注册簿。“死亡之王”后来以奥西里斯的形象出现，掌管着来世的法庭，这个法庭由众神兄弟、神圣的廷臣和信使组成。[63]和在今生一样，来世的法庭也是用于诉讼的。死者的灵魂继续着他们生前的生活：犁地、收割、钓鱼、捕鸟，以及在池塘边休息。当受到冤枉的时候，他们就会把彼此带到天上的法官（们）面前。在这方面，现世的生活轻而易举地进入了来世：今生的坏人可能会受到来世法庭的震慑。

在尘世间，法老的中央行政机构会定期进行审计，将埃及各地农场和种植园的管理者带到都城的办事处接受检查。在石室坟墓里，有治安管理人员在高级官员面前下跪的场景，在某些情况下，他们还会被殴打。这种调查被称为“终极大审判”。转换到来世，这一实践就变成了“在永恒之主面前对犯罪的清算”（太阳神：Coffin Texts Ⅲ 314a；Ⅳ，300n；Ⅵ，324g）。

因此，对死者的最终判决，是对他死后的道德评判，具体体现为：“审判那些（道德）有缺陷之人的法官，你知道，他们在审判坏蛋的那天，在履行职责的时刻，是不会宽容的。当检举者是一个聪明人时，这是很难应付的……至于那些没有犯过罪而到达［西方］的人，他们在那里是神一样的存在，像永恒世界的主人一样阔步行走！”[64]

没有人认为书中描述的法官会发现他们在道德上有缺陷；但审判的主题要求增加对惩罚的描述。在尘世间，有罪的人常常受到暴力的惩罚，所以他们在来世也是如此。神的凶狠信使撕碎尘世中的那些垂死之人，“黑暗的灵魂”
356 （βαινχοοχ）开始渲染来世的各种细节。奥西里斯描述了他统治的冥界：“看看事情的现状！我所在的这片土地上到处都是眼神凶狠的信使，他们不惧怕神或者女神。我把他们派遣出去，他们把所有戴罪之人的心脏带回来，他们（那些罪人）就和我待在一起！”（*LES* 58）神圣的信使，黝黑又强壮，变成了死亡本身：“死亡，他的名字是‘来吧！’他召唤的人，都带着敬畏心到他那里去，虽然神和人类都看不见他。无论是伟大还是渺小的人都在他的掌控之中！”（BM 147）地下世界被划分成十二个防卫区，与太阳必须经过的夜晚时间相对应，成为实施惩罚的地方，这是名副其实的地狱，[65]“［神］审判罪人，把他放进熔炉，（但）正直的人进入西方”（*LEM*, 2：15-16）。被诅咒的人遭到焚烧（在火坑里）、斩首和其他各种形式的惩罚。[66]

失败国家带来的暴力

大约在公元前 2200 年，埃及遭受了一次冲击，其性质和具体过程至今仍不甚明了。是来自埃及心脏地带以外势力的干涉吗？可如果是这样，是什么外来因素强大到足以占领法老的土地呢？是一种系统性崩溃吗？但是，是什么导致了崩溃的发生呢？作为评估国家经济健康状况的重要标志，艺术和建筑都显示出突然衰退的迹象。收入的损失和真实财富的减少是不可否认的事实。长期以来，有关环境危机的证据一直在增多，这场危机席卷北半球，无疑对埃及也造成了沉重的打击。然而，这种看法在某些方面招致了不满。除非某些学者意识到他们是在拒绝接受现实，否则不要指望人们进行任何理性的讨论。

在古王国终结后的三个世纪里，一种口头讲述发展起来，有些反映了真正的口头创造，有些是书面形式的谈论（*parlando*），描述了这片土地上的无政府状态和暴力。它是否反映了当时的社会政治状况，在此不做讨论；相反，这些作品可能回答的问题是：埃及人如何描述失去神之恩宠和国家解体的后果？如果玛阿特从社会平衡的局面中被去除，那将会怎
样？有三种文献专门描述了这样的残缺状态，即《伊普威尔 357
箴言》（Admonitions of Ipuwer）、[67]《一个人与他灵魂的对话》（Dialogue of a Man with his Soul）、[68]《奈菲尔蒂的预言》（Prophecy of Neferti）。[69]第一种文献特别描述了取消决策权和政府行政部门实施制裁的权力所导致的后果：

> 看！全国各地的官员都被强行驱逐，王室各部门也普遍被驱逐……真的！办公场所的大门敞开着，他们的账目被人拿走……城堡的法律（文件形式的法律条文）被扔到外面；实际上，它们在众人面前遭到践踏，穷人在街上

> 把它们撕成碎片！……王子的城堡变成了一条大马路——穷人在这座大宅里进进出出……富人沉浸在悲哀中，而穷人深感欣喜；各个城市的人都在说："让我们把有权有势的人从我们这里赶出去！"

政府的各个部门以前因其所做的工作而受到尊重，现在却因不再工作而受到谴责和忽视。"土地的主人逃跑了，他们因贫穷而不能治理国家；每个办公部门都不能正常运转。"占据权力通道的精英们，由于无力再影响局势而失去了别人对他们的尊重："王子们的后代被猛掷到墙上……王子们的孩子被扔到了大街上！……这片土地上富豪的情况是不会被上报的。"奈菲尔蒂描述了瘟疫和内战的爆发：

> 我把这片病态之地给你：（以前）从未发生过的事情，现在已经发生了。人们拿起了战争的武器，大地一片哗然！人们必将用青铜制造武器，用血作为分发的食粮。人们会因疾病而欢笑，没有人会为死亡而哭泣！……一个男人坐在角落里，转过身去，他身后的人们正在互相残杀。我送给你一个儿子与你为敌，送给你一个兄弟与你为敌，一个人正在弑父……为了堵住能言善辩的嘴，一个人会生出可恨的事端。人一开口，就会挨一棍子，别人还会说："杀了他！"

没有什么能够动摇埃及人的信念，他们相信自己的国家是上天赐予的，在一开始，他们就可以建立最好的国家。如果这个国家崩溃了，那是外国人的过错，是粗心的造物主或罪犯们

造成的。暴力和暴力威胁，最初被认为是建立和维持国家的基 358
本机制，现在却与国家的解体相伴。人类现在犯下暴力的罪行，并非遵照玛阿特的正义，而是对正义根本性的侵犯。这样一个被混乱和罪行撕裂的社会，在神圣的宇宙中是没有容身之地的。必须让玛阿特回归，这是道义上的责任。

因此，出于意识形态的需要，复辟者的形象诞生了，他是得到众神认可的救世主国王。只有他被选中来解决问题，只有他才值得信任。忠诚和信任是口号。盲目地坚持既定的思想被视为正义，独立思考被视为持有异议和实行恐怖主义。没有中间立场。

参考论著

关于早期埃及以及暴力在当时的社会中作用的概述，请参阅 S. Hendrickx, *Analytical Bibliography of the Prehistory and the Early Dynastic Period of Egypt and Northern Sudan* (Leuven: Leuven University Press, 1995); D. Redford, *A History of Ancient Egypt* (Dubuque, IA: Kendall Hunt, 2006); A. J. Spencer, *Early Egypt: The Rise of Civilization in the Nile Valley* (London: British Museum Press, 1993)。暴力是法老国家的核心问题，对这一观点进行充分论述的是 E. C. Köhler, 'History or Ideology? New Reflections on the Narmer Palette and the Nature of Foreign Relations in Pre-and Early Dynastic Egypt', in E. C. M. van den Brink (ed.), *Egypt and the Levant: Interrelations from the 4th through the early 3rd Millennium B. C. E.* (London and New York: Bloomsbury, 2002)。暴力还调解了社会群体之间的关系。F. Lorenzi-Cioldi, *Les Représentations des groupes dominants et dominés: collections et agrégats* (Grenoble: PUG, 2002) and S. Khodzhash, 'The Image of Pharaoh in Egyptian Glyptics', in *Ancient Egypt and Kush* (Cairo, 1993)提出法老是战争的领导者，是国家和人民的守护者。法老扮演了至关重要的角色，他是国家捍卫者和抵御外国人之保护者的象征。E. S. 哈尔 (E. S. Hall) 因而出版了 *Pharaoh Smites his Enemies* (Munich: Deutscher Kunst Verlag, 1986)。同样，C. Booth, *The Role of Foreigners in Ancient Egypt* (Oxford:

Archaeopress,2005）阐释了外国人如何在埃及人身份形成的过程中发挥了重要的作用。在 D. Valbelle, *Les Neufs arcs: l'égyptien et les étrangers*（Paris: Armand Colin,1990）等作品中，人们可以看到外国人在埃及人身份形成、建筑和艺术方面发挥的重要作用。在这些作品中，军事暴力被证明是权力的重要标志。

K. Zibelius-Chen, *Die ägyptische Expansion nach Nubien*（Wiesbaden: Harrassowitz,1988）很好地阐明了帝国强权及其固有暴力的问题。战争是埃及安全、身份和国家形象的核心内容，下列论著对此进行了阐释：G. P. Gilbert, *Weapons, Warriors and Warfare in Early Egypt*, BAR International Series 1208（Oxford: Archaeopress, 2004）; A. Schulman, 'Siege Warfare in Ancient Egypt', *Natural History* 73. 3（1964）。亦可参阅 E. Morris, *The Architecture of Imperialism*（Leiden: Brill,2005）中对埃及的扩张和埃及帝国形象的描述。

359 关于暴力在维持秩序中的作用，参见 D. Redford, 'Ma'at', in E. Orlin（ed.）, *The Routledge Encyclopaedia of Ancient Mediterranean Religions*（London and New York: Routledge,2016）, pp. 553–4。有几篇论文对埃及的暴力惩罚进行了充分的论述，具体包括 A. G. McDowell, 'Crime and Punishment', in D. B. Redford（ed.）, *The Oxford Encyclopaedia of Ancient Egypt*, 3 vols.（Oxford: Oxford University Press, 2001）, vol. I, pp. 315 – 20; A. Leahy, 'Death by Fire in Ancient Egypt', *Journal of the Economic and Social History of the Orient* 27（1984）, pp. 199 – 206; T. Holm, 'The Fiery Furnace in the Book of Daniel and the Ancient Near East', *Journal of the American Oriental Society* 128. 1（2008）。

最后，暴力也是埃及信仰体系和神话世界的重要组成部分。因此，一些论著集中探讨了塞特神发挥的作用，他挑战了神界和人类领域的秩序，这些论著具体包括 H. Te Velde, *Seth, God of Confusion*（Leiden: Brill, 1967）; E. Cruz-Uribe, 'Seth', in Orlin（ed.）, *Encyclopaedia of Ancient Mediterranean Religions*。如果想从总体上了解埃及人的来世和暴力问题，请参阅 E. Hornung, *The Ancient Egyptian Books of the Afterlife*, trans. David Lorton（Ithaca, NY: Cornell University Press,1999）。

注 释

1. S. Hendrickx, *Analytical Bibliography of the Prehistory and the Early Dynastic Period of Egypt and Northern Sudan* (Leuven: Leuven University Press, 1995).
2. A. F. Redford and D. B. Redford, 'Graffiti and Petroglyhs Old and New from the Eastern Desert', *Journal of the American Research Center in Egypt* 26 (1989), pp. 5-50; T. Judd, *Rock Art of the Eastern Desert of Egypt* (Oxford: Oxford University Press, 2009).
3. A. J. Spencer, *Early Egypt: The Rise of Civilization in the Nile Valley* (London: British Museum Press, 1993), fig. 33; G. Dreyer, *Umm el-Qaab I. Königsgrab U-j und seine frühen Schriftzeugnisse* (Cairo, 1998), abb. 82.
4. W. Helck, *Untersuchungen zur Thinitenzeit* (Wiesbaden: Harrassowitz, 1987), p. 139.
5. E. C. Köhler, 'History or Ideology? New Reflections on the Narmer Palette and the Nature of Foreign Relations in Pre- and Early Dynastic Egypt', in E. C. M. van den Brink (ed.), *Egypt and the Levant: Interrelations from the 4th through the Early 3rd Millennium B. C. E.* (London and New York: Bloomsbury, 2002), pp. 514-22.
6. K. Lange and M. Hirmer, *Egypt: Architecture, Sculpture, Painting in Three Thousand Years* (New York, 1956), no. 4.
7. Ibid., no. 3.
8. W. M. F. Petrie, *Ceremonial Slate Palettes* (London, 1953).
9. G. Algaze, *The Uruk World System: The Dynamics of Expansionism of Early Mesopotamian Civilization* (Chicago: University of Chicago Press, 2005).
10. F. Lorenzi-Cioldi, *Les Représentations des groupes dominants et dominés: collections et agrégats* (Grenoble: PUG, 2002), pp. 5-7; S. Khodzhash, 'The Image of Pharaoh in Egyptian Glyptics', in *Ancient Egypt and Kush* (Moscow, Idaho: University of Idaho Press, 1993), pp. 242-51.

11. D. B. Redford, *A History of Ancient Egypt* (Dubuque, IA: Kendall Hunt,2006) ,pp. 39–53.
12. E. S. Hall, *Pharaoh Smites his Enemies* (Munich: Deutscher Kunst Verlag,1986) ;Köhler,'History or Ideology?'.
13. K. Sethe, *Ägyptische Lesestücke für akademischen Gebrauch* (Leipzig: J. C. Hinrichs,1928) ,pp. 83–4.
14. D. B. Redford, *Egypt, Canaan and Israel in Ancient Times* (Princeton, NJ:Princeton University Press,1992) ,p. 67.
15. C. Booth,*The Role of Foreigners in Ancient Egypt* (Oxford:Archaeopress, 2005).
16. D. Valbelle,*Les Neufs arcs: l'égyptien et les étrangers* (Paris:Armand Colin,1990).
17. T. Holm-Rasmussen, 'The Original Meaning of *hr mw*', *Göttinger Miszellum* 148 (1995) ,pp. 53–62.
18. L. Borchardt, *Das Grabdenkmal des Königs Sahu-re II* (Osnabruck: Otto Zeller Verlag,1981) ,pls. 11–13.
19. K. N. Sowada, *Egypt in the Eastern Mediterranean during the Old Kingdom: An Archaeological Perspective*, Orbis Biblicus et Orientalis 237 (Fribourg:Academic Press,2009).
20. A. D. Espinel,'Egypt and the Levant during the Old Kingdom',*Aula Orientalis* 30 (2012) ,pp. 359–67.
21. Redford,*Egypt, Canaan and Israel*,pp. 80–2.
22. H. Altenmüller,*Zwei Annalenfragmente aus dem frühen Mittleren Reich* (Hamburg:Helmut Buske Verlag,2015).
23. S. J. Seidlmayer, 'Execration Texts', in D. B. Redford (ed.), *The Oxford Encyclopaedia of Ancient Egypt*, 3 vols. (Oxford: Oxford University Press,2001) ,vol. I,pp. 487–9.
24. A. Loprieno, *Topos und Mimesis: Zum ausländer in der ägyptischen Literatur* (Wiesbaden:Harrassowitz,1988) ;Booth,*Role of Foreigners*.
25. H. Goedecke,*Königliche Dokumente aus dem Alten Reich* (Wiesbaden: Harrassowitz,1967).
26. W. Helck, *Die Beziehungen Ägyptens zur Vorderasien im 3*, vol. III, *Jahrhundert v. Chr* (Wiesbaden:Harrassowitz,1971).

27. K. Zibelius-Chen, *Die ägyptische Expansion nach Nubien* (Wiesbaden: Harrassowitz, 1988).

28. H. Goedecke, *Re-used Blocks from the Pyramid of Amenemhet I at Lisht* (New York, 1971), pp. 18–19.

29. Hall, *Pharoah Smites.*

30. G. P. Gilbert, *Weapons, Warriors and Warfare in Early Egypt* (Oxford: Archaeopress, 2004).

31. W. Kaiser, 'Einige Bemerkungen zur ägyptischen Frühzeit: 1. Zu den *smsw Hr*', *ZÄS* 84 (1959), pp. 119–37.

32. R. Hannig, *Ägyptisxches Wörterbuch*, vol. II, *Mittleren Reich und Zweite Zwischenzeit* (Mainz: Phillipp von Zabern, ...), p. 2467.

33. D. B. Redford, *Pharaonic King-lists, Annals and Day Books* (Mississauga, Ont.: Ben-Ben Press, 1986).

34. J. Assmann, *The Mind of Egypt* (New York: Henry Holt, 1996), p. 106.

35. K. Sethe, *Urkunden des Alten Reichs*, Urkunden des aegyptischen Altertums 4 (Leipzig, 1903), p. 102 (hereafter *Urk.* I).

36. H. G. Fischer, 'A Scribe of the Army in a Saqqara Mastaba of the Early Fifth Dynasty', *Journal of Near Eastern Studies* 18 (1959), pp. 233–72.

37. W. Wolf, *Die Bewaffnung des altägyptischen Heeres* (Leipzig: J. C. Henrichs, 1926); Gilbert, *Weapons.*

38. A. Schulman, 'Siege Warfare in Ancient Egypt', *Natural History* 73. 3 (1964), pp. 13ff.

39. S. C. Heinz, *Die Feldzugdarstellungen des Neuen Reiches* (Wien: Deutsche Bibliothek, 2001), p. 313.

40. E. Morris, *The Architecture of Imperialism* (Leiden: Brill, 2005).

41. D. B. Redford, 'Ma'at', in E. Orlin (ed.), *The Routledge Encyclopaedia of Ancient Mediterranean Religions* (London and New York: Routledge, 2016), pp. 553–4.

42. A. H. Gardiner, *Late Egyptian Miscellanies* (Brussels: Fondation Égyptologique Reine Élisabeth, 1937), pp. 86–7 (hereafter *LEM*).

43. W. C. Hayes, *A Papyrus of the Late Middle Kingdom in the Brooklyn Museum* (New York: Brooklyn Museum Publishing, 1972).

44. F. Ll. Griffith, ‘The Abydos Decree of Seti I at Nauri’, *Journal of Egyptian Archaeology* 13 (1927), pp. 193–208.
45. A. Théodoridès, *Vivre de Ma'at* (Brussels: Belgian Society of Oriental Studies, 1995), pp. 793ff.
46. J.-M. Kruchten, *Le Décret d'Horemheb* (Brussels: Éditions de l'Université de Bruxelles, 1981).
47. P. Figueras, *From Gaza to Pelusium* (Beer Sheva: Ben-Gurion University of the Negev, 2000), pp. 238–44.
48. K. A. Kitchen, *Ramesside Inscriptions*, 7 vols. (Oxford: Oxford University Press, 1968–86), vol. i, pp. 125–6.
49. A. G. McDowell, *Jurisdiction in the Workmen's Community of Deir el-Medina* (Leiden: Brill, 1990), p. 223.
50. A. F. Redford, *The Harim Conspiracy. The Murder of Ramesses III* (DeKalb: Northern Illinois University Press, 2002), pp. 123–6.
51. K. Sethe, *Urkunden des 18. Dynastie*, Urkunden des aegyptischen Altertums 4 (Berlin: Ägyptische Inschriften aus den staatlichen Museen zu Berlin, 1961), 1108: 14.
52. A. G. McDowell, ‘Crime and Punishment’, in Redford (ed.), *Encyclopaedia of Ancient Egypt*, vol. I, pp. 315–20.
53. A. Leahy, ‘Death by Fire in Ancient Egypt’, *Journal of the Economic and Social History of the Orient* 27 (1984), pp. 199–206; T. Holm, ‘The Fiery Furnace in the Book of Daniel and the Ancient Near East’, *Journal of the American Oriental Society* 128. 1 (2008), pp. 85–104.
54. J. G. Griffiths, ‘Horusmythe’, in *Lexikon der Ägyptologie*, 6 vols. (Wiesbaden: Harrassowitz, 1972–86), vol. III, pp. 54–9; E. S. Meltzer, ‘Horus’, in Redford (ed.), *Encyclopaedia of Ancient Egypt*, vol. ii, pp. 119–22.
55. H. Te Velde, *Seth, God of Confusion* (Leiden: Brill, 1967); H. Te Velde, ‘Seth’, in Redford (ed.), *Encyclopaedia of Ancient Egypt*, vol. III, pp. 269–71; E. Cruz-Uribe, ‘Seth’, in Orlin (ed.), *Encyclopaedia of Ancient Mediterranean Religions*, pp. 864–5.
56. D. B. Redford, ‘The Sea and the Goddess’, in S. Israelit-Groll

(ed.), *Studies in Egyptology Presented to Miriam Lichtheim* (Jerusalem: Magnes Press, 1990), vol. II, pp. 824–35.

57. Meltzer, 'Horus'.
58. H. W. Fairman, *The Triumph of Horus* (London: Batsford, 1974).
59. Redford, *King-Lists*.
60. A. H. Gardiner, *Late-Egyptian Stories* (Brussels: Fondation Égyptologique Reine Élisabeth, 1932), 41:12–14 (hereafter *LES*).
61. B. Altenmüller, *Synkretismus in den Sargtexten* (Wiesbaden: Harrassowitz, 1975), p. 200f.
62. W. Helck, *Die Lehre für König Merikare* (Wiesbaden: Harrassowitz, 1977), pp. 83 – 3; E. Hornung, *Der ägyptische Mythos von der Himmelskuh*, Orbis Biblicus et Orientalis 46 (Göttingen: Vandenhoeck & Ruprecht, 1997).
63. J. G. Griffiths, *The Divine Verdict: A Study of Divine Judgement in the Ancient Religions* (Leiden: Brill, 1991).
64. Helck, *Merikare*, p. 31.
65. Erik Hornung, *The Ancient Egyptian Books of the Afterlife*, trans. David Lorton (Ithaca, NY: Cornell University Press, 1999).
66. E. Hornung, *Altägyptische Höllenvorstellungen* (Berlin: Akademie Verlag, 1968).
67. R. Enmarch, *The Dialogue of Ipuwer and the Lord of All* (Oxford: Griffiths Institute, 2005).
68. O. Renaud, *Le Dialogue du Désespéré avec son âme. Une interprétation littéraire* (Geneva: Societe d'Égyptologie, 1991).
69. W. Helck, *Die Prophezeiung des Nfr. tj* (Wiesbaden: Harrassowitz, 1970); A. Loprieno (ed.), *Ancient Egyptian Literature. History and Forms* (Leiden: Brill, 1996).

甲骨文

让我们一起追寻

This is a simplified Chinese translation of the following title published by Cambridge University Press:
The Cambridge World History of Violence: Volume I, The Prehistoric and Ancient Worlds
Edited by Garrett G. Fagan, Linda Fibiger, Mark Hudson, and Matthew Trundle
ISBN 978-1-107-12012-9 Hardback
© Cambridge University Press 2020
This simplified Chinese translation for the People's Republic of China (excluding Hong Kong, Macau and Taiwan) is published by arrangement with the Press Syndicate of the University of Cambridge, Cambridge, United Kingdom.
© Social Sciences Academic Press (China) 2024
This simplified Chinese translation is authorized for sale in the People's Republic of China (excluding Hong Kong, Macau and Taiwan) only.
Unauthorized export of this simplified Chinese translation is a violation of the Copyright Act. No part of this publication may be reproduced or distributed by any means, or stored in a database or retrieval system, without the prior written permission of Cambridge University Press and Social Sciences Academic Press (China).

本书根据剑桥大学出版社 2020 年精装版译出，
封底有甲骨文防伪标签者为正版授权。
Copies of this book sold without a Cambridge University Press sticker on the cover are unauthorized and illegal.
本书封面贴有 Cambridge University Press 防伪标签，无标签者不得销售。
此版本仅限在中华人民共和国境内（不包括香港、澳门特别行政区及台湾省）销售。

第二部分　史前和古代的战争

第三部分　个人暴力与集体暴力

目　录

·上　册·

第一部分　冲突的起源

丁俊娜 译

THE CAMBRIDGE WORLD HISTORY OF VIOLENCE

VOLUME I

The Prehistoric and Ancient Worlds

下册

剑桥世界暴力史

（第一卷）

·下　册·

第四部分　宗教、仪式和暴力

第五部分　暴力、犯罪和国家

第六部分 暴力的表现与建构

17　伊朗阿契美尼德王朝时期的暴力和被肢解的尸体

劳埃德·卢埃林-琼斯

学者一致认为，在古希腊人心目中，复仇心切的女人这一 360
主题是无处不在的，因为这个主题具有说服力。例如，菲奥娜·麦克哈迪（Fiona McHardy）指出，在希腊文学中，关于外国女人或蛮族女人实施粗鲁的报复行为的内容很常见，而蛮族女人是这样一副形象：为了确保自己的报复行为既能收到预期效果又具有毁灭性，她们使用独特的“富有女人味儿”的说服策略进行欺骗并且颇具耐心。[1]罗伯特·罗林格（Robert Rollinger）对希罗多德提及的人类暴力的研究指出，在整部《历史》中，能够找到的暴力事件不少于92件，其中有42起暴行是希腊的天然仇敌米堤亚人和波斯人犯下的。在这42次事件中，有5次是由波斯王室的女性实施的，而在这5次事件中，有4次可以被认定为由具体的仇杀引起。[2]蛮族的环境背景与暴力之间的联系似乎是希罗多德历史观的关键因素，但在所有的蛮族中，波斯人是特别暴力的专制行为的肇事者。在波斯人实施的所有暴行中，那些由女人煽动起来的暴行往往是最暴力的，因为她们纯粹是出于复仇的欲望。[3]

在本章中，我将通过研究那些以波斯宫廷为核心内容的文 361
献，来探讨希腊作家如何构建强有力的蛮族女人形象，以及构思出她们对复仇想法的执念。我想拿出证据来证明希腊人认为女性是残忍的这一观点，但我想进一步说明被记录下来的波斯王室女性不是东方主义者站在希腊作家的角度幻想出来的样了，那是人们可能很容易得出的观点，但这种女性形象确实准确地反映了王室后宫的政治实践。[4]这些描述反映了真正的波斯（以及更广泛的近东）的做法，其中暴力惩罚是合法统治权的标准规范，甚至对女性来说也是如此。

王室妇女以及女性起到的作用

希腊人对波斯王室妇女残酷形象的固化可以被解读为一种文学修辞，毫无疑问，这些故事在希腊语世界中承担着重要的道德目的，但在希腊人以后宫为基础的对抗故事里敌对、阴谋、耍两面派、谋杀和处决等情节的设置中，阿契美尼德王朝（公元前550—前330年）政治的真实背景起到了至关重要的作用。波斯被一个专制独裁的统治者控制——这不是东方主义者的陈词滥调，这是事实。专制独裁的君主制容易造成某种形式的政治紧张，这种体制通常关注的是王室家族和围绕着国王的贵族家庭，在政治机构中占据支配地位之家族的女性往往会晋升到这些机构的某个位置，这种晋升不是通过任何正式的路径取得权力，而是通过其他途径，通过不太让人认可的方式来实现。希腊作家（有些人比其他人更清醒）探究（和利用）了古代宫廷生活现实至关重要的方面。迈克尔·福勒（Michael Fowler）和约翰·马林科拉（John Marincola）强调，完全只将波斯王室女性视为希腊作家创造的文学“类型”是错误的，并指出许多现代学者“对希腊人关于波斯女性的描
362 述特别不满”。与尼日利亚卡诺王朝的豪萨女人的母亲和有影响力的王室妻子进行比较，他们支持这一观点，即阿契美尼德妇女有“相当大的政治影响力……有时甚至会影响王位的继

承问题”。[5]毫无疑问，这种观点是正确的。

我们需要承认的是，在（任何）宫廷中，女性的政治嗅觉都源于她们与国王的亲密接触。正如耶罗恩·杜尼达姆（Jeroen Dunidam）所说：“在床笫之间，王冠和权杖失去了魔力。没人能比这些宫廷里的女人更靠近国王的耳朵。因此，妻子和情人（以及出于不同原因，母亲和姐妹）是有影响力的……女性知己相当于国王［权力］的掮客。”[6]举例来说，为什么希罗多德（Hdt. 7. 3）称大流士一世的妻子阿托莎（Atossa）为“全能的人”？希罗多德在之前的一个事件中给出了答案（Hdt. 3. 134）。在这个故事场景中，王后躺在床上，靠在她丈夫的旁边，说服国王发动对希腊的远征。当然，这个故事是虚构的（一个希腊人怎会知晓帝王宫闱里的秘密呢?），但它表明希罗多德能够理解王室女性可以（并且切实）影响政策的方式，枕边风可能会产生重大影响。

虽然蛮族的环境背景与暴力之间的联系似乎对希罗多德关于波斯宫廷世界的看法至关重要，但另一位希腊作家尼多斯的泰西阿斯［Ctesias of Cnidus，他曾以宫廷御医的身份居住在阿尔塔薛西斯二世（Artaxerxes Ⅱ）的王宫里］在公元前4世纪的头几十年里，从不同角度目睹了一些事件，考虑到他是“从内部”记录波斯王朝历史进程的，所以更有可能记录了宫廷女性的真实行为。[7]事实上，阿契美尼德宫廷女性的政治阴谋反映在同时期或临近时期其他宫廷的编年史和历史记载中。例如，在《希伯来圣经》里，大卫王的宫廷历史对以色列大卫王的主要妻子、所罗门王的母亲拔示巴（Bathsheba）的描述，就表明她是强大的王位守护者，能够娴熟地利用王朝的继承政策。[8]新亚述王室编年史记载了扎库图［Zakutu，纳基亚

（Naqia）］如何掌权并在她的孙子亚述巴尼拔（Assurbanipal）登上王位后，在政治分裂、危险重重的宫廷中营造了一种和谐的氛围。[9]

363 莱斯利·皮尔斯（Leslie Pierce）对奥斯曼土耳其宫廷后宫政治的重要研究描述了一个世界，在这个世界中，后宫女性之间的竞争对奥斯曼帝国的政策产生了直接的影响；她的著作加深了我们对后宫长期作为王朝权力纽带的理解。[10]跨越时空，无数宫廷社会的后宫女人为了确保自身的地位（甚至她们的生活）而针锋相对，但在一系列两相推动的冲突和斗争之中，她们主要是为了巩固自己儿子的地位和施展他们的抱负。为了推动这些权力游戏，报复性杀戮、酷刑和暴力惩罚司空见惯。我们会看到，正如在其他宫廷社会一样，波斯王室后宫的争端剑拔弩张，阿契美尼德王室的女人会利用各种方法获得或巩固权力（为自己或为子女），和其他王朝王室的女人一样残酷无情。[11]

阿美斯特瑞斯的复仇（1）：
薛西斯的女人们的暴力

在罗伯特·罗林格列举的王室女性犯下的暴行中，希罗多德的故事占据了首要位置，这些故事主要出现在其《波斯战争史》（*History of the Persian Wars*, 9. 109－11）的末尾章节中。书中写到傲慢的薛西斯国王，难以忍受强烈的性欲，公然追求他的兄弟马西斯忒斯（Masistes）的妻子，后来遭到了她的拒绝，他又转而去追求马西斯忒斯的女儿，一个名叫阿尔泰恩特（Artaÿnte）的年轻女子（她既是薛西斯的侄女也是他的儿媳，因为她嫁给了薛西斯的儿子，即王储大流士）。希罗多德关于薛西斯妻子阿美斯特瑞斯（Amestris）的故事与她和情敌阿尔泰恩特的恶斗交织在一起，在叙述和细节方面都表现得尤其激烈。[12]令人激动、几乎让人窒息的故事是这样的： 364

> 薛西斯的妻子阿美斯特瑞斯，给薛西斯织了一件精美的彩色长袍；这件长袍非常漂亮，是她亲手织的。薛西斯对此非常满意，就把它穿在身上，去找阿尔泰恩特闲谈的时候依旧穿着它——他也同样喜欢她，结果他告诉她，因为自己喜欢她，她可以向他索要任何想要的东西，他答应满足她的要求。阿尔泰恩特（和她的家人）注定劫数难逃，她问国王陛下他说的话是不是当真，她是不是真的可以要任何她想要的东西，薛西斯从来没有猜想过她的要求会是什么，他保证会给她想要的东西。于是，她大胆地索要那件长袍。薛西斯想尽办法逃避他的承诺，因为他害怕阿美斯特瑞斯。阿美斯特瑞斯已经猜到了正在发生的事情，薛西斯畏惧阿美斯特瑞斯，不想让她的怀疑得到证实。他给了阿尔泰恩特几座城池，以及数不尽的黄金，还给了她一支属于自己的军队（这是一件颇具波斯风格的礼物），但一切都无济于事。除了那件长袍，她什么也不想要。于是他就把长袍送给了她，她高兴地穿着这件长袍，心里高兴极了。不久之后，阿美斯特瑞斯发现阿尔泰恩特得到了那件长袍，但她的愤怒并不是针对阿尔泰恩特的。相反，阿美斯特瑞斯认为女孩的母亲，也就是马西斯忒斯的妻子，是造成这一切问题的罪魁祸首，因此阴谋策划想要毁掉她。阿美斯特瑞斯等待着她丈夫举行王室晚宴的那一天——那是一年一度的特殊场合，是国王的生

日……在那天，国王会在他的头上施以膏油并赠送礼物给波斯人。当晚宴的日子到来的时候，她向薛西斯索要了一件礼物：马西斯忒斯的妻子。薛西斯完全明白她为何提出这样的请求，他吓坏了，不仅是因为要交出他兄弟的妻子，而且因为他知道这个女人完全是无辜的。但是，阿美斯特瑞斯坚持她的请求——而且，王室晚宴的法律规定，在那一天，任何人的请求都不能被拒绝。最后，尽管很不情愿，薛西斯还是被迫答应了阿美斯特瑞斯的请求。然后，他告诉妻子随她的便，他派人去找他的兄弟……

阿美斯特瑞斯派人从王室侍卫中招来士兵，对马西斯忒斯的妻子进行了残忍的肢解：她的乳房、鼻子、耳朵和嘴唇都被割下来扔给狗吃；然后，她的舌头被扯掉，在这种凄惨的状态下，她被送回了家。马西斯忒斯对此还一无所知，他猜想只是某种恶作剧，很快就回家去了；当看到被残忍肢解的妻子时，他立即召集儿子们开会，他们和其他一些朋友一起前往巴克特里亚，目的是煽动叛乱，重创国王。

365 这个希罗多德式的技艺精湛的短篇故事可能是基于波斯的一种口述传统（毕竟，希罗多德确实没有提供目击者的描述），但它一定有某种历史背景，因为我们知道，薛西斯和兄弟之间的纠纷最终在马西斯忒斯和他的家族倒台时结束。[13]海伦·桑奇希-魏登伯格（Heleen Sancisi-Weerdenburg）认为这个故事是基于波斯本土的传说，据说马西斯忒斯试图篡夺他兄弟的王位，当然，置身于伊朗特定的背景下阅读希罗多德的描述时，它的基本部分具有特殊的意义。[14]她显然是对的，因为这个故事充满了以波斯为中心的主题：例如，阿尔泰恩特想要拥有阿美斯特瑞斯制作的美丽衣服，对此，最好的解释就是，她珍爱的是国王自己的长袍。国王的长袍是合法的阿契美尼德王权的强有力象征，通过索要这一象征性的礼服，阿尔泰恩特提出了对统治权的要求，当然，不是为她自己，因为在波斯的传统中，女人不可能以自己的名义进行统治，而是为了她业已强大的家族（她父亲的名字马西斯忒斯，可能源自古波斯语 *maθišta*——“最伟大的”，这为希罗多德式的宫廷阴谋故事增加了历史的维度）。[15]

在这个故事中，当阿美斯特瑞斯听说阿尔泰恩特的请求时，她等待时机（希罗多德说，等了一年），直到合适复仇的时机到来。随后，她迅速采取了行动，而且结局充满血腥并令人毛骨悚然。阿美斯特瑞斯决心保护她的儿子大流士的继承权，她看出阿尔泰恩特索要长袍的行为暗藏危险，然而她愤怒的焦点并不是阿尔泰恩特本人（她是大流士王子的妻子，因此可能是未来的阿契美尼德王朝继承人的母亲），而是阿尔泰恩特的（未提及名字的）母亲——这位母亲和阿美斯特瑞斯两个人在王朝地位上是势均力敌的。

古代伊朗人应该很清楚这个骇人故事的细节，因为他们有一个悠久的传统，那就是用富有展示性的残忍行为对待被征服的敌人的身体。波斯波利斯浮雕上阿契美尼德国王宣扬的“波斯和平”的图像掩盖了这样一个事实：作为伟大的新亚述帝国的继承者，波斯人欣然继承了亚述人和后来的新巴比伦编 366
年记录记载的许多野蛮的惩罚手段，如穿刺，斩首，焚烧，鞭打，勒死，石刑，阉割，弄瞎，将活人切成两半，砍掉鼻子、耳朵、嘴唇、手、胳膊，割掉舌头，打烙印，钉死在十字架上和活活剥皮。

当泰拉城遭到亚述那西尔帕二世（Ashurnasirpal Ⅱ）袭击时，这位国王记录了它毁灭的过程和随之而来的暴力。

> 我来到泰拉城。这座城市戒备森严，它被三堵墙包围着。人们信赖自己坚固的城墙和数量众多的军队，没有投奔到我这里来（i 115）。他们没有向我屈服。在冲突和战斗中，我围困（并）征服了这座城市。我用剑杀死了他们的3000名士兵。我从他们那里带走囚犯、财物、公牛（以及）奶牛。我烧死了许多俘虏。我活捉了许多士兵：对一些士兵，我砍断了他们的胳膊（和）手；对另一些士兵，我割掉了他们的鼻子、耳朵（和）四肢。我挖出了许多士兵的眼睛。我堆了一堆活人（和）一堆人头。我把他们的头悬挂在城市周围的树木上（ii 1），我烧死了他们的少男少女。我把这座城市夷为平地，把它毁光、烧光（和）抢光。
>
> （A. 0. 101. 1 I 113-ii 1）[16]

在大流士一世不朽的贝希斯敦铭文（Bisitun Inscription）中，他夸耀米堤亚的觊觎者弗拉瓦尔提什（Fravartish）“是如何被俘获并被带到我这里来的。我割掉了他的鼻子、双耳和舌头，我挖出了他的一只眼睛，他被铐在我的宫殿门口，所有人都在看着他”（大流士贝希斯敦铭文，Column Ⅱ，§32）。同样的命运也等待着卖国贼沙加迪亚的西坎泰克玛（Cicantakhma the Sagartian，§33）。大流士进行惩罚的目的显然是给叛徒带来最大程度的痛苦，但也确保受害者能活足够长的时间来体验痛苦和承受后果。

我们可以肯定，女性受害者并不能轻易逃脱。希伯来先知阿摩司记载，为了报复这座城市对亚述人的抵抗，撒玛利亚那些被驱逐出境的妇女被鱼钩刺穿鼻子，她们的乳房被切掉（《阿摩司书》4：2-3）；这位先知回忆起在基列城，亚扪人怎样割去孕妇的乳房，剖开她们的肚子（《阿摩司书》1：13）。《何西阿书》（13.16）记录了同样的行为：

> 撒玛利亚的民众必须承受他们的 367
> 罪孽……
> 他们必将倒在刀下；
> 他们的孩子会被摔在地上，
> 他们的孕妇会被剖开肚子。

《列王纪下》（8.11）的编年史作者使用了这一意象，正如莫迪凯·科根（Mordechai Cogan）证实的那样，亚述人的一首诗提到了这样的场景，这首诗可能要追溯到提格拉特-帕拉沙尔一世（Tiglath-PileserⅠ,公元前 1114—前 1076 年在位）统治时期，在这首诗中，宫廷诗人赞颂了一位获胜的国王的行为：

> 他剖开孕妇的子宫，
> 弄瞎婴孩的眼睛，
> 割断强壮之人的喉咙。

科根指出，“在战争造成的所有恐怖中，［诗人］单单描述了对手无寸铁的妇女和儿童的攻击；这是为了让所有人记住，最残酷的惩罚在等待着那些得罪亚述神灵的人”。[17]古代近东富有军人作风的君主经常提到被他们当作战利品俘获的妇女，以及被处死、被拷打或被送到亚述做奴隶的女孩。[18]希伯来先知以西结讲述了一个名叫阿荷拉（Oholah）的女人的故事。以西结告诉我们，她遇到了一群正在抢劫的亚述士兵，“他们剥光了她的衣服，带走了她的子女，并用刀杀死了她”（《以西结书》23：10）。这种对敌人的暴力征服在宫廷浮雕中流传下来，一个前所未有的场景展现了亚述人对阿拉伯营地的袭击；随着帐篷被烧毁，妇女被围拢到一起并遭到杀害。其中一处细节描绘了士兵强奸一名妇女并将其开膛破肚的行为。[19]

马西斯忒斯的妻子遭受的惩罚与近东其他受害者遭受的惩
368 罚是一样的；受害者的性别并不能成为对其从轻处罚的借口。然而，故事的不同之处在于，针对马西斯忒斯妻子的暴力并非战争暴行的结果，而是复仇心切的阿美斯特瑞斯下令实施的。帝国的这位女统治者攻击一位与她敌对的王朝主妇，而阿美斯特瑞斯以一种明显具有象征意义的方式终止了马西斯忒斯的家族野心：他妻子的乳房——象征着她的母性和王朝的生育能力——被毁伤、割掉，扔给狗吃。

因为狗被认为是肮脏的食腐动物，吃垃圾和尸体。[20]它们出现在希罗多德的故事结局中，这很能说明问题。就好比《希伯来圣经》中的一个情节讲到，王宫里的狗只能吃令人痛恨的王后耶洗别的尸体（《列王纪下》9:36-37）：

> 当他们出去葬埋她，却只寻得她的头骨、双脚和手掌。他们回去告诉耶户，耶户说：“这是耶和华借他的仆人提斯比人以利亚之口所说的话：在耶斯列田间，狗必吃

> 耶洗别的肉。耶洗别的尸首必在耶斯列的田间，如同粪土，甚至没有人能确定地说‘这是耶洗别’。”

食腐的狗吃尸体或被肢解的身体部位，这种形象是古代近东的祈祷和诅咒的一个特点。因此，以撒哈顿恳切地请求：“（敌人的）尸体填满山谷，让狗吃掉他们的尸体吧。”亚述巴尼拔则希望“（敌人的）尸体被狗吃掉”。反巫术仪式设想了对死者的这种折磨方式：“愿鹰和秃鹫捕食你的尸体，愿沉默和颤抖落在你身上，愿公狗和母狗把你撕开，愿一只公狗和一只母狗撕裂你的肉体。”阿卡德人的诅咒是这样写的：“愿一只公狗和一只母狗把你撕开，愿一只公狗和一只母狗撕裂你的肉体。”在埃及文学经典《两兄弟的故事》（*The Tale of the Two Brothers*）中，哥哥的妻子被杀，然后尸体被扔给了狗群。[21]

是什么让阿美斯特瑞斯的行为成为一种特别的报复行为呢？毕竟，希罗多德在他的文本中没有使用任何具体的复仇术语（希腊文 *timōria*）；也许他没有必要这么做，因为故事中的复仇方式是显而易见的。罗伯特·诺齐克（Robert Nozick）的“复仇”理论当然有助于解释希罗多德式的故事。诺齐克认为，实施报复可能是为了造成伤害、损害或进行冒犯，尽管报复不一定是为了纠正错误而实施的。复仇是没有限度的，而且通常是私密的。最重要的是，它包含了一种特殊的情绪基调： 369
把快乐建立在别人的痛苦之上。通常，渴望复仇的人想要体验（看到或亲临）受害者遭受痛苦的处境。[22]

然而，报复的概念可能是存在问题的，因为它与正义、报应和惩罚等概念相关联——这些概念本身具有报复者没有人情味、不会内疚和冷漠超然的内涵，特别是当代表一个机构或国家去实施报复的时候（阿美斯特瑞斯针对马西斯忒斯妻子的仇杀，可以说是服务于国家的，因为它的最终目的是确保薛西斯统治的连续性和大流士王子对王位的继承）。严格说来，复仇的动力源于无端受到的伤害，而在这种情况下，想要立即报复是不可能的，但在任何挑衅行为中，往往很难确定它不是打击与反击循环往复的一部分，在这种冤冤相报的行为中，最初的挑衅已经消失，而且发生了比直接的借口更为严重的事件。因此，在这里，阿美斯特瑞斯等待时机，耐心地等待薛西斯的生日宴会。在此期间，她怨恨满满、怒火中烧，直到她断定时机已经成熟，可以把自己的计划付诸行动。她知道在某个场合下，她想要马西斯忒斯妻子的请求不会被拒绝。这种挥之不去的期待的结果是迅速的报复行动，可怕至极。

由此，阿美斯特瑞斯的复仇行为符合诺齐克的分类法：王后并没有因为马西斯忒斯的妻子或女儿的行为受委屈，但她的荣誉和在宫廷中的地位被阿尔泰恩特的野心所冒犯。阿美斯特瑞斯的行为是为了她自己，她的复仇是没有限度的。国王并没有干涉她对马西斯忒斯妻子的惩罚，尽管他开诚布公地试图说服他的兄弟断绝与妻子的关系从而保住荣誉，并避免更多的麻烦。

但是，阿美斯特瑞斯的复仇是否证实了诺齐克提出的观点，即复仇者想要体验受害者的痛苦？希罗多德没有过多着墨，可他给我们留下了足够多的暗示，表明阿美斯特瑞斯至少有可能目睹了这一行为。她利用薛西斯的侍卫作为折磨仇人的工具，这些侍卫应该在内庭严加保卫国王的安全，而不应该被派出去执行任何任务。因此，对马西斯忒斯的妻子进行惩罚的

地点被暗指是在王宫之内，而这一点后来也得到了希罗多德的
证实。他指出，在身体被毁损后，马西斯忒斯的妻子“被送
回了家”。正是在他自己的住宅内，马西斯忒斯才看到了妻子 370
容貌被毁的血淋淋的场面。于是，我们可以推定，马西斯忒斯
的妻子是在她的对手阿美斯特瑞斯面前断送了自己的性命。

阿美斯特瑞斯的报复（2）：为子女复仇

在泰西阿斯所写的薛西斯统治时期的宫廷历史中，阿美斯特瑞斯也扮演了重要的角色，但她作为阿尔塔薛西斯一世母亲的角色变得尤为重要。在阿尔塔薛西斯一世统治期间，人们发现阿美斯特瑞斯参与了帝国的政策制定，因为她与自己的儿子关系密切，她在后宫对一些事件进行操控。例如，泰西阿斯回忆说，在利比亚的伊纳罗斯（Inaros）未能将埃及从波斯的统治下解放出来之后，叛军领袖和许多帮助过他的希腊雇佣兵以囚犯身份被带到了波斯，不过，国王和他的叔叔迈加比佐斯（Megabyzus）特赦了他们，保障了他们的安全。但是，阿美斯特瑞斯恼恨不已，因为她的另一个儿子阿契美尼斯在与伊纳罗斯的战斗中战死：“她很懊恼，因为她没有向伊纳罗斯和希腊人复仇。”泰西阿斯描述道，她恳求阿尔塔薛西斯和迈加比佐斯杀掉这些叛逆者，但她的请求未被理睬。然而，泰西阿斯说：“因为她一直在烦扰她的儿子同意她的请求，她如愿以偿了。”阿美斯特瑞斯花了五年时间才使她的请求得到批准，而她的等待似乎只会增加复仇的热情。因此，她对待囚犯的方式十分残忍、严苛，“她把［伊纳罗斯］钉在三根木桩上；她砍下了尽可能多的希腊人的头颅——总共有五十人”（泰西阿斯，Fragment 14，§39）。

泰西阿斯着重指出，阿美斯特瑞斯采取这一行动是为了给儿子报仇，并使用 *timōrēsato*（源自 *timōria*）一词来说明这一点，因为这个词有政治或法律行动的意味。从希腊人的角度来看，当一个人被杀时，他被认定有冤屈，就需要 *timōria*；为他进行 *timōria* 是他家人的责任。[23]但是，当死者在战场上阵亡，这个概念就不适用了。所以，鉴于阿契美尼斯战死沙场，阿美斯特瑞斯对杀死她儿子之凶手的个人仇杀应该被视为不公正的行为。这就解释了为什么阿尔塔薛西斯和迈加比佐斯没有采取行动为阿契美尼斯复仇，因为这是在战争的规则下发生的。只是阿美斯特瑞斯长达五年的骚扰活动导致了报复行为，这恢复
371 了她眼中的家族荣誉。悲痛是惩罚的有力催化剂。[24]

泰西阿斯讲述了另一个复仇故事，在这个故事中，阿美斯特瑞斯扮演了重要的角色，尽管这次是在截然不同的背景之下。

> 当［公主］阿米提斯（Amytis）生病时——尽管只是温和且不严重的疾病——科斯岛（Cos）的医生阿波罗尼德斯（Apollonides）爱上了她，并告诉她，由于她患有子宫疾病，如果与男人相处，她就会恢复健康。当他的计划得逞并开始和她发生性关系时，这个女人开始日渐衰弱，于是他结束了他俩的两性关系。因此，她在弥留之际，让她的母亲［阿美斯特瑞斯］向阿波罗尼德斯复仇。她的母亲把这一切都告诉了阿尔塔薛西斯：阿波罗尼德斯是如何和女儿上床的，他是如何在虐待她之后终止了这种关系的，女儿是如何请求她向他复仇的。阿尔塔薛西斯让母亲自己处理这件事。于是她把阿波罗尼德斯带来并绑了

> 起来，蹂躏了他两个月。然后她把他活埋了，这时阿米提斯也死了。
>
> （Fragment 14，§ 44）

阿美斯特瑞斯的女儿阿米提斯公主，被科斯岛的阿波罗尼德斯诱骗发生了性关系，开始因疾病而日渐衰弱，她临终之时躺在床上，让她的母亲向医生复仇——*amunesthai*。这个词有捍卫荣誉（个人荣誉或家族荣誉）和报复的含义。正是这一点驱使阿美斯特瑞斯监禁、折磨（超过两个月的时间）并处死医生；把他活埋可能是为了祭祀她死去的女儿［我们应该记得，毕竟，根据希罗多德（7.114）的说法，在她死前，年迈的阿美斯特瑞斯为冥界的诸神献上了14个孩子］。

活埋的惩罚在文献资料中出现过几次。阿波罗尼德斯可能遭受了特别可怕的结局，丧命于被称为“槽”或“船”的刑具：

> 他们把两个槽［或两艘船］组装在一起，让［受害者］仰卧在其中的一个槽里。然后，他们把另一个槽放在上面，这样，男人的头、手和脚伸出来，而槽覆盖住了他身体的其他部分。当他反抗时，他们给他食物，刺他的
> 眼睛来强迫他。他们又把奶和蜜倒进他的嘴里，倒在他的 372
> 脸上。然后，他们不断地把他的眼睛转向太阳，一大群苍蝇落下来，遮住了他的脸。与此同时，男人做了人们在吃喝之后必须做的事。他的排泄物腐烂后滋生出蠕虫和蛆，这些蛆虫蚕食着他的身体，钻入他的体内。
>
> （Plut. *Art*. 16.2-4）

这种匪夷所思的、绵长的死亡方式，要持续两周才能完成，对此可以用古老的琐罗亚斯德教的纯净和不洁的概念来加以解释——在这种情况下，牛奶的纯净和令人厌恶的粪便形成了对比，据琐罗亚斯德教的一段经文，粪便是恶魔的产物："一个人的身体越被魔鬼占据，污秽就越多。"因此，当布鲁斯·林肯（Bruce Lincoln）敏锐地诠释酷刑时，他说："[受害者的] 散发着恶臭、充满寄生虫的粪便生动地印证了他身体的（道德上和生理上的）堕落以及体内存在恶魔，其中最主要的是谎言。这样，从他身体里挤出来的东西……就提供了对其所有指控定罪的方法。"[25]

剥皮、致盲和刺穿：王室的女人和宫廷的宦官

尽管这些场景充满了戏剧性，但重要的是我们要意识到，希罗多德和泰西阿斯笔下这些有影响力的宫廷女人并不会为了欺骗男人而去支配他们，也不会为了获得权力而征服他们。事实上，在希腊文献中，没有任何王室女性密谋叛国的记载，相反，她们在宫廷体制的范围内工作，警惕地保护着王朝的血统。因此，例如，帕吕萨提斯（Parysatis）与觊觎者塞基狄亚努斯（Sogdianus）之死有牵连，塞基狄亚努斯威胁到大流士二世的王位继承（泰西阿斯，Fragment 15，§ 50）；而宫廷宦官的任何叛国行为都可能导致他们遭受折磨或死亡——这通常是由国王的女人们明确下达命令（国王很少透漏他们的命运）。[26]

阉人歌手可以在波斯宫廷中获得高级管理机构的职位。泰西阿斯（他的历史记录可能使用的是真实的伊朗资料）以一种连续的祷文形式依次对每个伟大国王的统治进行研究，他列
373 出了宫廷中的主要宦官，暗示他们的名字和事迹将在他们死后

与所侍奉的君主一起被人们世世代代铭记。

如果我们相信 4 世纪的希腊史料，就要留心一种先入之见，即从薛西斯统治末期开始，宦官在宫廷中的权力开始变大，他们经常参与密谋，甚至参与弑君活动。但值得注意的是，王室的女人通常会负责限制宦官的权力，或彻底终结他们的职业生涯。比如，“拥立国王者”帕夫拉戈尼亚人阿尔托克萨瑞斯（Artoxares the Paphlagonian）是大流士二世时期最有权势的宦官，王后帕吕萨提斯直接下令将他处死（泰西阿斯，Fragment 15, § 54）。同样，由于居鲁士大帝的妻子阿米提斯特意发布的命令，有权有势的宦官佩塔萨克斯（Petasakes）被弄瞎眼睛，活活剥皮，并被钉在十字架上（Fragment 9, § 6）。能够杀死有权势的宫廷宦官，这表明了阿契美尼德王朝某些王后的个人势力和政治影响力。

在泰西阿斯的《波斯志》（*Persica*）中，挖出眼睛的惩罚经常被援引为处罚叛国罪的例子，如造反的宦官佩蒂萨卡斯（Petisacas）在被钉死于十字架上之前，他的双眼已被挖出（Fragment 9, § 6; Fragment 9a），泰西阿斯也叙述了刺痛饱受折磨的囚犯的眼球的残忍做法（Fragment 26, § 4 = Plut. *Art.* 14-17）；色诺芬则回忆道，他在行经波斯帝国的时候，经常在路上看到一些因为触犯了伟大国王的法律而失去了双眼的人（*An.* 1. 9. 11-12）。

希腊作家准确地指出了这种特殊形式的惩罚措施，波斯文献中也有相当多的证据证明这种致使造反的卖国贼失明的做法。事实上，近东历代君主都认为失明是对个人最低限度的侮辱，挖出敌方囚犯的眼睛是战争中在国家层面实施惩罚的一种形式。亚述的政策提倡让那些违背条约的封臣国王和他们的部队士兵双眼失明或单眼失明。因此，亚述那西尔帕二世在一篇文章中写道："我活捉了许多士兵；对一些士兵，我砍断了他们的胳膊（和）手；对另一些士兵，我割掉了他们的鼻子、耳朵（和）四肢。我挖出了许多士兵的眼睛。"[27] 在《希伯来圣经》中，也有毁掉敌人视力这种惯例的证据：著名的非利士人挖出了参孙（Samson）的眼睛(《士师记》16：21)；国王尼布甲尼撒（Nebuchadnezzar）弄瞎了被掳的希伯来君王西底家的眼睛(《列王纪下》25：7)；亚扪人纳哈什（Nahash the Ammonite）提出了接受投降的条件，那就是他要剜出每个基列雅比人的右眼，作为对他的敌人希伯来人的羞
374 辱(《撒母耳记下》9：2)。特别令人感兴趣的是前面提到的贝希斯敦铭文，大流士在铭文中写道，被肢解的尸体和被弄瞎眼睛的造反的囚犯被公开展示。这是一种常规做法，因为公开展示叛乱者——要么是被肢解的尸体，要么是仍在等待最后酷刑的活着的囚犯——表明了叛乱的严重性，同时是对其他臣服的民族发出警告。

显然，残害身体的案例是建立在不断变化的权力和地位话语的基础上的。事实上，权力是残害效力的核心（正如我们在马西斯忒斯妻子的案例中看到的那样）。王室女人对宦官进行残害的目的是让受害者和他的群体蒙羞，具体通过两种方式：确保受害者的地位发生改变，并且增加他的"污点"。毕竟，阉人本就是身体有缺陷的人，而宦官则被视为次等群体，是第三性别，甚至在本质上是动物。宦官的失明标志着受害者和/或其社群从属地位的强化。在帕吕萨提斯的命令下，卡里亚喜好自夸的宦官米特拉达梯（Mithridates）被挖去双眼，为了杀死他，帕吕萨提斯对他实施了一种更巧妙的惩罚：把熔化

的铅灌进他的耳朵（泰西阿斯，Fragment 26，§7）。这种惩罚方式可能起源于古代的琐罗亚斯德教的做法，因为一系列文字材料指出，有在司法裁判中使用熔化的铅来裁定一个人有罪或无罪的做法。[28]

有些宦官即使忠诚地服从国王的命令，也会成为酷刑的受害者并死亡。因此，当阿尔塔薛西斯二世派宦官巴伽帕特斯（Bagapates）去砍下他的弟弟、叛徒居鲁士尸体的头颅时，太后帕吕萨提斯勃然大怒，密谋杀害了这个宦官，因为居鲁士王子是她最喜欢的儿子。泰西阿斯（Fragment 44a）叙述了这个故事："国王命令［巴伽帕特斯］砍下［小］居鲁士的头……他的母亲和他玩骰子，结果他的母亲赢了，［她］就根据协议带走了巴伽帕特斯……巴伽帕特斯被帕吕萨提斯活活剥了皮。"普鲁塔克对同样的故事进行了扩展（*Vit. Artax.* 17），他将宦官的名字改成了马斯塔巴特斯（Mastabates）：

> 国王的宦官砍下了居鲁士的头和手，于是他成了帕吕萨提斯复仇的目标，尽管他仍然苟活。可是，他十分谨小慎微，以至于没有给她留下任何把柄，所以她就给他设了一个圈套。她在其他方面是一个非常聪明的女人，也是一个掷骰子高手，在战前，她经常和国王玩掷骰子的游戏。 375
> 战后，她也乐意和他一起参加各种游戏，和他一起掷骰子，是他爱情问题上的知己……因此，有一次，当阿尔塔薛西斯有空，想要自娱自乐的时候，她向他发起挑战，要他和她掷骰子，赌注是一千达里克，还故意让国王获胜……她逼他开玩一场新游戏，赌注是一个宦官，他同意

> 了。但首先，他们商定，各自留下五个最信任的宦官，胜者可以从其余的宦官中选择让败者交出任何一个宦官。约定好这些条件后，他们开始了游戏……当她赢了游戏的时候，她要国王交出马斯塔巴特斯，这个人不在五个最受信任的人当中。在国王怀疑之前，她就把宦官交给了折磨他的人，命令他们活剥了他的皮，把他的尸体放在三根木桩上，然后把他的皮在木桩上铺开。

桑奇希-魏登伯格发现这个怪诞的故事起源于印度的史诗传统，那里的人们通过扔骰子来选定人祭的牺牲者，但故事强调，宦官职位得以维系，纯粹是由于国王和他的女人们的善意。[29]马斯塔巴特斯/巴伽帕特斯的故事说明，王室内部鸡毛蒜皮的争吵可能会在后宫产生更广泛的，通常是残酷的后果。当阿尔塔薛西斯二世得知他的母亲处决了他最喜欢的宦官时，他非常愤怒，并威胁要流放帕吕萨提斯，但据普鲁塔克说，“她带着……笑容对他说：‘如果你能为一个可恶的老宦官感到如此烦心，那你真是一个安逸又幸福的人。’”普鲁塔克继续讲述他的故事，然而，他指出，即使在死后，马斯塔巴特斯仍然是王室家族不和睦的原因：“［阿尔塔薛西斯的妻子］斯妲特拉（Stateira）反对［帕吕萨提斯］……她很生气，因为帕吕萨提斯违背了所有的法律和人道，为了纪念居鲁士，牺牲了国王忠实的朋友和宦官。”

毒药、痛苦和死亡

泰西阿斯很清楚，在阿尔塔薛西斯二世的宫廷里，两位王后——他的母亲帕吕萨提斯和他的妻子斯妲特拉——之间存在激烈的竞争，这两个女人都想要得到阿尔塔薛西斯二世的关爱，或者至少能够影响他的决定，因此双方的敌意越来越深。帕吕萨提斯厌恶斯妲特拉，“因为她希望没有人像自己一样强大”（Plut. *Vit. Artax*. 17. 4）。泰西阿斯（Fragment 15，§56）讲述了王室家族对斯妲特拉娘家人的伤害，他们都因叛国罪被 376
大流士二世处决。至于斯妲特拉，她成为宫廷中真正握有大权的人，这一点可以从如下事实中辨别出来，即埃及法老曾把一个名叫蒂莫萨（Timosa）的年轻貌美的交际花作为“外交礼物”送给她作为奴隶（Ath. 13. 609）。作为国王三个儿子的母亲，斯妲特拉在宫廷中享有更高的威望，很明显，她影响到了阿尔塔薛西斯，以至于国王经常屈服于妻子一再的纠缠，正是在她的命令下，斯巴达的克利阿科斯（Clearchus）被处决。这使得斯妲特拉与帕吕萨提斯发生了直接冲突，帕吕萨提斯拥护克利阿科斯在宫廷中的地位（泰西阿斯，Fragment 29b/Deinon，Fragment 15b ＝Plut. *Vit. Artax*. 19）：

> 因此，从一开始，帕吕萨提斯就对斯妲特拉怀有仇恨和嫉妒……她有个很信赖的仆人，名叫吉吉斯（Gigis），这个人对她有很大的影响……她帮助帕吕萨提斯下毒。以前她们相互猜疑，存有分歧，后来，尽管她们又开始经常去同样的地方，一起吃饭，但她们对彼此的恐惧和谨慎仍然使她们吃着放在同样盘子里同样的食物。
>
> 波斯人有一种小鸟，它的每个部分都可以食用，因为它的身上满是脂肪……泰西阿斯说帕吕萨提斯用一把小刀把这种鸟切成两半，小刀的一边涂上了毒药，这样就只有鸟的一半被擦上了毒药。她把没有被污染的、干

> 净的那部分放进自己的嘴里吃掉了，但把有毒的另一半给了斯妲特拉……
>
> 于是这个女人浑身抽搐，极其痛苦地死去了。她也意识到降临在自己身上的灾祸，向国王透露了她对他母亲的怀疑，而国王也知道了自己的母亲是多么的残忍和无情。

颇具争议的是，斯妲特拉中毒的故事过于复杂，无法编造（参见泰西阿斯，Fragment 27，§70），毕竟，中毒在波斯宫廷里是很常见的—— 色诺芬（*Cyr*. 8. 8. 14）公开声称朝臣常常死于熟练的投毒者设计的宫廷阴谋，而帕吕萨提斯无疑是这种最致命宫廷技艺的诡诈行家（泰西阿斯，Fragment 16，§61）。所以，很重要的一点是，我们知道王室食物的品尝师在波斯宫廷中发挥着重要的作用。王室的上酒人也是个享有声望的职位，只有君主最信任的朝臣才能担任此职务——如尼希米（Nehemiah），他为阿尔塔薛西斯一世上酒（《尼希米记》1：11）；或者权臣普列克撒司佩斯（Prexaspes）的儿子，他服务于冈比西斯（Cambyses）的宫廷（Hdt. 3. 34）——因为上酒人的职责是管理宫廷里所有斟酒和品酒的人，尽管是他自己把国王的
377 酒倒进鸡蛋形状的杯子里，并品尝君主的饮品以检查是否无毒。可能是出于对毒药的恐惧，君主只喝一种独特的酒——叙利亚的查利博尼亚（Chalybonian）葡萄酒（Ath. 2. 28d）——以及盛在特制罐子里的苏萨的水。泰西阿斯还写到，君主和他的母亲不仅在宫殿内专有一种特殊的印度毒药，目的是使受害者迅速死亡，而且他们也囤积最致命毒药的珍贵解毒剂（泰西阿斯，Fragment 45m = Ael. *NA* 4. 41）。甚至针对犯有投毒罪的

人，还专设了一种特别的死刑，“他们把投毒者的头放在一块大石头上，然后用另一块石头敲打、碾压，直到投毒者的脸和头变得血肉模糊”（泰西阿斯，Fragment 29b，§9）。这种酷刑的存在意味着人们十分重视投毒带来的威胁。

结　语

从表面上看，我们可以确定阿契美尼德王室的女人利用专门机构实施复仇的两个原因：一个原因是满足个人的傲慢，另一个原因是应对政治上的冒犯——当然，两者往往是交织在一起的。然而，第三个原因可以解释为什么一些王室女性被引向谋杀或肢解仇人：纯粹的嫉妒和个性冲突也可能会击垮王朝政治。阿契美尼德宫廷内的后宫政治活动如此激烈，王室女人之间的对抗对帝国的政策产生了直接的影响，作为国王的妻子或母亲，这些女人出于对对方等级或地位的嫉妒，或者为了保卫自己的地位，又或者主要是为了巩固她们儿子的地位而正面交锋。因此，报复性杀戮、惩罚和残害是司空见惯的。

希罗多德和泰西阿斯的作品可能包含文学上的陈词滥调，反映了希腊文学中歧视女性的语气，在这种基调中，有权势的女性被视为对男性政治世界的一种威胁。但是，如果我们在阅读这些故事时，遵循约瑟夫·维瑟霍夫（Josef Wiesehöfer）确认的事实——“一个起源于部落的社会，［在这样的社会里］通过政治联姻以确保忠诚是非常重要的，特别是因为在一夫多妻制的波斯王室中，王位继承问题很可能具有重大的意义”，[30] 那么他们对后宫政治的描述就是真实的。在绝对君主制政治中，复仇谋杀和仇杀残害一定被视为重要和真正的工具，尤其 378

是在后宫的王朝权力游戏中。

我愿意严肃地对待那些关于统治者无理的任性和恣意残忍的故事。古代波斯宫廷里的人们一定承受着同样的压力和不安全感，这是专制独裁统治者的宫廷里人们的共同感受，而且这种感受一直延续到更近的时代。复仇折磨和仇杀残害必须被视为绝对君主制政治中重要和真正的工具，特别是在后宫女性的王朝政治当中。

参考论著

在古代，很少有人认为女性本身是暴力的实施者，更不会想到王室后宫成了复仇引发暴力和谋杀的场所。Fiona McHardy, 'Women's Influence on Revenge in Ancient Greece', in F. McHardy and E. Marshall (eds.), *Women's Influence on Classical Civilization* (London: Routledge, 2004), pp. 92–114 恰好是关于希腊人对女人和复仇之观念的研究起点。Robert Rollinger, 'Herodotus, Human Violence and the Ancient Near East', in V. Karageorghis and I. Taifacos (eds.), *The World of Herodotus* (Nicosia: University of Cyprus Press, 2004), pp. 121–50 系统地探讨了历史记录中暴力的概念，因此，关注了一些女性的行为，但不止这些内容。海伦·桑奇希–魏登伯格坚决主张波斯女性暴力的形象是希腊东方主义者想象的产物；尤其要参阅她的 'Exit Atossa: Images of Women in Greek Historiography on Persia', in A. Cameron and A. Kuhrt (eds.), *Images of Women in Antiquity* (London: Routledge, 1983), pp. 20–33, and 'Decadence in the Empire of Decadence in the Sources? From Source to Synthesis: Ctesias', in H. Sancisi-Weerdenburg (ed.), *Achaemenid History I. Sources, Structures and Synthesis* (Leiden: Nederlands Instituut voor het Nabije Oosten, 1987), pp. 33–45。总的来说，Maria Brosius, *Women in Ancient Persia (559–331 BC)* (Oxford: Oxford University Press, 1996) 也遵循了同样的策略。然而，另一种方法是寻找故事背后的现实，可参阅 Lloyd Llewellyn-Jones and James Robson, *Ctesias' History of Persia: Tales of the Orient* (London: Routledge, 2010)；Lloyd Llewellyn-Jones, *King and Court in Ancient Persia 559–331*

BCE (Edinburgh: Edinburgh University Press, 2013), pp. 96-122。

对古代近东宫廷中王后地位和王室女性角色的学术研究很快揭示出宫廷女性获得权力和地位的各种因素。例如，可参见 Hennie J. Marsman, *Women in Ugarit and Israel* (Leiden: Brill, 2003); Elna Solvang, *A Woman's Place is in the House. Royal Women of Judah and their Involvement in the House of David* (London: Bloomsbury, 2003)。Sarah Melville, *The Role of Naqia/Zakutu in Sargonid Politics* (Helsinki: Helsinki University Press, 1999)研究了国王的母亲在亚述社会中扮演的角色。关于王室女性与继承问题，尤其要参阅以下论著：Ronald de Vaux, *Ancient Israel: Its Life and Institutions* (London: Darton Longman & Todd, 1961); Aiden Dodson and Dyan Hilton, *The* 379
Complete Royal Families of Ancient Egypt (London; Thames & Hudson, 2005); J. R. Novotny, 'Daughters and Sisters of Neo-Hittite and Aramaean Rulers in the Assyrian Harem', *Canadian Society for Mesopotamian Studies* 36 (2010), pp. 174 - 84; J. R. Novotny and J. Singletary, 'Family Ties: Assurbanipal's Family Revisited', in M. Luukko, S. Svärd and R. Mattila (eds.), *Of God(s), Trees, Kings, and Scholars: Neo-Assyrian and Related Studies in Honour of Simo Parpola* (Helsinki: Helsinki University Press, 2009), pp. 167-77。

如果想更全面地了解王室女性是如何在宫廷圈子中利用专门机构和使用权力的，可参阅下列著作：Mary Anderson, *Hidden Power: The Palace Eunuchs of Imperial China* (Buffalo, OH: Prometheus Books, 1990); May Holdsworth and Caroline Courtauld, *The Forbidden City: The Great Within* (Beijing: Forbidden City Publishing House, 1995); Evelyn S. Rawski, *The Last Emperors: A Social History of Qing Imperial Institutions* (Berkeley: University of California Press, 1998)。在跨文化研究中，下面这部著作尤为重要：Leslie Pierce, *The Imperial Harem: Women and Sovereignty in the Ottoman Empire* (Oxford: Oxford University Press, 1993)，而 Jeroen Duindam, *Dynasties: A Global History of Power, 1300 - 1800* (Cambridge: Cambridge University Press, 2015), pp. 87-155 对东西方宫廷中的几个后宫社会进行了一些富有成效的探索。

关于古代近东的暴力问题，尤其需要参阅 Sandra Jacobs, *The Body as Property: Physical Disfigurement in Biblical Law* (London: Bloomsbury, 2014); Zainab Bahrani, *Rituals of War: The Body and Violence in Mesopotamia* (New York: Zone Books, 2008)。C. L. Crouch, *War and Ethics in the Ancient Near*

East. Military Violence in Light of Cosmology and History (Berlin: De Gruyter, 2009)在更广泛的近东背景下探讨了暴力的圣经背景。Hans van Wees, 'Genocide in the Ancient World', in D. Bloxham and A. D. Moses (eds.), *The Oxford Handbook of Genocide Studies* (Oxford: Oxford University Press., 2010), pp. 239-58 这篇精彩的论述，探讨了包括妇女在内的战争受害者遭受的身体暴力。E. M. Tetlow, *Women, Crime, and Punishment in Ancient Law and Society*, vol. I (New York: Continuum, 2004) 也探讨了这一主题，同时，Kathy Gaca, 'Girls, Women, and the Significance of Sexual Violence in Ancient Warfare', in E. D. Heineman (ed.), *Sexual Violence in Conflict Zones* (Philadelphia: University of Pennsylvania Press, 2011), pp. 73-88 涉及现代发生的冲突。

注　释

1. F. McHardy, 'Women's Influence on Revenge in Ancient Greece' in F. McHardy and E. Marshall (eds.), *Women's Influence on Classical Civilization* (London: Routledge, 2004), pp. 92-114. 关于蛮族女人及复仇的例子，见戈布里亚斯（Gobryas）的女儿（Xen. *Cyrop*. 5. 2. 7)，培列提美(Pheretime , Hdt. 4. 200)，尼托克丽丝(Nitocris, Hdt. 2. 100)，以及坎道列斯（Candaules）的妻子(Hdt. 1. 10)。
2. R. Rollinger, 'Herodotus, Human Violence and the Ancient Near East', in V. Karageorghis and I. Taifacos (eds.), *The World of Herodotus. Proceedings of an International Conference Held at the Foundation Anastasios G. Leventis, Nicosia, September 18-21, 2003 and Organized by the Foundation Anastasios G. Leventis and the Faculty of Letters, University of Cyprus* (Nicosia: University of Cyprus Press, 2004), pp. 121-50. 关于《历史》讲到的波斯人犯下的暴行，请参阅 Hdt. 1. 86; 1. 108ff. ; 1. 114; 1. 119; 1. 128; 3. 35; 3. 69; 3. 79; 3. 118; 3. 125; 3. 132; 3. 147; 3. 159; 4. 43; 4. 84; 5. 25; 6. 30; 6. 32; 6. 39; 7. 35; 7. 39; 7. 114; 7. 194; 8. 118; 9. 112。

3. 关于女性之间暴力的概念问题，参见 D. P. Barash, *Out of Eden: The Surprising Consequences of Polygamy* (Oxford: Oxford University Press, 2016), pp. 51-2 及相关参考论著。
4. 一位东方主义者对波斯宫廷女性故事的解读尤其受到推崇，参见 H. Sancisi-Weerdenburg, 'Exit Atossa: Images of Women in Greek Historiography on Persia', in A. Cameron and A. Kuhrt (eds.), *Images of Women in Antiquity* (London: Routledge, 1983), pp. 20-33, and 'Decadence in the Empire of Decadence in the Sources? From Source to Synthesis: Ctesias', in H. Sancisi-Weerdenburg (ed.), *Achaemenid History I. Sources, Structures and Synthesis* (Leiden: Nederlands Instituut voor het Nabije Oosten, 1987), pp. 33-45。可进一步阅读 Maria Brosius, *Women in Ancient Persia (559-331 BC)* (Oxford: Oxford University Press, 1996); Lloyd Llewellyn-Jones and James Robson, *Ctesias' History of Persia: Tales of the Orient* (London: Routledge, 2010); Lloyd Llewellyn-Jones, *King and Court in Ancient Persia 559-331 BCE* (Edinburgh: Edinburgh University Press, 2013), pp. 96-122。亦可参见 Janett Morgan, *Greek Perspectives on the Achaemenid Empire: Persia through the Looking Glass* (Edinburgh: Edinburgh University Press, 2016), pp. 189-221。
5. M. A. Fowler and J. Marincola, *Herodotus: Histories Book IX* (Cambridge: Cambridge University Press, 2002), p. 292. 阿托莎将她的儿子薛西斯推上了大流士的宝座，因为她有权力也有能力这么做，或者至少这是希罗多德（7.3-4）对薛西斯相对顺利地继承王位的一种解释。
6. J. Dunidam, *Myths of Power: Norbert Elias and the Early Modern European Court* (Amsterdam: Amsterdam University Press, 1994), p. 155.
7. Llewellyn-Jones and Robson, *Ctesias*, pp. 84-5.
8. 1 Kgs 1:1-15; R. C. Bailey, *David in Love and War: The Pursuit of Power in 2 Samuel 10-12* (London: Bloomsbury, 1990); H. J. Marsman, *Women in Ugarit and Israel: Their Social and Religious Positions in the Context of the Ancient Near East* (Leiden: Brill, 2003); E. Solvang, *A Woman's Place is in the House: Royal Women of Judah*

and Their Involvement in the House of David (London: Bloomsbury, 2003).

9. Sarah Melville, *The Role of Naqia/Zakutu in Sargonid Politics* (Helsinki: Helsinki University Press, 1999).

10. L. Pierce, *The Imperial Harem: Women and Sovereignty in the Ottoman Empire* (Oxford: Oxford University Press, 1993) and 'Beyond Harem Walls: Ottoman Royal Women and the Exercise of Power', in A. Walthall (ed.), *Servants of the Dynasty: Palace Women in World History* (Berkeley: University of California Press, 2008), pp. 81–94.

11. 特别要参阅 J. Duindam, *Dynasties: A Global History of Power, 1300–1800* (Cambridge: Cambridge University Press, 2015), pp. 87–155; 关于两性概念（儿子的母亲与其他儿子的母亲之间的对立）的争论，参见 D. Ogden, *Polygamy, Prostitutes and Death: The Hellenistic Dynasties* (Swansea: Classical Press of Wales, 1999)。

12. Hazewindus, *When Women Interfere*, p. 102 称阿尔泰恩特为薛西斯的“妾”是错误的，显然，她是他非正式的——非正统的——情人；她是国王的情妇。

13. E. Bridges, *Imagining Xerxes: Ancient Perspectives on a Persian King* (London: Bloomsbury, 2015), pp. 70–1 并不承认希罗多德的故事体现了波斯的某种传统。她认为他专注于把薛西斯塑造成“堕落的花心王子的典型”，但她把马西斯忒斯的妻子和女儿的故事解析为“一连串的家庭不幸”，肯定低估了其中受政治因素驱动的暴力的重要作用。

14. Sancisi-Weerdenburg, 'Exit Atossa'.

15. 关于国王的长袍及其与统治权的联系，参见 Llewellyn-Jones, *King and Court*, pp. 61–6。

16. A. K. Grayson, *Assyrian Rulers of the Third and Second Millennia BC (to 1115 BC)*, Royal Inscriptions of Mesopotamia Assyrian Periods 1 (Toronto: University of Toronto Press, 1987).

17. 中亚述时期的“英雄诗” VAT 13833; M. Cogan, 'Ripping Open Pregnant Women in Light of an Assyrian Analogue', *Journal of the American Oriental Society* 113 (1983), pp. 755–7, esp. p. 756。关于进一步的论述，参见 H. van Wees, 'Genocide in the Ancient

World', in D. Bloxham and A. D. Moses (eds.), *The Oxford Handbook of Genocide Studies* (Oxford: Oxford University Press, 2010), pp. 239–58。

18. E. M. Tetlow, *Women, Crime, and Punishment in Ancient Law and Society*, vol. I, *The Ancient Near East* (New York: Continuum, 2004), p. 168.

19. Wall panel relief, British Museum, London, BM 124927. S. Parpola and K. Watanabe, *Neo-Assyrian Treaties and Loyalty Oaths*, State Archives of Assyria II (Helsinki: Helsinki University Press, 1988), p. 47, fig. 13. K. Gaca, 'Girls, Women, and the Significance of Sexual Violence in Ancient Warfare', in E. D. Heineman (ed.), *Sexual Violence in Conflict Zones* (Philadelphia: University of Pennsylvania Press, 2011), pp. 73–88.

20. Prov. 26:11; 1 Kgs 16:4, 21:19; Hom. *Od*. 18. 87.

21. L. Llewellyn-Jones and S. Lewis, *The Culture of Animals in Antiquity* (London: Routledge, 2017), sv. 'Dog'.

22. R. Nozick, *Philosophical Explanations* (Cambridge, MA: Harvard University Press, 1981).

23. D. M. MacDowell, *The Athenian Homicide Law in the Age of the Orators* (Manchester: Manchester University Press, 1963).

24. 在王朝后期的历史中，阿尔塔薛西斯二世和小居鲁士的母亲帕吕萨提斯有条不紊地追捕与居鲁士之死有关的人。她经常折磨并处决他们，为死去的儿子复仇，罔顾他是在战斗中阵亡的事实。参见 Ctesias, Fragment 17, § 66; L. Llewellyn-Jones and J. Robson, *Ctesias' History of Persia: Tales of the Orient* (London: Routledge, 2009)。

25. B. Lincoln, *Religion, Empire, and Torture: The Case of Achaemenid Persia, with a Postscript on Abu Ghraib* (Chicago: University of Chicago Press, 2007), p. 93.

26. L. Llewellyn-Jones, 'Eunuchs and the Harem in Achaemenid Persia (559–331 BC)', in S. Tougher (ed.), *Eunuchs in Antiquity and Beyond* (London: Classical Press of Wales, 2002), pp. 19–49.

27. A. 0. 101. 1 i 113–ii 1.

28. Lincoln, *Religion, Empire*, pp. 85–6.
29. Sancisi-Weerdenburg, 'Exit Atossa'.
30. J. Wiesehöfer, *Ancient Persia from 550 BC to 650 AD* (London: I. B. Tauris, 1996), p. 83.

18 “用石头敲掉她的牙齿”：古希腊针对妇女的暴力

劳埃德·卢埃林-琼斯

有位学者提出：“试图讨好希腊人是没有意义的。”[1]一个 380
小小的阿提卡式红彩陶制葡萄酒壶（*chous*,图 18.1）证实了该观点。它为古希腊社会的家庭暴力这个难以处理而又常常令人不安的课题提供了一个有趣的切入点——毋庸置疑，这是一个长期被大家忽视的研究领域。[2]这个酒壶描绘了一栋建筑的横截面，一道坚固的大门划分出内外/男女空间。在门外，一个赤身裸体的男人正举起他的手杖敲打着门，而对门环视而不见。他穿着随便，头戴花环，手里拿着乐器，所有这一切都表明他刚刚参加完一场聚会。他已然喝醉了。他那富有挑衅性的敲门动作让我们想起阿里斯托芬《马蜂》（*Wasps*,1254–5）中的一句台词：“酒带来的是损坏的门、殴打［和］扔石头。”在女性/家庭场所内，一个女人拿着一盏油灯从另一边靠近门（从而确认在暗夜中发生了什么事情），她的肢体语言暗示着她的胆怯、恐惧和明显的忧虑。

谁是这场戏的主角呢？毫无疑问，家（*oikos*，“房子”“一家人”“家庭”）的主人是主角之一，那么还有谁呢？他的奴隶？他的妻子？或是他的女儿？当我们看到这个场景时，我们会有什么样的感觉呢？焦虑、感觉受到威胁或感到冒犯？或者让人觉得好笑？这很可能就是这位艺术家的意图，因为毕竟图像是画在一个小酒壶上的，这种壶在全为男性的饮酒聚会 381

上被使用。我们不能确定具体的情节是怎样的，但我倾向于认为它描绘了一个酒醉的丈夫从热闹的聚会上回家，却发现门上了闩；他大吵大闹以宣泄懊恼。[3]女人（不管她是谁）带着明显的不安走向他，因为她知道，当她拉开门闩时，很可能会受到那根手杖的伤害。

图 18.1　阿提卡式的红彩陶制葡萄酒壶，约公元前 450 年，藏于纽约大都会艺术博物馆

葡萄酒壶上的图像在很多方面引人深思。如果这确实是一幅幽默的图像，那么我们如何去证明？它或许可以被看作“对现代漫画中醉汉因害怕遭到报复而偷偷回家的陈词滥调的反转”。[4]但是，古人是如何对它做出解释的呢？他们真的想这

382

么做吗？醉汉站在门口的形象是家庭暴力的一种有趣却实际的表现。它暗示了希腊社会中一种好斗的个性特点，暗示了男人可能好斗，女人则可能会因这种好斗而遭受痛苦。然而，这是我们所说的“家庭虐待”的证据吗？

男子气概和暴力：雅典及雅典之外的地方

在 1998 年的一篇文章中，尼克·费舍尔（Nick Fisher）探讨了雅典社会中公然的男性好斗行为的本质；他指出，古雅典是一个充满暴力的城市，深受大男子主义思想意识之苦。[5]事实上，为了形成这样的认识，费舍尔利用了戴维·吉尔摩（David Gilmore）的人类学暴力模型，该模型聚焦于安达卢西亚社会和邻近的地中海社群，目的是界定是什么构成了男性文化。[6]吉尔摩指出，为了创造一种大男子主义文化，某些因素从根本上是必要的：例如，必须清晰地认识到男性和女性在天性和能力上的差异。在“大男子主义社会”中，男人承受着持续不断的压力，人们要求他们在公众面前表现得特别好，因此，作为父亲（尤其是好儿子的父亲）和丈夫，他们要供养妻子，要警觉地守护她们。为了做到这一点，他们需要“扮演”大男子主义的“角色”。在这方面，尤其重要的是他们需要具备在社会中发挥性别主导作用的能力，并极力避免任何女性化的诋毁。男性需要参与体现男子气概的竞赛和复杂的成人仪式，这些都进一步强化了这种角色扮演的场景。

此外，男子汉被迫保持职业的独立性，还不得不维持他在亲密的家庭群体中的地位。他们必须一直表现出对荣誉的骄傲，最重要的是，要对针对他们的男性形象、家庭，特别是女性亲属声誉的侮辱做出适当的回应。推而广之，这种对个人和

家庭荣誉的警觉需要在公共场所的行为中表现出男子气概，包
383 括大声喊叫、打架，有时甚至是杀人。

费舍尔探讨了吉尔摩强调的每个类别，并仔细地利用它们来展示雅典男性如何应对同样的社会压力和社会需求。他说，雅典是一个“非常暴力的社会…… [尽] 管坚持一种坚定的意识形态承诺，即公民应该证明他们的男子气概，维护他们的荣誉和避免受辱……发生了许多小规模的打斗”。[7]费舍尔确定，“应该强调的是，对家属和奴隶随意的暴力，以及对儿童的殴打，都很可能是普遍的”。虽然这一观点本身没有引起争议，[8]但费舍尔进一步说：“很少有人明确地提到殴打妻子是一种通常的做法，但它似乎不太可能不是经常发生的。”[9]这是一个大胆的说法，费舍尔接着又阐述了另一个观点：“与年轻奴隶遭受性虐待的证据相比，家庭内部性虐待的证据似乎更少，这并不令人惊讶；在某种程度上，这种性交对象的易得性可能降低了对自由民儿童的虐待程度，但这肯定不太可能使父亲虐待女儿成为相当罕见的问题。”[10]这些想法是发人深省的，尽管查找证据超出了他的职责范围，不过费舍尔使我们不得不承认，人性中最令人生厌的一些方面是希腊人日常生活中的现实情况，它们在大庭广众之下暴露出来或弥漫在家庭里。

然而，在 2003 年的一篇饶有趣味的文章中，丹妮尔·艾伦（Danielle Allen）认为，雅典的暴力源于把愤怒视为必需品的观念：由于“热血的愤怒”有助于正义和良好的政治，法庭演讲将愤怒视为一种令人钦佩的精神状态。[11]当然，政治秩
384 序需要并依赖愤怒，进而延伸到暴力，这会带来很多风险，因此艾伦认为，愤怒的范围是有限且受到控制的。愤怒不是为了家庭，也不是女人该有的情绪。

这是否意味着费舍尔认为的作为雅典社会核心的暴力没有延伸到家庭或者没有影响到妇女呢？我将在本章中讨论这一问题，鉴于资料中包含的证据，我很难接受艾伦的推测，即愤怒和暴力在理想的情况下局限于公共场合。[12]与荣誉和耻辱密切相关的男性暴力显然进入了家庭生活，下面我将予以论述。

社会传统、循规蹈矩和暴力

关于希腊社会中的荣辱关系的学术研究，特别是关于家庭女性成员的研究，证实了希腊人生活里的暴力现实。[13]例如，对女性荣誉和耻辱的态度，反映在必须严格遵守的、明文规定的戴面纱的习惯做法中，因此这种做法是古希腊社会秩序必不可少的组成部分。女性的羞耻感，以及随之而来的用纱遮面的行为，遵循着超出法律规范的不成文的规定和行为规则：毕竟，习俗有助于创建和加强社会秩序；它经常超越和胜过法律，比法律更强大，而狂热地坚持社会习俗的人往往选择忽略法律的限制。

古希腊法官制定的法律是非常重要的，而风俗作为法律的合法来源，可能只发挥了很微弱的作用，但这并不排除社会习俗，甚至“家庭法”，或者我们可以称之为“家庭传统”的一些东西，可能会绕开正式的城市法律，这种现象被大卫·科恩（David Cohen）称为“制裁和控制的法外形式”。[14]例如，众所周知，在雅典，通奸的妇女会受到法律的严惩：淫妇要与她的丈夫离婚，被排斥在公众生活之外（她被剥夺了履行宗教职责的权利，因为她玷污了自己），并且执行惩罚的任何人（可 385
能是任何男人）都可以打她。[15]严厉的惩罚是为了给妇女灌输一种恐惧感，促使她们保持贞洁。[16]不过有趣的是，有些男人不愿公开私人生活的性丑闻。有人提出，这也许是出于对经济利益的渴望，或对他们妻子的爱，又或是为了维护他们自身和家族的荣誉。[17]尽管如此，正如科恩指出的，“在任何一个包办婚姻、限制求爱和实行双重标准的社会中，通奸都可能是这类安排经常让人产生的情感和社会挫折感的发泄渠道”。[18]因此，正如人们认识到的，既需要一种非正式的社会学控制方法，也需要一种特殊的立法来控制通奸的威胁。尽管学者已经广泛讨论了对通奸者进行惩罚的问题，[19]但只是偶尔才有人提出家庭的男性成员可能会把法律掌握在自己的手中，并根据城邦内施行的成套家庭法则来惩罚——身体方面——越轨的女性。正如费舍尔指出的那样，鉴于对家族荣誉的高度重视是大男子主义社会的核心原则，我们可以假定人们对家庭成员的行为实行严格的监管：违法的家庭成员，尤其是女性，如果被认为违背了更广泛的社会对家庭荣誉的看法，就有可能受到家族中最有权威的成员的惩罚，特别是在家族内部享有盛誉的最年长男性的惩罚。[20]

386 关于希腊人悉心守护妻女贞洁的这个问题，人们已经进行了充分的探讨，但是，把女性视为低等的、反复无常的性别的思想观念是否会导致男性运用暴力来看管和控制她们呢？最近，约旦的一篇报纸专栏文章（当然，作者是男性）提到了一句人们熟悉的阿拉伯格言（但并非出自《古兰经》）：“如果一个女人不听从她丈夫的话，就可以打她。殴打不会伤害妇女的尊严。不可能伤害到她们的尊严，因为女人生来就没有尊严。”[21]我们是否在希腊文献中发现了类似的针对女性的暴力准则呢？在今天的西方，社会普遍反对殴打妻子或家暴妻子（尽管令人震惊的数字强调了这种行为经常发生）。然而，在一些非西方国家（或者通常被称为“传统”社会），情况可能有所不同。对妇女的暴力行为并不总是受到社会的谴责，事实上，它可以作为“父权价值观”的一种表达方式而得到人们的拥护。在一些“传统”社会中，群体价值观积极支持在家庭环境中使用暴力，攻击行为和暴力实际上被用作家庭内部“解决问题”的一种技巧。当这种思想观念与个人和家庭的荣辱问题联系在一起时，暴力的范围就扩大了；对于家庭女眷的行为，“人们会说三道四”，而这可能会让男人觉得“有失颜面”，因此他会采取暴力行为，既出于对以自我为中心的利益的强烈追求，也出于对不作为会被视为软弱和带来更多耻辱的恐惧。[22]

对伊朗、孟加拉国和印度北部的“传统”父权社群农村的一系列深入研究揭示了这些社会具有非常暴力的文化形态（事实上，可以依照吉尔摩对安达卢西亚人或费舍尔对雅典人的社会研究建立模型）。[23]在这些社群中，殴打妻子和家暴妻子的情况非常严重，同时在社会的男性平行领域内，暴力和战争的使用也非常普遍。没有社群干预针对妻子的暴力行为，对男 387
子气概的定义积极推动了男人对妇女的攻击行为和支配。此外，许多社会文化因素也促使妻子屈从于她的丈夫。年轻妇女受到严密的保护，根据群体的文化规范，可以将她们隔离或与社会的其他部分隔绝开来（她们往往处在女性监护人的密切监视下，被迫尽可能多地待在家里）。她们往往在很年轻的时候就结婚了，然后成为忍让克制的新妇。妇女在经济和社会上都依赖她们的父亲、兄弟或丈夫，丈夫如果不能管好妻子，就等于让自己丧失颜面，而且会被视为整个家族的耻辱。

当代社会人类学家关于在传统的男性暴力文化中妇女从属角色认定的许多问题（如果不是全部问题的话），也可以很容易地在古希腊世界里妇女较低的社会地位中得到确认。在古希腊文献中，很少有明显的针对妇女的暴力行为的暗示，但那些确实存在的少数文献需要我们仔细解读其包含的信息。

希腊文学史料

下面谈到的内容涉及荷马时代直至罗马帝国时期的文献，对于在这些资料中出现的一些关键问题，我将给予简短的评论。

荷马：《伊利亚特》第一卷，第 560—589 行

> 集结雷雨云砧的宙斯回来了，“你真是让人恼火……总是没完没了地狐疑——我永远也摆脱不了你。但是，告诉我，赫拉，对此你能做些什么呢？什么也做不了。只有
> 388 让你离我更远一点——对你来说，一切都更糟了……现在坐下来吧。给我安静点。服从我的命令，因为无论奥林匹斯山有多少神灵，当我用我不可抗拒的双手掐死你时，恐怕他们都无力保护你”。他平静下来，但天后赫拉睁大了眼睛，她吓坏了。她默默地坐着。她让自己的意志与他的意志保持一致。在宙斯的所有殿堂里，天上的众神都因恐惧而颤抖。赫菲斯托斯……站起来……他现在正尽力给他亲爱的母亲带来一点安慰：“……如果你们两个就这样打起来，真是让我受不了……我恳求你，母亲……努力重新赢得他的青睐吧……”
>
> ［扬科（Janko）译］

根据荷马的说法，即使是女神也会受到丈夫的虐待，正如

他描述的，宙斯威胁他的妻子自己会使用无法遏止的身体暴力，他把这一点已经说得很清楚了。[24]威尔科克（Willcock）对这个场景的解释是，这是《伊利亚特》里早期发生的几件事之一，强调了宙斯作为天界主人的霸权；在这样的场合下，他变成了一个恶霸，用暴力威胁其他神灵，而且结果总是他占据上风。[25]然而，真正让他愤怒的是他的妻子——他对赫拉的敌意具有一种特殊的婚姻属性，于是他们的婚姻增加了暴力的含义。像 *epipetheō*（顺从；1.565）和 *epidaineton*（吵架；1.574）这样的单词强调了婚姻的争吵本质，当宙斯建立了理想妻子的行为准则时，赫拉却经常打破这些准则。事实上，在第八卷第407—408行，宙斯能够宣称赫拉激怒他只是出于习惯，不管他如何咆哮。[26]

尽管如此，此时的赫拉还是很害怕的。女神非常清楚她面临的危险，这无疑使她想起了自己在过去遭受的暴力，于是她立即默许了宙斯要求她闭嘴的命令。然后，赫菲斯托斯悄悄地恳求他的母亲用温柔的话语抚慰宙斯，实际上，是让她扮演一个（至少是）顺从且满足的家庭主妇的角色。

荷马：《伊利亚特》第十五卷，第12—23行 389

一看到赫克托耳，人类和众神之父马上心生怜悯，他狠狠地瞥了赫拉一眼，对她大声喊叫：“你造成了多大的灾难！无法控制的赫拉……我要一鞭一鞭地抽打你。你忘了有一次我把你吊在半空中，把那两个巨大的铁砧悬挂在你脚上，又用一条你无法扯断的金链子把你的双手绑起来吗？在那里，就在云层里……你被挂在那儿。陡峭的奥林匹斯山上强大的众神都怒气冲冲地离去了，他们也无能为力——他们能做些什么才能让你获得自由呢？他们只能无助地站在那里。”

（扬科译）

书中第十五卷的对话是对赫拉实施的一连串暴力的高潮部分，这部分通常被称为“赫拉的惩罚”（*kolasis tēs Hēras*）。当然，扬科是把这段话当作幽默来解读的：“荷马的读者会被这个故事的家庭感染力逗乐的。”[27]惠特曼（Whitman）也表示，“也许荷马认为这一段有点滑稽……这只是 *kolasis Hēras*——一种相当严厉的家庭惩罚，但也是理所当然的”。[28]然而，我们可以从另一个层面来解读这个场景；赫拉令人厌恶地提醒宙斯，他颜面尽失且自负，这已经让他感到愤怒，赫拉面临着遭到严重惩罚的危险，就像她在过去受到的惩罚一样，被锁链捆着，脚上挂着重物，被悬挂在天空中。

塞蒙尼德斯（Semonides）片段 7［《论女人》（*On Women*）］，第 12—20 行

另一个由母狗变成的［神］……她四处张望，到处乱跑，总是大喊大叫，即使她没有看到任何人。男人无法用恐吓来阻止她，也不能通过对她发脾气，并用石头敲掉她牙齿的方式来阻止她……她只是不停地吠着（*lelēken*）……

［劳埃德-琼斯（Lloyd-Jones）译］

塞蒙尼德斯的《论女人》是现存最长的古典时期之前的非六步格诗，也是西方文学中第一部以女性为唯一主题的作品，因此，它很容易被人们理解为希腊人对女性态度的书面历史资料，诗中的这些女性被证明是低等生物，她们没有思想，不能自我控制。根据塞蒙尼德斯的说法，“泼妇”会让男人产生生理上的愤怒（参见 *Od.* 18.25–9）。

塞蒙尼德斯的主要目的是娱乐，如果这篇残缺不全的诗确 390
实是一出喜剧，一部社会讽刺作品或一系列笑话，其主题为女性是男性的祸根，那么我们就会通过粗俗的文化习语，在这种特定的情况下，嘲笑因过分多嘴而理应挨打的妻子。塞蒙尼德斯的诗具有娱乐性，但这并不能否认它对女性社会地位之严肃反思的价值。例如，*lelēken* 这个词，在这个段落中总是被翻译成狗的吠声或嗥叫声，而表示持续发出声音的动词确实有狗的隐含意义。有趣的是，当把这个词用于男人时，*lelēken* 可以仅仅意味着“大声说话”或“说话过于大声”。在塞蒙尼德斯的诗中，这种双重应用是不应该被忽视的。那个老爱说长道短的泼妇话太多，声音也太大。

欧里庇得斯（Euripides）片段 497［聪明的墨拉尼珀（Melanippe Wise）/墨拉尼珀的俘虏（Melanippe Captive）］

> 惩罚她（*teisasthe tēnde*）！……有些男人发现女人变坏了，并没有把她除掉……然后她的坏事波及许多人并进一步恶化，所以她们的美德消失殆尽。

欧里庇德斯的两部关于墨拉尼珀神话的作品，显然是以通奸和报应为主题的，从这两部失传的戏剧中摘取的一系列片段，也许可以为人们普遍持有的观点提供一些见解。[29]于是，对于女性的普遍本性，一个不知名的（男性?）角色声称，“女性招致的仇恨是非常伤人的。那些已经堕落的人给那些没有堕落的人带来耻辱，坏人牵连好人一起受到责难；在婚姻问题上，男人认为女人完全是堕落的”（片段 493）。男性对女性性行为不端、通奸和不贞的恐惧构成了这段文字的基本内容。[30]根据片段 497，解决女人淫乱问题的方法很简单：惩罚和死亡。[31]

阿里斯托芬：《利西翠妲》（*Lysistrata*），第 160—166 行

卡洛尼斯（Calonice）：那如果他们强行（*bia*）把我们拖进卧室呢？

利西翠妲（Lysistrata）：抓紧门。

卡洛尼斯：那如果他们打我们怎么办（*ean de tuptōsin*）？

利西翠妲：那么就屈服，但要令人不快：当男人不得不强迫你（*bian*）的时候，他们在性爱中没有乐趣。别担
391 心，他们很快就会放弃的。如果妻子不想让丈夫过幸福的生活，他就不能过幸福的生活。

［亨德森（Henderson）译］

在这段文字中，丈夫对妻子的权威通过升级的暴力而得到强调。在第 160 行，*bia* 表示丈夫把妻子带进卧室的一般暴力，但在仅仅两行之后，暴力就变得更加具体（*tuptōsin*，击打、猛击），这种行为的强度在词源 *tupos* 中得到了体现，它的意思是“猛击的痕迹”或“影响”。

阿里斯托芬：《利西翠妲》，第 507—520 行

利西翠妲：在此之前的一段时间里，我们一直保持着

> 我们的礼仪，无论你们男人做什么，我们都（默默地）忍受着，因为你们不让我们发出一点声音。但你们并不是我们唯一想要的。不，我们太清楚你们要做什么了，很多时候我们会在家里听到你们在一些重大的国家问题上做了糟糕的决定。然后，我们会掩饰心中的痛苦，微笑着问你：“今天的大会怎么样……？”我的丈夫会说：“那跟你有什么关系啊？闭嘴！”然后我就闭嘴了。
>
> 老妇人：我是不会闭嘴的！
>
> 治安官：如果你不闭嘴，就得挨一顿揍。
>
> 利西翠妲：喏，那就是我闭嘴的原因了。但后来我们又听说你们会做出更糟糕的决定，于是我们就问：“老公，你在处理这件事上怎么这么愚蠢？”他会马上瞪着我，告诉我说，如果我不想让自己头破血流，就回去做针线活。
>
> （亨德森译）

根据利西翠妲的说法，在丈夫于大会上度过了不愉快的一天后，一个过分多嘴的妻子可能会受到丈夫的暴力威胁，因此，为了避免挨打，她应该明智地三缄其口。阿里斯托芬强调，只有在妻子第二次就大会事务向丈夫施压（同时还批评他）之后，才会发生暴力。她还不知道自己的地位，也不知道什么时候该向丈夫展现“沉默的舌头和平静的外表”。[32]

阿里斯托芬：《云》（*Clouds*），第1443—1446行 392

> 斐狄庇德斯（Pheidippides）：我要打妈妈，就像我打你一样。
>
> 斯瑞西阿得斯（Strepsiades）：什么？你刚才说什么？

那可不一样，那是更严重的罪行！

斐狄庇德斯：如果我决心用“更糟糕的论点”来打败你，那会怎样呢？打自己的妈妈是对的吗？

（亨德森译）

虽然虐待妻子的行为被人们忽略了，人们似乎很少或根本就不评论，但对父母的殴打从未被宽恕；殴打母亲尤其可恶。

在这里，阿里斯托芬通过展示他想象中的雅典（他想象中的城市是一个孩子打父母的城市，而在现实中是父母惩罚孩子）是非颠倒的本质，创造了一个幻想的情境，然而，就像巴里·施特劳斯（Barry Strauss）所说的那样，声称虐待父母只是喜剧里的幻想，这是天真的。[33]在希腊文献中，我们能够找到殴打父亲和母亲的资料，尽管通常是把殴打母亲（*mētraloias*）和殴打父亲（*patraloias*）放在一起说，而且在法律或修辞中，没有任何地方说到对母亲的暴力比对父亲的暴力更令人发指。[34]然而，在《云》中，斐狄庇德斯完全错误地认为，如果知道他打算打自己的母亲，他的父亲会很高兴——斐狄庇德斯似乎并未对她怀恨在心；他计划打他的母亲，只是为了满足惧内的斯瑞西阿得斯。斯瑞西阿得斯对儿子的建议感到愤怒，这也许可以用雅典的礼法（*nomos*）来解释，也就是母子之间的关系比父子之间的关系更为密切。不过，这里特别有趣的地方是，在雅典社会中，虐待母亲的人会受到谴责，虐待妻子的人却没有受到这种责难。

普鲁塔克：《亚西比德传》第 8 章第 4 节

亚西比德走上前来，抓住［希帕里特（Hipparete）］，

> 把她拖回了家，途中穿过市场，没有人敢反对他，也没有人敢把她从他身边带走。
>
> （佩兰译，有改动）

根据普鲁塔克的说法，亚西比德恃强凌弱。然而，他在大
庭广众之下粗暴地对待他的妻子希帕里特，希帕里特正试图去
找执政官要求离婚，他们经过时众人无人评论。普鲁塔克说： 393
“这种暴力行为（*bia*），根本就不被认为是违法的或残忍的。事
实上，法律规定，妻子想和丈夫离婚，应该亲自到法庭，看
来，最后丈夫可能在路上遇到她，从而重新控制住了她。”[35]

《亚西比德传》叙述的希帕里特事件，我们可以把它理解为普鲁塔克想要在亚西比德的故事中编造出一个道德沦丧且暴力的形象；[36]在希帕里特的故事之后，普鲁塔克立刻描述了亚西比德的狗，这并非巧合：

> 他花 70 迈纳买了一条大而漂亮的狗，并把它的尾巴割了下来，这条狗的尾巴也很漂亮。他的朋友为此批评了他，并声称每个人都对这条狗的遭遇感到愤怒，并辱骂它的主人。亚西比德却大笑起来，说：“这正是我想要的；我想让雅典人谈论这件事，这样他们就不会说我更多的坏话了。”[37]

亚西比德虐待狗的逸事与他对待妻子的粗暴行径如出一辙，但对希帕里特的惩罚没有引起公众的评论，割掉狗尾巴（尽管是出于审美考虑）反而让公众感到惊愕。伪安多基德斯（Pseudo-Andokides）似乎认为亚西比德对希帕里特的态度是极

其傲慢的，但他的观点独一无二。[38]这不禁让我们好奇，对女性施暴是不是一种傲慢。女性理所当然地被认为是男性傲慢的催化剂，但根据费舍尔的意见，傲慢给了攻击者一种优越感，同时也违反了国家的法律或挑战了社会的规范，可以这样认为，一个女人拒绝承认自己低人一等或拒绝服从男人的意愿，这就是她们的一种傲慢行为。[39]柏拉图喜剧（Plato Comicus）里的一句话是这样说的："如果你总是惩罚你的妻子，她是你最好的财产；如果你太宽大，她就会变得狂妄自大，不受控制。"[40]希帕里特出身于贵族家庭；因此，针对女性的暴力思想也适用于贵族。我们不应该认为对妻子的暴力是较低的社会阶层独有的活动；事实上，我们可以认为，上级阶层的荣辱观念
394 渗透到了下级阶层，他们的控制方式也渗透到了下级阶层。[41]

查里顿（Chariton）:《卡利洛厄》（*Callirhoe*）第一卷第 4 章第 12 节至第 5 章第 1 节

> ［凯利亚斯（Chaereas）］不知道该怎样责备［卡利洛厄］；但愤怒让他无法思考，当她向前跑时，他踹了她一脚。这一脚正好踹在那姑娘的横膈膜上，使她喘不过气来。她昏倒了，她的使女把她抱起来放在床上。卡利洛厄就这样躺着，一言不发，也没有呼吸，看上去如同死去一般。
>
> ［里尔登（Reardon）译］

现存的第一部希腊小说《卡利洛厄》对家庭暴力进行了直白的描述，这部小说的创作时间可追溯到希腊化晚期或罗马帝国早期。小说的主人公凯利亚斯嫉妒心强而且凶残，他殴打

自己年轻的妻子，认为自己已经把她打死了；她被打得昏迷，但又奇迹般地活了下来。[42]这次侵害是由一个关于卡利洛厄忠诚的谣言引起的；这次暴力没有逐步升级的过程，殴打之前也没有任何威胁或警告。凯利亚斯只是在盲目的愤怒中，在嫉妒、羞耻和伤害的狂乱中进行发泄。卡利洛厄被扔在那里等死，而接下来，凯利亚斯将他的愤怒发泄在女仆的身上，“当她们遭受严厉的批评和折磨时，他才知道了真相”（1.5.2）。

回归荣誉：虐待的等级

似乎从短暂的一瞥中，我们走进了私人生活的一个方面，妇女可能会遭到她们的男性亲属不同程度的殴打，女性如果使男性的荣誉受损或搅乱了男尊女卑的思想观念，就会受到惩罚。如果妻子拒绝卑躬屈膝或拒绝接受教训，体罚就被认为是必要的。因此，色诺芬的《经济论》（*Oeconomicus*）中没有任何关于惩罚妇女的内容，是因为这部作品的作者也是一位哲学家，他给主要角色伊斯霍玛霍斯（Ischomachos）特别优待，为其设计了一个非常年轻和顺从的妻子。[43]二十年后再去造访伊斯霍玛霍斯的家，一定会非常有趣。

在许多“传统”社会中，理想的男子气概是由“荣誉”的概念支撑的，从根本上来说，这与监管女性的行为举止和性行为有关。人们通常认为，荣誉存在于女性的身体里。此外， 395
妇女的荣誉取决于社会愿意承认的声誉，而不是事实证据。虽然关于女性社会行为的规范和法则因时期和地域而异，但人们认为这些对男性的荣誉有直接的影响。妇女只要稍有可耻行为的嫌疑就会遭到暴力对待（包括谋杀）。她如果不打算让家里的男人受辱，就必须培养自己强烈的羞耻感；此外，如果女性违反了荣誉规范，整个家庭都会蒙受耻辱。因此，男人必须做出适当的反应，因为如果他的行为不像人们期望的那样富有男子气概，他就会蒙受更多耻辱。正如伊尔凡·胡塞恩（Irfan Husain）所强调的，

> 在所有关系中，男人对女人最有力的武器是"荣誉"的概念。在结婚之前，一个女人，作为女儿，代表着父亲的"荣誉"；作为姐妹，代表着兄弟的"荣誉"；作为心爱的人，代表着未婚夫的"荣誉"。婚后，作为妻子，她象征着丈夫的"荣誉"；作为儿媳，她象征着公公的"荣誉"；作为母亲，她象征着儿子的"荣誉"……最终，她象征着她的民族、部落、土地和国家的"荣誉"。因此，当这些男性集体互相争斗时，她是必须被供奉在男性"荣誉"祭坛上的人。在祭祀的问题上，没有宗教、教派或团体是彼此不同的。妇女作为"荣誉"象征的概念使她们仅仅成为一些符号，真正有血有肉的妇女消失了。[44]

颇具讽刺意味的是，男人的荣誉是通过血肉之躯来捍卫的。在印度北部，有一句广为流传的谚语，"痛打无耻的轻浮女人"，这句话经常被用作对那些与离经叛道的妻子有矛盾的丈夫的忠告。殴打妇女是印度文化的重要组成部分，妇女也视其为理所当然。另一句谚语有助于我们理解这种思想观念："夫妻之间的争吵是无关紧要的。"因此，邻居很少（如果有的话）干涉家庭暴力，事实上，妻子自己同样憎恨外界的干涉，这种情况在现代西方也很常见。[45]阿布-卢格霍德（Abu-Lughod）对这一情况进行了有趣的解读，并揭示了在奥拉德阿

里人（Awlad Ali）当中，男性的坚韧是受人钦佩的，而在某种程度上，女性喜欢“真正的男人”的概念，普遍认同男性对家庭权力的理想化观念（再次强调，这在现代西方并不一定是陌生的概念）。[46]

古希腊的证据表明，女性如果挑战男性权威，就会遭受暴 396
力或暴力威胁，身体暴力往往发生在威胁和口头谩骂之后。我们可以确认暴力的几个关键性诱因：妻子说话不合时宜（赫拉、泼妇、利西翠妲）；妻子的行为与丈夫的意愿相抵触（希帕里特、泼妇、利西翠妲）；妻子拒绝同房（卡洛尼斯、利西翠妲）；怀疑妻子不忠或妻子成了流言蜚语的焦点人物（卡利洛厄）；喝酒（藏于大都会艺术博物馆的葡萄酒壶）。在我们的文字材料中，针对妇女的身体暴力的类型迥异，从（可能）扇耳光和用拳头猛打到拖拽和抛掷，以及用石头击打和踢打。暴力的程度从以惩罚相威胁到殴打和猛击不等：妻子传播流言或顶嘴（泼妇、赫拉、利西翠妲）会受到责骂而免于惩罚，因为这给丈夫带来了烦恼；但妻子如果成为流言的主角（如卡利洛厄），就会受到严厉的体罚，因为谣言引起的耻辱有损于家庭。

在文本中出现的男人，以及那些塑造他们的人（可能不包括普鲁塔克），似乎把暴力视为一种必要的工具，用来“教导”并最终约束他们的妻子。考虑到这些文字资料是由男人书写的，妻子（甚至包括利西翠妲）没有公开反对这种惩罚或存在延续这种虐待的主流思想观念也就不足为奇了；很可能妇女并没有从那些方面考虑，而是无条件地接受了暴力。就像印度一个社群的年轻妻子说的那样：“丈夫做的任何事情都是正确的，在这个社群都是可以接受的……如果妻子质问丈夫，就会出现很多问题……这是我们这个时代的长辈教导我们要做的，我们都觉得自己应该做到这一点。”[47]

古希腊社会发生过家庭暴力吗？

对于这个问题，我的回答是肯定的。但是，我需要通过提出几个命题来具体说明这一点。

397 （1）家庭暴力发生过，但不常见；家暴被认为是不正常的现象。

这是莱斯利·多西（Leslie Dossey）持有的（或许过于）乐观的观点。她认为，男性的行为观念意味着他们羞于殴打自己的妻子，殴打妻子是对妻子的傲慢，因为打她就是把她当作奴隶对待。她指出，真正的男人会与和他们实力相当的对手进行战斗，因此与女人打架会带来耻辱。她相信，这就是丈夫通常会追击通奸的男人而放任妻子的原因。[48]但是，资料中没有任何证据能表明这一点，我们怎么知道妻子被放任不管了？不守规矩的妻子只是从公众视线中消失了而已。

亨德森也认为，虐待妻子的人是不受欢迎的。[49]殴打男性公民是非法的（也是不民主的），因此，他认为，针对女性的身体暴力也不被认可。他提出，从文献资料来看，只有酒鬼和恶棍才会殴打他们的妻子。不过，我在现有的证据中并未看到这一点。

（2）家庭暴力频繁发生，但被人们认为是私事，因此没有在文献资料中体现出来。

有这种可能，至少如果我们认为，对希腊社会来说，家庭暴力是可耻的、丢脸的和令人不快的，那么这类事情就不会在社群中被详尽地讲述；家庭暴力与古代证据和人类学“规范”

格格不入。[50]

（3）家庭暴力成为一种惯例，在文献资料中根本不值一提。

这是上述问题最有可能的答案。家庭暴力是希腊社会规范的一部分。这一行为没有什么可耻之处，因为它是一种衡量性
别角色和期望的文化建构。家庭虐待没有体现在文献资料中的 398
原因，正如印度的一句谚语所说：“夫妻之间的争吵是无关紧要的。”[51]

在所有社会中，特定的机构被认为有权命名和界定构成犯罪的行为或正当的惩罚行为。我想，这个词是“权力”；谁给它命名，谁就拥有它。如果希腊资料中没有“家庭虐待”或“家庭暴力”甚至“虐待妇女”的概念，那只是因为希腊人不需要这类概念。暴力在希腊社会是普遍存在的，而家庭内部的暴力是在公共场合表现出来的那种暴力的组成部分。如果认为男人生活中受荣誉驱使的道德准则穿透墙壁进入家庭的社会结构，这是符合逻辑的，因为在希腊，私人生活常常可以公之于众：人们通过多层次的社会关系网，能够详细了解发生在各级社区的事情，既有公众方面的，也有私人方面的。希腊人的私人生活也是公共事务。

参考论著

关于希腊世界中针对妇女的暴力侵害的学术研究仍然十分有限，尽管其影响力正在不断扩大。Virginia J. Hunter, ‘Gossip and the Politics of Reputation in Classical Athens’, *Phoenix* 44.4（1990）, pp. 299-325 以及 James Roy, ‘An Alternative Sexual Morality for Classical Athenians’, *Greece and Rome* 44.1（1997）, pp. 11-22 都探讨了暴力背后隐藏的问题，包括名声和荣誉的问题。Patricia Clark, ‘Women, Slaves, and the Hierarchies of

Domestic Violence: The Family of Saint Augustine', in S. Murnaghan and S. R. Joshel (eds.), *Women and Slaves in Greco-Roman Culture* (London: Routledge, 1998), pp. 109–29 探讨了与圣奥古斯丁的母亲莫尼卡有关的古代晚期的大量家暴证据，而 Leslie Dossey, 'Wife-Beating and Manliness in Late Antiquity', *Past & Present* 199 (2008), pp. 3–40 扩展了研究范围，但主要讨论的仍然是晚期罗马的证据。

Nick Fisher, 'Violence, Masculinity and the Law in Classical Athens', in L. Foxhall and J. Salmon (eds.), *When Men Were Men: Masculinity, Power and Identity in Classical Antiquity* (London: Routledge, 1998), pp. 68–97 首次强调在希腊资料中找到暴力侵害妇女之证据的可能性，后来，Lloyd Llewellyn-Jones, 'Domestic Violence in Ancient Greece', in S. Lambert (ed.), *Sociable Man: Essays in Greek Social Behaviour in Honour of Nick Fisher* (Swansea: Classical Press of Wales, 2011), pp. 231–66 是参考费舍尔的著作写就的，并且至今仍是对这一主题最全面的论述。

Danielle Allen, 'Angry Bees, Wasps and Jurors: The Symbolic Politics of *Orgē* in Athens', in S. Braund and G. Most (eds.), *Ancient Anger. Perspectives from Homer to Galen* (Cambridge: Cambridge University Press, 2003), pp. 76–98，以及 *The World of Prometheus: The Politics of Punishing in Democratic Athens* (Princeton, NJ: Princeton University Press, 2000)，这两项优秀的研究
399 都探讨了古代雅典的暴力世界。Douglas Cairns, *Aidos: The Psychology and Ethics of Honour and Shame in Ancient Greek Literature* (Oxford: Oxford University Press, 1993) 对希腊人关于荣誉与耻辱之间关系的认识做出了最好的阐释。劳埃德·卢埃林-琼斯的 *Aphrodite's Tortoise: The Veiled Woman of Ancient Greece* (Swansea: Classical Press of Wales, 2003) 研究了在希腊世界中戴面纱现象的存在及其意义。

重要的是，我们要在探究和理解虐待的现行方法论框架内建立家庭暴力的古代概念，为此目的，以下研究是极为宝贵的：Rebecca Dobash and Russell P. Dobash, *Rethinking Violence against Women* (London: SAGE, 1998); Jeff Hearn, *The Violences of Men* (London: SAGE, 1998); June Keeling and Tom Masoon, *Domestic Violence: A Multi-Professional Approach for Healthcare Practitioners* (Maidenhead: Open University Press, 2008)。

由于缺乏古代证据，人类学研究成果在古代家庭暴力研究方法论的逻辑依据方面发挥了特别重要的作用。J. K. Campbell, *Honour, Family, and*

Patronage: A Study of Institutions and Moral Values in a Greek Mountain Community (Oxford: Oxford University Press, 1964)，以及 David Gilmore (ed.), *Honour and Shame and the Unity of the Mediterranean*, AAA special publications series 22 (Washington, DC: American Anthropological Association, 1987)都探讨了男子气概和荣誉的观念。

在关于中东、印度和亚洲其他地区的“传统”社会的研究中，有许多重要的工作成果。尤其需要参阅 Prem Chowdhry, *The Veiled Women: Shifting Gender Equations in Rural Haryana 1880 - 1990* (Oxford and New Delhi: Oxford University Press, 1994); Gwen J. Broude, *Marriage, Family and Relationships: A Cross-Cultural Encyclopaedia* (Santa Barbara, CA: ABC-CLIO, 1994); Veena T. Oldenburgh, *Dowry Murder: The Imperial Origins of a Cultural Crime* (Oxford and New Delhi: Oxford University Press, 2002); Pamal J. Chana, *Domestic Violence: The Impact of Culture on Experiences of Asian (Indian Subcontinent) Women* (Norwich: University of East Anglia Press, 2005); Sara Hossain and Lynn Welchman (eds.), *Honour Crimes, Paradigms and Violence against Women* (New York: Palgrave Macmillan, 2005); Amir H. Jafri, *Honour Killing: Dilemma, Ritual, Understanding* (Oxford and Lahore: Oxford University Press, 2008)。

注　释

1. J. C. Mann, 'Gymnazo in Thucydides 1. 6. 5-5', *Classical Review* 24 (1974), p. 178. 关于对醉酒和暴力的态度，参见 Joseph Roisman, *The Rhetoric of Manhood: Masculinity in the Attic Orators* (Berkeley: University of California Press, 2005), pp. 171-3。
2. Virginia J. Hunter, 'Gossip and the Politics of Reputation in Classical Athens', *Phoenix* 44. 4 (1990), pp. 299 - 325; James Roy, 'An Alternative Sexual Morality for Classical Athenians', *Greece and Rome* 44. 1 (1997), pp. 11 - 22; Patricia Clark, 'Women, Slaves, and the Hierarchies of Domestic Violence. The Family of Saint Augustine', in S. Murnaghan and S. R. Joshel (eds.), *Women and Slaves in Greco-*

Roman Culture (London: Routledge, 1998), pp. 109 - 29; Lloyd Llewellyn-Jones, *Aphrodite's Tortoise: The Veiled Woman of Ancient Greece* (Swansea: Classical Press of Wales, 2003), pp. 11, 107, 166-9, 206; Lloyd Llewellyn-Jones, 'Domestic Violence in Ancient Greece', in S. Lambert (ed.), *Sociable Man: Essays in Greek Social Behaviour in Honour of Nick Fisher* (Swansea: Classical Press of Wales, 2011), pp. 231 - 66; Leslie Dossey, 'Wife-Beating and Manliness in Late Antiquity', *Past & Present* 199 (2008), pp. 3-40.

3. Eva Keuls, *The Reign of the Phallus: Sexual Politics in Ancient Athens* (Berkeley: University of California Press, 1985), p. 67. 关于这个方面，之后的论著有 Alexandre G. Mitchell, *Greek Vase-Painting and the Origins of Visual Humour* (Cambridge: Cambridge University Press, 2009), pp. 65-6, 然而，作者没有考虑到过去十年来关于阿提卡艺术中女性地位和身份的重要学术成果，陷入了过时的“好女孩/坏女孩”的争论。关于在门口的女性，参见 Sue Blundell, *Women in Ancient Greece* (London: British Museum Press, 1995), p. 135; Llewellyn-Jones, *Aphrodite's Tortoise*, pp. 194-9, 206-7; Lys. 3. 6-7, Dem. 9. 53, Xen. *Oec*. 7. 14, Theophr. *Char*. 28. 15。
4. Keuls, *Reign of the Phallus*, p. 67.
5. Nick Fisher, 'Violence, Masculinity and the Law in Classical Athens', in L. Foxhall and J. Salmon (eds.), *When Men Were Men: Masculinity, Power and Identity in Classical Antiquity* (London: Routledge, 1998), pp. 68-97.
6. David Gilmore, *Honour and Shame and the Unity of the Mediterranean* (Washington, DC: American Anthropological Association, 1987); David Gilmore, *Manhood in the Making: Cultural Concepts of Masculinity* (New Haven, CT: Yale University Press, 1990).
7. Fisher, 'Violence, Masculinity', p. 92.
8. 罗伯特·加兰（Robert Garland）在这方面的著作仍然是标杆，参见他的 *The Greek Way of Life* (London: Duckworth, 1990), pp. 127-33, 但仍有许多工作要做。亦可参见 Mark Golden, 'Childhood in Ancient Greece', in J. Neils and J. Oakley (eds.), *Coming of Age in Ancient Greece* (New Haven, CT: Yale University Press, 2003), pp. 12-

29。事实上，学者在评估暴力、性或其他行为对希腊儿童的影响时，都乐于使用中立的术语：他们被惩罚、责骂和纠正，但似乎没有受到虐待。在这方面，Fisher,‘Violence,Masculinity’,p. 94, n. 32 反其道而行之。

9. Fisher,‘Violence,Masculinity’,p. 77. 关于良好的婚姻关系和充满爱的家庭群体的论述，参见 Mary Lefkowitz,‘Wives and Husbands’,in I. McAuslan and P. Walcot (eds.), *Women in Antiquity*, Greece & Rome Studies 3 (Oxford:Oxford University Press,1996),pp. 67–82。

10. Fisher,‘Violence,Masculinity,p. 94,n. 32. 关于对奴隶的暴力性虐待问题，参见 Lys. 1. 12。

11. Danielle Allen,‘Angry Bees,Wasps and Jurors:The Symbolic Politics of *Orgē* in Athens’, in. S. Braund and G. Most (eds.), *Ancient Anger: Perspectives from Homer to Galen* (Cambridge: Cambridge University Press,2003),pp. 76–98.

12. Fisher,‘Violence,Masculinity’已经表明，因愤怒产生的暴力情况比 Allen,‘Angry Bees’认为的要多。

13. Douglas Cairns, *Aidos: The Psychology and Ethics of Honour and Shame in Ancient Greek Literature* (Oxford: Oxford University Press, 1993);Douglas Cairns,‘The Meaning of the Veil in Ancient Greek Culture’,in L. Llewellyn-Jones (ed.),*Women's Dress in the Ancient Greek World* (Swansea:Classical Press of Wales,2002),pp. 73–94; Llewellyn-Jones,*Aphrodite's Tortoise*.

14. David Cohen, *Law, Sexuality and Society: The Enforcement of Morals in Classical Athens* (Cambridge: Cambridge University Press, 1991),p. 98.

15. Dem. 59. 87; Aesch. 1. 183 – 4; Cohen, *Law*, *Sexuality*, p. 99. Plut. *Vit. Sol.* 23. 2 暗示通奸的女孩可能会被父亲卖为奴隶。

16. 关于这方面的文献很多，但也有很好的综述性论著：Daniel Ogden, *Greek Bastardy* (Oxford: Oxford University Press, 1996), pp. 136–45; Daniel Ogden,‘Rape, Adultery and the Protection of Bloodlines in Classical Athens’, in S. Deacy and K. F. Pierce (eds.), *Rape in Antiquity: Sexual Violence in the Greek and Roman Worlds* (London:Duckworth,1997),pp. 25–4;Cohen,*Law, Sexuality*,

pp. 98 – 120; Cynthia B. Patterson, *The Family in Greek History* (Cambridge, MA: Harvard University Press, 1998), pp. 107–20。

17. 例如，可参见 Aeschin. *In Tim*. 107; Arist. *Rh*. 1373a35。
18. Cohen, *Law, Sexuality*, p. 169.
19. 可参阅的具体事例出处同上，亦可参见 Danielle Allen, *The World of Prometheus: The Politics of Punishing in Democratic Athens* (Princeton, NJ: Princeton University Press, 2000)。
20. 这是在不久的过去，希腊山村生活的一个共同特征。具体参见 J. K. Campbell, *Honour, Family, and Patronage: A Study of Institutions and Moral Values in a Greek Mountain Community* (Oxford: Oxford University Press, 1964), pp. 160–1, 240, 265–9, 308。关于雅典刑罚的论述，参见 Allen, *World of Prometheus*。关于不公开丑闻的观念，参见 Aeschin. *In. Tim*. 107; Arist. *Rh*. 1373a35; Eur. *Hipp*. 462–3。
21. 引自 Llewellyn-Jones, *Aphrodite's Tortoise*, p. 264。
22. 有关名誉–耻辱准则及其与暴力之关系的非常小心谨慎的解读，请参阅 Hans van Wees, *Status Warriors: War, Violence and Society in Homer and History* (Amsterdam: J. C. Gieben, 1992), pp. 67–9。
23. Jacqueline C. Campbell, 'Wife-Beating: Cultural Contexts versus Western Social Sciences', in D. A. Counts, J. K. Brown and J. C. Campbell (eds.), *Sanctions and Sanctuary: Cultural Perspectives on the Beating of Wives* (Boulder, CO: Westview Press, 1992), pp. 229–49; Mary E. Hegland, 'Wife Abuse and the Political System: A Middle Eastern Case Study', in Counts, Brown and Campbell (eds.), *Sanctions and Sanctuary*, pp. 203 – 18; Prem Chowdhry, *The Veiled Women: Shifting Gender Equations in Rural Haryana 1880 – 1990* (Oxford and New Delhi: Oxford University Press, 1994); Gwen J. Broude, *Marriage, Family and Relationships: A Cross-Cultural Encyclopaedia* (Santa Barbara, CA: ABC-CLIO, 1994); Roksana Nazneem, 'Violence in Bangladesh', in G. French, W. Teays and L. M. Prudy (eds.), *Violence Against Women: Philosophical Perspectives* (Ithaca, NY: Cornell University Press, 1998), pp. 77–91; Veena T. Oldenburgh, *Dowry Murder: The Imperial Origins of a*

Cultural Crime (Oxford and New Delhi: Oxford University Press, 2002); Vivien F. Go, 'Crossing the Threshold: Engendered Definitions of Socially Acceptable Domestic Violence in Chennai, India', *Culture, Health and Sexuality* 5.5 (2003), pp. 393–408; Pamal J. Chana, *Domestic Violence: the Impact of Culture on Experiences of Asian (Indian Subcontinent) Women* (Norwich: University of East Anglia Press, 2005); S. Hossain and L. Welchman (eds.), *Honour Crimes, Paradigms and Violence against Women* (New York: Palgrave Macmillan, 2005); Sharada Srinivasan and Arjun Bedi, 'Domestic Violence and Dowry: Evidence from a South Indian Village', *World Development* 35.5 (2007), pp. 857–80; Amir H. Jafri, *Honour Killing: Dilemma, Ritual, Understanding* (Oxford and Lahore: Oxford University Press, 2008).

24. G. S. Kirk, *The Iliad: A Commentary*, vol. I, books 1–4 (Cambridge: Cambridge University Press, 1985), p. 111.
25. Malcolm Willcock, *A Companion to the Iliad* (Chicago: University of Chicago Press, 1976), p. 3. 另见 *Il.* 8. 5–27, 19. 130f。
26. 如果我们跟随下面这部作品里的老人，就会发现凡人的丈夫也有同样的感受：Chorus of Aristophanes' *Lysistrata* (1039): Wives, 'you can't live with them, you can't live without them!' Naoko Yamagata, *Homeric Morality* (Leiden: Brill, 1994), p. 100 暗示宙斯不再对赫拉的违抗感到愤怒，他们“已经不再进行盘子大战了”。然而，这是对宙斯的暴躁脾气和他真正使用暴力之事实的轻描淡写。
27. Richard Janko, *The Iliad: A Commentary*, vol. IV, books 13–16 (Cambridge: Cambridge University Press, 1992), p. 229.
28. Cedric H. Whitman, 'Hera's Anvils', *Harvard Studies in Classical Philology* 74 (1970), pp. 37–42, esp. p. 38.
29. 相关评论，参见 C. Collard, M. J. Cropp and K. H. Lee, *Euripides: Selected Fragmentary Plays*, vol. I (Warminster: Aris & Philips, 1995), pp. 240–7。
30. 下述内容见 Ibid., p. 272。
31. 更多资料，参见 Lys. 1. 31, 12. 37, 82f.; Eur. *Heracl.* 959。

32. Eur. *Tro*. 655.
33. Barry Strauss, *Fathers and Sons in Athens: Ideology and Society in the Era of the Peloponnesian War* (London: Routledge, 1993), p. 154.
34. Ar. *Ran*. 149, Lys. 10. 8, Pl. *Phd*. 114A.
35. Plut. *Vit. Alc*. 8. 4.
36. 关于亚西比德的暴力问题，参见 Plut. *Vit. Alc*. 7. 1, 8. 1, 16. 4。
37. Plut. *Vit. Alc*. 9.
38. Pseudo-Andokides, *Against Alcibiades* 4. 13–15.
39. Nick Fisher, 'Hybris and Dishonour: II', *Greece and Rome* 26. 1 (1979), pp. 32–47, esp. p. 36; Nick Fisher, *Hybris: A Study of the Values in Honour and Shame in Ancient Greece* (Warminster: Aris & Philips, 1992), p. 86.
40. Plato, Comicus fr. 105 K-A.
41. Fisher, 'Violence, Masculinity', p. 74.
42. Charit. *Call*. 1. 4. 12.
43. Sarah Pomeroy, *Xenophon 'Oeconomicus': A Social and Historical Commentary* (Oxford: Clarendon Press, 1994).
44. Irfan Husain, 'Samia's "Crime" ... and punishment', *Dawn, International Rural Development Programme Report 1984–90* (1999), www. mardan. sdnpk. org/IRSP. htm, accessed 11 April 2010.
45. Chowdhry, *Veiled Women*, p. 278.
46. Lila Abu-Lughod, *Veiled Sentiments: Honour and Poetry in a Bedouin Society* (Berkeley: University of California Press, 1986), p. 89.
47. Go, 'Crossing the Threshold', p. 398.
48. Dossey, 'Wife-Beating'.
49. Jeffrey Henderson, *Staging Women: Three Plays by Aristophanes* (New York and London: Routledge, 1996), p. 213, n. 110.
50. 将家庭暴力排除在当代西方对话之外，不仅是对这个严重社会问题的一种有害的反应，而且还延续了关于羞耻的错误观点。相关评论，参见 Rebecca Dobash and Russell P. Dobash, *Rethinking Violence against Women* (London: SAGE, 1998); Jeff Hearn, *The Violences of Men* (London: SAGE, 1998); June Keeling and Tom Masoon, *Domestic Violence: A Multi-Professional Approach for*

Healthcare Practitioners (Maidenhead: Open University Press, 2008); Lynn Harne and Jill Radford, *Tackling Domestic Violence: Theories, Policies and Practice* (Maidenhead: Open University Press, 2008)。

51. Chowdhry, *Veiled Women*, p. 279.

19　罗马共和国晚期的帮派暴力

杰弗里·塔图姆

400 在罗马共和国时期，个人使用暴力往往是必要的，而且人们常常认为这是值得尊敬的行为——只要使用暴力的频率和强度维持在社会可控制的范围内。这并不是因为罗马人生性好斗，也不是因为他们的锋刃逼人，而是因为在罗马社会，使用武力被认为是一种个人特权，有时甚至是个人的责任。*Vim vi repellere licet*（允许以暴制暴）是属于所有自由人的一项基本权利，因此是罗马 *libertas*（自由）观念的组成部分。[1]

在实践中，这种情感对维护公共秩序和维持正义至关重要。罗马人没有任何类似现代警察的武装力量，他们依靠自救来保障人身安全、财产安全和权利的行使。这一现实反映在罗马的法律术语中：例如，将一个人带上法庭，可能需要通过抓住他的手（*manus inectio*）来强迫他。而且，在实际操作中，特别是在下级阶层中，他们似乎对官方干涉地方司法有一些担忧，[2]对犯罪行为采用地方和传统的处理办法是一种真实状态。这意味着违法者可能会面临邻居的威胁和羞辱，或肢体暴力，如投掷石头。小偷可能当场就会受到处罚。受害者大声请求援
401 助，不是向任何一个国家机构，而是向他们的社区求救。他们的同胞在道义上有义务救助他们。

社区是大多数罗马人日常生活基本和必要的环境。因此，邻里和睦（*vicinitas*）是罗马人的情感中最重要的，也是人们相互支持和合作的重要原因。城市的邻里都具有本地人的身

份，拥有自己的内部组织，包括当地（如果是非官方的话）的权贵也是如此。[3]罗马的城市格局也由邻里社团（*collegia*）联结起来，邻里社团是由从事同一行业、居住在同一社区、信仰同一宗教的人组成的自治组织。[4]在人们面临危险的时候，正是社区为罗马人提供了适度的援助和帮助，或者，更大的优势在于，当个人因主张自身权利而与他人发生冲突时，社区是一个解决地方纠纷的场所。这是有可能的，因为对罗马的普通人来说，在本地的颜面，邻居的信任和尊重，是他们所有行为的重要且往往具有决定性的因素。[5]然而，社区管理在本质上仍然是非正式的，是自我救助的一种具体表现。

庇护人与其庇护下平民之间关系（*clientela*）的制度为解决纠纷提供了另一种非正式的审判地点，可以将纠纷提交庇护人仲裁，或者通过庇护人的影响力获得法律代理人。在罗马共和国时期，*clientela* 是日常生活的中心：在任何一个需要某种形式的公共福利的领域，对穷人来说，贵族的援助往往是必不可少的，对他们来说，庇护人相互竞争，以积累被庇护人的数量，被庇护人的绝对数量被认为是贵族的社会和政治影响力的标志。[6]通过帮助他庇护的平民解决困难，庇护人积攒了 *gratia* 402
（感激之情），即一种不可避免的人情债，这是罗马人非常重视的东西。任何贵族都不会把他庇护的平民的支持视为理所当然，然而，我们掌握的资料表明，*clientela* 并不是一种停滞不前的制度。尽管如此，通过为他庇护的平民提供一定程度的保护，庇护人希望能为自己争取到忠实的支持者，当他提出请求时，这些支持者可能会帮助他。即使是精英阶层，个人的安全也常常依赖互助。这就是为什么，为了保证自身的安全，贵族不仅或甚至并不主要依靠那些大部分时间忙于自己生活的平民：他们雇用私人护卫。[7]

在我们的资料中，这些全副武装的精英随从队伍很少被提及，也许是因为护卫的出现在日常生活中太过普通了，不值得对其进行评论。人们的注意力往往集中在对充满危险的个人困境的描述上，这样的情境很难让他们平心静气地进行叙述。以西塞罗为例，公元前 58 年，当人们担心他的人身安全时，他告诉自己倍感焦虑的兄弟，“每个人都向我保证，我可以依靠他，依靠他的儿子、他庇护的平民、他的自由人、他的奴隶——甚至他的钱”（Cic. *QFr*. 1. 2. 16）。这种夸张的说法令人费解。然而，有意思的是，至少在这里，西塞罗提到了钱：他提到一个人的私人随从，就像其他人一样，这名随从倾向于使用强调个人关系的词语，而不是明确地公开表示保护一个人必须要花钱。再举一个西塞罗的例子，在公元前 63 年的喀提林阴谋（Catilinarian Conspiracy）中，演说家公开宣称自己仰仗“许多勇敢的人”，并把这群人描述成“一支来自列阿特的年轻人的队伍，他们手持宝剑，为了保卫共和国，这支队伍一直在我的手里”（Cic. *Cat*. 3. 5）。列阿特是西塞罗庇护的一个社区，很明显，西塞罗煞费苦心地用唤起爱国热情的语言来描绘他的这群列阿特人。在其他地方，西塞罗谈及他在公元前 63 年享受到的安全，因为“我的朋友提供了坚实的保护”
403 （*Sull*. 51），这些朋友指的就是那些列阿特人。不过更有可能的是，正如安德鲁·林托特（Andrew Lintott）推断的那样，这些人“只不过是被雇来的暴徒”。[8]

角斗士也起到了人身保护的作用——保护那些买得起他们的人。当提图斯·安尼乌斯·米罗（Titus Annius Milo）与普布利乌斯·克洛狄乌斯·普尔喀（Publius Clodius Pulcher）在亚壁古道（Appian Way）上发生冲突时，除了米罗的妻子和朋友，他的随行人员还包括“一大群奴隶，其中一些是角斗士”（Asc. 32C）。至于克洛狄乌斯，他也有朋友陪同，有三十名奴隶护卫，这些人都带着剑（Asc. 31C）。结果，米罗的队伍占了上风。但是，他的随从人数可能比平时更多。旅行总是充满危险，而克洛狄乌斯是一个非常富有的人：阿斯科尼乌斯（Asconius）告诉我们，他的随从“遵循当时旅行的习俗”（Asc. 31C），所以他的护卫的人数规模和品质应该是令人满意的。正如我们看到的，即使在城市里，贵族也有私人护卫来保护他们的安全，有时甚至在城市里，也用角斗士来护卫自己。[9]不过，除了紧急情况，贵族的护卫是没有武装的，他们的人数只有在特殊情况下才会增多。尽管如此，他们的出现反映了罗马人的预期，即暴力总是有可能发生的，也反映了罗马人的坚持，即他们认为有权在正当的理由下以暴制暴。

暴力与政治自救

雇用私人护卫扰乱公共事务显然超出了自救的合法范围。这样的扰乱行为显然被视为一种暴行，人们对骑士阶层的马库斯·波斯托米乌斯（Marcus Postumius）的谴责清楚地表达了这种情感（Liv. 25. 3. 8-4. 11）。这个男人是包税人（*publicanus*，富裕的庇护人，共和国把处理公共事务的契约委托给他），在汉尼拔战争（Hannibalic War）期间，他负责为罗马在西班牙的军队提供补给。但是，他通过各种阴谋诡计欺骗了共和国，牟取了暴利，以至于遭到了平民保民官的起诉，并受到公审。当波斯托米乌斯很可能被判有罪的时候，许多包税人为了保护自己人，冲进大会，使事态陷入混乱，并威胁所有出席大会的人。大会

404 由此被迫解散，但后来，波斯托米乌斯和他的几个支持者都遭到了流放的惩罚。[10]在讲述这个故事时，李维的注意力主要集中在这些包税人令人震惊的腐败上。因此，他没有过度描写那些扰乱波斯托米乌斯审判的人，可是很明显，骚乱如此严重，以至于他们受到了严厉的惩罚，这不仅是波斯托米乌斯和他的骑士同伙的责任：显然，他们动员了一伙人，这些人无疑是他们的随从，提供了扰乱民众集会所需的力量。李维谈到了煽动和暴乱，尽管他强调贪污问题，但他的叙述清楚地表明，无论是公众还是其领导人都不愿意支持这种规模的反对公共行政执法的暴力行为。

合法的自身利益，尤其是受到令人信服的意识形态正当理由驱使的自身利益，则是另一回事。那些能够在民众中，或者至少在相当一部分民众中，唤起正确而坚定的信仰的政治领导人，可以从他们的个人随从之外召集追随者，以追求所谓的合适且公平的目标——甚至不顾官方的反对。对所有阶层的人来说，正义都很重要，即使所有阶层的人在任何特定的争论中对正义问题的理解都存在分歧。传统上认为，非公民争取平等公民权的斗争（Conflict of the Orders）虽然主要是一场以非暴力和勉强的妥协为特征的革命，但有时以权利受到不法侵害的平民的正义暴动为标志。[11]类似的是非观念允许人们在确保法案通过时使用暴力，平民百姓对公元前 232 年盖乌斯·弗拉米尼乌斯（Gaius Flaminius）的农业法案期望太多，或许这一事件的暴力部分是个虚构的故事，但故事的原型是由引起争议的土地立法引发的共和国晚期的动乱。[12]

公元前 95 年前后，在对盖乌斯·诺巴努斯（Gaius Norbanus）案件的审理中，一种概念被明确提出并造成了轰动和影响。这个概念是：一个人可以组织民众的暴力行为而不必受到指责，而且为了共和国，他可以充分地利用这种暴力，即使违反了宪法的规定。[13]公元前 103 年，作为平民保民官，诺 405
巴努斯起诉了昆图斯·塞维利乌斯·卡皮奥（Quintus Servilius Caepio），后者在公元前 105 年担任地方总督时，他的无能导致罗马人在阿劳西奥（Arausio）惨败。保民官卢基乌斯·奥勒留·科塔（Lucius Aurelius Cotta）和提图斯·迪迪乌斯（Titus Didius）试图代表卡皮奥提出否决意见，但他们被武力赶走。在这场骚乱中，非常尊贵的元老院成员马库斯·埃米利乌斯·雷必达（Marcus Aemilius Lepidus）被投掷的石头砸伤。[14]卡皮奥被判有罪，但数年后，诺巴努斯以叛国罪（*maiestas*）被带上法庭，这一指控是基于他的暴力行为致使两个保民官无法行使宪法赋予的特权。诺巴努斯的行为是无可辩驳的，但他的辩护人马库斯·安东尼乌斯（Marcus Antonius）认为，基于罗马的政治历史，为了保障民众的权利，民众的暴力通常是公正且必要的（Cic. *De or.* 2. 124；199）。安东尼乌斯坚持认为，诺巴努斯在部署武力时，只是充当了罗马公民的代理人（Cic. *De or.* 2. 167）。西塞罗后来把安东尼乌斯的论点形容为新奇的、奇妙的（Cic. *De or.* 125）。但是，安东尼乌斯当初在设计他成功的辩护战术时，已经明显地感受到弥漫在罗马人情感中的这种观点。[15]

诺巴努斯鼓动的人并不局限于他庇护的平民或随从。西塞罗明确表示，在卡皮奥审判中发生的暴力行为，即使由保民官煽动和指挥，也源于人们对阿劳西奥之战伤亡士兵的悲痛和对他们认为应该为此负责之人的厌恶（Cic. *De or.* 2. 124）。公众的愤怒确实让诺巴努斯达到了目的，但从民众的角度来看，他们的行为不仅是为了取悦一位政治人物。与此同时，诺巴努斯的追随者并不多：总的来说，卡皮奥审判中的民众骚乱不应与城市民众的起义相混淆。在罗马，人们通常把在场的民众称为“人民”，或者从敌对的角度把同样的一群人谴责为某种形式上的暴民。[16]换句话说，诺巴努斯通过激发民众的热情，吸引了自己圈子之外的帮派，让他们参与推动他对卡皮奥的政治攻击。诺巴努斯的检举人对这些乌合之众不以为然，但在安东尼
406 乌斯的辩护过程中，他们成功地获得了罗马人民的待遇，而正是安东尼乌斯的辩护带来了这场审判的胜利。

上述思想观念与机会主义的结合在整个共和国后期反复出现。当公元前 133 年提比略・格拉古（Tiberius Gracchus）开始公布其土地立法的草拟条款时，他发现自己每天都被成千上万的拥护者追随，他们想必是被提比略法案授予的权利所吸引（Asellio，fr. 7*FRHist.*；Plut. *Ti. Gracch.* 20. 2）。[17]这项法案也激起了一些权贵的反对，但在经过激烈的争论后，还是以非暴力的方式通过了。提比略随后选择成为再次竞选的候选人，这一决定激起了强烈的抵制，以至于似乎很可能要发生暴力事件。尽管如此，提比略的支持者在他的鼓动下，表示如果需要的话，愿意为保民官的连任而战，并表达了政治上强烈的感激之情，但这显然是在呼吁人民有权选择他们喜欢的保民官。就提比略和他的支持者而言，他们这种坚定的姿态助长了谣言的滋生，谣言传遍了所有阶层，传言他的目标是取得统治权，成为唯一的统治者，这种事态为提比略的敌人进行暴力反抗打开了大门，他们也可以吸收民众增援作为后备力量。重要的元老院议员西庇阿・纳西卡（Scipio Nasica）呼吁所有公民加入他的队伍来拯救共和国，使其免受提比略阴谋之害：对纳西卡和他的

支持者来说，很明显，提比略的支持者不是捍卫自身权利的罗马人，而是一群扰乱治安的暴民。纳西卡和与其为伍的元老院议员成功地聚集了一大群人，他们中有些人将成为受到庇护的平民，但其他人无疑是被元老院议员的权威震慑住了，或者完全是由于纳西卡搅动起来的恐惧，害怕提比略会威胁到他们的自由。[18]在纳西卡袭击了提比略和他的追随者后，一场血腥的混乱接踵而至，在这期间，提比略被处以私刑。

几个实践上和思想观念上的因素使得提比略和纳西卡能够把他们的暴力追随者召集起来。显然，各方都有一些参与者，他们认为自己的事业是正义的。当然，其他人是一些类似的机会主义者。但从直接的意义上来说，似乎没有人是投机分子。在提比略的例子中，我们可以肯定，他没有给他的支持者任何形式的报酬。保民官在向公众求助时，发现许多人之前假装成受自己庇护的平民，现在却见不到了：他们为了去农村干活赚 407
钱，都离开了城市(App. *B Civ*. 1. 14)。无论一个穷人对提比略的感激之情有多深，无论这个人对人民权利的热情有多强烈，他都不能为了政治上的原因而牺牲几天能赚钱的工作时间。即使对普通公民的政治参与来说，这种经济现实也是个障碍。[19]这就是为什么在竞选公职时，候选人经常花钱请穷人在公共场合把他们团团围住，从而向选民展示他们受欢迎的程度(Cic. *Mur*. 67-71)。在可能发生暴力的情况下，经济上的问题也会产生影响。经济带来的影响可能更大。对于一个男人和他的家庭来说，经济方面的后果会让他受到严重的伤害，这种伤害可能是毁灭性的。[20]对于提比略和他的事业来说，在农村工作的人闲暇时间少，这大大减少了其支持者的人数。我们的资料显示，这是提比略无法击退纳西卡及其军队的一个重要原因。

随后，大规模暴力的部署变得越来越复杂，准备工作的水平也有所提高。在公元前 121 年的政治骚乱中，当保守的政治家们竭力推翻盖乌斯·格拉古（Gaius Gracchus）立法改革的核心内容和非常受欢迎的方面时，盖乌斯·格拉古的身边都是护卫，他们非法装备匕首，而且他的追随者在占领阿文丁山（Aventine Hill）时也非法持有武器。[21]毫无疑问，他们相信，正如安东尼乌斯后来所说的，形势需要胆量，人民的权利压倒了严格的合法性问题。[22]作为回应，元老院破天荒地通过了所谓的最终法令（*senatus consultum ultimum*），将共和国的安全委托给执政官卢修斯·欧庇米乌斯（Lucius Opimius）。欧庇米乌斯召集了元老院议员和骑手，要求他们每人配备两个仆人。他还召集了备用的弓箭手。尽管盖乌斯大张旗鼓地做好了准备，但他的军队根本无法抵御这样的对手。因此，卢修斯·阿普莱乌斯·萨图尔尼努斯（Lucius Appuleius Saturninus）部署了退伍军人，公元前 100 年，他在第二次担任平民保民官的时候，
408 试图推动土地立法，这些人将从萨图尔尼努斯的立法中得到物质利益，他们也能因前来帮助平民保民官和为一项可以提升他们的前任将军盖乌斯·马略（Gaius Marius）声誉的措施争取支持而索要金钱，在同一年，盖乌斯·马略成为罗马的执政官。[23]老兵擅长打仗，在他们的支持下，萨图尔尼努斯获胜了。

然而，在同一年的晚些时候，萨图尔尼努斯开始实施更为极端的措施：他谋杀了一个政治竞争对手，他和他的同伙占领了卡比托利欧山（Capitoline Hill）。对于他的支持者来说，萨图尔尼努斯仍然是人民权利的捍卫者。但是，他的元老院同僚对他有不同看法。不过，最终法令获得通过，作为共同执政官的马略负责镇压他以前的盟友。就像之前的欧庇米乌斯一样，

马略召集了元老院议员和骑士，以及他们的随从，甚至有成群的人从乡下进城。马略能够用得上的老兵已经很少了，被引入城里的士兵也不多，但执政官把军械库里的武器提供给城里人，在他的指挥下，他们参加了围攻卡比托利欧山的战斗。最后，萨图尔尼努斯投降了。尽管他们的安全得到了保证，但他和他的许多同伙最后还是被处以私刑。[24]

公元前 88 年，平民保民官普布利乌斯·苏尔皮修斯（Publius Sulpicius）实施的策略清晰地表明了民众暴力（包括帮派部署）的复杂性。[25]同盟者战争后，罗马的前意大利盟友成为新的公民。但是，他们加入了罗马的部落组织，这是一种投票单位，是罗马选举和立法集会的基础，这使他们在与那些旧公民的竞争中处于劣势。苏尔皮修斯提出了一项颇有争议的法案，该法案将公平地把新公民分配到各个部落。他还颁布了一项独立法案，旨在扭转罗马新公民的劣势，他们的投票权原本被限制在罗马的四个城市部落中。因此，他可以声称自己是罗马人民新的、更有力的捍卫者。

苏尔皮修斯的分配法案遭到了元老院阶层主要成员的强烈反对，其中包括当政的两位执政官。几乎可以肯定，这是因为他们担心如此急剧的公民权扩张，无论在原则上多么公正，都会破坏他们认为的赢得选举行之有效的方法。后来发生的事件 409 表明，这些担心完全没有必要。然而，在当时，他们认为苏尔皮修斯的提议对他们的政治霸权构成了威胁。此外，许多人嫉妒苏尔皮修斯，因为如果他的措施能够取得成功，一定会让罗马的那部分新公民对他感恩戴德。

苏尔皮修斯的法案也激起了罗马城市居民的强烈敌意。毫无疑问，苏尔皮修斯希望他的另一项旨在改善自由民（在罗马城中占据主导地位）宪法状况的提案，能够吸引旧公民中较低阶层的选民。但是，无论这一措施蕴涵了怎样的善意，都不足以弥补旧选民的担忧，他们担心自己在罗马政治中会被新公民抢了风头。不过，这种担心后来被证明是毫无根据的。尽管如此，在公元前 88 年，城市民众的仇外情绪还是成为公众反对苏尔皮修斯方案的强大力量。

面对两位执政官的反对、元老院许多领袖人物的抵制以及城市民众的敌意，苏尔皮修斯转而向其他人求助。他与盖乌斯·马略结盟，并承诺，如果他的分配法案得以通过，盖乌斯·马略将获得一个享有声望的军事兵团；苏尔皮修斯会剥夺现任执政官卢基乌斯·科尔内利乌斯·苏拉（Lucius Cornelius Sulla）的军事职务，而将其授予马略。在此基础上，马略对包税人和其他骑士阶层人员施加影响，结果这些人中的许多人成为苏尔皮修斯事业的拥趸，尤其是因为他们能够看到自己的优势，如果富裕的意大利人能够加入他们的行列，他们的队伍将会壮大。[26]很快，苏尔皮修斯配备了一支强大的骑士追随者队伍，这支队伍规模庞大且十分忠诚，保民官称其为（可能使用的是希腊语）他的“反元老院”。他们总是能够随时到场，这样壮观的景象显示了他们愿为他的举措献身的坚定决心，这自然吸引了其他人，特别是受他们扶养的家属和伙伴也加入了追随庇护人的队伍。很快就有一群人成为苏尔皮修斯的随从，据我们的资料显示，这些人有数千人之众（Plut. *Mar.* 35.2；*Sull.* 8.3-5）。尽管如此，元老院和许多城市居民仍然坚持反对的态度。

苏尔皮修斯和他富有的支持者还付钱给穷人，让他们为推动分配法案的通过出更多力。苏尔皮修斯安坐在公共集会场

所，在那里，他清点钱数发给他的手下（Plut. *Sull.* 8. 2），这是
对苏尔皮修斯付钱这一事实的重要参考，尽管普鲁塔克想象的
这个场景源自充满敌意的、夸张的描述。一些接受苏尔皮修斯 410
的报酬并为他的法案而战的人可能来自这个城市，要么是被骑
士的慷慨征服的原有居民，要么是已经想要在确保分配法案通
过方面扮演法律外角色的移民；其他的人则由有钱支付报酬的
人从农村引进。事实上，我们不应该假设意大利的富人没有分
担那些愿意为投票权而斗争的人走上街头所产生的费用。

苏尔皮修斯求助于帮派，造成了如此混乱的状况，这引发了人们对选民合法性的担忧，他们担心选民会被胁迫而屈服于保民官。因此，执政官宣布暂停立法，这是法律上的一种拖延战术，暴露出他们的绝望。作为回应，苏尔皮修斯选择迅速升级恐吓程度。他和他的追随者非法手持匕首，闯入两位执政官召集的集会。苏尔皮修斯要求终止暂停立法。两位执政官拒绝了他的要求，骚乱继而发生，在此过程中，苏尔皮修斯一派显得更为强大：两位执政官都逃跑了，有一位贵族，同时也是两位执政官的亲戚，被谋杀了。在这种致命的暴力之后，苏尔皮修斯的措施很快就获得通过。苏尔皮修斯履行他的诺言，解除苏拉的指挥权，并把它转交给马略。苏拉用罗马军队而非帮派力量做出了回应：他向城市进军，夺取了控制权，并将马略流放。苏尔皮修斯被捕并被处死。他的立法被废除。

民众暴力和利用帮派力量的行为在共和国各地继续存在。[27]动用帮派势力并不是保民官独有的做法。公元前 59 年，尤利乌斯·恺撒在担任执政官时，通过煽动民众，并在庞培提供的老兵的粗暴支持下，推行了一项土地措施。[28]同年，作为

普通公民，庞培在公开演讲时，被一名平民保民官谴责为“篡位的独裁者”，结果这位保民官被打得奄奄一息（Cic. *QFr.* 1. 2. 15）。西塞罗将庞培的行为描述为暴行，毫无疑问是因为，与追求有争议的政治目标的暴力不同，这是一种针对元老院同僚的野蛮行为，其动机仅仅是维护这位伟人的个人威望。或许是自救，但作为一种政治行为，庞培诉诸暴力的战术，很难被
411 装扮成共和国政治意识形态的一种表现形式，而只是马库斯·波斯托米乌斯及其支持者的破坏性行为中自私自利的暴力行为的另一种表现（见上文）。即使在政治暴力时常爆发的情况下，有时暴力是致命的，有时暴力的规模大得令人不安，让一伙人去解决贵族之间的个人恩怨也可能会冒犯公众的感情，就像庞培所做的那样。至少在西塞罗看来，民众的暴力行为，虽然在罗马远非稀罕之事，但还没有成为常规或惯例，又或司空见惯的事情。

普布利乌斯·克洛狄乌斯·普尔喀

罗马的帮派暴力在公元前 1 世纪 50 年代达到高潮，在这个发展过程中，主要人物是公元前 58 年的平民保民官普布利乌斯·克洛狄乌斯·普尔喀。克洛狄乌斯雄心勃勃的立法计划包括两项措施，这两项措施有助于激发民众的热情，使他们常常以暴力的方式支持保民官进一步的政治图谋。他颁布了一项法律，即每月为每个罗马家庭的户主提供适量的免费粮食，这是罗马共和国历史上最慷慨的公共福利：这一措施使他获得了城市平民无与伦比的感激。但是，克洛狄乌斯也出台了一项法律，以恢复邻里社团的地位和稳定性。在公元前 1 世纪 60 年代，其中的一些组织与公共暴力事件有所牵连，这被元老院的

权威人士认为是具有颠覆性的问题。因此，在公元前 64 年通过的一项元老院法令废除了许多社团，并限制其他社团的活动。然而，这引起了很多群体的不满：对于罗马的普通人来说，社团为地方进行展示以及获得荣誉和声望提供了宝贵的机会。它们还有助于明确表达邻里和睦的基本美德，并在提供适度的社会保障方面发挥重要作用，例如，帮助地位低下的罗马人支付丧葬费用。元老院的法令表现出元老院对普通民众及其感情的质疑和居高临下的态度，这让民众感到了极大的冒犯。因此，克洛狄乌斯复兴社团的法律受到了人们的高度赞赏。此外，克洛狄乌斯还让社团参与他新的粮食分配政策的执行，这一政策增强了每个社团的官员在当地的威望，让大众更好地感受到了克洛狄乌斯两项措施带来的好处。[29]

克洛狄乌斯通过满足公众对面包和尊严的渴望，赢得了他 412
们坚定不移的忠诚。从大众的观点来看，这样的一个政治家怎能不成为人民的捍卫者呢？罗马所有的政治家都与社团建立了联系（Cicero, *Comment. pet.* 29–30），从公元前 64 年的法令中我们可以明显看出，至少有一些人物曾设法利用社团来达到自己的政治目的。但是，在克洛狄乌斯之前，似乎没有一个罗马元老院议员能充分认识到，地方威望对普通罗马人的重要性：克洛狄乌斯规范社团的法律制度，深深触动了人民，他们为克洛狄乌斯所做的努力很快就表明了这一点。早在公元前 58 年对普布利乌斯·瓦提尼乌斯（Publius Vatinius）的审判中，民众对克洛狄乌斯的强烈支持就已经初露端倪。克洛狄乌斯宣布他将出席这次审判，并将基于其保民官的权力，为瓦提尼乌斯进行调停。监督审判的长官盖乌斯·梅米乌斯（Gaius Memmius）表示，他将抵制克洛狄乌斯的干预。于是，保民官向公众发出呼吁。在审判的那一天，一大群人涌向法庭，把长椅弄得乱七八糟，将法庭的设备打翻在地。[30]

此后，每当克洛狄乌斯为他的政策甚至是为了他个人的政治目的寻求民众支持时，都会有成群的暴力支持者站出来支持他。克洛狄乌斯用暴力将敌人西塞罗驱逐出去，摧毁了他在帕拉蒂尼山（Palatine Hill）上的房子，袭击了他的兄弟和盟友的房屋及周围的土地，并对庞培进行恫吓，后者在一年中的大部分时间里退出了公共生活。克洛狄乌斯夸下海口，只要他说一句话，城里的工匠和店主就会放下自己的工作，和他一起参加集会表达公众的意愿，因为克洛狄乌斯的政治策划中总是充斥着人民权利和人民自由的说辞。他甚至没收了西塞罗在罗马的房屋，并在上面建造了一个圣坛来供奉自由女神。在他担任保民官的那一年，他几乎成了罗马街道的主人。这是规模空前的帮派暴力。[31]

即使在克洛狄乌斯卸任之后，民众仍然对他忠心耿耿。但是，他很快就面临着控制街道的竞争。公元前 57 年的两个保民官，提图斯·安尼乌斯·米罗和普布利乌斯·塞斯提乌斯（Publius Sestius），也招募了一批人来对抗克洛狄乌斯的支持者。他们两个人都没有克洛狄乌斯那样受欢迎。相反，两人都要为自己的追随者支付报酬，其中包括角斗士。米罗、塞斯提乌斯和庞培联合起来努力恢复西塞罗在罗马的地位，以暴制
413 暴，试图在法庭上起诉克洛狄乌斯。克洛狄乌斯及其帮派和那些效忠于他以及被他对人民权利的诉求激励的普通公民都无法阻止西塞罗从流放中被召回，塞斯提乌斯和米罗的雇佣兵装备更精良，也更擅长斗殴。克洛狄乌斯的敌人当然称赞米罗和塞斯提乌斯是共和国的捍卫者。

然而，克洛狄乌斯的帮派并没有消失。公元前 57 年是罗马充满血腥的一年，因为克洛狄乌斯的帮派继续威胁他的敌人及其财产。不久，克洛狄乌斯也被迫向手下支付报酬，因为失业和可能受到的伤害成为他们参与政治暴力的真正障碍。克洛狄乌斯的策略在国内政治中始终如一，甚至在公元前 56 年之后，他为了成为庞培的盟友而改变了政治效忠对象。他死于公元前 52 年，在与米罗的一次冲突中被谋杀于城外。作为回应，城市民众爆发了骚乱，将克洛狄乌斯的尸体在公共集会场所火化，把元老院的房屋作为他的火葬柴堆。直到被任命为罗马唯一执政官的庞培将军团引入罗马城以恢复秩序，这种紧急状态才得以终止。[32]

根据西塞罗对克洛狄乌斯帮派的描述，人们经常断言这必定是训练有素、持有武装的准军事团体。这就是西塞罗使用的术语给人留下的印象。但是，克洛狄乌斯的追随者是店主、工匠和没有技能的体力劳动者。几乎没有人接受过战斗训练或服过现役。诚然，社团是按百人队（*centuriae*）和十人队（*decuriae*）来组织的，但社团并不是军事组织。社团的成员没有接受过训练，也没有武器，这就是为什么他们在面对塞斯提乌斯和米罗雇用的暴徒时，往往处于不利的地位。西塞罗的修辞——他把克洛狄乌斯的支持者描绘成军人的形象——使人们对一支由穷人组成的军队向受人尊敬的阶层发动战争的行为产生了恐惧：这不是客观的分析，而且，由于其怀有敌意，还具有误导性。无论如何，传统的社团组织已经足够满足克洛狄乌斯的目的：它们促进了他与城市人口的沟通，提供了一个内部组织，足以鼓励其成员参与克洛狄乌斯一派的政治，并提供了一种环境，克洛狄乌斯广受欢迎的思想观念在其中引起了人们的共鸣。这种组织程度超过了以往任何一次对人民力量的动员。[33]因此，它具有持久的效力。

方　法

414 毫无疑问，帮派在个人仇怨的暴力中发挥作用的次数比我们现在能发现的还要多。然而，我们的资料来源主要关注政治事件，因此我们经常在公共集会上看到帮派活动，包括公共演讲（*contiones*）、在公众法庭上的活动、对公众人物进行骚扰或在元老院会议上进行恐吓。当时帮派的工作通常是通过集会来推动一项举措的实施或对其进行阻挠，阻挠活动可以在选举集会、立法集会或审判中进行。让集会被迫解散是一件相当简单的事情：运用爆发的力量，直到会议再也无法进行下去。成功往往依赖大批的暴徒和绝对凶残的手段。一种常见的战术是早早占领集会地点，以预先阻止任何可能的行动。相比之下，那些被召集来支持一项法案的帮派则面临着更大的挑战：他们必须压制任何抵抗，但又不能制造出足以导致会议解散的大混乱。为此，他们也努力争取尽早占领集会地点，并在可能的情况下，筑起路障对付任何反对者。至于恐吓，有时是协调一致的大声奚落，有时是保持一种身体威胁的姿态。无论是哪种情况，都需要一定程度的纪律。无论帮派使用什么手段，暴力被过度使用甚至致人死亡的危险仍然存在：帮派成员总是有可能变成暴徒。[34]

很明显，像提比略·格拉古或克洛狄乌斯·普尔喀这样的贵族人物，无论他们与普罗大众的联系多么密切，都无法独自安排和管理公众的示威活动。他们需要中间人，其中一些人可能是他们的家庭成员，其他人可能是来自不同群体的熟人。例如，克洛狄乌斯的密探包括骑士格涅乌斯·格利乌斯（Gnaeus Gellius）和公共抄写员塞克斯特斯·克洛柳斯（Sextus Cloelius），他们是有一定地位的人，但也有社会地位较低的人，这些人显然是社团的领袖人物。[35]尽管克洛狄乌斯的中间人的范围可能比他竞争对手的更广泛，但元老院阶层的所有成员都扮演着庇护人和公职候选人的角色，并与下级阶层保持联系。[36]正是通过这种网络，意图组织示威活动的政治人物才会找到中间人， 415
后者提供的服务是必不可少的。[37]

罗马帝国的帮派暴力

帮派暴力并没有因为克洛狄乌斯的死亡或庞培命令的实施而从罗马的舞台上消失。甚至在内战期间，帮派暴力仍出现在我们的视野中。公元前 47 年，当恺撒在埃及有事耽搁的时候，作为保民官的普布利乌斯·科尼利乌斯·多拉贝拉（Publius Cornelius Dolabella）高调地将克洛狄乌斯奉为赢得公众支持的榜样，提出了废除债务的立法。当遇到保民官同僚的抵制时，他转而求助于民众暴力，而这需要马克·安东尼（Mark Antony）的介入，安东尼是恺撒的骑兵统帅，也是负责管理意大利的人。但是，安东尼无法压制多拉贝拉——两人都是恺撒的宠臣——他们之间的冲突一直持续到恺撒回到罗马并采取更加温和的措施来解决罗马的债务危机。[38]然而，多拉贝拉担任保民官期间的事件是难得一见的帮派活动：不出所料，我们关于内战的资料更多与各省的战斗而非国内的平民斗争有关。[39]

然而，即使是奥古斯都也不会忽视有组织的帮派可能带来的危险，正如埃格纳提乌斯·鲁弗斯（Egnatius Rufus）的一段经历显示的那样。[40]此人是元老院的一位议员，作为民选行政官，他通过建立消防服务系统而赢得了公众的青睐。公元前22年时他还是民选行政官，但很快，在公元前21年，他意外当选为执政官。公元前19年，他试图成为执政官的候选人，当他的申请遭到主官即执政官盖乌斯·森提乌斯·萨图尔尼努斯（Gaius Sentius Saturninus）的拒绝时，埃格纳提乌斯煽动城市群众进行起义。很明显，通过建立消防服务系统，他不仅获得了声望，而且获得了一种管理群众暴力的机制。此时，奥古
416 斯都人在东部，所以这次暴动很严重。然而，元老院通过了最终法令，执政官遵照该法令逮捕了埃格纳提乌斯。他被判叛国罪并被处死。

奥古斯都并不是为了应对这场危机，而是为了解决民众对他的忠诚这个更大的问题，将自己定位为城市仪式生活的核心人物。就像之前的克洛狄乌斯一样，奥古斯都认识到社团和其他组织对于普通公民的感情是至关重要的，对他们来说，地方威望必不可少。他谨慎而勤奋地培育这些组织，在此过程中，他将自己身份的各个方面融入他们的实践。他重新组织了邻里社团，并在他们的仪式中加入了对奥古斯都神［Genius Augusti，守护奥古斯都的神：每个人都有自己的守护神（*genius*）］的崇拜，以及对与王室有关并有所助益的神明拉尔·奥古斯都（Lares Augusti）的崇拜。尽管奥古斯都没有垄断资助社团的所有机会，但他成为它们最重要的捐助人，也是社团成员明确无疑的政治效忠对象。他的继任者在这些方面做出的努力与他旗鼓相当，甚至还有所加强。[41]通过与罗马的社区保持密切的思想关系，皇帝们设法消除了为追求政治目标而产生的帮派暴力的严重威胁。私人随从仍然是罗马帝国时期的特色之一，但

帮派已不再是罗马政治的要素。皇帝在政治影响力方面没有对手，他在官方和非正式场合都能赢得民众的喜爱。[42]

参考论著

A. Lintott, *Violence in Ancient Rome*, 2nd edn（Oxford: Oxford University Press, 1999）首次出版于 1968 年，第二版略有修订，但仍然属于基础性著作。林托特对罗马帮派实际情况的探究属于对罗马城暴力本质的更广泛研究的范畴，该研究考察了罗马人的思维习惯以及在罗马社会中反复出现的暴力行为。W. Nippel, *Public Order in Republican Rome*（Cambridge: Cambridge University Press, 1995）重新讨论了许多同样的问题。对暴力的管制和镇压常常是他研究的重点，他的研究涵盖了共和国时期和帝国时期。推荐精通德语的读者阅读更为详尽的 Nippel, *Aufruhr und Polizei in der römischen Republik*（Stuttgart: Klett-Cotta, 1988）。关于克洛狄乌斯帮派的创建、组织、部署和历史影响，W. J. Tatum, *The Patrician Tribune: Publius Clodius Pulcher*（Chapel Hill: University of North Carolina Press, 1999）中有最 417
详尽的记述，作者对罗马社团及其在罗马社会中的作用进行了论述。关于民众示威活动的发动和组织情况（许多示威活动演变成暴力活动），P. J. J. Vanderbroeck, *Popular Leadership and Collective Behavior in the Late Roman Republic (ca. 80–50 B. C.)*（Amsterdam: J. C. Gieben, 1987）收集了古代的证据，并给出了清晰的分析。关于罗马社区及其复杂性，目前阐释得最好的著作是 H. I. Flower, *The Dancing Lares and the Serpent in the Garden: Religion at the Roman Street Corner*（Princeton: Princeton University Press, 2017）。

注　释

1. H. Usener, 'Italische Volksjustiz', in *Kleine Schriften*, vol. IV（Cambridge: Cambridge University Press, 2010）, pp. 356–82. 亦可参见 W. Nippel, *Public Order in Republican Rome*（Cambridge: Cambridge

University Press, 1995); A. Lintott, *Violence in Ancient Rome*, 2nd edn (Oxford: Oxford University Press, 1999); J. Harries, *Law and Crime in the Roman World* (Cambridge: Cambridge University Press, 2007)。

2. E. g. Plaut. *Aul.* 416–17; cf. Nippel, *Public Order*, p. 23.
3. N. Purcell, 'The City of Rome and the *Plebs Urbana* in the Late Republic', in J. A. Crook, A. Lintott and E. Rawson (eds.), *The Cambridge Ancient History*, vol. IX, *The Last Age of the Roman Republic, 146–43 BC*, 2nd edn (Cambridge: Cambridge University Press, 1994), pp. 673–88; R. Cosi, *Le Solidarietà politiche nella Repubblica romana* (Bari: Edipuglia, 2002); M. Tarpin, *Vici et Pagi dans l'occident romain* (Rome: École française de Rome, 2002); L. Capogrossi Colognesi, *Law and Power in the Making of the Roman Commonwealth* (Cambridge: Cambridge University Press, 2009), pp. 104–7; C. Courrier, *La Plèbe de Rome et sa culture (fin du IIe siècle av J.-C. –fin du Ier siècle ap. J.-C.)* (Rome: École française de Rome, 2014), pp. 127–92.
4. J.-M. Flambard, 'Collegia Compitalica: phénomène associatif, cadres territoriaux et cadres civiques dans le monde romain à l'époque republicaine', *Ketma* 6 (1981), pp. 143–66; J. Linderski, *Roman Questions* (Stuttgart: Franz Steiner Verlag, 1995), pp. 165–223; W. J. Tatum, *The Patrician Tribune: Publius Clodius Pulcher* (Chapel Hill: University of North Carolina Press, 1999), pp. 25–6, 117–19; J. B. Lott, *The Neighbourhoods of Augustan Rome* (Cambridge: Cambridge University Press, 2004), pp. 51–60; E. Mayer, *The Ancient Middle Classes: Urban Life and Aesthetics in the Roman Empire, 100 BCE–250 CE* (Cambridge, MA: Harvard University Press, 2012), pp. 85–99.
5. P. J. J. Vanderbroeck, *Popular Leadership and Collective Behavior in the Late Roman Republic (ca. 80–50 B. C.)* (Amsterdam: J. C. Gieben, 1987), pp. 52–4; Tatum, *Patrician Tribune*, pp. 142–8.
6. Dion. Hal. *Ant. Rom.* 2. 10. 4; Gell. *NA* 5. 13. 2; P. A. Brunt, *The Fall of the Roman Republic and Related Essays* (Oxford: Oxford University Press, 1988), pp. 382–442; E. Deniaux, 'Patronage', in N. Rosenstein and R. Morstein-Marx (eds.), *A Companion to the Roman Republic*

(Oxford: Wiley-Blackwell, 2006), pp. 401 - 20; W. J. Tatum, ' The Practice of Politics and the Unpredictable Dynamics of Clout in the Roman Republic', in D. Hamer (ed.), *A Companion to Greek Democracy and the Roman Republic* (Oxford: Wiley-Blackwell, 2015), pp. 257-74.

7. K.-J. Nowak, ' Der Einsatz privater Garden in der späten römischen Republik', unpublished thesis, Ludwig-Maximilians-Universität, Munich, 1973.
8. Lintott, *Violence in Republican Rome*, pp. 74-7.
9. Ibid., pp. 83-5.
10. C. Nicolet, *L'Ordre équestre a l'époque républicaine (312-43 av. J.-C.)* (Paris: Éditions E. de Boccard, 1974), pp. 996-7; E. Badian, *Publicans and Sinners: Private Enterprise in the Service of the Roman Republic* (Ithaca, NY: Cornell University Press, 1972), pp. 18-19.
11. Liv. *Per.* 11; Zonar. 8.2; 关于非公民争取平等公民权的斗争，参见 K. A. Raaflaub (ed.), *Social Struggles in Archaic Rome: New Perspectives on the Conflict of the Orders*, 2nd edn (Oxford: Wiley-Blackwell, 2005)。
12. Cic. *Inv.* 2.52; Val. Max. 5.4.5; cf. T. R. S. Broughton, *The Magistrates of the Roman Republic* (New York: American Philological Association, 1951), vol. I, p. 225.
13. M. C. Alexander, *Trials in the Late Roman Republic, 149 BC to 50 BC* (Toronto: University of Toronto Press, 1990), pp. 44-5.
14. Ibid., p. 34.
15. 关于安东尼乌斯论点的本质，参见 Cic. *De or.* 2.89, 107, 124, 164, 167, 197-201; cf. Nippel, *Public Order*, pp. 56-7。
16. H. Mouritsen, *Plebs and Politics in the Late Roman Republic* (Cambridge: Cambridge University Press, 2001), pp. 38-62; R. Morstein-Marx, *Mass Oratory and Political Power in the Late Roman Republic* (Cambridge: Cambridge University Press, 2004), pp. 119-59.
17. 关于提比略·格拉古，参见 C. Steel, *The End of the Republic, 146 to 44 BC* (Edinburgh: Edinburgh University Press, 2013), pp. 15-17（附有原始出处和进一步的参考资料）。

18. 即使在提比略的支持者当中，也有人在元老院议员出现时被震慑住：App. *B Civ.* 1. 16；*Rhet. Her.* 5. 68。
19. Mouritsen，*Plebs and Politics*，pp. 18-37.
20. Tatum，*Patrician Tribune*，pp. 143 - 4；D. B. Hollander，'Lawyers，Gangs and Money：Portfolios of Power in the Late Republic'，in H. Beck，M. Jehne and J. Serrati（eds.），*Money and Power in the Roman Republic*（Brussels：Collection Latomus，2016），pp. 18-25.
21. Steel，*End of the Roman Republic*，pp. 22-6.
22. 在罗马城内携带武器是违法的：H. Aigner，'Zur Wichtigkeit der Waffenbeschaffung in der späten römischen Republik'，*Grazer Beiträge* 5（1976），pp. 1-24。
23. Steel，*End of the Roman Republic*，pp. 31-3.
24. E. Badian，'The Death of Saturninus'，*Chiron* 14（1984），pp. 101-47.
25. Steel，*End of the Roman Republic*，pp. 89 - 94；W. J. Tatum，'88'，in V. Arena and J. Pragg（eds.），*A Companion to the Political Culture of Rome*（Oxford：Wiley-Blackwell，in press）.
26. E. Badian，*Foreign Clientela（264 - 70 B. C.）*（Oxford：Oxford University Press，1958），pp. 232-4；P. Brunt，*The Fall of the Roman Republic and Related Essays*（Oxford：Oxford University Press，1988），pp. 125-7.
27. Lintott，*Violence in Republican Rome*，pp. 209 - 20；Vanderbroek，*Popular Leadership*，pp. 218-67.
28. Cic. *Vat.* 21 - 3；*Red. pop.* 14；Suet. *Iul.* 20；Dio Cass. 38. 5 - 6；Plut. *Cat. Min.* 32-3；*Pomp.* 48；*Caes.* 14.
29. Tatum，*Patrician Tribune*，pp. 117-25.
30. Ibid.，pp. 140-9.
31. Ibid.，pp. 150-75.
32. Ibid.，pp. 176-213，239-46.
33. Ibid.，pp. 142-9.
34. Lintott，*Violence in Republican Rome*，pp. 89 - 73；Vanderbroek，*Popular Leadership*，pp. 104-41；Courrier，*Plèbe de Rome*，pp. 501-7.
35. Tatum，*Patrician Tribune*，pp. 146-7，115-16.
36. Tatum，'Practice of Politics'；C. Rollinger，*Amicitia sanctissime*

colenda: Freundschaft und soziale Netzwerke in der späten Republik (Trier: Verlag Antike, 2014). 两者都提供了进一步的参考资料。

37. Vanderbroek, *Popular Leadership*, pp. 34–66; Courrier, *Plèbe de Rome*, pp. 507–19.
38. 资料来源于 T. R. S. Broughton, *The Magistrates of the Roman Republic* (New York: American Philological Association, 1952), vol. I, pp. 286–7。
39. Nippel, *Public Order*, pp. 78–84.
40. J. A. Crook, 'Political History, 30 BC to AD 14', in A. K. Bowman, E. Champlin and A. Lintott (eds.), *The Cambridge Ancient History*, vol. X, *The Augustan Empire, 43 BC–AD 69*, 2nd edn (Cambridge: Cambridge University Press, 1996), p. 89; D. Wardle, *Suetonius: The Life of Augustus* (Oxford: Oxford University Press, 2014), p. 163.
41. Tarpin, *Vici et Pagi*; Lott, *Neighborhoods of Augustan Rome*.
42. Nippel, *Public Order*, pp. 85–112; Courrier, *Plèbe de Rome*, pp. 697–735.

20 早期中国历史上的暴力

陈力强

418 暴力是每个社会之历史的一部分，中国也不例外。本章探讨的是中国的史前时代和部分历史时期，即从新石器时代到帝制开端（约公元前 10000 年—前 2 世纪）的这段历史。本章认为，从广义上讲，个人或团体的暴力行为指的是故意对一人或多人造成身体上的伤害。接下来的大部分论述将集中在与官府有关的暴力形式上。这在很大程度上是中国传统历史编纂学带来的结果，传统历史编纂学主要把过去看作统治者的继承和朝代的更迭。历史学家通常是朝廷官员，他们写作的目的是指导其他官员，而他们的著作也反映了这一点。我的论述吸收了考古学研究的成果，但主要依据是历史上流传下来的文字资料。这些公认的史料反映了传播者对思想史和官府的兴趣。中国早期历史依赖的资料来源非常有限，这妨碍了现代历史学家对史料进行比较和核实。[1]因此，不可避免地，接下来的许多内容涉及的并不是暴力，而是它在我们可以获得的资料中的呈现。

本章探讨的内容不包括动物。显然，这并非因为它们不会遭受暴力，而是因为在早期中国的思想世界中，通常说来，人们在伦理学和哲学层面对待动物的方式与对待人类自身的方式是有所不同的。由于篇幅有限，我也会避免将暴力作为正式法律程序的一部分进行论述。

在早期中国历史上，人们对暴力的观点是模棱两可的。自远古时代以后，在我们现在称之为中原的地区，史料十分

丰富。与此同时，中国古典文化既不颂扬战斗，也不颂扬战
士的英雄主义。打斗不属于高雅文学的基本内容，这类文学
倾向于忽略实际的血腥场面，而喜欢叙述战争的准备工作、
战争造成的后果以及由此带来的伤害。从事文学研究的学者 419
王靖献（C. H. Wang）将这种倾向称为“对战争的省略”。在
他看来，中国的文化英雄是爱好和平的农业学家，而不是欧洲
史诗中的战士。吉德炜（David Keightley）论述了同样的倾向，
他专注于有关英雄主义的历史描绘，特别是战争中的英雄主
义。[2]当然，战争不是暴力的唯一形式。但是，它在中国早期知
识分子生活中的地位是模糊不清的，这在很多方面概括了暴力
的整体地位，而且战争在历史学中受到的关注，远远超过我定
义的其他形式的暴力受到的关注。

周代之前中国的暴力

新石器时代（约公元前 10000—约前 2000 年）的中国是地理上分散、文化上迥异的各个族群的家园，但总体来讲，大部分地区可能存在暴力活动。这个时代没有可靠的文字记录，也就意味着所有的证据都来自考古学，甚至有些证据是推理得来的。例如，定居点周围的夯土墙意味着定居点曾面临战争的威胁。武器及其仿制品是固有的仪式用品，这表明了那些物品的重要性。可以肯定，斧头是用于和平目的的工具，但有证据表明，人们在丧葬仪式和其他仪式中也使用过斧头，这说明斧头具有更重要的意义。同样，射箭是狩猎的一种手段，但考古学家也在许多遗址中发现了箭头，他们认为这些箭头体现了战争中的大规模杀戮，而不是狩猎。手中握有武器的雕像进一步强化了这种认识。其他的暴力证据则更为直接。例如，许多考

古发现反映了人祭，包括被埋葬在建筑遗址和精英坟墓里成堆的和被肢解的尸体。[3]

420 中国现存最早的文献是“甲骨”上面的简短记录。这些刻在牛肩胛骨和龟甲上的预测文字的时间可以追溯到商代（约公元前1600年—前11世纪中期）。考古学家在商朝最后的都城——河南安阳发掘了数千块甲骨。这些简短的文字证实，在那个社会确实出现过暴力。在甲骨文中，军事活动的地位十分突出，但甲骨文并没有描述实际的流血事件。甲骨文只是从总体上记录军事事件：战斗、袭击和捕获俘虏。有时还包括在战争中向商朝的神明“帝”求助的文字。其中一段文字是这样写的：“伐𢀛方，帝受我佑。”[4]

从坟墓和其他地方发掘的各种武器进一步反映了战争在商代社会中的突出地位和为准备战争而投入的各种资源。商朝制造了大量的青铜箭头、戟、斧头、刀和矛头。甲骨文和考古学都表明，商朝人从新石器时代的祖先那里沿袭了人祭的习俗。许多精英的坟墓里埋有多具骸骨，包括死者本人和陪伴他或她进入来世的活人祭品。虽然其中一些受害者在下葬前已被斩首，但学者认为，也有证据表明，有些人是被活埋的。人祭（为了陪伴死去的权力阶层成员和其他人）一直延续到后来的周朝，之后在公元前3世纪实现统一前逐渐消失。无论采取的具体形式是什么，这些做法都与把战俘献祭给祖先的做法有关，但又有所不同，两者遵循类似的发展轨迹。[5]

周朝和早期的文本传统

421 我们至少可以推定，公认的中国文本传统的时间可以追溯到西周时期（公元前11世纪—前8世纪）。暴力已经在文字层面出现。王靖献的观点是正确的，他认为中国早期文学对暴力的描写并不突出，尤其是当人们以古典的方式将文学主要定义为诗歌时。即使将其他文本类型囊括在内，暴力也通常会被忽略。这并不意味着这些作品中不存在暴力；更确切地说，文字资料只是对暴力一带而过，或者使用暗示和典故让人们产生联想。没有关于暴力的细节描写。王靖献非常准确地指出，这是一种省略的手法。

《诗经》是中国现存最早的文学作品，人们通常认为它是西周时期的一部诗歌总集。尽管《诗经》的文本历史仍存在争议，但它在中国经典中有着无可争议的固有地位，时至今日，历史学家仍然会不时引用其中的内容。《诗经》中的一些诗歌提到了战争形式的暴力。《六月》这首诗描述了战争的过程，从战争准备到最终庆祝胜利。一切在期待中开始：

六月栖栖，
戎车既饬。
四牡骙骙，
载是常服。[6]

接下来的诗节遵循这一模式，描述了在战争之前发生的各种事件：提前干完农活，占领战场，部队行军。然而，按照一贯的风格，实际的战斗几乎没人关注，只是被一笔带过："薄伐玁狁，至于大原"（第 150 页）。

《诗经》曾经多次提到战争。但是，流血或英勇的死亡不是件令人高兴的事情。相反，人们普遍关注的是令人担忧的事情；战时的主流情绪往往是忧郁，而不是庆祝。例如，在

《陟岵》中，一名士兵的思绪转向了他在故乡的亲人，他料想亲人在担心他可能会阵亡：

422 父曰：嗟！予子行役，
夙夜无已。
上慎旃哉，
犹来无止！ （第 86 页）

《击鼓》表达了在战役中失去深受爱戴的将领的悲痛：

从孙子仲，
平陈与宋。
不我以归，
忧心有忡。 （第 28 页）

在《诗经》中，并不是所有内容都是哀歌和挽歌。《无衣》以一种更加个性化的语气对待军事动员的准备工作，将表达愿意面对战争和宣言与战友团结一致结合在一起：

王于兴师，
修我矛戟。
与子偕作！ （第 105 页）

另一首诗《泮水》描述了胜利时的欢欣鼓舞：

角弓其觩，

束矢其搜。
戎车孔博，
徒御无斁。
既克淮夷，
孔淑不逆。
式固尔犹，
淮夷卒获。　　　　　　　　　　（第 312 页）

即使在这段文字中，人们对暴力的描述仍然是含蓄的。敌人“卒获”；在这首诗的语境中，通过武力实现的停战并不重要。

运用这种方式，《诗经》回避了对暴力的描写，为后来的上层文学作品奠定了基调。然而，这只是经典的一部分。《尚书》是另一部被认定为代表了最早一批经典的文献资料，它也回避了刀光剑影的血腥。《尚书》包含散文创作，因此被认为主要是历史而不是文学作品，就像人们对《诗经》的看法一样。尽管如此，《尚书》对文学的发展还是产生了极大的影响。

公元前 11 世纪中期，周朝推翻商朝，这是这部作品集的一个主要话题，《尚书》中许多关于暴力的文章与此事件有关。它的内容是演讲和训诫，其中一些据说是将军在战斗开始 423
前讲给军队听的。除了形形色色的威胁和隐晦地提及战斗，提到暴力的主要目的是将商朝描绘成既暴力又残忍的形象，以便为周朝的行为辩护。其中一段话是未来的武王说的，武王通常被认为是带领周人击败商朝的人：

> 今商王受，力行无度，播弃犁老，昵比罪人。淫酗肆虐，臣下化之，朋家作仇，胁权相灭。无辜吁天……[7]

在这里，就像在《诗经》中一样，暴力被含蓄地呈现出来，没有细节的描述。在同一篇演讲后面的段落，武王提供了那一时期作品中对暴力最为生动的描述。讲的还是商王，武王说：“斫朝涉之胫，剖贤人之心，作威杀戮，毒痡四海。”[8]当然，暴力是存在的，但细节很少，而且对此负有责任的参与者根本就不是英雄。

《尚书》中的演讲把周人的起义描述为执行天意以惩罚商朝之罪的行为。尽管有这样的正当理由，在起义过程中夺人性命的行为通常只被隐晦地提及，而不是予以详细描述。这种至少在一种文献中的讳言，扩展到排除了一切武装战斗的可能性。然而，周人强行接管的现实肯定与此不同。有大约 4.5 万名士兵参加了灭商战争，这一过程中必定会有大量的伤亡。[9]

即使在公元前 11 世纪以后，战争的庞大规模及其在政治上的重要性并没有使军事行动本身更受重视。周代青铜器上的铭文记录了各种各样的荣誉，包括赠予土地、特权和实物奖励。许多铭文提到了为保卫和扩大周朝土地而进行的战斗。考古学家和历史学家李峰提供了公元前 9 世纪的一个例子，并将其与我之前引用的诗歌《六月》并列：“隹（惟）五年三
424 月……王初各（格）伐……兮甲从王，折首执讯。休，亡敃。王易（锡）兮甲马四匹，驹车……”[10]这篇平心静气的演讲记载了暴力行为，但没有详细展开。对于这篇铭文的创作者来说，值得赞扬的是忠诚和胜利的事实，而不是战斗技巧或勇气本身。

公元前 8 世纪，周朝的一些臣民与不同文化的部落联合起来进攻周朝。他们摧毁了周朝的都城，杀死了周幽王，结束了西周时期。周平王将都城东迁，是为东周（公元前 8 世纪—前 3 世纪）。历史学家把公元前 8 世纪西周末年到公元前 221 年实现统一的这段时间划分为三个部分重叠的时期：东周，持续到公元前 256 年周王室覆灭；公元前 722—前 481 年的春秋时期，以一部著名编年史的书名命名；对战国时期具体时间的看法各有不同，战国时期大致开始于公元前 5 世纪，结束于公元前 221 年。

公元前 8 世纪—前 3 世纪是一个伟大且暴力日益增多的时期。作为地区缓慢走向统一之进程的一部分，政治分歧、野心和兼并意味着发生战争的原因是多方面的。军队规模的扩大和军事技术的发展，预示着将发生比以往规模更大的杀戮。大约在公元前 5 世纪—前 4 世纪，步兵的数量达到了 10 万之巨。在公元前 3 世纪，步兵的数量进一步增加，后来的资料称有 24 万士兵在一场战役中阵亡，15 万在另一场战役中阵亡，40 万在又一场战役中阵亡。我们当然不能把这些数字当作精确的数据，但它们绝对反映了武装暴力的迅速增多和大规模暴力死亡的发生。[11] 与此同时，这一时期出现了了不起的思想火花，即使是在长达几个世纪的战争中，也产生了中国历史上最伟大的一批哲学家。他们的学说带有连年暴力的痕迹，这确实是当时的历史背景。

孙　子

《孙子兵法》为思想史上的暴力问题提供了切入点。从表 425
面上看，这是一部非常重要的战争专著。但是，作为范例，它本身也很复杂，从整体来看，它反映了中国古典文化对待暴力的矛盾心理。该书公认的作者是孙武或称孙子（约公元前6世纪—前5世纪），人们对他所知甚少，约公元前100年的《史记》中有对他的简要叙述。[12]这段文字叙述了孙子如何向吴王阖闾证明他组织任何群体成为军队的能力。吴王考验孙子，让他把后宫的女人组建成一支战斗力量，孙子照做了。代价是吴王的两位宠姬的性命，她们在听到命令时咯咯笑而不服从命令。孙子处决了她们，以表明服从长官命令的严肃性。随后，其他女人更加认真地对待这项训练。[13]这段记述所属的时期比孙子著名的《孙子兵法》的时间要晚得多。虽然《孙子兵法》中有很多关于杀戮的内容，但暴力遭到了削弱和抨击。

孙子的这部著作反复地、明确地告诫读者要避免暴力。它强调了战争的代价和风险，并写道：“是故百战百胜，非善之善者也；不战而屈人之兵，善之善者也。”[14]在《孙子兵法》中，最优秀的将领不用作战就能达到自己的目的：“故善用兵者，屈人之兵而非战也”（第15页、第17页）。这里呈现的是一个军事理论家对《诗经》中相同演绎的另一种诠释：暴力是有代价的。《孙子兵法》建议，当做出的决定可能会导致战争爆发时，人们要考虑的是付出的代价，而不是通过战斗可能获得的任何荣誉。

《孙子兵法》中的论述运用的大多是抽象的术语，包括战略战术、战备、必要的心态等。涉及直接暴力的内容似乎通常以隐喻的形式出现。因此，当描述军队应该展示的力量时，《孙子兵法》说，“兵之所加，如以碫投卵者”（第27页）。这部著作反复使用来自自然的意象表达自己的观点，放弃了以血
426 腥为乐的机会。例如，它建议说，“激水之疾，至于漂石者，

势也；鸷鸟之疾，至于毁折者，节也”（第29页）。《孙子兵法》以这种方式详尽地论述了战争这一主题，却没有对它进行丝毫的赞颂。

孔　子

孔子（公元前551—前479年）是一位教师，他从未担任过任何军事职务。然而，考虑到他生活的历史背景，暴力在他最著名的语录集《论语》中占据突出位置就不足为奇了。《论语》中有很多内容涉及国家层面的暴力，特别是战争形式的暴力。[15]事实上，它把孔子本人描绘成被卷入军事行动的人，有时表达了孔子与那些暴力反抗统治者的人结盟的意愿。《论语》描述了一个军事备战得到广泛认可的社会，而射箭的军事技能代表着个人的造诣。孔子不止一次地运用战争暴力的意象来反映良好的个人品质。田海（Barend ter Haar）曾指出，“孔子……根本就不反对暴力，尽管是在行为得体的情况下”。[16]然而，对于孔子来说，只有真正有道德的统治者才能恰当地实施暴力，以遏制混乱。

孔子曾经把自己想象成一位将军，通过描述他会选中的军队来形容他看重的品质。然而，他也否认自己对指挥有任何实际的了解。虽然他将武器列为良好治理的条件之一，但他也指出，没有武器，也能实现善治。也许最能说明问题的是，在孔子理想的政治秩序中，没有暴力的一席之地：“善人为邦百年，亦可以胜残去杀矣。诚哉是言也！”[17]总的印象是，他是一个务实的人，他认为暴力是社会的一部分，尤其是在他所处的社会里，但他也认为，如果没有暴力，人类会更好。

孔子思想的继承者

427 孔子最著名的信徒是孟子（约公元前 4 世纪），他出生于孔子去世后的约一个世纪。孟子生活在一个政治分裂和冲突的时代，以作者名字命名的著作《孟子》反映了那个时代的情况。像孔子一样，孟子以战争为例，承认在某些情况下战争是可以被原谅的。然而，他的基本立场是，战争总是坏事；只是在某些情况下发生的战争，没有在其他情况下发生的那么糟糕。

孟子比孔子更强调武力作为达到政治目的之手段的劣势，他把战争描绘成统治者的缺点而非领导能力的表现。理想的统治者应该不喜欢所有流血事件，应该通过道德力量而不是暴力来治理国家。孟子强烈反对为了扩大疆土而使民众遭受暴力的进攻性战争，他说："徒取诸彼以与此，然且仁者不为，况于杀人以求之乎？"[18]

他以倡导仁政而闻名于世，同时将恻隐之心看作人性的本质。君王的职责包括对他统治的臣民示以怜悯。孟子认为这种责任如此重大，以至于他认为从道德层面上讲，虐待平民或使他们因暴政而挨饿，这形同暴力。统治者的实际暴力与合理的政府形成对比。在暴政的情况下，也就是君王没有尽到照顾子民的责任，孟子甚至扬言有可能发生民众起义这种直接的暴力，最终会导致弑君："戒之戒之！出乎尔者，反乎尔者也"（第 70—71 页）。

孔子思想的另一位伟大的早期拥护者是荀子（约公元前 3 世纪），他最著名的观点是认为人类的本性是自私且不守秩序的。在他看来，如果不加以纠正，这些缺点将会导致争论和暴力。荀子主张自我修养，以使人达到得体端正的境界。在功能上与礼相对的暴力在《荀子》中反复出现。《荀子》区分了傲慢或暴烈的脾气和源于合理的道德确定性的坚定决心。[19]它也
把有教养之人的勇气和下等人或动物的轻率大胆区别开来。献 428
身于正当的行动可能会使有教养的人陷入危险，但他们绝不是粗心大意。上述对恰当行为的坚持意味着，“……杀一无罪，而得天下，仁者不为也”（第 54—55 页）。

《荀子》主要关注政治和社会问题，表达了对我们现在很熟悉的道德正确的关注，以及对这些领域中不正当暴力的厌恶。因为高尚的统治者不会故意施暴于他人，也不会让他关心的人受到伤害。为了保护他人或维持社会秩序而实施暴力有时可能是不可避免的。但是，《荀子》清楚地表明，即使出于防御目的而使用武力也不如恰当的政治统治，后者本身可以防止混乱和暴力，从而消除实施一切暴力的需要。这种治理只能通过统治者运用道德的力量来实现，因此，国家中任何暴力的存在都表明了这种能力的缺失。

《荀子》提出了一个类似的概念，即在国家间关系层面起作用的道德力量。理想情况是无须动用军事力量。《荀子》甚至把吞并另一个国家描绘成通过公正的手段而不是战争来完成的事情。能够在不诉诸武力的情况下取得胜利，这是优秀统治者的标志。然而，与此同时，《荀子》为将军在战争中的行为提供了许多指导方针，其中大多数是为了挽救生命。

墨　子

中国思想史上的许多人物形象是模糊的，墨子（约公元前 5 世纪）尤其如此。基本上没有什么关于他的可靠信息，尽管

在早期思想家中，他提出了被认为最重要的替代孔子思想的方案。《墨子》这部著作影响深远，其中尤为突出地讲到了暴力问题。普遍关怀（“兼爱”）是《墨子》哲学原则基本内容的一部分，该书详细地驳斥了军事侵略的行为，因为这对参加实际战斗的普通民众造成了伤害，而且也给国家造成了损失。

《墨子》把不必要的战争比作谋杀，并以典型的方式，用冗长的逻辑链的形式进行论证。它首先列出各种盗窃行为，一种比一种严重，然后再列出比最严重的盗窃更严重的谋杀。因
429 此，书中写道：“杀一人，谓之不义，必有一死罪矣。”[20]论点逐步展开，谴责那些杀害 10 人或 100 人的人，并声称每个人都会支持用死刑来惩罚这样的罪行。与战争的对比如下：

> 当此天下之君子皆知而非之，谓之不义。今至大为不义攻国，则弗知非，从而誉之，谓之义。
>
> （《墨子·非攻》）

《墨子》认为对他人造成的伤害是一个连续体。当然，暴力存在于这个连续体中，但与偷窃并没有本质上的区别，只是情形更为严重。墨子还批评了统治者激励或强迫军队作战的措施。然而，在他的陈述中，并非所有战争都是不可接受的。有时，通过战争惩罚犯错的国家也是必要的。

商　鞅

虽然在上文已经论述过的文献中，暴力都扮演了一个重要却相对较小的角色，但它是另一部著作《商君书》的核心内容。商鞅是秦始皇统一天下之前的秦国高官，因为给官府带来

诸多改变而声名鹊起。这部以他的名字命名的著作明确了外部战争和社会内部暴力之间的联系，这是其他著作似乎接受却没有明确阐述的内容。其中一篇的题目是“农战”，概括了这部文献的中心主题。从本质上来讲，它把军事暴力和农业（王靖献认为这两者是对立的）视为一枚硬币的两面。据《商君书》所述，国家如果不追求这两个目标，就会削弱自己，面临被打败的命运。

《商君书》提出了具体的政策建议，让统治者增加奖励措施来鼓励一些行为，如发动战争和种植庄稼。例如，它建议，对斩下一个敌人首级的士兵，免除他纳税的义务。这样做的目的是把普通民众对战争情理之中的恐惧转变成对战争的喜爱，让他们把战争作为获得特权的一种途径。统治者能够把这种军事行为转变成维持、加强和充实其国家的有效力量。

对此，《商君书》提出了一个让人意想不到的推论。这部 430
文献认为，国家在成功地增强自己的军事实力时，或多或少地不得不转向对外战争。否则，使国家军队取得胜利的力量将逆转成为内部的劣势。因此，《商君书》提出了一种暴力经济，在这种经济中，未被释放的残暴转而与孕育它的国家相对抗；外部暴力代替了内部混乱。法律惩罚是暴力的，也是统治者执行法律的方式。稳定——国家内部没有暴力——将源于正确的治理。军事活动、农业生产和有效法律制度的结合最终将带来持久的和平和以人道、关怀为特征的社会，没有杀戮。事实上，我们可以把商鞅的思想理解为从根本上鼓励合作。[21]然而，正如《商君书》提出的那样，人道社会的理想与当时的现实相去甚远。没有暴力，这种转变就不会发生；因此，书中提出，“惠生于力”。[22]

韩非子

最后一位重要的前帝制时期的哲学家是韩非子（卒于公元前 233 年），他以“法家之集大成者”而闻名，人们认为他对秦朝的政策产生了强烈的影响。[23]《韩非子》专注于与统治者进行对话，因此其诉求往往是针对政治而言的。书中的一篇专门讨论了该书的主要概念之一，即构成统治基础的“二柄”：刑与德。[24]但暴力不仅出现在法律语境中，也出现在政治局势中，并成为国家间关系的一部分。也许《韩非子》中与暴力最相关的内容就是它承认谋杀是政治阴谋的一种工具——“鸩毒扼昧”（第 86 页）。它甚至引用了另一部现已散佚的文献，并提供了惊人的统计数据，“人主之疾死者不能处半”
431 （第 87 页）。为了更好地理解这种极端的情况——即使不考虑里面有夸张的成分——是如何存在的，我们需要更明确的历史资料。

《春秋》

中国的史学研究传统是伴随着上述哲学著作出现的。可以追溯到这一时期的现存最重要的史学著作，被称为《春秋》。《春秋》是秦始皇统一天下之前，公元前 772—前 481 年鲁国历史事件的精简记录。《春秋》的内容过于简洁，但因为《左传》的存在而有所缓和，所有流传下来的《春秋》版本都附有《左传》。尽管书名是《左传》，但《左传》本身具有历史意义；它的主要内容不是对《春秋》的解释或注释，尽管也包含了一些相关的内容。

《春秋》和《左传》都以暴力为主要特征。军事暴力不可避免地成为这一动荡时期之记述的部分内容，这两部著作也不例外。但是，尽管存在战争，它们的叙述却朴实无华。例如，《春秋》在隐公元年就有这样的记载：“夏五月，郑伯克段于鄢。”[25]这份记录非常粗略。在《春秋》和《左传》中，关于政治谋杀的记录十分常见，这无疑反映了那个时代的暴力活动，对这些行为的呈现则缺乏细节性的描述。这与人们在传播文化中对待暴力的态度是一致的，这种态度承认暴力，但在行文中很少提到暴力。

根据早期的解经原则，孔子编修《春秋》，极其简短的事件描述中包含了他对这些事件的评判。其中，个人用词的选择，人名的出现或隐去，都能显示出孔子是赞成还是反对某种行为。虽然孔子实际上不太可能对此负责，但《春秋》确实通过用词的选择传达了信息，包括在对暴力事件的描述中。[26]

在某些情况下，《春秋》会使用“杀”这个动词，如关于
杀死鲁国以外的贵族之类的事情。因此，有一处是这样记载
的：“陈人杀其大夫公子过。”[27]而与“杀”这个术语形成对比
的，是《春秋》记载的一桩君主谋杀案，这里用的是“弑”：
“陈夏征舒弑其君平国。”[28]专门用语的选择可以反映出一种评 432
判，例如，有人对一个职位的要求合理合法，却被杀害了。在
这种理解下，作者不愿描述暴力行为，就通过解经来识别和评
价那些对暴力负有责任的人。

《春秋》记载的年代之后就是战国时期。这一时期的历史记录有着截然不同的特点。在现有的形式中，资料来源可以追溯到早期帝制时期。这些资料来源，尤其是最重要的《史记》，反映了一种新的史学发展，即愿意对暴力进行描述。我认为，这种意愿从早期帝制时期的事件中发展而来。

为了理解这些历史记载，我将首先转向论述早期帝国的历史背景。

向帝国转变

第一个在政治上统一中国的王朝是秦朝。公元前 221 年，在秦始皇成为统治者的那个时期，秦国战胜与其长期竞争的其他诸侯国，结束了战国时期。秦朝取得的成就和它对暴力的接受体现了暴力在中国历史和思想史上模棱两可的地位。秦朝把自己的王朝描绘成崛起于战国时期，然后结束了这一战乱时期的朝代。但是，这个王朝很快就覆灭了，而且旋即成为批判性史学的主题，这种批判性史学从此主导了人们对秦朝的看法。

秦朝付出巨大的努力，成功地统一天下。他们对法律做出的第一个改变就是用一套新的标准度量衡取代不同的地方度量衡制度。下面的声明是实施该项制度之命令的序言："廿六年（公元前 221 年），皇帝尽并兼天下诸侯，黔首大安。"[29]这从秦朝的角度呈现了统一的两个方面，这两个方面都与暴力有关：一方面，是不同诸侯国的平定；另一方面，是普通民众享受到的和平。

在全域各地显眼的地方竖立的一系列石碑清楚地表明了这
433 些倾向。其中一处铭文写道："兵不复起！/ 灾害灭除。"[30]另一处铭文把秦朝的成就描述为"天下和平"。[31]还有铭文声称："殄熄暴悖，乱贼灭亡。"[32]因此，正如秦朝提出的那样，其政治统一结束了被吞并诸侯国之间的军事冲突和新帝国域内的犯罪行为。

和平给王朝民众带来的好处不容置疑。然而，在铭文对统

一战争的反复辩护中，出现了对其过程的深刻不安。有人说，始皇帝（秦始皇）是秦朝统治的代表性人物，

六国回辟，
贪戾无厌，
虐杀不已。
皇帝哀众，
遂发讨师，
奋扬武德。[33]

另一块石碑上写着，目标是“诛戮无道”。[34]石碑上写道，这些举措和随后的开明统治带来的好处惠及整个社会。有一处铭文是这样描述平民的，他们被称为“黔首”：

黔首安宁，
不用兵革。
六亲相保，
终无寇贼。[35]

即使我们承认秦朝关心普通民众，但把统一描绘成是为了他们进行的，这当然是不诚实的。即便如此，与战国时期相比，王朝的和平与秦朝高效的官府系统无疑减少了普通民众遭受的暴力。对秦朝提出的主张要持有半信半疑的态度，这是合情合理的。

秦朝在公元前 207 年灭亡，其原因是多方面的，很多是内部因素。在接下来的几年里，内战一直持续到公元前 202 年汉

朝建立。汉朝建立的官府系统基本上是对秦朝结构的重建。虽
434 然变化和发展几乎立即开始，但汉朝面临正统性的问题。他们是秦朝的臣民，正确的做法应该是恢复秦朝。然而，这意味着放弃权力。针对这种不协调的问题，汉朝的应对方法是对秦朝进行严厉的批评，把之前秦朝描述自身的许多美德变成了对它的批评。这扭转了秦朝自认为给天下带来和平的形象，把它描述成一个充满暴力的暴政的朝代。[36]

汉代的历史记录既没有省略暴力，也没有以与早期文本相似的扁平形式来呈现暴力。这并不局限于对秦朝的描述，但我认为，哲学家对暴力的问题化、秦朝平定天下的主张，以及汉代的修正导致了人们对暴力之表述的转变。暴力确实受到了批评，无论是含蓄的还是直接的；但我们在汉代的资料中发现了充满血腥的叙述，这是前所未有的。

《史记》对汉朝开国者遗孀的刻画呈现了一个令人震惊的暴力的例子。她从未拥有过正式的政治权力，但被称为吕后，因为实际上她是在丈夫去世后进行统治的。《史记》（成书时间可追溯到大约公元前 90 年）描述了她如何处理她儿子潜在竞争对手的母亲："太后遂断戚夫人手足，去眼，辉耳，饮瘖药，使居厕中。"[37]这种残忍的叙述含有夸张的成分，并未体现出历史的准确性。这些事件发生在司马迁出生之前，这表明他可能不是唯一愿意以新的方式书写暴力的人。然而，这种对暴力的描绘在任何现存的汉代之前的文献中都是看不到的。

复　仇

到目前为止，本章讨论的主要内容是官府批准的暴力行为。但是，在早期中国，有个人层面的暴力根源：复仇。复仇

并未完全脱离对暴力的描述，文献表达的对它的态度却有所不 435
同。在早期文献中，这是一种得到道义上认可的暴力。[38]

正如我之前讲到的，暴力作为一种治理工具，早期文献一般对其持否定态度。然而，一谈到复仇，事情就变得复杂起来。例如，经典文献《礼记》是对各种得体行为的概述。它以不同程度的强硬态度表达了一个人在自己的父亲、兄弟或朋友被杀时，担负的复仇责任。另一部经典文献《周礼》通过对假想的官僚机构的描述，表达了理想中的礼的样子。百官中的一名官员的职责是帮助普通民众解决困难，包括进行合乎礼仪的复仇。它还明确规定，在道义上正确的杀人者不应遭到报复。赞成用暴力来惩罚错误的最有力的经典表述来自《公羊传》，这是注释《春秋》的另一部典籍。它明确宣称，诸侯的责任就是要对其君主被杀一事进行猛烈的报复。[39]

在汉代的复仇故事中，人们越来越愿意描绘暴力。有一个著名的例子说明了这样的变化。据说，一个叫豫让的人生活在大约公元前 5 世纪。他的主人被敌人杀害了，这个敌人特别痛恨他的主人，将其头骨做成了杯子。豫让决心复仇，他多次尝试，包括一次又一次的袭击、伪装自残，他最终被捕并被杀死，对这些情节的描述可以和大仲马的作品媲美。从复仇的道德角度来看，最具象征意义的是，豫让因其正直竟然受到了他要杀死的人的赞扬。[40]

虽然这些事件应该可以追溯到战国时期，但对它们的记录是在几个世纪后才出现的，主要是在公元前 100 年前后的《史记》和后来的汇编作品中。肯定有一些原始的资料来源，但不可能把后来的补充从任何原始的叙述中分离出去。《春秋》和《左传》对杀戮事件语焉不详，这表明，对这些事件进行

润色似乎是有可能的。事实上，即使是那些对复仇持正面看法
436 的经典文献也姗姗来迟。究竟有多晚，那是需要专家讨论的问题，但基于目前的资料，人们对暴力之态度以及对暴力之描述的发展趋势是明确的；在统一之前和统一之后的中国早期资料中，暴力的呈现方式发生了转变。

结　语

本章简要阐述了我们可以从今天的资料中看到的早期中国暴力的历史。暴力的事实，从各方面来看，都是不间断的，只是在某些形式（如人祭）的废止和其他形式（如大规模战斗）的扩展方面有所不同。对暴力表达的态度总是模棱两可的。然而，从暴力意象的文本演变为乐于描述极端残忍的暴行，有一条清晰可辨的发展轨迹。我认为，秦朝将暴力及其对暴力的压制作为其自我描绘的主题。为了寻求合法性，秦朝的汉代后继者开始扭转这一局面，将秦朝描绘成暴虐的压迫者。大约在同一时期，我们看到一些作者，尤其是历史学家司马迁，对暴力进行了更详细的叙述。像任何事物的发展一样，这样的发展肯定有诸多原因。秦朝的修辞和汉朝史学对合法性的追求是这一转变最明显和最具决定性的方面。

参考论著

暴力作为一个单独的话题，在早期中国的语境中受到的关注相对较少，但在后来，有不少关于暴力的研究。到目前为止，我找到的用西方语言写就的对中国历史上各个时期的暴力研究最有用的参考资料是 Barend ter Haar, ‘Violence in Chinese Culture’, https://bjterhaa.home.xs4all.nl/violence.htm, accessed 3 July 2019；最出色的学术专著是 Mark Edward Lewis, *Sanctioned Violence in Early China* (Albany, NY: SUNY Press, 1999)。在这

里，陆威仪采用了广义上的暴力概念，并利用一系列资料，从暴力的角度审视了战国时期的社会发展。田海在不同时期发表了关于暴力的文章，包括'Rethinking "Violence" in Chinese Culture', in Göran Aijmer and Jon Abbink (eds.), *Meanings of Violence: A Cross Cultural Perspective* (Oxford: Berg, 2000)。关于《春秋》及其注解，有一篇文章值得关注：Newell Ann Van Auken, 'Killings and Assassinations in the Spring and Autumn as Records of Judgment', *Asia Major* n. s. 27. 1 (2014), pp. 1-31。

由于缺乏二手研究资料，研究暴力之作用的最好方法往往仍然是直接接触原始文献。许多学者翻译了《论语》，这本书的简洁明了掩盖了它的复杂性。刘殿爵（D. C. Lau）翻译的版本，经常被企鹅出版集团和
其他出版社重印和再版，该书在严密性、可读性和复杂性之间达到了难 437
得的平衡。以下著作是急需的完整版《左传》新译本：Stephen Durrant, Wai-ye Li and David Schaberg, *Zuo Tradition/Zuozhuan: Commentary on the 'Spring and Autumn Annals'* (Seattle: University of Washington Press, 2017)，而哥伦比亚大学出版社于2017年出版了尤锐（Yuri Pines）的新版《商君书》译本。

以《孙子兵法》为研究主题的著作不可胜数，其中许多著作的目标受众是普通读者。有一部著名的译本利用了出土的手稿版本，参见 Roger T. Ames (trans.), *Sun-tzu: The Art of Warfare. The First English Translation Incorporating the Recently Discovered Yin-ch'üeh-shan Texts* (New York: Ballantine, 1993)。关于近期的学术研究成果，请参阅 Derek M. C. Yuen, *Deciphering Sun Tzu: How to Read 'The Art of War'* (Oxford: Oxford University Press, 2014)。一个与暴力有关的问题引起了人们的注意，即关于各个时期的人们对军事力量之接受程度的哲学问题；例如，可参见 Peter A. Lorge (ed.), *Debating War in Chinese History* (Leiden: Brill, 2013)中的文章。

早期中国历史上暴力的学术研究成果数量相对有限，这意味着有兴趣的读者可能希望在更广泛的中国历史研究中寻找相关资料。在西方学界，对中国早期历史最好的概述依然是 Michael Loewe and Edward L. Shaughnessy (eds.), *The Cambridge History of Ancient China: From the Origins of Civilization to 221 BC* (Cambridge, 1999)，以及 Denis Twitchett and Michael Loewe (eds.), *The Cambridge History of China*, vol. I, *The Ch'in and Han Empires, 221 BC - AD 220* (Cambridge: Cambridge University Press, 1986)。Mark Edward Lewis, *The Early Chinese Empires: Qin and Han*

(Cambridge, MA: Belknap, 2007)是一部关于帝国奠基时期的通俗易懂的综合性著作。

注 释

1. Denis Twitchett, 'Chinese Social History from the Seventh to the Tenth Centuries: The Tunhuang Documents and Their Implications', *Past & Present* 35 (1966), pp. 28–53.
2. C. H. Wang, 'Towards Defining a Chinese Heroism', *Journal of the American Oriental Society* 95 (1975), pp. 25–35; David N. Keightley, 'Clean Hands and Shining Helmets: Heroic Action in Early Chinese and Greek Culture', in T. Siebers (ed.), *Religion and the Authority of the Past* (Ann Arbor: University of Michigan Press, 1993), pp. 13–51. See also Nicola Di Cosmo (ed.), *Military Culture in Imperial China* (Cambridge, MA: Harvard University Press, 2009), Introduction, pp. 1–22, 中文版第 1—25 页; Barend J. ter Haar, 'Rethinking "Violence" in Chinese Culture', in G. Aijmer and J. Abbink (eds.), *Meanings of Violence: A Cross Cultural Perspective* (Oxford: Berg, 2000), pp. 123–40。
3. Li Liu, *The Chinese Neolithic: Trajectories to Early States* (Cambridge: Cambridge University Press, 2004); Rowan K. Flad and Pochan Chen, *Ancient Central China: Centers and Peripheries along the Yangzi River* (Cambridge: Cambridge University Press, 2013).
4. David N. Keightley, *Sources of Shang History: The Oracle-Bone Inscriptions of Bronze Age China* (Berkeley: University of California Press, 1978), p. 177.
5. David N. Keightley, *Working for His Majesty: Research Notes on Labor Mobilization in Late Shang China (ca. 1200–1045 B. C.), as Seen in the Oracle-Bone Inscriptions, with Particular Attention to Handicraft Industries, Agriculture, Warfare, Hunting, Construction, and the Shang's Legacies* (Berkeley, CA: Institute of Asian Studies, 2012), pp. 174–93; Keightley, *Sources of Shang History*; Silvia Ebner von Eschenbach, 'In

den Tod mitgehen: Die Totenfolge in der Geschichte Chinas', in A. Schottenhammer (ed.), *Auf den Spuren des Jenseits: Chinesische Grabkultur in den Facetten von Wirklichkeit, Geschichte und Totenkult* (Frankfurt: Peter Lang, 2003), pp. 168-70; Robert Bagley, 'Shang Archaeology', in M. Loewe and E. L. Shaughnessy (eds.), *The Cambridge History of Ancient China: From the Origins of Civilization to 221 BC* (Cambridge: Cambridge University Press, 1999), pp. 124-231.

6. *The Book of Songs: The Ancient Chinese Classic of Poetry*, trans. A. Waley, ed. and expanded by Joseph R. Allen (New York: Grove Press, 1996), p. 150. 以下在正文中按页码引用。
7. *The Chinese Classics*, vol. III, *The Shoo King or the Book of Historical Documents*, trans. J. Legge (1865) (Taipei: SMC Publishing, 1991), p. 290.
8. Ibid., p. 295.
9. Edward L. Shaughnessy, 'Western Zhou History', in Loewe and Shaughnessy (eds.), *History of Ancient China*, pp. 292-351, esp. pp. 309-10.
10. Li Feng, *Landscape and Power in Early China: The Crisis and Fall of the Western Zhou, 1045-771 BC* (Cambridge: Cambridge University Press, 2006), p. 151.
11. M. E. Lewis, 'Warring States Political History', in Loewe and Shaughnessy (eds.), *History of Ancient China*, pp. 587-650, esp. pp. 627-8.
12. *The Grand Scribe's Records*, vol. VII, *The Memoirs of Pre-Han China*, trans. W. H. Nienhauser et al. (Bloomington: Indiana University Press, 1994).
13. Ibid., pp. 37-8.
14. *The Art of War*, trans. H. Giles, ed. Cheng You and Zhang Hesheng (Changsha: Hunan Chubanshe, 1993). p. 15. 以下在正文中按页码引用。
15. *The Analects*, trans. D. C. Lau, 2nd edn (Hong Kong: Hong Kong University Press, 1992).
16. Ter Haar, 'Rethinking "Violence"', p. 124.
17. *Analects*, p. 125.

18. *Mencius*, trans. D. C. Lau (Harmondsworth: Penguin, 1970) , p. 178. 以下在正文中按页码引用。
19. *Xunzi: The Complete Text*, trans. E. Hutton (Princeton, NJ: Princeton University Press,2014) ,p. 18. 以下在正文中按页码引用。
20. *Mozi: Basic Writings*,ed. and trans. Burton Watson (New York:Columbia University Press,2003) ,p. 54. 以下在正文中按页码引用。
21. Charles Sanft, 'Shang Yang was a Cooperator: Applying Axelrod's Analysis of Cooperation in Early China' , *Philosophy East and West* 64. 1 (2014) ,pp. 174–91.
22. *The Book of Lord Shang*,trans. J. J. L. Duyvendak (1928) (Chicago: University of Chicago Press,1963) ,p. 204.
23. A. C. Graham,*Disputers of the Tao: Philosophical Argument in Ancient China* (La Salle,CA:Open Court,1989) ,p. 268.
24. *Han Feizi: Basic Writings*, trans. and ed. Burton Watson (New York: Columbia University Press,2003) ,pp. 29–33. 以下在正文中按页码引用。
25. 杨伯峻：《春秋左传注》，北京：中华书局，1990 年，第 7 页。
26. Newell Ann Van Auken, 'Killings and Assassinations in the Spring and Autumn as Records of Judgment' ,*Asia Major* n. s. 27. 1 (2014) , pp. 1–31.
27. Ibid. ,p. 4.
28. Ibid. ,p. 5.
29. Charles Sanft, *Communication and Cooperation in Early Imperial China: Publicizing the Qin Dynasty* (Albany, NY: SUNY Press, 2014) ,p. 59.
30. Martin Kern, *The Stele Inscriptions of Ch'in Shih-huang: Text and Ritual in Early Chinese Imperial Representation* (New Haven, CT: American Oriental Society,2000) ,p. 14.
31. Ibid. ,p. 21.
32. Ibid. ,p. 47.
33. Ibid. ,p. 36.
34. Ibid. ,p. 41.
35. Ibid. ,p. 32.

36. Sanft, *Communication and Cooperation*.

37. Sima Qian, *Records of the Grand Historian: Qin Dynasty*, trans. Burton Watson, 3 vols (New York: Columbia University Press, 1993), vol. I, p. 323.

38. 下面的论述借鉴了 Mark E. Lewis, *Sanctioned Violence in Early China* (Albany: State University of New York Press, 1990), pp. 80–94; Tomiya Itaru, *Kan-Tō hōseishi kenkyū* (Tokyo: Sōbunsha, 2016), pp. 471–89; Ter Haar, 'Rethinking "Violence"'。

39. Lewis, *Sanctioned Violence*, pp. 80 – 94; Tomiya, *Kan-Tō hōseishi*, pp. 471–89.

40. Nienhauser et al., *Grand Scribe's Records*, pp. 321–3.

第四部分
宗教、仪式和暴力

21 欧洲铁器时代的仪式暴力和猎人头行为

伊恩·阿米特

在史前时期的欧洲，暴力有多种表现形式，实施暴力的社 441
会背景也十分广泛，从小规模的家庭活动到涉及数千人的全面战争。[1]随着时间和空间的转换，欧洲铁器时代的社会在规模和复杂性上都存在很大差异。在许多地区，社群的社会等级相对扁平化，个体的专业化程度有限。例如，在铁器时代早期和中期，不列颠和爱尔兰的大部分地区很可能就是这种情况。[2]然而，在其他地方，我们看到有相当复杂的社会和大型政治中心存在的迹象：在德国南部海涅堡的铁器时代早期的中心开展的工作使人们在那里发现了人类存在的证据，据估计，时间为公元前 6 世纪，大约有 5000 人，[3]而中欧和西欧铁器时代晚期的古凯尔特城堡的人口规模可能在公元前 1 世纪达到了大约 1 万人。因此，找到这一时期的相关主题颇具挑战性，但不同社群在诸如语言、艺术风格、实物和供奉物品的形式等方面有足够多的相似之处，从而暗示了他们在宇宙论和宗教信仰方面存在某些潜在的共性。

习惯上，这些文化上的共性被涵盖在泛欧洲凯尔特文化的概念中。虽然这个带有种族色彩的概念近年来被全面解构，[4]但
仍然存在一种共识，即横跨中欧、西欧和北欧大部分地区的 442
“蛮族”社会拥有同一种文化背景，这种文化背景颇具深意地把他们与地中海周围的同时代人区分开来。本章着重研究这些

社会中暴力的仪式化问题，包括那些位于“文明”的地中海与其北部和西部的蛮族世界交界处的特别有趣的例子。

尽管欧洲铁器时代暴力的仪式化早已得到人们的确认，但人们往往通过古典文学资料这种变形的镜头来看待考古证据。例如，公元 1 世纪的诗人卢坎（Lucan）描述了法国南部马萨利亚（Massalia）附近的一处隐蔽的森林空地，在那里，血淋淋的遗体被供奉在粗制滥造的凯尔特神灵雕像前，阴森恐怖。[5]这样的段落通常被断章取义，用来解读欧洲铁器时代不同时期和地点的考古遗迹。事实上，卢坎的作品中充斥着极端暴力的情节，无论是描述罗马人、凯尔特人还是其他民族，而上述这段文字几乎没有什么可信度。尽管如此，暴力、死前创伤和对人类遗骸进行复杂处理的迹象通常被视为德鲁伊教徒进行献祭或“凯尔特人头颅崇拜”的证据。[6]我们应该更多地从人类学的视角看待仪式暴力，将其与民族志文献记录的社会进行类比，而不是依赖古典作家带有偏见的、支离破碎的叙述。

本章沿用理查德·布拉德利（Richard Bradley）的观点，即仪式化存在于“生活的某些部分被选中并给予着重强调”的地方。[7]这种“着重强调”可以被看作伴随着某些特定行为的执行而形成的一种形式化元素。仪式化的活动可能包括小规模的、旨在详细阐述日常活动的私人行为，也可能是大规模的集体表演。从考古学的角度来看，仪式化的表演可以通过多种方式识别出来，从房屋、围墙、丘堡和更广阔的景观中反复出现的结构化沉积物（被有意选择的对象以特定的方式沉积下来），到正式避难所或神庙的建造。正如我们将看到的，它们也可以通过个人暴力伤害的特殊性质来识别，特别是那些被发现保存在沼泽中的尸体。在缺乏制度化等级制度的小规模社会中，我们会一如既往地期待这类实践活动能够留下大量新事物，这可能受到萨满等有神授能力之个体的人格影响；而对于更复杂的社会，人们则可能会期望它能够建立规范的宗教知识体系，从而产生更标准的仪式化表演和有组织的祭司职位。 443

尽管长期以来，考古学家倾向于将仪式化行为和功能性行为区分开来，但这是错误的二分法。仪式化行为远不是受传统支配的一些毫无意义的手势：它们与超自然世界进行协调，例如，通过安抚或接触灵魂、神灵或祖先，获得直接的实际结果。这些结果可能包括个人或其家庭的健康、战争获得胜利、个人财富增加或作物和动物的多产。因此，从表面上看貌似不理性的行为，如猎人头或将人体沉积在泥炭沼泽中，其意图可能是极具实际意义的。

人们经常错误地把暴力和仪式区分开来，认为武器和防御工事（特别是铁器时代的丘堡）只有象征意义，没有实际用途。[8]然而，从民族志记录中我们可以清楚地看到，仪式行为往往非常血腥，而且战争从来都是具有象征意义的。因此，接下来的论述采取的立场是，仪式化的行为在他们的意图中是工具性的，象征主义和暴力在过去的社会中密切交织在一起，就像它们在今天的社会中一样。

丘堡和战争的仪式化

在欧洲的许多地方，铁器时代最具特色的历史遗迹就是丘堡。这种命名方式反映了一种传统理念，即这些大型的、坚固的围墙通常建在山顶、海角或其他显要位置，属于防御工事，这反映了当时的社会是不稳定且充满暴力的。尽管欧洲大陆的大部分学者继续从这个角度看待这些古迹，但在英语文献中，关于铁器时代的丘堡在多大程度上反映了象征性的而非实际发生过的战争的争论已经激烈起来。争论的焦点是已被充分研究的英格兰中南部的韦塞克斯（Wessex）丘堡景观，大部分讨论集中在那里的主要遗址如丹纳伯里和梅登城堡上面。[9]在铁器时代，这些巨大的、围有多层防护土墙（有密集的多层壁垒
444 和壕沟）的丘堡，像该地区的其他堡垒一样，从相对简单的工事开始，通过陆续增加额外防护墙、加固墙体、挖深壕沟以及修建巨大的迷宫般的入口工事，逐步被改造。

习惯上，这些宏伟的韦塞克斯丘堡被认为是为了应对以投掷为基本形式的战争的发展，每一次创新都是为了巩固防御者对攻击者的优势。[10]人们想象出来的是一种由军队发起的高度组织化的战争，军队由听起来很现代的“军事工程师”、“军需部门”和“军营”组成。[11]然而，20 世纪 80 年代以来，这种观点受到抨击，因为随着考古学越来越多地采用后过程和象征的视角，对铁器时代社会本质的总体解释发生了改变。具体地说，就韦塞克斯丘堡而言，这些遗址在防御能力方面存在的一些明显缺点被凸显出来。[12]第一，有人认为，考虑到铁器时代该地区可能的人口规模，像梅登城堡这样有大型围墙的遗址需要大量守卫者，这是不现实的。第二，各城堡之间缺乏有形的联系，这似乎会孤立外围防线上的防御者，使他们无法有效地撤退。第三，高耸的城堡和深深的壕沟创造了“死角”，在那里，进攻者可以悄悄移动而不被发现，这使防守者处于不利的地位。第四，丘堡通常重新占据了更早历史古迹的遗址，如新石器时代筑有堤道的围墙和有墓室的坟墓，这证实了崇拜的发展历程和宗教的重要性。第五，可以从较高的地方俯视一些丘堡，或防御工事被布置在可以观察到其内部的位置，这让旁

人可以清楚地看到防御力量的部署情况。然而，对于防御者来说，最要命的劣势可能是几乎所有韦塞克斯丘堡内部都缺乏安全的水源，这一现象在整个欧洲大陆的许多类似遗址普遍存在，这似乎排除了任何重要防御功能的可能性，因为这意味着 445
丘堡无法抵御长时间的围攻。

鉴于 20 世纪 80 年代和 90 年代更为广泛的考古学辩论的特点，这些问题往往使讨论两极分化；丘堡被认为是防御性或者象征性的。在后一种情况下，它们的多道同心圆壁垒和壕沟被用来表现社会的排外和排他性，而不是对防御的关注，而它们复杂的入口标志着从农场、田地和村庄的日常世界到其中的神圣世界的通道。它们在空间上与早期的葬礼和宗教遗址相对应，暗示了丘堡建造者类似的精神意图。能够看到丘堡内部的视野是为了让旁人能够观看宗教专业人员或上层集团在丘堡内举行的仪式。丘堡在本质上被视为神圣的地方，它们表面上与防御围墙的相似不过是一种巧合。

然而，近年来，这种象征性的解释受到了抨击，部分原因是人们越来越广泛地认识到战争在非国家社会中的普遍性和重要性。[13]但是，对铁器时代人类遗骸的分析也发挥了重要作用，其中显示了惊人的、高强度的人际暴力，包括某些人在一生中反复受伤的证据。[14]因此，丘堡的建设无疑具有象征意义，这一观点显然得到了真实存在的大规模社群间暴力的证据支撑。象征主义和暴力的相互作用并不令人惊讶。象征主义并非存在于真空中，它必须以“真实”世界中的行动和信念作为基础。因此，在一个完全和平的社会中，注重防御性孤立的象征主义是不太可能出现的。

致命暴力的使用当然在大多数（如果不是所有的）社会中

具有象征意义。即使是技术最先进的现代西方军队也保留了他们的制服、徽章、奖章和吉祥物。我们认为，具有象征意义的惯例可能被纳入致命的社群间冲突，即便在冲突中，这些惯例
446 似乎对参与者极为不利。例如，北美洲的佩科特人（Pequot）并不使用火焰作为战争的武器，因此，当受到17世纪英国殖民者的攻击时，他们的木围栏就毫无用处了。这些殖民者的莫希干人（Mohegan）和纳拉干西特人（Narragansett）盟友同样对屠杀非战斗人员的行为感到震惊，这违背了土著的习俗。[15]新英格兰土著部落不去屠杀敌人和烧毁村庄并不意味着他们以前进行的自相残杀的战争“纯粹是象征性的”。这只是反映了不同文化对合适和可接受行为的理解。不要以为这种看似适应性不强的实践只局限于非国家社会，我们应该记得，同一时期的殖民地民兵组织的军官经常被狙击手射杀，原因是他们拒绝放弃色彩鲜艳且特别引人注目的制服，这样的制服能够彰显他们的权威和声望。冲突和暴力在所有社会中都有特定的文化和历史习俗，但显然不应只将战争视为一种象征性的行为。

认识到这一点，我们就可以开始解释铁器时代可能构成战争基础的一些实践和信仰。例如，关于丘堡，可以通过把我们对铁器时代战争的理解放到社会环境中，来提出一些反对传统的“军事”解释的观点，在社会中，荣誉和声望是主要的社会价值观，而宇宙论的因素被融入生活的方方面面。铁器时代的丘堡位于早期遗迹所处的位置，这可能表明神灵或祖先被召唤来保护社群，并为壁垒和壕沟等有形防御增添精神上的力量。经常在丘堡下面埋葬动物、人类或其他物品，以及在通道展示战利品，[16]这些行为可能具有类似的辟邪功能，是强调而

不是破坏人们对安全的需求。

丘堡内缺乏水资源的现象表明，在铁器时代，围城并不是本土战争中人们预期的作战形式。或许，富有启发性的是恺撒对其围攻高卢要塞乌克塞洛杜努姆（Uxellodunum）的描述，说明了成功的关键在于罗马军队能够切断位于城池外的泉 447
水。[17]就像 17 世纪北美不同战争方式之间的冲突一样，罗马人和当地人价值观的冲突造成了一种致命的不对称。

如果丘堡的设计不是为了抵御围攻，那么冲突很可能会以更为正式的形式上演。似乎可能的是，许多丘堡复杂的入口（尤其是早期在梅登城堡的防御工事）成为攻击和防守的焦点，而丘堡入口之外相对平坦的区域为正式的侵略行为创造了开阔的视野，这种行为可能发生在被认定的盟主之间。

对丘堡防御作用的其他许多反对意见是出于民族中心主义和基于现代军事对铁器时代本土战争的误解，因而可以不予理会。例如，当主要武器是投石器时，“死角”就是一个毫无意义的概念，投石器可以杀死完全不在视线范围内的对手。围有多层防护土墙的丘堡的同心圆壁垒之间缺乏有形的联系，这可以通过可移动的梯子甚至打结的绳索轻松克服，这些绳索可以在撤退的防御者身后拉起。总而言之，分析丘堡得出的结论是，战争是真实的、致命的，而且（从人们耗费极多的时间、精力和资源建造这样的历史遗迹来判断）是铁器时代生活的核心。然而，就像这个时期的其他所有方面一样，战争也是高度仪式化的，是社交展示的舞台。

武器和人：在自然场所的沉积

铁器时代丘堡的设计和建造所体现的象征主义和暴力的相

互作用，也反映在那个时代的武器上。这一时期物质文化最具特色的组成部分之一是拉坦诺（或凯尔特）艺术。这种独特的风格包括抽象曲线图案的使用（与古典具象艺术的现实主义相反），[18]最常用于贵重的青铜器和金器。具体来说，它应用于武器，包括进攻性武器（如剑、鞘和矛）和防御性武器（如头盔和盾牌）。这些物品具有明显的象征意义，因为它们体现了战士身份和宇宙论的元素，但它们也具有高度的功能
448 性，能够造成致命的伤害。与丘堡一样，铁器时代的武器体现了一种仪式化的暴力。

军事装备的设计和加工，使我们得以洞察铁器时代个人（主要是精英阶层的男性）的身份与他们实际或被认为具有的造成致命伤害的能力之间的联系。这些物品的最终命运也告诉我们他们是怎样庆祝和纪念暴力的。[19]除了那些在埋葬环境中发现的武器，铁器时代的大多数武器是在供奉环境中单独或成堆发现的，通常是在河流、沼泽和湖泊等水环境中被发现。在不列颠、爱尔兰和欧洲北部尤其如此，但在更靠南的地方，也存在类似情况，如在瑞士纳沙泰尔湖（Lake Neuchâtel）的典型遗址拉坦诺。[20]此类发现属于更广泛的史前欧洲晚期仪式实践的一部分，在那里，自然场所（如河流、湖泊、沼泽、洞穴和山顶）一直是人们与超自然力量沟通的重要地点。

出土的一些体积最大、所含信息最丰富的武器来自斯堪的纳维亚，它们似乎是为了纪念大规模战争。例如，在丹麦的霍尔特斯普林（Hjortspring）、尼达姆（Nydam）和埃斯比（Ejsby），大型木船被运送到泥炭地，人们在那里存放了大量武器。这种做法持续了好几个世纪，从公元前 4 世纪的霍尔特斯普林到公元 4 世纪的尼达姆最后的沉积。[21]在日德兰半岛

(Jutland) 的伊莱鲁普河谷 (Illerup Ådal),超过 1.5 万件被故意损坏的武器放置在沼泽的不同位置，时间大约是公元 200—500 年。[22]在河谷低处的阿尔肯恩格 (Alken Enge),人们发现了几百具男性遗骸，他们的尸体显然在死后没有被掩埋。这些人似乎是战士，他们在一场大规模的军事冲突中丧生。大致在同一时期，在瑞典的斯凯德莫塞 (Skedemosse) 湿地，人们发现了包括大量铁制武器在内的沉积物，以及大约 50 具男人、女人和儿童的遗骸，这些都暗示着这是一场大屠杀的沉积物。[23]这些沉积物中的人工制品各式各样，表明它们是来自被打败的外来者的战利品，显然是在暴力冲突后被供奉给众神的。这类 449
沉积物可能一定程度上体现在一些有代表性的资料中。例如，保卢斯·奥罗修斯 (Paulus Orosius) 在 5 世纪早期的著作中，描述了公元前 2 世纪晚期，辛布里人的战士屠杀战俘和俘获的马匹，以及销毁缴获的武器；斯特拉波 (Strabo) 和塔西佗等古代作家认为辛布里人起源于日德兰半岛。[24]

除了在斯堪的纳维亚，人们在瑞士的拉坦诺也发现了铁器时代的大量精致武器，以及人类和动物的遗骸，这些遗存的年代似乎是公元前 3 世纪—前 1 世纪，它们是从一个木平台上被扔进水中的。这些人类遗骸包括大量的头盖骨和被斩首的骨骼。[25]人们在英格兰东部的菲斯克顿 (Fiskerton)、爱尔兰的利纳克罗格 (Lisnacrogher) 和威尔士的林恩·克雷格湖等遗址发现了类似的与铁器时代武器有关的湖边木结构建筑。[26]人们还在河流中发现了制作精良的金属制品，它们显著地集中于泰晤士河、班恩河 (Bann) 和默兹河 (Meuse)。[27]

高卢人的圣殿和对暴力的纪念

到目前为止，我们讨论的仪式性武器沉积的地点主要是各种各样的自然场所。这符合一种普遍的看法，该看法主要来自古典作家，他们认为温带欧洲的蛮族会有意避开神庙和其他正式的宗教建筑。然而，过去几十年的工作揭示了一幅完全不同的图景。从铁器时代中期开始，欧洲某些地区出现了许多大型的、正式的圣殿，其中有些建筑，我们有充分的理由可以称之
450 为神庙。在这些地方进行的活动常常包含浓重的仪式化暴力的元素。

这些圣殿中最为著名的一座位于法国北部皮卡第（Picardy）的阿龙德河畔古尔奈，它在公元前 3 世纪—前 2 世纪进入全盛时期。四边形的围墙内有一系列复合式建筑，这些成为复杂的大规模仪式的中心，仪式包括展示并最终在这里沉积成千上万弯折的剑、矛头和盾牌配件。[28]还有相当多的动物祭祀证据和相对较少的人类遗骸，主要包括位于入口处的颅骨碎片。与斯堪的纳维亚的沉积物一样，最可能的解释是，这些武器是从被打败的敌人那里获得的，代表了在很长一段时间内进行的规模相当大的暴力遭遇战。这些遗迹让我们想起地中海世界的类似沉积物，如在特尔斐和奥林匹亚等泛希腊的圣殿中。这些高卢人的圣殿可能就是公元前 1 世纪恺撒提到的圣地（*loci consecrati*），高卢人在这里将缴获的武器献给神明。[29]

更引人注目的是同样位于皮卡第的昂克尔河畔里布蒙的圣殿，它由一系列相连的围墙构成。[30]北部围墙的角落表面上来看与古尔奈的相似，那里至少有三个由人类长骨制造的藏骨罐。与人类遗骸（约 300 名成年男性）混在一起的是马骨和铁制武器的碎片。保存最为完好的藏骨罐里装满了被火化的人和动物的骨头。附近是密集的人类遗骸，有数百名成年男性，他们死前受到严重的创伤，这些伤口与公元前 260 年前后的武

器有关。所有人似乎都被斩首，然后作为巨大而怪诞的人类战利品被展示出来。他们的头颅似乎被转移到了其他地方，因为在遗址中没有发现任何头颅。

沼泽尸体和针对个人的暴力

高卢人的圣殿提供了数量可观的人类被杀害、肢解和展示的证据，很可能在由政治或民族差异划分的不同社群之间发生了暴力冲突。然而，社群内部的暴力也很普遍，并反映在一些 451
考古发现中。也许最明显的受害者是那些在北欧泥炭沼泽中被发现的人类尸体，上面带有多重创伤和复杂丧葬处理的证据。[31]

沼泽尸体发现于欧洲北部的条状地带，东起德国北部和斯堪的纳维亚南部，西到爱尔兰（跨越了凯尔特和日耳曼社会之间所谓的民族断层线），这些地区具备特定的化学环境，泥炭藓丰富，有利于有机物质的保存。通过现代法医学分析，我们可以清楚地看到，泥炭沼泽中的许多尸体是被故意杀害的个体，他们被放置在泥炭沼泽内冰冷的浅滩，这些泥炭沼泽通常位于泥炭被用作燃料的地区。其中几具尸体还带有过度杀戮或其他形式的仪式化处决的证据，尽管泥炭本身的压力和移动对尸体造成的“伤害”使解释变得复杂起来。虽然有这样的限制性条件，但似乎很明显，各种形式的仪式化暴力导致了这些人的死亡和沉积。

近期发现的老克罗根人（Oldcroghan Man）的时间可追溯到公元前 4 世纪或公元前 3 世纪，2003 年，人们在爱尔兰的一个泥炭沼泽中发现了他的上半身和手臂。[32]该遗骸为男性，年龄有二十来岁，身高 1.98 米，在那个年代，想必他是一个不同寻常的人。他的身高表明他营养良好，再加上他修剪整齐的指甲，都说明他的社会地位很高。像许多沼泽尸体一样，他的遗体上有一连串的伤口，包括手臂上的防卫伤和胸部的一处很深的（致命的）刺伤。他的两个乳头上都有很深的伤口，两条胳膊的肌肉上都扎着榛木棒，表明他在死前曾受到折磨，无力反抗。死后，他被斩首，身体被拦腰切断。他的死亡经过了精心的安排，过程冗长，包括酷刑和肢解，表明这是一个正式且仪式化的过程，可能有许多人参与其中。

就像不列颠群岛最著名的沼泽尸体老克罗根人一样，发现于柴郡（Cheshire）林多沼泽（Lindow Moss）的沼泽尸体也是一个二十多岁的裸体男性，营养良好，指甲修剪得整整齐齐，
452 胡须也经过了精心的修剪。[33]尽管他死于老克罗根人几个世纪之后，很可能是在公元 1 世纪，但他也经历了冗长的死亡过程，头部受到斧头的连续重击，然后被足够大的力量勒死并折断脖子，之后他的喉咙被割断。这些伤口中的任何一处都足以致他于死地。尸体上的其他伤痕可能是在他死后，由周围泥炭的移动造成的，但也有可能其中一些伤痕是人为造成的。

在日德兰半岛发现的格劳巴勒男子与老克罗根人大体上处于同一时代，被发现时也赤身裸体，他的喉咙被砍得几乎使身躯和头颅分离开来。[34]同样在日德兰半岛，著名的图伦男子（Tollund Man）[35]在被发现时，脖子上挂着绞索；他显然是在其他地方被吊死的，然后被带到沼泽地，放在浅滩中，旁边是其他沼泽尸体。在许多情况下，人们会故意用木桩把他们压进水中，有时木桩会刺穿他们的身体，或者把他们压在下面，而且他们的头发经常被剃光或部分剃光。偶尔也会发现一些被砍下的头颅，其中一颗被称为奥斯特比人（Osterby Man）的头颅，来自德国北部，他的头发梳成了苏维汇人的精致发髻，再次表

明了他显赫的社会地位。[36]

关于这些杀戮背后的动机有很多争论。塔西佗写于公元前1世纪的《日耳曼尼亚志》（*Germania*）描述了懦夫、逃避责任者和那些被认为是性变态的人如何被困在泥炭沼泽中。[37]另外，一些沼泽尸体可能代表战俘、失败的领袖、女巫或其他在某种程度上被视为处于社会边缘或不受欢迎的人。无论选择受害者的逻辑依据是什么（当然可能是形形色色的），让这些人尤其引人注目的是他们死亡的方式和复杂程度，以及处死他们的人想要保存这些尸体的愿望。

剥光受害者的衣服，剃掉他们的头发，这些做法似乎是为了羞辱他们并使之非人化。可能不止一个攻击者参与其中。数具沼泽尸体上一系列结构性的伤口（例如，林道人接连被棍棒击打、勒死和割喉）再次暗示了这可能是涉及多个攻击者的正式表演。[38]通过被剥光衣服、剃掉头发，受害者变成了不 453
像人类的物品，被象征性地驱逐出群体，然后被专门的仪式人员（也许是德鲁伊人?）或由社群选定的成员组成的群体通过某种仪式杀害。在这样的多人共犯的谋杀中，群体承担了死亡的责任，没有个人会被追究责任。

社群内部的暴力

尽管沼泽尸体因保存得十分完好而受到高度重视，但有证据表明，在其他环境下也有过类似的做法，大多涉及对个人实施的致命暴力，遗体被存放在定居点，通常是在坑里、房屋内或公共区域。尽管从遗骸中提取有关这些杀戮行为之性质的详细信息比从沼泽尸体的软组织中提取信息要困难得多，但在一些实例中，仍可以识别出某种相当固定的模式。

一个实例来自苏格兰西部群岛（Western Isles）的霍尼什角（Hornish Point），在那里，一个小男孩的遗骸被放入四个单独的坑里，位于一座小型的圆形石屋的地板之下，其时间可追溯到公元前2世纪或公元前1世纪。[39]男孩的后背受到了致命的刺伤，这让人回想起斯特拉波在公元1世纪的一部著作中提出的观点。他说，高卢人通过仔细观察牺牲者死亡痉挛的状态来做预言。[40]那个男孩死后，尸体被充分肢解，以便将其分开放置，但许多小骨头仍然清晰可见。因此，这具尸体似乎是特意以某种方式保存下来的，可能保存了几个月或几年。最后，在庆祝建筑物奠基的宴会上，它与被烹煮和食用过的幼小动物的遗骸一起沉积下来。

不过，其他遗址中献祭杀戮的规模更大，如法国东北部的阿西罗芒斯（Acy-Romance）聚落遗址，在那里大约有二十名年轻的成年男性被以反常的坐姿埋葬在单独的坑里。他们受挤压的姿势表明，他们可能在活着的时候就被埋在木箱里。[41]

454 在英格兰南部和法国北部的丘堡内常见的废弃谷坑中，人们也发现了许多人骨，有残缺的，也有完整的。[42]没有统一的解释可以说明这些遗骸呈现出不同状态的原因，但有些骨骼显示出暴力伤害（包括斩首）的明确证据。他们经常与不常见的动物沉积物一起出现，包括过多的狗、乌鸦和马。有些人似乎被捆绑并可能被活埋。[43]这些人，无论是俘虏、女巫还是社会的弃儿，似乎都是被献祭给神秘的神灵，以确保（或感谢）作物的丰收。

猎人头

到目前为止，人们讨论的许多习俗中有一个反复出现的主题，那就是取下、处理和展示人类的头颅。被砍下的头颅和脱落的头盖骨经常出现在丘堡中，有时，它们被醒目地陈列在大门口的上方，以及像之前已经提到的，它们也会沉积在泥炭沼泽中。它们在古尔奈等遗址的人类遗骸聚集物中占主导地位，而在里布蒙完全没有发现头颅的情况或许更值得注意，因为在那处遗址里有数百具人类尸体。包括李维和波希多尼（Poseidonius）在内的古典作家描述了凯尔特人的猎人头和头颅崇拜现象，希罗多德也提到了其东部邻居斯基泰人的类似做法。[44]不过，猎人头并不是一种独特的“头颅崇拜”，而是一种复杂且反复出现的行为，随着时间的推移，它的性质和意义也发生了变化。

也许铁器时代欧洲最显著的猎人头证据出现在法国南部，那里有大量的证据，包括人类遗骸、图像和古典文学资料。关于这片地区，波希多尼描述说，在公元1世纪早期，他在高卢人住宅的入口处看到过人头；在这里，我们发现了一组引人注
目的石碑，它们借用了希腊的雕塑技巧，几乎痴迷于展示猎人 455
头的行为。

早期的石碑可以追溯到公元前1千纪中期，以非写实和匿名的形式描绘了一堆又一堆被砍下的头颅。[45]没有任何迹象表明这些被砍下头颅之人的具体身份或民族归属。也没有任何关于获胜的猎人头者的描述。相反，这些似乎是纪念集体获得胜利的石碑。在某些情况下，头部的图像与作物的图像相关联，这表明（就像民族志学的许多案例一样），猎人头的动机是确保社群的人丁兴旺及其土地的肥沃富饶。在接下

来的几个世纪里，随着铁器时代的法国南部社会变得更加等级森严和城市化，猎人头的形象发生了变化。公元前 3 世纪，在昂特勒蒙的宗教中心，人们雕刻了一系列接近真人大小的盘腿坐像（图 21.1）。每个战士都身穿盔甲，佩戴贵重的珠宝，将一个或多个人头放在自己的膝盖上。每个战士的头发和头饰都富有个性。同样，每个被砍下的头颅都经过精心雕琢，表现出独特的面部特征、头发和头饰，大概是为了让当时的观

456

图 21.1　在普罗旺斯的昂特勒蒙重建的一座公元前 3 世纪的勇士雕像，这座人像由许多碎片拼凑而成

众能够识别出个体或族群的情况。在短短几个世纪内，猎人头已经从一种本质上是宇宙论的、旨在为社群带来富饶的活动，转变为一种高度政治化的活动，在这种活动中，某些精英人士凭借施展致命暴力的能力，承担起在社群和超自然之间进行沟通的责任。

关于猎人头的形式多样的骨骼考古学证据远远不止存在于法国南部。事实上，在铁器时代的欧洲各地都发现了头骨遗骸。除了本章前文描述的丘堡、定居点、泥炭沼泽和河流，人们还在其他一系列自然场所发现了人类头骨。例如，在比利时的特鲁德汉（Troude Hnan）洞穴系统中，人们发现了人类头盖骨和精致的青铜制品，还在一个灶台下面发现了有意放置的七块带有斩首痕迹的下颌骨。[46]经放射性碳年代测定，其时间约为公元前200—公元100年，表明这些骨头在最终沉积之前已经被保存了一段时间。几个世纪后，至少有六个人在苏格兰 457
东北部的雕塑家洞穴（Sculptor's Cave）中被斩首，在青铜时代晚期，这里曾被用作剔除死者肌肉之地。[47]

结　语

考古证据表明，仪式化的暴力是铁器时代宇宙论的核心。针对个人的暴力行为有助于确保群体的利益，无论是通过从敌方社群获取人头并予以展示，还是让被边缘化的个人充当替罪羊，这些人可能会被杀害，并被木桩钉在泥炭沼泽中，或者埋在丘堡的壁垒下或房屋的地基下。涉及规模更大之集体的暴力也很普遍，这对整个欧洲大陆的铁器时代社会产生了直接的社会、经济和政治影响。

无论是对丘堡防御功能需求之外的精雕细琢，还是将剑鞘和盾牌改造成令人着迷的艺术品，对暴力的庆祝和纪念是铁器时代考古学的一个主要特征。与许多非国家社会一样，保护自己社群的能力以及攻击他人的潜在能力受到高度重视，并成为个人和群体身份的核心组成部分。在没有最高权力机构的情况下，对土地及其他资源的竞争将不可避免地导致族群之间的冲突以及针锋相对的暴力的循环。在这样的社会中，展示力量变得很重要，这既可以威慑潜在的敌人，也可以巩固群体内部的安全感和自主权。个人武器的装饰特别暗示了所谓的“荣誉文化”，“在这种文化中，在缺乏任何更广泛的调节冲突之制度的社会中，在感到被冒犯或捍卫自己的经济利益时，有能力以暴力做出回应，是成功的关键所在”。[48]

在铁器时代的暴力考古学中，另一个持久和普遍存在的主题是阻止某些人接受规范的葬礼仪式，无论是通过将他们斩首，还是通过让他们的尸体在泥炭沼泽中处于悬浮状态。因为葬礼仪式本质上是一种使死者的灵魂能够穿越到另一个世界的方式，无论是如何设想的，故意使这些仪式中断似乎反映了一
458 种将灵魂困在地狱边缘的策略。[49]经常成为这些暴力行为之发生地的地点反映了这些做法。泥炭沼泽位于活人居住的土地和超自然的荒野世界之间的地带；洞穴在地上的人类世界与灵魂、神明和祖先的地下世界之间形成了有形的联系。许多定居点的沉积物，虽然在性质上不甚明确，但同样被置于边界地带，即家庭与外部世界交界的地方。

为了使杀戮过程更容易被接受，人们似乎经常在受害者身上实施非人化和物化的策略。这一点在沼泽尸体上表现得最为明显，受害者可能会被剥光衣服、剃掉头发，在最终被杀害之前遭受长时间的折磨，这一过程通常有多人参与。通过这种暴

力的表演，群体可以宣泄情绪，在他们自己对世界的宇宙论理解中重申他们的道德操守，并通过针对被边缘化之个体的共同行动来加强群体的团结。

参考论著

Richard Bradley, *Ritual and Domestic Life in Prehistoric Europe* (London: Routledge, 2005)提出了一种理解仪式化的缜密的思考方法。下列论著阐述的主题与考古学对冲突和暴力的解释有关：Lawrence H. Keeley, *War before Civilisation: The Myth of the Peaceful Savage* (Oxford: Oxford University Press, 1996); Ian Armit, ‘Violence and Society in the Deep Human Past’, *British Journal of Criminology* 51.3 (2011), pp. 499–517; Ian Armit et al., ‘Warfare and Violence in Prehistoric Europe: An Introduction’, *Journal of Conflict Archaeology* 2 (2006), pp. 1–11。Ian Armit, *Headhunting and the Body in Iron Age Europe* (Cambridge: Cambridge University Press, 2012)对猎人头进行了详细的分析。

关于欧洲铁器时代的背景资料可以在以下著作中找到：Barry Cunliffe, *The Ancient Celts* (Oxford: Oxford University Press; 2nd edition, 2018); Julia Farley and Fraser Hunter (eds.), *Celts: Art and Identity* (London: British Museum Press, 2015); John R. Collis, *The Celts: Origins, Myths, Inventions* (Stroud: Tempus, 2003)。在 Julius Caesar, *De Bello Gallico*; Paulus Orosius, *Historia Adversus Paganos*; Tacitus, *Germania*; Strabo, *Geographia*; Lucan, *Pharsalia* 等著作中可以找到有用的经典描述。

关于铁器时代的丘堡，可参阅 Ian Ralston, *Celtic Fortifications* (Stroud: Tempus, 2006)。Mark Bowden and David McOmish, ‘The Required Barrier’, *Scottish Archaeological Review* 4 (1987), pp. 76–84 以及他们后续的文章‘Little Boxes: More About Hillforts’, *Scottish Archaeological Review* 6 (1989), pp. 12–16 对丘堡的“象征性”意义做了最好的阐释。对于这些纪念性建筑，试图将暴力和象征意义结合在一起进行阐释的是 Ian 459
Armit, ‘Hillforts at War: From Maiden Castle to Taniwaha Pá’, *Proceedings of the Prehistoric Society* 73 (2007), pp. 25–38，对此进行反驳的是 Gary Lock, ‘Hillforts, Emotional Metaphors and the Good Life: A Response to Armit’,

Proceedings of the Prehistoric Society 77（2011），pp. 355-62。

关于铁器时代人类遗骸的详细论述，可参阅 Rebecca C. Redfern and Andrew T. Chamberlain，'A Demographic Analysis of Maiden Castle Hillfort: Evidence for Conflict in the Late Iron Age and Early Roman period'，*Journal of Palaeopathology* 1. 1（2011），pp. 68-73；Rebecca Craig，Christopher J. Knüsel and Gillian Carr，'Fragmentation，Mutilation and Dismemberment: An Interpretation of Human Remains on Iron Age Sites'，in Mike Parker Pearson and Nick Thorpe（eds.），*Warfare, Violence and Slavery in Prehistory*，BAR International Series 1374（Oxford：Archaeopress，2005），pp. 165-80。

关于斯堪的纳维亚的武器沉积物，Jorgen Ilkjær，*Illerup Ådal: Archaeology as a Magic Mirror*（Moesgård：Moesgård Museum，2000）提供了很好的概述。关于高卢人圣殿的详细论述，请参阅 P. Arcelin and J. -L. Brunaux（eds.），*Gallia* 60，Dossier：Cultes et sanctuaires en France à l'Âge du Fer（2003），pp. 1-268。

近期关于沼泽尸体的见解，请参阅 Christian Fischer，*Tollund Man: Gift to the Gods*（Stroud：History Press，2012）和 Miranda Aldhouse-Green，*Bog Bodies Uncovered*（London：Thames & Hudson，2015）。在 Timothy Taylor，*The Buried Soul*（London：Fourth Estate，2002）中，作者富有启发性地试图把人们对沼泽尸体和其他人类遗骸的解释与人类对死亡和死者的更广泛的态度联系起来。

注　释

1. Ian Armit，'Violence and Society in the Deep Human Past'，*British Journal of Criminology* 51. 3（2011），pp. 499-517；Ian Armit et al.，'Warfare and Violence in Prehistoric Europe: An Introduction'，*Journal of Conflict Archaeology* 2（2006），pp. 1-11.
2. Jeremy D. Hill，'How Should We Understand Iron Age Societies and Hillforts? A Contextual Study from Southern Britain'，in J. D. Hill and C. Cumberpatch（eds.），*Different Iron Ages: Studies on the Iron Age in Temperate Europe*，BAR International Series 602（Oxford：BAR Publishing，1995），pp. 45-66；Ian Armit，'Social Landscapes and

Identities in the Irish Iron Age', in C. Haselgrove and T. Moore (eds.), *The Later Iron Age in Britain and Beyond* (Oxford: Oxbow Books, 2007), pp. 130–9.

3. Manuel Fernández Götz and Dirk Krausse, 'Rethinking Early Iron Age Urbanisation in Central Europe: The Heuneburg Site and its Archaeological Environment', *Antiquity* 87. 336 (2013), pp. 473–87.
4. John R. Collis, *The Celts: Origins, Myths, Inventions* (Stroud: Tempus, 2003).
5. Lucan, *Pharsalia*, book 3.
6. E. g. Anne Ross, *Druids* (Stroud: Tempus, 1999), pp. 51–94.
7. Richard Bradley, *Ritual and Domestic Life in Prehistoric Europe* (London: Routledge, 2005), p. 116.
8. Mark Bowden and David McOmish, 'The Required Barrier', *Scottish Archaeological Review* 4 (1987), pp. 76–84.
9. Barry Cunliffe, *Danebury: An Iron Age Hillfort in Hampshire*, vol. VI, *A Hillfort Community in Perspective*, Council for British Archaeology Research Reports 102 (London: Council for British Archaeology, 1984); Niall Sharples, *Maiden Castle: Excavations and Field Survey 1985–6* (London: English Heritage, 1991).
10. Mortimer Wheeler, *Maiden Castle, Dorset* (London: Research Reports of the Society of Antiquaries of London, 1943).
11. Michael Avery, *Hillfort Defences of Southern Britain*, Council for British Archaeology Research Reports 231 (Oxford: Council for British Archaeology, 1986), pp. 217, 226, 235.
12. Bowden and McOmish, 'Required Barrier'; Mark Bowden and David McOmish, 'Little Boxes: More about Hillforts', *Scottish Archaeological Review* 6 (1989), pp. 12–16; Gary Lock, 'Hillforts, Emotional Metaphors and the Good Life: A Response to Armit', *Proceedings of the Prehistoric Society* 77 (2011), pp. 355–62.
13. E. g. Lawrence H. Keeley, *War before Civilisation: The Myth of the Peaceful Savage* (Oxford: Oxford University Press, 1996).
14. E. g. Rebecca C. Redfern and Andrew T. Chamberlain, 'A Demographic Analysis of Maiden Castle Hillfort: Evidence for Conflict in the Late

Iron Age and Early Roman Period', *Journal of Palaeopathology* 1.1 (2011), pp. 68–73; Rebecca Craig, Christopher J. Knüsel and Gillian Carr, 'Fragmentation, Mutilation and Dismemberment: An Interpretation of Human Remains on Iron Age Sites', in M. Parker Pearson and N. Thorpe (eds.), *Warfare, Violence and Slavery in Prehistory*, BAR International Series 1374 (Oxford: Archaeopress, 2005), pp. 165–80.

15. Patrick M. Malone, *The Skulking Way of War: Technology and Tactics among the New England Indians* (Baltimore, MD: Johns Hopkins University Press, 1991), p. 103.
16. E. g. Mortimer Wheeler, *The Stanwick Fortifications, North Riding of Yorkshire* (London: Research Reports of the Society of Antiquaries of London, 1954).
17. Caes. *BGall.* 8. 32–44.
18. J. Farley and F. Hunter (eds.), *Celts: Art and Identity* (London: British Museum Press, 2015).
19. 有关铁器时代武器的更多细节，请参阅本卷第 6 章。
20. J. M. de Navarro, *The Finds from the Site of La Tène*, vol. I, *The Scabbards and the Swords Found in Them* (Oxford: Oxford University Press, 1972).
21. Klaus Randsborg, *Hjortspring: Warfare and Sacrifice in Early Europe* (Aarhus: Aarhus University Press, 1995).
22. Jorgen Ilkjær, *Illerup Ådal: Archaeology as a Magic Mirror* (Moesgård: Moesgård Museum, 2000).
23. Ulf Erik Hagberg, *The Archaeology of Skedemosse* (Stockholm: Almqvist & Wiksell, 1967).
24. Oros. 5. 16.
25. Peter Jud, 'Les Ossements humains dans le sanctuaires latèniens de la région de Trois Lacs', in P. Barral et al. (eds.), *L'Âge du Fer dans l'arc Jurassien et ses Marges. Dépôts, lieux sacrés et territorialité à l'Âge du Fer* (Besançon: Presses Universitaires de Franche-Comté, 2007), pp. 391–8.
26. Naomi Field and Mike Parker Pearson, *Fiskerton: An Iron Age Timber Causeway with Iron Age and Roman Votive Offerings* (Oxford: Oxbow, 2003); Barry Raftery, *La Tène in Ireland: Problems of Origin and*

Chronology (Marburg: Veroffentlichung des Vorgeschichtlichen Seminars, 1984); Philip MacDonald, *Llyn Cerrig Bach: A Study of the Copper Alloy Artefacts from the Insular La Tène Assemblage* (Cardiff: University of Wales Press, 2007).

27. Richard Bradley and Ken Gordon, 'Human skulls from the River Thames, their dating and significance', *Antiquity* 62 (1988), pp. 503–9; Barry Raftery, *La Tène in Ireland: Problems of Origin and Chronology*; Nico Roymans, 'On the Latènisation of Late Iron Age Material Culture in the Lower Rhine/Meuse Area', in S. Möllers, W. Schlüter and S. Sievers (eds.), *Keltische Einflüsse im nördlichen Mitteleuropa während der mittleren und jüngeren vorrömischen Eisenzeit* (Bonn: Habelt, 2007), pp. 311–25.
28. Jean-Louis Brunaux, 'Notice 9: Gournay - sur - Aronde (Oise)', *Gallia* 60, *Dossier: Cultes et sanctuaires en France à l'Âge du Fer*, ed. P. Arcelin and J. -L. Brunaux (2003), pp. 1–268, at pp. 58–9.
29. Caes. *BGall.* 6. 17.
30. Jean-Louis Brunaux, 'Notice 14: Ribemont-sur-Ancre (Somme)', *Gallia* 60, *Dossier*, ed. Arcelin and Brunaux, pp. 64–8.
31. Christian Fischer, *Tollund Man: Gift to the Gods* (Stroud: History Press, 2012); Miranda Aldhouse-Green, *Bog Bodies Uncovered* (London: Thames & Hudson, 2015).
32. Eamonn P. Kelly, 'An Archaeological Interpretation of Irish Iron Age Bog Bodies', in S. Ralph (ed.), *The Archaeology of Violence: Interdisciplinary Approaches* (New York: SUNY Press, 2013), pp. 232–40.
33. Jody Joy, *Lindow Man* (London: British Museum Press, 2009).
34. P. Asingh and N. Lynnerup (eds.), *Grauballe Man: An Iron Age Bog Body Revisited* (Moesgård: Jutland Archaeological Society, 2007).
35. Fischer, *Tollund Man*.
36. Ibid., pp. 22–4.
37. Tac. *Germ.* 10. 11.
38. Armit, 'Violence and Society'.
39. Ian Armit, *Headhunting and the Body in Iron Age Europe* (Cambridge:

Cambridge University Press,2012),pp. 204–7.

40. Strabo, *Geographia* 4. 1. 13.

41. S. Verger (ed.),*Rites et espaces en Pays Celte et Méditerranéen: étude comparée á partir du sanctuaire d'Acy-Romance (Ardennes, France)* (Rome:École française de Rome,2000).

42. Cunliffe,*Danebury*; Valerie Delattre, 'Les Inhumations en silos dans les habitats de l'âge du fer du Bassin parisien', in S. Marion and G. Blancquaert (eds.), *Les Installations agricoles de l'Âge du Fer en France septentrionale* (Paris: Revue archéologique du Centre de la France,2002),pp. 299–311.

43. Barry Cunliffe, *Iron Age Britain* (London:Batsford,2004),pp. 100–5.

44. Armit,*Headhunting and the Body*.

45. Ibid.,esp. ch. 4.

46. Eugène Warmenbol, 'L'Or,la mort et les hyperboréens. La bouche des enfers ou le Trou de Han à Han-sur-Lesse', in M. A. Gorbea (ed.), *Archäologische Forschungen zum Kultgeschehen in der jüngeren Bronzezeit und frühen Eisenzeit Alteuropas Erbgenisse eines Kolloquiums in Regensburg 4–7 okt 1993* (Bonn:Universitätsverlag,1996),pp. 203–34.

47. Ian Armit et al.,'Death,Decapitation and Display:The Bronze and Iron Age Human Remains from the Sculptor's Cave,Covesea,NE Scotland', *Proceedings of the Prehistoric Society* 77 (2011),pp. 251–78.

48. Armit,'Violence and Society',p. 12.

49. Timothy Taylor, *The Buried Soul* (London:Fourth Estate,2002).

22 古代近东的仪式杀戮与人祭

路易斯·西达尔

在古代美索不达米亚，暴力是生活中公认的一部分内容。 460
收获季节之后，在炎热月份的“战斗季”，战争肆虐整个近东地区，犯罪者通常会受到肉体和金钱形式的惩罚，宗教仪式和一些医学实践则包括杀死替罪羊的行为，以恢复秩序，并让一个受到玷污的人得到净化，或者让混乱的状况变得清晰明了。[1]然而，在美索不达米亚社会，将杀戮仪式化的情况是很少见的，从证据可以推断，只有两种制度化的人祭行为：在早王朝时期，在乌尔国王和王后薨逝的时候，王室的随从被杀害；以及在公元前2千纪和公元前1千纪的代王仪式中，人祭偶有发生。除了这些情况，几乎没有证据表明，在古代美索不达米亚，人们曾经实行人祭，因此它似乎只是最极端情况下的王室特权的一部分。本章将研究古代美索不达米亚人祭的制度化实践，以便在其历史和文化背景下来理解它们。这样做是希望能够让人们更好地理解这种最极端的仪式暴力形式。

在开始论述之前，应首先阐明术语“美索不达米亚文化”的含义。本章集中论述了从公元前3千纪中期一直到公元前1千纪末期的时期，这个时期见证了古代伊拉克在文化和政治上的重大变化。公元前3千纪，讲苏美尔语的群体统治着伊拉克南部，讲闪米特阿卡德语的群体生活在今巴格达附近的伊拉克北部地区。在公元前2千纪早期，巴比伦城和南方的其他城市取代了苏美尔人和阿卡德人的文化，成为该地区的主导力量。

这一转变见证了政治上的重大变化，在一定程度上也见证了语461 言的变化（巴比伦语是阿卡德语的一种主要方言），苏美尔人和巴比伦人之间存在明显的文化连续性，以至于学者经常提到“苏美尔-巴比伦”文化，特别是在涉及宗教和王室意识形态的时候。与此同时，巴比伦文化在美索不达米亚南部占据主导地位，亚述人（讲的也是阿卡德语的一种主要方言）出现在伊拉克北部的底格里斯河上游山谷。亚述人的文化与苏美尔-巴比伦文化密切相关，在公元前 1 千纪的帝国时代，美索不达米亚的这两种主要文化已经融合在一起。

乌尔的王室陵墓和死亡坑洞

我们从历史时代初期，古代美索不达米亚历史上发生的唯一一次大规模人祭开始。[2]地点是一处墓葬群，其时间可以追溯到早王朝时期（公元前 2600—前 2450 年），位于现代伊拉克南部阿勒-穆卡亚地区（Tell al-Muqayyar）的乌尔。这处墓地是 20 世纪 20 年代晚期 C. 伦德纳 · 伍利（C. Leonard Woolley）爵士在挖掘时发现的。伍利在墓葬群中发现了大约 1850 座坟墓，660 座坟墓的时间可以追溯到早王朝的 IIIA 时期，其中有 16 座坟墓根据主墓室和相邻竖井中的多处埋葬被区分出来。伍利把 16 座坟墓中的 10 座称为“王室陵墓”，因为它们规模更大，里面有精致的建筑结构，而且作为一种炫耀性消费的方式，墓内埋有华丽的陪葬品。其中一些陪葬物品十分著名，如被称为“被困在灌木丛中的公羊”的雕塑、牛头竖琴和普阿比王后（Queen Puabi）的黄金冠状头饰，这些物品经常装点美索不达米亚的历史作品。人们怀疑这些坟墓里埋有乌尔早期的统治者，而发现的一些带有已知统治者名字的滚

印（cylinder seal）[①] 证实了这一猜测。其他 6 座墓葬中没有豪
华的陪葬品，因此伍利把它们描述为“死亡坑洞”。[3]在 10 座王
室陵墓和 6 个死亡坑洞中，被献祭的受害者数量相差很大。有
些坟墓里只有两具相互偎依的尸体，而 PG 1237 中有 73 具之 462
多。[4]由于没有从乌尔找到关于这一时期的任何文学或叙事性文
献，主墓室中的统治者和陪葬的尸体之间的确切关系并不十分
清楚。然而，伍利得出了两个受到人们普遍认可的结论：第
一，统治者旁边的遗体是部分王室随从；第二，作为王室墓葬
的一种习惯做法，随从被迫殉葬，与国王和王后同时下葬。

对伍利来说，几座坟墓中死者的排布方式出奇地一致，这非常重要。这些尸体似乎被整齐地排列成行，没有明显的创伤痕迹，甚至连妇女的精美头饰也很整齐。在伍利后来的著作及通俗作品中，他认为参与献祭的人甘愿赴死，以便在来世为他们的神王服务。[5]这种理论与他掌握的证据完全相符。没有任何明显的扭打痕迹，尸体有序排列，还有马和牛的尸体，对伍利来说，这些并不是无关紧要的。也有所谓的仪式用碗，旁边是几个受害者，伍利认为，当时这些碗中一定盛着被献祭的受害者饮下的毒药。总之，伍利得出的结论是，虔诚的随从人员有意为统治者陪葬。然而，最近对乌尔的一些人类遗骸的分析提供了更多关于受害者如何死亡的信息。

2011 年，宾夕法尼亚大学的考古学家发表了他们对伍利挖掘的两个头骨的分析结果，这些头骨被保存在宾夕法尼亚考古与人类学博物馆（Pennsylvania Museum of Archaeology and

---

① 滚印是一种以滚动方式使用的印章，上面刻有图案或文字，或者两者兼而有之。印章整体呈圆柱形，因此也被称为圆柱印章、圆筒印章、滚筒印章等。

Anthropology）。通过运用 CT 技术进行扫描，奥布里·巴德斯迦德（Aubrey Baadsgaard）和她的同事发现，遗骸头骨上有锐器造成的严重创伤的明显证据，还有证据表明，遗骸曾被加热或烟熏，以防止腐烂，这可能是为了保存尸体，以供王室葬礼使用。这些发现表明，这两名受害者并不是自愿献祭的，而是被暴力杀害，然后被放置在坟墓里。[6]这些发现也支持西娅·莫里森（Theya Molleson）和道恩·霍奇森（Dawn Hodgson）在早期工作中得出的结论，两人检查了伍利送到伦敦的一些骨骼残骸，发现了体现受害者的身体结实且肌肉发达的结构，这表
463 明受害者一生的大部分时间在从事艰苦的劳动，这有力地说明被埋葬的人来自社会下层。[7]除了这些推断，几乎没有关于个人如何被选为王室葬礼牺牲品的资料。

由于几乎没有关于那个时代的王室铭文或文学作品，所以很难确定乌尔进行人祭的具体原因。人们希望能在较晚出现的苏美尔宗教文学中找到答案，但这样的工作并没有像人们期望的那样富有成果。几十年前，有人提出，苏美尔人后期的两篇作品，《比尔伽美什之死》（*The Death of Bilgames*，故事的主人公后来成为巴比伦史诗传统中的吉尔伽美什）和《乌尔纳姆之死》（*The Death of Ur-Namma*），可能会对这个问题有所启发。[8]这些文学作品详细描述了国王到冥界的旅程，以及他们随后在冥界的情况介绍。这两篇作品都表明，伟大的国王可能期望他们在冥界能够享受到与死前类似的生活方式。因此，《比尔伽美什之死》写道：

> 他心爱的妻子，他心爱的孩子，
> 他心爱的原配和继室，

他心爱的吟游诗人、管家和……
他心爱的理发师，［他心爱的］……
［他心爱的］侍从和仆人，
他心爱的物品……
处于他们原有的位置，好像［在参加］乌鲁克城中的宫殿检阅。[9]

根据苏美尔的传统，比尔伽美什比麦斯卡拉姆杜格（Meskalamdug）早了几代人，后者是一位通过王室墓葬的滚印确定身份的国王。事实上，正是半神比尔伽美什与麦斯卡拉姆杜格和这一时代其他统治者之间的这种联系，为伍利的理论提供了支撑，伍利认为人祭是乌尔统治者巩固自己神王地位的一种手段。《乌尔纳姆之死》是一篇关于建立乌尔第三王朝的那 464
位著名国王的文献，它描述了已故的国王在来世生活的类似图景：

在国王呈送完献给冥界的供品之后，
在乌尔纳姆呈送完献给冥界的供品之后，
冥界的［……］，
那个［……］，
乌尔纳姆坐在冥界的一个巨大的高台上（并且）
为自己在冥界建立了一处居所。
在埃列什基伽勒（Ereškigal）的命令下，
所有死于兵器的士兵（和）
所有被判有罪的人，
都被交到国王（乌尔纳姆）手中。

> 乌尔纳姆是［……］，
> 他深爱的弟弟吉尔伽美什也是如此，
> 他将发布冥界的判决，并正式宣布冥界的决定。[10]

两篇文学作品都讲到，已故的国王在死后将由随从侍奉，就像他们生前一样。这些艺术作品虽然是用苏美尔语写就的，却来自更晚的时期，可能来自古巴比伦时期（约公元前2004—前1595年），因此，人们在借助它们阐明的乌尔早期统治者的丧葬实践进行研究时，必须小心谨慎，避免得出武断的结论，尽管这样的结论也许很有吸引力。即便它们确实提供了关于乌尔早王朝时期大规模人祭的准确见解，但我们目前尚不清楚为什么在美索不达米亚的历史中，很早就不再进行人祭了，尤其是自后来的阿卡德历朝和乌尔第三王朝时期的统治者以后，这些统治者于在位期间被神化，却不再杀死随从来为自己陪葬。

当人们把视线从古代近东延伸到埃及，就会在尼罗河河谷发现同时期的属于国家层面的墓葬。W. M. 弗林德斯·皮特里（W. M. Flinders Petrie）爵士在现代的乌姆卡伯（Umm el-Qa'ab）挖掘出可以追溯到第一王朝时期（约公元前3200—前2900年）的王室大墓地，发现了毗邻法老陵墓的大量附属墓葬，里面埋葬了人祭的很多受害者。对阿拜多斯（Abydos）第一王朝附属墓葬的科学分析表明，就像在乌尔一样，被埋葬的人都是身不由己地被杀害（勒死）并与法老同时埋葬的。[11]同样值得注意的是，作为权力集团丧葬惯例的一部分，埃及人
465 的人祭也只在很短的一个历史时期实行。然而，在埃及，后来

的做法包括放置巫沙布提俑（*shabti*）①，这些俑的作用是为死者在来世的生活提供服务，这有助于我们了解丧葬仪式是如何发展起来，以填补人祭终止后留下的空白的。

虽然我们可能永远无法完全理解乌尔人祭背后的想法和动机，但近期对受害者的考古和科学调查表明，他们是被胁迫的，可能来自下层社会。这些发现证实了近年来被提出的观点，即人祭通过令人恐惧的方式展示王权，强化了受害者与统治者地位的不平等。人们再也无法接受伍利的论点，即国王的忠实追随者愿意放弃自己的生命来为他们已故的统治者在来世的生活服务。更确切地说，他们看起来像是“被安排在一个邪恶的玩偶房子里的玩偶，或者是凡人舞台上的演员”。[12]通过这样的方式，这些人成为祭品，既是对乌尔王室权力和权威的一种呈现，同时也是一种葬礼仪式。

美索不达米亚神话语境中的仪式杀戮

在公元前3千纪的最后几个世纪中，美索不达米亚的苏美尔人和阿卡德人的社会发展为高级文化形态，与早王朝时期相比，我们对他们各自的宗教思想和意识形态的认识更为清楚。古巴比伦时期是一个非常重要的时期，这个时期见证了古巴比伦诸城市在美索不达米亚南部的崛起；城市发展伴随着文化表达特别是文学创作的喷涌。的确，直到公元前1千纪，这一时期新出现的神话和史诗都是巴比伦和亚述社会的基础知识。对于我们来说，重要的是，在这些神话和传说中，存在关键性的

① 巫沙布提俑是埃及用于葬礼的一种小型雕塑，状似奥西里斯的形象（身体为木乃伊），上面一般写有死者的名字。许多重要的坟墓中葬有大量的这类小型雕塑，目的是让它们去完成地神可能要求死者完成的各种任务。

情节，表明在美索不达米亚的宗教思想中，生命是可以牺牲的。从广义上来讲，冲突、仪式杀戮和牺牲，通常是带来变革
466 性后果的宇宙哲学之变化的载体。一个著名的例子是提亚玛特（Tiamat）被谋杀，导致了构建宇宙之物质的形成，这个事件出现在创世史诗《埃努玛·埃利什》（*Enūma Eliš*）中。[13]因为我们的关注点是人祭，所以我们将集中探讨两个影响人类的情节：人类的创造和大洪水。

巴比伦传说中创造人类的故事以谋杀为核心。根据神话《阿特拉哈西斯》（*Atram-ḫasīs*）的描述，在下层诸神反抗上层诸神对其施加的劳动重担后，人类被创造出来。为了结束争端，上层诸神决定创造人类来承担下层诸神的负担。恩基神在神圣集会的演讲中透露了创造人类的计划：

在这个月的第一天、第七天和第十五天，
我将实现一次净化，进行一次沐浴。
杀死一位神，
愿诸神在其中得到心灵的净化。
让（女神）宁图把这位神的血肉与黏土混合，
让同一位神与人完全混合在黏土中。
让我们在余生中听见鼓点，
让灵魂一直在神的肉体里，
让活着的人知道它的踪迹，
把灵魂留下，以免他被人遗忘。[14]

他们决定，罪魁祸首维伊拉（Wê-ila）将成为因叛乱而被谋杀的神，正是用他的血和肉与黏土混合来制成人类。其他关

于创造人类的神话中也有类似的故事情节。在《埃努玛·埃利什》中，伊亚（Ea）用被杀死的神金古（Qingu，另一个叛乱者）的血创造了人类，金古死于马杜克（Marduk）之手。[15] 同样，在《单语/双语创世记》（*Unilingual/Bilingual Account of Creation*）中，据说人类是由被杀死的阿拉（Alla）众神的血创造出来的。[16] 一方面，这些神话中造反的神灵被杀死，是为了赦免他们的罪行——这是净化仪式的一部分——并在他们造成的混乱中重新建立宇宙秩序；另一方面，献祭谋杀是创造人类的一个关键元素。[17] 在这个仪式中，人类当然不会被杀死， 467
但“活着的”神祇会被杀死。这样，《阿特拉哈西斯》的最后几行内容揭示出恩基神的计划是令人心酸的：人类脉搏的鼓点据说是对于所有针对神的献祭性杀戮的提醒，相应地，也提醒着人类终有一死。

在苏美尔-巴比伦传统中，最伟大的神的暴行是发动了大洪水，以便让所有生物从地球上消失。在苏美尔和巴比伦神话中都出现了关于大洪水的描述，《阿特拉哈西斯》和《吉尔伽美什史诗》中有最为详尽的描述，前者使人们对洪水的原因有了更深入的了解。尽管新创造出来的人类在宇宙的劳动分工中扮演着至关重要的角色，但他们被认为是吵闹的邻居——事实上，对于恩利尔和其他伟大的神灵来说，人类确实太吵闹了。经过了一段时间的夜不能寐之后，恩利尔在其他伟大神灵的支持下，相当任性地决定通过瘟疫，然后是疾病，最后是饥荒来削减人口。当人类证明自己对这些侵害的承受力很强时，恩利尔决定用一场洪水将人类彻底冲走。人类被恩基神拯救，他透露了众神的计划，并吩咐一个叫舒鲁帕克［Shuruppak，苏美尔语名字是朱苏德拉（Ziusudra），阿卡德语名字是阿特拉哈西斯或乌特纳比什蒂姆（Ut-napištim）］的人，让他摒弃物质财富，建造一艘船来拯救他的家人和各种各样的动物。这与《创世记》第六至第九章中的诺亚神话有明显的相似之处。然而，人们经常注意到，在造成洪水的原因方面，希伯来人的传统和美索不达米亚传统之间存在一个主要的区别。在《希伯来圣经》中，耶和华发动洪水是对人类邪恶行为的回应，因此这是一种根据道德伦理而做出的惩罚行为。而恩利尔和美索不达米亚众神的决定似乎是意气用事，反映了他们反复无常的本性。[18]认为终结所有生命是神灵之特权的思想在《埃拉与伊苏姆史诗》（*Epic of Erra and Išum*）中也有所反映，书中说，象征残酷战争的埃拉神的主要目的之一，是清除过剩的人口和动物，他们已不再害怕武装冲突，也不畏惧神灵埃拉。[19]因此，包括《希伯来圣经》在内，这些神话存在某种一致性，尽管
468 洪水的伦理背景有所不同：人类是一种刺激因素，促使神灵进行清洗以恢复秩序。这种观念也出现在下文将要讨论的宗教仪式和医学实践中。

代王仪式

回到现实世界的人祭，我们来看看古代美索不达米亚人祭唯一的明显例证，代王仪式。这个仪式的目的是拯救国王，因为众神已经通过让天空中出现日（月）食使国王的驾崩成为一件命中注定的事情。为了使国王免遭这样的命运，美索不达米亚的学者想出了一种策略，即利用一个替罪羊来代替国王承受诅咒，从而消除国王身上的邪恶预兆。这样的做法既满足了诸神让国王献祭的要求，又保全了国王的性命，使他的统治得以延续。这样，代王仪式的记录揭示了亚述和巴

比伦时期的王权与乌尔的早期苏美尔王朝的王权完全不同，从中我们发现，国王在很大程度上受到神灵的支配，举行魔法仪式和人祭只是为了保住自己的性命。这与乌尔的王室陵墓形成了鲜明对比，在那里，死去的国王似乎为了自己的权力和荣耀，带着许多东西去了冥界。然而，不能忽视的是，代王仪式表明，王室人物是这片土地上最重要的人，就像乌尔的葬礼仪式表明的那样。

代王仪式有着悠久的历史，尽管从公元前 2 千纪一直到亚历山大大帝统治时期，人们对此只有零星的记载。最能证明这一仪式的是新亚述人。[20]不能确定在亚述帝国时期，代王仪式的增多是不是因为这一时期出现了大量可资利用的文献，以及是否反映了美索不达米亚学术的转变以及宫廷对占星术的兴趣越来越浓厚，占星术是相当于脏卜（extispicy）① 的一门传统学科。事实上，在公元前 1 千纪，占星术是美索不达米亚科学思想的主要学科。观察行星的运动和其他星体现象是几代巴比伦学者关注的焦点，他们认可了一些模式，相应地做出了一系 469
列预测，这些预测随后被解释为关于政治、经济和社会关系的征兆。占星家向亚述王室所做的大量报告被保存下来，这些资料表明国王在做出各种决定时都依赖这些报告。[21]特别是在以撒哈顿（Esarhaddon，公元前 681—前 669 年在位）和亚述巴尼拔（公元前 660—约前 627 年在位）统治时期，报告数量庞大。在这些报告中，学术信函为我们提供了仪式的程序细节，从而很好地说明了仪式的性质和目的。

---

① 脏卜（或称羊卜），是古代两河流域居民发明的一种独特的占卜方式。人们通过观察牲羊内脏各器官的大小、颜色、位置、形态及附着在脏器上的各种征象物来解释所占之事。

如上所述，日食或月食的发生会引发人们举行代王仪式。当然，在近东地区可以看到的日（月）食也可以被其他国家观察到，而对哪个国王必须死亡的解释取决于它出现的时间和日期，日（月）食的性质，以及天体的哪一部分被遮挡住。[22]例如，学者马尔-伊萨尔（Mār-Issar）作为以撒哈顿在巴比伦尼亚的官员，提出了以下关于日（月）食的解释，即“西方世界”（Westland）指定的国王必须死：“也许学者可以说明一下‘西方世界’（的概念）对国王——我的主人意味着什么。西方世界的意思是赫梯人的国家（叙利亚）和游牧之地，或者，根据另一个传统，指的是迦勒底王国（Chaldea）。哈提（Hatti）王国、迦勒底王国或阿拉伯半岛的某位国王会带有这个征兆。而我的国王陛下，一切安好。”[23]然而，如果在日（月）食发生时，木星或金星出现了，那么宿命就会降临到一位高级官员的身上，或者国王的土地会遭到入侵军队的袭击。[24]在此类情况下，不会安排替代者。一些来自新亚述时代的信件表明，当学者预测将出现日（月）食时，他们会采取预防措施，如在日（月）食之前安排好替代者，以保护国王免受任何危险。[25]

正常情况下，在观察到发生日（月）食后，需要举行仪式，人们必须选择一个替代的人，但谁应该做那个替代的人是仪式中变数更多的一个方面。在赫梯人的说法和亚历山大大帝统治时期的记载中，一个罪犯和一名战俘曾经分别被选为替代
470 者。[26]然而，这不是亚述人和巴比伦人通常的做法。在亚述人的资料中，替代者经常被称为 *saklu*，这一术语有多重含义，常被解释为“白痴”或“普通人”。[27]毫无疑问，对阿卡德语的 *saklu* 的解释受到了现代学者臆断的影响，有学者认为那种特

别容易轻信的人才会参与代王仪式。这表明，对 *saklu* 最好的翻译是英语中“common”一词的贬义用法，而不是假设这个替代者一定是智力有缺陷的人。不过，从公元前 1 千纪开始，就有确凿的证据表明，仪式要求替代者必须拥有贵族血统。亚述巴尼拔统治时期的一篇仪式碑文写明这个替代者应该是王室成员。[28]至少有一个来自亚述时代的替代者肯定出身于贵族家庭，马尔-伊萨尔在写给国王的一封信中，提到了一个替代者，这个人是巴比伦高级神职人员的儿子。[29]另外，据说为了满足作为近东国王替代者的标准，在承担这一角色之前，*saklu* 必须被高级神职人员授予神职。[30]因此，普通人是做不了替代者的。国王需要一个值得尊敬的替代者，如果选择平民，需要授予他高级职位来满足国王替代者的标准。由此可见，代王仪式并不是为了愚弄众神，而是为了满足众神变幻莫测的兴趣，它牺牲了一个地位相当的人，这个人可以承受对国王的诅咒。

在举行仪式的过程中，国王远离王位，化身为一名“农夫”，而一个经过洗礼并身着国王服装的替代者登上了王位。一位“王后”会被指派给替代者，两人占据王位长达 100 天的时间。在这段时间里，替代者和他的“王后”会举行一系列驱邪仪式（*namburbû*），目的是将邪恶的异常之物从国王的身体上祛除，并将其附在替代者，可能还有他的“王后”身上。这是通过诵读咒语来实现的，咒语的文字材料被缝在他的衣服里，甚至他还要吞下咒语的副本。[31]这个过程证明替代者 471
明白他（和他的王后）在仪式中承担的角色和责任的本质。[32]

在他们的任期内，替代者扮演公共礼仪的角色，但没有真正的政治权力。亚述人的信件表明，当以撒哈顿和亚述巴尼拔在宫廷之外扮演“农夫”的角色时，他们继续统治帝国。因此，替代者以国王的身份出现，可能在他任职期间负责举行宗教仪式和履行其他宗教职责，正如蒲德侯（Jean Bottéro）指出的，替代者充当了“避雷针”，让自己承受对真正的国王造成威胁的罪恶。[33]说到这一点，国王的替代者有时并不只是扮演糊涂蛋的角色。有一次，替代者揭露了官场的阴谋，并且要求禀告“农夫”。[34]此外，最早关于代王仪式的记载显示，对于那个真正在位的国王来说，这场仪式的结局相当糟糕。据《早期国王编年史》（*The Chronicle of Early Kings*）记载，埃拉-伊米提（Erra-Imitti）安排了园丁埃利尔-巴尼（Ellil-Bāni）作为他的替代者。然而，在离开王位期间，埃拉-伊米提在“喝了一小口热的肉汤”后去世，埃利尔-巴尼则留在了王位上！[35]如果这是一个真实的故事，那么人们就会怀疑是不是埃利尔-巴尼毒死了埃拉-伊米提。在其他情况下，我们发现，在规定的时间结束后，替代者和他的“王后”会被处死。任何现存文献都没有提到献祭的具体方法，我们只知道那个替代者死了。为了确保替代者带着诅咒和他的“王后”进入冥界，人们举行了一系列宗教仪式和典礼。[36]在替代者的葬礼和仪式完成后，“农夫”将经历净化仪式，摆脱诅咒，重回王位并继续他的统治。

可以肯定，代王仪式背后的逻辑依据就是蒲德侯所说的广义上的美索不达米亚宗教和医学实践中的“替代主义”。[37]如前所述，这个仪式是一种驱邪仪式，可以通过接触、找到类似的人或两者兼而有之的方式，将邪恶从一个人身上转移到另一个人身上。其他替代仪式的例子证实了病人或被诅咒的人会把他
472 们的不幸转移到人形的小雕像上，它会充当替代品。这些小雕像也可以用来喂狗或其他动物，以此把疾病传染给这些动物，

然后这些动物会被杀死。[38]一个特别相关的例子是在以撒哈顿和亚述巴尼拔统治时期发现的，在这个例子中，我们发现他们利用与冥界女神埃列什基伽勒有关的仪式，把疾病转移到山羊身上，然后将山羊杀死并埋葬，以祛除国王的疾病。[39]还有更多的例子，可以从中观察到通过在密闭空间内直接接触动物来祛除人类的疾病，以及使用剪下的毛皮和毛发来举行典礼和仪式。[40]

神话中也有关于替代的学说，特别是在有关女神伊南娜（阿卡德语中是 Ištar）的传统中。在关于这位女神冥界之旅的神话中，替代是故事的高潮。[41]冥界有个绰号叫“不归之地”，这就是症结所在。当伊南娜到达冥界的深渊时，她难免想要离开那里，为此，必须找到一个合适的替代者。对伊南娜来说，理想的替代者是她的丈夫杜姆兹（Dumuzi）。

因此，在美索不达米亚宗教中，替代的合法性，以及将有关诅咒的疾病从一个人身上转移到一个物件或动物身上的这种背景表明，代王仪式不是虚构的计划，而是真正的传统的一部分。它的目的并不是逃避国王的宿命；相反，替代仪式使宫廷能够完成神安排的命运，并尽可能接近他们心中最初设想的命运，即使这在实质上有所不同。[42]

结　语

本章论及古代美索不达米亚历史上制度化的人祭的两个实例，并试图在王权和宗教思想之精英概念的背景下理解它们。围绕乌尔王室陵墓中被埋葬的死者，仍有许多谜团。然而，最新的科学调查表明，乌尔早王朝与埃及第一王朝的王室丧葬仪式之间存在共性。这些发现表明，在古代美索不达米亚和古埃 473

及的国家中，存在对臣民的极端控制，这在王位继承时期表现得最为残酷。代王仪式更好理解，它属于美索不达米亚宗教和医疗实践中广义上的替代主义的一部分。举行这样的仪式是为了回应发现日（月）食时人们对统治者生命的担忧，代王仪式揭示了公元前 2 千纪和公元前 1 千纪的统治者同其他人一样服从神的意志。总之，在古代美索不达米亚，这两种制度化的人祭行为有着不同的背景，但在这两个实例中，很明显，国王对臣民拥有绝对的权力，臣民会为了统治者的利益而受到处置。

参考论著

关于美索不达米亚宗教信仰及其实践的总体论述，请参阅以下论著：Benjamin R. Foster，'Mesopotamia'，in John R. Hinnells（ed.），*A Handbook of Ancient Religions*（Cambridge：Cambridge University Press，2007），pp. 161-213；Jean Bottéro，*Religion in Ancient Mesopotamia*，trans. Theresa Lavender Fagan（Chicago：University of Chicago Press，2001）；W. G. Lambert，*Ancient Mesopotamian Religion and Mythology*，a collection of critical essays edited by A. R. George and T. M. Oshima，Orientalische Religionen in der Antike 15（Tübingen：Mohr Siebeck，2016）。关于本章探讨的古代美索不达米亚仪式实践背后的学术、理论和科学的最新论述，以及超出本章范围的内容，请参阅 Karen Radner and Eleanor Robson（eds.），*The Oxford Handbook of Cuneiform Culture*（Oxford：Oxford University Press，2011）。

关于本章引用的神话文献的优秀英译本，具体内容可参见 Benjamin R. Foster，*Before the Muses: An Anthology of Akkadian Literature*，3rd edn（Bethesda，MD：CDL Press，2005）；Stephanie M. Dalley，*Myths from Mesopotamia: Creation, the Flood, Gilgamesh, and Others*，rev. edn（Oxford：Oxford University Press，2000）；A. R. George，*The Epic of Gilgamesh: A New Translation*（Harmondsworth：Penguin，1999）；W. G. Lambert，*Babylonian Creation Myths*，Mesopotamian Civilizations 16（Winona Lake，IN：Eisenbrauns，2013）。亚述帝国的信函提供了代王仪式的细节，具体参见

Simo Parpola, *Letters from Assyrian and Babylonian Scholars*, State Archives of Assyria 10 (Helsinki: Helsinki University Press, 1993)。对这些信函的分析性评论，以及对代王仪式简洁的、不可或缺的描述，参见 Simo Parpola, *Letters from Assyrian Scholars to the Kings Esarhaddon and Ashurbanipal. Part II: Commentary and Appendices*, Alter Orient und Altes Testament 5.2 (Kevelaer: Verlag Butzon & Bercker, 1983)。对代王仪式的较新评价，参见 Jean Bottéro, *Mesopotamia: Writing, Reasoning, and the Gods*, trans. Zainab Bahrani and Marc Van De Mieroop (Chicago: University of Chicago Press, 1992)。

乌尔的王室陵墓一直是许多研究的焦点。关于发掘及原始解释，参 474
见 C. Leonard Woolley, *The Royal Cemetery: A Report on the Predynastic and Sargonid Graves Excavated between 1926 - 31*, Ur Excavation Reports 2 (London: Trustees of the British Museum, 1934)。我们还推荐读者参阅伍利对乌尔城整个发掘过程的更加通俗、详尽的描述，其中包括一些更有倾向性的结论，参见 *Ur of the Chaldees: A Record of Seven Years of Excavations* (London: Pelican Books, 1938)。下面这部著作对伍利的作品进行了批判性评价，并将后来的学术趋势纳入其中：Richard L. Zettler and Lee Horne (eds.), *Treasures from the Royal Tombs of Ur* (Philadelphia: University of Pennsylvania Museum of Archaeology and Anthropology, 1998)。

近期关于美索不达米亚和埃及的权力、宗教和王权的研究，与本章涵盖的主题有重要联系，可参阅 Jane A. Hill, Philip Jones and Antonio J. Morales (eds.), *Experiencing Power, Generating Authority: Cosmos Politics and the Ideology of Kingship in Ancient Egypt and Mesopotamia* (Philadelphia: University of Pennsylvania Museum of Archaeology and Anthropology, 2011)。

Beate Pongratz-Leisten, 'Ritual Killing and Sacrifice in the Ancient Near East', in K. Finsterbusch, A. Lange and K. F. Diethard Römheld (eds.), *Human Sacrifice in Jewish and Christian Tradition* (Leiden: Brill, 2007), pp. 3-33 考察的主题范围比本章涵盖的更为广泛，并延伸到理解近东的实践与基督教的关系，而对于美索不达米亚宗教对动物的使用（包括祭祀和替代）进行了出色论述的是 JoAnn Scurlock, 'Animals in Ancient Mesopotamian Religion' and 'Animal Sacrifice in Ancient Mesopotamian Religion', in Billie Jean Collins (ed.), *A History of the Animal World in the Ancient Near East*, Handbook of Oriental Studies 64 (Leiden: Brill, 2002), pp. 361-403。

注 释

1. 参见本卷第 10 章、第 18 章、第 30 章和第 31 章。
2. 基什遗址可能也存在人祭的现象，但证据并不确凿。P. R. S. Moorey, *Excavations at Kish 1923–1933* (Oxford: Clarendon Press, 1978).
3. C. Leonard Woolley, *The Royal Cemetery: A Report on the Predynastic and Sargonid Graves Excavated between 1926 – 31*, Ur Excavation Reports 2 (London: Trustees of the British Museum, 1934), p. 35. 亦可参见 D. Bruce Dickson, ‘Kingship as Racketeering: The Royal Tombs and Death Pits at Ur, Mesopotamia, Reinterpreted from the Standpoint of Conflict Theory’, in J. A. Hill, P. Jones and A. J. Morales (eds.), *Experiencing Power, Generating Authority: Cosmos Politics and the Ideology of Kingship in Ancient Egypt and Mesopotamia* (Philadelphia: University of Pennsylvania Museum of Archaeology and Anthropology, 2011), pp. 316–17。
4. Richard L. Zettler, ‘The Royal Cemetery of Ur’, in R. L. Zettler and L. Horne (eds.), *Treasures from the Royal Tombs of Ur* (Philadelphia: University of Pennsylvania Museum of Archaeology and Anthropology, 1998), pp. 23–4.
5. Woolley, *Royal Cemetery*, pp. 37 – 42; Dickson, ‘Kingship as Racketeering’, pp. 320–1.
6. Aubrey Baadsgaard et al., ‘Human Sacrifice and Intentional Corpse Preservation in the Royal Cemetery of Ur’, *Antiquity* 85. 327 (2011), pp. 27–42.
7. Theya Molleson and Dawn Hodgson, ‘The Human Remains from Woolley's Excavations at Ur’, *Iraq* 65 (2003), pp. 91–129.
8. Samuel Noah Kramer, *The Sumerians: Their History, Culture, and Character* (Chicago: University of Chicago Press, 1963), pp. 129 – 30. Steve Tinney, ‘Death and Burial in Early Mesopotamia: The View from the Texts’, in Zettler and Horne (eds.), *Treasures*, pp. 26–8 也曾尝试探讨这一观点；亦可参见 Benjamin R. Foster and Karen Polinger Foster,

Civilizations of Ancient Iraq (Princeton, NJ: Princeton University Press, 2009), p. 37。

9. The Death of Bilgames, N3, 1 - 7, in A. R. George, *The Epic of Gilgamesh: A New Translation*(Harmondsworth: Penguin, 1999), p. 206.

10. The Death of Ur-Namma, 132 - 44, Electronic Text Corpus of Sumerian Literature, http://etcsl. orinst. ox. ac. uk/section2/tr2411. htm and http://etcsl. orinst. ox. ac. uk/section2/c2411. htm.

11. 关于更多文献的概述，参见 Kathryn A. Bard, 'The Emergence of the Egyptian State (c. 3200-2868 BC)', in Ian Shaw (ed.), *The Oxford History of Ancient Egypt* (Oxford: Oxford University Press, 2003), pp. 66 - 8; Dickson, 'Kingship as Racketeering', pp. 321-2。

12. Dickson, 'Kingship as Racketeering', p. 324.

13. Beate Pongratz-Leisten, 'Ritual Killing and Sacrifice in the Ancient Near East', in K. Finsterbusch, A. Lange and K. F. Diethard Römheld (eds.), *Human Sacrifice in Jewish and Christian Tradition* (Leiden: Brill, 2007), p. 14.

14. *Atram-ḫasīs*, OBV, 206-17, in Foster, *Before the Muses*, pp. 235-6.

15. *Enūma-eliš*, VI, 1-38, in Foster, *Before the Muses*, pp. 469-70.

16. W. G. Lambert, *Babylonian Creation Myths*, Mesopotamian Civilizations 16 (Winona Lake, IN: Eisenbrauns, 2013), p. 355.

17. Pongratz-Leisten, 'Ritual Killing', pp. 18-19.

18. Gary R. Rendsburg, 'The Biblical Flood Story in the Light of the Gilgameš Flood Account', in J. Azize and N. Weeks (eds.), *Gilgameš and the World of Assyria: Proceedings of the Conference held at Mandelbaum House, The University of Sydney, 21-23 July 2004*, Ancient Near Eastern Studies supplement 21 (Leuven: Peeters, 2007), pp. 115-27; W. G. Lambert, *Ancient Mesopotamian Religion and Mythology: Selected Essays*, ed. A. R. George and T. M. Oshima (Tübingen: Mohr Siebeck, 2016), pp. 235-44.

19. A. R. George, 'The Poem of Erra and Ishum: A Babylonian Poet's View of War', in H. Kennedy (ed.), *Warfare and Poetry in the Middle East* (London: I. B. Tauris, 2013), pp. 53, 63-4.

20. 该仪式被记录下来的实例的目录，参见 Simo Parpola, *Letters from Assyrian Scholars to the Kings Esarhaddon and Ashurbanipal. Part II: Commentary and Appendices*, Alter Orient und Altes Testament 5. 2 (Kevelaer: Verlag Butzon & Bercker, 1983), pp. xxvi–xxxii。

21. F. M. Fales and G. B. Lanfranchi, 'The Impact of Oracular Material on the Political Utterances and Political Action in the Royal Inscriptions of the Sargonid Dynasty', in J. -G. Heintz (ed.), *Oracles et prophéties dans l'antiquité: actes du Colloque de Strasbourg 15–17 juin 1995* (Paris: De Boccard, 1997), p. 103. 关于公元 1 千纪宫廷的脏卜和占星术体系，参见 U. S. Koch, 'Sheep and Sky: Systems of Divinatory Interpretation'; F. Rochberg, 'Observing and Describing the World through Divination and Astrology', in K. Radner and E. Robson (eds.), *The Oxford Handbook of Cuneiform Culture* (Oxford: Oxford University Press, 2011), pp. 447–69, 618–36。

22. Parpola, *Letters from Scholars*, p. xxiii.

23. SAA 10 351, Ibid., p. 287.

24. Parpola, *Letters from Scholars*, pp. xxii–iii。

25. SAA 10 240 and 377, Ibid., pp. 191, 311.

26. John H. Walton, 'The Imagery of the Substitute King Ritual in Isaiah's Fourth Servant Song', *Journal of Biblical Literature* 122. 4 (2003), p. 737.

27. CAD (15) S, pp. 80–1.

28. W. G. Lambert, 'A Part of the Ritual for the Substitute King', *Archiv für Orientforschung* 18 (1957/8), pp. 109–12.

29. SAA 10 352, in Parpola, *Letters from Scholars*, pp. 288–9.

30. Ibid., p. 289; 亦可参见 Bottéro, *Writing, Reasoning*, p. 147。

31. E. g. SAA 10 2, 12, 189, 351, in Parpola, *Letters from Scholars*, pp. 4, 12, 155, 287; 关于驱邪仪式的性质，参见 Richard I. Caplice, *The Akkadian Namburbu Texts: An Introduction*, Sources from the Ancient Near East 1. 1 (Malibou: Undena Publications, 1974), pp. 7–9。

32. Bottéro, *Writing, Reasoning*, p. 147.

33. Ibid., p. 150.

34. SAA 10 2, in Parpola, *Letters from Scholars*, pp. 4-5.
35. *The Chronicle of Early Kings* A, 31-6, in A. K. Grayson, *Assyrian and Babylonian Chronicles* (Locust Valley: J. J. Augustin, 1975), p. 155.
36. 关于仪式泥板内容的翻译，参见 Lambert, 'Part of the Ritual', pp. 109-12; also the report in SAA 10 352: 13-21, in Parpola, *Letters from Scholars*, p. 288。
37. Bottéro, *Writing, Reasoning*, pp. 142-3.
38. JoAnn Scurlock, 'Animals in Mesopotamian Religion', in B. J. Collins (ed.), *A History of the Animal World in the Ancient Near East*, Handbook of Oriental Studies 64 (Leiden: Brill, 2002), pp. 371-3.
39. Bottéro, *Writing, Reasoning*, pp. 142-3.
40. Scurlock, 'Animals', pp. 373-87.
41. 关于神话，参见 Foster, *Before the Muses*, pp. 498-505; Electronic Text Corpus of Sumerian Literature, http://etcsl. orinst. ox. ac. uk/section1/tr141. htm。
42. Bottéro, *Writing, Reasoning*, p. 143.

23 古希腊和古罗马世界的暴力献祭

F. S. 奈登

475 希腊人是古时最具人性的人，却有一种残忍的特征，一种毁灭的欲望，这使他们像貔虎一样……

——尼采：《荷马的竞赛》(Homer's Contest)[1]

虽然尼采早期文章中的这句话指的是奴隶制，而不是动物祭祀，但他很可能把献祭当作一种“残忍的特征”，因为这确实涉及杀害数以千万计的动物，其中许多动物没有得到任何食物。在这方面，比起古代或现代的屠宰，希腊人的祭牲更难被证明是正当的行为。[2]罗马人很像希腊人。因为罗马人进行的祭祀活动更多，祭品的总数数以亿计。

这种大规模屠杀激发了大量最古老的素食文学的诞生，从苏格拉底以前的哲学家开始，一直延续到希腊和拉丁哲学家，以及公元早期的其他作家。古代素食主义者对献祭的批判与希腊和罗马的法律中对待动物的方式相呼应，因为在这些法律下，动物的地位是悬而未决的。人类应该公正地对待动物吗？那意味着要摒弃动物祭祀吗？由于古代的法律与文学都把异教
476 徒的神灵视为理所当然，更多的问题出现了。诸神需要献祭吗？哪些神灵需要祭品？如何以及何时向他们献祭？

其中一些问题预示着今天关于动物权利的争议。[3]玛丽·道格拉斯（Mary Douglas）可能是唯一提醒大家注意古代的素食

主义和现代对动物权利的倡导这两者产生于非常不同的环境，以及应该怀疑前者是否对后者存在启发性的作家。她的观点是正确的，而且可能还要补充一点，我们不应该把素食主义和拒绝动物祭祀等同起来。这两种现象彼此重叠但不完全相同。[4]

本章首先讨论“暴力”和“献祭”的概念对希腊人和罗马人的意义，然后转向献祭期间动物遭受的痛苦，以及古人如何根据法律和文学作品来理解这种痛苦。

现代概念 VS 古代概念

在现代英语中，“暴力”和“献祭”很可能是一对单词，但在古希腊语和拉丁语中没有类似的词语。希腊语单词 *bia* 有时被翻译为“暴力”，包含“暴力”和“武力”的意思，所以它可以指有害且非法的侵略或必要而合法的胁迫。*Bia* 和法律的执行是相辅相成的，品达（Pindar）有句名言：“法律（*Nomos*）是万物之王。”为了说明法律的规则，这位诗人说赫拉克勒斯使用了 βία 来战胜非正义的行为。[5]在这个片段中，把 *bia* 翻译成“暴力”容易使人误解。相反，这个单词的意思是“武力”。拉丁语单词 *violentia* 有类似的一对意思，其中一个意思 477
是“暴力和攻击性”，另一个意思是“压倒性的武力”。[6]

通用的希腊语和拉丁语中表示“献祭”的单词也很难找到。常用的希腊语单词 *thusia* 的意思是“燔祭”，并不一定指宰杀动物，尽管它最常被用来表示献祭之后从祭品中取肉吃。第二个常用的希腊语单词是 *sphagia*，指的是切开动物祭品的喉咙，但绝不是指把它当成食物吃掉。常用的拉丁语单词 *sacrificium* 指的是将某物交给神，但不一定意味着要杀死祭品。另一个常用词是 *immolatio*，意思是“少量的饭”，是在被献祭的受害者被杀死之前发生的行为。[7]两种语言都没有集中讨论在敬奉神灵的活动中处死动物的行为。因此，希腊关于献祭的文献资料避而不谈杀死动物祭品是一种 *bia* 或暴力行为。这些资料也回避谈论杀害祭品是一种傲慢的行为，只有一些素食主义资料提及杀害祭品是一种谋杀行为，或者叫 *phonos*。拉丁语资料回避谈论杀死动物祭品是一种 *violentia* 行为。

要理解希腊人和罗马人的“暴力献祭”，我们必须设问，这两个社会是如何重新定义这一概念的。有两种截然不同的资料可以帮到我们。一种是规定动物祭祀如何举办的公民法规（花瓶画可证实其内容），另一种资料也与法律有关。有一小部分古代法律将动物视为罪犯。

素食主义作家是需要考虑的第三种资料来源。他们提供了一些关于人类虐待祭祀动物的历史记述，这些记述包括一些法律史，特别是不公正对待动物的历史（伴有人类对动物的不公正指控）。古代的素食主义者没有任何物种歧视的概念，也没有提出将动物置于与人类同等地位的普遍权利，他们对动物有一些公正的概念。和现代素食主义一样，古代素食主义也具备法律和道德的因素。

献祭和素食主义是人们长期研究的两大主题，但它们通常
478 被分割开来。宗教历史学家集中研究一种 *thusia* 或 *sacrificium*，即动物在“献祭”中遭受暴力死亡的问题。这类学者中最著名的人物沃尔特·伯克特（Walter Burkert）认为，杀死动物是祭祀仪式的高潮，这是古希腊宗教最重要的活动，这种做法后来也延续到古罗马宗教当中。伯克特还认为，礼拜者对杀死动物感到内疚，并通过设想动物同意人类屠杀它们来减轻自己的内疚感。伯克特一本书的书名《杀戮的人类》（*Homo Necans*）

道出了其观点的精髓。[8]

另一群学者，主要是思想史学家，忽略了希腊和罗马的祭祀仪式，而赞成研究古代素食者的论辩。整个古代哲学流派的成员都是素食者和反素食者，他们或因这个问题而产生分歧，他们提出的论点借鉴了古代的动物学、生态学和经济史，特别是畜牧业和农业的发展情况。[9]就像伯克特这样的宗教历史学家（*Religionshistoriker*）同时也是社会学和人类学作家，他们也懂一点生物学知识，还是哲学作家以及善于分析的作家。他们把动物祭祀的"内容"最少化了，正如伯克特和他的追随者把"原因"理论化。

为了了解"内容"的问题，换句话说，为了获得献祭的受害者的经历，我们把目光转向献祭的规则。然而，这些规则不便于引用，因为它们把现行的法律和习俗视为理所当然，由此我们更喜欢来自花瓶画的证据，这些画呈现了（即使它们没有被复制）根据书面或不成文的规则进行的献祭。范斯特拉滕（Van Straten）在他的《希拉卡拉：古代和古典希腊的动物祭祀图像》（*Hiera Kala: Images of Animal Sacrifice in Archaic and Classical Greece*）一书中谈到了这个问题。他将挑选出来的约 700 幅图像分为三组，标题分别为："预杀"，指的是将动物带到祭坛前，或动物在预备仪式中于祭坛旁等待的一些图片；"杀戮"，包括屠杀动物的图片，还有一些类似的人祭的图片；以及"屠杀后"，不仅包括屠杀，而且包括另外两个重要的主题，第一，检查内脏，第二，大屠杀献祭，动物被整只烧死，而不是被屠宰。到目前为止，预杀类图片的数量最多。这些图片上常常是一些游行队伍，队伍中的动物都戴着花环，就像礼拜者一样。所有动物看起来都很健康，正如神庙规定所 479

要求的那样。有些甚至看起来就像它们原来的样子，它们是选美比赛的获胜者，是被选出来的最好的样品，以作祭品之用。与范斯特拉滕自己的预期相反，也与以前学者的观点相反，表现动物被杀的图片很少。伯克特认为，希腊人对杀害动物感到内疚，只有当这种感觉导致他们回避这个话题时，这种观点才可能是正确的。关于屠杀后的图片上甚至没有一丝悲伤或内疚的迹象。

数十幅（26幅）图片显示，动物在反抗那些控制它们的人，它们不停地摇头，拖拽绳子。书面资料证实了范斯特拉滕提到的生动例证。旅行作家帕萨尼亚斯（Pausanias）说，如果动物不习惯缰绳，它就不喜欢被人牵着走；诗人普罗佩提乌斯（Propertius）用一种老生常谈的口吻说，公牛只有在被绳子套住的时候才会按人们的意愿挪动。[10]

这些动物中有些可能已经猜到了自己的命运，但据我所知，只有一种希腊或罗马资料探讨了献祭活动的这一面。以下佚名的希腊对句描述了向罗马皇帝马可·奥勒留致敬的祭祀公牛："我们白公牛向您致敬，马可·恺撒。再有一次这样的胜利，我们就完蛋了。"[11]这些诗句把动物比作角斗士，换句话说，比作奴隶。像角斗士一样，这些动物向皇帝致敬，但不同的是，它们没有幸存下来的希望。它们必须得死，皇帝在战争中表现得越优秀，它们就会死得越快。这样的对句表达了对被献祭动物的某种同情，但也只是些许的同情。这些动物被用来开诙谐的玩笑，而不是被用来祈求怜悯。即使是角斗士也有可能被宽恕，但这些动物没有这种可能。角斗士举着剑说，"我们这些即将死去的人向您致敬"（*Nos morituri te salutamus*），但动物真的只能仰起它们的角。只有幽默诙谐的文学作品

（*jeu d'esprit*）才能说出它们的心声。

动物即使不会说话，也能进行沟通，这一概念体现在动物祭祀的两个方面。一方面，检查动物的内脏或其他部分都发生在燔祭和献祭期间。在花瓶画上，对内脏的检查大多发生在军事背景下——在出征前，在战斗前，或在做出一些重要的军事决定前。[12]最常受到检查的是肝脏，但其他内脏也会被检查。尽管对肝脏的检查遵循了巴比伦的先例，但这种做法比希腊人 480
接触到巴比伦人的肝脏检查要早得多。另一方面，希腊人通过观察祭祀动物的尾巴是否卷曲以判断畜体的一部分是否遭到焚烧（这是一种很常见的做法，最近重复这一过程的实验证明了这一点）。罗马人不检查尾巴，但他们检查肝脏。[13]像希腊人一样，他们最终利用了巴比伦的肝脏病学专家和相关文献。

说动物通过这些方式进行沟通，并不是指动物像对句里的牛一样为自己说话。希腊人和罗马人认为受祭祀的神灵通过动物之口来讲话。这种动物不是准人类，而是准神。这种与神灵的交流可能非常重要，以至于除内脏之外的祭品都会被人们忽视，并最终被扔掉。关于这种结果最令人吃惊的例子出现在战争中。色诺芬代表他的雇佣兵战友，也就是一万名①雇佣兵进行祭祀，他杀了一只羊，检查了羊的肝脏，得知众神强烈反对派出觅食的远征军来解救他饥饿的士兵，这让他十分沮丧。他让这只动物等死，然后又献祭了一只。在出现了更多的凶兆之后，他杀了第三只动物，这次还是得到了凶兆。他停下手来，只是因为习俗不允许他做第四次尝试。[14]那里躺着三只死

① 色诺芬的《远征记》提到了万人大撤退，讲述了希腊的一万雇佣兵从波斯退回希腊的故事。此处的一万名雇佣兵指的就是这支队伍。

羊——太少，不够分给一万人吃，但足够给几十个人或者可能一百个人吃。[15]色诺芬没有屠宰任何动物。那些饥饿的人后来把这些羊吃光了吗？虔诚的色诺芬没有说明这个问题。

这个片段说明了希腊和罗马动物祭祀的一个显著特征：尽管祭品的残骸通常会被吃掉，但表面上，祭祀的目的从来都不是提供食物。祭品主要为神灵提供荣誉或快乐，神明喜欢烟雾和烧焦的肉的味道，或喜欢看到漂亮的祭品，又或享受崇拜者在盛宴后庆祝的景象和声音。来自献祭活动的肉类是蛋白质的重要来源，并因此受到人们的重视，这是事实，但献祭和吃肉
481 远非同义词，这也是事实。从食物的角度来说，献祭很重要，但并非不可或缺。[16]重要的是通过动物祭祀与神灵、英雄或鬼魂进行沟通。

因为动物祭祀至关重要，希腊人和罗马人的家养动物很少能够幸免。甚至幼崽和怀孕的动物也可以作为祭品。众所周知，耕牛得到了豁免，这种情况只出现在晚期的资料中，而且都是文学资料。没有法律或法规涉及这个问题。[17]

祭品作为沟通渠道的重要性解释了另一种浪费的希腊习俗——献祭大屠杀。帕萨尼亚斯描述了伯罗奔尼撒的城市帕特雷（Patrae）是如何规定每年在市镇的卫城山顶为阿尔忒弥斯（Artemis）举行篝火仪式的。礼拜者不仅把普通的家养祭品扔进火堆，还把野猪、鹿甚至熊扔进火堆。帕萨尼亚斯写道，他亲眼看到一头熊试图逃离烈焰。礼拜者把这头熊拖住，扔回火里。不成文的法律迫使他们这样做。帕萨尼亚斯坚持认为逃跑的动物从未伤害过这些礼拜者。[18]

作为狩猎女神，阿尔忒弥斯乐意接受森林里的生灵作为祭品。然而，比起献给她一份合适的祭品，更为重要的是燃起一

堆熊熊烈火，让无助而绝望的动物上演一场足以匹敌奥林匹亚诸神的毁灭场面。礼拜者、祭司和官员如果在这种场合不履行自己的职责，可能会被罚款或撤职。[19]希腊人针对动物的暴力绝不是自愿或随意的，而是合乎法律且秩序井然的。

总而言之，大多数希腊资料很少关注对动物的屠杀，而且希腊人对此也不表示内疚。他们认为动物是一种偶尔会做出反抗的交流媒介。本着同样的精神，希腊法律惩罚的是动物的暴力，而不是针对动物的暴力，罗马法律亦然。这两种法律都描述了动物犯下的暴力罪行，还把动物和奴隶做了比较，就像在希腊对句中一样。

动物犯下的影响最小的错误是破坏农业财产。最早关于这 482
一主题的文本出自柏拉图的《法律篇》（*Laws*），这部著作阐述了一部针对计划中的殖民地的法典，而不是实际存在的法典，但该书基本上反映了公元前 4 世纪的法律，特别是雅典的法律。柏拉图提出："如果有动物——马、狗或别的动物——损害了（动物主人的）邻居的财产，主人将以同样的方式赔偿损失。"最后一句中的短语"以同样的方式"指的是前面的句子，那些句子涉及奴隶："如果一个奴隶或女奴损坏了他（或她）主人以外之人的财产……有过错的奴隶的主人将给予赔偿。"到目前为止，奴隶和动物都不会受到责备；相反，主人会受到责备。接下来，柏拉图把一些错误归罪于奴隶，推而广之，也归罪于动物："或者主人可以选择把犯错的奴隶移交给受伤害的一方。如果奴隶主声称，受伤害的一方与奴隶合谋针对自己，并进行诬告，他必须抗议自己受到了欺骗。"[20]正如法律历史学家约瑟夫·莫杰耶夫斯基（Jospeh Modrzejewski）所说，"有罪的奴隶"要对自己的不端行为负部分责任，有罪的动物也要对自己的罪行负部分责任。否则，让奴隶或动物的主人来决定是否移交肇事的人或兽就没有意义了。同样，奴隶或动物要负部分责任也解释了为什么主人可能会抱怨自己受到欺骗。另一方可能贿赂奴隶或对动物进行某种引诱。

罗马法学家乌尔比安（Ulpian）在《学说汇纂》（*Digest*）中提出了莫杰耶夫斯基引用过的另一个例子："如果动物造成了伤害，那么就可以根据《十二铜表法》（*Twelve Tables*）采取措施。条款规定，主人必须将闯祸的动物移交给受伤的一方，除非他愿意支付对方索要的动物的价格。这种诉讼被称为 *noxia*。它适用于所有四足动物。"[21]乌尔比安援引了罗马共和国早期的《十二铜表法》，表明罗马关于这个问题的法律可以追溯到柏拉图所处的时代，甚至更早。

希腊人和罗马人一致认为：家养的动物最有可能成为献祭的祭品，它们有可能做出不法行为，因此有一些正义的观念，或者至少会遭到惩罚，就像它们真的干了不法之事一样。法律对待它们就像对待奴隶一样，奴隶是另一种有生命的哺乳类动物财产，他们具有人类的一些特征，但仍然不是完全意义上的
483 人类。[22]同样的道理也适用于伤害了人类的动物。梭伦（Solon）就这一问题制定了一条雅典法令：如果一条狗咬人并造成了伤害，必须在这条狗的脖子上套上项圈，然后主人才能将它拉走。[23]柏拉图也就这个问题提出了一条法律，但更进一步，他说，被动物咬死的任何人，其亲属应该让这个动物以谋杀罪受到审判。[24]和在其他地方一样，柏拉图的话反映了通常的做法。传统的雅典谋杀法律规定，对应受处罚的动物的审判要在政厅（Prytaneion）举行，这是雅典审判谋杀案的法庭之一。[25]亚里士多德将这些四条腿的被告描述为"死气沉沉的东西和活着的

生物（不同于人类）”的一部分。就像前文所说的，动物介于物品和人类之间，但它们与人十分相似，以至于能够杀人。[26]

在规范的公民仪式上例行公事地杀害动物的证据，和在谋杀审判后处决动物的证据，两者似乎很难相互印证。一方面，动物被处死，因为它们是健壮的、有价值的；另一方面，它们被处死，因为它们漫不经心、富于侵略性。一方面，动物是神明与人类进行沟通的渠道；另一方面，它们也能犯下最严重的罪行。动物既受人支配，也受神支配，而且有时拥有自主权。对动物实施暴力不仅源于人类自私或迟钝的态度，还源自这样的看法，即动物可能与神特别亲近，以及担心即使是驯养的动物也可能是一种威胁。

为了解释这些矛盾，我们可能会猜测，希腊人和罗马人这两个住在都市的群体并不十分了解动物。事实上，他们比我们现在更了解这些动物。在野外，动物是猎物。在畜牧业中，它们是牲畜。在家里，它们是宠物。在运输方面，它们是驮畜。在神龛里，它们是数以百万计的祭品。希腊人撰写了世界上第一批关于狩猎和素食主义的文献，罗马人贡献了现存最古老的关于畜牧业的文献。

动物的正义

希腊和罗马的作家和思想家相信动物有正义感，并因此认 484
为动物应该获得公正的待遇吗？第一个对此问题做出肯定回答的作家是公元前 5 世纪西西里的希腊人恩培多克勒（Empedocles），他说，起初，所有的动物都是温顺的、友善的。人们既不杀它们也不吃它们。这是不必要的，因为大地为人类和动物提供了充足的食物。至于祭品，只有一种，即植物供品而非肉类供品，而人们供奉的物品主要是熏香和蜂蜜，这不会对蜜蜂之外的任何动物造成伤害。恩培多克勒斯解释了这个奇怪的制度，他声称没有任何一个熟悉的神灵——宙斯、他的父亲克洛诺斯（Cronus）或他的祖父乌拉诺斯（Uranus）——统治过这个世界。是爱神统治过世界。在这种田园诗般的体制中，动物是公正的，其他一切也都是公正的。[27]

恩培多克勒接着说，人类欠动物一个公道，因为这两者彼此相似。他们都是能够呼吸的有生命的动物，他们通过轮回交换了灵魂。恩培多克勒教导说，动物的灵魂曾经属于人类，人类的灵魂也曾经属于动物。对人们来说，杀死动物就是谋杀。恩培多克勒设想一位父亲献祭了一只动物，却意识到他献祭的是一个拥有他已故儿子之灵魂的生物："在儿子变身之后，愚蠢至极的父亲屠杀了他，但还在祈祷……父亲对任何抗议都充耳不闻，在杀了他之后，把他做成了一顿令人反胃的食物……同样，儿子可以弑父，孩子可以弑母。"[28]为了避免这种谋杀至亲的行为发生，希腊人应该放弃动物祭祀。至少有一个神是不会抱怨的，那就是恩培多克勒斯笔下的爱神阿佛洛狄忒（Aphrodite）。

这个信条使希腊的法律和习俗发生了惊人的逆转，人们为此付出了非常高昂的宗教代价——一个由女性爱的化身和人类统治的世界，其中居住着可以互换身份的人类和动物。这样的世界是如何形成的，又是如何消失的？怎样才能重建这样的世界呢？在恩培多克勒现存的残稿中，他没有论及这一点。[29]

一个宗教派别可能会接受这种正义的愿景，但希腊城邦几乎不会接受，除非这个教派制定了相关法律。有一个这样的派别出现在恩培多克勒写作的时期，或者出现得更早一些，那就

是毕达哥拉斯学派（Pythagoreans）。尽管他们不接受恩培多克 485
勒对早期历史的描述，也不崇拜至高无上的爱之女神，但这个学派确实相信轮回，并且在早些时候出于这个原因而反对动物祭祀。[30]他们为自己的论点增加了一些限定性条件。虽然动物和人一样有灵魂，但植物没有，所以祭品可以包括谷物、蜂蜜和熏香。毕达哥拉斯学派的一些人认为鱼不像哺乳动物那样与人类相似，因此，以鱼作为第一批收获中的祭品是可以接受的。毕达哥拉斯学派还承认，有些动物是野生的，而且很危险。它们应当被猎杀，但不可作为祭品。人们不应该在祭祀餐中食用野生动物的肉。毕达哥拉斯学派赞同保护耕牛的习俗，但这是出于他们自己的原因：所有有用的动物都应该得到照顾。[31]为有用的动物赋予价值意味着人们需要废除四种主要动物——牛、绵羊、山羊和猪——的祭祀，但据说没有一个毕达哥拉斯学派的人明确这样说过。

相反，晚期毕达哥拉斯学派的一个人认为，这四种祭品从未有过人类的灵魂，所以可能会在祭祀仪式中被杀死。也有人说，祭祀的肉和其他肉是允许运动员、士兵和其他人食用的，他们可以从高蛋白的食物中受益。[32]在这些情况下，我们可以瞥见一种希腊式的政治现实主义。一个没有动物祭祀的城市或社群实际上是不可想象的，即便这在思想上很有吸引力，因此毕达哥拉斯学派有时也会做出妥协。

其他哲学学派也做出了妥协。斯多葛学派（Stoics）认为，动物没有推理能力，几乎分不清对错，但它们值得同情，因为它们与人类有相似之处。可以进行动物祭祀，但这不是必需的活动。对于动物的推理能力，伊壁鸠鲁学派（Epicureans）有比斯多葛学派更好的看法，但他们中的大多数人认为动物没有能力达成和遵守协议，因此它们不能参与正义的行为。伊壁鸠鲁学派的正义观是契约性的，而不是惩罚性的，就像亚里士多德和其他希腊作家的正义观一样。[33]

这些各式各样的观点在思想上的缺点是，它们没有解释错误的动物祭祀行为是如何产生的。公元前 4 世纪的哲学家泰奥弗拉斯托斯（Theophrastus）在素食主义者反对献祭的论战中提供了缺失的这一部分。作为亚里士多德的继承者以及哲学与科学逍遥学派（*Peripatos*）的领袖，这位作者赞同恩培多克勒等人认为人类历史的黄金时代开始于没有动物祭祀的时代的观
486 点。然而，在泰奥弗拉斯托斯所处的黄金时代，人类的饮食结构逐渐改善。工具也得到了改进，人类学会了使用火，而一旦人类有了更大的力量进行破坏时，第一波战争就发生了。战争导致了贫困和饥荒，所以人类开始狩猎，后来他们驯养了一些动物并屠宰它们以作为食物。因此，人类内部的战争导致了一场针对野生动物和家养动物的战争。[34]

泰奥弗拉斯托斯的观点被晚期毕达哥拉斯学派和柏拉图学派的哲学家波菲利（Porphyry）保留下来，与恩培多克勒的观点不同，他的观点是世俗的和思辨的，而不是宗教的和神话的。它涉及狩猎、畜牧业以及工具的改进和战争的发展，但不涉及任何仪式或神灵，更不用说独特的女神了，如恩培多克勒的爱的化身。在这方面，泰奥弗拉斯托斯的解释显示了他的老师亚里士多德的影响，而且这一解释早于其他人提出的关于工具改进和农业发展等方面的推断。[35]

面对泰奥弗拉斯托斯的观点，大多数希腊人会问，神明是否要为食肉的行为负责。那么正义的作用是什么呢？希腊社会将某种程度的道德责任归于动物，泰奥弗拉斯托斯等哲学家同

意这一观点。波菲利在他的著作《论禁食肉类》（*Abstaining from Meat*）中用了两章的篇幅来讨论这些问题。在这里，换句话说，在城邦中，也就是在法律和制度的背景下，而不是像恩培多克勒和泰奥弗拉斯托斯那样在某个早期的籍籍无名之地的背景下，他提到了三个关于雅典祭祀之根源的故事。碰巧的是，波菲利不赞成这三个故事，他谴责这是"不得体的道歉"。[36]他的态度很容易理解。在每个故事中，众神都赞成动物祭祀，而且通常是明确表示赞成的。众神每次表示许可的话语，使用的都是司法的或法律性的措辞。

第一个与在阿提卡（Attica）把猪作为祭品的习俗有关的实例是："人们把杀猪与克吕墨涅（Clymene）的无心之失联系在一起。她不小心撞到了一头猪，并且把它杀死了。"在表达了对这种"坏事"的不满之后，波菲利继续描述了奥林匹斯山的神——阿波罗（Apollo）的反应："她的父亲很担心她， 487
因为她做了违法的事情，于是这位父亲去德尔斐（Delphi）请求神谕。神灵接受了已经发生的一切。对于未来，神灵认为（祭品的）事情无关紧要。"[37]正如波菲利承认的那样，把猪作为祭品的现象变得很正常。杀死这些动物不再构成道德或法律问题。与人类的意外死亡不同，这对神灵来说是件无关紧要的事。动物应该得到一些公正的待遇，因此雅典人去德尔斐咨询，但动物不应该得到像人类一样的公正待遇。

波菲利的下一个故事要更长一些：

> 埃皮斯科普斯（Episcopus）是一个叫卜释者（*theopropoi*）的祭司团体的祭司，他想把绵羊作为第一个祭品，人们说他非常谨慎地接受了神谕，神的指

> 示是这样的：“对你来说，屠宰绵羊这一巡行的物种是不合法的……如果有绵羊在被水浇的时候欣然点头，我说那就用它献祭，埃皮斯科普斯。”

在早期雅典宗教的这个版本中，宗教习俗已然存在，同时，毫无疑问，来自德尔斐的阿波罗的神谕，宣布献祭是可以接受的。然而，这一次，神灵强加了一个条件：动物必须自愿去死。阿波罗的法律论断与前一个例子中的有些不同。动物理应得到某种程度的公正对待，因此，杀害它们必须以某种方式得到原谅。动物自己会做出表示赞同的姿态，来原谅人类的行为。

唉，这种表态就是一种骗局。任何警觉的绵羊在被水浇时都会摆头。头会左右甩动，这种摇头的方式在古希腊传统意义上意味着认可，就像点头在今天意味着赞成一样。希腊的其他资料显示，往动物头上浇水还有另一个目的，那就是看看它是否活泼健康。如果不是活泼健康的供品，神灵就不会满意。[38]波菲利对这一习俗的误解使他提出了罪过与责任的问题，要不然并不会出现这些问题。

在第三个故事中，波菲利讲述了雅典的一个节日 *Bouphonia*，意思是“杀牛”：“当迪奥莫斯（Diomus）是宙斯-波利厄斯（Zeus Polieus）的祭司时，他是第一个宰杀牛的人……那头牛吃了一点圣饼，他便屠宰了那头家畜，并让附近的人都加入杀
488 牛的行列。”现在，这位祭司接受审判，他进行了新奇的辩护：是杀死牛的刀子而不是祭司要对罪行负责。那些协助祭司杀牛的人也进行了同样的辩护。在这里，我们可以认清奇怪的雅典谋杀法庭的起源，谋杀法庭就是亚里士多德所说的处理有

罪的物体和动物的法庭。在故事的结尾，波菲利承认人类被告没有被定罪。至于那个动物，它吃掉了一个供品，是该死的。宙斯默许了被告无罪释放。于是，人们开始用牛祭祀，牛成了最负盛名的祭品。

这个被人们广泛讨论的段落，连同其他与这个节日有关的内容，是伯克特和其他人推测希腊人对杀害动物感到内疚的主要原因。[39]撇开罪恶感不谈，场景中的元素让人十分熟悉：一次狂热的崇拜，一场意外，神对祭品第一次被献祭的回应。在两个方面，神的回应与之前陈述中的有所不同。回应来自宙斯，而不是阿波罗；它以一种新的形式出现，即神对法庭的默许，这使法庭未能对杀牛者进行惩罚。[40]

毫无疑问，波菲利应该更喜欢寻找众神不赞成动物祭祀的那些故事。然而，很显然，他没有找到这样的故事。他确实发现（并且简短地叙述）了关于神谕的第四个故事。这一次，阿波罗制定了一般的、泛希腊的家畜祭祀规则，但波菲利没有说明其中的原因。[41]

在引用了这些“不体面”的故事之后，《论禁食肉类》为素食者甚至纯素饮食提供了哲学上的理由。然而，作为一部关于宗教律法的著作，故事到此为止。为什么希腊人不能公正地对待动物呢？答案是，是众神让他们这么做的。那么众神的理由是什么呢？不是因为动物本身做了什么错事，而是它们就应该去死。这只适用于第三个也就是最后一个故事。主要是，众神并没有亲自做出解释。他们让意外杀戮成为先例，他们让礼拜者误解动物的行为。从本质上来讲，众神并没有制定关于祭祀的法律；相反，他们为人类把动物当成祭品的愿望或冲动进行辩护。若众神做出不同的反应，那他们必定是非常与众不同的存在，如恩培多克勒的爱的化身。

489 波菲利本人信仰众神的素食等级体系。他宣称，有四种超自然存在。最高级别的是唯一的真神，他只需要无形的灵祭或精神礼拜。第二等级是不那么抽象的神，他们需要以歌曲和虔诚之思想的形式来供奉。第三等级是奥林匹斯山诸神和其他一些神，如天体之神，他们需要的是植物祭品。第四等级也是最后一个等级，波菲利称之为 *daimones*，或者叫恶魔，只有他们想要被献祭的祭品。高层次的神灵拒绝血祭，只有次要的、邪恶的怪物才想要血祭。[42]（波菲利忍不住补充说，恶魔希望对动物进行大屠杀，把它们全部烧掉，而不是屠宰它们来喂养众信徒。就连这些卑鄙的家伙也为素食者的事业服务。）[43]

波菲利给自己布置了一项艰巨的任务，他要证明野兽对待人类的方式是正确的。作为希腊作家中两大主要权威之一，赫西俄德（另一个是荷马）说：“听从正义。完全忘掉暴力。克洛诺斯之子将践行正义的社会准则赋予人类。他叫鱼、兽和飞鸟彼此相食，因为在它们之中没有正义可言。他赐予人类以正义，这是最好的事情。”[44]赫西俄德简洁地陈述了反对动物正义或它们应该得到正义的理由。动物吃人不是偶然的犯罪行为，而是日常生活所需。它们应该受到惩罚，而且也受到了惩罚，它们被猎杀，被捕捞，被献祭。赫西俄德的观点十分盛行。大规模的动物祭祀仍在继续，素食主义没能取代它，直到基督教取代了古代的异教，大规模的动物祭祀才得以终止。

结　语

一个广为流传的当代西方献祭的观念与素食主义和纯素食主义日益增长的影响是相符的，即使它没有对后者起到促进作用。根据这个观念，被献祭的牺牲品应该是自愿的，是为某项事业献身的人——爱国者或有着特定信仰的人。[45]动物不具备这种牺牲品应有的品质或能力。相反，它是不情愿的牺牲品。因此，素食主义阻止人类把动物变成这类牺牲品，并且阻止人类对动物进行哪怕是不太严重的胁迫。

从这个现代的动物祭祀观念出发，让我们回到古老的动物 490
祭祀观念，并对两者进行比较。对于古人来说，动物是不愿意成为牺牲品的，它们可能会反抗自己的命运。动物并不缺乏某些品质和能力，而是拥有许多基本的人类特征，特别是是非感。它们理应得到某种程度的公正待遇，也可能做出一些不公正的行为。然而，希腊人和罗马人不认可关于公正的这种衡量标准。恩培多克勒和毕达哥拉斯学派希望为动物争取更多的正义，而其他哲学学派则要求少给动物一些公正的待遇。大部分礼拜者则想给动物更少的正义。

无论是动物祭祀的批评者还是支持者，都没有以动物权利的任何标准来评判这种宗教仪式。批评者波菲利的看法最接近权利的概念。如同伊壁鸠鲁学派一样，他说动物有推理的能力，但他超越了伊壁鸠鲁学派，甚至超越了斯多葛学派，认为动物和人非常相似。[46]这种人与动物之间的亲缘关系可能会导致把赋予人类的权利赋予动物，可这里又出现了另一个难题：波菲利没有人权观念。现代学者质疑古代哲学家是否相信人权，但学者一致认为波菲利不相信人权，波菲利经常借用泰奥弗拉斯托斯的观点，泰奥弗拉斯托斯也不相信人权。[47]

最后，应该指出的是，基督教的兴起不仅影响了动物祭祀，也影响了人们对动物的态度。在异教徒的宗教中，动物往往是祭品，但它们也是神的密友。众神可以幻化成野兽的样子，动物的身体可以是众神意志的象征。基督教终结了这一切。一只象征性的羔羊代替了实际献祭的羔羊。简而言之，动物失去了时有时无的神圣光环。近年来，动物的地位和待遇都发生了变化，但人们曾经赋予动物的这种古老特征似乎并没有重新出现。虽然所有物种可能都是生来平等的，但似乎没有一个物种特别接近上帝。动物是否将这种变化视为一种损失，这是一个无法回答的问题。

参考论著

19 世纪末 20 世纪初，“仪式”和“献祭”的学术主题一出现，人们对希腊人和罗马人的暴力献祭的研究就开始了。20 世纪晚期，这两大
491 主题成为希腊宗教一般概念的核心，而暴力成为理解献祭问题的核心。近年来，这种把仪式、献祭和暴力联系起来的观点已经遭到了批评，关于这些批评意见，参见 F. S. Naiden, ‘The Fallacy of the Willing Victim’, *Journal of Hellenic Studies* 127（2007）, pp. 61–73, and *Smoke Signals for the Gods: Greek Animal Sacrifice from the Archaic through Roman Periods*（Oxford: Oxford University Press, 2013）; Stella Georgoudi, ‘L’“Occultation de la violence” dans le sacrifice grec: données anciennes, discours modernes’, in S. Georgoudi, R. Koch Piettre and F. Schmidt（eds.）, *La Cuisine et l’autel: les sacrifices en questions dans les sociétés de la Méditerranée ancienne*（Turnhout: Brepols, 2005）, pp. 115 – 47; Gunnel Ekroth, ‘Meat in Ancient Greece: Sacrificial, Sacred or Secular?’, *Food and History* 5（2007）, pp. 249–72。

几个世纪以来，这两个主题中的第一个主题“仪式”并没有被人们这样研究过。“仪式”这个词在古典拉丁语中只是“训练手册”的意思。19 世纪晚期，它的含义发生了深刻的变化，人们开始将其理解为一种崇

拜的过程，这个过程一方面影响了社会生活，另一方面也影响了神话。这个新的定义启发了罗伯逊·史密斯（Robertson Smith）、涂尔干（Durkheim）、休伯特（Hubert）和莫斯（Mauss）。这些作者都认为献祭是最重要的仪式，不仅在希腊和罗马的宗教中，在一般的宗教中也是如此，而且他们证明这个观点是建立在黑格尔和德·迈斯特（de Maistre）的献祭观念之上的。Bruce Lincoln, 'From Bergaigne to Meuli: How Animal Sacrifice became a Hot Topic', in C. A. Faraone and F. S. Naiden (eds.), *Greek and Roman Animal Sacrifice: Ancient Victims, Modern Observers* (Cambridge: Cambridge University Press, 2012), pp. 13-32 探究了这段复杂的历史。

仍然将献祭仪式与暴力联系起来，这最多只是少数作者中的一个次要主题，对于罗伯逊·史密斯来说尤其如此。瑞士学者卡尔·穆利（Karl Meuli）通过将祭祀与狩猎联系起来，建立了仪式和暴力的这种关联，特别是在北欧新石器时代的人群中建立了这两者的联系。接下来，穆利的一个学生沃尔特·伯克特通过将献祭与动物行为学家康拉德·洛伦兹（Konrad Lorenz）提出的天生的暴力倾向关联起来，加强了这种联系。因此出现了这样一种观点，即希腊人和罗马人对屠杀动物感到内疚，而献祭仪式以对社会有益的方式改变或消除了这种负罪感。与伯克特同时代的勒内·吉拉尔（René Girard）关注一种特殊的祭品，即替罪羊的遭驱逐和死亡，具体请参阅 *La Violence et le sacré* (Paris: Grasset, 1972), translated as *Violence and the Sacred* (Baltimore, MD: Johns Hopkins University Press, 1977)。他把这种献祭作为分析许多社会实践的解释模型。在经典著作之外，吉拉尔的观点广为人知，但在学科内部，伯克特的观点更有影响力，部分原因是他将希腊人对献祭的态度与古代素食主义文学进行了比较，并在 *Homo Necans: The Anthropology of Ancient Greek Sacrificial Ritual and Myth* (Berkeley: University of California Press, 1986) 一书中对食肉行为进行了谴责。

另一种与之对立的献祭理论则认为，这种仪式是典型的暴力行为，同时也认为希腊人对屠杀动物负有罪恶感，但在献祭仪式如何重新引导或取代暴力的问题上，与伯克特的观点存在分歧。这一理论的两位支持者的著作 Marcel Detienne and Jean-Pierre Vernant, *The Cuisine of Sacrifice Among the Greeks* (Chicago: University of Chicago Press, 1989) 指出，为了通过集体的动物祭祀行为来实现社会和政治的统一，古代的礼拜者对周遭发生的暴力不予理睬。在这种观点中，仪式的高潮是吃被献祭的肉，而不是杀死无辜的人。法国人的这个理论取代了伯克特想象的日耳曼人的罪恶悲剧，取而代之的是高卢人的无辜喜剧。

492 对这两种观点的反对始于对这样一种观点的反驳，即希腊人普遍认为，被献祭的动物是心甘情愿去送死的，因此，这免除了礼拜者的罪恶感。接下来是对献祭是一种典型或固有的暴力仪式这一宽泛假设的批评，例如，Kathryn McClymond, *Beyond Sacred Violence: A Comparative Study of Sacrifice* (Baltimore, MD: Johns Hopkins University Press, 2008)，与此相关的假设是，祭祀暴力是唯一的或者至少是最重要的肉类来源（参见 Naiden, *Smoke Signals for the Gods* 第六章）。这些批评的影响是将伯克特关于有负罪感的礼拜者和受害动物的基本概念限制在其狭隘的文学和思想的基础上——从恩培多克勒到波菲利的希腊和拉丁文学中素食主义者对受害动物的同情。由于这类文献大多是哲学性的，古代人对动物祭祀的内疚感被证明主要是思想史上的一个话题。

注 释

1. G. Coli and M. Montinari, *Friedrich Nietszche, Sämtliche Werke: kritische Studienausgabe in 15 Bänden* (Munich: Deutscher Taschenbuch, 1967-77), vol. I, pp. 783-92. 本章所有英译都由我本人翻译。
2. 动物祭品数以千万计，因为古代希腊语世界的人口至少有几百万，也许实际人口数量是这个数字的两倍或三倍［H. Beloch, *Griechische Geschichte* (Berlin: De Gruyter, 1922), vol. I, pp. 263-313; M. Hansen, *The Shotgun Method: The Demography of the Ancient Greek City-State Culture* (Columbia: University of Missouri Press, 2006), p. 32］，而且根据荷马的判断，早在古代，动物祭祀就已经广泛存在了，并结束于公元前 4 世纪或公元前 3 世纪的某个时间点。换句话说，动物祭祀延续了大约一千年时间。要使动物祭品的数量达到 1000 万，全体希腊人在这一时期平均每天只需要献祭几十只动物。
3. 关于应给予动物正当待遇，参见 M. Nussbaum, *Frontiers of Justice* (Cambridge, MA: Belknap, 2006)，据我所知，这是古典主义者所

做的唯一长篇论证。关于仁慈地对待动物的问题，请参阅 J. Rawls, *A Theory of Justice* (Cambridge, MA: Belknap, 1971), p. 512。从广义上看待古代的哲学资料和素食主义的是 F. de Waal, *Primates and Philosophers: How Morality Evolved* (Princeton, NJ: Princeton University Press, 2006)。这些作者没有触及动物祭祀和暴力的话题，在这方面最具影响力的论述仍然是 W. Burkert, *Homo Necans: Interpretationen Altgriechischer Opferriten und Mythen* (Berlin: De Gruyter, 1972), 然而, F. Naiden, *Smoke Signals for the Gods: Greek Animal Sacrifice from the Archaic through Roman Periods* (Oxford: Oxford University Press, 2013) 认为动物祭祀虽然暴力，但并没有伯克特想象的那么暴力。

4. M. Douglas, 'The Pangolin Revisited: A New Approach to Animal Symbolism', in R. Willis (ed.), *Signifying Animals: Human Meaning in the Natural World* (London: Unwin Hyman, 1990), pp. 25–34; 'The Flesh is Weak', *Times Literary Supplement*, 8 Sept. 2000. 关于这两种现象有限的重叠，参见 Naiden, *Smoke Signals*, pp. 281–2。
5. Pind. fr. 169, cited at Hdt. 3. 38, Pl. *Grg*. 484b, Pl. *Prt*. 337c.
6. 参见 *LSG* and *OLD* ss. vv。*Violentia* 的词根 *vis* 也有这两个意思 (*OLD* s. v. 1a, 3 vs. 1b, 6,7)。德语单词 Gewaltsamkeit 有同样的一对意思，这为马克斯·韦伯提出的“合法暴力”这一著名表述引入了未被注意到的模糊性，为此他使用了单词 *Zwang*（意为“强制”）来加以限定，具体参见 *Wirtschaft und Gesellschaft* (Tübingen: J. C. B. Mohr, 1925), p. 217。
7. 简短论述，请参阅下面这部著作的导言：F. Naiden and C. Faraone (eds.), *Greek and Roman Animal Sacrifice: Ancient Victims, Modern Observers* (Cambridge: Cambridge University Press, 2012), pp. 1–11。
8. Burkert, *Homo Necans*. 关于其摘要和相关见解，参见 Naiden, *Smoke Signals*, pp. 4–15。
9. 有关这些流派的历史，请参阅 R. Sorabji, *Animal Minds and Human Morals: The Origins of the Western Debate* (Ithaca, NY: Cornell University Press, 1993)。关于重要文章的概要，参见 S. Newmeyr, *Animals in Greek and Roman Thought* (London: Routledge, 2010)。
10. F. Van Straten, *Hiera Kala: Images of Animal Sacrifice in Archaic and*

Classical Greece（Leiden: Brill, 1995）, pp. 100–2, 111, *passim*. 关于一些进行反抗的动物，参见 Paus. 4. 32. 3，Prop. 2. 34. 47–8，Plut. *Vit. Luc*. 24. 6。

11. Amm. Marc. 15. 4. 16, cited in Naiden, *Smoke Signals*, p. 95.
12. Van Straten, *Hiera Kala*, pp. 156–7 and n. 139 for further refs.
13. 关于希腊人观察尾巴：J. Morton, 'The Experience of Greek Sacrifice: Investigating Fat-Wrapped Thighbones', in M. M. Miles (ed.), *Autopsy in Athens: Recent Archaeological Research on Athens and Attica*（Oxford: Oxbow Books, 2015）, pp. 66–75, at p. 73, n. 29; also refs at n. 2。关于罗马人检查肝脏：Serv. A. 8. 641。
14. Naiden, *Smoke Signals*, p. 177, n. 251; U. Koch, 'Three Strikes and You're Out! A View on Cognitive Theory and the First-Millennium Extispicy Ritual', in A. Annus (ed.), *Divination and the Interpretation of Signs in the Ancient World*（Chicago: Oriental Institute of the University of Chicago, 2010）, pp. 43–61, at p. 45.
15. 按每只动物约有 10 千克肉计算，每人可分得 250—500 克肉；参见 Naiden, *Smoke Signals*, pp. 258–9。
16. Naiden, *Smoke Signals*, ch. 6。关于罗马人的情况，参见 M. Corbier, 'The Ambiguous Status of Meat in Ancient Rome', *Food and Foodways* 3. 3（1989）, pp. 223–64。关于肉类消费和希腊的公民间关系，参见 J.-P. Vernant and M. Detienne, *La Cuisine du sacrifice en Pays Grec*（Paris: Éditions Gallimard, 1979）。关于肉类消费和罗马社会的等级问题，参见 J. Scheid, 'Roman Animal Sacrifice and the System of Being', in Faraone and Naiden, *Animal Sacrifice*, pp. 84–99。
17. M. Detienne, *Les Jardins d'Adonis: la mythologie des aromates en Grèce*（Paris: Éditions Gallimard, 1972）, pp. 52–6, citing schol. *Od*. 12. 353, Ael. *NA* 12. 43, schol. Arat. 132.
18. Paus. 8. 18. 12–13.
19. 关于不敬或 *asebeia*——礼拜者和祭司们使用的指称不端行为的常规术语，参见 H. Bowden, '*Asebeia*', in E. Eidinow and J. Kindt (eds.), *The Oxford Handbook to Greek Religion*（Oxford: Oxford University Press, 2015）, pp. 325–39。
20. Pl. *Leg*. 9. 936d–e.

21. *Dig*. 9. 1. 1. pr. 3. 关于罗马人可能从梭伦那里借鉴的东西，参见 B. Jackson，'Liability for Animals in Roman Law：A Historical Sketch'，*Cambridge Law Journal* 37. 1（1978），pp. 123-4。

22. 在希腊战争的习惯法中有一个类似的例子：俘虏的通俗说法是 ανδραποδον，字面意思是"走卒"（footman），源自表示四足动物的单词 τετραποδον；参见 P. Chantraine，*Dictionnaire étymologique de la langue grecque*，2nd edn（Paris：Klincksieck，1999），ss. vv。

23. Plut. *Vit. Sol*. 24. 3 with Xen. *Hell*. 2. 4. 41.

24. Pl. *Leg*. 9. 873e.

25. Arist. *Ath. Pol*. 57. 4；Dem. *Arist*. 23. 76.

26. Cf. Sorabji，*Animal Minds*，p. 119 认为，政厅的法院裁定动物犯有污染罪，而不是犯了错误。

27. Emped. fr. B 128，in H. Diels and W. Kranz，*Fragmente der Vorsokratiker*，6th edn（Berlin：Weidmann，1951-2）（hereafter D-K）.

28. Emped. fr. B 137 D-K. 轮回学说：fr. 111。主张公正对待动物却不是素食主义者的哲学家：德谟克利特（Democritus，fr. 257-9 D-K），同时，对此有所保留的是 Arist. *Eth. Nic*. 1111a，*Mot*. 793b。

29. 相反，他预言在爱与争斗的原则之间会发生无休无止的冲突：Emped. fr. B 17，26，35。

30. Xen. B 7 = D. L. 8. 36.

31. D. L. 8. 28.

32. Iambl. *VP* 18. 85，5. 25.

33. 对这些学派和其他学派展开充分论述的是 Sorabji，*Animal Minds*，esp. chs. 9-11。

34. Porph. *Abst*. 2. 5-9.

35. 农业：Aratus，*Phaen*. 110-12，Varro，*Rust*. 3. 1. 5。农业和饥荒：Plu. *Quaest. conv*. 729f，*De esu carn*. 993c。火、农业和烹饪：Luc. 5. 1101-16。火与总体进步，而不是战争：Heracl. Pont. apud Porph. *Abst*. 1. 13，Prodicus apud Plu. *De sanit. tuen*. 126c。

36. Porph. *Abst*. 2. 10.

37. Porph. *Abst*. 2. 9. 关于这些文字体现出来的法律问题，还有另一种观点：F. Naiden，'"*Polis* Religion" and Sacrificial Regulation'，in S. Hitch and I. Rutherford（eds.），*Animal Sacrifice in the Ancient*

Greek World (Cambridge: Cambridge University Press, 2017), pp. 145-6。

38. Naiden, *Smoke Signals*, pp. 87-99.
39. 简要介绍可参见 A. Henrichs, s. v. '*Bouphonia*', in S. Hornblower and A. Spawforth (eds.), *The Oxford Classical Dictionary*, 4th edn (Oxford: Clarendon Press, 2012)。波菲利有一个非常简短的关于山羊祭祀起源的第四种说法，但他没有展开论述。他认可这种说法，但没有描述更多的情况，具体参见 *Abst*. 1. 25。
40. Paus. 1. 28. 10-11.
41. Euseb. *Praep. evang.* 4. 8. 4-9. 1.
42. Porph. *Abst*. 2. 34-42.
43. Porph. *Abst*. 2. 44. 1.
44. Hes. *Op*. 275-7. 'The norm of practicing justice': τόνδε . . . νόμον, M. L. West, *Hesiod: Works and Days* (Oxford: Clarendon Press, 1978).
45. Naiden, *Smoke Signals*, ch. 7.
46. Porph. *Abst*. 3. 25.
47. 关于具体论述，参见 Sorabji, *Animal Minds*, pp. 138-55。

24 古希腊和古罗马的搏击运动

迈克尔·J. 卡特

早期的基督教殉道者佩蓓图（Perpetua）在监狱里日渐衰 493
弱，等待着自己被执行兽食刑（*ad bestias*），她经历着濒死的幻觉，感觉自己在圆形剧场里的壮观表演中，被贪婪的野兽折磨。她梦见自己在一大群观众惊讶的注视下，真的被带进了竞技场，但没有野兽来袭击她，而是一个身材高大的埃及运动员进入竞技场，站在对面，准备和她打斗。佩蓓图随后梦见自己的衣服被脱掉，她突然变成了一个男人。当她的埃及对手在沙地上打了个滚准备战斗时，一个高大的贵族男子走进竞技场，他的个头比圆形剧场还高。他穿着一件紫色条纹的无袖外衣，脚上穿着一双金银两色相间的凉鞋，手里拿着一根训练师（角斗士训练师）用的棍子，还有一根长着金苹果的大树枝。幻象还在继续，佩蓓图亲自把它记录下来：

> 他要求大家安静，然后说："如果这个埃及人打败了她，他会用剑杀死她，但如果她打败了这个埃及人，她就会得到这根树枝。"接下来，我们俩凑到一起，挥拳相向。他想抓住我的脚，但我不停地用脚后跟踢他的脸。然后我被举到了半空中，于是我开始打他，但我好像连地面都没有碰到。之后我停了下来，双手合十，手指相扣，抓住他的头。他脸朝下摔了一跤，我踩住了他的头。人们开始欢呼，我的助手开始

> 唱歌。我走近训练师，接过了那根树枝。他亲吻了我，并对我说："我的孩子，愿你平安。"我开始光荣地走向萨纳维瓦里亚门（Porta Sanavivaria），生命之门。
>
> （殉道者佩蓓图，10.10–12）

在这场怪诞的胜利之梦后不久，佩蓓图醒来，她决心以新的信念面对自己的命运。她确信，尽管自己会被野兽杀死，但她真正的敌人不是野兽，而是魔鬼本身。佩蓓图亲手书写的叙述到此为止，关于后来她被处决的故事由另一个人讲述。

494 基督教殉道者会设想她被处死是一个公开而壮观的景象，这并不奇怪，因为罗马的死刑处决通常是在圆形剧场上演的招摇表演，值得注意的是，她可能会把处决想象成一种格斗运动，她会进行抗争，也会赢得胜利。佩蓓图不是竞技场的被动受害者，她把自己想象成一个著名的运动员，一个洋洋得意的胜利者，一场表演的明星。她简短描述的格斗可能属于 3 世纪初希腊人和罗马人那个时代的角斗（*pancratium*），这是一种无拘无束的摔跤和拳击的混合运动，虽然她的幻想里也有斗剑的因素。[1]就像一个真正的运动员那样，她化身为男性，赤裸着身子，为了比赛在身上涂了油。她的对手，那个埃及人，在尘土中打滚以准备战斗。甚至在她的梦中，进入竞技场介绍比赛的高大男子也很容易被辨认出是 *agonothetes*（希腊语）或 *munerarius*（拉丁语），即为聚集起来的人群组织表演的人。然而，他不仅是一个监督官员，佩蓓图认为他似乎就是基督本人。当他把她介绍给人群时，他比竞技场还高，他解释了失败将受到的惩罚以及胜利会得到的奖励。尽管在现实中，她会在为了让人们快乐和展示罗马力量而组织的比赛中惨死，但在她的脑海中，她会在基督为使世界更美好而给予的比赛中战斗并取得胜利。[2]

基督教殉道者可以采用搏击运动（拳击、摔跤、角斗甚至斗剑）的语言、意象、图像和意识形态，来想象她自己被公之于众的痛苦和死亡并赋予其意义，这表明这些事件带来的文化影响远远超出了简单的表演和娱乐。重要的社会价值——如面对逆境的毅力、个人的勇气、纪律、技能和个人的卓越——可以通过这种激烈的体育活动来表达和庆祝。到 203 年佩蓓图在迦大基被处死的时候，搏击运动已经成为地中海和黎凡特文化的重要组成部分，并已有一千多年的历史，甚至更久。在最早的文学作品中就有关于摔跤的证据：吉尔伽美什和恩奇都在美索不达米亚的乌鲁克摔跤，结果两人很快就成为好 495
朋友（约公元前 2700 年）。[3]但是，本章将要研究的是希腊和罗马世界的搏击运动。虽然大多数文化熟悉各种各样的体育运动，其中包括我们可能认为很激烈的搏击运动，可很少有其他古代社会将这种运动制度化，并让这种运动在他们的意识形态和身份中扮演如此重要的角色。在希腊世界，为了敬奉和颂扬地方和国家的神灵，每个城镇都会举行多项体育比赛（*agones*）。这些不计其数的节日是对在奥林匹亚和其他地方举行的泛希腊“定期”运动会的补充。这些运动会是神圣的，象征某个伟大节日的成功，如奥林匹亚标志着一个“神圣的胜利者”（*heironikes*）的节日。即使奖品只有一个橄榄枝花环，胜利也比生命更值得珍惜。但是，与古风时代（公元前 800—前 500 年）和古典希腊时期（公元前 500—前 323 年）众多的运动会相比，在希腊化时期（公元前 323—前 30 年），特别是在罗马帝国统治时期（公元前30—约公元500年），运动会的次数更多，而且运动会变得日益重要。此外，罗马社会将另一种在宗教环境下举行的竞赛——角斗——引入了地中海世界。

搏击运动中固有的暴力是其典型特征，这在正常的社会环境中是不会被人们容忍的。运动员互相拳打脚踢，甚至刺伤对方，而且这些都是有意为之。他们同意这样做，也允许别人这样对待自己，观众期待并赞美这样的运动。然而，对暴力的任何评价都取决于具体的语境。古代的体育比赛是公开的宏大场面，但尽管是公开的，活动本身被认为超出了正常的社会规则和习俗。同样的暴力行为（例如，殴打他人）可能被认为是“不可接受的”或“有价值的”，这取决于具体的语境。一个人在街上、集市上或集会上殴打另一个人，是“不可接受的”暴力行为，有法律来限制这类行为。搏击运动中运动员的暴力一般是“有价值的”，可以承载那个社会珍视的理想和价值观，但在正常的日常环境中，人们可能会拒绝同样的暴力行为——只要这种运动员的暴力发生在观众预期的针对运动员的行为规则或标准的范围之内。[4]对基督徒佩蓓图来说，一场想象的搏击运动中的胜利是一种表达她不朽的方式，她在竞技场上的殉道将给她自己，甚至给比赛的主办者基督带来荣耀。

起源与发展：早期希腊世界

496 我们认为，早在青铜时代，就有了关于搏击运动的证据。一幅来自爱琴海锡拉岛阿克罗蒂里的米诺斯文化壁画残片，描绘了两个小男孩在打斗，虽然每个人的一只手上似乎都戴着有衬垫的“拳击手套”（约公元前1625年）。来自克里特岛阿基亚特里亚达的所谓“拳击手角状杯”（Boxer Rhyton）似乎也描绘了拳击手以及其他搏击运动（约公元前 1550 年）。但是，得到承认的关于搏击运动的证据是有限的。[5]后来成为希腊社会兴起源头的大陆迈锡尼文化（约公元前 1600—前 1100 年）也提供了一些考古证据，特别是剑战的证据，尽管这些描绘可能代表的只是军事冲突。最明显的证据来自希腊中部塔纳格拉（Tanagra）的陶瓦葬礼石棺（*larnax*），上面描绘了一群恸哭的妇女，一支葬礼队伍和正在用剑战斗的男人（约公元前 1200 年）。我们可能会把这些搏斗视为逝者葬礼比赛的一部分，荷马的著作或许讲到了这个传统（见下文）。[6]由于当时的迈锡尼（线形文字 B）文献没有提到这样的竞赛，我们依赖如此少量的考古证据，其意义往往是不确定的。

因此，当读到荷马在《伊利亚特》和《奥德赛》中对体育项目（包括搏击运动）的描述时，人们很想把它们作为迈锡尼世界体育运动的证据。毕竟，这些史诗的背景设定在青铜时代后期，史诗内容是围绕特洛伊战争（公元前 12 世纪初期）的宏大叙事。然而，我们将这些故事发生的时间完全认定为青铜时代，可能并不正确。由于从历史的角度来解释吟游诗人的传统存在诸多问题，我们很难确定荷马著作中的体育运动是发生于青铜时代，还是古风时代晚期，又或是介于两者之间，或者根本不属于任何一个历史时代。我们只能这样说，它们似乎与后来的希腊惯例一致。如果荷马的叙述确实反映了古风时代早期的情况，那么他提到的体育项目通常会于公元前 8 世纪早期在奥林匹亚圣殿的传统奠基日和其他伟大的竞技节日举办，而不是在更早的青铜时代世界。 497

史诗中最著名的体育赛事出现在关于英雄帕特洛克罗斯

（Patroklos）葬礼的内容中。在《伊利亚特》第23卷中，在帕特洛克罗斯被火化之后，希腊的英雄终于开始返回他们的船上，伟大的英雄阿喀琉斯将他们召回并集结起来。他要求人们从他的船上取来财宝，并承诺将把这些财宝作为各种比赛的奖品，以表示对帕特洛克罗斯的敬意：战车比赛、赛跑、拳击、摔跤、链球、器械格斗、射箭和投矛。这些赛事中的大多数将成为希腊体育比赛的经典项目。尽管到当时为止，战车比赛是荷马最关注的项目，但我们可以看到，从一开始，希腊体育运动中就有搏击项目。

当阿喀琉斯宣布拳击比赛开始时，两个较为次要的角色站了起来：埃佩奥斯（Epeios）和欧律阿洛斯（Euryalos）。埃佩奥斯爽快地承认自己是一个贫穷的战士，但他说自己是一个无敌的拳击手，并吹嘘道，如果谁向他发起进攻，他就会敲碎那个人的骨头。欧律阿洛斯曾在家乡底比斯击败了所有的拳击对手。两个人都系着宽宽的腰带，手上缠着牛皮皮带。荷马是这样描述他们二人的打斗的：

> 两人装束完毕，一起跳进圈心，
> 他们临面站开，挥动强劲的臂膀，
> 对打起来，你来我往，一拳拳猛击，
> 牙齿被咬得不断可怕地咯咯作响，
> 全身汗水淋淋。欧律阿洛斯一愣神，
> 神样的埃佩奥斯一拳击中他的面颊，
> 他只觉站立不稳，四肢顿时瘫软。
> 有如一条游鱼见北风推着海水涌来，
> 从岸边草丛跃起掉进黑沉沉的浪潮，

欧律阿洛斯也这样被击中跃起跌倒。
勇敢的埃佩奥斯伸手把他扶起，
朋友们一齐围上扶着他曳出圈外，
不断口吐鲜血，脑袋歪向一边。

(*Il*. 23. 685-97)[7]①

这场打斗中最重要的是观众，他们聚在周围观看：两名拳手走到圆圈的中心，观众——或者其中的一些人——在最后一刻拯救了欧律阿洛斯，并把他带走。埃佩奥斯自己也参与了这种更广博的友情扶助。事实上，正是他在把欧律阿洛斯打晕 498
后，立即冲过去帮助后者，使其免受失去知觉倒在地上的屈辱。欧律阿洛斯在朋友们的搀扶下离开赛场，他的荣誉没有受损。埃佩奥斯的胜利带来的荣耀和欧律阿洛斯获得的尊严，都是因为观众的到场和他们的兴趣。他们是社会认可的仲裁者。有人怀疑，如果埃佩奥斯继续重击欧律阿洛斯，或者徒劳地让他倒地蒙羞，观众是不会赞成的，埃佩奥斯的名誉也会受损。其他的搏击项目（摔跤和器械格斗）同样需要通过在众人面前单打独斗来争夺冠军头衔。在其他案例中，观众也很活跃，当狄俄墨得斯（Diomedes）流血时，他们介入了埃阿斯（Aias）和狄俄墨得斯之间的器械格斗，终止了二人的打斗（*Il*. 23. 811-25）。

站在漫长竞技传统的开端，这些赛事在某些方面与后来的比赛有所不同。例如，阿喀琉斯为竞争者提供了实际的、有价

① 译文借用《罗念生全集》第五卷《荷马史诗〈伊利亚特〉》，上海人民出版社，2004 年，第 592 页。

值的奖品，而事实上，通常连失败者也会得到奖品。胜利者的奖品永远是重要的；实际上，*athlētēs* 的词根，即动词 *athleō* 的意思是“争夺奖品”。但是，尽管存在这些差异，后来的搏击运动中常见的几个关键元素已经清晰可见了。例如，所有的运动员都是精英，*aristoi*（最优秀的男人）参加比赛是为了展示他们的卓越。比如，埃佩奥斯是一个不太重要的角色，也是一个公认的贫穷的战士，但他在拳击比赛中的完胜，以及在击败欧律阿洛斯后的优雅表现，向所有人证明了他的价值。比赛中引人注目的胜利是早期希腊贵族证明和展示自己卓越（*aretē*）的一种方式，这需要目击者——观众——观看甚至惊叹于他们所看到的；通过观看和惊叹，这些观众赋予胜利者以地位。

尽管后世的希腊人继续崇拜荷马史诗歌颂的单打独斗（*monomachia*）的英雄气概，但在战场上，社群领袖（*basileis*）在一对一的打斗中脱颖而出的机会大大减少，因为新的、大批全副武装的重装步兵（hoplites）逐渐取代了早年的贵族战士。重装步兵排成紧密的队形，有数列纵深，在层层叠叠的盾牌和伸出的长矛组成的屏障下投入战斗。军事领袖远离了引人注目的前线。在这种情况下，一名士兵为了单打独斗而打乱队列，既让自己面临生命危险，也损害了整个队形的完整性，这是在拿所有人的生命冒险。例如，据说斯巴达人阿里斯托德穆斯（Aristodemus）在公元前 479 年的普拉提亚（Plataea）战役中表现得像个疯子，他渴望死在战友面前，所以离开队列独自去
499 战斗。[8]尽管斯巴达人认为他表现出了极大的勇气，但他们仍然通过投票决定不授予他任何勋章：战场不再是荷马史诗歌颂的个人逞匹夫之勇的地方。事实上，这种个人主义的价值观在战争中已被摒弃，取而代之的是重装步兵作战要求的集体纪律和

勇气。[9]古老的贵族价值观倡导在单打独斗中庆祝个人的荣誉和胜利，这种价值观在战场上已不再重要。[10]与当时重装步兵战场要求的集体团结不同，希腊体育运动完全是为了个人荣誉和声望而进行的个人竞赛。

希腊的搏击运动

最早的竞技活动都在同一时期开始，这也许并不是一种巧合。奥林匹亚最早的运动会中最著名的赛事要追溯到公元前776年，此后不久，作为体育训练设施的体育场开始在城市中出现。这些比赛主要是为神灵举办的宗教节庆。例如，奥林匹亚是宙斯的节日，德尔斐的皮提亚（Pythian）运动会是为了纪念阿波罗，阿尔戈斯（Argos）附近的尼米亚（Nemean）运动会是为了纪念宙斯，科林斯（Corinth）的地峡（Isthmian）运动会是为了纪念波塞冬。在它们漫长的发展过程中，节日运动会是泛希腊的，并且被尽力限制在希腊同胞的范围内。此外，在整个希腊世界为地方性神祇举办其他宗教节庆的背景下，还有数以千计的其他体育比赛。胜利者的奖品是一个简单的由橄榄叶或芹菜叶编制的花冠，上面通常有象征胜利的棕榈枝。体育运动开始时规模很小，项目也很有限，大部分是赛跑项目，这些历史已很难再现出来。

摔跤（希腊语：*palē*）是奥林匹亚最早推行的搏击运动 500
（按照传统，其时间可追溯到公元前708年）。正如荷马描述的，两个人站在一起（*systasis*），紧紧抓住对方的肩膀，头碰在一起，并试图把对方摔倒在地。第一个把对手摔倒在地三次的人获胜，不过他还得继续参加比赛，直到最后只剩下两个人参加决赛。按照希腊竞技运动的惯例，每位运动员都要在身上涂油，然后在身上抹上沙土（就像佩蓓图的埃及对手所做的那样），这样对手就更难抓住他了。希腊各城邦的体育场馆包括一座体育场，或摔跤比赛场地，这是专门为摔跤和其他搏击运动设计的。体育场里有一块填满沙子的被挖空的区域（*skamma*），可以在运动员重重摔倒在地时为他们提供一些保护。也许让现代读者感到惊讶的是，古代体育项目（包括搏击运动）缺乏体重级别的规定。比赛反而是按年龄划分的：搏击分别在男孩和男孩（*paides*）、男人和男人之间进行。[11]

在早期的重大节日中（按照传统，是在公元前688年之后的奥林匹亚）也有拳击（*pyx* 或 *pugmē*）项目。对古希腊拳击手的描绘，尤其是花瓶上的描绘，总是显得鲜血淋淋。打击似乎特别针对头部。正如荷马描述的埃佩奥斯和欧律阿洛斯用皮带包手一样，后来的希腊拳击手也用皮带包手。最初，这些条带（*himantes*）是由柔软的皮革制成的，缠绕在指关节和手上，然后向上缠绕在前臂上，用来保护自己的双手，而不是为了打击对手。这些早期的皮革护具被称为 *myrmikes*（蚂蚁），因为它们会在对手的脸上和身体上留下更小的伤口。在古典时代后期，较厚的皮带包裹指关节（被称为“锋利的 *himantes*”），这样可以给对手造成更严重的伤害。几个世纪后，在罗马时代，皮革中加入了金属，制造出更危险甚至致命的手套（*caestus*）。和摔跤比赛一样，拳击手通过抽签来进行循环比赛：失败者被淘汰，胜利者继续与下一个对手比赛，直到只剩下最后两个人。虽然有一些规则，而且有监督拳击手的裁判［如奥林匹亚的希腊裁判（*Hellanodikes*）］，但没有回合和时间的限制；这些规则现在很难复原。比赛会一直持续，直到其中一个拳击手不
501 能或不愿意继续比赛，而表示服输就是举起一根手指示意，这

时裁判会用他的鞭子（*rhabdos*）进行干预，停止比赛并裁定哪一方是胜利者。

帕萨尼亚斯在2世纪晚期描述了一场著名的拳击比赛，在他那个时代，这本身就是一段古老的历史，它清楚地表明了在拳击比赛中可能会出现极端的暴力，更重要的是，他描写了观看比赛的官员和其他观众的反应。

> 在尼米亚运动会上，阿尔戈斯人（Argives）把胜利的桂冠授予了克鲁加斯（Kreugas），尽管他已经死了，因为他的对手——锡拉库萨的达莫西诺斯（Damoxenos of Syracuse）——破坏了他们之间已经达成的协议。当他们进行拳击比赛的时候，到了晚上，他们在见证者面前达成协议，双方轮流出拳。那时，拳击手的手腕上还没有缠绕锋利的皮带，他们用柔软的皮带进行拳击。皮带绑住手掌，手指裸露在外。这些柔软的护具是用薄牛皮以一种古老的方式编成的。现在，克鲁加斯的拳头对准了达莫西诺斯的头部。然后，达莫西诺斯让克鲁加斯举起他的手臂，当克鲁加斯举起手臂时，达莫西诺斯用手指直戳他的肋骨。锋利的指甲和重击的力量使他的手刺进了克鲁加斯的内脏。他抓住克鲁加斯的肠子，把它们扯了出来，克鲁加斯当场死亡。阿尔戈斯人驱逐了达莫西诺斯，原因是他违背了协议，连续给了对手几拳（每指代表一拳），而不是按约定每次只打一拳。他们把胜利给予死去的克鲁加斯，并在阿尔戈斯为他立了一座雕像。
>
> （Paus. 8. 40–5）

这段情节强调了比赛规则的重要性，突出了运动员的勇气，以及对一个为胜利付出了一切甚至生命的运动员的赞赏之情。

搏击运动中最激烈的项目是潘克拉辛（希腊语为 *pankration*，意思是“全能的”）。它结合了拳击和摔跤，包括在地上摔跤，甚至踢腿，在这种搏击形式中，几乎没有动作或防守的限制。它可与现代综合格斗媲美。公元前 3 世纪的作家斐洛斯特拉托斯（Philostratus）描述了一幅画，画上是著名的潘克拉辛运动员阿尔哈奇翁（Arrhachion），这位作家还解释了这项运动的性质。

> 我的孩子，那些潘克拉辛运动员练习的摔跤是非常危险的。他们必须忍受乌青的眼圈，而这对于摔跤手来说是不安全的，他们要学会摔倒了仍能获胜的防守办法，他们还必须精通各种勒颈的方法。他们弯曲脚踝，扭动手臂，挥拳猛击对手以发起突然袭击。除了咬和戳，所有做法在角斗中都是被允许的。事实上，斯巴达人甚至允许这样做……
>
> （Philostr. *Imag*. 2. 6）

502 就像在拳击比赛中一样，当一名潘克拉辛运动员不能或不愿继续比赛时，他就会竖起一根手指表示投降。然而，正如前面讲到的，尤其是在一场大型比赛中，胜利是非常重要的。描绘阿尔哈奇翁的这幅画是为了纪念他第三次获得奥运会的胜利（在公元前 564 年的第 54 届奥林匹克运动会上），这次运动会因其举办方式而变得特别著名。作为一名艺术史学家，斐洛斯特拉托斯生动地描述了他在这幅画中看到的一切，栩栩如生。这段文字虽然很长，但值得全文引用。

> 现在你们来到了奥林匹克运动会赛场，目睹了在奥林匹亚举行的最精彩的比赛。这是男人之间的角斗。阿尔哈奇翁获得了胜利，尽管他在胜利的那一刻死去，希腊裁判正在为他加冕……看来，阿尔哈奇翁不仅击败了他的对手，也征服了希腊观众。他们从座位上跳起来，大声呼喊，有的人挥舞双手，有的人从地上跳起来，还有的人互相拍打对方的后背。他的惊人壮举让观众欣喜若狂。谁会如此冷漠，以至于不向这位运动员大声尖叫呢？这次胜利超越了他之前在奥林匹亚取得的两次伟大胜利的记录，因为这次胜利使他付出了生命的代价，他带着仍然残留在身上的尘土去往有福之地。然而，不要认为这次胜利是偶然获得的，因为他巧妙地谋划了自己的胜利……阿尔哈奇翁的对手已经抓住了他的腰，想要杀死他，然后用一只胳膊勒住他的脖子，使他窒息。与此同时，对手的两条腿滑过阿尔哈奇翁的腹股沟，在阿尔哈奇翁的膝盖内侧弄伤了自己的脚，然后往回拉，直到阿尔哈奇翁濒临死亡。但是，阿尔哈奇翁还没有死，因为当对手开始放松对他的腿的压制时，阿尔哈奇翁右脚踢出，重重地倒向左侧，压住对手的腹股沟，左膝仍牢牢地压住对手的脚。这一摔摔得太狠，对手的左脚踝被弄脱臼了。虽然这时阿尔哈奇翁的身体已很虚弱，但他的精神仍然给了他实现目标的力量。当用手示意自己

> 准备放弃时，正在勒死阿尔哈奇翁的这个人被刻画得像是一具尸体。阿尔哈奇翁则被描绘成胜利者的模样。他的鲜血像盛开的花朵一样，他的汗水仍在闪闪发光，他像一个鲜活的人那样微笑着目睹自己获得胜利。
>
> (Philostr. *Imag*. 2. 6)

这几乎就像我们亲临了奥林匹亚的赛场，见证了比赛的最后时刻。尽管遭到了对手的致命一击，但阿尔哈奇翁绝不屈服——他只需要向旁观的裁判挥动一根手指就可以表示放弃，然而，他用最后的力气，孤注一掷地反击了对手的控制。这样
503 的举动使观众变得兴奋起来：他们因这一刻带来的震撼以及阿尔哈奇翁做出的选择而兴奋到了极点。艺术家能够捕捉到这一点体现的意蕴：阿尔哈奇翁虽然死了，但他仍然是胜利者，所以他被画得风华正茂，而他的对手虽然活着，却已经屈服了，所以被画得像死人一样。在将近 800 年后，佩蓓图也将自己的死亡想象成某种角斗，她像阿尔哈奇翁一样，在角斗中获得了光荣的胜利，得到了永生。

希腊体育运动产生个人冠军，这源于一种贵族的冲动，即想通过炫耀自己的身体素质来证明自己的优秀。获得第二名就意味着失败。在希腊运动员的观念中，胜利高于一切，甚至高于自己的生命。例如，公元前 5 世纪的诗人品达赞颂胜利者的荣耀，同时认为失败的运动员是耻辱的，即使是那些在盛大的皮提亚运动会中失败的运动员也是不光彩的：

> 你毅然决然地倒在四个人的身上，他们欢快地返回家乡——堪比你的返乡之旅——他们在皮提亚运动

> 会中没有参加项目，当他们来到自己母亲身边时，没有愉快的笑声让他们感到喜悦；他们只是躲在远离敌人的小巷里，为自己的不幸感到痛苦。
>
> （Pind. *Pyth*. 8. 81–7）

这可能有些极端，但确实强调了在希腊体育运动中个人的极端重要性。运动员强调男性气概和尚武美德，他们的逞强之举常常拓展到对“胜利或死亡”的吹嘘。例如，阿尔哈奇翁之所以如此出名，是因为他宁死也不愿在奥林匹亚被别人打败；我们从其他资料中了解到，他的教练看到他要认输，对他呼喊并怂恿他死战到底：“在奥林匹亚不认输，这是多么高尚的墓志铭！”[12]斐洛斯特拉托斯说，一位选手深受他的教练写给他母亲的一段话的鼓舞：“如果听说你的儿子死了，请相信这个消息；如果听说他输了，请不要相信。”[13]在公元1世纪早期，亚历山大的斐洛·尤迪厄斯（Philo Judaeus of Alexandria）也对希腊运动员“不胜利毋宁死”的思想意识进行了评论：

> 我知道，摔跤手和角斗士出于对荣誉的热爱和对
> 胜利的渴望——尽管他们的身体已经十分衰弱，但他
> 们仍然会坚持下去，仅凭意志去战斗，他们已经习惯
> 于蔑视恐惧——他们常常会坚持到生命的尽头……据
> 说，在一场神圣的比赛中，两名实力相当的运动员都
> 遭受了痛苦，并带来同样的惩罚，但他们都不屈服， 504
> 直到生命的最后一刻……为橄榄枝或欧芹叶编制的桂
> 冠而死对竞争者来说是一种荣耀。
>
> （Philo. *Quod omnis probus liber sit*. 17. 110–13）

2 世纪的拳击手阿格忒斯·迪蒙（Agathos Daemon）的墓志铭表明，后来的希腊人仍然愿意为胜利付出终极代价，或者至少摆出愿意这样做的姿态："亚历山大的阿格忒斯·迪蒙，又名骆驼，是位男子拳击手，尼米亚运动会的胜利者。他在运动场上参加搏击时死亡。他曾向宙斯祈祷，请求宙斯要么赐予他桂冠，要么赐予他死亡。殁年 35 岁。永别了。"[14] 希腊体育运动的竞技精神赞美个人冠军，并宣称引人注目的胜利比其他任何东西（甚至包括运动员自己的生命）都更重要。在这一点上，搏击运动代表了为追求个人卓越而奋斗的最纯粹的形式。

罗马人的角斗

佩蓓图在梦中，梦见自己变成了一名赤身裸体的男运动员，进行某类角斗，但这种想象也展示了罗马角斗的元素：站在她面前的那个高大的男人像一位角斗士训练师，她的对手握着一把剑，她获胜之后，从萨纳维瓦里亚门——生命之门离开了竞技场，获胜的角斗士都是通过这道门离开竞技场的。因此，这个梦揭示了希腊搏击运动和罗马角斗之间明显的相似之处。

据说，第一场角斗士表演是在公元前 264 年的罗马举行的，彼时，三对角斗士在德奇姆斯·尤尼乌斯·布鲁图斯（Decimus Iunius Brutus）的葬礼上展开了搏斗（Livy, *Epit.* 16）。在接下来的 200 年间，直至罗马共和国结束，这样壮观的场面继续在罗马上演，但局限于大人物以及军事和城市政治领袖的葬礼上。这样的表演被称为 *munus*（一项"义务"；复数形式为 *munera*）。葬礼所处的背景是解释这种景象之社会意义的关键所在。希腊历史学家波利比乌斯（公元前2世纪）将罗马惊人的崛起归因于其政治和社会制度，其中包括贵族的葬礼。[15]罗马贵族的葬礼不仅称颂逝者的美德和成就（主要是军事方面的），而且还宣扬成就伟大罗马的军事价值观，这些价值观会在当前的危机中给罗马人精神支撑，也将通过激励被传统罗马 505
置于优先地位的年轻人而在未来维持下去。在葬礼上，人们还聚在一起参加角斗，此番举动意义重大，因为角斗士在单人格斗中进行肉搏战，生动地展示了他们的尚武精神，这对于像罗马这样的尚武社会十分重要。例如，西塞罗在罗马共和国的最后时期进行写作时，赞扬了角斗士的勇气、训练和纪律，尽管他鄙视他们低下的社会地位。

> 角斗士要么是将被毁灭的人，要么是野蛮人，他们在忍耐。那些接受过良好训练的人宁愿承受打击，也不愿可耻地躲避打击。很明显，除了满足主人或观众，他们什么也不想要。即使被打得遍体鳞伤，他们也会向主人传递信息，询问主人想要什么：如果主人满意了，他们自己愿意投降。哪个平庸的角斗士曾发出呻吟或皱一皱眉头吗？有谁曾经不光彩地战斗或放弃吗？有谁在被打败并被要求接受致命一击时，曾缩回自己的脖子吗？这就是他们的训练、准备和习惯的力量。
>
> （Cic. *Tusc*. 2. 41）

因此，在堪称典范的罗马尚武美德的示范下，这种义务团结了罗马人；整个罗马社群都聚集在一起，他们注重在单人格斗中展示娴熟的技巧，以及格斗要求的极度勇敢和严格的纪律，所有这些传统价值观都有助于定义作为一个罗马人的意义。

到公元前 1 世纪后期，履行典型义务的角斗士数量急剧增加，经常达到数百人。由于飙升的成本和危险的受欢迎程度，表演中开始出现主持人，第一位皇帝奥古斯都使义务脱离严格的葬礼背景，而把比赛放在常规日程中，使之经常与野兽表演、早上的狩猎（*venationes*）和中午的壮观处决一起举行，一天所有的流程以角斗士的表演收尾。大约就是从这个时候开始，这种精彩的表演传播到整个罗马帝国的各个社群之中，从不列颠到北非，东到叙利亚和希腊世界。在大多数情况下，人们发现角斗（及与之相关的壮观场面）与帝国宗教习俗的庆祝活动有关：将罗马皇帝作为神来崇拜。举个例子，就是我们在本章开头讲到的佩蓓图的死刑处决，是人们在迦太基的圆形剧场里为庆祝皇帝盖塔（Geta）的生日而进行的部分活动。

506 从表面上看，角斗的本质似乎与搏击运动没有什么共同之处。毕竟，角斗士都来自底层，他们通常身为奴隶，为了取悦嗜血的观众，在残忍的比赛中被迫进行打斗。但是，最近的学术研究发现，这些传统观念可能具有误导性，角斗与搏击运动的相似之处可能比人们以前认为的要更多。不过，我们掌握的对实际战斗进行描述的资料很少，所以很难做出这样的概括。诗人马提亚尔（Martial）用一本献给罗马皇帝的诗集庆祝罗马弗拉维圆形剧场（公元 80 年的圆形大剧场）的开放，在这本诗集中，他描述了人们目睹的一些令人惊叹的场面。在一场表演中，两个著名的角斗士互相对抗，结果很不寻常：

当普里斯库斯（Priscus）继续延长比赛，韦鲁斯（Verus）也做出了同样的决定，

过了很久，两人打得难解难分，

人们不断大声吼叫，要求释放（*missio*）顽强的斗士；

但是，恺撒（皇帝）遵守自己的法则，那就是，

一旦手掌立起来，就必须进行战斗，直到有人竖起手指为止。

他按照被允许的方式行事，经常将金属牌子作为奖励。

尽管如此，人们还是找到了一个打破僵局的办法：

他们在战斗中势均力敌，那么就只能同时让步。

恺撒将木剑和棕榈叶奖给了他们：

这样，他们因勇气和技巧而得到了奖赏。

恺撒，除了你，没有任何皇帝能做到这一点：

两个人对打，两个人都赢了。

(Martial, *Spect*. 31)[16]

尽管结果（两人都获胜）是前所未有的，但战斗本身和它的环境反映了大多数角斗比赛的一般特征。首先要注意的是人群的声音及其作用。他们不是被动的旁观者，也不是特别嗜血的观众：他们反复呼喊，要求释放两个角斗士。事实上，从奥古斯都时代起，“不允许释放”（*sine missione*）的搏斗就被禁止了；它们确实发生过，但属于特殊情况。正常的角斗士搏斗允许释放。这场特殊的战斗要求角斗士中的一人投降，而这

需要竖起一根手指（*ad digitum*，字面意思是“对着手指”）来表示，与潘克拉辛运动员表示屈服的手势相同。从其他许多资料来源中，我们知道，这首诗暗示的是，在比赛进行的过程中，如果有人要认输，会有一名裁判（referee）随时准备介入
507 并停止比赛。这个官员被称为 *summa rudis*（主裁判，字面意思是“酋长手杖”），人们可以在许多关于角斗士战斗的描述中看到这样的角色，有时还会有一位副裁判（*secunda rudis*）陪同。当一名角斗士以这种方式投降时，主裁判会介入比赛，停止两人的打斗，然后请求监督官员（*munerarius*，通常是皇帝或帝国宗教的祭司）决定是否接受投降。这时，监督官员会转而征求民众的意愿，并且通常会遵循他们的意愿。尽管民众可以要求角斗士继续战斗，但现代学者推测，当时的人们总是要求他们的勇士打斗至死。[17]

除了对投降进行监督，这两位裁判（主裁判和副裁判）还负责监督比赛，以确保角斗士按照比赛规则和预期的行为标准进行比赛。现在很难确定这些规则的具体内容，因为我们手中的古代文献资料很少论及相关问题。但我们知道，例如，迫使对手倒地甚至将他按住，这是强迫对方屈服的一种可以接受的方式，而意外摔倒会请裁判进行干预，并临时叫停比赛。[18]打斗的其他惯例包括按照不同的武器类型对角斗士进行分组：全副武装的莫米罗角斗士（*murmillones*），追击士（*secutores*），以及色雷斯人（Thracians）和其他类似的人，他们都戴着头盔，这多多少少会限制他们的视野，虽然这些头盔也可以保护头部，他们拿着大小不同的盾牌，在小腿上戴着护具（根据具体类型的不同，护具只戴一条腿或两条腿都戴），手里拿着 *gladius*，一种短剑，不过色雷斯人有一种又短又弯的剑，叫作

sica。相比之下，轻装上阵的网斗士（*retiarius*）则是拿着网并配备三叉戟和匕首的人，他们有护肩但不戴头盔。身手敏捷的网斗士通常会与追击士进行战斗。[19]这些装备类型特征明显，在整个罗马帝国的时间和空间上都表现出显著的连续性。裁判很可能也充当技术专家的角色，对各种格斗武器的搏斗技术进行监督：追击士要像追击士一样作战，网斗士要像网斗士一样作战。观众知道两者的区别，并希望角斗士按照他们应该做的那样去战斗。佩特罗尼乌斯（Petronius）讽刺了一个角斗狂热爱好者的怨言，那个人抱怨说角斗士根据经验教训来战斗（*ad dictata*：Petron. *Sat*. 45），但基督教作家德尔图良 508
（Tertullian）在将他对殉道者的建议比作人们在竞技场上对角斗士的命令（*dictata*）时指出，即使是专业的角斗士，也不仅得到了训练者的帮助，偶尔还会得到民众的帮助（*ad Mart*. 1. 2）。人们熟悉并赞赏角斗士在搏斗表演中需要的技能。

当然，搏斗是很危险的，并且死亡的可能性总是存在的，但不同的规则（竖起一根手指和释放）能够降低角斗士在竞技场中死亡的概率。然而，除了这些正式的规则，许多角斗士似乎还遵循着一种“不成文的准则”：勇敢地战斗，满怀胜利的希望，但不一定以杀死对手为目的。来自希腊北部萨索斯岛（Thasos）的角斗士埃阿斯的墓碑就提供了一个例子。

> 我不是你们看到的洛克里斯人（Locrian）埃阿斯，也不是忒拉蒙（Telamon）的儿子，而是那个在竞技场上的比武中讨人喜欢的人，那个在需要的时候拯救了许多灵魂的人，我希望有人会以同样的东西回馈我。没有对手把我杀死，我只是自己死去，我可敬

的妻子将我埋葬在这神圣的萨索斯岛平原。卡利吉尼亚（Kalligenia，立碑人）为她的丈夫埃阿斯立了这座碑，以表纪念。[20]

还有其他例子，特别是来自希腊世界的例子，在那里，角斗士的表演是帝国宗教庆典的一部分，就像在帝国的绝大多数地方一样。它们可能表明了高度的专业水准或友情，但它们也表明，杀人不一定是搏斗的目的，即使搏斗很危险，死亡总是有可能发生。搏斗当然是血腥的、暴力的，但这是故意为之的暴力。击败对手，迫使他屈服，并在既定规则和期望的范围内为自己赢得胜利，是高超的技巧、英勇和自律的表现。这些价值观是罗马尚武思想的核心。

有趣的是，角斗场上展示的尚武价值观与希腊搏击运动员崇尚的“不胜利毋宁死”的思想观念类似。事实上，希腊世界的角斗士故意使用运动术语来描述自己，就像他们的墓碑反复展示的那样。他们将自己的搏斗描述为 *pugmai*，即拳击比赛，并将他们的英勇事迹设定在体育场——希腊体育运动的发源地。此外，角斗士常常利用神话故事来给自己取表演时使用
509 的名字（如前面提到的埃阿斯），强调他们的单打独斗（*monomachia*）与希腊英雄的一对一搏斗之间存在明显的相似性。事实上，“角斗士”这个词并没有被希腊语借用，希腊语使用了之前存在的术语 *monomachos* 来指代角斗士。但是，当希腊运动员表现出准军事的、一心求胜的英雄价值观时，角斗士却在每次搏斗中都践行了这种价值观。一个来自克里特岛格尔蒂（Gortyn）的角斗士的墓志铭清楚地表明了他们面对的现实：“橄榄枝桂冠不是奖品，但我们要为自己的生命而战。”[21]

因此，角斗士将自身展现为希腊竞技精神的典范。[22]

罗马帝国的角斗表演由当地精英举办，以娱乐当地民众，庆祝帝国宗教节日，这是日历年的亮点之一，或许也是联合整个帝国的唯一宗教制度。在227年的奥戴索斯（Odessos），有一则这类比赛的广告被刻于石碑之上：这既是对运动会的纪念，也是对运动会的公告，还是关于运动会举办者的声明：

> 祝你好运！为了最神圣、最伟大、最不可战胜的皇帝马可·奥勒留·塞维鲁·亚历山大（Marcus Aurelius Severus Alexander）、庇护（Pius）、菲利克斯·奥古斯都（Felix Augustus）的财富、胜利和不朽，为了尤莉亚·马梅亚·奥古斯塔（Julia Mamaea the Augusta）的财富和他们的整栋房子，为了神圣的元老院和罗马人民，为了神圣的军队和杰出的军事长官卢修斯·曼特尼乌斯·萨比努斯（Lucius Mantennius Sabinus），为了奥戴索斯的地方议会和人民……城市的首席祭司，马可·奥勒留·西蒙（Marcus Aurelius Simon），西蒙的儿子，议员，以及马可·奥勒留·艾奥（Marcus Aurelius Io）——（此处石碑有缺损）……通过狩猎和角斗（……一定数量……）在阿尔比努斯（Albinus）和马克西姆斯（Maximus）担任执政官的五月（或三月——石碑有缺损）第一天的前几天。
>
> （*IGBulg*. I^2 no. 70）

这些壮观的演出有利于巩固整个帝国的统治结构，从最高层的皇帝一直到奥戴索斯当地的社群。因此，在当地人聚集在一起观看极端暴力的场面时，这类表演有助于将同时代的希腊人融入罗马帝国的现实。在大多数情况下，很难知道这些观众对他们正在观看的节目有什么看法。德尔图良是一位基督教辩
510 护者，他与来自罗马统治下的北非的佩蓓图处于同一时代，他对那些去看比赛的基督徒同胞以及广受赞誉的演员、运动员和角斗士感到绝望，他们用向上帝祈祷的同一张嘴高呼“永生!”（*Heis ap'aionos!* 或类似的口号）（Tert. *De spect*. 25. 5）。[23] 一个运动员或角斗士被人们赞为不朽，可能不是因为他生命的长度，而是因为人们对他的记忆，以及他的名声和声誉。同样地，英雄都死去了，但他们的名声永存，所以人们期望英雄能在体育场或竞技场里不朽。这些完美的典范是非常英勇的。

结　语

搏击运动向观众展示了极端的暴力行为，甚至可能是致命的暴力。但是，这种暴力是可控的、有目的的。它发生在仪式性的场合——主要是葬礼或宗教节日——运动员穿着特殊的制服，如果是搏击运动员就要裸体，如果是角斗士就要配备可识别的武器。这些比赛并不是暴力骚乱，也不是随便杀人，而是由规则和期望来规范和控制的，所有这些都由裁判和观众自己来监督。这些比赛能够明确地表达出希腊和罗马社会的核心价值观和意识形态：勇气、技能和自律，尤其是在尚武的环境下，人们不屈不挠地战胜各种逆境，甚至不惜牺牲生命，来夸耀地展示个人的卓越。表演的公共性至关重要：它必须被视为是合法的。在这种搏斗中获得的胜利值得不朽的名声。就像荷马笔下的神话英雄一样，对于一个在监狱中饱受折磨的年轻女

子来说，这是她使自己可怕的死亡合理化的一种恰当方式。她会进行战斗并取得胜利，从而获得永生。

参考论著

尽管人们不再认为希腊和罗马的体育竞赛在古代世界中是独一无二的，因为现在人们承认，其他文化也欣赏比赛或为竞赛项目和各种其他“比赛”提供空间，但即便如此，这种运动在希腊和罗马仍然是无处不在的，甚至在许多方面是希腊和罗马社会的最典型特征。关于希腊搏击运动最重要的学术专著依然是 Michael Poliakoff, *Combat Sports in the Ancient World: Competition, Violence, and Culture* (New Haven, CT: Yale University Press, 1987),虽然迈克尔·波利雅科夫明确地将罗马角斗活动排除在他的研究之外，认为这并不能构成一项“运动”，但这确实是一种“观众眼中的战争”。希腊的搏击运动也同样激烈。例如，可参见 511
Nigel Crowther, ‘Reflections on Greek Athletic Events: Violence and Spectator Attitudes’, *Nikephoros* 7 (1994),pp. 121-33。与此同时，学者已经开始更仔细地考虑各种规则和期望，这些规则和期望是用来规范角斗的，具体可参见 Michael J. Carter, ‘Gladiatorial Combat: The Rules of Engagement’, *Classical Journal* 102 (2007),pp. 97-113。希腊搏击运动和罗马角斗都是受规则和规章约束的暴力竞赛，有裁判在场监督，因此，两者的相似之处导致它们经常被人们放到一起进行研究。最好的例子是近期出版的 *Companion to Sport and Spectacle in Greek and Roman Antiquity*, edited by Paul Christesen and Donald Kyle (Oxford: Blackwell, 2014),该书共有 43 章，按时间顺序涵盖了从希腊青铜时代到 6 世纪早期拜占庭世界的内容。唐纳德·凯尔在他 2007 年的著作 *Sport and Spectacle in the Ancient World* (Oxford: Blackwell; 2nd edn 2015)中把希腊体育运动和罗马精彩的表演视为类似的制度并进行研究，这种方法也被别人沿用，即 Mark Golden, *Greek Sport and Social Status* (Austin: University of Texas Press, 2008); David Potter, *The Victor's Crown: A History of Sport from Homer to Byzantium* (Oxford: Oxford University Press, 2012)。

然而，尽管角斗本质上是受规则约束的，但这种场面仍然吸引了大多数人的注意，因为它具有暴力性质，而且可能为观察罗马社会提供更宽阔的渠道。这样的表演通常伴随着壮观的处决（有时也包括基督徒殉道），以及展示和狩猎通常很奇异的野生动物。正如格伦·鲍尔索克（Glen Bowersock）在 *Martyrdom and Rome*（Cambridge：Cambridge University Press，1995）中提出的，这是一个极具感染力的壮观场面，甚至连竞技场的基督徒牺牲者都想将其为自己所用。唐纳德·凯尔在 1998 年出版了 *Spectacles of Death in Ancient Rome*（London：Routledge），这是众多研究血腥场面的作品之一。但是，最早对竞技场暴力做出阐释并进行了重要论述的是 Garrett Fagan，*The Lure of the Arena: Social Psychology and the Crowd at the Roman Games*（Cambridge：Cambridge University Press，2011）。正如该书的副标题暗示的那样，费根运用当代社会心理学来解释为什么人类——不仅是罗马人——想观看角斗以及竞技场上的其他血腥表演和其他形式搏击运动中的暴力行为。

注 释

1. L. Robert，'Une Vision de Perpétue martyre à Carthage en 203'，*CRAI*（1982），pp. 228–76；B. D. Shaw，'The Passion of Perpetua'，in R. Osborne（ed.），*Studies in Ancient Greek and Roman Society*（Cambridge：Cambridge University Press，2004），pp. 286–325.
2. G. W. Bowersock，*Martyrdom and Rome*（Cambridge：Cambridge University Press，1995），pp. 51–2.
3. D. G. Kyle，*Sport and Spectacle in the Ancient World*，2nd edn（Oxford：Blackwell，2015），pp. 24–6. 关于《吉尔伽美什史诗》的英译本，参见 N. K. Sandars，*The Epic of Gilgamesh: An English Version with an Introduction*（Harmondsworth：Penguin，1962）。
4. 为了使暴力更容易被人们接受，行为规则和标准成为竞技场戏剧性的一部分，关于行为规则和标准的重要性，参见 G. G. Fagan，'Manipulating Space in the Roman Arena'，in W. Riess and G. G. Fagan（eds.），*The Topography of Violence in the Greco-Roman World*（Ann Arbor：University of Michigan Press，2016），pp. 349–79。
5. Kyle，*Sport and Spectacle*，pp. 37–40；S. G. Miller，*Ancient Greek Athletics*（New Haven，CT：Yale University Press，2004），pp. 20–6.

6. J. Mouratides, 'On the Origin of the Gladiatorial Games', *Nikephoros* 9 (1996), pp. 111–34.
7. R. Lattimore, *The Iliad of Homer* (Chicago: University of Chicago Press, 1951).
8. Herodotus 9.71.3. 战栗者阿里斯托德穆斯（Aristodemus the Trembler）是参加温泉关（Thermopylae）战役的三百人中唯一的幸存者，他希望在普拉提亚牺牲以恢复自己的荣誉。
9. P. Christesen, 'The Transformation of Athletics in Sixth-Century Greece', in G. P. Schaus and S. R. Wenn (eds.), *Onward to the Olympics: Historical Perspectives on the Olympic Games* (Waterloo, Ont.: Wilfrid Laurier University Press, 2007), pp. 59–68.
10. M. B. Poliakoff, *Combat Sports in the Ancient World* (New Haven, CT: Yale University Press, 1987), pp. 94–115, esp. p. 114: 'It could be said with greater truth that the rise of the hoplite phalanx gave impetus to organized competitive athletics than that athletics supported the phalanx; the games represent displacement of certain military impulses, not training for them.'
11. M. Golden, *Sport and Society in Ancient Greece* (Cambridge: Cambridge University Press, 1998).
12. Philostr. *Her.* 21 记载了他教练说的话。Cf. Poliakoff, *Combat Sports*, pp. 90–1.
13. Philostr. *Her.* 23.
14. G. te Riele, 'Inscriptions conservées au Musée d'Olympie', *BCH* 88 (1964), pp. 169–95, at pp. 186–7.
15. Polyb. 6.53–4. Cf. H. I. Flower, *Ancestor Masks and Aristocratic Power in Roman Culture* (Oxford: Oxford University Press, 1996).
16. K. Coleman, *Martial: Liber Spectaculorum* (Oxford: Oxford University Press, 2006), p. 218, discussion at pp. 218–34.
17. M. J. Carter, 'Gladiatorial Combat: The Rules of Engagement', *Classical Journal* 102 (2006/7), pp. 97–113.
18. M. J. Carter, 'Blown Call? Diodorus and the Treacherous *Summa Rudis*', *ZPE* 177 (2011), pp. 63–9.
19. R. Dunkle, *Gladiators: Violence and Spectacle in Ancient Rome* (New

York: Pearson, 2008), pp. 98–118 进行了很好的总结。

20. L. Robert, *Les Gladiateurs dans l'orient grec* (Amsterdam: Hakkert, 1971), no. 55, pp. 113–15; 更多的例子，参见 Carter, 'Rules of Engagement'。

21. Robert, *Gladiateurs*, pp. 122–3. C. Mann, 'Um keinen Kranz, um das Leben kämpfen wir!', in *Gladiatoren im Osten des Römischen Reiches und die Frage der Romanisierung*, Studien zur Alten Geschichte 14 (Berlin: Vandenhoeck & Ruprecht, 2011).

22. M. Golden, *Greek Sport and Social Status* (Austin: University of Texas Press, 2008), pp. 68–104; M. J. Carter, 'Gladiators and *Monomachoi*: Greek Attitudes to a Roman "Cultural Performance"', *International Journal for the History of Sport* 29. 2 (2009), pp. 298–322.

23. T. D. Barnes, *Tertullian* (Oxford: Oxford University Press, 1971), p. 96.

25　古代晚期的宗教暴力

彼得·范·努弗伦

古代晚期和现代

本章是本卷各章标题中第一个出现“宗教暴力”字眼的 512
章节。因此，古代晚期似乎标志着一种新型暴力的出现。这是研究古代晚期暴力的著名学者约翰内斯·哈恩（Johannes Hahn）的结论，他写道：“宗教暴力作为公共生活的一种现象，确实是古代晚期特有的。”哈恩将这一发展归因于君士坦丁和罗马帝国皈依基督教。[1]最近对古代晚期宗教暴力的大量研究，以及人们在关于古典世界的研究中难觅宗教暴力的踪影，似乎证实了这一判断。

然而，宗教暴力真的是古代晚期和基督教的典型特征吗？如果真的是这样，我们该如何看待罗马国家层面的反基督教措施，如戴克里先曾推行的那些措施？又该如何看待这位皇帝颁布的反对摩尼教的法令呢？公元前 168 年塞琉古国王安条克四世对犹太圣殿的亵渎，以及公元前 186 年罗马元老院对酒神节的压制，我们又该如何解释这些事件呢？类似的事件还有很多很多。毕竟，关于古希腊和古罗马的宗教暴力，也许需要更多篇章来论述。

对于宗教暴力和古代晚期的认定，看似显而易见，其实对这类问题，普遍缺乏界定。研究古代晚期暴力的学者很少研究

狂热崇拜中被神圣化的暴力，如献祭通常已被视为边缘化的问题了。古代晚期的三种一神论宗教都抛弃了血祭，而在异教内
513 部，人们认为血祭已经被明显弱化了。基督教的辩护者骄傲地指出，如果基督之死是基督徒崇拜的核心，那么这被认为是基督最后的行为，教徒以一种不需流血的方式去纪念他。学者不关注与宗教场合和节日有关的暴力。宗教仪式可能是冲突的爆发点，但很难看出仪式的周期性模式，就像大卫·尼伦伯格（David Nirenberg）注意到的中世纪的状况，他将暴力与礼仪年的特定时期联系在一起。[2]通常，宗教暴力被理解为一个宗教团体对另一个宗教团体及其成员实施的暴力行为。这种暴力类型的典型事件是破坏神庙和犹太教堂，以及攻击异教徒。有许多著名事件可以作为例证，如亚历山大塞拉皮雍神庙（Serapeion）被摧毁（391 年），对叙利亚卡利尼库姆（Callinicum）犹太教堂的袭击（388 年），以及谋杀哲学家希帕蒂娅（Hypatia，约 415 年）。那时的焦点集中在宗教团体之间的社会冲突上。有时，这种暴力的波及面更广，人们将其置于帝国对非基督徒和异端团体采取措施的背景下，并以这样一种叙事作为背景，即强调通过教会和国家的双重努力，将基督教正统观念暴力地强加于罗马帝国。事实上，这种叙事风格深深植根于西方思想史。

如果宗教暴力是古代晚期的典型特征这一说法值得怀疑，那是因为这种认识的理论基础是人们认为暴力是一神教的固有属性。从神学的角度来讲，人们认为一神教会对真理和谬误做出鲜明的区分，因此，借用社会学的术语，就是一神教有强烈的内/外维度。[3]彼时，从多神论社会到一神论社会的转变过程必然是充满暴力的。这种对宗教的理解在哲学上是有问题的，

从历史的角度来看也难以令人信服，因为人们会发现，在许多时期，一神教是宽容的，而多神教则是偏狭的。对于古代晚期，哈罗德·德雷克（Harold Drake）反复强调了这一点，他指出，认为一神论是暴力的、不宽容的，这是启蒙运动时期的一种说法，证据不足。这种特定说法的另一面是希腊人和罗马人的多神教在本质上是宽容的、非暴力的，但正如我们看到 514
的，这种观点有待商榷。[4]

德雷克恰当地指出了一神教和暴力之间联系的历史渊源，但确认古代晚期与宗教暴力的联系要更密切一些。宗教改革时期，新教徒攻击天主教会的堕落。为了达到自己的目的，他们必须构建一种历史叙事，来确定天主教会从什么时候开始衰落。当时被人们广泛接受的观点是君士坦丁的皈依促成了国家和教会之间的结盟。这导致了双重腐败。一方面，人们可以争辩说，以前不具有强制力的教会，现在可以对异教徒、无宗教信仰者和犹太人使用暴力，并开始游说国家放弃以前对其他宗教信徒的宽容态度。另一方面，人们可以指责国家，认为国家开始利用教会达到目的，并把教会变成了压迫的工具。“君士坦丁的转变”因此成为暴力进入教堂的时刻。事实上，关于前尼西亚时代和后尼西亚时代的基督教之间存在根本差异的观点仍然深深扎根于学术和大众的认知中。[5]

我们对国家角色及其与宗教关系的现代认知进一步支持了这种叙事。在这方面，现代国家的两个显著特征是彼此相关的。第一，现代西方国家对暴力的垄断，被视为社会和平稳定的保障。只有国家可以合法使用暴力，因此它力图限制其他机构使用这种强制手段。第二，宗教宽容是现代国家的核心，人们认为这是经过与宗教特别是与天主教会的艰苦斗争而赢得的。人们强调国家是身份认同的主要来源，宗教则显得格格不入，可能会对一个以共同价值观为核心的社会造成破坏。因此，从现代的角度来看，古代晚期只能作为我们（理想的）自我的镜像：国家似乎把对暴力的垄断交给了会带来社会分裂的教会。这反映在人们清晰明了的谴责语气上，关于这个问题，已经有许多学术论著发表。[6]

古代晚期的宗教暴力走向消亡

515 传统的叙事描绘了古代晚期宗教暴力的上升趋势。君士坦丁对基督教的支持导致其他宗教逐渐被逐出社会。这一过程反映在日益严格的立法中，以狄奥多西一世（Theodosius I）宣布异教行为非法为顶点（391—392 年），同时伴随着基督教团体对异教场所的法庭职权以外的攻击。基督教狂暴的特点，反过来又导致了自称正统的不同团体之间的深刻分歧，造成冲突频发，主教利用这些冲突来建立自己的权威。这一过程在查士丁尼（Justinian）统治时期（527—565 年）达到高潮，他力图通过立法消除所有异议。通过对立法和暴力的双重强调，这种叙事将教会和国家的密切关联视为古代晚期的遗产——这是一个只有现代才能解开的结。

乍一看，资料提供了许多确认这种叙事的证据。人们经常会看到暴力破坏和冲突的故事，这似乎证明了宗教暴力普遍存在的观点。然而，学者最近对证据的适用范围越来越谨慎。第一，他们强调宗教暴力事件的数量是有限的。例如，古代人对破坏古老神庙的描述，包括对亚历山大塞拉皮雍神庙的破坏，波菲利在有生之年记载的人们破坏加沙马纳斯（Marnas）神庙的情况（时间可能是 5 世纪初），或者利巴尼乌斯（Libanius）

在他的演说《为了神庙》（*For the Temples*，381—392年）中声称的一些破坏事件，相关的叙述资料并不多。此外，考古证据也没有证实礼拜场所遭到广泛破坏的情况。这并不意味着没有发生破坏活动，但这种行为可能比利巴尼乌斯极力描述的画面更为罕见，他说僧侣像蝗虫一样突然造访叙利亚的乡村地区，摧毁那里的神庙。[7]沃尔夫拉姆·金齐希（Wolfram Kinzig）对反犹太教暴力的问题也持类似的观点。他认为，从4世纪到6世
纪，共发生了20起这类暴力事件，其中14起事件可以明确定 516
性；大部分暴力事件发生在安条克、叙利亚和巴勒斯坦。他指出，如果一个人坚持认为犹太教在古代晚期处境悲凉，这可能为广泛的反犹太教暴力提供了充足的证据，但也可以从更为复杂的犹太教-基督教关系的角度进行理解，这种关系以吸引和拒绝、紧张和共生为显著特征。[8]因此，根据人们所坚持的叙述，已经得到证实的暴力事件可能只是冰山一角，也可能是升级的个别事件。因此，我们既要考虑证据，也要考虑叙事。

第二，我们几乎所有的证据都是文学性的，因此资料会受到修辞和比喻的影响。我们手里的资料可能在假装报道暴力事件，制造出符合特定模式和服务于特定目的的特定表述。例如，圣徒传记（Hagiography）里充满了关于反对异教徒斗争的模式化套路，其中之一就是对偶像和庙宇的破坏。我们不能从表面上判断这些资料。事实上，只有一个确凿的庙宇被毁的案例，这与著名的、野心勃勃的埃及修道院院长斯诺特（Shenoute，死于465年或466年）在他自己的作品中塑造出来的印象恰恰相反。[9]浮夸之词不仅出现在基督教经文中。在《为了神庙》中，利巴尼乌斯特意描绘了僧侣对神庙的大规模

破坏，他们完全知道这种行为是法律不允许的，而且僧侣在基督教圈子里的名声也非常不好。正如我在其他地方所讲的，这篇演讲并非雄辩地证明了异教徒对神庙被破坏的担忧，而是通过创造出一幅僧侣大规模非法活动的画面，聪明而巧妙地捍卫上层集团的利益。[10]我们如果不仔细地将每种文本置于语境中，就有可能将浮夸之词误认为现实。

学者越来越意识到传统叙事和证据存在的局限性，他们一直在探索新的研究路径。其中一种方法是将暴力事件置于更广泛的社会背景中。我们要承认这一事实，即古代晚期的特点是
517 多种宗教团体共存（包括基督教内部和外部），学者力图将暴力理解为更广泛的社会相互作用的可能结果。我们可以选择多种研究方法：可以将宗教暴力与城市中已经存在的紧张的社会关系联系起来，并把宗教暴力嫁接到不同的和更早的冲突中；可以研究古代晚期新的社会身份的形成，强调具有（公民的、社会的和宗教的）多重身份的普通人与寻求将群体成员身份作为压倒一切的唯一身份的各种宗教团体之间的紧张关系；或者有人主张，古代晚期见证了罗马帝国持续不断的宗教竞争，但不同的群体都有一定的影响力。所有这些研究方法仍然从一个假设出发，这个假设似乎得到了文字证据的证实，即宗教身份在古代晚期占据主导地位。[11]然而，正如古埃及莎草纸上的一项冲突调查记录显示的那样，宗教很少是造成莎草纸记录的那类社会冲突的因素。[12]这表明，宗教还没有成为许多人的主要身份，这也让许多文学作品呈现了不同的观点。古代晚期的社会形势不同于宗教和社会身份相融合的中世纪中东的社会形势。

这就引出了第二种方法，即在更广泛的暴力历史中对宗教暴力的语境化。我们应该从这样一个事实出发：在古代晚期存

在各种形式的暴力。对下属（包括奴隶、儿童、妇女）的惩
戒通常包括体罚。同样，孩子在学校经常挨打。惩罚的威胁或
有效实施惩罚是改造违法者以及对其进行再教育的一种策略。
没有对暴力进行垄断的罗马国家和存在感相对较低的帝国各行
省的代表还允许有影响力的个人追求自己的利益：资料中充斥
着对贪婪的税吏、不公正的总督和抢劫的士兵的批评，这无疑
夸大了事实。这些是罗马帝国后期生活的结构性特征，这样的
生活经常使人们怨声载道，却很少有人去纠正。如果这类暴力 518
有助于我们理解为什么当时的人对暴力的敏感度比我们的要
低，那么与宗教暴力类似的一个重要因素就是经常发生的民众
骚乱。我们可以援引几个著名的事件来说明这一点，例如，在
帖撒罗尼迦（Thessalonica），发生过双轮马车车夫被杀事件，
遵照狄奥多西一世的命令，数以千计的市民被处决（390 年），
而就在此事件的三年前，还发生了所谓的安条克雕像骚乱事
件。当时，当地居民反对提高税收，而在君士坦丁堡的竞技场
上也经常发生民众骚乱。尼卡（Nika）骚乱（532 年）是其中
最著名的例子，这次骚乱差点让查士丁尼丢掉自己的皇位。如
果其中一些骚乱可能是出于宗教动机，如 580 年提比略统治时
期的反异教徒骚乱，同样，饥荒或暴虐的政府也可能引发骚
乱。如果学术界习惯上认为精英是此类骚乱真正的煽动者，而
且通常把宗教暴力归咎于主教，那么人们作为独立参与者的能
力就不应被低估。有大量证据表明，民众骚乱应该被认为是自
发的集体行动，就像君士坦丁堡的民众骚乱，当时受民众欢迎
的主教约翰·克里索斯托（John Chrysostom）在 403 年遭到流
放。这种骚乱可能非常暴力，从而导致了私刑审判。尽管人们
还没有对其进行详尽的分析，但有确切的证据表明，这种民众

骚乱采取了一系列行动，通常会模仿官方的公共仪式。例如，将人头钉在十字架上示众，将罪犯拖过街道，火化尸体并将其埋葬在城外，以及摧毁异教或帝国的雕像，这些都可能出现在官方活动如庆祝胜利的活动和除忆诅咒（*damnatio memoriae*）①中。有趣的是，根据我的判断，古代晚期并没有像欧洲历史后期一样出现典型的宗教活动：民众骚乱没有利用与基督教仪式或神学相关的活动。在这方面，大众仪式化行为的基督教化速度与官方公共仪式的一样缓慢，直到6世纪下半叶，大众的仪式化行为才逐渐具备了明确的基督教面貌。

第三种背景是语言环境。人们通常认为攻击性的语言会导致暴力。在这个前提下，有证据表明，暴力的高发常常是由好争论的，更不用说侮辱性的语气引发的，这是古代晚期的许多文献使用的语气。这样的联系从来都不是直截了当的，从古代的角度来看也绝对不是这样。人们应该记住，谩骂是古代修辞学必要的组成部分，读过西塞罗和德摩斯梯尼（Demosthenes）演讲文本的人都知道，体裁和修辞规则也会影响创作和演讲的
519 受欢迎程度。在整个社会，特别是在特定的领域，有一些特定的隐喻，这些隐喻似乎无意识地主导着语言：例如，现代医学经常使用战争的语言来描述其与细菌和病毒之间展开的斗争。反过来，在基督教内部，论争性的和军事性的语言充斥着对精神历程的描述。如果这类语言显然有可能回归其最初的含义，并引发暴力事件，那么就没有理由假设它总是这样，而军事隐

① 除忆诅咒，又被称为记录抹杀之刑。字面意思是“记忆上的惩罚”，意指从人们的记忆中抹除某些人和某些事物的存在。通常在叛国者或败坏罗马帝国名声的上层人士死后，经元老院通过决议，特定公众人士的功绩记录被消除。

喻本身就是发生暴力的一个原因。事实上，暴力的语言可以与其他话语共存：正如我们将要看到的，当谈到行动问题时，古代晚期的基督教也强调和平。最后，在某些情况下，使用暴力的语言可能是降低真正的暴力威胁的一种方式，我们将在下面讨论殉道时讲到这一点。[13]总的来说，关于古代晚期暴力语言的社会语言学研究很少，此类研究可以为这些问题提供更多的线索。

这些不同的学术研究新路径提供了更深刻的宗教暴力背景，实际上导致了宗教暴力这一概念的瓦解。我们一旦摆脱了产生于古代晚期的宗教暴力包罗万象的想法，也许就能够回到证据上来，用新的眼光重新对其进行评价。的确，尽管我们刚才提到了种种细微差别，但古代晚期的文献中显然都充斥着暴力内容。我不想说，与古典文献相比，古代晚期的文献或多或少地痴迷于对暴力的描述。相反，我认为古代晚期对暴力的看法有两个具体特征。第一个特征是创造了一些特别能引发情感的词语来描述现实，尤其是“殉道”、“迫害”和“血祭”等措辞。我认为，基督教的资料将这些确认为特定宗教的，或者更恰当地说，宗教性的暴力形式，这种暴力形式被归因于自己的敌人（真正的基督徒不会让别人成为殉道者，或进行迫害和献祭）。虽然“殉道”和“迫害”在学术词汇中经常被用作客观描述，但我们应该认识到它们之间有着深刻的联系，因为它们描述的是敌人的所作所为。鉴于古代晚期的剧烈冲突，我们在看到对这类暴力的指控激增时，也就不会感到惊讶了。第二个特征是，这些指控的背景是对暴力的道德谴责。暴力是有问题的，我们甚至在试图为暴力辩护的报告中也能注意到这一点。这并不意味着基督

520 徒不参与暴力活动（人确实会违反道德禁令），但他们的辩护策略是在道德谴责的背景下进行的。我将依次讨论这两个要素，每次都会以一个著名的故事开始。

血祭、殉道和迫害

391 年，亚历山大塞拉皮雍神庙的内部遭到破坏，异教神塞拉皮斯（Sarapis）的雕像也被毁坏。早在古代，塞拉皮雍神庙被毁就已经是一个著名事件，异教徒作家尤纳皮乌斯（Eunapius）和 5 世纪的四位教会历史学家曾着重描述这件事。[14]尽管它很出名，但事件的确切过程是不可能重现的：各种史料之间相互矛盾，人们只能用猜测来填补资料的空白。根据最早的基督徒版本，也就是鲁菲努斯（Rufinus）版本（402 年或 403 年）的记述，事情的经过是这样的。在将废弃的长方形基督教堂整修成新教堂的过程中，人们在地下室发现了一些头骨。基督徒以此作为异教徒犯罪的证据，把这些头骨拿到街上展示，这引起了异教徒的暴力回击。随后发生了街头骚乱，一些异教徒把自己反锁在塞拉皮斯的神庙里，劫持基督徒作为人质。经过几天的僵持之后，帝国终于发布命令宣布他们可以毫发无损地离开，但要将神像毁坏。鲁菲努斯的这部作品出版于 402 年或 403 年，他在书中的相关叙述十分程式化和戏剧化，在作品最后一卷的 34 章中占了 9 章。尽管这样的文学风格使鲁菲努斯的叙述成为历史重构的一种有争议的资料来源，但这强调了此事件在教会历史中的重要意义。在他的叙述中，这段情节以最纯粹的形式展示了异教的样子。《圣经》和希腊罗马的资料都认为埃及是偶像崇拜的土地，在那里，动物被当作神灵来崇拜。因此，鲁菲努斯抓住这个事件构建了一个典型的异教形象。除了两个异教徒，这个故事里所有的参与者都是匿名的，这样就更加突出了异教徒的形象。值得注意的是，被关在塞拉皮雍神庙的异教徒领袖被称为奥林匹斯山——古典神话中众神所居之地的名字。尽管是杜撰的一个假名，但鲁菲努斯在没有提到其他名字的情况下提到了这个名字，这凸显了埃及异教与希腊文化之间的联系。这段情节中第二个有名字的人物是萨图尔努斯（Saturnus）的一个名叫泰兰努斯（Tyrannus）的祭司骗子——这个名字的本意是残暴之人。在古代，暴君的 521
行为是不道德的，并且常常很暴戾，而埃及的异教徒就符合这种模式化人物的形象。

事实上，异教徒在和基督徒人质一起被关在塞拉皮雍神庙时，犯下了其祖先就曾犯下的异教罪行：他们组织了一次迫害，迫使人质牺牲自己的生命。拒绝的基督徒会被钉死在十字架上，而后死者被扔进洞穴。通过这种方式，异教徒重复了教堂地下室的头骨揭露的行为。鲁菲努斯在引用官方对事件的反应时，明确地向读者表示，这些罪行反映了异教的本质。皇帝宣称：

> 那些在祭坛前抛洒热血的人并不能令他满意，他们成为殉道者，功绩的荣耀战胜了死亡的痛苦，但除此之外，应该铲除邪恶的诱因和捍卫偶像的不和谐根源，于是，一旦这些东西被消灭了，冲突的理由可能也会随之消失。[15]

所以，殉道和迫害正是由异教的本质，即偶像崇拜造成的。此后，异教徒就把自己排除在了文明社会之外。

鲁菲努斯故事的核心是宗教暴力，甚至是神圣暴力：异教的祭坛需要血祭，这导致了迫害和殉道的发生。这种只被归因于异教徒的神圣暴力，与基督徒参与的两种规模较小的暴力形式形成了鲜明的对比。鲁菲努斯指出，异教徒和基督徒之间的冲突通常局限于大喊大叫和紧张的关系，可在这种情况下，它恶化为一场骚乱。他明确地将此归咎于异教徒，但也指出基督徒没有退缩。因此，故事的开头只是一起普通的暴力事件，然后这起事件沦为神圣暴力事件。另外，鲁菲努斯描述了塞拉皮斯雕像被肢解的方式，这立刻让人想起古代晚期城市中流行的处决方式。[16]这种私刑行为往往会得到当局的宽恕，它们象征性地将道德败坏的主教、总督和公职人员排除在城市之外。我们也可以将这种破坏理解为对官方判决除忆（*condemnatio memoriae*）的模仿，他们对塞拉皮斯进行了同样的惩罚，就像
522 对篡位者和暴君的雕像的处理方式一样。通过运用这些术语来描述对雕像的破坏，鲁菲努斯心照不宣地强调了这一行为的合法性。

因此，鲁菲努斯巧妙地同时叙述了三种不同的暴力形式，而这三种暴力形式得到了不同的道德评价。这样的叙事结构使他能够强调异教神圣暴力的深层次问题。人们在对这一情节进行学术解读时，通常忽略了这一点，因为他们从一开始就假设整个情节是古代晚期“宗教暴力”的范例。我同意这是一种范式，但出于不同的原因。鲁菲努斯阐释了如何在敌人身上发现神圣暴力，在阐述的过程中，他将塑造古代晚期基督徒对这种暴力之理解的三个概念糅合在一个故事当中，这三个概念分别是血祭、迫害和殉道。

首先，在古代晚期，进行血祭是需要正当理由的，对异教

徒来说也是如此。然而，鲁菲努斯叙述的合理性是基于基督徒认为的异教血祭和人祭之间的联系（这种联系有时也出现在异教的文献中）。这与基督教对血祭的拒绝和对流血更普遍的抗拒形成了对比。事实上，一篇广泛流传的道德论说提出，真正的基督徒（更不用说主教）不应该在和平时期犯下杀人罪（战争另当别论，尽管并不是说战争就总是没有问题的）。它解释了经充分证实的主教和僧侣的干预，其目的是避免罪犯被处决，也解释了对古代晚期皇帝的溢美之词，皇帝可能会判某人死刑，但从来没有真正执行过死刑。基督徒嫌弃角斗和狩猎，这源于他们拒绝在和平时期发生的人类流血事件。异教演说家利巴尼乌斯提出，基督徒统治者应该在成为基督徒和成为统治者之间做出选择，因为后者要求一个人愿意挥舞行刑之剑。[17]然后，鲁菲努斯从血祭和异教残暴本性之间的联系出发，在作品中总结了特殊的宗教行为如何成为普遍嗜血的象征。

其次，塞拉皮雍神庙的异教徒组织了一场迫害活动。古代晚期基督徒在君士坦丁之前经受了三个世纪的迫害。罗马帝国的基督教化并没有结束这一切。帝国外的迫害仍在继续，尤其是在波斯帝国，而在基督教帝国的内部，这也可能就是真实的 523
情况——尽管我们对基督徒有一种耀武扬威的印象。[18]最后一位异教皇帝尤利安的迫害活动也证实了这种焦虑。由于对现实极度紧张的解读，某些基督教团体很快就把针对他们的立法或试图限制他们集会的主教贴上了“迫害”的标签。这一分类使受迫害的群体能够将自己置于异教-基督教分歧中正确的一方，并指责另一方做了只有异教徒才会做的事。

最后，迫害导致殉道。在鲁菲努斯的故事中，殉道以一种非常传统的、前戴克里先时代的形式出现：异教徒致使那些拒绝否认自己信仰的基督徒死亡。从这个意义上说，这是一种宗教性质的死亡，然而，带来的结果是殉道者提高了自身在基督教社群中的地位。鲁菲努斯的陈述掩盖了殉道给基督教带来的众多歧义和问题。同时，殉道者和因信教而被迫害致死的教徒既值得高度赞扬，又不令人垂慕，这可能会在社群中造成紧张局势：人们总是需要确定某人是真正的受迫害者或殉道者，然后确定他的地位如何与社群中现有的等级制度相适应。这些问题出现在基督教内部的冲突中：死于君士坦丁对分裂教会之镇压的多纳图派信徒（Donatists）是迫害的受害者和殉道者，还是被国家惩罚的顽固不化的异教徒？能否被判定为殉道者取决于这个人对真正的教会的认同。

人们强调有关殉道的论述是古代宗教暴力的推手：一个人可以通过攻击其他宗教团体来积极寻求殉道，而在事后也可以把殉道作为一种用来辩护的思想观念。[19]例如，罗马天主教资料描述的狂热派（*circumcelliones*）是北非多纳图派的“冲锋队”，据说他们打断了异教的庆典并试图殉道——但这是天主教资料的记载，资料的作者试图诋毁多纳图派。[20]如果关于殉道的论述可能会引发对暴力的热情，而我们只把它视为暴力升级的根源，那么我们就低估了它的复杂性。事实上，就像塞拉
524 皮雍神庙故事中的情节阐明的，这也可以降低暴力程度。狄奥多西的法令没有对异教徒施加任何惩罚，后者显然是杀人犯。这条法令只决定了两件事：据说异教徒受害者获得了殉道者的身份，同时偶像被下令毁坏。第一个措施显然是为了安抚基督徒，同时避免更多的流血（本来需要对塞拉皮雍神庙进行军事攻击）。人们在其他地方也可以看到政治实体从务实的角度来使用殉道措辞。321 年，君士坦丁在发布宽容多纳图派的敕

令之后说，对天主教徒实施暴力的人不会受到惩罚，因为受害者已经享有上帝的殉道者的身份。在5世纪早期也有类似的情况出现，阿帕梅亚的马塞勒斯（Marcellus of Apamea）在攻击异教徒的神殿时被杀害。省议会拒绝对谋杀他的凶手提起诉讼，理由是马塞勒斯作为殉道者已经获得了足够的荣誉。[21]学者倾向于将这些例子解读为对殉道的庆祝和事后（*post factum*）对暴力行为的辩护。事实上，毫无疑问，在所有这些案例中，当局利用关于殉道的论述来平息紧张局势，向受害者表示敬意，并大赦罪犯。

在古代晚期，对迫害的指控和声称要殉道的要求激增。我认为，它们将当时的事件与基督教的原创叙事联系起来：在殉道和迫害中，异教徒最初针对基督教的犯罪再次发生，这些罪行是暴力且血腥的。这些罪行比普通的谋杀严重得多，在道德上受到严厉的指控，因此基督教团体得以将自己置于基督教-异教分歧中符合道德的一方。在基督教内部冲突不断的背景下，对迫害的指控激增，正是因为这些指控使得叙事能够站在历史、宗教和道德的正确一边。

对暴力的谴责

如果对迫害和造成殉道的指控可以追溯到异教徒最初的神圣暴力，基督教则认为自己是和平的、拒绝暴力的。例如，在以弗所会议（Council of Ephesus，431年）后不久，聂斯脱里（Nestorius）的追随者提阿那的尤忒瑞乌斯（Eutherius of Tyana）在致歉信的开头抱怨说，教会应该支持和平，他的对手却诉诸
暴力来解决争端。[22]人们对此可以不予理会，认为这只是一种 525
修辞上的反对，因为聂斯脱里对高压手段并不陌生。然而，这

样的解释没有抓住问题的要点：这样一种公开表态的影响力在于，尤忒瑞乌斯声称自己站在教会应该并假装站的那一边。因此，暴力行为，特别是教徒犯下的暴行，在道德上是有问题的。这样的话语使暴力事件变得非常明显：在这一时期的许多冲突中，主教的高压策略经常受到批评——通常是其他主教为了败坏对手的名声。甚至塞维鲁关于米诺卡岛犹太人（Jews of Minorca）皈依的著名信件——通常被解读为宣传针对犹太人的暴力——也反映了一系列相似的事件。

418 年 2 月 2 日至 10 日，地中海小岛米诺卡岛上的所有犹太人都皈依了基督教。我们是通过塞维鲁主教一年后写给地中海地区所有主教的信件得知这件事的。因为这封信讲述了犹太教堂是如何被烧毁的，这件事已被严肃地判定为基督教强硬派的宣传，展示出人们应该如何对待犹太人。[23]事实上，这封信从根本上来说是一封致歉信，目的是为塞维鲁所做的一系列事情开脱罪责，这些事情违背基督教基本的训令（特别是皈依的自愿性质和普遍的和平）以及帝国的法律。可能我们应该这样理解这封信，面对犹太人或犹太社群向当局提出的正式投诉，写信人试图获得支持。

这封信结构清晰。信的开头沿用了传统模式，先介绍了地理位置，信中对基督教占据主导地位的西部城市贾莫纳（Jamona）的描述充满好感，而对于犹太人居住的东部城市马戈纳（Magona），则把它描述成一片到处都是危险动物的贫瘠土地。两个社群之间存在一种敌对的平衡关系，当圣斯蒂芬（St Stephen）的圣物出现在岛上时，这种平衡被打破了。突然，基督徒抛弃了他们一贯的懈怠，开始试图改变犹太人的信仰；对此，信中没有做出进一步的解释。为此，他们组织了塞维鲁和犹太人领袖之间的一场辩论。犹太人试图避免争论，基督徒在前往贾莫纳时，遭到了犹太人的攻击。两伙人打了起来，犹太教堂被烧毁。我们现在读到了信的一半，剩下的部分描述了各种各样的辩论如何让所有犹太人皈依基督教。540 人加入了教会。这种叙述手法显然受到了圣徒传记传统主题的影 526
响，我们应该避免将其解读为对事件的准确描述。

在整篇叙述中，塞维鲁试图表明他是如何达到教会的道德要求的。他最开始试图通过辩论来改变犹太人的信仰。正如我在其他地方讲到的，对于古代晚期的基督徒来说，说服和辩论是处理宗教冲突的恰当方式，在尝试说服之前就强迫别人是不合适的。劝说会使人直率而理性地接受自己的错误，并赞同正统的真理。事实上，塞维鲁小心翼翼地向读者证明他只打算讨论：他声明自己在信件的后面附上了已经准备好的文件，其中包含如何回答犹太人可能会提出的诸多问题。[24]现在，信的附录已经散佚，但提及它起到了修辞的作用，证明塞维鲁的意图是诚实的。事实上，信件的其余部分记录了至少四次讨论。

然而，在犹太教堂发生的冲突是整篇叙述中尚未定论的问题。在这一时期，破坏犹太教堂是非法的，塞维鲁显然是想推卸责任。首先，暴力的起因是犹太人：他们不同意进行辩论，而是收集武器，犹太妇女开始向基督徒投掷石头。其次，随后发生的暴力事件被渲染得完全没有恶意。塞维鲁承认他无法约束自己的教众，于是双方打了起来。然而，值得注意的是，没有人受伤。塞维鲁强调这一点，他断言，没有犹太人声称自己受到伤害，并提到了唯一的例外：一个基督徒奴隶从犹太教堂偷窃时被一块石头击中了。这样，塞维鲁就可以强调基督徒并没有从犹太教堂偷取任何有价值的东西，尽管他们确实没收了犹太圣书。最后，关键的事件，也就是犹太教堂着火这件事，只在一句话中被一带而过："一场大火烧毁了这座建筑除了书籍和银器的所有装饰品，还有建筑本身。"[25]信中没有提到这件事是如何发生的，而且在语言上有明显的偏差，建筑的烧毁在句法上表示为装饰被毁的连带结果。塞维鲁的信件被认为是颂扬反犹太暴力的，但它对暴力的描述相当委婉：事实上，它几乎没有提及暴力。

527 塞维鲁的这封信极尽狡辩之能事。一方面，信件力图向其他基督徒证明，没有发生不道德的事情。劝说是目的，而犹太教堂的骚乱是个令人惋惜但没有造成伤害的例外，从根本上是犹太人自己引起的。另一方面，它拒绝承担焚烧犹太教堂的所有法律责任。考虑到这封信是在事件发生一年后才被人们传阅的，他似乎是在面对法庭诉讼时寻求人们的支持。大约在同一时间，可能是为了寻求与这一事件有关的支持，塞维鲁的一个助手联系了奥古斯丁（Augustine）。[26]这封信并不是对暴力的赞颂，而是寻求消除塞维鲁在 418 年 2 月系列事件之后的余波里面临的道德谴责和法律挑战。信件否认了一切错误行为，重申了对非暴力皈依、辩论的首要地位和法律现状的普遍期望。

结　语

本章认为，传统上对古代晚期存在宗教暴力的确认妨碍了人们对这一时期的社会和宗教变化进行更为细致的分析，并且，将宗教暴力区分出来，阻碍了其在古代晚期暴力中的语境化。当然，也有宗教人士和宗教团体犯下的暴力行为，但值得怀疑的是，这些行为是否会为本应是一部包含共存和紧张气氛的复杂交响乐定下基调。如果人们经常要求社会理论提供更复杂的古代宗教互动的图景，包括暴力方面，那么我关注的是古代晚期资料呈现的暴力类别。事实上，毫无疑问，在古代基督教资料中，所有类型的暴力都频频出现在文献里。我认为，这是教会在道德上对自己和社会做出区分的产物。教会认为自己是和平的，于是社会就成了挥剑者。这一观点有其局限性，与现代人的感受有些格格不入：它把日常社会关系中的战争和胁迫（包括对下属的体罚）排除在外。在和平时期，从道德的角度来讲，人们认为流血事件应该被禁止：例如，死刑就受到了人们的质疑。在这些限制条件下，道德期望产生了，人们通过道德期望来评判一个人。在教会内部发生激烈冲突的背景之下，对突破道德界限的指控层出不穷便不足为奇了，这就是基督徒对基督教冲突的叙述经常强调其暴力性质的原因之一。反 528
过来，教会和社会之间的区别，被嫁接在基督教和前基督教即异教时代的对立之上。以血祭和由此引发的迫害为例，从根本上来说，异教被视为一种暴力的宗教。正如鲁菲努斯所描述的，异教实施了真正的神圣暴力，这源于它作为宗教的本质。这显然是对异教的一种严厉指控，它给后来对基督教团体的迫害指控带来了辛辣的讽刺：迫害行为最初是异教所为，是罪恶的神圣暴力的再现。这种投射到现实中的道德网络，与对宗教和历史的特定理解有关，让我们看到了古代晚期的暴力。鲁菲努斯和塞维鲁的辩护就是基于这些前提。如果这对现代历史学家来说是一个挑战，那么对当时的参与者来说也是一个挑战。正如我们在米诺卡岛的塞维鲁的例子中看到的那样，这也引起了人们的注意，古代晚期的基督教社会仍然与基督教提出的理想状态相距甚远。

参考论著

以下著作或多或少地借鉴了传统范式，为人们的进一步阅读提供了良好的起点。Frank R. Trombley, *Hellenic Religion and Christianization: c. 370–529* (Leiden: Brill, 1993)探讨了所有关于异教生存的证据，并想尽最大可能去解读这些证据。Johannes Hahn, *Gewalt und religiöser Konflikt: Studien zu den Auseinandersetzungen zwischen Christen, Heiden und Juden im Osten des römischen Reiches (von Konstantin bis Theodosius II)* (Berlin: Akademie Verlag, 2004)表明宗教暴力从表面上看是根植于当地的社会冲突的。暴力在身份形成和确认中的作用是下面这部作品的核心内容，即 Michael Gaddis, *There Is No Crime for Those Who Have Christ: Religious Violence in the Christian Roman Empire* (Berkeley: University of California Press, 2005)，该书也探讨了殉道和迫害之间的相互谴责。Marie-Françoise Baslez, *Les Persécutions dans l'antiquité: victimes, héros, martyrs* (Paris: Fayard, 2007)关注的不仅是古代晚期。托马斯·西兹戈里奇（Thomas Sizgorich）在他的著作 *Violence and Belief in Late Antiquity: Militant Devotion in Christianity and Islam* (Philadelphia: University of Pennsylvania Press, 2009)中研究了殉道和禁欲主义之间的纠葛及其在从古代基督教到早期伊斯兰教的暴力中的作用，强调了武装分子的忠诚在社群边界巡逻中起到的作用。Maijastina Kahlos, *Forbearance and Compulsion: The Rhetoric of Religious Tolerance and Intolerance in Late Antiquity* (London: Duckworth, 2009)盘点了古代晚期基督徒讨论宽容的方式。Brent Shaw, *Sacred Violence: African Christians and Sectarian Hatred in the Age of Augustine* (Cambridge: Cambridge University Press, 2011)是一本研究多纳图派教派活动的书，该书将其置于社会和政治的背景之下。Marie-Françoise Baslez (ed.), *Chrétiens persécuteurs: destructions, exclusions violentes religieuses au IVe siècle* (Paris: Albin Michel, 2014)提供了一种案例研究的样本，并表明了对基督徒暴力行为的看法。

529 对这种范式的批评，具体参见 Jan Bremmer, 'Religious Violence and Its Roots: A View from Antiquity', *ASDIWAL. Revue genevoise d'anthropologie et d'histoire des religions* 6 (2011), pp. 71–9，同时，'Religious Violence between Greeks, Romans, Christians and Jews', in A. C. Geljon and R. Roukema (eds.), *Violence in Ancient Christianity: Victims and Perpetrators*

(Leiden: Brill, 2014)强调了对古代证据带有偏见的解读，以及将一神论与暴力混为一谈的观点缺乏理论基础。Wendy Mayer, 'Religious Conflict: Definitions, Problems and Theoretical Approaches', in W. Mayer and B. Neil (eds.), *Religious Conflict from Early Christianity to the Rise of Islam* (Berlin: De Gruyter, 2013), pp. 1-19 概述了这些观点，并强调了神经科学的重要性，它为人类（以及宗教）生活中情感和暴力扮演的角色提供了更丰富的画面。本章主要依靠 Peter Van Nuffelen, *Penser la tolérance dans l'antiquité tardive*(Paris: Éditions du Cerf, 2018)这部思想史，它讲述了说服和强迫在古代晚期如何被概念化，并进入与现代概念的对话。William T. Cavanaugh, *The Myth of Religious Violence: Secular Ideology and the Roots of Modern Conflict* (Oxford and New York: Oxford University Press, 2009)对宗教与暴力之间的联系进行了广泛的评论。Harold A. Drake, Emily Albu and Jacob Latham (eds.), *Violence in Late Antiquity: Perceptions and Practices* (Aldershot: Ashgate, 2006)的部分内容尤其有价值，对宗教暴力持批评观点。

德雷克、阿尔布（Albu）和莱瑟姆（Latham）的著作也为探讨其他类型的暴力提供了很好的起点，可参见 Hélène Ménard, *Maintenir l'ordre à Rome: IIe-IVe siècles ap. J.-C*(Seyssel: Champ Vallon, 2004),该书研究的重点是公共秩序；Rene Pfeilschifter, *Der Kaiser und Konstantinopel. Kommunikation und Konfliktaustrag in einer spätantiken Metropole* (Berlin: De Gruyter, 2013)，这是一部关于君士坦丁堡民众骚乱的专著，重点关注的是皇帝，但里面有很多关于骚乱的材料。Jens-Uwe Krause, *Gewalt und Kriminalität in der Spätantike* (Munich: C. H. Beck, 2014)是关于古代晚期犯罪暴力的首部综合性论著，强调国家是发生暴力的主要原因。Julia Hillner, *Prison, Punishment and Penance in Late Antiquity*(Cambridge: Cambridge University Press, 2015)研究了基督教接受传统改革观念之背景下的苦行和监禁。对于普通人在教义纷争和暴力中发挥的作用，下面这部著作至关重要：Michel-Yves Perrin, *Civitas confusionis. De la participation des fidèles aux controverses doctrinales dans l'antiquité tardive (IIIe s.-c. 430)* (Paris: Éditions Nuvis, 2016)。亦可参见 Júlio César Magalhâes de Oliveira, *Potestas populi: participation populaire et action collective dans les villes de l'Afrique romaine tardive (vers 300 - 430 apr. J.-C)* (Turnhout: Brepols, 2012)。Troels M. Kristensen, *Making and Breaking the Gods: Christian Responses to Pagan Sculpture in Late Antiquity* (Aarhus: Aarhus University Press, 2013)这部著作主要从考古学的角度研究了异教雕像的破坏问题。

注 释

1. Johannes Hahn, 'The Challenge of Religious Violence: Imperial Ideology and Policy in the Fourth Century', in J. Wienand (ed.), *Contested Monarchy: Integrating the Roman Empire in the Fourth Century AD* (New York: Oxford University Press, 2015), pp. 379-404, at p. 379.
2. David Nirenberg, *Communities of Violence: Persecution of Minorities in the Middle Ages* (Princeton, NJ: Princeton University Press, 1996).
3. 这个观点现在通常与下面的这部著作联系在一起：Jan Assmann, *The Price of Monotheism* (Stanford, CA: Stanford University Press, 2010)。
4. 近期的论著为 Harold A. Drake, 'Intolerance, Religious Violence and Political Legitimacy in Late Antiquity', *Journal of the American Academy of Religion* 79. 1 (2011), pp. 193-235。有关古典宽容之修辞的谱系，参见 Joachim Losehand, '"The Religious Harmony in the Ancient World": Vom Mythos religiöser Toleranz in der Antike', *Göttinger Forum für Altertumswissenschaften* 12 (2009), pp. 99-132。
5. D. H. Williams, 'Constantine, Nicea, and the "Fall of the Church"', in L. Ayres and G. Jones (eds.), *Christian Origins: Theology, Rhetoric and Community* (London: Routledge, 1998), pp. 117-36.
6. 下面的这些书名很有说服力：Eberhard Sauer, *The Archaeology of Religious Hatred in the Roman and Early Medieval World* (Stroud: Tempus, 2003); Polymnia Athanassiadi, *Vers la pensée unique: La montée de l'intolérance dans l'antiquité tardive* (Paris: Belles Lettres, 2010)。
7. Lib. 30. 8. Cf. Luke Lavan's introduction to L. Lavan and M. Mulryan (eds.), *The Archaeology of Late Antique Paganism* (Leiden: Brill, 2011), pp. xv-lxv.
8. Wolfram Kinzig, 'Juden und Christen in der Antike. Trennungen, Transformationen, Kontinuitäten und Annäherungen', in R. Hvalvik

and J. Kaufman (eds.), *Among Jews, Gentiles and Christians in Antiquity and the Middle Ages. Studies in Honour of Professor Oskar Karsaune on his 65th Birthday* (Trondheim: Tapir Academic Press, 2011), pp. 129–56.

9. Stephan Emmel, 'Shenoute of Atripe and the Christian Destruction of Temples in Egypt: Rhetoric and Reality', in J. Hahn, S. Emmel and U. Gotter (eds.), *From Temple to Church: Destruction and Renewal of Local Cultic Topography in Late Antiquity* (Leiden: Brill, 2008), pp. 161–201.

10. Peter Van Nuffelen, 'Not the Last Pagan: Libanius between Elite Rhetoric and Religion', in L. Van Hoof (ed.), *Libanius: A Critical Introduction* (Cambridge: Cambridge University Press, 2014), pp. 293–314.

11. Eric Rebillard, *Christians and Their Many Identities in Late Antiquity, North Africa, 200–450 CE* (Ithaca, NY: Cornell University Press, 2012); Wendy Mayer, 'Religious Conflict: Definitions, Problems and Theoretical Approaches', in W. Mayer and B. Neil (eds.), *Religious Conflict from Early Christianity to the Rise of Islam* (Berlin: De Gruyter, 2013), pp. 1–19.

12. Bernard Palme, 'Political Identity versus Religious Distinction? The Case of Egypt in the Later Roman Empire', in W. Pohl, C. Gantner and R. Payne (eds.), *Visions of Community in the Post-Roman World: The West, Byzantium and the Islamic World, 300–1100* (Farnham: Ashgate, 2012), pp. 81–98.

13. Josef Lössl, 'Sprachlich-ästhetische Darstellung und "Anwendung" von Gewalt in Texten frühchristlicher Apologeten – Das Beispiel der Rede Tatians an die Griechen', *Zeitschrift für Religionswissenschaft* 20 (2012), pp. 196–222.

14. Eunap. *VS* 6.21; Socrates, *Hist. eccl.* 5.16; Sozom. 5.7; Theodoretus, *Ecclesiastical history* 5.22. 对这一事件最详细的分析，参见 Johannes Hahn, *Gewalt und religiöser Konflikt: Studien zu den Auseinandersetzungen zwischen Christen, Heiden und Juden im Osten des römischen Reiches (von Konstantin bis Theodosius II)* (Berlin: Akademie Verlag,

2004), pp. 15-120。

15. Rufinus, *Ecclesiastical History* 11. 22; Philip R. Amidon (trans.), *The Church History of Rufinus of Aquileia, Books 10 and 11* (New York: Oxford University Press, 1997).
16. Rufinus, *Ecclesiastical History* 11. 22-3.
17. Lib. 45. 27. Peter Van Nuffelen, 'The Unstained Rule of Theodosius II: A Late Antique Panegyrical Topos and Moral Concern', in T. Van Houdt and G. Roskam (eds.), *Imago Virtutis* (Leuven: Peeters, 2004), pp. 229-56; Christopher P. Jones, *Between Pagan and Christian* (Cambridge, MA: Harvard University Press, 2014), pp. 61-77.
18. August. *De civ. D.* 18. 52.
19. 关于这一点的详细论述，参见 Philip Buc, *Holy War, Martyrdom, and Terror: Christianity, Violence, and the West* (Philadelphia: University of Pennsylvania Press, 2015), p. 153: 'In early Christian theology, martyrdom moved history forward'。
20. E. g. August. *Ep.* 185. 3. 12. Cf. Michael Gaddis, *There Is No Crime for Those Who Have Christ: Religious Violence in the Christian Roman Empire* (Berkeley: University of California Press, 2005).
21. Optatus, *Against the Donatists*, app. 9; Sozom. *Hist. eccl.* 7. 15.
22. Eutherius of Tyana, *Antilogia* 1.
23. Scott Bradbury, *Severus of Minorca. Letter on the Conversion of the Jews* (Oxford: Clarendon Press, 1996).
24. Severus, *Letter* 8. 1-2; Peter Van Nuffelen, 'The End of Open Competition? Religious Disputations in Late Antiquity', in D. Engels and P. Van Nuffelen (eds.), *Competition and Religion in Antiquity* (Brussels: Société Latomus, 2014), pp. 148-71.
25. Severus, *Letter* 13. 13.
26. August. *Ep.* 11* and 12*.

第五部分

暴力、犯罪和国家

26 古典时期雅典的暴力、法律和社会

马修·特兰德尔

近期关于希腊世界的暴力这一主题，论述得最为详尽的是 533
维尔纳·赖斯（Werner Reiss），他将暴力定义为“一种身体行为”，并进一步说明，这是一个过程，“在这个过程中，人类通过身体力量对另一个人造成伤害”。[1]无论是形而下学的还是形而上学的暴力，都与理论上的权力概念和有害的、非法的、不道德的力量密切相关。表示暴力的希腊语单词 *biasmos/biaiotês*，是暴力的人（*biaios*）的同义词，与早期的希腊语词形 *biê/bia*（力量或体力）密切相关，这些单词有着生命力以及生命（*bios*）本身的深刻内涵。因此，生命和暴力作为“在许多语言中词源学上的近邻”，两者有着密切的联系。由此，大卫·基什克（David Kishik）注意到希腊语中表示暴力的单词与其他印欧语系语言的联系，如拉丁语 *vita* 和 *vis*，梵文中的 *jivah* 和 *jiya*，以及印欧语的 * *guiuos* 和 * *guiie*。[2]斯帕里奥苏（Spariosu）提出了一种古老的希腊思维方式，即人们不仅“从权力的角度”看待死亡，也从这个角度看待生命，他写道：“*bios*（生命）和 *bia*（武力、暴力）似乎有很强的家族相似性。”[3]有趣的是，动词 *biaô*（在史诗中的形式是 *biazô*）暗指积极主动性较弱的暴力，是“去约束”而不是发动猛烈攻击。这几乎是暴力和侵略性行为的对立面；事实上，它暗示了一种对这类行为的防御。在希腊思想中，与暴力密切相关的往往是

傲慢或狂妄的想法。狂妄通常被解释为一种咄咄逼人的傲慢，因此它是暴力的一种形式。《奥德赛》的作者在描述王宫中追求者的行为时，在同一从句中把欧迈俄斯（Eumaeus）与狂妄
534 和 *bia* 联系在一起，这两者都是暴力的行为和傲慢的行为。暴力与狂妄之间重要的关联性不应被忽视，因为现代学者在资料来源中注意到了狂妄和暴力之间的联系，也因为当 *hybristês* 作为有暴力倾向之人的意思讲时，既包括傲慢，也包括暴力行为。[4]学者不仅把狂妄作为希腊背景下赢家与输家或荣誉与耻辱之间零和关系的例证，而且在性暴力案件中尤其如此。正如科恩指出的，亚里士多德建议统治者避免对自由民实施暴力和对儿童进行性侵犯。[5]事实上，希腊男人关注性暴力，尤其是涉及他们自己和他们的亲属，特别是涉及女性亲属时，尽管殴打自己的妻子并不会带来耻辱。希腊人将强奸本身等同于任何针对家庭的暴力行为（*biasmos*）。

随着时间的推移，希腊人对暴力的理解发生了变化，特别是随着城邦的联合，法律在希腊社会中发挥了更大的作用。暴力更多是早期希腊神话和希腊文学的基础。在神话故事中，比亚（Bia）是身体暴力的化身，是帕拉斯［Pallas，提坦（Titan）战神］和斯堤克斯（Styx，冥界边界冥河的化身）的女儿。她也是泽拉斯（Zelus，自豪、光荣）、尼刻（Nike，胜利）和克拉托斯（Cratus，力量）的姐妹。这些兄弟姐妹中的每个人都与身体成就和军事成就密切相关。[6]有趣的是，暴力的神话化身是女性比亚，而现实世界的大多数暴力行为是男性实施的。荷马史诗《伊利亚特》和《奥德赛》创作于约公元前 1150 年青铜时代迈锡尼文明崩溃至公元前 6 世纪，是最早的希腊文学，展示了暴力对社会秩序、财富和政治权力的重要

性。《伊利亚特》讲述了在攻打特洛伊的战争中，阿伽门农（Agamemnon）和阿喀琉斯发生激烈争吵的故事。《奥德赛》以暴力的循环往复作为结尾，王宫中所有追求者的死亡都需要他们的亲属（更不用说那些和他们睡过的女奴）进行暴力报复。暴力引发新的暴行，死亡带来无休止的仇杀，人们就这样 535
陷入了冤冤相报的循环。在《奥德赛》的结尾，雅典娜出面干预，这才阻止了进一步的暴力发生。格雷戈里·纳吉（Gregory Nagy）认为，在早期希腊人的思想中，*menos*（凶猛），*sthenos*（体力），*bia*（武力），*is*（体力、武力），*kratos*（神圣的、有形的力量）和 *dunamis*（力量）等词都表示身体能力，但后来，尤其是到了柏拉图时代，这些词语更加抽象了，不仅仅用来描述身体的力量。[7]我们可能会注意到修昔底德将克里昂（Cleon）描述为最暴力的（*biaiotatos*）公民，这是根据他的性格而不是他的身体动作，更不是根据他的身体能力。[8]希腊人意识到，随着时间的推移，一些希腊社会中也发生了类似的变化，这些变化与无处不在的暴力或暴力的威胁有关。因此，修昔底德注意到，在他的时代，某些希腊部落的人仍然在公共场所携带武器，这是过去的袭击和社群间无处不在的暴力的遗风。他说雅典人是率先放下武器，采取更和平的生活方式的人。[9]

古典时期（公元前479—前336年）

雅典的社会和民主

修昔底德可能认为公元前5世纪的雅典人相比于他们的前辈生活在一个更加和平的时代，但实际上，暴力在古典时期的雅典社会中也发挥了核心作用。从理论上讲，伤害同胞的身体是非法的，但在现实中时有发生。人们认为暴力在民主政治或社会中没有发挥重要的作用。然而，即使在关于理想社会的哲学论述中，身体力量仍然被认为是必要的。柏拉图的理想国需要军事武装，而亚里士多德认为暴力是维持秩序、安全和地位的必要手段，尤其是维持对奴隶的统治。[10]维尔纳·赖斯探讨了古典时期晚期雅典国家（作为共同体）限制和遏制人际暴
536 力与公民个人维护和捍卫自身权益之间的竞争。公民个人可能需要为人身和财产进行身体攻击和身体防御。现代学者倾向于将雅典视为早期公民美德的典范，在那里，公民之间的暴力通过大众法庭和法治得以缓和，或者法律只是简单地扩展了作用机制，让相互竞争的公民和家庭除了进行形而下学的斗争，还进行形而上学的斗争。[11]维尔纳·赖斯指出了雅典社会中关于暴力的两种截然不同的立场。法律历史学家认为雅典的民主及其相关法律程序可以减轻暴力。因此，古典时期雅典的法律既不同于过去，也不同于其他希腊城邦（以及其他民族）。另外，也有一些人持更宽广的、更偏向于人类学的视角，认为法律活动只是法外暴力的延伸，而不是减少身体攻击的手段。双方孰对孰错，一看便知。

雅典的法律体系是雅典民主的基石，因此在很多方面是独一无二的。然而，在雅典社会中，在执行法律或保护个人权利时需要自助，这接近于治安维持主义。尽管法律认可这种治安维持主义，精英公民享有专属权力，他们可以利用法律制度牺牲他人甚至是生活在社群中的地位较低的公民，从而为自己谋取利益。当我们阅读古代文本中公元前 4 世纪的法律演讲和旁证故事时，这些都是不言而喻的。显然，这个重要问题需要判断理论和实践之间存在的差异。科恩意识到，“争论在很大程

度上转向了业已成为陈词滥调的报应、威慑和恢复名誉，或者从福柯式的角度来看，就是现代国家行使不断增大的纪律惩戒权”。[12]重要的问题仍然没有解决，国家或个人对违法行为采取 537
暴力的模式在多大程度上适合古典时期的雅典？

雅典法庭及其相关证据，主要出现在公元前5世纪最后几年和公元前4世纪的法律演讲文集中，它们更倾向于呈现雅典实践的理论化和理想化的图景。加布里埃尔·赫尔曼（Gabriel Herman）提出了一个乐观的观点，他认为雅典社会“必须被归入前工业时代欧洲暴力较少的社会”。[13]他的结论基于四个要点：手无寸铁的公民；没有激进的思想观念；缺乏以仇杀、决斗和血仇为基础的文化；以及它的司法系统。但是，我们看到，一些法律案件说明争端各方实际上处理的是暴力事务和法律自助的问题，个人在法庭胜诉后，还需要用自己的行动和资源从对手那里索取赔偿，因此，个人行为而非社群驱动的行为是雅典社会法律体系的核心部分。用不太极端的说法就是，它要求公民对同胞使用武力以获得正义。正如我们将要看到的，对古代资料中的例子进行分析，结果表明，暴力在古典时期雅典的社会中无处不在。它存在于社群成员之间，甚至是社群中的上层人士之间，无论是低强度的侵犯、威胁和胁迫，还是直接的身体暴力，包括谋杀，甚至在雅典的民主制度和法庭中也存在暴力。

因此，我们的许多雅典资料将暴力与寡头和贵族联系在一起，尤其是与公元前411年的政变相联系，修昔底德将这次政变与私人隐蔽的谋杀和暴力袭击联系在一起，这可能是一种误导。[14]更重要的是，在公元前404—前403年三十僭主短暂统治雅典期间，他们严重的侵犯和暴力行为引起了后世作家的广泛评论和批评。显然，在希腊人中，只有斯巴达人鼓励一个公民对另一个公民进行人身攻击，当然这是在可控的环境下进行的。斯巴达人在国外旅行和与其他希腊公民交往时，都背负着这种名声。于是，斯巴达统治者帕萨尼亚斯在赫勒斯滂（Hellespont）疏远了他的希腊同胞，因为他在波斯入侵希腊之后使用了体罚，克利阿科斯在远征战役中也对他指挥的雇佣军做了同样的事情。[15]然而，雅典的民主制度却因其在海外的暴 538 行而闻名，在公元前 5 世纪的帝国时期，雅典人摧毁城邦，杀害男人，奴役妇女和儿童，甚至在雅典，民主主义者也能像他们的寡头同胞一样实施暴力行为。例如，大多数卷入公元前 411 年政变的人死于民主支持者之手，死者中最著名的可能就是普律尼科司（Phrynichus）了，他在雅典的广场上，在众目睽睽之下被当场砍死。这是一种没有得到任何法律许可的暴力行为，是一场精心策划的事件。也许颇具讽刺意味的是，杀死普律尼科司的凶手逃脱了法律诉讼，照样享有尊重、权利和特权，就和雅典其他所谓的诛戮暴君之人一样。[16]

现在人们常把雅典民主比喻成军事机器，它需要越来越多的雅典公民去服役，特别是为雅典海军。几项研究证明了公元前 5 世纪雅典人的军事化特点。事实上，现在的许多学者认为，民主本身很可能是造成公元前 5 世纪雅典人的思想兼具专横和暴力特征的原因。修昔底德对雅典决策的评价大致上也表明了这一观点。雅典人经常以重装步兵或海军士兵的身份并肩作战，服兵役使他们习惯于实施极端暴力的行为。[17]即使是桨手也可能被要求像轻步兵一样去战斗，或者在海上用船桨把对手打死。我们都知道，古希腊男性公民比我们今天的任何人都更有可能经历战争。在古典时期，雅典每三年中就有两年处于战争状态。雅典人在三列桨座战船上当桨手的可能性，或者，如果足够富裕的话，参加重装步兵方阵之战斗的可能性，肯定比其他来自小型社群的希腊人的更高。男人发动了战争，而战争也造就了男人，军事斗争会使男人对各种程度的暴力麻木不仁。雅典人并不反对投票支持大屠杀。在伊哥斯波塔米（Aegospotmi）灾难之后，色诺芬回想起一份关于被摧毁城镇和被奴役人口的令人沉痛的（且不完整的）名单，这进一步说明了雅典帝国的暴力。[18]修昔底德（3.82）谨慎措辞，当他 539
写道，在这一时期（和其他时期一样）“战争是一个充满暴力的老师”时，他着重使用了 *biaios* 这个词。

然而，在非军事的环境下，暴力也渗透进雅典社会。奴隶主殴打奴隶，或者城邦在让奴隶作证时拷打他们，这些都是合法的行为。死刑是把罪犯钉在木板上或从岩石上扔下去处死。体罚并不少见。[19]阿克那里翁（Anacreon）指出，一个叫阿特蒙（Artemon）的人是个坏蛋（*poneros*），他习惯于整日戴着枷锁，并受到鞭打。[20]阿克那里翁的诗歌暗示了人们常常这样对待地位较低的人。针对妻子和孩子的家庭暴力激增。[21]涉及动物的传统暴力活动（如斗鸡和狩猎）也很多，更不用说包括动物祭祀在内的神圣仪式中固有的暴力了。[22]

在这种情况下，暴力在管理雅典人的社会关系和划分社会政治群体方面发挥了至关重要的作用。它的实施强化并认可了社会各阶层的分界线。因此，暴力承认并加强了这种差异，在这种差异中，施暴者和受害者界定了主动与被动、男性与女性、自由人与奴隶、公民与非公民的不同。考虑到这一切，杰森·克劳利（Jason Crowley）指出，雅典人“对低强度的暴力具有很高的容忍度”，对此，他补充道，“难怪雅典人之间的互动可

能是，而且实际上经常是，直截了当的暴力”。[23]然而，如果这是
540 真的，而且很可能是真的，那么这种容忍从何而来？暴力在多大程度上是古典时期希腊人尤其是雅典人真实生活经历的一部分？不幸的是，我们无法知道这一点，但我们可以从不同类型的证据中看出雅典社会的暴力程度并看到对暴力的描述。

雅典舞台上的暴力

雅典舞台上的悲剧充斥着身体力量、暴力冲突和暴力死亡。即使是我们所知甚少且只有一部幸存的历史悲剧，似乎也描绘了不远过去的暴力时刻。希罗多德告诉我们，（我们已知的第一部历史悲剧）《米利都的陷落》（*The Destruction of Miletus*）的作者是普律尼科司（不是那个寡头），这出悲剧让雅典人深感不安，因为它描述了公元前 494 年发生的对雅典盟友的围攻、俘获以及随后的屠杀和奴役。[24]唯一现存的历史悲剧《波斯人》（*The Persians*）是一部关于萨拉米斯（Salamis）大海战的戏剧。[25]很可能还有其他关于波斯战争以及波斯战争中战役的戏剧。《腓尼基女人》（*Phoenissae*）这部散佚的戏剧很可能描述了腓尼基舰队成员亲属在萨拉米斯海战失败后的反应。一定还有其他类似的历史悲剧。

现存的公元前 5 世纪的悲剧通常表现了社会和个人或家庭之间明显的紧张关系，以及彼此压制对方权力的欲望，这些内容通常被设定在神话语境中。因此，暴力被描绘成荷马式的报应和复仇，并引发了进一步的暴力报复，这是一种恶性循环，同时也是一种零和游戏。学者从喜好窥探以及教育的角度来看待这一点。威廉·艾伦（William Allan）认为，驱使当时的雅典人渴望惩罚的动机同样适用于过去的英雄们寻求报复、复仇

和正义，但法律已经成为实现这种报复的核心原则。因此，在公元前 5 世纪的雅典舞台和法庭上，复仇仍然是正义的重要主题。所以，他认为，到公元前 5 世纪，“实现正义（*timôria*）的进程发生了根本性的转变”。当然，他注意到，法庭上的陪 541
审员也曾是悲剧的观众。[26]理论上讲，城邦的法律意味着，在《俄瑞斯忒亚》（*Oresteia*）等三部曲中，妻子谋杀丈夫以及儿子杀害母亲的暴力悲剧体现的那种报复性正义，在公元前 5 世纪雅典的现实世界里是无法被容忍的。这样的戏剧是否以一种间接的方式说明了雅典人从希腊神话描绘的暴力循环中走出了多远？研究悲剧中复仇主题的主要学者安妮·皮平·伯内特（Anne Pippin Burnett）和艾伦一样，强调了报复在悲剧中的重要作用。这是很重要的一点，但正如艾伦所说，公元前 5 世纪的雅典人认识到个人恩怨对社会产生的负面影响，即便他们同情俄瑞斯忒斯（Orestes）为父亲之死复仇的愿望。[27]

同样，雅典的喜剧也充满了暴力行为。学者想当然地认为，舞台上的暴力表现是为了给观众创造优越感，使他们更加团结一致，粗俗地讲，就是为了给观众提供偷窥和放纵的娱乐。和悲剧一样，喜剧以娱乐为目的（就像现代电影一样），暴力（就像性）也很受欢迎。在公元前 5 世纪的雅典，性和暴力的结合是所谓的“旧喜剧”中常见的主题。因此，对性暴力的表现不仅使观众更团结，而且人们还认为这有助于得到“观众情感上的支持，重建和弥补丧失的阳刚之气”，在这个时代，雅典社群沉浸于或似乎试图沉浸于传统家庭（*oikos*）及其传统首领家主（*kyrios*）的权力。总而言之，悲剧和喜剧都是无法实现的欲望的发泄渠道，就像它们是社群的娱乐一样。因此，鲁弗尔（Ruffell）说《云》的结尾充满了令人吃惊的喜剧暴力和幸灾乐祸式的（*schadenfreude*）幽默，结果使得斯特瑞普西亚德（Strepsiades）想要烧死学生们。他进一步指出，在《蛙》（*Frogs*，605–673）中，最详尽的暴力展示是酷刑场景。在故事中，每个奴隶都把另一个奴隶供出来使之遭受折磨，然后爱考士（Aeacus）把两人都痛打一顿，看谁先发出惨叫。鲁弗尔认为，整个过程都依赖这样一个事实，那就是奴隶已经习惯了挨打，甚至他们就应该挨打。当然，我们还要补充一点，把奴隶送去接受法律酷刑以获取法庭审判他们主人的证据，这
542 种行为是合法的。像《地母节妇女》（*Thesmophoriazusae*）、《利西翠妲》和《公民大会妇女》（*Ecclessiasuzae*）这样的戏剧中的性暴力展示了舞台上暴力和性的中心地位。鲁弗尔认为《地母节妇女》“毫无疑问”是最暴力的戏剧。他将谟涅西罗科斯（Mnesilochus）从穿衣打扮到被烧掉毛发，再到被拔掉毛发的过程看作一种长时间的折磨，并认为这依赖“对喜剧中男性受虐待的享受”。鲁弗尔总结道：“在这三出戏中，观众的乐趣在于观看男性公民在暴力和/或性方面受辱。”

在戏剧舞台之外，公元前 5 世纪和公元前 4 世纪的雅典似乎是一个充满暴力的地方，即使有法庭和一系列适当的司法程序。我们的证据表明，城邦没有任何基础设施或机制来禁止身体伤害，即便是在理论上受法律保护的公民之间，更不用说成千上万的阿提卡居民，妇女、儿童、外邦人、外国人和奴隶都得不到城邦法律的保护。个人的地位以及随之而来的权力仍然是最重要的，使个人能够侵犯他人，也能保护自身和财产。亚西比德拒绝接受妻子向执政官巴西琉斯（Basileus）提出离婚申请的故事就极好地证明了这一点。根据普鲁塔克的说法，希帕里特去找执政官提出申请，但亚西比德抓住了她，强行把她

从市场带回家。[28]虽然她的行为举止得体，可由于需要她亲自提出离婚申请，没有人阻止她被强行拖走，离婚便无果而终。不久之后她就去世了，我们没能根据资料推断出她是怎么死的，普鲁塔克只在最后进行了评述，他认为这种暴力不是非法的（*paranomos*）或野蛮的（*apanthropos*）行为。上述生活片段从亚西比德另一个荒唐的暴力故事开始，在这个故事中，他殴打了自己的老师希波尼库斯（Hipponicus），不是出于愤怒，而是作为玩笑，作者将这种行为描述为纯粹的放浪形骸（*aselgeia*）。有趣的是，这一事件的结局是，作为对冒犯老师的惩罚，亚西比德去老师家接受殴打以谢罪。这两个故事都说明了贵族交往的法外和私人（如果这是恰当的词语的话）性质，也说明了身体接触在个人和权力关系中的作用。

暴力与雅典的法律制度

雅典社会有很多方面需要自给自足和自我救助。对于法律问题和大多数事情来说，确实如此。尽管有著名的斯基泰弓箭手——负责维持城市秩序的公共奴隶——存在，但城邦对自己的督管少之又少。公民必须要做很多可能被称为自我监管的事 543
情。理论上，雅典的法律似乎总是要求证人来证实对恶棍的指控。事实上，亨特认为，这创造了一种环境，在这种环境中，旁观者可能会卷入争吵而不仅是目击者。他们会积极地为那些身体受到伤害的人进行斡旋。蕾切尔·霍尔·斯腾伯格（Rachel Hall Sternberg）则反对这种观点，并认为，在之前没有任何关系的情况下，旁观者除作证外没有任何其他责任。[29]

可以说，关于暴力在真实的雅典人际关系中所扮演角色的问题，最生动的例证来自法律演讲。学者都很清楚，在雅典，以法律体系为代表的城邦与实现正义的自我救助之间存在松散的相互作用。这种关系的一个很好的例证来自伪德摩斯梯尼（Ps.-Demosthenes）演讲 47。演讲的开头讲述了一个漫长的传奇故事，描述了两个充满敌意的战船修造人，他们十分富有，需要指挥和资助维修一艘雅典海军舰船。第一位修造人，也就是这位演讲者的名字至今不详，但他的对手叫忒奥斐摩斯（Theophemus）。故事开始于忒奥斐摩斯拒绝交出城邦战舰［三列桨座战船（trireme）］的配套装备（*skeue*），他已经不情愿地把这艘战舰让给这位演讲者指挥。雅典政府的中央议事会通过了一项法令，允许修造人尽其所能募集这些装备，从而把这项权利赋予了我们的这位演讲者。值得注意的是，当演讲者试图收回装备时，忒奥斐摩斯打了他，并且在身体上战胜了他。然后，议事会建议演讲者通过告发（*eisangelia*）法规进行起诉，根据该项法规，任何公职人员都可能因其任期内的不当行为而遭到"弹劾"。因此，演讲者成功地起诉了忒奥斐摩斯，但只提出处以一笔小额罚款，同时要求就暴力进行仲裁。忒奥斐摩斯拒绝仲裁，双方就他们之间的暴力冲突对彼此提起了诉讼。对于演讲者来说，可悲的是，法庭首先审理了忒奥斐摩斯的诉讼，忒奥斐摩斯赢了官司。在接下来的复杂过程中，演讲者需要支付罚款，但他拖延支付，忒奥斐摩斯（及其亲戚）去演讲者的住处"追讨"等值的罚款，其间，一个自由人严重受伤，随后死亡。演讲者去 *exêgêtai* 也就是监督污染罪的宗教官员那里，请求允许并建议以杀害妇女的罪名将忒奥斐摩斯告上法
544 庭。他们拒绝了他的请求，但建议他通过其他方式进行报复。在伪德摩斯梯尼演讲 47 的这个案例中，我们的演讲者指控忒奥斐摩斯的兄弟和姐夫作为同谋，一起侵犯了自己的住宅，并

杀害了一名女性自由人。

整个事件说明了个人行动发挥的重要作用，而且从本质上讲，从一开始这就是属于城邦的问题——值得注意的是，城邦的航海装备从一个修造人手中被移交给他的继任者。更致命的是，这再次与地位有关。这个死去的女人尽管是自由人，但并没有被认为重要到需要为了她的权利而让宗教-法律机构的 *exêgêtai* 提起诉讼。严格来说，她既不是演讲者的家庭成员（如果她是奴隶的话，她就能够成为家庭成员），也不是雅典城邦的一分子（她不是某位公民的妻子、女儿或母亲）。以上两方面都表明了整个制度的私有化性质。城邦缺乏资源来帮助我们的演讲者主张法律规定的财产应该在一开始就归他所有，而当时城邦没有有形的机制来执行自己的法律决定。加布里埃尔·赫尔曼恰当地指出，“存在于雅典的执行法律的正式机构似乎完全不足以完成这项任务”。[30]马修·克莱斯特（Matthew Christ）从广义的角度把法律演说拆解为法律术语，因此私人的家庭代表着家庭的内部私室，这几乎是一个从城邦独立出来的领域，其他公民（因此也包括城邦）应该尊重这一领域。由此推而广之，我们可以认为，对住宅的侵犯与在街上殴打公民一样是种暴力行为。[31]

谋杀仍然是一种极端的行为，尽管对于女性自由人的死亡——这个人的死亡与伪德摩斯梯尼演讲 47 中那位演讲者的住宅有关——*exêgêtai* 的态度模棱两可。即使被谋杀的人是受抚养者，这样的事情也需要涤罪和关注。最著名的是柏拉图的对话《游叙弗伦》（*Euthyphro*），这篇对话围绕着两个没有公民身份的人死在苏格拉底的对谈者的父亲家中的故事展开。父亲把杀死一个家庭奴隶的受抚养的雇工（*pelatês*）绑了起来，并任由他死去。儿子决定以谋杀罪（*dikê phonou*）将父亲告上法庭。苏格拉底似乎对这些事件感到惊讶，赖斯认为，大多数雅典人
545 不会关心这个雇工的死亡，更何况他还是谋杀犯。[32]当然，整个问题为柏拉图关于正义的对话提供了一个极好的平台。

尽管公元前 5 世纪的雅典是民主的，尽管它有民主的法庭和公民思想体系，但从任何角度来讲，正义都属于家庭和人际关系的领域。在自助（治安维护）和城邦参与（法律）的问题上，城邦和个人之间松散的关系很好地说明了这一点。甚至在古典时期的雅典，在某些特定情况下，谋杀也保留了传统的惩罚规范，而不是进行家族式的复仇。公民有权杀死任何未被邀请而进入其住所的人，如果他认为这些人对自己构成了威胁或来者是小偷，他还可以杀死任何对其妻子或他管辖的任何女性亲属进行性侵犯的人。这甚至包括他的朋友们，如果他的妻子在屋里，而他们却趁他不在家的时候，进入了他的房子。关于这种法律的执行，最著名的论述是利西阿斯（Lysias）的演讲《论埃拉托色尼之死》（*On the Death of Eratosthenes*）。在这篇演讲中，控方声称欧菲勒图斯（Euphiletus）利用法律谋杀了他在家中“抓住”的人，“他的妻子”之前邀请这个人去家里；而辩方则称，欧菲勒图斯只是在行使他由来已久的捍卫自己家庭的权利。被告的论点援引了入侵者侵犯公民家庭的私室和侵犯其家庭的边界，相当于侵犯公民领地的物理空间的观念。赖斯在这个案例中发现了“古代和现代的暴力观念之间的重叠和冲突”。[33]

暴力和三十僭主

在结束本章的论述之前，让我们再仔细审视一下雅典最臭

名昭著的一次大规模暴力事件，这是在伯罗奔尼撒战争（公元前 431—前 404 年）后的三十僭主统治时期发生的。根据我们的资料，寡头杀害了大约 1500 名公民和城市居民。因此，安德鲁·沃尔珀特（Andrew Wolpert）写道："三十僭主进行了一场在古典雅典历史上前所未有的系统性政治谋杀运动。"[34]
在雅典的民主意识形态中，民主政体公然地依法杀人，僭主统 546
治和寡头集团秘密地、非法地进行杀戮。三十僭主的谋杀强化了这一信念。事实上，马丁·奥斯特瓦尔德（Martin Ostwald）认为，大概在三十僭主看来，雅典不可能被"简单地概括为没有暴力的地方"，因此谋杀是"掌权者"政治计划的一部分。[35]正如沃尔珀特指出的，"一旦三十僭主阴谋推翻民主，以狭隘的寡头政治取而代之，暴力就会成为他们统治的必要且不可分割的一部分"。[36]不管三十僭主的真实目标和行动是什么，他们的失败决定了其暴政的遗留问题将作为公元前 4 世纪重新出现的民主城邦中的暴力和秘密而被人们铭记。我们的证据反映了这样的图景。因此，在这种环境下，暴政、寡头政治和法外谋杀在民主传统中错综复杂地联系在一起。

结　语

无论哪种形式的暴力，谋杀或"只是"口头谩骂，都是个谜一样的概念。"暴力"一词——相当于力量、武力、侵犯或身体伤害——本身意味着愤怒、缺乏控制和非法，但正如我们看到的，它也意味着防御和保护的行动。在古希腊人的思维中，暴力的意思随着时间的推移而发生改变，就像所有词语一样。雅典人作为一个公民群体也许接受了这些变化，因为他们变得更为民主，群体性更强。雅典人在公元前 5 世纪和公元前

4 世纪的民主中理解并接受了这样一种思想观念，也就是拒绝英勇的仇杀以及公然和蓄意的暴力，就像荷马的荣誉准则认可的那样，尽管他们仍然认识到（就像我们今天认识到的）家族争斗满足了基本需求，还有个人复仇在实现正义中的重要性。于是，这些准则在悲剧和喜剧的舞台上呈现出来，也许还会在法庭上演，而法律诉讼补充（不一定取代）了家庭暴力。它们甚至在法律现实中发挥作用，通过强制执行法律制裁确定的责任分配，从而对受冤屈的个人进行城邦裁决。民主时期的雅典人仍然在同社群、城邦的概念做斗争，与之相对的是个人
547 责任和家庭自治。尽管城邦朝着社会-政治统一的方向大步前进，但古典时期城邦中暴力的作用表明了个人、家庭和社群之间持续的紧张关系。

最终，古代雅典城邦本身没有能力系统有效地通过或执行其决定，特别是关于其所有成员（这里包括男性公民和其他非公民成员）的决定。此外，城邦无法确保个人每天的安全。当受到暴力和他人伤害的挑战时，家庭福祉、安全和荣誉很可能要通过暴力和非法的手段来保护，因为城邦的执法机构越来越衰弱。我们从荷马史诗中得到的证据表明，这很可能是早期希腊环境中的常态。这样一个以个人和英雄主义为基础的“自助”社会建立的传统，以及以家庭和个人责任而不是社群为中心的传统，很好地解释了为什么雅典人会以一种可以接受的方式来有效利用城邦和个人的暴力，并轻易地接受这两种暴力。一方面，城邦的权力通过法律、法庭和社群来改善暴力的状况，使整个社群更有凝聚力、更强大；另一方面，个人及其家庭的利益确保了这个体系能够“顺利”运转，而不考虑那些被卷入其中的人（非公民）。没有暴力，就没有城邦和家

庭——雅典人深知这一点。

参考论著

Werner Riess, *Performing Interpersonal Violence: Court, Curse, and Comedy in Fourth Century BCE Athens*(Berlin: De Gruyter, 2012)是近年来关于古典时期希腊暴力问题最重要的一部著作。赖斯将自己的研究范围限制在公元前420年以后的雅典剧场和法庭。他将战争中的暴力和希腊生活中的宗教等重要话题留给他人讨论。希腊人关于暴力的理论概念确实值得进一步斟酌。然而，下列论著对其进行了很好的阐述：Andrew W. Lintott, *Violence, Civil Strife and Revolution in the Classical City* (London: Routledge, 1982); David Kishik, 'Life and Violence', *Telos* (2010), pp. 143–9; M. I. Spariosu, *God of Many Names: Play, Poetry and Power in Hellenic Thought from Homer to Aristotle* (Durham, NC and London: Duke University Press, 1991)。Eli Sagan, *The Lust to Annihilate: A Psychoanalytical Study of Violence in Ancient Greek Culture* (New York: Psychohistory Press, 1979)对荷马式英雄的暴力规范在后来的希腊社会中所起的作用持悲观看法，因为这导致了过度暴力的古典文化，这种文化对过去表示尊崇，尽管其中充满暴力。

关于暴力的专门术语，参见 R. Beloch, s. v. 'bia', in *Der Neue Pauly*, 548
vol. II (Stuttgart and Weimar: Metzler Verlag, 1997), col. 616; Gregory Nagy, *Best of the Achaeans: Concepts of the Hero in Archaic Greek Poetry* (Baltimore, MD: Johns Hopkins University Press, 1979)。纳吉的著作很好地介绍了早期希腊思想中的暴力概念。关于暴力的具体方面，如傲慢的问题，参见 D. A. MacDowell, 'Hybris in Athens', *Greece and Rome* 23. 1 (1976), pp. 14–31; M. Gagarin, 'The Athenian Law against Hybris', in *Arktouros: Hellenic Studies Presented to Bernard M. W. Knox* (Berlin: De Gruyter, 1979) pp. 229–36; N. Fisher, 'Hybris and Dishonor I', *Greece and Rome* 23. 1 (1976), pp. 177–93 and 'Hybris and Dishonor II', *Greece and Rome* 26. 1 (1979), pp. 32–47。下面这篇论文对傲慢和性暴力之间的关系进行了很好的探讨：Edward Cohen, 'Sexuality Violence and the Athenian Law of Hubris', *Greece and Rome* 38. 1 (1991), pp. 171–88。

关于雅典对战争态度的转变以及对一个比以前更文明的古典社会的乐观看法，请参阅 Gabriel Herman, 'How Violent was Athenian Society?', in Robin Osborne and Simon Hornblower (eds.), *Ritual, Finance, Politics: Athenian Democratic Accounts Presented to David Lewis: The History and Archaeology of Athenian Democracy* (Oxford: Oxford University Press, 1993), pp. 99–117。Edward Harris, 'Feuding or the Rule of Law? The Nature of Litigation in Classical Athens. An Essay in Legal Sociology', in Robert Wallace and Michael Gagarin (eds.), *Symposium 2001. Vortrage zue griechischen und hellenistischen Rechtsgeschichte* (Wien: Franz Steiner Verlag, 2005), pp. 125–41 和 Gabriel Herman, *Morality and Behaviour in Democratic Athens: A Social History* (Cambridge: Cambridge University Press, 2006)这两项研究都认为古典时期的雅典社会是进步的、相对和平的。与雅典社会思想相关的是一些具体做法，如在雅典携带武器，关于这一问题，请参阅 Hans van Wees, 'Greeks Bearing Arms: State, the Leisure Class and the Display of Weapons in Ancient Greece', in Nicholas Fisher and Hans Van Wees (eds.), *Archaic Greece: New Approaches and New Evidence* (London: Routledge, 1998), pp. 333–78。对于雅典社会不太乐观的看法，请参阅 Edward E. Cohen, *Law, Violence and Community in Classical Athens* (Cambridge: Cambridge University Press, 1995); Edward E. Cohen, 'Theories of Punishment', in Michael Gagarin and David Cohen (eds.), *The Cambridge Companion to Ancient Greek Law* (Cambridge: Cambridge University Press, 2005), pp. 170–90; Sally Humphreys, *The Discourse of Law: Special Edition of History and Anthropology* 1. 2 (1985), pp. 241–64; N. Fisher, 'Violence, Masculinity and the Law in Classical Athens', in Lin Foxhall and John Salmon (eds.), *When Men Were Men: Masculinity, Power and Identity in Classical Antiquity*(London: Routledge, 1998), pp. 68–97。Virginia Hunter, *Policing Athens: Social Control in the Attic Lawsuits 420–320 BC* (Princeton, NJ: Princeton University Press, 1990) 是关于雅典公民管理的一部重要学术专著。

总体上来讲，Hans van Wees, *Greek Warfare: Myths and Realities* (London: Duckworth, 2004)对希腊战争与暴力的关系做了很好的介绍。关于雅典的专门论述，请参阅 David Pritchard (ed.), *War, Culture and Democracy in Classical Athens* (Cambridge: Cambridge University Press, 2010)中的几章，包括有所裨益的引言和约翰·基恩（John Keane）撰写的最后一章，这两部分内容都讨论了民主的暴力本质这一重要问题。近

来，Jason Crowley，*The Psychology of the Athenian Hoplite*（Cambridge：Cambridge University Press，2012）探讨了雅典公民与兵役之间的关系。Lawrence Tritle，*From Melos to My Lai*（London：Routledge，2000），Jonathan Shay，*Achilles in Vietnam*（New York：Simon &Schuster，1995）和 *Odysseus in America*（New York：Scribner，2002）从心理学角度讨论了战斗造成的精神创伤与古代战争之间的关系。

近期关于舞台呈现的暴力的精彩介绍和参考文献，请参阅 William 549
Allan，'The Ethics of Retaliatory Violence in Athenian Society'，*Mnemosyne* 66.4/5（2013），pp.593–615；A. P. Burnett，*Revenge in Attic and Later Greek Tragedy*（Berkeley：University of California Press，1998）。同样地，关于喜剧，请参阅 I. Ruffell，'Humiliation?：Voyeurism，Violence，and Humor in Old Comedy'，*Helios* 40.1–2（2013），pp.247–77。

个人在城邦法律体系中的作用已得到充分论述。Matthew R. Christ，'Legal Self-Help on Private Property in Classical Athens'，*American Journal of Philology* 119（1998），pp.521–45 剖析了使城邦、公民和家庭在实现正义时感到困扰的许多问题，这些问题通常是彼此独立的。Robert Parker，*Miasma: Pollution and Purification in Early Greek Religion*（Oxford：Oxford University Press，1983）对宗教和正义的作用进行了很好的论述。

最后，关于雅典三十僭主的暴力，请参阅 Andrew Wolpert，*Remembering Defeat: Civil War and Civic Memory in Ancient Athens*（Baltimore，MD：Johns Hopkins University Press，2002）和同一作者更为简短的论述，'The Violence of the Thirty Tyrants'，in Sian Lewis（ed.），*Ancient Tyranny*（Edinburgh：Edinburgh University Press 2006），pp.213–23。关于雅典的法律与个人之间的相互作用，Martin Ostwald，*From Popular Sovereignty to the Sovereignty of Law: Law, Society and Politics in Fifth Century Athens*（Berkeley：University of California Press，1986）阐述了很多内容。

注 释

1. W. Reiss，*Performing Interpersonal Violence: Court, Curse, and Comedy in Fourth Century BCE Athens*（Berlin：De Gruyter，2012），p.2

following W. Fuchs-Heinritz et al. (eds.), *Lexikon zur Soziologie* (Opladen: Westdeutscher Verlag, 1994), p. 247 (Reiss's translation).

2. D. Kishik, 'Life and Violence', *Telos* 150 (2010), pp. 143-9.
3. M. I. Spariosu, *God of Many Names: Play, Poetry and Power in Hellenic Thought from Homer to Aristotle* (Durham, NC and London: Duke University Press, 1991), p. 30, n. 51.
4. 关于史诗讲到的狂妄问题，参见 Hom. *Od.* 12. 297, 15. 329；相关例子，请参阅 Reiss, *Performing Interpersonal Violence*, p. 3；对狂妄问题更笼统的论述，参见 D. A. MacDowell, 'Hybris in Athens', *Greece and Rome* 23. 1 (1976), pp. 14 - 31; M. Gagarin, 'The Athenian Law against Hybris', in *Arktouros: Hellenic Studies Presented to Bernard M. W. Knox* (Berlin: De Gruyter, 1979), pp. 229 - 36; N. Fisher, 'Hybris and Dishonor I', *Greece and Rome* 23. 1 (1976), pp. 177-93 and 'Hybris and Dishonor II', *Greece and Rome* 26. 1 (1979), pp. 32 - 47; D. D. Phillips, 'Xenophon and the Muleteer: Hubris, Retaliation and the Purpose of Shame', in W. Reiss and G. G. Fagan (eds.), *The Topography of Violence in the Greco-Roman World* (Ann Arbor: University of Michigan Press, 2016), pp. 19-59。
5. E. Cohen, 'Sexuality Violence and the Athenian Law of Hubris', *Greece and Rome* 38. 1 (1991), pp. 171-88, esp. p. 173; Arist. *Pol.* 1315a15-28.
6. R. Beloch, s. v. 'bia', in *Der Neue Pauly*, vol. II (Stuttgart and Weimar: Metzler Verlag, 1997), col. 616.
7. G. Nagy, *Best of the Achaeans: Concepts of the Hero in Archaic Greek Poetry* (Baltimore, MD: Johns Hopkins University Press, 1979), esp. pp. 69-93, 317-46.
8. Thuc. 3. 36. 6.
9. Thuc. 1. 5. 3 - 6. 1 and 1. 6. 2: H. van Wees, 'Greeks Bearing Arms: State, the Leisure Class and the Display of Weapons in Ancient Greece', in N. Fisher, and H. van Wees (eds.), *Archaic Greece: New Approaches and New Evidence* (London: Routledge, 1998), pp. 333 - 78; G. Herman, *Morality and Behavior in Democratic Athens: A Social History* (Cambridge: Cambridge University Press, 2006), pp. 206-15.
10. E. g., Pl. *Resp.* 372e-374a; Arist. *Pol.* 1255a3.

11. E. g. G. Herman, 'How Violent was Athenian Society?', in R. Osborne and S. Hornblower (eds.), *Ritual, Finance, Politics: Athenian Democratic Accounts Presented to David Lewis: The History and Archaeology of Athenian Democracy*(Oxford: Oxford University Press, 1993), pp. 99–117. 亦可参阅 E. Harris, 'Feuding or the Rule of Law? The Nature of Litigation in Classical Athens. An Essay in Legal Sociology', in R. Wallace and M. Gagarin (cds.), *Symposium 2001. Vortrage zue griechischen und hellenistischen Rechtsgeschichte* (Wien: Franz Steiner Verlag, 2005), pp. 125–41; E. Cohen, *Law, Violence and Community in Classical Athens* (Cambridge: Cambridge University Press, 1995); S. Humphreys, *The Discourse of Law: Special Edition of History and Anthropology* 1.2 (1985), pp. 241–64。
12. Edward E. Cohen, 'Theories of Punishment', in M. Gagarin and D. Cohen (eds.), *The Cambridge Companion to Ancient Greek Law* (Cambridge: Cambridge University Press, 2005), pp. 170–90, esp. p. 171.
13. Herman, 'How Violent', p. 117.
14. Thuc. 8. 66.
15. Pausanias: Thuc. 1. 95. Clearchus: Xen. *An*. 2. 3.
16. Thuc. 8. 90–2; Lys. 13. 70–2; Lycurg. 1. 112–15; *IG* 1(3) 102. 相关论述，请参阅 Reiss, *Performing Interpersonal Violence*, pp. 41, 52–3; W. Reiss, 'Where to Kill in Classical Athens', in Reiss and Fagan (eds.), *Topography of Violence*, pp. 77–112。
17. 下面这部著作对整个主题进行了很好的说明：D. Pritchard (ed.), *War, Culture and Democracy in Classical Athens* (Cambridge: Cambridge University Press, 2010);更具体的分析，参见 J. Crowley, *The Psychology of the Athenian Hoplite* (Cambridge: Cambridge University Press, 2012), p. 172 notes Xen. *Hell*. 4. 3. 16–20。
18. 关于轻装部队以及桨手作为战士，参见 M. Trundle, 'Light Armed Troops in Classical Athens', in Pritchard (ed.), *War, Culture*, pp. 139–60。关于雅典人的侵略，参见 Xen. *Hell*. 2. 2. 3–4;更多证据，参见 Thuc. 5. 32. 1 and 5. 116. 2–4。以下著作对这一点进行了充分论述：Lawrence Tritle, *From Melos to My Lai* (London: Routledge, 2000), pp. 119–23, 141–2。

19. 关于惩罚的理论，参见 Cohen，‘Theories of Punishment’，pp. 170–90；‘Crime，Punishment and the Rule of Law in Classical Athens’，in Gagarin and Cohen（eds.），*Companion to Ancient Greek Law*，pp. 211–35。关于对奴隶实施暴力的问题，参见 P. Hunt，‘Violence against Slaves in Classical Athens’，in Reiss and Fagan（eds.），*Topography of Violence*，pp. 136–61。
20. D. A. Campbell（ed.），*Greek Lyric*（Cambridge，MA：Harvard University Press，1988），vol. II，no. 388；相关论述，请参阅 N. Fisher，‘Violence，Masculinity and the Law in Classical Athens’，in L. Foxhall and J. Salmon（eds.），*When Men Were Men: Masculinity, Power and Identity in Classical Antiquity*（London：Routledge，1998），pp. 68 – 97，esp. p. 77；V. Hunter，*Policing Athens: Social Control in the Attic Lawsuits 420–320 BC*（Princeton，NJ：Princeton University Press，1990），pp. 70 – 95，154 – 84；Crowley，*Psychology*，pp. 173 – 4：Aeschin. *On the Embassy* 2. 181；Dem. *Against Aristocrates* 23. 69，24. 105，47. 12，Lys. 10. 16，Pl. *Rep.* 2. 361e–362a。
21. 参见本卷第 18 章。
22. Aeschin. *In Tim.* 1. 59 – 60；Demo. *Against Conon* 54. 7 – 9；Xen. *Cyn.*；Xen. *Cyr.* 1. 2. 9 – 11，3. 14，4. 5，7 – 9，11，13 – 24，11. 4. 16–21，3. 3. 5 and 8；相关内容，请参阅 E. Csapo，‘Deep Ambivalence：Notes on a Greek Cock-Fight’，*Phoenix* 47（1993），pp. 115 – 24。关于祭祀，参见 W. Burkert，*Homo Necans: Interpretation altgriechischer Opferriten und Mythen*（Berlin：De Gruyter，1997）。
23. Crowley，*Psychology*，p. 93.
24. Herodotus，6. 21.
25. 近期对此剧的最佳论述，参见 D. Rosenbloom，*Aeschylus: Persians*（London：Blackwell，2006）。
26. William Allan，‘The Ethics of Retaliatory Violence in Athenian Society’，*Mnemosyne* 66. 4/5（2013），pp. 593–615，esp. p. 599.
27. A. P. Burnett，*Revenge in Attic and Later Greek Tragedy*（Berkeley：University of California Press，1998）；Allan，‘Ethics’，p. 612.

28. Plut. *Vit. Alc.* 8. 3–5.

29. 关于目击者的必要性，参见 Hunter, *Policing Athens*, p. 132 and in general pp. 3 – 8, 120 – 53 and 185 – 9; R. H. Sternberg, *Tragedy Offstage* (Austen: University of Texas Press, 2006), pp. 76–10。

30. Herman, 'How Violent', p. 114.

31. M. R. Christ, 'Legal Self-Help on Private Property in Classical Athens', *American Journal of Philology* 119 (1998), pp. 521–45; 亦可参阅 Reiss, *Performing Interpersonal Violence*, pp. 44–5。

32. Reiss, *Performing Interpersonal Violence*, p. 42.

33. 相关详细论述，见 Ibid., pp. 150–1, 亦可参阅 Herman, 'How Violent' and *Morality and Behaviour*, pp. 175–83。

34. 关于三十僭主的参考资料和论述，参见 Xen. *Hell.* 2. 3; Diod. Sic. 14. 3; Aeschin. *Against Ctesiphon* 3. 235; Lys. *Against Eratosthenes*; Isocrates *Against Euthynus* 21;以下论著进行了充分论述：P. Krentz, *The Thirty at Athens* (Ithaca, NY: Cornell University Press, 1982); A. Wolpert, *Remembering Defeat: Civil War and Civic Memory in Ancient Athens* (Baltimore, MD: Johns Hopkins University Press, 2002); A. Wolpert, 'The Violence of the Thirty Tyrants', in S. Lewis (ed.), *Ancient Tyranny* (Edinburgh: Edinburgh University Press, 2006), pp. 213–23。

35. M. Ostwald, *From Popular Sovereignty to the Sovereignty of Law: Law, Society and Politics in Fifth Century Athens* (Berkeley: University of California Press, 1986), p. 487.

36. Wolpert, 'Violence', p. 213.

27　罗马的暴力：态度与做法

加勒特·G. 费根

550 在这座城市建立之前或建立期间发生的事情更适合写成诗意的寓言，而不是作为历史的不朽记忆流传下来，并且我也不打算证实或驳斥这些故事。我们允许古代人将人与神融合在一起，使城市的起源更加令人敬畏。如果允许人们将他们的起源神圣化并将神视为他们的缔造者，那么当罗马人说他们的缔造者的父亲或缔造者本身是高于一切的战神时，这就是他们在战争中的荣耀，世界上的列国可能要像忍受帝国的统治一样平静地忍受这种说法。

——李维，1 pr. 6-8

生活不是一件温柔的事。

——塞内加（Seneca）：《道德书简》107.2

罗马人的记忆宝库是一个血迹斑斑的地方。从罗马人互相讲述他们的起源和崛起故事开始，战争、暴力和流血事件随处可见。罗马人的祖先埃涅阿斯（Aeneas）逃离了火光冲天的特洛伊，从海上航行到意大利，在那里，他用刀剑为自己和那些衣衫褴褛的难民开辟出一块地方。埃涅阿斯的后代，罗马城的创建者罗慕路斯（Romulus）是战神玛尔斯（Mars）的后代，在一次争吵中，他杀死了自己的兄弟，同时（在这个故事的某个版本中），作为一个早期的暴君，他自己也被谋杀了。随着罗慕路斯对城市进行扩建，他安排使用武力从邻近的部族抢走妇女——臭名昭著的“强掳萨宾妇女”（Rape of the Sabine Women）——并与附近的社群进行连年不断的战争。[1]最终，罗马崛起为帝国巨人，雄踞古代地中海盆地的已知世界。所有这一切都是通过大规模地使用暴力来实现的，这是被公开承认的 551
事实，实际上也被当作罗马最主要的美德而得到颂扬（正如李维的题词所阐明的）。

在本章中，我将重点关注暴力在罗马人自我意识里的中心地位，并考察暴力在他们的文化和日常生活经验中的主要表现方式。

战争、帝国和罗马的尚武精神

现存最早的拉丁语铭文之一来自公元前 298 年的执政官（罗马共和国的两名最高行政长官之一）卢基乌斯·科尔内利乌斯·西庇阿·巴尔巴图斯（Lucius Cornelius Scipio Barbatus）的石棺。铭文写道：“科尔内利乌斯·卢基乌斯·西庇阿·巴尔巴图斯，是他的父亲格奈乌斯（Cnaeus）的孩子，他是一个勇敢而聪慧的人，他的外貌与他的美德十分相配。他是你们的执政官、审查官和民选行政官。他占领了萨莫奈（Samnium）的陶拉西亚（Taurasia）和西萨纳（Cisauna），迫使整个卢卡尼亚（Lucania）向他屈服，并劫持了人质。”[2]这段文字取代了更早的一个简短得多的版本，该版本被从石棺上抹去，以便为新版本的铭文腾出地方。也就是说，在巴尔巴图斯下葬后的某一时刻，他的后代决定扩充他的墓志铭，很可能是为了回应科尔内利·西庇阿家族（the Cornelii Scipiones）日益突出的重要地位和名望。他们决定在新的墓志铭中增补以下内容：在特别指出他的个人素养后，铭文强调他的公共服务，特别是他在推动罗马人征服意大利的过程中取得的军事成就，这是一项从罗马城建立（按照传统的说法是公元前 753 年）之初就开始的计划。另一篇残缺不全的早期铭文保存了 *elogia*（葬礼演讲）的一部分，是为凯乌斯·杜利乌斯（Caius Duilius，公元前 260 年的执政官）而作。这篇铭文详细记载了他于第一次布匿战争期间在西西里的军事成就，尤其是——

> 他是第一个在海上用船舶完成一项壮举的执政官，也是第一个装备和训练船员及舰队的执政官。他在敌军指挥官汉尼拔面前，用这些船在公海上击败了所有的布匿舰队和迦太基的强大军队，并用武力夺取了船只和船员：一艘有七层甲板的船，三十艘有五层甲板和三层甲板的船，还有十三艘被他击沉。[3]

552 铭文继续列举了杜利乌斯从迦太基人手中掠夺的金、银和铜币等战利品。这两篇铭文揭示了很多关于共和国中期（公元前 264—前 133 年）罗马贵族的自我陈述的情况，以及在罗马帝国建立的时候，他们是如何使自己的社会、经济和政治统治合法化的。他们主张合法性的核心是战争。

从广义上看，战争是古代地中海世界的特征。在罗马人到来之前，东方的伟大文明——美索不达米亚、亚述、埃及、波斯——已经对邻近的民族进行了数千年的征服和镇压。战争破坏了希腊各城市的城邦间关系，并成为其继承者马其顿王国建立的理由。腓力二世（公元前 382—前 336 年）在公元前 359 年即位，其后的二十年间，他创造了一个强大的战斗机器，而他的儿子亚历山大三世，被称为“大帝”（公元前 356—前 323 年），把战争机器转向东方，从阿契美尼德王朝统治下的波斯帝国手中赢得了大片土地，并灭掉了这个帝国。罗马的早期历史，即从传统认为的公元前 753 年建国到约公元前 300 年的这段历史，主要以想象和道德说教故事的形式传承到我们这一代，罗马人继而摆脱了这一传统，大致遵循地中海模式，但他们在以下两个方面非比寻常。第一，从很早开始，当罗马人只是众多意大利社群中的一个小群体时，他们就似乎特别注重建立自己对邻近社群的统治地位。当同样规模较小的希腊城邦在有争议的边界地带明争暗斗或声称自己是同类中领先的城市（*hegemon*）时，罗马人似乎从一开始就很关心称霸的问题。仅仅让其他人承认罗马的至高无上还不够——他们必须服从罗马。因此，罗马人几乎不断地与他们周围的拉丁民族进行战争和谈判，一旦这些民族被征服，罗马人就会把邻近的民族也囊括进来，再把更遥远的民族吸纳进来，然后横跨意大利的东西和南北，直至整个半岛都在他们的掌控之下（约公元前 270 年）。之后，罗马人在公元前 3 世纪和公元前 2 世纪把这种行为模式运用到意大利以外的地区，此时，通过伟大的征服战争，他们建立了西起西班牙、东至小亚细亚的罗马帝国。所以，战争和暴力完全是罗马历史的核心内容。

第二，罗马人与他们同时代人的另一个主要不同之处在于他们对社会成员的开放态度。其他地中海社群的成员概念是高度排外的，罗马人则对他们接纳的人持有十分宽松的态度。[4]这 553
种态度体现在罗马人讲述的有关自己的最早的故事中：罗慕路斯如何建立了自己的新城市，并向愿意来到罗马庇护所（位于罗马卡比托利欧山双峰之间的鞍部）的所有人开放。那里聚集着“一群来自邻近城邦的人，不管是自由人还是奴隶，他们都渴望变革”（Livy 1. 8. 6）。令人震惊的是，后来的罗马人公开承认，这个新兴城市的血统中有奴隶的血液注入。这是真是假几乎无关紧要。后来他们认为这是真的，因为这说明了他们对公民的定义与雅典人或斯巴达人的定义有多么不同，后者坚持认为纯粹的自由民和公民的血统是成为公民的最基本条件。罗马社群概念的开放性对暴力问题产生了直接的军事影响。随着罗马人扩大对拉丁人的控制，罗马人依靠其独特的包容性社群意识，逐步发展出一种与被他们征服的人分享利益的制度，直到他们在自己和意大利所有社群之间建立起一种基于双边协议的等级关系。虽然每个协议的细节决定了某个特定社群在等级制度中的地位，但有一个要求是所有社群都必须遵守的：为军队提供士兵。扩大的军队促进了进一步的、更雄心勃勃的征服，这种征服反过来又扩大了军事人力储备，形成了积极的反馈循环。意大利-罗马的战争机器实现了自给自足。

这种情况对罗马的影响是深远的。贵族的核心概念在很大程度上是用军事术语来定义的。贵族竞相获得荣耀（*gloria*），荣耀首先是在战场上获得的。他们力求在美德（*virtus*）上超越对方，美德本质上就是在战争中表现出来的卓越和坚韧。他们根据自身在公共生活中享有的声望和尊严（*dignitas*）来衡量自己的价值，而尊严在很大程度上来自他们展现的美德和赢得的荣誉。战争是这一概念生态的核心组成部分。人们认为公共服务特别是服兵役对罗马共和国时期的贵族而言处于如此中心的地位，以至于作家撒路斯特（活跃于约公元前 40 年）感到有必要在他第一部历史著作的序言中，用详尽的合理解释来说明智力方面的成就是不可轻视的，而且在战争与和平时期都是光荣的：

> 长久以来，人类一直在讨论军事上的成功更多地 554
> 来自身体的强壮还是智力的卓越……［当人们开始］认为对权力的欲望是发动战争的原因，并认为最大的荣耀属于最伟大的帝国，然后最终通过冒险的努力发现，最伟大的天才存在于战争之中……好好报效国家是一件多么美好的事情；称赞它并不是没有价值的。一个人在和平时期可以获得名气，在战争中也可以名声大噪。尽管作家和实干家获得的荣耀绝不相同，但对我来说，书写历史似乎是最困难的任务之一。[5]

撒路斯特的《辩解书》（*apologia*）揭示了他所反对的贵族臆断：行动是通往荣耀的主要途径，军事成就是主要的行动方式。

在共和国时期，罗马贵族通过竞选获得与军事指挥相关的高级职位。在带领军队取得胜利后，如果具有足够的毁灭性，他们会在一场盛大的庆典或“凯旋”中重新进入城市，坐在四马战车上穿过街道，身着检阅的服装，行进在队伍的最前面。敬慕的人群排列在道路两旁。后面跟着戴枷锁的俘虏以及展示战利品和成堆掠夺物的花车。公元前 1 世纪罗马征服的规模如此之大，以至于公元前 61 年，格奈乌斯·庞培·马格努斯（Cnaeus Pompeius Magnus）只用了两天时间就取得了胜利，据碑文记载，他宣告占领了 1000 个据点和近 900 座城市。花车展示了很多奇特的事物，诸如 7510 万德拉克马的银币，巨大的纯金雕像，颇具异国情调的家具，从缴获的船只上拆卸下来的冲撞角，镶嵌宝石的游戏棋盘，异国的树木和其他植物，以及 324 个高级别的俘虏。[6]那些获胜将军的名字以及被他们打败的人的标记被刻在石头［凯旋年表（*fasti triumphales*）］上，并被置于罗马公共集会场所的显眼位置。获胜的将军也有机会利用从被征服的民族那里掠夺来的战利品建造纪念碑，从而将自己的名字永久地铭刻在城市中。这些建筑上面的铭文标明它们是用“战利品”（*ex manubiis*）建造而成的，专门用作纪念。罗马的第一座石制剧院就是以这种方式得到资助，由庞培用公元前 61 年庆祝两天取得大胜的游行中的一部分财富支付的。1995 年发表的一篇杰出的碑文调查报告显示，罗马最著名的历史遗迹，古罗马城市的象征，也是古罗马的象征——罗马圆形大剧场就是从战利品中出资建造而成的（这
555 场战争是 66—70 年的犹太人大起义）。[7]前面提到的巴尔巴图斯和杜利乌斯的墓志铭背后的动力对后来的皇帝也起到了关键作用。

但是，战争的范围从罗马的上层社会拓展到了下层社会。在共和国早期和中期（约公元前 509—前 133 年），缔造了罗马帝国的军队由公民民兵组成。士兵自己配备武器，并且每年都要服兵役，从十几岁开始一直服役到大约 60 岁。这对于人类来说究竟意味着什么，值得我们思考。古代的战场是一个难以用言语形容的残酷之地。古代大多数军队由长矛兵组成，如希腊或马其顿的轻方阵兵，而罗马士兵主要是剑士，他们的主要工具是令人生畏的西班牙短剑。长矛和长枪确实造成了严重的刺穿伤，但短剑造成的可怕伤害在李维的作品中十分引人注目（31. 34. 1-5）。他描述了马其顿人在与罗马骑兵的战斗中发现战友尸体时的惊恐反应，他写道：

> 那些惯于与希腊人和伊利里亚人作战的人，以前只见过长枪和箭造成的伤口，甚至很少见过长矛造成的伤口，现在看到了被西班牙短剑肢解的尸体，有的胳膊被砍掉，有的肩膀或脖子被完全砍断，有的头颅从躯干上被砍下来，有的肚子被剖开，还有其他可怕的伤口。因此，他们惊恐地意识到自己要对付的是什么武器，要和什么人作战。

短剑长约 1 米，具有良好的平衡性，易于挥舞，作为切割或刺穿武器同样有效。为了杀死敌人，军团士兵不得不非常靠近罹难者。对于罗马士兵来说，战争就是近距离的屠杀。当使用短剑时，他会被溅上鲜血，这些血会结成血块，当他的剑刺中骨头时，他会感觉到回响，当他的剑刺入活生生的人体时，他会感觉到反冲力。也就是说，在罗马男性和他们的意大利盟友成年后的大部分时间里，他们需要参与现代人很难想象得到的各种规模的人与人之间的暴力，他们差不多每年都在这样做。[8]请 556
记住，这就是罗马美德的标准。

在之后的几个世纪里，当皇帝时代到来的时候（公元前31—公元 476 年），罗马军队变得职业化，战场暴力的直接经验在男性群体中传播得更少了。然而在那时，战争已经在罗马人心中根深蒂固。皇帝首先是军事独裁者，而且随着帝国时代的发展，这种情况变得更加明显。他们继承了共和时代贵族的态度，并将其发扬光大。罗马的第一位皇帝奥古斯都（公元前31—公元 14 年在位）是罗马最雄心勃勃的征服者之一，他将罗马帝国的疆域扩展到人们熟悉的北部莱茵河-多瑙河边境和东部幼发拉底河边境。图拉真（98—117 年在位）发动了征服达契亚（现代罗马尼亚）的战役并横跨幼发拉底河，塞普蒂米乌斯·塞维鲁（Septimius Severus，193—211 年在位）发动了针对东部帕提亚人和不列颠哈德良长城以北的喀里多尼亚人（Caledonians）的战争。甚至还有颇具公德心的皇帝被迫从事军事活动，如与世无争的克劳狄（Claudius，41—54 年在位），他入侵过不列颠，还有喜欢哲学的马可·奥勒留（161—180 年在位），他在 170—180 年跨越多瑙河，开始了种族灭绝的远征。事实上，马可从本质上来说是一位知识分子，他最后于战争期间死在军营里。大多数皇帝用建筑物、拱门、雕像、浮雕和其他形式的艺术品来装饰罗马城，以此竞相彰显他们的军事才能。图拉真用来自达契亚的战利品出资建造了广场（Forum），并在广场上竖起了著名的图拉真纪功柱，石柱上雕刻着螺旋形的浮雕，描绘了达契亚战役。马可·奥勒留也竖立了一根类似的纪功柱来纪念他在北方进行的几场战役。这些浮雕残酷无情地描绘了罗马军队在多瑙河对岸干的残酷勾当：我们看到村庄被烧毁，妇女在哭泣，儿童被奴役，男人被屠杀。[9]这似乎并不是什
557 么令人感到羞耻的事情，而是被当作野蛮人得到了应有的惩罚来庆祝。军队也出现在罗马城中，在某种意义上，这已经超越了象征的限度：禁卫军的 9000 名士兵和城市军团的 3000 人驻扎在城市边缘的一个营地，是这座城市的景观的标配。[10]

总而言之，战争、征服和帝国的暴力在每个时代的罗马文化中都受到了热烈的称颂。根据维吉尔的说法，罗马的神圣使命是“用你的帝国来统治各个国家（因为这是你的技能），强加和平的习惯，宽恕被征服的人，打倒傲慢的人”。“对于这些人，”朱庇特在《埃涅阿斯纪》中说，“我没有为他们的财产划定界限或期限；我赐给他们无限的帝国。苛刻的朱诺……和我一起支持罗马人，他们是所有国家的主人，庄严的民

族。”[11]战争和对他人的统治是罗马人的独特领域，是诸神的礼物，是他们的神圣使命。在罗马人的日常生活中，这种文化特质是以何种方式以及在何种程度上表现出来的呢？

场面壮观的暴力

罗马人对暴力感到舒适的一个明显表现就是他们对暴力场面的热爱，这是他们的一种文化特征，已经深深融入同时代大众的意识。例如，在现代人对古罗马的重新想象中，角斗士几乎是合乎礼仪的，他对当代观众的吸引力不亚于对古代观众的吸引力。罗马圆形大剧场是罗马文明的典型象征，它是一种专门为举办角斗表演而建造的大型建筑物。这些事件展示了壮观的暴力场面，有时是大规模的暴力。表演耗费了大量资源。公元 80 年，罗马圆形大剧场的首场比赛连续举办了 100 天，有超过 5000 只动物（一说 9000 只）登场，大规模的战斗围绕着准备好的布景在此上演，而庆祝 107 年图拉真对达契亚的伟大征服的庆典持续了 123 天，有 1 万名角斗士和 1.1 万只动物参
演。[12]在公元后的头三个世纪，这样壮观的景象传播到了罗马 558
帝国广阔的领土上（虽然在那些地方，这种景象的规模不大），因此许多城市有圆形剧场。即使在没有修建专门建筑的城镇，也可以利用其他场地：在城镇集会场所的开阔地带修建木制竞技场，或者把剧院、马戏团场地、体育场改造成比赛场地。于是，无论在哪里上演暴力节目，从不列颠到北非，从西班牙到叙利亚，都有现成的观众。[13]

对于角斗的起源仍然存在争议——尽管最恰当的证据指向公元前 4 世纪意大利南部葬礼上的比赛——到奥古斯都时代，人们把两种形式的表演合并为一种联合表演（*munus gladiatorum*）。上

午猎杀动物；到午餐时间时，囚犯被处决，场面十分壮观；下午，角斗士上场了。在大多数情况下，角斗士是提前宣布的单独配对比赛的专业选手，尽管大规模的打斗并非前所未有。表演的三个组成部分都有各自独立的历史背景，但发达的罗马竞技场赛事将它们融合成一种表演，这是暴力场面的源头所在。

毫无疑问，这些表演大受欢迎，而且通过简单的观察就能证明这一点：对于许多城镇来说，行省级别的圆形剧场实在太大了，因此这些剧场必定服务于周围地区的居民，而不局限于它们所在的社区。[14]然而，观看演出的人数在两个重要方面受到限制。一方面是频率的问题。目前还不清楚这种代价高昂的活动多久举办一次，特别是因为它们是由唯一的赞助商（*editor* 或 *munerarius*）出资举办的。皇帝和罗马社会经济精英的最高阶层都住在罗马城，在罗马城以外的地方，财力较为有限的赞助人会很常见。因此，这些演出的举办将在很大程度上
559 取决于某个特定地区有多少赞助商资助，以及他们多久能负担一次演出的资金这种纯粹的实际考虑。另一方面，竞技场的大部分座位按社会等级分配，这是通过奥古斯都推行的一项全帝国范围适用的法律——《剧院法》（*lex Julia theatralis*）强制执行的。即使是那些未被预订的座位，似乎也有可能是由赞助人制度决定谁能得到入场券，这个制度以权力较大和权力较小的人之间的人际关系为基础发挥作用。这就意味着普通的“乌合之众”即使想观看可能也无法看到许多角斗表演，除非他们与那些能给他们提供门票的人有关系。[15]因此，观看竞技场表演的机会似乎比我们想象的要更受限制，而且这些活动本身也不是那么频繁——在帝国的欠发达地区当然更是如此。

作为罗马文化的一个方面，现代学者对竞技场比赛的解释可谓五花八门。有些人从中看到了罗马人珍视的尚武精神和帝国美德最直白的表达。“罗马是一个好战的国家”，这是一部经典著作的开场白。[16]在竞技场的沙地上，卑微的奴隶和自告奋勇的战士展示了耐力、武器技能以及蔑视痛苦和死亡的军事素养，以战胜他们的对手——所有这些都与帝国扩张主义的罗马社会核心价值观相呼应。正如塔西佗（*Ann.* 12.56.5）在描述克劳狄于公元52年发起的一场海军战役时所写的那样：“这场战役虽然是一场由罪犯参加的战斗，却也是一场勇敢者的战斗，经过大量杀戮，幸存者得以逃过一劫。”这些场面证实了罗马人坚韧不拔的观念，因此即使是罪犯也能表现出令人钦佩的勇气，并由此得到了赦免。猎杀对象经常包括各种各样的野生动物——鸵鸟、长颈鹿、大象、犀牛、河马、鳄鱼、狮子、豹子等——它们奇异的长相说明了帝国的范围和势力所及的地方。它们在可控的竞技场内被聚集和毁灭，被罗马的社会等级制度包围，这重现了罗马人对威胁性力量的支配意识。处决离经叛道者和罪犯也有同样的效果，因为只有社会地位较低的罪犯才会在大庭广众之下遭受屈辱性的处决——常见的有杀人犯和强奸犯，逃跑的奴隶，叛军和强盗，以及战俘。但是，罗马 560
人绝不只是为了寻找死亡的壮观场面和紧扣人心的毁灭过程——当然，基本的心理过程在吸引人们入座方面起到了一定的作用——竞技场的比赛可以被解读为有益的文化表演，它反映并强化了罗马观众的统治、征服、战争和控制等基本价值理念，这些都是帝国强权国家的核心。[17]上文讨论的入场券问题提醒我们不要夸大罗马社会里竞技场的壮观场面在广泛传播这些信息中的作用。正如我们看到的，它们是文化表演，但也有其他背景，就像我们前面所论述的，在凯旋时，在公共宗教节日中，在帝国和皇帝本人的意识形态里，在城市的艺术和建筑中，罗马精神得到了重申和加强。竞技场的比赛只是众多此类交流媒介中的一种。

比精彩的角斗表演更受欢迎，而且明显不那么暴力的（至少官方的是这样）是战车比赛（*ludi circenses*）。罗马圆形大剧场的座位数为 5 万—6 万个，而罗马首屈一指的战车比赛场地——古罗马大竞技场的座位数则为 15 万或更多。[18]仅这一点就说明了每种表演的相对受欢迎程度。战车比赛是公共宗教节日的部分内容，比赛通常会持续几天，大部分费用由国家支付，尽管地方行政官（以及皇帝）可以自掏腰包来资助演出。比赛十分激烈且充满危险，混乱和死亡潜藏在表面之下。

比赛的标准规模是 12 辆四马战车，每个所谓的马戏团派系各派遣 3 辆战车，可以通过它们的颜色（红、绿、白、蓝）进行区分，跑 7 圈完成全程。战车绕着位于中央的“中间区域”（*euripus*）比赛，在其两侧各有一个急转弯。也就是说，由车夫控制 48 匹马拉的这 12 辆战车，将在赛道上疾驰的同时完成 14 个急转弯。赛道有 85 米宽，但车辆在赛道上寻找最短
561 路线时，会自然地聚集在靠近中间区域的地方。罗马艺术中战车比赛的图像显示，战车体积小、重量轻，车头高度只到车夫的臀部，车夫会把缰绳系在腰间，以帮助引导车队。不难想象，当其中一辆战车撞毁，尤其是在车队中间时，会发生怎样的混乱。车辆很快就会解体，车夫被落在车队的后面，后面的战车试图避开失事战车的残骸。关于比赛的浮雕和镶嵌画通常包括撞车的场景，或者用车迷的话说就是“海难”（*naufragia*），还有车夫被后面的车碾过的画面。车夫（*agitatores*）的装备与

现代自行车运动员的装备没有什么不同，他们戴着头盔和护腿，身上绑着皮条。他们配备了马鞭和弯刀，在发生事故时，可以用刀割断缰绳和其他索具。因此，战车比赛是一种非常危险而且充满暴力的表演，尽管不像竞技场的赛事那样残酷。就像角斗士的表演一样，它向人们展示了一场既需要技能（*ars*）也需要运气（*fortuna*）的引人入胜的竞赛，因为即使是最熟练的角斗士或车夫也可能会因为偶然事件而倒下并被杀死。战车车夫和角斗士一样，展现出战胜对手的天赋和决心，以及取得胜利的优势。像获胜的角斗士一样，胜利的战车车夫被他们的拥趸看作体育英雄。[19]

古罗马第三大类娱乐表演是剧场表演（*ludi scaenici*），就演出情况来看，并不是特别暴力。值得注意的是，在战车比赛和戏剧表演的情况下，观众经常会不守规矩并且纵情欢闹——据我们所知，观众在观看角斗士的表演时不会这样。一群有组织的支持者通常要对这些骚乱负责：就剧场而言，指的是某些演员以及特别是哑剧的拥趸，还有马戏团四个战车比赛派系的支持者。[20]关于马戏团骚乱的记录，大部分局限于拜占庭早期（约 450—610 年）的帝国东部地区，但早在罗马帝国早期（约公元 14—96 年）就出现了事关剧场骚乱的记载。对剧场和马戏团骚乱的一种解释是某种部落文化，562
近年来发生的足球流氓事件的背后就是这种文化，尽管一些学者认为，在记录在册的大规模马戏团暴行背后，帝国晚期的社会经济和政治格局已经发生了变化，从而解释了两者之间的时间差异。例如，532 年在君士坦丁堡发生的臭名昭著的长达一周的尼卡骚乱，这场骚乱几乎推翻了查士丁尼皇帝的政权，市中心被烧为平地，有 3 万人丧生。[21]也就是说，剧场和马戏团的罗马观众可以用暴力的形式来表达他们无与伦比的激情，尽管这并不是不可避免的。

除了角斗表演和战车比赛，公开处决也是暴力的一种公开表演形式，但需要结合罗马社群暴力更广泛的背景来对它们进行考察。

群体暴力、合法暴力和人际暴力

自助是罗马刑法的基本原则。在缺乏大量国家监管和执法机构的情况下，受害者及其亲属必须为财产损失或丧失生命寻求赔偿。同样，整个社群必须组织起来应对安全威胁，如强盗或海盗。这一原则在法律中被表述为 *vim vi repellere licet*（允许以暴制暴）。这一原则扩展到现场复仇。[22]因此，关于民众使用暴力被认为是合法或不合法的规则比我们今天能接受的要宽松得多。在阿普列乌斯（Apuleius）的小说《金驴记》（*The Golden Ass*,约 120 年）中，主人公卢基乌斯发现自己被一个女巫变成了一头驴子。他以驴子的模样经历了许多艰难困苦，包括有一个时期，他和山洞里的一个强盗团伙混在一起。盗匪活动在古代是一个持久而普遍的问题（在当今世界欠发达地区
563 仍然如此），特别是在城镇间没有道路的地带，容易有盗匪出没。《金驴记》中的强盗在城镇袭击了一个富人的房子，遭到了里面的人们的激烈抵抗。后来，镇上的人组织了一群人与强盗团伙正面交锋。当追上盗匪时，镇上的人当场杀死了部分强盗，并逮捕了其他人，然后立即将他们扔进峡谷中处死。[23]在我们的世界里，这可能是最坏的治安维持手段，但基于允许以暴制暴的原则，这仅仅是市镇居民对威胁他们的罪犯进行的粗暴审判。

最初，关于暴力行为之法律的确定首先是为了在处罚私下的攻击或谋杀行为时做到罪罚相当。我们最古老的罗马法体系——《十二铜表法》（公元前 450 年或公元前 449 年）规定对大多数形式的伤害采取罚款或同态复仇的处罚方式。这部法律允许房主当场杀死在夜间行窃的窃贼，但不能杀死在白天行窃的窃贼（《十二铜表法》8.2，12-13）——大概是因为在白天，房主手边有非致命的武器可供选择。本质上，这些法则规范了自助原则。公共秩序的混乱和暴力的增多出现在分裂的晚期共和国（约公元前 133—前 31 年），这促使公元前 78 年第一部正式的 *lex de vi*（有关暴力的法律）出台，但以现代刑法的方式根据规则限制私人动用暴力的目标从来没有完全实现过。公民之间的冲突大多被视为双方应自行解决的问题，法律可以作为和解的一种途径。

当国家对罪犯出手时，暴力自然是惩罚的一种手段。前现代社会缺乏有效实施监禁惩罚的必要国家机构，因而通常对罪犯本人的身体进行惩罚。死刑和体罚已成为惯例。事实上，直到近期，长期监禁在西方才成为一种规范，在许多社会中，前现代的模式仍在实行。[24]罗马世界也不例外，但罗马人对系统化和法律专业化的癖好，产生了一种与犯罪者等级明显相关的刑罚分级制度。严酷、公开和加重的刑罚只适用于奴隶、国家 564
的敌人和出身低贱的自由人。因此，鞭打和刑罚是惩罚奴隶的典型手段，而逃亡的奴隶、强盗或出身低微的普通罪犯（从 2 世纪开始，用 *humiliores* 表示“更低贱的人”）可能会被送到竞技场，与野兽面对面，或者被判去角斗士学校或矿山服刑。上级阶层（被称为 *honestiores*，“更体面的人”）则可以免于这样的羞辱，如果犯了同样的罪行，他们会被罚款，或者可以选择自愿流放——通常是去罗马城外的别墅居住——又或者，也许可以选择体面的自我了断。最后一种选择尤其适用于那些被怀疑或被判犯有叛国罪的人——“最后的必要”，正如塔西佗记载皇帝赐死他人的命令时所说的（如 Tac. *Hist*. 1. 3. 1, 1. 72. 3）。一位罗马法学家写道，“在任何情况下，我们的祖先对奴隶的惩罚都比对自由人的更为严厉，对臭名昭著之人的惩罚比对受敬仰之人的更为严厉”（*Dig*. 48. 19. 28. 16）。在我们的资料中，大多数上层人士的愤怒是针对有地位的人受到暴虐的当局不适当的惩罚，而不是针对惩罚本身的残忍性。[25]值得注意的是，在手稿传统中保存下来的古代教科书（*colloquia*）对这些情况的说明很有启发性。书中的对话由 7—11 岁或稍大一点的儿童进行，旨在通过勾画日常活动来教授基本词汇，如起床、穿衣服、上学、在公共场所走动，等等，同时使用切合每个情境的主要短语和术语。书上有这样一个情节，孩子和他的父亲一起走进法庭，那里正在进行一场审判：

> 被带到法庭的被告是个强盗。他接受了应有的审
> 问；他受到了折磨，审讯者殴打他，他的胸部被猛击，
> 他被吊了起来，身体被拉伸，被棍棒抽打，受到了重
> 565 创，经过一连串的折磨，他仍然否认自己有罪。他必
> 须受到惩罚：他被定为死罪，之后被带到剑下。[26]

这是一个可怕的场景，一个幼小的孩子目睹了这一切。下个案件涉及一名富人，他通过谈判使自己被无罪释放。在法律面前，“更低贱的人”和“更体面的人”的不同经历再清楚不过了。

有趣的是，教科书的大部分内容是对奴隶的颐指气使："给我穿衣服！给我拿拖鞋！给我拿点水来！"古罗马是有文字可考的历史上最为彻底的奴隶制社会。奴隶无处不在，存在于社会的各个阶层，从在拥有地产的乡绅的田间辛勤劳作的大量帮工，到与出身低微的自由人的命运大致相同的可信赖仆人。[27]西塞罗把赤贫定义为连一个奴隶都没有的非常可怕的状态(Cic. *Rosc. Am.* 145)。因此，罗马人在社会各个阶层都遇到过奴隶，因为后者是社会环境的一个永恒不变的特征。此外，罗马的奴隶制度是一种在自由和奴役之间不分种族的社会状态；事实上，奴隶和自由人在外表上往往没有什么区别。受主人喜爱或有技术的奴隶在物质上比罗马的自由民过得更为舒适。然而，撇开这些社会现实不谈，法律上的奴隶不过是活死人，正如一位罗马作家所言，是"会说话的工具"。[28]因此，对自由民来说，奴隶生活在一个平行世界中，在那里，他们在法律上被认为是不存在的，除了是奴隶主的财产，没有任何别的价值。

身体和心理上的暴力都是奴隶制所固有的。直接实施暴力和实施暴力的威胁渗透到奴隶生活的各个层面，从最初的俘获和运输，到奴隶市场的侮辱，再到奴隶在工作中遭遇到偶发的暴力。在古罗马，犯罪要受到鞭笞或更严重的惩罚。西塞罗将奴隶制描述为胁迫和对意志的摧毁(*Rep.* 3.37)，这是一个以鞭子、钩子和十字架为象征的过程(*Rab. Perd.* 16)。奴隶的命运，
甚至家庭中最受主人喜爱的奴隶的命运，完全取决于主人的一 566
时兴致。特殊待遇随时可能被取消，暴力也会立即发生。普鲁塔克（*Mor.* 462A）评论道："我们看到，新买来的奴隶不问他们的主人是不是迷信或嫉妒心强——而是问他是否容易发

怒。”保存下来的各种各样的资料中充斥着关于对奴隶实施暴力的漫不经心的评论和旁白。在普劳图斯（Plautus）的喜剧（约公元前 200 年）中，奴隶角色生活在经常挨打或受到鞭打的威胁之下。在尤文纳尔（Juvenal）创作于 2 世纪早期的《讽刺诗》（*Satires*，6. 475–93）中，性压抑的女人用鞭子和棍棒把愤怒发泄在她的奴隶身上，并供养一个刽子手做家臣。如果奴隶的主人怀疑奴隶有犯罪行为，就会雇用拷问官来对奴隶进行“审查”（Cic. *Cluent*. 176–7）。或者，主人可以亲自进行拷问。作者漫不经心地写道，恺撒的暗杀者之一被他自己的奴隶密谋杀害，“作为惩罚，他肢解了其中一个奴隶”（App. *B. Civ*. 3. 98）。在宴会上，仆人因为微不足道的违规行为，如打个喷嚏或打嗝，就会被戴上手铐、用棍子抽打或被鞭打。[29]

奴隶在罗马社会中无处不在，人们通常用暴力来恐吓和控制他们，罗马人从小就粗暴地对待奴隶，这会贯穿他们的一生，这些经历对罗马人形成自己对暴力及实施暴力的态度，产生了深远的影响。最明显的表现就是将暴力施加给地位比施暴者本人低的社会阶层成员。我们已经看到这种态度是如何在罗马法中表现出来的，即根据罪犯的社会阶层进行区别对待。虽然没有足够的证据让我们像在现代社会中所做的那样，来量化古罗马人日常人际暴力的程度，但从各种小插曲和逸事中可以清楚地看到，暴力行为从上到下逐渐扩散开来。有权势的庇护人在法律上有权对他们所庇护的平民进行体罚，至少是适度的惩罚（*Dig*. 47. 10. 7. 2）。家庭的庇护人［家长（*paterfamilias*）］对他照管的人——所有生活在他屋檐下的人——的支配地位表现为他在法律上有权殴打、出售或杀死他

们。这种“父权”（*patria potestas*）在现实生活中很少用到， 567
父权本身还不如它在法律上表达的对父权拥有者开放暴力选择来得重要。阿普列乌斯（*Met*. 9. 35－8）记载了一个当地乡绅（强势的一方）和一个小农场主（弱势的一方）发生争执的过程。为了把小农场主赶出他的土地，乡绅直接诉诸暴力：他的人袭击了小农场主及其小屋和牲畜。此后事态升级，直到有五人丧生。暴力再次被视为自上而下的过程。事实上，“涓滴式暴力”的规范性本质会使一些原告采取这样的法庭修辞技巧，即声称自己在面对强势的施暴者时，是无能为力的受害者。我们看到，在莎草纸中保存的诉讼和请愿里，这一主张被反复引用，这些诉讼和请愿是人们针对作恶者而向当局提出的。即使事实表明并非如此，这一主张也被采用了，因此，一个前治安官，一个在社群中有地位的人，在面对渔民对他施加的暴力时，也声称自己无能为力。[30]

所谓无能为力的说法之所以有分量，正是因为这些案件引起了当局的注意，而且谁是过错方并不明显。原告通过把自己伪装成无能为力的受害者，让自己扮演罗马社会中通常遭受暴力之人的角色，但在这种特殊情况下，他声称这是不公正的。相反的主张——原告是无能为力的罪犯的强有力的受害者——是不会被考虑的，因为自下而上施加的暴力显然是非法的，而且也不会在一开始就出现对请愿或举行法律听证的要求横加指责的矛盾心理。也就是说，乍一看，声称施暴者的权力没有原告大，可能是一种成功的修辞策略，因为这样一来，暴力就会被定义为不合理的非法行为。然而，事实显然并非如此，因为我们从未见过原告援引这种立场。这有几个原因。第一，在公共请愿中声称自己的地位比出身低微的犯罪者更高，将会使自身丧失尊严，并丢掉自己的公众地位。这需要你公开承认一个社会等级较低的人对你造成了伤害，但你没有能力私下进行报复，而根据法律规定，你有权以暴制暴。因此，你声称自己是一个有权有势的人，曾经遭受无权者的侮辱，现在需要国家的
568 帮助来获得赔偿。这样的索赔会让索赔者看起来像个懦夫，所以索赔者会失去尊严。相反，“相对无能为力”的主张，承认了罗马社会中暴力运作的常态——由此维护了强有力的原告的尊严——但将合法性的问题留给法庭定夺。第二，声称无力的另一个修辞优势是，它将作恶者归咎于一种专横的傲慢（*superbia* 或 *hubris*），传统上罗马人认为这是一种冒犯。因此，这些私人诉讼的案例，揭示了罗马人在日常交往中对暴力的态度，正如吉尔·哈里斯（Jill Harries）指出的，这些案例清楚地表明，“暴力是有权有势之人对无权者犯下的罪行”。[31]

综上所述，当暴力自下而上蔓延，或者当赋予受害者尊严的法律特权得不到应有的尊重时，整个罗马法律和社会思想阶层以及精英阶层都感到震惊，也就不足为奇了。当然，最恶劣的违法行为是奴隶杀害他们的主人。在任何奴隶制社会中，都必须采取特别的保护措施来防止这类情况发生，而在奴隶无处不在的古罗马，这就更加必要了。罗马人的回答十分直截了当：如果一个奴隶杀死了他或她的主人，家里所有的奴隶都会被处死。人们希望通过这样的方式，针对奴隶主的潜在致命阴谋会被家里的其他奴隶泄露，哪怕他们只是为了自保。有趣的是，这项古老的法律在公元 61 年受到了公众的挑战，当时著名的元老院议员 L. 佩达尼乌斯·塞昆德斯（L. Pedanius Secundus）被他的一个奴隶杀害，他的 400 多名家仆都将被执行死刑。罗马的民众认为让这么多不同年龄的人为一个人的罪

行付出代价是不公平的，他们走上街头抗议，但元老院议员坚持无论如何都要执行判决（Tac. *Ann.* 14. 42-5）。在这种情况下，民众反对的是陷入法网的无辜者的数量，而不是法律本身。这并不是因为暴力会发生在奴隶身上，而是因为这种暴力本身在大众心目中是非法的。

一般来说，如果社会地位高的人受到为下级阶层保留的加重的、羞辱性的惩罚，人们的愤怒就会随之而来。西塞罗在公元前 70 年针对西西里岛前总督 C. 韦雷斯（C. Verres）的公诉演说中，坚定地表达了这种愤怒。西塞罗力图激起陪审团的愤怒，他描述了韦雷斯如何“像对待奴隶一样”或“像对待公敌一样”折磨和杀害罗马公民，以及他如何让西西里某个城 569
市的一位最重要的公民在自己镇上的公共集会场所受到鞭笞。相比之下，西塞罗对一个因携带长矛而被钉死在十字架上的奴隶牧羊人不予置评。[32]暴君的特点是在发泄残暴时无视等级，与其说残暴本身体现在暴力行为中，不如说体现在是谁遭受了暴力上（如 Suet. *Cal.* 27-8）。

结　语

罗马取得的重大成就之一是在古代地中海世界这个广阔的区域实现了几个世纪的相对和平与安全。在元首统治的大部分时间里（大约从公元前 31 年到公元 235 年），大规模的战争和蛮族入侵闻所未闻。这里发生过起义［例如，66—70 年在犹地亚（Judea）发生过起义，132—136 年此地再次发生起义］，可是，尽管它们非常残酷，但这些都只是局部事件。在大约八九代人的时间里，数百万人享受着可与近代的环境媲美的安全与繁荣。在古代地中海盆地，战争、征服和暴力是其固有特征，因而在这样的状况下，这是一个了不起的成就。

但是，罗马世界并不是一个宽容的地方，正如在本章开篇塞内加所说的那样。与大多数现代发达国家认为可以接受的情况相比，痛苦、苦难和暴力是日常生活的一部分。预期寿命在35岁左右徘徊，婴儿死亡率高得惊人，很少有人能活到老年。临终关怀极少。因此，死亡和痛苦伴随一生。在这样的环境中，对待他人的痛苦和苦难的态度往往会很强硬。罗马社会思想中严格的等级制度加剧了这种基本情况。人们隶属于各个群体，个人的价值依群体成员身份而定。由此，大量人口被视为消耗品，或者，就奴隶而言，他们除了作为主人的财产，毫无价值。等级观念也延伸到国家之间的关系上，所以罗马庞大的帝国（包括已知的世界）是对谁比谁更有价值的一个有力证明。罗马帝国通过大规模的暴力活动建立起来，这个国家公开
570 赞颂力量、美德和男子气概。大规模的公众表演要么在表演中展示暴力，要么被看台上的暴力破坏。在日常的纠纷和交往中，“以暴制暴”这一法律原则失去了作用。强盗和海盗在乡村和公海上蠢蠢欲动，各个社群依靠自助原则来寻求自身的安全。虽然我们缺乏数据来量化事件的严重程度和频率，但暴力似乎在很大程度上是罗马等级制度的通货。除了贫穷和疾病，塞内加将“那些来自比我们更强大的人的暴力”列为人生三大恐惧之一，这促使他提出建议，“那么，请注意一下，我们不要冒犯他人”（Sen. *Ep.* 14.3-6）。

参考论著

对罗马暴力的基础性研究，请参阅 A. Lintott, *Violence in Republican Rome*, 2nd edn (Oxford: Oxford University Press, 1999)。同样的基础性研

究成果有 W. Nippel, *Public Order in Ancient Rome* (Cambridge: Cambridge University Press, 1995)，现在还可以再加上 C. J. Fuhrmann, *Policing the Roman Empire* (Oxford: Oxford University Press, 2012)。对帝国强权以及罗马战争中的暴力问题的研究，请参阅 W. V. Harris, *War and Imperialism in Republican Rome, 327–70 BC* (Oxford: Oxford University Press, 1979)或者更近的 A. M. Eckstein, *Mediterranean Anarchy, Interstate War, and the Rise of Rome* (Berkeley: University of California Press, 2009)。关于罗马战争的经验和机制，请参阅 P. Sabin, 'The Face of Roman Battle', *Journal of Roman Studies* 90.1 (2000), pp. 1 - 17; M. J. Taylor, 'Roman Infantry Tactics in the Mid-Republic: A Reassessment', *Historia* 63.3 (2014), pp. 301 - 22。同样有用的还有 P. Sabin, H. van Wees and M. Whitby (eds.), *The Cambridge History of Greek and Roman Warfare*, 2 vols. (Cambridge: Cambridge University Press, 2007)中的许多章节。对罗马壮观场面中暴力的巧妙论述，参见 D. G. Kyle, *Sport and Spectacle in the Ancient World*, 2nd edn (Hoboken, NJ: Wiley, 2015); D. Potter, 'Entertainers in the Roman Empire', in D. Potter and D. Mattingly (eds.), *Life, Death, and Entertainment in the Roman Empire*, 2nd edn (Ann Arbor: University of Michigan Press, 2010), pp. 280–350。G. G. Fagan, *The Lure of the Arena* (Cambridge: Cambridge University Press, 2011), D. G. Kyle, *Spectacles of Death in Ancient Rome* (London: Routledge, 1998) and T. Wiedemann, *Emperors and Gladiators* (London: Routledge, 1992)都对角斗士进行了专门考察。F. Meijer, *Chariot Racing in the Roman Empire* (Baltimore, MD: Johns Hopkins University Press, 2010)研究了战车比赛的问题。下面这部作品收集了许多有用的古代资料并进行了翻译：A. Futrell, *The Roman Games: A Sourcebook* (Malden, MD: Blackwell, 2006)。关于罗马法中的暴力，请参阅 P. Garnsey, *Social Status and Legal Privilege in the Roman Empire* (Oxford: Clarendon Press, 1970); D. Grodzynski, 'Tortures mortelles et catégories sociales: les summa supplicia dans le droit romain aux IIIe et IVe siècles', in *Du Châtiment dans la cité: supplices corporels et peine de mort dans le monde antique*(Paris: Persée, 1984), pp. 361 - 403; J. Harries, *Law and Crime in the Roman World* (Cambridge: Cambridge University Press, 2007), esp. pp. 106–32; R. MacMullen, 'Judicial Savagery in the Roman Empire', *Chiron* 16 (1986), pp. 147–66。关于古代的 571

强盗和海盗，请参阅 T. Grünewald, *Bandits in the Roman Empire* (London: Routledge, 2004); P. de Souza, *Piracy in the Graeco-Roman World* (Cambridge: Cambridge University Press, 1999); W. Riess, *Apuleius und die Räuber. Ein Beitrag zur historischen Kriminalitätsforschung* (Stuttgart: Franz Steiner, 2001); B. D. Shaw, 'Bandits in the Roman Empire', *Past & Present* 105 (1984), pp. 3-52。K. Hopwood (ed.), *Organised Crime in Antiquity* (London: Duckworth, 1999)也提供了丰富的信息。关于我对罗马日常暴力更全面的思考，请参阅 G. G. Fagan, 'Violence in Roman Social Relations', in M. Peachin (ed.), *The Oxford Handbook of Social Relations in the Roman World* (Oxford: Oxford University Press, 2011), pp. 467-95。

注 释

1. Vergil, *Aeneid* 和李维历史著作的第一卷讲述了这些故事，其他许多资料也提及这些故事。现代人的相关论述，参见 T. J. Cornell, *The Beginnings of Rome: Italy and Rome from the Bronze Age to the Punic Wars (c. 1000-264 BC)* (London: Routledge, 1995), pp. 48-80; A. Grandazzi, *The Foundation of Rome: Myth and History* (Ithaca, NY: Cornell University Press, 1997)。
2. *CIL* I^2 7 = Dessau, *ILS* 1 = *ILLRP* 309 = *CLE* 7. 传统上认为罗马共和国的时间是公元前 509—前 31 年。
3. *CIL* I^2 25 = Dessau, *ILS* 65 = *ILRRP* 319. 这篇铭文很可能被刻在罗马广场的一根纪功柱上，纪功柱上装饰着从敌舰缴获的撞击喙（这根纪功柱是杜利乌斯为纪念胜利而竖立的两根纪功柱之一，参见 Serv. *ad Georg*. 3. 29）。铭文在奥古斯都时代被重新雕刻，但很可能保留了原始内容，或至少是呼应了原始内容。
4. 正如下面这部著作所强调的那样：M. Beard, *SPQR: A History of Ancient Rome* (New York: W. W. Norton, 2015), esp. pp. 53-89。
5. 引文分别出自 Sall. *Cat*. 1. 1. 5, 2. 1. 2, 3. 1. 1。
6. 有关庞培第三次胜利（公元前 61 年 9 月 28—29 日）的描述，参见 Plut. *Pomp*. 44; App. *Mithr*. 116-17。

7. G. Alföldy, 'Eine Bauinschrift aus dem Colosseum', *ZPE* 109 (1995), pp. 195-226 注意到在 4 世纪出土的一块石头上被重新雕刻的早期铭文中的字母空洞，并利用这些空洞重建了古罗马圆形大剧场的原始建筑铭文，铭文宣称韦伯芗（69—79 年在位）“下令用战利品［*ex manubiis*］建造新的圆形剧场”。
8. 关于罗马共和国中期的战斗经历，参见 P. Sabin, 'Battle: A. Land Battles', in P. Sabin, H. van Wees and M. Whitby (eds.), *The Cambridge History of Greek and Roman Warfare*, 2 vols. (Cambridge: Cambridge University Press, 2007), vol. I, pp. 399-433。关于兵役时长的问题，特别是关于罗马在地中海扩张时期的兵役时长，参见 Livy 42. 34 中百夫长斯普利乌斯·利古斯提努斯（Spurius Ligustinus）的著名演讲。在公元前 200—前 171 年的 29 年间，利古斯提努斯在不同的指挥官手下服役 22 年，并升至一个普通军官能达到的最高职位，即第一百夫长（Primus Pilus）。利古斯提努斯说（Livy 42. 34. 11），到公元前 171 年，他已经“50 多岁了”。因此，他一定是在 20 出头的时候入伍的。
9. 关于这些纪功柱，参见 F. Coarelli, *The Column of Trajan* (Rome: Colombo 2000); F. Lepper and S. Frere, *Trajan's Column* (Gloucester: Allan Sutton, 1988); M. Galinier, *La Colonne Trajane et les forums impériaux* (Rome: Publications de l'École française de Rome, 2007); M. Beckmann, *The Column of Marcus Aurelius* (Chapel Hill: University of North Carolina Press, 2011)。关于罗马艺术所展现的战争，参见 S. Dillon and K. E. Welch (eds.), *Representations of War in Ancient Rome* (Cambridge: Cambridge University Press, 2006)。
10. J. C. Coulston, 'Armed and Belted Men: The Soldiery in Imperial Rome', in J. C. Coulston and H. Dodge (eds.), *Ancient Rome: The Archaeology of the Eternal City* (Oxford: Oxford University Press, 2000), pp. 76-118.
11. Verg. *Aen.* 6. 851-3 and 1. 278-82 (excerpted).
12. Dio. 66. 25; Mart. *Spect.*, *passim*; Suet. *Titus* 7. 3 (Colosseum); Dio 68. 15. 1 (Trajan).
13. G. Ville, *La Gladiature en occident des origines à la mort de Domitien* (Rome: Persée, 1981); D. G. Kyle, *Spectacles of Death in Ancient*

Rome (London: Routledge, 1998); T. Wiedemann, *Emperors and Gladiators* (London: Routledge, 1992).关于圆形剧场，参见 J.-C. Golvin, *L'Amphithéâtre romain*, 2 vols. (Paris: De Boccard, 1988); K. Welch, *The Roman Amphitheater from its Origins to the Colosseum* (Cambridge: Cambridge University Press, 2007)。

14. D. L. Bomgardner, *The Story of the Roman Amphitheatre* (London: Routledge, 2000), esp. pp. 157–83.

15. 关于座位问题，参见 J. Kolendo, 'La Répartition des places aux spectacles et la stratification sociale dans l'Empire Romain: à propos des inscriptions sur les gradins des amphithéâtres et théâtres', *Ktèma* 6 (1981), pp. 301–15; E. Rawson, '*Discrimina Ordinum: The Lex Julia Theatralis*', *Paper of the British School at Rome* 55 (1987), pp. 83–114。Bomgardner, *Story*, pp. 17–20 提出，罗马圆形大剧场只有 18%的座位是面向普通罗马人开放的，其余座位则根据法律预先分配。

16. K. Hopkins, 'Murderous Games', in *Death and Renewal* (Cambridge: Cambridge University Press, 1983), pp. 1–30, at p. 1.

17. 关于这些和其他对竞技场比赛的解读，参见 Ville, *Gladiature*; Kyle, *Spectacles*; Wiedemann, *Emperors*; C. A. Barton, *The Sorrows of the Ancient Romans: The Gladiator and the Monster* (Princeton, NJ: Princeton University Press, 1993); A. Futrell, *Blood in the Arena: The Spectacle of Roman Power* (Austin: University of Texas Press, 1997)。关于心理因素，参见 G. G. Fagan, *The Lure of the Arena: Social Psychology and the Crowd at the Roman Games* (Cambridge: Cambridge University Press, 2011)。

18. J. H. Humphrey, *Roman Circuses: Arenas for Chariot Racing* (Berkeley: University of California Press, 1986), p. 126.

19. 关于战车比赛，参见 F. Meijer, *Chariot Racing in the Roman Empire* (Baltimore, MD: Johns Hopkins University Press, 2010); S. Bell, 'Roman Chariot Racing: Charioteers, Factions, Spectators', in P. Christesen and D. G. Kyle (eds.), *A Companion to Sport and Spectacle in Greek and Roman Antiquity* (Malden, MA: Blackwell, 2014), pp. 492–504。

20. 关于剧场中的暴力，尤其是在上演哑剧时发生的暴力，参见 E. J. Jory, 'The Early Pantomime Riots', in A. Moffatt (ed.), *Maistor: Classical, Byzantine, and Renaissance Studies for Robert Browning* (Canberra: Australian Association of Byzantine Studies, 1984), pp. 57 – 6; W. J. Slater, 'Pantomime Riots', *Classical Antiquity* 13. 1 (1994), pp. 120–44。

21. Procop. *Wars* 1. 24 and Malalas, *Chron*. 18. 71. 关于战车比赛的派系，参见 A. Cameron, *Circus Factions* (Oxford: Oxford University Press, 1976); J. -P. Thuillier, 'L'Organisation des *ludi circenses*: les quatre factions (République, Haut-Empire)', in K. Coleman and J. Nelis-Clément (eds.), *L'Organisation des spectacles dans le monde romain* (Geneva: Foundation Hardt, 2012), pp. 173–220。下面这篇论文讲到了关于马戏团骚乱背后的社会经济变化的一个很好的例子：M. Whitby, 'The Violence of the Circus Factions', in K. Hopwood (ed.), *Organised Crime in Antiquity* (Swansea: Classical Press of Wales, 1999), pp. 229–53。

22. *Dig*. 43. 16. 1. 27 ('violence') and 47. 10. 11. 1 (instant revenge). 更多论述，参见 A. W. Lintott, *Violence in Republican Rome*, 2nd edn (Oxford: Oxford University Press, 1999), esp. pp. 6–34。

23. Apul. *Met*. 4. 19–21 (house) and 7. 12–13 (lynching). 关于古代的强盗，参见 T. Grünewald, *Bandits in the Roman Empire* (London: Routledge, 2004); B. D. Shaw, 'Bandits in the Roman Empire', *Past & Present* 102 (1984), pp. 3–52。关于日渐衰弱的罗马警察机构，参见 H. Ménard, *Maintenir l'ordre à Rome (IIe–IVe siècles ap. J. -C.)* (Seyssel: Champ Vallon, 2004); W. Nippel, *Public Order in Ancient Rome* (Cambridge: Cambridge University Press, 1995)。更乐观一些的观点，参见 C. J. Fuhrmann, *Policing the Roman Empire* (Oxford: Oxford University Press, 2012)。就连富尔曼本人也承认，大多数警察针对的是国家的敌人，而不是普通的罪犯。

24. 例如，可参见 J. -U. Krause, *Gefägnisse im Römischen Reich* (Stuttgart: Franz Steiner, 1996); N. Morris and D. J. Rothman (eds.), *The Oxford History of the Prison* (Oxford: Oxford University Press, 1995);

P. C. Spierenburg, *The Spectacle of Suffering* (Cambridge: Cambridge University Press, 1984)。在古罗马，人们通常被关在监狱里，直到他们被处以体罚。对于古代监狱恶劣环境的描述，参见 Diod. Sic. 31. 9。最近有一种观点认为，强制的修道院禁闭在古代晚期是接近监禁的一种惩罚措施，参见 J. Hillner, *Prison, Punishment, and Penance in Late Antiquity* (Oxford: Oxford University Press, 2015)。

25. 例如，可参见 Suet. *Aug*. 27. 4; *Tib*. 60; *Cal*. 32. 1; *Claud*. 34 (and many parts of Cicero, *Verrines*)。有关差别化惩罚制度的概述，参见 P. Garnsey, *Social Status and Legal Privilege in the Roman Empire* (Oxford: Oxford University Press, 1970); R. MacMullen, 'Judicial Savagery in the Roman Empire', *Chiron* 16 (1986), pp. 147-66。
26. A. C. Dionisotti, 'From Ausonius' Schooldays? A Schoolbook and its Relatives', *Journal of Roman Studies* 72 (1982), p. 105 (§75).
27. 像有关角斗士比赛的研究一样，关于罗马奴隶制的参考文献也非常多。以下是一些有用的概述：K. Bradley, *Slaves and Masters in the Roman Empire* (Oxford: Oxford University Press, 1987) and *Slavery and Society at Rome* (Cambridge: Cambridge University Press, 1994); K. Bradley and P. Cartledge (eds.), *The Cambridge World History of Slavery*, vol. I, *The Ancient Mediterranean World* (Cambridge: Cambridge University Press, 2011)。
28. 例如，可参见 *Dig*. 1. 5. 5. 2, 35. 1. 59. 2, 50. 17. 209 (living death); Varro, *Res Rust*. 1. 17. 1 (speaking tool)。这些态度部分是从希腊人那里继承来的，关于奴隶是"会说话的工具"，参见 Arist. *Pol*. 1. 2. 4 (=1253b23-33)。
29. R. P. Saller, *Patriarchy, Property and Death in the Roman Family* (Cambridge: Cambridge University Press, 1994), pp. 137-8; H. Parker, 'Crucially Funny or Tranio on the Couch: The *Servus Callidus* and Jokes about Torture', *Transactions of the American Philological Association* 119 (1989), pp. 233-46. 关于宴会的证据汇编，参见 J. D'Arms, 'Slaves and Roman *Convivia*', in W. J. Slater (ed.), *Dining in a Classical Context* (Ann Arbor: University of Michigan Press, 1991), pp. 171-83。关于针对奴隶的暴力和侮辱，

参见 Bradley, *Slavery and Society*, pp. 27–30; N. Lenski, 'Violence and the Roman Slave', in W. Riess and G. G. Fagan (eds.), *The Topography of Violence in the Greco-Roman World* (Ann Arbor: University of Michigan Press, 2016), pp. 275–98。

30. R. Bagnall, 'Official and Private Violence in Roman Egypt', *Bulletin of the American Society of Papyrologists* 26 (1989), pp. 201–16, esp. pp. 211–12.

31. J. Harries, *Law and Crime in the Roman World* (Cambridge: Cambridge University Press, 2007), pp. 106–32, at p. 116.

32. Cic. *Verr.* 1. 5. 13 ('slaves'), 2. 1. 7, 2. 1. 8, 2. 1. 9, 2. 1. 13, 2. 3. 6, 2. 3. 59, 2. 4. 26, 2. 5. 72–3 ('public enemies'), 2. 4. 84–7 (leading citizen), 2. 5. 7 (shepherd).

28 基督教徒和犹太教徒的自杀与殉道

坎迪德·R. 莫斯

572 在古代和古典时代晚期的犹太教和基督教的文学作品中，暴力及对暴力的描绘比比皆是。从世界末日灾难这种糟糕的图景到来世的愤怒审判这样的画面，悲痛、痛苦、折磨和毁灭是现在和来世的特征，是需要神学反思的现实。在古代作家叙述的诸多暴力形式中，在大众的认知里，基督教徒和犹太教徒是最愿意承受殉道的。众所周知，阿瑟·达比·诺克（Arthur Darby Nock）将基督教描述为一个与自杀有关的邪教，而古代基督教作家德尔图良(*Apol.* 50)的著名评论是，殉道者的鲜血是教会成长和扩张的“因子”。[1]在同时代的异教徒中，基督教徒和犹太教徒都以愿意为自己的宗教信仰赴死而闻名，即使在某些情况下，他们也因对死亡的热忱而受到嘲笑。[2]在遭到迫害、政治压迫、军事侵犯或被捕的情况下，基督教徒和犹太教徒都宁愿赴死，也不愿在宗教信仰方面做出妥协。

如果没有从更广泛的角度理解古代高贵的死亡的重要性，就无法理解古代世界里犹太教徒和基督教徒殉道的现象。殉道者的历史通常始于希腊术语 *martys* 开始被用来指因宗教信仰而死去的人。[3]但是，甚至在语言开始明确特殊死亡的概念之前，古希腊人、古罗马人和古犹太人就尊重那些为国王、国家、城
573 市或上帝而牺牲的人。死亡的观念在古代许多文学作品中有所体现。古代的哲学家、诗人和历史学家都在反复思考，究竟哪

些品质能让死亡变得高尚。希腊历史记载的每一页都体现了这样一种观念：高尚的死亡会带来荣耀、名声和不朽。荷马笔下特洛伊战争的英雄们为荣誉和永恒的名声而战。阿喀琉斯在进行杀戮的时候，教导特洛伊王子和荷马痴迷的读者，为了死得其所，他们不能“对此感到哀怨”，他们必须勇敢地迎接等待着每个人的死亡（*Il.* 21.122-3）。伯里克利也表达了死亡给人带来荣誉的相同理念，他在葬礼上的演说中称颂死亡，因为“献出他们的生命……他们每个人都获得了永不褪色的名声”（Thuc. 2.43）。

著名哲学家芝诺（Zeno）、阿那克萨图斯（Anaxarchus）以及最著名的苏格拉底的死亡进一步强化了这一观点，即高尚的死亡是为国家、城市、社会或原则而死。[4]在犹太-基督教传统中寻求殉道起源的学术论点忽视了古代世界对高贵的死亡的高度重视程度。并非只有犹太教徒和基督教徒珍视他们的英雄决绝赴死，但他们确实把自己的身份理解为与愿意受苦和死亡有着不可分割的联系。

古代犹太教的殉道

20世纪20年代，威廉·布塞（Wilhelm Bousset）和雨果·格雷斯曼（Hugo Gressman）将犹太教描述为 *Religion des Martyriums*（一种殉道的宗教）。[5]当然，与此同时，当我们开始看到“犹太性”的概念在古代文学中固化时，我们就发现了犹太教徒殉道的第一批记录。公元前323年亚历山大大帝去世后，巴勒斯坦被托勒密王朝控制，直到公元前198年，托勒密王朝一直控制着这一地区。埃及统治者和犹太人之间的紧张关系不断升级，并最终导致了一系列冲突。对于讨论迫害和殉道最重要的

资料，是为回应和抵制公元前 2 世纪安条克四世（Antiochus
574 Epiphanes）试图推行的改革而产生的文字材料。正是在一种独特的、清晰的、连贯的犹太人身份的形成和构建中，这些关于殉道的描述出现了，犹太人的历史被重新表述为一段忠诚和顺从的苦难史。

古代犹太教中殉道的思想和《圣经》基础可以在《但以理书》中找到。在三个年轻人在烈火窑里的故事（Dan. 3）和但以理在狮子洞里的故事（Dan. 6）中，主人公宁愿被处死，也不愿叛教。在这两个故事中，正义的人物其实都从伤害中被解救出来，因为他们相信上帝的旨意，但他们的行为，以及这些故事，都有助于殉道观念的出现。罗马基督教地下墓穴的墙壁上装饰着对这些事件的图像描绘，一头驯养的狮子的形象成为关于基督徒殉道之叙述的传统主题。然而，这一时期典型的殉道者是马加比家族（the Maccabeans），他们死于塞琉古国王安条克四世统治时期。对于力图确定殉道概念起源的学者来说，这些殉道者是第一批符合现代定义的例子。

在古代关于作为犹太人意味着什么的讨论背景下，殉道这一传统主题的出现意味着殉道成为犹太人身份的一个标志。在公元 1 世纪的著作中，犹太历史学家约瑟夫斯将犹太教徒的甘愿赴死与斯巴达人的进行了对比。他认为犹太人超越了斯巴达人的爱国主义，因为他们不仅在独立自主的时候能够遵守宗教准则，在沦为被征服的民族时，他们也会遵守宗教准则（*Ap.* 2.226 *passim*）。他进一步将这种本能归于犹太人的身份，并说道，“对所有犹太人来说，从出生开始就尊重《圣经》是很自然的事情……而且如果有必要，他们会自愿为信仰而死”（*Ap.* 1.8）。为宗教准则而死与作为犹太人的意义是密不可分的。[6]

公元 1 世纪以后，随着拉比文学的兴起，以及英勇的导师如阿基瓦拉比（Rabbi Aqiva）、哈尼纳·本·特拉迪恩拉比（Rabbi Hanina ben Teradion）、希蒙·本·加姆利埃尔拉比（Rabbi Shimon ben Gamli'el）和伊什梅尔拉比（Rabbi Yishmael）等人殉道事迹的广泛流传，犹太教徒的殉道传统不断发展和转变。[7]虽然与基督教相比，拉比文学只提及少数殉道者，但这些故事在多个校订本中保留下来并极大地影响了中世纪的“被 575
王国杀死的十个人的故事”，据说这类故事描述了发生在哈德良皇帝统治时期的一些事件。[8]其中至少有一个故事，即米里亚姆·巴特·坦胡姆（Miriam bat Tanhum）的故事，被公认为是虚构出来的。[9]除了少数有名有姓的殉道者，拉比文学还提到了几组殉道者和关于为上帝而死的神学意义上的抽象讨论。

《陀瑟他》（Tosefta Shabbat）15（16）. 17 明确指出，一般说来，除了偶像崇拜、乱伦和谋杀，为了挽救生命，可以打破一切戒律。这种看似开明的解释由于加上了这句话而受到限制：“在受迫害的情况下，一个人必须为哪怕是极不重要的戒律献出生命”（*Sifra Ahare-mot, pereq* 13. 14）。私下履行职责和公开履行职责之间的区别源于伊什玛尔拉比（Rabbi Yishma'el）的教导，即如果在公开场合出现突发情况，一个人必须为上帝牺牲自己的生命，而不是违反戒律。

然而，殉道者人数不多的现象不应与拉比教义较少涉及殉道者神学的问题相混淆。我们发现，在讲到殉道故事的地方，有对殉道与个人罪孽、身份和宗教义务之间关系的详尽讨论。甚至《圣经》对捆绑以撒的描述，也会根据后来关于殉道和自我牺牲的对话，在拉比传统中被重新解读（Genesis Rabbah 65. 22）。关于 R. 哈尼纳（R. Hanina）殉道的最早版本赞扬他和他的家人愿意接受殉道作为对罪恶的惩罚，尽管他们甚至都不知道自己究竟犯了什么罪。同样的主题也出现在《迈基尔他》（*Mekhilta*）[①] 关于希蒙拉比之死的描述中，殉道者临死也不知道自己到底违背了哪条戒律。这一论述进一步阐明了关于马加比家族殉道者的记述提出的观点，即虽然殉道者是根据人类法律被判刑的，但他们实际上是因为违反了神圣的戒律而受到惩罚。与这一观点明显相悖的例子是阿基瓦拉比之死，他被罗马当局判处死刑，因为他传授了《律法书》（Torah），但他从未被指控亵渎上帝。在这种情况下，在秉持神正论的地方，我们找到了另一种解释：殉道和忍受残酷的折磨本身就是在履
576 行最伟大的戒律——爱上帝的戒律。关于他的死，至少有一个版本是这样描述的：他在背诵施玛篇时大笑而死。[10]

在公元前 2 世纪马加比家族起义期间，一位名叫拉齐斯（Razis）的杰出犹太爱国者发现自己陷入了犹地亚总督尼卡诺尔（Nicanor）的圈套。尼卡诺尔是塞琉古王朝统治者任命的外国人，为了给该地区带来稳定和秩序，根据《马加比二书》（2 Maccabees）的说法，他决定惩罚拉齐斯以警诫他人。尼卡诺尔派遣了 500 名武装士兵去逮捕拉齐斯，但拉齐斯“极其狂热地为犹太教冒生命危险”（2 Macc. 14：38），坚持说他不会被活捉。起初他想挥剑自刎，“宁愿光荣地死去，也不愿落入罪人之手，遭受与他高贵出身不相称的侮辱”（2 Macc. 14：42）。他尝试自杀，但没有成功。在这一触即发的时刻，他的住处门口有一群乌合之众正在叫嚣，他的目标落空了。他只成功地剖开自己的胸膛，并从塔上跳了下来，再次试图结束自己

① 《迈基尔他》，注释《圣经》的犹太教法律著作。

的生命。然而，他的尝试再一次受挫。跳下来之后，拉齐斯还活着，他捡起自己的肠子，爬到了一块很高的岩石上。在这里，血液从他的身体中流出，生命一点点耗尽，他把自己的内脏扔向充满敌意的人群，“请求上帝把生命和灵魂赐还给他”，他从岩石上跳了下来。

在犹太教的殉道史上，拉齐斯之死是一个敏感的话题。这与以利亚撒、马加比家族的母亲和她七个儿子的著名殉道故事一起出现。但是，在描述拉齐斯之死的方式上有明确的区别：在犹太教和基督教的传统中，拉齐斯之死几乎总是被称为自杀，或是一种“英勇的死亡”，而其他人的死亡则被称为“殉道”。这种分类依据的是拉齐斯自己的做法：他倒在自己的剑下，他从塔上纵身跳下，他爬到高高的岩石上，然后纵身跃下。然而，在《马加比二书》的叙述中，拉齐斯之死的作用与其他殉道者是一样的。无论现代的诠释者是否区分以利亚撒、马加比母亲及其儿子们和拉齐斯的死亡，很明显，《马加比二书》作者的说法都与之不同。在解脱的循环中，其他殉道者的死亡都是出于同一个目的。就像在6：18-7：42中殉道者的死亡标志着犹太人的命运发生了变化一样，拉齐斯之死也标志着犹大·马加比（Judas Maccabaeus）在15：1-28中最终胜利的开始。此外，拉齐斯之死在作用上类似于马加比家族成员的死亡。安条克试图让犹太人吃猪肉，尼卡诺尔试图杀死拉 577
齐斯，这些都是为了通过恐惧和严厉的惩戒来控制民众。通过阻止尼卡诺尔利用他的身体达到这个目的，拉齐斯像马加比家族的殉道者一样，抵制希腊人想要维护权力的企图。因此，拉齐斯之死在作用上与其他殉道者是一样的。

在拉比资料中关于犹太教徒殉道的叙述里，殉道者主动自杀的情况相对较少（为了避免沦落风尘而自杀的群体除外）。这种区别在关于 2 世纪 R. 哈尼纳殉道的叙述中得到了体现，他积极主动地挑衅罗马人，即使在 R. 约瑟 · 本 · 基斯马（R. Yose ben Kisma）警告他之后，他也拒绝隐瞒自己的行动或躲藏起来。在他死后，一个旁观的罗马人因被他的死感动而自杀了。这段文字将 R. 哈尼纳之死与耶稣被钉在十字架上（一个罗马士兵宣称耶稣是上帝之子）和坡旅甲（Polycarp）的殉道做了比较。把这些文字放在一起阅读，我们可以看出，R. 哈尼纳的死亡显然比同时代其他基督徒的死亡好得多，因为他与一卷《律法书》一起被焚烧（而不是像坡旅甲那样独自被烧死），他的死不仅促使人们认识到他的圣洁（就像耶稣那样），而且促使人们更积极地自杀。[11]还有一篇提到有人主动投火自焚的拉比经文出现在 *b. Pesaḥim* 53b 中，在出埃及之前的瘟疫期间，有几只青蛙主动跳进了火炉，以便为《但以理书》中三个年轻人被烧死的事树立先例。

早期基督教中的殉道

从耶稣的第一部传记《马可福音》开始，基督徒就在竭力解释，人们期待已久的犹太弥赛亚为何会像普通的罪犯那样屈辱地死去。即使复活故事中令人敬畏的胜利使其有所缓和，但耶稣的命运仍旧给他的追随者造成了解释的危机。虽然高贵的死亡一直受到人们的尊重，但被钉死在十字架上的死法远不如阿喀琉斯之死光彩。在客西马尼园（Garden of Gethsemane）哀求连连的耶稣，与非常自制、在死前平静地沐浴的苏格拉底
578 相去甚远。针对他们面对刑罚的不同反应，耶稣的追随者带来了一场思想观念的革命。根据《以赛亚书》中所谓的“仆人

之歌”，他们把耶稣的死亡视为一种必然，耶稣之死将他的追随者从罪孽、审判日和第二次死亡中解救出来。被学者称为“为十字架道歉”的结果是恢复了苦难和死亡对各地基督徒的意义。

在整部《新约全书》中，保罗以及福音书和《彼得书信》(Petrine Epistles) 的作者都把为基督而死作为门徒经历的一部分。[12]在《马可福音》中，耶稣教导他的追随者，不只是他的门徒，还有一个更大的群体（8：34），要“舍己，背起他们的十字架来跟从我。因为凡要救自己生命的，必丧掉生命；凡为我和福音丧掉生命的，必救了生命”（8：35-6）。

整部《马可福音》的基本前提是追随耶稣，包括效仿他的所作所为和死亡。在《保罗书信》（Pauline Epistles）中，对效仿耶稣受苦的劝告更为明确。保罗鼓励他的教派效法那些受苦的人，“弟兄们，你们曾效法犹太中，在基督耶稣里神的各教会，因为你们也受了本地人的苦害，像他们受了犹太人的苦害一样”（1 Thess. 2:14）。他的劝勉是基于各教会共同经历的苦难，这样的苦难将他们联系在一起。

回荡在《新约全书》中的对痛苦和死亡的期待似乎只有在斯蒂芬的例子和《启示录》中才能实现。在《启示录》中，有一个角色叫安提帕（Antipas)，他因为自己的名字而死。然而，人们期望其他人也会效仿。在写给小亚细亚教会的一系列信件中，《启示录》的作者描述了天国的奖赏，天国正等待着那些像羔羊一样去“征服”的人，通过死亡来领取奖赏。

在公元 1 世纪和 2 世纪，支持国家对基督徒实施暴力的法律情况是模糊而多变的。没有针对基督徒的正式或非正式立法。虽然在这个时期，除了社会疏离，没有什么证据可以证明

这一点，但殉道的那些例子——例如，处死使徒——给后世的基督徒留下了深刻的印象。孤寂的、极其残酷的经历无疑在基
579 督徒的潜意识里久久回响。[13] 110 年前后，罗马的比特尼亚-蓬图斯（Bithnyia-Pontus，在今天的土耳其境内）的统治者普林尼写信给图拉真皇帝，向他抱怨基督徒，并询问该如何应对才是最好的处理方式。普林尼描述了在自己采取措施之前，人们皈依基督教对当地宗教活动产生的宗教-经济影响。根据他的记载，神庙已经被人们废弃，也没有人购买祭祀用的肉。基督教在各个地区都赢得了人们的赞赏；皈依基督教的人包括“各个年龄和各个阶层的人，男女都有……不仅在城镇，而且在乡村也一样”。普林尼写道，他调查过基督徒，发现他们没有犯过任何真正的罪行。尽管如此，他还是被他们的“倔强和不可改变的固执”激怒了，他觉得这应该受到惩罚（*Ep*. 10. 96）。因此，他设计了一套对付基督徒的制度。他会询问三次受到指控的人是不是基督徒。对于那些否认自己是基督徒的人，他采用了众所周知的献祭测试，在这个测试中，他要求被告向皇帝的肖像奉上美酒和香料，并诅咒基督。普林尼在信中征求图拉真的意见；他不确定对所有人的惩罚是否应该一视同仁，对于那些承认自己过去是基督徒的人，以此定罪是否理由充分。图拉真在回信中赞扬了普林尼的工作，并坚决要求基督徒不应受到追捕或匿名指控。图拉真确认，对于被指控的人来说，能够进行献祭就足以证明他是无辜的（*Ep*. 10. 97）。

在书信交流中，普林尼对基督徒顽固态度的懊恼几乎是显而易见的。与杰弗里·德·圣克鲁瓦（Geoffrey de Ste Croix）的观点不同，阿德里安·舍温-怀特（Adrian Sherwin-White）

认为，正是因为基督徒的反抗（*contumacia*），他们才会被逮捕和处决。[14]当然，基督徒会受到罗马作家和行政官员的嘲笑和蔑视，在法庭上，殉道者的行为体现出其主人公是闪烁其词、难以对付的。然而，与此同时，杰弗里·德·圣克鲁瓦在他对舍温-怀特的反驳中指出，固执（*obstinatio*）和反抗是两项互不相关的指控，后者在普林尼和图拉真两人的往来信件中并没有被提到。只有在法庭上，基督徒才有机会表现他们的固执，所以，基督徒不太可能因反抗而被捕。[15] 580

因此，早期对基督徒的大部分虐待是有针对性的。3 世纪中叶，情况发生了变化，当时的皇帝德西乌斯（249—251 年在位）颁布了现已散佚的法令，试图将宗教作为统一罗马帝国的手段，当时罗马帝国正经历着严重的危机。[16]这项立法似乎颁布于 250 年的春天，它的结果是人们不得不向皇帝的守护神献祭，作为交换，人们将得到一本 *libellus*（字面意思是“小册子”，但实际上是参加献祭的收据）。[17]那些拒绝献祭的人将被处死。关于德西乌斯法令的细节尚不清楚；不能确定是只有一家之主去献祭，还是所有家庭成员（包括奴隶）都被要求参加此项活动。

虽然这项法令是针对每个人的，基督徒却感到负担特别沉重。[18]有些人以殉道者的身份死去，但对其他基督徒来说，在地狱和死亡之间做出选择的前景太令人生畏了。无论是出于对酷刑的恐惧，还是出于对叛教和受到诅咒的恐惧，他们选择通过贿赂获得证明，或者选择第四条道路：流亡。[19]基督徒第一次感受到有组织的帝国压力，这迫使他们遵守当时的宗教规范。[20]然而，这种迫害似乎只持续了很短的一段时间：所有现存的“小册子”都可以追溯到几个月的时间内。[21]

在德西乌斯死后的六年里，基督徒享受了一个相对和平的时期。然而，在瓦勒良（Valerian，253—260年在位）统治期间，这种平静被打破了，因为这位新皇帝正在与波斯人大战。253年末和254年，瓦勒良前往东方处理安条克在东部造成的威胁，并一直留在那里，直到于260年被俘。在此期间，他给元老院写了两封关于基督徒的信。第一封信于257年发出，他
581 要求教会领袖参加异教仪式，基督徒停止在墓地集会。在第一项法令未能产生任何重大影响之后，他在258年发布了第二项关于基督徒的更有力的声明，在该声明中，他命令立即处死主教、神父和执事。[22]此外，信仰基督教的元老院议员和高级官员将失去他们的地位和财产，如果他们拒绝否认基督，也将被处死。信仰基督教的元老院级别的妇女将失去她们的财产，皇室成员也将失去财产，皇室成员还将被派往皇室领地，在那里，他们的宗教观点将削减他们在政治上承担的责任。

在德西乌斯法令颁布之后不久，这些规章制度就开始实施，这表明基督教并没有由于德西乌斯的努力而受到显著削弱。同样，似乎只有少数基督徒因258年瓦勒良的第二封信而死。在瓦勒良被波斯人俘获后，他的继任者也就是他的儿子加里恩努斯（Gallienus）撤销了他的立法。在接下来的四十年里，基督徒没有受到任何由国家支持的迫害。

在4世纪的头几年里，作为对在位二十年的纪念，罗马四帝共治的发起人戴克里先皇帝，颁布了一系列旨在促进团结和众神和平的法令，这些法令针对的是基督徒。随之而来的暴力被称为“大迫害”，一波接一波地到来。这次暴力活动始于303年2月23日，新建于尼科米底亚（Nicomedia）的教堂被摧毁。第二天颁布的第一项法令规定，举行基督教

集会是非法的，并下令破坏基督教的礼拜场所，没收基督教的典籍。基督徒被剥夺了向法庭请愿或对针对他们的法律制裁做出回应的权利，这使他们在司法语境中特别容易受到伤害。社会地位显赫的基督徒失去了他们原有的地位，而信仰基督教的帝国自由民成为奴隶。每个人，包括基督徒，在参与任何法律或官方事务之前，都被要求进行献祭。根据基督教作家拉克坦提乌斯（Lactantius）的说法，戴克里先的目标是“不流血”地执行该项法令。[23]

同年夏天，第二项法令颁布，命令逮捕基督教的神职人员（Euseb. *Hist. eccl.* 8. 2. 5）。根据尤西比乌斯（Eusebius）的说法，第二项法令的颁布是由于在梅利泰内（Melitene）和叙利亚发生的一系列牵涉到基督徒的政治暴动。[24] 11 月，在为次年登基二十周年的庆典活动做准备时，戴克里先颁布了第三项法令（Euseb. *Hist. eccl.* 8. 2. 5 and 6. 10.）。这项法令宣布大赦被 582
监禁的神职人员，条件是他们必须进行献祭。一些学者猜想戴克里先可能希望他的迫害活动可以获得有利的宣传，他颁布这条法令是想让神职人员叛教。[25]

304 年的春天，第四项也是最后一项法令颁布，这是最严厉的法令。[26]它要求包括儿童在内的所有人聚集在公共场所进行献祭。如果他们拒绝这样做，将会被处死。作为如此强硬的一项迫害法令，第四项法令却被大多数古代基督教评论家忽略了。西方的基督徒的著作，如拉克坦提乌斯的《论迫害者之死》（*On the Deaths of the Persecutors*），或尤西比乌斯的《教会史》（*Church History*），没有提到这项法令。尤西比乌斯只在他的《巴勒斯坦殉道者记》（*Martyrs of Palestine*）中提到了这项法令。我们很难从尤西比乌斯那里推断出这场迫害的影响到底有多深远。在《巴勒斯坦殉道者记》里被处决的 99 名基督徒中，据说只有 16 人是被当局积极搜寻出来的。[27]

迫害的残暴程度因地域和罗马总督及当局的个性而异。在西部，只有部分立法得到执行，甚至只是偶尔执行；在北非，死刑始于 303 年 5 月的锡尔塔（今阿尔及利亚境内）；而在不列颠和高卢［君士坦提乌斯（Constantius）控制的帝国地区］，迫害则相对温和。拉克坦提乌斯告诉我们，事情的进展情况仅仅是教堂建筑遭到破坏，而尤西比乌斯则抗议说，那里根本没有建筑被毁掉。[28]304 年，西部的迫害似乎已经消失了，306 年 7 月，君士坦提乌斯皇帝正式结束了迫害活动。不过，君士坦提乌斯走得更远：对于在不列颠、高卢和西班牙的基督徒，他不仅让他们重获自由，甚至还把没收的财产还给了他们。[29]到 313 年，整个帝国的基督徒的权利都得到了恢复，尽管根据历史学家的说法，东方的波斯在历代国王的统治下，对基督徒的迫害仍在继续。

基督徒对殉道和迫害的理解以及对为上帝而死的价值的认
583 识因地区而异，因作者而异，也因时间而异。2 世纪时，人们倾向于把小亚细亚殉道者看作基督的模仿者，把殉道行为的主人公描绘成跟随耶稣的脚步，“按照福音”而死（Ignatius, *Letter to the Romans*, 6.3；*Martyrdom of Polycarp*, 1）。2 世纪罗马的基督教作家赋予殉道者以哲学的风格［《托勒密与卢修斯行传》（*Acts of Ptolemy and Lucius*）、《查士丁及其同伴行传》（*Acts of Justin and Companions*）、《阿波罗尼奥斯行传》（*Acts of Apollonius*）］，殉道者的死仿效苏格拉底，也仿效耶稣，而故事的一般形式和风格与辩解书的体裁一致。关于早期的北非拉丁殉道文学［《裴白秋与菲丽希缇殉道记》（*Passion of Perpetua*

and Felicity）]，启示录式的想象是其特色，而在高卢人对殉道的讨论［《里昂与维埃纳教会书信》（*Letter of the Churches of Lyon and Vienne*）］中，回荡着一种类似的宇宙战争的感觉。

到德西乌斯颁布法令之时，这些传统已呈现出更为尖锐的二元论观点。编撰于这一时期的对希腊殉道者的记述显示，人们对把殉道者描绘成撒旦阴谋诡计的受害者这样的桥段越来越感兴趣。同样地，德西乌斯被描绘成与撒旦为伍的形象。到了戴克里先进行迫害的时期，根据立法本身的条款，基督教作家对基督教书籍的命运和那些维护宗教经典之人的道德状况很感兴趣。针对这些文物的暴力行为被理解为对人类本身实施暴力的同义词。

对于研究迫害和暴力问题的学者来说，他们面临的一个挑战是后君士坦丁时期殉道故事的爆炸性增多，而在这一时期，基督教徒不再受到迫害。这个时代的许多与殉道有关的故事是意识形态作品，目的是维护管制的正统性和实践正统论，以及为针对犹太教徒和异教徒的暴力行为进行辩护。[30]5 世纪时，人们对“殉道”进行了重新定义，于是，殉道包括了在摧毁异教场所的过程中死亡等情况，这是利用暴力对付异见群体的证据。

在古代基督教文学中，殉道和自杀之间的区别只有在异端团体关于殉道的对话中才会被鲜明地描绘出来。正统基督教的一些殉道者，如阿加索尼克（Agathonike）、卢修斯、《托勒密与卢修斯行传》中不知名的旁观者，他们的死亡完全可以被 584
确定为自杀。阿加索尼克自发跳进了烧死其他殉道者的火葬柴堆（*Acts of Carpus, Papylus and Agathonike*, 44）。她的死对这份记录的拉丁语译者来说是个问题，但对原作者来说，她和其他人一样，只是被简单地描述为一个殉道者。按照时间顺序来看，第一个反对自愿赴死的人是基督教哲学家克莱门特（Clement），他在 202 年逃离了亚历山大城的暴力活动。克莱门特谴责自愿殉道是异教徒的行为："我们……说那些冲向死亡的人（有一些人不属于我们基督教，只是徒有其名，这些人急于放弃自己，可怜的人，因为对造物主的仇恨而了结自己）——我们说，这些人虽然受到了公开的惩罚，却没有成为殉道者就放逐了自己"（Clement，*Miscellanies*，4.16–17）。虽然大多数人认为克莱门特是在谴责新预言运动的信徒，但没有证据表明这些基督徒容易做出自杀殉道的事情。[31]克莱门特用一种保护自己不被指责为懦夫的方式来构建对话，并通过这种方式构建了"真正的殉道"的概念，以区别于自愿赴死或自杀。

尤其是对基督徒来说，将自杀与殉道区分开来的最具体的转折点是奥古斯丁的《上帝之城》（*City of God*）。在这部作品中，奥古斯丁首次提出了一个系统的观点，即《圣经》禁止自愿殉道和自杀。[32]应该将奥古斯丁的观点放在罗马衰落并与被他判处死刑的暴力分裂组织发生冲突的背景下来解读。最重要的一点是，直到 5 世纪，基督徒才坚定地将自杀与殉道分离开来。

结　语

殉道对于犹太教和基督教神学及身份之形成的重要性不应被低估。然而，与此同时，关于基督教殉道的重要性、独特性和普遍性的主张在意识形态上令人担忧。在基督教时代的大部分时间里，殉道一直被视为一种纯粹的基督教行为，可能也象

征着基督教拥有宗教真理。因此，认为殉道只是随着基督教的 585
诞生而出现的说法牵涉到很多利害关系。同样地，声称基督教徒不断受到犹太人和罗马人的攻击，是为了在公元 1 世纪 40 年代和 50 年代区分出基督教徒和犹太教徒，也是为了庆祝基督教在逆境中幸存下来的非凡成就。如果说殉道在 21 世纪的神学作用与古代的有所不同，那么两种主张——殉道是基督教徒的发明，以及基督教徒经常受到迫害——都应该根据古代的证据来进行评价。这两个传统中自杀式殉道者的存在，凸显了犹太教和基督教的殉道者在历史上复杂且紧张的关系：在基督教普遍兴起之前和 3 世纪初，殉道和自杀之间并没有明显的区别。相反，它们是古代更宽泛的善终的一部分。最终，无论是对于犹太教还是基督教，殉道的意义都不是建立在持续存在的政治压迫或迫害之上，也不是建立在这些做法的独特性之上。

参考论著

关于古代基督教徒和犹太教徒的自杀和殉道的许多二手文献将赫伯特·穆苏里洛（Herbert Musurillo）的两卷本作品集 *Acts of the Pagan Martyrs* 和 *Acts of the Christian Martyrs* 作为其原始文献。基督教的其他原始文献可以在 *Acta Sanctorum*（71 vols.; Brussels: Société des Bollandistes, 1643-1940）中找到。关于经常被边缘化的多纳图派信徒的殉道故事，请参阅 Maureen Tilley, *Donatist Martyr Stories: The Church in Conflict in North Africa*（Liverpool: Liverpool University Press, 1996）。与希腊和拉丁版本相比，叙利亚的殉道故事受到的关注要少得多，但重要的评述性版本和初步的分析研究已经开始出现，具体请参阅 Kyle Smith, *Constantine and the Captive Christian of Persia: Martyrdom and Religious Identity in Late Antiquity*（Oakland, CA: University of California Press, 2016）。关于犹太教徒殉道的描述可以在绍尔·利伯曼（Saul Lieberman）编写的评述性版本中找到，网址为 http://www.lieberman-institute.com；这些文本的部分英译可以在下面这部著作中找到：Jan Willem van Henten and Friedrich Avemarie,

Martyrdom and Noble Death: Selected Texts from the Graeco-Roman, Jewish, and Christian Antiquity（London and New York：Routledge，2002）。

关于古代犹太教徒殉道的经典研究作品包括 Saul Lieberman，'The Martyrs of Caesarea'，*Annuaire de l'Institut de Philologie et d'Histoire Orientales et Slaves* 7（1939–44），pp. 395–446，这是第一篇使人们注意到基督教和犹太教殉道叙述之间联系的学术文章，还有 Gerald Blidstein，'Rabbis，Romans and Martyrdom：Three Views'，*Tradition* 2.3（1984），pp. 54–62。我们应该运用以下著作中更有理论悟性的方法来阅读这两篇文章：Ra'anan S. Boustan，*From Martyr to Mystic: Rabbinic Martyrology and the Making of Merkavah Mysticism*（Tübingen：Mohr Siebeck，2005）。

586 对公历纪元大部分时间的历史，评论家和学者使用了殉道和自杀的现代定义来区分这两者。其结果是，原始资料的主体被分割，而且常常被删节，这些原始资料遵循传统宗教团体的教义，而不是古代证据。这一论断的例外情况包括 Arthur J. Droge and James Tabor，*A Noble Death: Suicide and Martyrdom among Christians and Jews in Antiquity*（San Francisco：Harper，1992），这本书应该是受到了 William Tabernee，'Early Montanism and Voluntary Martyrdom'，*Colloquium* 17（1985），pp. 33–44 的影响。“自愿殉道”这一范畴是在殉道与自杀这两个范畴之间创造出空间的理论补丁，关于其发明，请参阅 Candida R. Moss，'The Discourse of Voluntary Martyrdom：Ancient and Modern'，*Church History* 81.3（2012），pp. 531–51。

关于古代殉道研究的介绍比比皆是。W. H. C. Frend，*Martyrdom and Persecution in the Early Church*（Oxford：Blackwell，1965）这部权威著作在其研究范围内仍然具有标杆性。它有一种将古代基督徒同质化的倾向。近期的学术研究集中在古代证据的多样性上。弗伦德理论的一个同质性稍弱的版本见于让·威廉·范亨滕（Jan Willem van Henten）对马加比家族殉道者的研究，他指出，犹太教的英雄为拯救他们的民众而死，这形成了早期教会的殉道观念：J. W. van Henten，*The Maccabees as Saviours of the Jewish People: A Study of 2 and 4 Maccabees*（Leiden：Brill，1997）。其他人则试图使这种现象多样化；在 *Ancient Christian Martyrdom: Diverse Practices, Theologies, and Traditions*，Anchor Yale Reference Library（New Haven，CT：Yale University Press，2012）中，作者追溯了跨越古代世界的多种殉道观念，而其他人则对个别殉道者或殉道者所在的地区进行了研究，试图使我们对古代圣人崇拜的理解更加多样化。例如，可参见

Vasiliki M. Lamberis, *Architects of Piety: The Cappadocian Fathers and the Cult of the Martyrs* (New York: Oxford University Press, 2011)。

因为殉道是古代作家用来将他们自己与其他群体区分开来的一个范畴，基督教和犹太教殉道文学常常被分开对待。近期的一些学术研究试图将两者联系起来。关于犹太教和基督教殉道传统在古代晚期的交叉，请参阅 Daniel Boyarin, *Dying for God: Martyrdom and the Making of Christianity and Judaism* (Stanford, CA: Stanford University Press, 1999) and *Border Lines: The Partition of Judaeo-Christianity* (Philadelphia: University of Pennsylvania Press, 2004)。比较和讨论犹太教和基督教之关系的较小规模的研究包括 Jan Willem van Henten, 'Jewish and Christian Martyrs', in J. Schwartz and M, Pooerhuis (eds.), *Saints and Role Models in Judaism and Christianity* (Leiden: Brill, 2003), pp. 163-81。

关于殉道作为塑造身份的一种手段，尤其是同非犹太教徒和非基督教徒相比，请参阅 Judith Lieu, *Neither Jew Nor Greek? Constructing Early Christianity* (London: T & T Clark, 2002)。关于殉道在塑造基督教徒记忆中更广泛的应用，可参阅 Elizabeth A Castelli, *Martyrdom and Memory: Early Christian Culture Making* (New York: Columbia University Press, 2004)。

注 释

1. Arthur Darby Nock, *Conversion: The Old and New Religion from Alexander the Great to Augustine of Hippo* (Oxford: Clarendon Press, 1993), p. 197. 诺克在这里指的不仅是基督教殉道者，也指斯多葛学派和裸体主义者。
2. Celsus in Origen, *C. Cels*. 8. 65 and Arrius Antoninus in Tertullian, *To Scapula* 5. 1.
3. Norbert Brox, *Zeuge und Märtyrer: Untersuchungen zur frühchristlichen Zeugnis-Terminologie*, Studien zum Alten und Neuen Testament 5 (Munich: Kösel-Verlag, 1961).
4. 有关希腊和罗马文学中的自杀事件，请参阅 Wilhelm Bousset and

Hugo Gressmann, *Die Religion des Judentums im Späthellenistischen Zeitalter*, Handbuch zum Neuen Testament 21 (Tübingen: J. C. B, Mohr, 1926), pp. 26 - 9。关于更广泛的古代的死亡，参见 Catharine Edwards, *Death in Ancient Rome* (New Haven, CT: Yale University Press, 2007)。

5. Bousset and Gressmann, *Religion des Judentums*, p. 394.
6. Tessa Rajak, 'Dying for the Law: The Martyr's Portrait in Jewish-Greek Literature', in M. J. Edwards and S. Swain (eds.), *Portraits: Biographical Representation in the Greek and Latin Literature of the Roman Empire* (Oxford: Clarendon Press, 1997), pp. 39-67.
7. BT *Bava batra* 10b; *Sotah* 48b; *Berakhot* 61b; *Avodah zarah* 8b; *Sanhedrin* 14b; *Semahot* 5 and *Lamentations Rabbah* 2.
8. Ra'anan S. Boustan, *From Martyr to Mystic: Rabbinic Martyrology and the Making of Merkavah Mysticism* (Tübingen: Mohr Siebeck, 2005).
9. Jan Willem van Henten and Friedrich Avemarie, *Martyrdom and Noble Death: Selected Texts from Graeco-Roman, Jewish and Christian Antiquity* (London: Routledge, 2002), p. 137.
10. Daniel Boyarin, *Dying for God: Martyrdom and the Making of Christianity and Jerusalem* (Stanford, CA: Stanford University Press, 1999), p. 96.
11. S. Wadler, 'The Comparative Martyrdom of R. Hanina b. Teradion', unpublished paper presented at the Early Jewish Christian Relations section of the Annual Meeting of the Society of Biblical Literature, Atlanta, Georgia, 2015.
12. Candida R. Moss, *The Other Christs: Imitating Jesus in Ancient Christian Ideologies of Martyrdom* (Oxford: Oxford University Press, 2010).
13. 拉姆齐·麦克马伦（Ramsay MacMullen）说过，"残酷的法律惯例无疑会被每个公民铭记于心"，参见他的'Judicial Savagery in the Roman Empire', *Chiron* 16 (1986), p. 152。
14. Adrian N. Sherwin-White, 'Why Were the Early Christians Persecuted? - An Amendment', *Past & Present* 27 (1964), pp. 23-7.
15. Geoffrey E. M. de Ste Croix, 'Why Were the Early Christians

Persecuted? -A Rejoinder', *Past & Present* 27 (1964), pp. 28-33.

16. 有关这些事件之背景的论述，参见 David S. Potter, *The Roman Empire at Bay*, 2nd edn (Hoboken, NJ: Taylor & Francis, 2014); Michael Kulikowski, *Imperial Triumph* (Cambridge, MA: Harvard University Press, 2016)。
17. Graeme W. Clarke, 'Persecution of Decius', in A. K. Bowman, P. Garnsey and A. Cameron (eds.), *The Cambridge Ancient History*, vol. XII, *The Crisis of Empire, AD 193-337*, 2nd edn (Cambridge: Cambridge University Press, 2005), p. 625; David S. Potter, *Prophecy and History in the Crisis of the Roman Empire. A Historical Commentary on the Thirteenth Sibylline Oracle* (Oxford: Clarendon Press, 1990), p. 261.
18. James Boykin Rives, 'The Decree of Decius and the Religion of Empire', *Journal of Roman Studies* 89 (1999), pp. 135-54.
19. Cyprian, *On the Lapsed* 27 and *Letters* 55. 13. 2.
20. Rives, 'Decree of Decius', p. 150.
21. John Knipfing, 'The Libelli of the Decian Persecution', *Harvard Theological Review* 16 (1923), pp. 345-90. 在这篇文章发表之后，人们又发现了三本"小册子"（*PSI* vii. 78; *SB* vi. 9084; *P. Oxy*. xli. 2990）。
22. Cyprian, *Letters* 80. 2.
23. Lactant. *De mort. pers.* 11. 8.
24. Euseb. *Hist. eccl.* 8. 6. 8-9 and *Martyrs of Palestine*, praef. 2.
25. Roger Rees, *Diocletian and the Tetrarchy* (Edinburgh: Edinburgh University Press, 2004), p. 64
26. Eusebius, *Martyrs of Palestine* 3. 1 and Lactant. *De mort. pers.* 15. 4.
27. Geoffrey de Ste Croix, 'Aspects of the Great Persecution', *Harvard Theological Review* 47. 2 (1954), pp. 75-113.
28. Lactant. *De mort. pers.* 15. 7; Euseb. *Hist. eccl.* 8. 13. 13.
29. Lactant. *De mort. pers.* 24. 7.
30. Harold A. Drake, 'Lambs into Lions', *Past & Present* 153 (1996), pp. 3-36, and 'Intolerance, Religious Violence and Political Legitimacy in Late Antiquity', *Journal of the American Academy of*

Religion 79.1 (2011), pp. 193–235; Michael Gaddis, *There is No Crime for those who have Christ: Religious Violence in the Christian Roman Empire* (Los Angeles: University of California Press, 2005); Thomas Sizgorich, *Violence and Belief in Late Antiquity: Militant Devotion in Christianity and Islam* (Philadelphia: University of Pennsylvania Press, 2008).

31. William Tabbernee, 'Christian Inscriptions from Phrygia', in G. H. R. Horsley and S. R. Llewelyn (eds.), *New Documents Illustrating Early Christianity* (Grand Rapids, MI: Eerdmans, 1978), vol. III, pp. 128–39; William Tabbernee, 'Early Montanism and Voluntary Martyrdom', *Colloquium* 17 (1985), pp. 33–44; Candida R. Moss, *Fake Prophecy and Polluted Sacraments*, supplements to Vigiliae Christianae 84 (Leiden: Brill, 2007), pp. 201–42.

32. August. *De civ. D.* 1.20. 拉克坦提乌斯在 *Divine Institutes* 3.18 中也提出了同样的观点。

第六部分
暴力的表现与建构

29 印度思想中的王权、暴力与非暴力，约公元前500—公元500年

厄宾德·辛格

在公元前6世纪和公元前5世纪印度北部地区的早期历史 589
时期，出现了君主政体和寡头政治的邦国，人们开始了持续不断的对王权与暴力和非暴力之间关系的讨论。在接下来的几个世纪里，发生了大量政治冲突和暴力事件，既有国内的（各个城邦之间的），也有针对其他国家和森林地区居民的。充满暴力的继位冲突，统治家族内部的弑父和残杀兄弟，政变和连绵不断的战争，形成了知识分子对政治暴力问题做出严肃而复杂回应的历史背景，这些回应的特点是观点的重叠和多样性，以及随着时间的推移而发生变化。[1]

这种论述的开始也与宗教传统的出现或日益重要相吻合，这些传统在强调自我克制和非暴力的同时，也表达了对政治领域的坚定观点；这个巧合产生了巨大的长期影响。佛教强调非暴力，而非暴力的旗帜很可能也被其他思想家和教派高举。耆那教是一种更为古老的传统信仰，它将非暴力的实践发挥到了极致。在宗教领域，早期出现了一种将自我克制与非暴力联系起来的深厚传统，这种传统对政治领域产生了重大影响，并导致了王权与自我克制、暴力与非暴力之间持久的紧张关系。

在古印度思想中，带有否定前缀的梵文复合词［如*ahiṁsā*（“非暴力”）］，比它们所否定的词（在这个例子中，

hiṁsā 的意思是“暴力”）要重要得多，并带有一种非常强烈的肯定意义。[2]还有一个术语 *ānṛśaṁsya*，意思是“不残忍或怜
590 悯”，*ahiṁsā* 被认为是一种重要的美德。关于这些美德和王权之间的联系，随着时间的推移和文本体例的不同而出现了形形色色的观点。古印度知识分子除了区分政治权力行使中必要的武力和暴力，还关注国王用武力相威胁或使用武力这两种具体活动，即战争和惩罚。*Daṇḍa*（字面意思为“手杖”）这个术语经常被用来指国王的力量，也指国王的正义。

几个世纪以来，人们经常讨论国王使用武力与下列思想观念的关系问题：达摩（*dharma*，虔诚的义务）；天堂和地狱；从生与死的循环中解脱出来；自我克制。人们也从务实的政治角度对其进行讨论。到公元 1 千纪中期，一种“经典”的王权模式出现了，在这种模式中，人们适应了国王使用一定数量的武装部队的行为，并且这种行为也被合法化。与此同时，人们认识到过度使用武力和武力演变为暴行的危险。在本章中，我将在中性术语“力量”（force）与“暴力”（violence）之间进行切换，“暴力”的内涵是过度的、不公正的或不正当的力量。我们应当明白，关于合法力量的政治话语是政治意识形态的重要组成部分。它是人为构建起来的，实际上是为各种涉及暴力的政治行为辩护所必不可少的。

在古印度，人们通常在三大宗教传统——婆罗门教/印度教、佛教和耆那教的框架内讨论暴力和非暴力的问题。这三种传统对非暴力的重视程度存在一定的质的差异。虽然在婆罗门教的一些文字材料中，非暴力被认为是一种美德，但它并不是最重要的戒律。耆那教和佛教则展开了详尽的、强有力的、系统的行为准则论述，其中对所有生物实行非暴力是核心内容。

它们主要关心的是负面情感，这样的情感会导致作恶者从事暴力行为，而这些情感和行为会通过重生和羯磨（*karman*，一种认为人的所作所为会对他的几次生命轮回历程产生影响的理论）法则的运行对未来生活产生影响。与印度其他任何宗教的教徒相比，耆那教徒以更大的热情遵循非暴力原则，因为他们对现实的本质持有一种独特的理论，该理论认为世界上充满了各种各样的生命形式，必须尽可能地不去伤害它们。暴力的概念并不局限于暴力行为，它还包括激烈的言辞和思想。

非暴力是耆那教徒和佛教僧侣、尼姑及普通信徒修行的重 591
要组成部分。由于国王是普通信徒的重要成员，他也要受到非暴力修行的约束。然而，有两点需要注意。耆那教和佛教都承认，普通信徒无法像僧侣那样严格地实行非暴力的准则。他们也承认国王的职位和职能是独一无二的，需要一个单独的、特别的标准。因此，当非暴力的原则被应用于政治领域时，它就大打折扣了。鉴于政治思想不断地与人们对政治现实的认识相结合，而互动和对话是文化母体的一部分，婆罗门教/印度教、佛教和耆那教观点之间的区别有时会变得模糊不清，这就不足为奇了。此外，宗教并不是审视政治暴力问题的唯一角度，也有非宗教学科和文学的很多观点。

达摩成为印度文明的中心概念，是讨论王权、暴力和非暴力的重要框架概念。尽管这个词出现在吠陀文献中，但它只在后吠陀文献中才被赋予了经典含义，即作为社会一部分的个人的责任。有人认为，这种发展是因为这一术语日益重要，同时也是婆罗门教对佛教和孔雀王朝的君主阿育王（Aśoka，公元前268—前232年在位）赋予这一术语伦理内容的回应。[3]在婆罗门教的传统中，既没有有组织的神职，也没有文字性的教规，因此，达摩成为一门特殊学科的主题，它涉及大量名为《法经》（Dharmaśāstra）的文本。在这些文本中，对达摩的理解是基于两个规范的四分法的概念。第一个是将社会划分为四个世袭等级的思想观念，这四个等级是婆罗门（Brāhmaṇa）、刹帝利（Kṣatriya）、吠舍（Vaiśya）和首陀罗（Śūdra），每个等级都被认为具有适合履行某些特定社会职能的先天品质。其中，刹帝利种姓（*varṇa*）与战斗和统治有关。[4]国王被认为是杰出的刹帝利，他生来就是为了进行战斗和统治，使用一定数量的武装力量，特别是在战争和惩罚中使用武力，这被认为是他的工作的一部分。事实上，古印度的历代国王来自各种各样
592 的社会背景，尽管他们有时会在上台之后声称自己是刹帝利，但这无关紧要，也没有颠覆规范的模式。在婆罗门教的传统中，非暴力最终被纳入一套适用于所有人的义务体系，不论这个人属于什么阶级，是什么性别，这套体系被称为共相法（*sāmānya-dharma*），但它并不像某人履行与种姓相关的义务那么重要。

除了种姓，第二个概念不仅对社会话语很重要，而且对王权、暴力、非暴力这些政治话语也很重要，那就是把三个上层阶级的人的人生划分为四个连续的阶段（*āśramas*），分别是学生阶段（*brahmacarya*）、居家阶段（*gṛhastha*）、林栖阶段（*vānaprastha*）和遁世阶段（*saṁnyāsa*）。[5]居家阶段包括对世俗职责的积极履行，而非暴力与遁世的关系特别密切。虽然在人生四阶段论中，遁世并不是必经的阶段，但它对王权制度产生了长期而强大的不良影响。婆罗门教的传统主张国王必须履行他的各项职责，如果他想成为一名遁世者，必须在履行完他的社会职责和政治职责之后才能这样做。

政治至上论的一个重要组成部分是转轮王（*cakravartin*）的概念，即至高无上的国王，他在人生的四个阶段都取得了胜利。耆那教和佛教使刹帝利、国王和世界的胜利者（转轮王）的地位得到了提升，他们的战车的车轮在任何地方都畅行无阻。但是，耆那教和佛教也认为，获得至高无上的知识和洞察力的人（耆那教的耆那和佛教的佛陀）无疑比这些人优越。耆那教和佛教还对人生四阶段的方案提出了质疑，认为遁世是生命中任何时候都可以采取的一种选择，也是达成从生死轮回中获得解脱这一最高目标的唯一途径。为了有资格成为真正的伟人，国王必须放弃他的地位，远离世俗生活和其中的暴力。佛陀和摩诃毗罗（Mahāvīra）两个人都为了追求最高真理而放弃了王权，他们的生平故事清楚地表明，世界的胜利者不如弃世者伟大。

国王的武力和惩罚是古印度王权起源理论的核心内容。它们被认为是维持秩序和防止混乱的必要手段。在早期佛教文献（大致成文于公元前 3 世纪—前 1 世纪）《经藏》（*Sutta Piṭaka*）
的《起世因本经》（Agganna Sutta）中，王权的起源被追溯到道 593
德逐渐衰微的某个阶段，那时，偷窃、指责、说谎和惩罚等罪恶已经在人类中出现。人们聚集在一起，哀叹这种情况，决定任命一个人来惩罚那些该受惩罚的人；作为回报，他们同意分给他一些大米。这个统治者的称号是“Mahāsammata”，意思是“伟大的选民”或“由民众选出或任命的人”。[6]在这种契约理论中，国王的力量与他的惩罚和正义有关，特别是与维护财产权有关。

《罗摩衍那》（*Rāmāyaṇa*）和《摩诃婆罗多》是两部伟大的梵文史诗，成书于约公元前 400 年—公元 400 年。[7]几个世纪以来，这两部史诗对印度以及亚洲其他地区产生了巨大的文化影响，这一影响也扩展到政治思想领域。在《摩诃婆罗多》的第十二卷《和平篇》（Śānti Parva）中，有两种关于王权起源的记载。第一种说的是从完美状态的堕落，当时，人们成为错误和困惑的牺牲品，导致贪婪和欲望，以及达摩的衰落。[8]众神最终找到毗湿奴（Viṣṇu）神，请求他选出一位能统治人类的神。毗湿奴用意念创造了一个儿子，叫无尘（Virajas），之后又创造了无尘的儿子和孙子。但是，这三个人都不想统治人类。无形（Anaṅga）是下一位继承者，他统治得很好；他之后是他的儿子超力（Atibala），不幸的是，超力沉迷于各种恶习。之后是维那（Vena），他被感官享受奴役，没有恰当地履行职责。先贤们用神圣的拘舍（*kuśa*）草的叶片（以一种相当暴力的方式）刺死了维那。他们转动他的右腿，结果从他的右腿里蹦出一个叫尼奢陀（Niṣāda）的丑陋男子，他们让这个人立刻消失。然后他们转动维那的右手，从他的右手中诞生了波尔图（Pṛthu）。波尔图像个战士一样全副武装地出现在世人面前，有盔甲、剑、弓和箭，也知道如何使用力量的权杖（*daṇḍanīti*）。波尔图的形象体现了国王是出类拔萃的战士和正义的维护者。

594 《和平篇》关于王权起源的第二篇叙述告诉我们，很久以前，人们聚集在一起，并且达成协议，以对抗社会的无政府状态、暴力和不安全的状况。[9]他们同意除掉那些有暴力倾向的、好斗的男人，这些男人偷窃、侵犯妇女并做出其他种种恶行；但他们没有成功。于是他们去找神灵梵天（Brahmā），请求他任命一位国王。梵天选择了摩奴（Manu），但摩奴并没有马上接受任务，因为他对王权所需要的残暴（*krūra*）行为感到担心，尤其是要对那些总是容易做出错误行为的男性使用暴力。[10]人们劝摩奴不要害怕，并向他保证，他残暴的行为招致的罪孽将会消失。他们又提出将自己的牲畜和金子的五十分之一以及谷物的十分之一送给他。善于打仗的士兵会跟随他到任何地方，民众取得的功德的四分之一会归他所有。摩奴接受了这个契约，开始四处走动，镇压恶人，让他们各司其职。这一叙述强调了国王和臣民之间的契约关系，为了防止社会暴力，人们需要国王，也需要国王在战争和司法中行使基本权力。这承认了国王工作中固有的暴力，并免除了他因此而产生的罪孽。

在婆罗门教传统中，违背种姓秩序是对混乱之生动描述的核心内容。人们通常认为国王运用武力是必要的，目的是防止出现“鱼的法则”（*matsyanyāya*），这是一种强者吞噬弱者的无政府状态。事实上，在 *Mānavadharmaśāstra* 也就是《摩奴法论》（*Manusmṛti*，可追溯到约公元前200—公元200年）中，国王首先呈现为严厉的监督者和惩罚者的形象。[11]这篇重要的文献指出，神灵为了国王，从婆罗门的能量中创造了自己的儿子丹达（Daṇḍa，意为“惩罚”）。出于对惩罚（*daṇḍa*）的恐惧，所有生灵都遵循它们的达摩。这篇文献继续给予惩罚溢美之词。很明显，*daṇḍa* 指的是慎重且公正的惩罚；它只能由一个沉着冷静的人来行使，而不能由一个愚蠢的、贪婪的、优柔寡断或过分感性的人来行使。国王必须恰当地使用惩罚的权杖，必须既严厉又温和。公正的惩罚能维持秩序；不公正的惩罚不仅会导致混乱，还会杀死国王和所有与他相关的人。

除了正义，古印度文献还讨论了与战争有关的国王的武力问题。《罗摩衍那》和《摩诃婆罗多》是政治性很强的文献，两者的叙述都以王室内部的纠纷、流放、战争和暴力为特征。 595

两者都强调长子继承是王室继承的合理基础。在《罗摩衍那》的编撰时期，英雄罗摩被认为是毗湿奴神的化身，但在大部分史诗作品中，他被描绘成一个理想的男人和完美的国王。他虽然是长子，也是最值得尊敬的儿子，但他更愿意去流亡，以履行父亲对最宠爱的王后的承诺，而不是为王位而战。可是，他为了救出被绑架的妻子悉多，向恶魔罗波那发动了战争。罗摩和罗波那之间的战争被描述为正义的战争，以及神灵与魔鬼之间的宇宙大战的一部分，从而减轻了其暴力程度。虽然罗摩以一种模范的方式履行了他作为战士、王子和国王的职责，也使暴力程度减轻，但他也被描绘成慈悲的化身，是众生的避难所，值得人们去膜拜。

《摩诃婆罗多》对王权和暴力问题的讨论比其他任何古印度文献都更为细致和详尽，并通过其叙述和说教的部分强调了困境和灰色地带。对所有种姓而言，“非暴力”被描述为达摩的一部分。实践这一美德和其他美德可以通向天堂。*Ahiṁsā* 和 *ānṛśaṁsya* 是这部史诗讨论暴力问题时用到的两个重要词语。有人认为，对于遁世者来说，*ahiṁsā*（非暴力）是一种理想；在过着世俗生活的同时，绝对地实践非暴力是不可能的。另外，*ānṛśaṁsya*（包括善意、同情和怜悯的意思）是世俗生活的一种道德准则。[12]在《摩诃婆罗多》中，这两个术语都被称为“最高法则”，尽管其他许多东西也被赋予这样的地位，包括真理、《吠陀本集》、追随自己的精神导师、尊敬客人和财富等。然而，尽管书中经常提到非暴力和怜悯是美德，但两者都没有构成史诗的中心思想。在某种程度上，这是因为《摩诃婆罗多》有着复杂的创作历史和多重含义的特点，它不能被简化成一种单一的中心思想。不过，这个故事本身就是一个血腥的、暴力的传说。在库茹柴陀（Kurukṣetra）的战场上，成千上万的人苦战十八天，到最后只有十个人幸免于难。与在《罗摩衍那》中一样，这场战争也是古老神灵与魔鬼冲突的一部分，般度族（Pāṇḍavas）和俱卢族（Kauravas）分别代表对
战的双方。但是，战争的暴力和随之而来的不幸，即使是胜利 596
者也不能幸免，这些都被生动地展现出来。

由于《摩诃婆罗多》的结构松散、杂乱，所以它有很多关于暴力和非暴力的矛盾说法也就不足为奇了。在该文献中占据主导地位的观点是，履行承袭的使命以及履行责任所必需的武力或暴力是正当的。神明黑王子（Kṛṣṇa）是必要的暴力行为的主要支持者之一。《摩诃婆罗多》指出，在战斗中杀人不成问题，而在战斗中杀死亲人，才是问题所在。对这个问题最有力且富有哲学意蕴的复杂回答出现在《薄伽梵歌》中，这是《摩诃婆罗多》这部史诗的第六卷《毗湿摩篇》（Bhīṣma Parva）的一部分，时间上通常被追溯到约公元前 200—公元 200 年。《薄伽梵歌》的故事被设定在一次伟大战争的前夜，当时，阿周那（Arjuna）看到他的至亲和朋友就在他面前的敌人阵营中，于是他放下了武器，宣布自己不会参战。他战车的御者，神明黑王子解释了他为什么必须履行作为一名战士的职责。《薄伽梵歌》将数论（Sāṁkhya）、瑜伽（Yoga）和吠檀多（Vedānta）等哲学与责任和宗教奉献（*bhakti*）的思想交织，代表了一种独特的哲学综合体。它的业瑜伽（*karmayoga*）观念强调了自我（*ātman*）的永恒和不可摧毁的本质，以及履行自己的种姓责任的重要性；要放弃的是行为带来的收益，而不是行为本身。战士必须去战斗，因为这是他的职责，但他必须完全超然地去战斗，摆脱自我、骄傲、欲望、愤怒和贪婪。

黑王子的教义是针对战士阿周那的，但它也适用于国王，人们认为国王是一个优秀的战士。

在《摩诃婆罗多》中，同情以及它的变体——怜悯、同情心、温柔——是一个国王应该具备的美德。但是，国王如何实行非暴力呢？般度五子的长兄坚战（Yudhiṣṭhira，他最初想要成为国王，后来也成为国王）献身于达摩，摆脱了残忍，他被非暴力这个问题所折磨。这部史诗强调，过度偏爱非暴力对国王来说是一种灾难。在《和平篇》中，当睿智的毗湿摩躺在一张摆满箭的床上发表关于王权的长篇大论时，他警告优柔寡断的坚战不要同情心泛滥。怀有怜悯之心的国王就如同一个阉人，得不到百姓的敬重。此外，绝对的非暴力是不可能的。所有生物都会对其他生物造成某种伤害。所有的谋生方式都会涉及一些暴力行为。一个人不会因为与他承袭的使命有关的暴力而招致罪孽。保护臣民并保障他们的幸福，这是国王的
597 职责，为了达到这一目的而使用武力是必要的。毗湿摩告诉坚战，王国是最可怕的杀戮之地，而一个品格高尚的男人会觉得这是令人无法忍受的。坚战认为，由于国王在战争中杀死了许多人，他的达摩无疑是所有达摩中罪孽最为深重的。毗湿摩似乎接受了这一观点，但他认为，通过保护臣民，让他们繁荣发展，进行祭祀，赠送礼物和禁欲修行，可以消除这些罪孽。[13]因此，尽管王权固有的暴力无法避免，但补偿和赎罪是有可能做到的。

与此同时，史诗区分了必要的武力和肆意的暴力。它还警告说，国王的过度残忍和暴力以及他对职责的忽视会导致针对他的正当的暴力行为。一个残忍的国王，不保护他的臣民，以征税的名义抢劫他们，那么他就是邪恶的化身，应该被他的臣

民杀死。一个国王如果承诺保护他的臣民，却没有这样做，那么就应该被他们杀死，就像这个国王是条疯狗一样。[14]因此，《摩诃婆罗多》尽管支持和颂扬王权制度，但在特殊情况下，即国王不履行自身职责并残忍地对待他的臣民时，它支持民众弑君。

在耆那教和佛教中，达摩（巴利语/古印度语的形式是 *dhamma*）指的是非暴力在其中占有重要地位的教义。除了禁止伤害居住在这个世界上的各种生命形式的详细禁令，耆那教对可接受和不可接受的各种职业也做出了详细的规定。牵涉到暴力的工作是要避免的，而那些涉及一定程度暴力的工作，如管理和农业，则被认为是不太体面的职业。士兵的工作既没有得到明确认可也没有遭到谴责，尽管这可能被包含在管理类职业中。耆那教的文献没有直接并详细地讨论战争道德层面的问题，但在态度上似乎有一些矛盾和变化。成书于公元后前几个世纪的《薄伽梵经》（*Bhagavatī Sūtra*）质疑了“英勇战斗而死的士兵可以上天堂”这一观点。[15]然而，其中并没有出现对战争的强烈谴责。人们对战争的态度似乎是，如果一个人不得不去参加战斗，那么他必须以正确的心态来做这件事。耆那教教义中对非暴力的过分强调并没有转化为信徒对战争的回避。信奉耆那教的统治者不是和平主义者。例如，公元前 1 世纪/
公元 1 世纪，统治印度东部羯陵伽（Kaliṅga）的耆那教国王 598
迦罗卫罗（Kharavela）的诃提衮帕铭文（Hathigumpha inscription）夸耀了他伟大的军事胜利。

佛教也没有态度鲜明地谴责战争。佛教文献颂扬转轮王（*cakkavatti*，梵语 *cakravartin* 的巴利语词形）——一位至高无上的国王，他战胜了整个世界——并将他与七宝（金轮宝、白象宝、绀马宝、神珠宝、玉女宝、居士宝、兵臣宝）联系起来。但是，在佛教中有两种轮子，一种是佛陀的轮子，另一种是转轮王的轮子，前者比后者大。在 *dhammiko dhammarāja*（根据德行进行统治的正义的国王）的观念中，佛教在赋予王权道德方面起了很大作用。然而，早期的佛教传统并没有清楚地解释国王是如何成为转轮王的。在《长部》（*Dīgha Nikāya*）的《大善见王经》（Mahāsudassana Sutta）中，大善见王（Mahāsudassana）在其四军的陪同之下，跟随神力之轮从一片海洋来到另一片海洋。无论轮子停在哪里，那里的国王都欢迎并邀请他来统治他们。大善见王彬彬有礼地接受国王的邀请并发表了一次关于佛教徒之虔诚的演讲。《转轮圣王师子吼经》（Cakkavatti Sihanada Sutta，也属于《长部》）中的国王达尔哈内米（Dalhanemi）征服了整片陆地，直到海洋，他通过达摩取得胜利，并没有使用武力。对转轮王生涯中军事方面的含糊其词反映了一种刻意的掩饰，甚至否认了帝国野心中固有的暴力因素。

对众生包括对人与动物慈悲，是所有人（包括国王）的佛禅境界之一。佛教文献经常批评杀害动物的行为，特别是在祭祀中杀生的行为，但没有明确反对王权涉及的暴力。在《相应部》（*Samyutta Nikāya*）中，我们得知，佛陀有一次住在喜马拉雅森林中的一间小屋里，与憍萨罗人（Kosalans）生活在一起时，他想知道是否有可能公正地行使统治权，不杀人，也不唆使别人杀人，没有罚没，也不教唆别人罚没，没有悲伤，也不让别人悲伤。[16]邪恶的魔罗（Māra）看透了佛陀的想法，和他交谈，敦促他说，他（佛陀）确实有能力以精神力量实行这样的统治。但是，这种引诱并没有奏效。我们在这

里看到一个事实，即一个国王想要进行统治就不能与暴力无涉。国王的暴力可以减轻，但不能被消除。 599

佛教的《本生经》（Jātakas）讲的是佛陀前世的故事，每一个故事都与道德有关，并强调了富有同情心的国王的理想，这样的国王愿意为他人放弃自己的生命。在许多故事中，菩萨（*bodhisattva*，准佛）实际上就是这样一个国王，他经常出现在动物世界中。一些本生经故事中有反对战争的潜台词。德密亚（Temiya）王子被王权中固有的暴力吓坏了，他决定成为一名苦行者。[17]道德高尚、心地善良的国王摩诃锡拉瓦（Mahāsīlava）在受到攻击时拒绝抵抗或战斗。相反，他让敌人满载着礼物离开。面对即将到来的死亡，他最终夺回了自己的王国，因为篡位者被他的美好德行所折服。[18]同样，生而为瓦拉纳西国王的菩萨，拒绝了士兵提出的与敌人作战的请求，并指示他们什么也不要做。当敌人到达城门时，他命令士兵打开城门。国王和他的朝臣被投进监狱。菩萨充满了强烈的怜悯之情，这导致敌方国王的身体被巨大的痛苦折磨。敌方国王意识到这是囚禁正义国王的后果，于是恢复了菩萨的王位。[19]但是，除了国王拒绝打仗这类故事，《本生经》中还有很多故事，讲的是善良的国王，包括菩萨，参加战斗并取得胜利。

王室碑文使我们能够深入了解政治理念和实践的交集。很明显，古印度的佛教徒和耆那教国王都打过仗。唯一的例外是孔雀王朝的国王阿育王，但即使是他也没能完全避开战争。阿育王是一位著名的佛教君主，他的人生使命是不仅在自己的土地上传播美德，也在其他国王的土地上传播美德。阿育王有使政治帝国和道德帝国合二为一的想法，并向臣民普遍灌输一套根植于与功过相关之观念的社会伦理思想，天堂和地狱成为国

王的主要议题。道德规范的总设计师和传播者就是阿育王自己。[20]他颁布的大部分法令谈到了道德准则（他称之为达摩）
600 的内容和遵守这些道德准则的好处。[21]非暴力地对待所有生命，包括人类和其他动物，是达摩的重要组成部分。这个达摩的灵感来自佛教经文中的达摩，但两者并不完全相同。

阿育王颁布的石训第十三是一份特别重要且不同寻常的文件。它讲述了在阿育王加冕后的第九年，这位国王对印度东部羯陵伽的民众发动战争，导致人们死亡、被驱逐和遭受痛苦。国王表达了对这件事的懊悔，但接着对战争进行了理性的批判。他解释说，战争会造成普遍的痛苦；除了直接遭受痛苦的人，那些依附这些人的人也承受着巨大的悲伤和痛苦。国王对战争造成的苦难表示遗憾，尤其是给好人造成了苦难。他宣布自己不会发动战争，并劝诫他的后代也要这样做，建议他们如果不能完全避免战争，就要减轻处罚。但是，在这项法令中，阿育王继续威胁森林地区的居民，如果他们制造任何麻烦，他将毫不犹豫地对他们动用武力。此外，这位爱好和平的君主宣布放弃战争，并敦促他的继任者要仁慈、温和地进行惩罚，但没有废除死刑，这一点很重要。他颁布的柱训第四告诉我们，他所做的唯一让步是给予那些被判处死刑的人三天的缓刑期。阿育王的法令中充满了对人与动物的非暴力和积极关怀的思想，这反映了一个国王，甚至是一个佛教徒国王，实现绝对非暴力的困难。

除了宗教文献和王室碑文，某些政治性论述从一个雄心勃勃的国王的实用主义角度来讨论治国之道，在很大程度上（但不是绝对地）摒弃了形而上学和宗教的偏见。其中最重要的两部文献是考底利耶（Kauṭilya）的《政事论》（*Arthasāstra*）和卡曼达卡（Kāmandaka 或 Kāmandaki）的《尼蒂萨拉》（*Nītisāra*）。《政事论》的成书年代是一个颇具争议的问题，其时间大约可追溯到公元前 300 年到公元后早期的几个世纪。[22]考底利耶主张国王应使用一切必要的武力来保护和增进他在国内和对抗外部敌人方面的利益。同时，他还指出，在王室的三种权力——军事力量（*prabhuśakti*）、劝告（*mantraśakti*）和精力（*utsāhaśakti*）中，劝告的力量更强大。同样，对于调解（*sāma*）、慷慨（*dāna*）、武力（*daṇḍa*）和制造纠纷（*bheda*）这四种权宜之计， 601
考底利耶建议在诉诸武力之前先使用其他三种权宜之计。即使涉及战争，他也要求事先仔细计算可能产生的成本和收益。

因此，《政事论》不赞成国王肆无忌惮地使用暴力。它主张，为了保护国王的利益，使用武力前必须经过深思熟虑和慎重的权衡（尽管是果断和无情的）。它也非常注重保护国王免受他人的暴力。该文献非常详细地讨论了罪行和惩罚的问题，惩罚的方式包括罚款、流放、体罚、肢解、酷刑和死亡等各种形式。考底利耶承认，国家有权对某些罪行，特别是叛国或涉及盗窃王室财产的罪行，处以死刑。

卡曼达卡的《尼蒂萨拉》可能成书于约 400—700 年，与《政事论》类似，它建议国王使用杀戮和武力来对抗敌人以维持自己的地位。[23]卡曼达卡也担心国王会经常受到暴力和暗杀的威胁。然而，两部文献之间仍然存在一些显著的差异。《尼蒂萨拉》警告国王战争的风险、不确定性和危险，确定了十六种不应该打的战争，并描述了战争有许多负面的特性。它还反对死刑，指出即使对最严重的罪行也应避免判处死刑，但篡权除外。[24]这与考底利耶的主张形成了鲜明的对比，考底利耶建议对一些罪行判处死刑。此外，与考底利耶不同，卡曼达卡认为狩猎是王室最坏的恶习。除了使国王面临身体上的危险，它还会削弱国王的品质，导致国王忽视王室的职责，并产生杀生的内在罪恶。[25]所有这些都表明了一种政治观点，在这种政治观点中，实用主义带有一种倾向于非暴力伦理的色彩。

公元 1 千纪的文献和碑文反映了印度传统王权理想的逐渐出现，这些资料有许多共同的特点，也存在一定的差异。笈多王朝（Gupta）皇帝沙摩陀罗·笈多（Samudragupta，约 350—370 年在位）的阿拉哈巴德（Allahabad）石柱碑文雄辩地表达
602 了这一理想。[26]该碑文共有三十三行，由一位名叫诃梨先那（Hariṣeṇa）的高级官员用优美的梵文散文和韵文撰写而成，描绘了一位理想国王的形象。它颂扬了沙摩陀罗·笈多一系列漫长的、声势浩大的战争和取得的胜利。据说他作为自己唯一的盟友，以自己的勇猛打了几百场仗；一些国王被他打得背井离乡，另一些被暴力彻底消灭，还有一些在被逮捕后又得到释放，并被迫表明他们承认他是最高权威。但是，碑文小心地平衡了国王的战士形象与和平元素之间的关系，包括提到了沙摩陀罗·笈多的仁慈，以及他作为伟大的知识分子、诗人和音乐家的成就。阿拉哈巴德石柱碑文表明，政治理论家试图描述、美化和赞美国王的军事胜利，同时，用和平的品质和成就来抵消王权的暴力。

在迦梨陀娑（Kālidāsa）的《罗怙世系》（*Raghuvaṁśa*）中，印度传统王权模型的出现更为明显，这是一首关于伊克斯瓦库王朝（Ikṣvāku）伟大国王们的长诗。[27]虽然迦梨陀娑提到了其中几个国王的性格缺陷，但总的来说，他的作品包含了一种强烈的理想化的王权，这种理想化表现在卓绝的诗歌中。诗人融合了王权的军事、仪式和仁慈几个方面。著名的国王罗怙

（Raghu）继续“征服四方”（*digvijaya*），他在次大陆上进行军事巡行，偶尔会打一场血战，最终使所有人屈服。这首诗中既有对战争的颂扬，也有对暴力的美化。迦梨陀娑为国王所做的辩护也减弱了王权的暴力程度，他认为国王在履行自身职责时的态度完全是超然的，战争只是出于名声的缘故。他还提出了这样的理念，即国王在履行完他们的职责后，伟大的国王应该退隐。阿拉哈巴德石柱碑文里的沙摩陀罗·笈多是一位国王诗人，罗怙则是一位遁世的国王。

对国王的艺术性描绘也可以为王权和暴力之间的关系提供有力的信息。不幸的是，这样的描述在古印度艺术中十分罕见。国王的形象出现在石头上，也常常出现在佛教遗址的浮雕 603
上，而且国王被刻画得很平和。库萨那（Kuṣāna）的国王们（来自中亚的移民）是唯一的例外，他们的形象出现在圆形的雕塑上。在马图拉（Mathura）发现的一尊公元 1 世纪的国王迦腻色伽（Kaniṣka）的无头雕像显示，他穿着一件中亚款式的军装，脚蹬一双沉重的靴子。他的左手紧握着一把大剑的剑柄，右手握着一根权杖。这是最早结合古印度王权的两个重要组成部分——作为战士的国王和作为正义施与者的国王——的视觉形象。

钱币反映了部分的、删节形式的文本和碑文体现的王权。笈多王朝（约 300—600 年）的钱币上，军事图案十分突出，上面的国王以手持武器的战士形象出现，同时也是马匹献祭（*aśvamedha*）的执行者，这是一种精心设计的、充满暴力的祭祀仪式，宣告了国王在政治上的最高权威。他还以猎人的形象出现，步行或骑在马或大象的身上，杀死或即将杀死狮子、老虎或犀牛。但是，除了这些强调国王勇猛的生动描绘，还有两个国王（沙摩陀罗·笈多和鸠摩罗·笈多二世）演奏乐器的画面。战士的道德规范再一次被非常刻意地与和平和创造性的元素相调和。

在印度南部，创作于约公元前 300—公元 300 年的早期泰米尔语诗歌——通常被称为桑伽姆（Sangam）诗歌——围绕着爱情和战争展开，展示出一个以众多酋邦和早期王国为标志的政治体。[28]这些诗歌反映了一种独特的文化气质，战争被视为理所当然，并得到赞颂。在战斗中牺牲的英雄被神化，为纪念他们而建立起来的英雄石（*vīragals*）受到人们的崇拜。战争的价值取向尤其延伸到酋长和国王身上，战士道德规范的强烈程度体现在这样一种习俗中，即在战争中战败的国王会在家人和同伴的陪伴下，进行仪式性的自杀。

在古印度，人们一般对国王的武力和暴力有着不同的看法，对战争和惩罚等具体问题的看法也各不相同。这些观点基于各种各样的关注点——实用主义的、形而上学的、宗教的、伦理的和哲学的，等等。文献和碑文通常呈现出高度理想化的国王形象，这应该被理解为试图合法化和强化王权制度。它们强调国王应该天生具有高尚的品质，应该受益于适当的教育和
604 培训，并且应该拥有自制力。但是，人们也意识到，真正的国王并不总能达到这样的理想状态，而且经常有缺点和恶习。因为某些国王的邪恶本性，古印度的史诗和传说特别提到了他们。[29]对暴政的理解集中在个体统治者性格中的固有特征上。糟糕的统治者缺乏洞察力、平衡能力和自制力。他们是不道德的、不公正的、过分的、残忍的，并且不太尊重宗教上层人士，梵书（Brāhmaṇas）尤其会这样描绘糟糕的统治者。然而，坏人不一定就是坏国王。《摩诃婆罗多》中的难敌（Duryodhana）和

《罗摩衍那》中的罗波那（Rāvaṇa）都是邪恶的角色，他们易怒、残忍、自大，但并没有被描述为不擅长统治的形象。我们已经看到，《摩诃婆罗多》提出，杀死坏国王没有错。不过，应该强调的是，除了在特殊情况下，这部文献或其他任何文献都没有提倡弑君的行为。最终，国王的权力、权威和武力的使用在印度传统中得到了维护。

古印度绝大多数的政治话语体现的是暴力和非暴力之间的紧张关系，承认对非暴力道德原则的渴求，以及对国王在履行其职责过程中运用一定程度的武力的实用需求。甚至爱好和平的阿育王也向森林地区的居民发出过严厉的警告。一般来说，古印度的政治话语对武力和暴力进行了区分。“国王使用武力的权力”被描述为对王权的起源及其运转必不可少的核心内容。这包括在战争和惩罚中使用的武力。但是，必要的武力与不必要的、不相称的、过度的或随意的武力是有区别的。前者被人们所接受。后者——严格来讲，应该是暴力——受到人们的批评甚至谴责。

政治理论家认为武力是王室政策的四种权宜之计之一，但也认识到其效力的局限性，因此不建议将其作为首选。他们还警告说，过度使用武力可能会导致国王成为他人实施暴力的目标，要么是通过民众起义，要么是被敌人暗杀。事实上，国王一直被视为他人实施暴力的目标，尤其是他的王后和儿子。这种危险可以通过经常保持警惕和精明的政治管理来加以应对。但是，国王的暴力呢？在对国王的潜在暴力没有制度限制的政
体中，印度传统提出，追求权力和治国之道必须基于对行动和 605
后果的周密考虑。它还强调，自我控制是一种可取的王室美德。虽然所有的思想家都认识到国王使用武力的必要性，但这

日益被一些和平、仁慈的因素所平衡和调和。因此，到公元 1 千纪中期，国王使用武力被合理化、合法化、美化和颂扬。然而，人们对国王实际和潜在暴力之危险的关注从未完全消失。

参考论著

虽然有大量关于古印度王权的著作，但直到最近，对王权、暴力和非暴力之间关系的研究仍然非常薄弱。最近关于这个主题的全面且详细的论述，请参阅 Upinder Singh, *Political Violence in Ancient India* (Cambridge, MA: Harvard University Press, 2017)。关于达摩这一重要框架概念之历史的概述，请参阅 Patrick Olivelle (ed.), *Dharma: Studies in its Semantic, Cultural and Religious History* (Delhi: Motilal Banarsidass, 2009)。关于暴力和非暴力的文章，包括涉及宗教和政治的文章，请参阅 Jan E. M. Houben and Karel R. van Kooij (eds.), *Violence Denied: Violence, Nonviolence and the Rationalization of Violence in South Asian Cultural History* (Leiden: Brill, 1999); Denis Vidal, Gilles Tarabout and Eric Meyer Vidal (eds.), *Violence/Nonviolence: Some Hindu Perspectives* (New Delhi: Manohar and Centre de Sciences Humaines, 2003)。关于"非暴力"和"不残忍或怜悯"的概念，请参阅 Mukund Lath, 'The Concept of Ānṛśaṁsya in the Mahābhārata', in R. N. Dandekar (ed.), *The Mahābhārata Revisited*, papers presented at the International Seminar on the Mahābhārata organised by the Sahitya Akademi at New Delhi on 17–20 February 1987 (New Delhi: Sahitya Akademi, 1990), pp. 113–19; J. L. Mehta, 'The Discourse of Violence in the Mahabharata', in *Philosophy and Religion: Essays in Interpretation* (New Delhi: Indian Council of Philosophical Research and Munshiram Manoharlal, 1990), pp. 254–71。关于《摩诃婆罗多》中的王权、残忍、暴力和非暴力，参见 Alf Hiltebeitel, *Rethinking the Mahābhārata: A Reader's Guide to the Education of the Dharma King* (New Delhi: Oxford University Press, 2002), chapter 5, especially pp. 202–14。

近年来，人们试图在宗教背景下研究南亚战争及对南亚战争的看法。例如，可参见 Kaushik Roy, *Hinduism and the Ethics of Warfare in South Asia: From Antiquity to the Present* (New Delhi: Cambridge University Press,

2012)；Raziuddin Aquil and Kaushik Roy (eds.), *Warfare, Religion, and Society in Indian History* (New Delhi: Manohar, 2012)。另一个趋势是采取比较的视角对战争进行研究。例如，可参见 Torkel Brekke, 'The Ethics of War and the Concept of War in India and Europe', *NUMEN: International Review for the History of Religions* 52 (2005), pp. 72 - 86; Torkel Brekke (ed.), *The Ethics of War in Asian Civilizations: A Comparative Perspective* (London and New York: Routledge, 2006)。

关于对阿育王铭文中王权、暴力、战争和惩罚等各个方面的详细论 606
述，请参阅 Upinder Singh, 'Governing the State and the Self: Political Philosophy and Practice in the Edicts of Aśoka', *South Asian Studies* 28.2 (2012), pp. 131-45。有关卡曼达卡的《尼蒂萨拉》中这些问题的论述，请参阅 Upinder Singh, 'Politics, Violence, and War in Kāmandaka's *Nītisāra*', *Indian Economic and Social History Review* 47.1 (2010), pp. 29-62。关于迦梨陀娑的《罗怙世系》，请参阅 Upinder Singh, 'The Power of a Poet: Kingship, Empire and War in Kālidāsa's *Raghuvaṁśa*', *Indian Economic and Social History Review* 38.2 (2011), pp. 177-98。这三篇文章已被收入 Upinder Singh, *The Idea of Ancient India: Essays on Religion, Politics, and Archaeology* (New Delhi: SAGE, 2016)。

注 释

1. 相关详细论述，参见 Upinder Singh, *Political Violence in Ancient India* (Cambridge, MA: Harvard University Press, 2017)。
2. Jan Gonda, 'Why are *Ahimsa* and Similar Concepts often Expressed in a Negative Form?', in *Four Studies in the language of the Veda* (The Hague: Mouton, 1959), pp. 95-117.
3. 关于达摩的早期历史及其在不同传统中的含义，参见 P. Olivelle (ed.), *Dharma: Studies in its Semantic, Cultural and Religious History* (Delhi: Motilal Banarsidass, 2009)。
4. 婆罗门与祭祀的履行和知识有关，特别是与《吠陀经》的学习和教授有关；吠舍从事与生产有关的活动，如农业、畜牧业和贸易；首陀罗应该为更高级的种姓服务并承担奴仆的工作。

5. 关于人生四阶段这一传统观点的发展，参见 Patrick Olivelle, *The Āśrama System: The History and the Hermeneutics of a Religious Institution*（New York and Oxford：Oxford University Press, 1998）。
6. S. Collins（trans.）, *Aggañña Sutta: The Discourse on What is Primary (An Annotated Translation from Pali)*（Delhi：Sahitya Akademi, 2001）.
7. 《罗摩衍那》有好几种英译本，其中包括 M. N. 杜特（M. N. Dutt）的版本。也有阿尔希亚·萨塔尔（Arshia Sattar）的删节版：*The Rāmāyaṇa: Vālmīki*（New Delhi：Penguin/Viking, 1996）。最好的学术性翻译是 Robert P. Goldman et al., *The Rāmāyaṇa of Vālmīki: An Epic of Ancient India*, vols. Ⅰ－Ⅵ（Delhi：Motilal Banarsidass, 2007－10）；vol. VII（Princeton：Princeton University Press, 2017）。《摩诃婆罗多》的译本包括基绍里·莫汉·甘古力（Kisari Mohan Ganguli）的，还有芝加哥大学出版社正在翻译的一个译本，以及 John D. Smith, *The Mahābhārata: An Abridged Translation*（New Delhi：Penguin, 2009）。
8. *Mahābhārata* 12. 59. 1－134.
9. *Mahābhārata* 12. 67. 17－31.
10. *Mahābhārata* 12. 67. 22.
11. Patrick Olivelle, *Manu's Code of Law: A Critical Edition and Translation of the Mānava-Dharmaśāstra*（New Delhi：Oxford University Press, 2006）, esp. books 7 and 8.
12. Mukund Lath, 'The Concept of Ānṛśaṁsya in the Mahābhārata', in R. N. Dandekar（ed.）, *The Mahābhārata Revisited*,这是 1987 年 2 月 17—20 日，在由印度文学院在新德里举办的关于《摩诃婆罗多》的国际研讨会上发表的论文（New Delhi：Sahitya Akademi, 1990）。
13. *Mahābhārata* 12. 76. 18－19；12. 128. 28－9；12. 58. 21；12. 98. 1－5.
14. *Mahābhārata* 13. 60. 19－20.
15. Paul Dundas, 'The Nonviolence of Violence：Jain Perspectives on Warfare, Asceticism and Worship', in J. R. Hinnells and R. King（eds.）, *Religion and Violence in South Asia: Theory and Practice*（London and New York：Routledge, 2007）, pp. 47－8.

16. Bhikkhu Bodhi, *The Connected Discourses of the Buddha: A Translation of the Saṁyutta Nikāya* (Boston: Wisdom Publications, 2000), I. 20 (10), pp. 209–10.
17. Mūgapakkha Jātaka; C. W. Cowell (gen. ed.), *The Jātaka or Stories of the Buddha's Former Births*, trans. R. Chalmers, 6 vols. (1895–1907) (Delhi: Low Price Publications, 1990–2001), vol. VI, Jātaka no. 538, pp. 1–19.
18. Mūgapakkha Jātaka; ibid., vol. I, Jātaka no. 51, pp. 128–33.
19. Seyya Jātaka; ibid., vol. II, Jātaka no. 282, p. 273.
20. Upinder Singh, 'Governing the State and the Self: Political Philosophy and Practice in the Edicts of Aśoka', *South Asian Studies* 28.2 (2012), pp. 131–45.
21. 有关这些法令的文本和译文，参见 E. Hultzsch, *Corpus Inscriptionum Indicarum*, vol. I, *Inscriptions of Aśoka* (1924) (New Delhi: Archaeological Survey of India, 1991)。
22. 有关《政事论》的梵文文本和英文翻译，参见 R. P. Kangle, *The Kauṭilīya Arthaśāstra*, parts 1 and 2, 2nd edn (Bombay: University of Bombay Press, 1969, 1972)。最新的英译本，参见 Patrick Olivelle, *King, Governance and Law in Ancient India* (New Delhi: Oxford University Press, 2013)。
23. R. Mitra (ed.), *The Nītisāra, or The Elements of Polity by Kāmandaki*, Bibliotheca Indica 179, rev., 英译本参见 S. K. Mitra (1861) (Calcutta: Asiatic Society, 1982)。关于这部文献的详细分析，参见 Upinder Singh, 'Politics, Violence and War in Kāmandaka's Nītisāra', *Indian Economic and Social History Review* 47.1 (2010), pp. 29–62。
24. *Nītisāra* 15.16.
25. *Nītisāra* 15.23.
26. B. Chhabra and G. S. Gai (eds.), *Corpus Inscriptionum Indicarum* 3 (New Delhi: Archaeological Survey of India, 1981), pp. 203–20.
27. C. R. Devadhar, *Works of Kālidāsa*, vol. I (Delhi: Motilal Banarasidass, 2005). 有关《罗怙世系》的政治话语分析，参见 Upinder Singh, 'The Power of a Poet: Kingship, Empire and War in

Kālidāsa's *Raghuvaṁśa*', *Indian Economic and Social History Review* 38. 2 (2011), pp. 177-98。

28. George L. Hart III, *Poets of the Tamil Anthologies* (Princeton, NJ: Princeton University Press, 1979).

29. 此类国王的一览表，请参阅 Walter Ruben, 'Fighting against Despots in Old Indian Literature', *Annals of the Bhandarkar Oriental Research Institute* 48. 49 (1968), pp. 111-18。

30 暴力与《圣经》

黛布拉·斯科金斯·巴伦坦

在关于暴力的世界历史中，《圣经》与我们重建古代以色列人和犹太人暴力的生活经历紧密相关；我们对犹太作家、抄写员创作和保存下来的圣经故事中暴力的文学表现和结构的理解，我们对随后历史时期的《圣经》对暴力之解释的分析（这些解释主要体现在从古代晚期到现在的犹太教、基督教和伊斯兰教的传统中），关于这些问题，本书各卷的其他执笔者也讨论过；我们的目的是解决许多现代的假设，即《圣经》如何可以证明或不能证明“宗教暴力”。与其他章节论述的资料集不同，我们没有以色列和犹太物质文化中暴力的视觉呈现，如纪念碑之类的艺术品。本章着重于圣经文本对暴力的描述，以提供分析性的概述，而不是一篇史学论文。 607

《圣经》是一部文献选集，一方面，它是在大约一千二百年的特定社会政治环境下产生的，另一方面，它是由犹太人收集并在犹太人当中传播的，他们不断地重新解释和强调特定的主题。历史上的犹太人在不同历史时期都是暴力的实施者和受害者，对暴力的各种经历影响了他们对圣经故事的叙述。《圣经》是其古代文化环境的产物，所以圣经故事中的暴力类型属于古代近东和地中海社会中存在的类型：战争中的国家暴力；宗教机构内的仪式暴力；个人之间的暴力，其中一些在民法典中被视为犯罪行为，而另一些则被视为常态化的、系统的暴力。[1]圣经故事描述了约翰·加尔通（Johan Galtung）提到的各

种暴力类型，他将暴力划分为直接暴力、结构性暴力和文化暴
608 力。[2]《圣经》中的这些描述都是从当事人的角度撰写的，使我们可以识别出用不同的方式为暴力实例编码的修辞特征。《圣经》是拥有复杂传播历史的文学资料，特别关注暴力的圣经研究必须突出证据的本质问题。《圣经》是如何展示暴力的？《圣经》的文学性质是如何影响这些描述的？在《希伯来圣经》和《新约》中，暴力是如何成为圣经神学的主要特征的？

暴力“神圣化”的理论化

由于大多数对《圣经》感兴趣的人认为《圣经》是一部“宗教”文献，并将其与所谓的“圣经宗教”（现代犹太教、基督教和伊斯兰教）联系在一起，所以有必要明确“宗教”和“暴力”之间的关系。尽管圣经文学中的许多暴力并不是特别富于“宗教性”，但在过去的两千年间，《圣经》的主题、类型学和章节内容一直被用来为暴力辩护。形形色色的作者、诠释者和暴力的实施者都利用圣经概念来“神圣化”某些例子和某种类型的暴力。所谓“神圣化”和“神灵化”，我指的是在修辞上使用宗教或具体的圣经概念为暴力辩护，并将其正当化。这种修辞策略诉诸这样一种观念，即神灵传达了标准或指示，而这正是代理人声称或认为自己正在制定的内容。当代暴力的理论化令人信服地表明，社会因素是暴力行为的根本动机，如经济、教育、资源、社会地位、政治机构、群体问题，包括构建和维持一种内群体的我们对抗外群体的他们的观念，以及对他人的非人化，还包括种族、民族、性别、民族主义和宗教方面的身份建构。因此，宗教，以及在圣经传统范畴内的宗教，是修辞学的众多来源之一。

人类学家和社会学家如安东·布洛克（Anton Blok）、贝
蒂娜·施密特（Bettina Schmidt）、英戈·施罗德（Ingo
Schröder）、艾尧仁（Göran Aijmer）、乔恩·阿宾克（Jon
Abbink）和大卫·里奇斯（David Riches）等人都注意到，我
们倾向于给悲剧事件贴上“毫无意义的暴力”的标签。[3]这是
一种表达震惊和我们排斥犯罪者动机的方式。这是一种通过 609
哀悼来提供安慰和归属感的方式，在现代和古代都很重要。
然而，我们必须直接研究蕴涵在犯罪者观点中的“意义”。
将当前的暴力理论作为战略性的、有意义的、基于语境的和
交际性的理论，这有助于我们把宗教角色解析出来，而宗教
角色与社会原因明显不同。[4]宗教传统和“宗教性”文献，特
别是《圣经》，可能是修辞学的来源，是作为“价值观”来
评价行为的来源，是共享的权威观点的来源，是群体自我理
解的来源，是把团结在神灵周围作为一项共同事业的观念的
来源。这些观念被用来构建暴力的动机，这些动机最终根植
于当时的社会背景。这不是一种为了辩护而做出的区分，而
是一种坚持拆解宗教修辞的做法，将宗教修辞作为带有隐含
真理主张的修辞，这些主张是受到批评质询的，而不是神授
的特权。宗教和《圣经》的修辞在为暴力辩护时很突出，而
且似乎很奏效，因为这种修辞诉诸普遍或神圣权威的概念。
暴力被仪式化了，这改变了常规的反应和结果。[5]大卫·里奇
斯的“暴力三角”包括实施者、受害者和目击者。他们对暴
力行为的解释可能各有不同。对于“宗教暴力”，受害者和
目击者尤其可能会拒绝接受实施者通过仪式化获得的正当性，
转而求助于神的授权。

《圣经》对暴力的描述

当分析《圣经》对暴力的描述时，我们必须认识到，正如乔纳森·克拉万斯（Jonathan Klawans）所说的，“我们讨论的暴力是否被称颂、被合法化，或者只是被容忍，甚至遭到谴
610 责，这至关重要”。[6]一般来说，对受到《圣经》叙述者青睐的人物实施的暴力被框定为非法行为。反过来，受青睐人物的暴力行为则被容忍、被合法化或受到颂扬。《圣经》描述了由各类代理人实施的暴力行为，这些代理人代表了圣经选集中普遍存在的各种角色类型。人类角色的暴力可能会展现为合法或不合法的行为，这具体取决于故事中的社会背景。有时暴力行为表现为来自神的指示或得到了神的许可，但许多是得到了世俗的指示或许可。以两个主要的人类角色摩西和大卫为例，我们可以看到他们对暴力的矛盾心理，这需要我们仔细审视。被许多与《圣经》有关的书籍描述为模范先知的摩西（Moses）杀死了一个埃及人，并把尸体藏了起来（Exod. 2：11-12）。大卫是一个“合耶和华心意的人”（1 Sam. 13：14），却充当了非利士人首领的雇佣兵（1 Sam. 29），妇女唱歌庆祝他杀死了成千上万的人（1 Sam. 18：7；21：11；29：5）。这些故事并不认为这些杀戮是敬神的，或者是得到了神的命令。尽管如此，摩西、大卫和《圣经》中的许多暴力实施者仍然受到了神的青睐。因此，故事含蓄地宽恕了自己喜欢的人物实施的暴力行为，贬低了非以色列人、非耶和华信徒（Exod. 22：20）或其他敌对受害者的生命价值。此外，这些故事建立了一种叙事模式，即受神眷顾的人仍然会实施暴力。

在分析《圣经》的作者如何描述由各种代理人实施的暴

力行为的过程中，我们必须解决文学语境如何塑造我们对暴力特征的理解，以及圣经神学是否使用了这种暴力类型的问题。我们也可以确定特定类型的暴力何时可能被推广到随后的后圣经语境中，以服务于所谓的“神圣化的”暴力。这些特定类型的暴力包括：与族长有关的暴力，这可以被纳入民间传说类型的叙事，作为以色列人和犹太人起源与国家形成的基础性故事；民事法典中的个人实施的暴力行为；宗教规范中神职人员的暴力；在历史叙述和先知书中，由先知实施的暴力；以色列和犹大国王的历史叙述以宫廷为中心，包括战争、政治叛乱、政变和暗杀；被认为是邻国国王实施的暴力行为，他们以侵略者和/或神的代理人的形象出现；最后是被归于神灵的暴力，
这在《圣经》中贯穿始终，最具神学色彩。 611

族长和基本人物

在描述领地冲突以及人际暴力的叙述中，《圣经》中的族长主要以暴力实施者的形象出现。亚伯兰（Abram）领导了一场对阵九个国王的营救战（Gen. 14）。利未（Levi）和西面（Simeon）用诡诈的手法袭击并杀死了示剑城的男人（Gen. 34）。虽然他们声称发动袭击是为了给妹妹底拿（Dinah）报仇，但叙述的事实表明这一动机缺乏同情心，因为他们的父亲雅各（Jacob）谴责他们的行为，而且他们带走了大量的物质财富、动物和俘虏。犹大（Judah）通过剥夺儿媳妇同时也是他的性伴侣的资源并威胁她，使她遭受了符号暴力[1]（Gen. 38）。摩西怒杀了一个埃及人，因为他看到那个埃及人打了他的希伯来

① 符号暴力是法国社会学家皮埃尔·布尔迪厄阐述教育与文化再生产理论时的用语，指统治阶级通过一定形式将其文化强加给其他阶级子弟的过程。

同胞（Exod. 2：11－12）。在《约书亚记》和《士师记》的叙述中，约书亚（Joshua）和后来的领袖们都参与了进攻性和防御性的集体战斗。圣经故事认为暴力是获得领地过程中的一个方面。关于开创性人物的民间传说在圣经传统中十分突出。虽然人际暴力的案例有时表现出对特定人物行为的矛盾心理，但在大多数情况下，同情族长或领袖角色的观点享有特别待遇。

特别是关于领地的问题，圣经故事断言，以色列人是通过正当手段获得土地的。在神学方面，神起源于此以及希伯来人和犹太人对这片土地的要求获得了神的支持，这些都展示了重要的历史学和政治学的意识形态。在叙事的世界中，如果我们考虑耶利哥城（Jericho）居民的观点（Josh. 6：1－22），那么，他们可能不同意古以色列人对这片土地的要求，也不同意神对占领他们城镇的认可。我们没有《圣经》以外的证据显示古以色列人真的在该地区进行了军事接管，更不用说对迦南人的大屠杀了。[7]更确切地说，《圣经》和考古学资料展示了早期铁
612 器时代定居点中迦南文化的延续。《圣经》中关于获得所谓“应许之地”的叙述，是为了将那些被定名为希伯来人的人与非希伯来人邻居区分开来。尽管完全“征服”迦南具有传奇色彩，但基于对《约书亚记》第 23 章等概要段落的解读，其首要的神学回报是显而易见的：当以色列的邻居获得这片土地时，那些为暴力行为辩护的故事宣扬了古以色列人和犹太君主对领地的要求。当亚述人、巴比伦人以及后来的波斯人、希腊人和罗马帝国对犹太人的政治组织施加政治和军事压力时，这些要求可能特别重要。

例如，齐奥尼·齐韦特（Ziony Zevit）提出了 *ḥerem* 的概

念，这个概念通常被翻译为“彻底摧毁”或“禁止”，我们可以在《申命记》的叙述中找到相关内容，这是效仿了亚述的做法。[8]更早一些的摩押米沙石碑（Moabite Mesha stele）描述了摩押国王米沙在尼波（Nebo）镇对付古以色列人的类似做法，他把这里献给了亚实塔-基抹（Ashtar-Chemosh）神。此外，约翰·J. 柯林斯（John J. Collins）注意到，在《申命记》的故事中，神命令“彻底摧毁”邻近的城镇，而发生在遥远城镇的战斗则遵循典型的战争习俗（Deut. 20：10－20；cf. Deut. 7）。[9]这表明，消灭这些人的故事解释了古以色列人和犹太人是如何取代先前居民的。

一个密切相关的话题是把迦南人描绘成对古以色列人造成了恶劣影响的群体。在《民数记》第33章第50—56节中，耶和华吩咐摩西告诉百姓，神应许他们拥有这块土地，是要把现在的居民赶出去，而不是杀死这些人，免得这些人给古以色列人带来麻烦。我们可以从《民数记》第33章第52节中推断出原有居民面临的具体问题，他们不得不毁掉与宗教崇拜有关的物品和场所，因为这些是古以色列人要求摧毁的。这表明原住民面临的问题是，他们的宗教物品与场所在某种程度上威胁到了耶和华要求古以色列人只能对他一人忠诚的盟约，在最后一节（Num. 33：55）中，耶和华借摩西之口指出，他拥有将古以色列人从他们将要获得的土地上赶走的特权，就像他要赶走
现在的居民一样。同样，《申命记》第7章要求人们以专守圣 613
约的忠心来保有这片土地，并命令人们毁掉各种与宗教崇拜有关的物品。但是请注意，这里有一个显著的不同之处：古以色列人不是要驱逐现有的居民，而是要“彻底地毁灭”他们（Deut. 7：2）。柯林斯和齐韦特都认为《申命记》中对迦南人

的负面描写针对的是约西亚时期犹太人当中不受欢迎的行为或群体，人们认为约西亚在公元前 7 世纪晚期进行了广泛的社会和宗教改革。[10]《利未记》第 18 章进一步对迦南人进行了负面的描述，并罕见而苛刻地呈现了迦南人的行为。在可能可以追溯到 6 世纪的神职人员的资料中，作者使用了迦南人被赶出土地的概念，并补充说，将他们从土地上驱逐出去，是因为他们有确切的令人憎恨的行为。对各种行为的警告只是规定的准则，而不是对迦南人行为的准确描述。以《圣经》为基础的神灵认可的“征服”概念，以及接管不那么有价值的原有居民，都被用作现代宣传的模型。具体来讲，柯林斯讨论了这种与爱尔兰的清教徒反对天主教徒以及欧洲人反对美洲原住民有关的修辞。[11]现代作者利用以《圣经》为基础的概念来推进他们的社会和政治议题，特别是利用那些导致暴力的概念，而要消除这些概念的意识形态用途，就需要仔细研究对圣经思想的解释是如何根植于并反映出解释者当时所处的社会和政治环境的。

民事法典中的个人

除了对基本人物的叙述，《圣经》如何在总体上表现社会中的暴力？圣经选集包括几部民事法典，这些法典区分了社会中各种类型的代理人和受害者。各种代理人和人类的受害者包括自由的古以色列人、妻子、孩子、仆人和外国居民。作为文学作品，民事法典在本质上具有规定性，包括绝论和诡辩这两种表述方式。一方面，《圣经》的民事法规与古代近东的各种法典有很多共同之处，这表明它们对实际习俗的描述是真实准确的。民事法律法规很可能就是对这些社会中存在的各种民事困境的回应。另一方面，我们不太清楚这些管理规范是如何执

行的，以及富有特色的暴力行为和违规行为是如何发生的。民 614
事法典很好地展示了暴力的争议性，也就是说，某些有害的行为从某些角度来看是合法的，而从另一些角度来看则是非法的。如果一个人被判有罪并受到人身伤害或丧失地位的惩罚，这种惩罚性的人身或社会伤害就被视为实现正义的合法行为。受到惩罚的个人可能会质疑施加在他身上的暴力的合法性和正义性。

一个有趣的例子是，假设妻子在丈夫和另一个男人打架时，试图通过抓住那个男人“可耻的部位”来帮助自己的丈夫，这个“可耻的部位”很可能指的就是那个男人的生殖器。《申命记》第 25 章讲述了几种民事司法问题，第 25 章第 11—12 节引导读者砍掉那个好心妻子的手，她抓住了她丈夫对手的生殖器，不要顾惜她。对于男人来说，没有恰好类似的规定。最接近的类比是下面《出埃及记》第 21 章中的例子。打人以致打死的，必要把他治死（Exod. 21：12）；如果有人蓄意谋杀，就必须处死（Exod. 21：14）；如果两人打架，一方用石头或拳头打伤对方，但未把对方打死，那打人的必须赔偿受伤的人时间上的损失（Exod. 21：18-19）；人若打自己的仆婢，仆婢当场死亡，那施虐的主人要受到惩罚，但不必受死；如果仆人过了一两天才死掉，那施虐的主人不必受到惩罚，因为他在财产上的损失就是对他的惩罚（Exod. 21：20-1）；如果两人殴斗，其中一人不小心伤了孕妇以致其流产，孕妇的丈夫可以惩罚这个男人；倘若孕妇本人又遭受到进一步伤害，那伤害她的人，就要以命还命，以眼还眼，以牙还牙，以手还手，以脚还脚，以烙还烙，以伤还伤，以打还打（Exod. 21：22-4）。这些例子清楚地表明，司法系统和法律体系强化了以自由人为首的社会等级制度。他的妻子拥有的特权较少，但远比被视为财产的男人或女人享有更多的特权。虽然同态复仇法迫使意外伤害孕妇的男人对她的损失给予同等的赔偿，但最终，这个男人得到了保护，免受与罪行不相称的惩罚。也就是说，丈夫杀死伤害他妻子的男人在法律上是不被允许的。让我们回到《申命记》第 25 章第 11—12 节中关于妻子的例子，她并没有受到同态复仇法的同等保护。在《申命记》第 25 章第 11 节中没有明确的迹象表明这个男人的生殖器受到了永久性的损伤。如果考虑到生殖器受到永久性损伤的可能性，那么我们就能理解那名女性失去的手应该是相当于这个男人失去的性
615 器官。这样的假设可以被分析、质疑、拒绝或接受。如果砍掉一个女人的手只是对她抓了另一个男人的生殖器的惩罚，而且不一定是造成了永久性的伤害，那么她就受到了与其行为不相称的惩罚，这反映了男性的霸权。很久以后，来自中世纪早期的拉什（Rashi）的评论指出，砍下女人的手是一种象征性的行为。她必须依据最初参与打架的男人的社会地位支付一笔钱，以纠正使男人尴尬的行为。这种对女人被砍手的解释表明了拉比对文学案例最初表述的分析、质疑和拒绝。这个例子是《圣经》中数百个民事法律声明中的一个，我们可以对其进行富有成效的分析，以研究错综复杂的以文学作品形式出现的法典，以及它们提供的社会规范和同时发生的暴力。

在古代近东，与神学更直接相关的是，法典是由神认可和接受的。同样地，《圣经》的诗歌经常提到耶和华是一个公正的神，甚至使用法律的模式来审判。在法律模式的基础上，《圣经》的作者利用报应和审判，以及惩罚和正义的概念，将政治和军事不幸的历史经历描述成神的行为，为针对人类实施

的暴力进行辩护。《圣经》的某些作者为了支持他们对犹太人在世界上的处境的解释，特别是犹太人与土地和守护神的关系，发展了神学逻辑，它的一个主要特征是相对于纯洁和神圣概念的“可憎”的概念。虽然可能过于简单化，但其基本理念是，神是神圣的，为神而设的东西也是神圣的。与神圣的事物、场所和人进行交流需要纯洁。反过来，不洁会阻碍仪式的实施，而仪式据称是维持人与神之间关系的关键所在。同样，可憎的东西会威胁到神的现身，因为神可能会离开，或者导致个人或整个民族离开(Lev. 18:24-30; Deut. 18:12; Jer. 2:7-8; Ezek. 33:26; Mal. 2:11; 1 Kgs 14:24; 2 Kgs 16:3; 2 Kgs 21:2, 10-16; 2 Chron. 33:2; 2 Chron. 36:5-8; 2 Chron. 36:14; Ezra 9:1, 11, 14)。“可憎”是一个建构出来的范畴，它取决于任何特定社会群体或文学语料库中的社会规范和人们感兴趣的立场。在圣经选集中，可憎的行为或事物包括各种不受欢迎的性行为，如：多种形式的乱伦、兽奸和与经期妇女发生的性行为(Lev. 18; Lev. 20);不受欢迎的占卜方式(Lev. 20:6, 27; Deut. 18:10-12; 2 Kgs 21:6);不能确定是否干净的活物(Lev. 20:25; Deut. 14:3);非耶和华的肖像(Deut. 7:25-6; 616
Deut. 27:15; 2 Kgs 21:7; 2 Kgs 23:13);献上有瑕疵的牲畜(Deut. 17:1);在仪式上杀死人类(Lev. 18:21; Lev. 20:2-5; Deut. 12:31; Deut. 18:10; 2 Kgs 16:3; 2 Kgs 21:6; 2 Chron. 28:3);丧失专守圣约的忠心(Deut. 13:14; 17:2-4; 20:18; 32:16; 2 Kgs 21:1-5);妇女穿戴男子所穿戴的，男子穿妇女的衣服(Deut. 22:5);用妓女所得的牲畜或财物等报酬向耶和华许愿(Deut. 23:18);与自己的前妻再婚(Deut. 24:4);使用有失公允的度量衡(Deut. 25:13-16)。这个范围表明，《圣经》中“可

憎”的范畴，既包括我们可以称为“民事”法律的法规，也包括我们可以称为“仪式”或祭司法律的规则。

祭司和先知

在圣经史学和先知书中，祭司和先知以社会的、宗教的，有时以政治的权威身份出现。《圣经》是如何描述与祭司和先知代理人相关的暴力的？其中又有哪些文学方面的因素在起作用？与民事法典一样，把祭司作为暴力行为代理人的仪式法典也是规范性的。我们只能推测历史上这样的规定在多大程度上得以实践。例如，我们不知道真正的祭司是否会让那些被丈夫怀疑通奸的妇女遭受暴力并经历羞辱性的喝“苦水”仪式，从而对她的身体造成伤害(Num. 5:12-31)。同样，我们也无法提供明确的证据来说明，可能会成为祭司的人是否或有多少次因为身体上的特征而被认为存在导致丧失资格的缺陷，从而遭受结构性暴力，即无法接触和参与祭司的职责（Lev. 21:17-24)。《利未记》第17章第3—4节要求，屠宰动物的人必须把动物的一部分带进神龛供奉给神，不这样做的话就会把神与人“隔绝”开来。这种排斥可能意味着遭受身体上的暴力，而且肯定会涉及结构性暴力，即进入社群被拒和丧失群体的自我认同（关于这种惩罚的其他例子，参见 Exod. 31:14; Lev. 17:9-10; Lev. 19:8; Lev. 23:29; Num. 9:13; Num. 15:30; Lev. 20:3-6)。在圣经文献的叙事世界中，大量的暴力案例在仪式或祭司的行为和制度中被视为合法。[12]

617 有一种暴力仪式在《圣经》的几卷书中都被认为是非法的，那就是在仪式上杀死人类。《出埃及记》第13章第2节和第22章第29—30节的主要内容是说神需要人类的长子，以及第一茬水果和动物的头胎，而《出埃及记》第34章第19—20

节的不同之处是规定了神可以接受人类长子的替代品。《民数记》第3章第12—13节又做出了进一步的区分，确定利未人是古以色列人所有长子的集体替代者。我们也有在灾难时期杀死孩子的圣经资料。耶弗他（Jephthah）为了保证军事上的胜利，他承诺，当他凯旋时，无论谁从他的家里出来，他都会把这个人献给耶和华作为燔祭，结果他真的这样做了，尽管祭品是他唯一的孩子——他的女儿，她没有抗议自己在仪式上被杀戮（Judg. 11）。摩押王为了避免失败，在仪式上杀死了他的长子和继承人，可能是作为献给他的守护神基抹的燔祭，从而赶走了古以色列军队（2 Kgs 3：26-7）。这些故事表明，屠杀人类的孩子是在战争中获得神助的一种有效手段。在其他地方，这种做法被描述成负面的行为。在亚伯拉罕获得神关于后代和财产之承诺的故事中，上帝（Elohim）① 要求杀死亚伯拉罕的儿子作为燔祭，亚伯拉罕执行了这个要求，直到最后一刻，上帝才提供了一个燔祭的替代品（Gen. 22）。虽然有可能在早期的版本中，亚伯拉罕完成了杀死他儿子的仪式（Gen. 22：16-19），但在这个故事的权威版本中出现的替代品可能表明，耶和华希望在仪式上杀死人类的想法减弱了。[13]《申命记》第12章第31节和第18章第10节明确谴责了这种做法。《弥迦书》第6章第6—8节、《耶利米书》第19章第4—9节和《以西结书》第16章第20—21节中的神谕暗示犹太人准备了这样的祭品，但《弥迦书》认为他们没能获得耶和华的青睐，《耶利米书》对此表示反对，说耶和华从没要求过这样的东西。在《申命记》的历史记载中，这种做法被十分清楚地描绘成非法

① 此为《希伯来圣经》中的用语。

的行为，以至于叙述者指责不受欢迎的国王亚哈斯（Ahaz，2 Kgs 16：2-4）和玛拿西（Manasseh，2 Kgs 21：1-16）的做法。[14]叙述者利用这个概念作为一种修辞工具来否定他们，尤其是对玛拿西的负面描写进一步为犹大王国的衰落做了神学上的辩护。考虑到这段文学历史，我们可以重新考虑《新约》文本中的修辞，这些文本将耶稣被钉死在十字架上描绘为一种
618 取得积极结果的仪式杀戮。[15]神（*Theos*）亲自下令通过仪式的方式杀死他的“独生子”的观念建立在之前人类进行仪式杀戮的传统之上，但与《圣经》对这种做法的谴责形成了对比。

一般来说，仪式上的暴力行为被认为是神命令的，并通过神圣化来证明其合理性，因为神已经为这些行为下达了指令。同样地，圣经散文和先知书偶尔也会把各种各样的先知描绘成施暴者。例如，以利亚命令杀死一群敌对的先知（1 Kgs 18：40）。虽然这种杀戮并没有被明确地贴上虔诚的标签，也没有得到神的命令，但以利亚仍然得到了神的青睐。这种叙述含蓄地宽恕了他的暴力行为，贬低了他对手的生命。神对祭司、先知和仪式暴力行为的许可模式值得注意。虽然《圣经》中的例子是具体的，并且涉及的范围有限，但后来的作者总结出了这个模式，以呈现一系列的社会、政治和仪式暴力，这一系列的暴力因与神的联系而被神圣化、合法化。有些人甚至声称自己是祭司或先知，将自己与圣经人物联系在一起，以此来进一步宣扬自己的权威。当这种对圣经传统的利用涉及为暴力辩护时，我们可以在直接的社会和政治环境中确定其动机和手段。圣经选集本身并不是暴力的直接来源；代理人援引《圣经》的神圣化模式作为一种修辞工具，来展现他们的行为受到了神的启发，得到了神的命令或指令。

以色列国王和犹大国王

仅次于神灵的人类国王被描绘为圣经暴力的罪魁祸首。就
像《律法书》叙述的父权角色一样，国王是王室叙事中战争
的主要代理人。战争中的杀戮被描述成一种正常的、合法的行
为，《圣经》中的人物庆祝战争的胜利和战士的大量杀戮(1
Sam. 18:7; 21:11; 29:5)。除了获得和保卫土地，国王还裁决
涉及惩罚和报复性暴力的民事案件，并回应对其王权的挑战。
在《圣经》叙述的历史中，暗杀和政变在宫廷里比比皆是。
这一文献声称保持了与法庭记录的联系，同时清楚地提供了以
耶路撒冷为中心的事件，以及在《申命记》中编造的对以色
列和犹大的成功和不幸的神学解释。正如下面的例子所示，在 619
叙事中，与得到神灵认可的王室代理人相关的暴力行为被认为
是合理的，特别是为军事和政治利益或维持统治服务的暴力。
然而，那些在圣经史学中不受欢迎的角色实施的暴力行为是未
经批准的。

在耶户（Jehu）于一场血腥的政变中暗杀了犹大王后亚他利雅（Athaliah）的儿子，也就是前统治者之后，亚他利雅的统治维持了六年。她通过杀死其余王子来保住自己的王位。《列王纪下》第 11 章并不包括用来描述犹大国王和以色列国王生活的典型规则；《历代志下》第 24 章第 7 节把她称为恶人；当她被暗杀时，人们十分高兴，整个城市也平静下来(2 Kgs 11:20; 2 Chron. 24:21)。虽然故事将她的暴力行为描写成非法的行为，认为针对她的暴力行为是正当的，但在男人把她拖出神庙，判处她的追随者死刑并杀死她之前，她高喊：“叛国！叛国!”负责密谋暗杀亚他利雅的祭司为一个七岁的孩子加冕（2 Kgs 11:21－12:2）。亚他利雅和祭司耶何耶大

（Jehoiada）都为政治利益和个人安全而杀人。耶何耶大和年轻的国王约阿施（Joash）在故事中受到作者的喜爱，被描绘为得到了神的青睐，而亚他利雅却不受喜爱。这种差异体现在他们各自的暴力被描述为正当的行为或不道德的行为。

另一个有趣的例子是在亚他利雅登上王位之前刺杀了她儿子的人物，即耶户。《列王纪》中的叙述更同情耶户，而不是亚他利雅，但在《何西阿书》第 1 章第 4 节中，神声称要为耶户的政变复仇，使得耶户的整体形象充满了矛盾。他得到神的青睐，被选为以色列的国王，并终结了亚哈家族（the Ahab）和耶洗别家族（the Jezebel）的统治（1 Kgs 16：1－7；19：15－17；2 Kgs 9：1－13；10：30）。耶户得到神的命令，要对亚哈采取暴力行动，他完成了一场血腥的政变，用欺骗的手段杀死了王室成员和满满一神庙的人，他统治了以色列二十八年。他杀死的那些人被描绘成缺乏神的宠爱。在某种程度上，这导致读者对这些受害者缺乏同情，这种神的偏爱和厌恶的机制使他们失掉了人性。

最后，在《撒母耳记下》中关于约押（Joab）和押尼珥（Abner）的故事里出现了四种类型的暴力：防御性的暴力，报复性的暴力，惩罚性的暴力，以及对相关的国王来说，还有政治上的战略性暴力。押尼珥是古以色列人的首领，而约押是犹大军队的统帅。约押的兄弟亚撒黑（Asahel）无情地追赶押尼珥，押尼珥大概是出于自保而杀了亚撒黑。对于这次杀戮，没有明确的合理解释或否认，但押尼珥的话表明，他给了亚撒
620 黑警告和停手的机会，他并没有打算杀死亚撒黑（2 Sam. 2）。于是约押和他的兄弟亚比筛（Abishai）反过来杀了押尼珥，报了押尼珥杀死他们兄弟的仇（2 Sam. 3：27－30）。重要的是要

知道，押尼珥是扫罗王（Saul）的元帅，并且在扫罗王战死沙场后，让扫罗王的儿子伊施巴力（Eshbaal）坐上了古以色列的王位(2 Sam. 2:8-9)。后来，押尼珥投奔了犹大国王大卫王，据说是因为伊施巴力怀疑押尼珥与已故的扫罗王的一个妃嫔发生性关系(2 Sam. 3:6-21)。伊施巴力认为押尼珥的这一举动暗示他想要继承前王的地位。押尼珥投靠大卫王，这在政治上有利于大卫王获得古以色列人的忠诚和土地。大卫王对押尼珥表示哀悼，叙述者责备约押为了给自己的兄弟复仇而杀了他。然而，这在政治上也是有利的，因为押尼珥已经死了，由此不再有争夺古以色列人忠诚的潜在竞争对手，特别是考虑到他成功的军事生涯，而且他还是扫罗王的亲戚。约押的兄弟亚比筛是大卫王军队的另一个核心人物，但故事中并没有提到这个人的命运，而且约押也被暗杀了。一旦所罗门获得大卫王的宝座，他就会为了确保自己的地位而杀死约押等人（1 Kgs 2）。约押的死具有明显的政治战略意味，因为约押支持大卫王的继承人，也就是所罗门的哥哥亚多尼雅(Adonijah，1 Kgs 1)。令人生疑的是，故事讲到，大卫王在临终的时候，私下谴责约押的行为，而这些行为有利于加强大卫王的权威（1 Kgs 2：5)。政治上紧急情况下的暗杀在叙述中表现得如此微妙，这并非巧合。

正如这些例子证明的，王室暴力更多是政治性的，而非宗教性的。尽管成功的王室被认为得到了神的认可，但还是发生了一系列的暗杀，如暗杀扫罗王的儿子、以色列国王伊施巴力，他的死使大卫王获得了以色列的王权（2 Sam. 4)，这并不是特别敬神、虔诚或神圣的行为，而且古以色列人、犹太人，或后来虔诚的宗教受众在日常生活中并不效仿这样的行为。相反，我们可能会承认王室暴力是古代现实的一部分，所以《圣经》的作者在他们的著作中囊括了这种暴力。

圣经叙事中描绘的王室暴力对神学的最大影响集中在大卫这个人物身上，他是第一位获得以色列王位的犹大国王。他被描述为一个“合耶和华心意的人”（1 Sam. 13:14），同时也是一个卑鄙、暴戾的雇佣兵；是一个杀死了成千上万人的战士；是一个无情攫取政治权力的人；还是一个通奸者，他密谋杀害了一个无辜的人。在试图掩盖抢走乌利亚（Uriah）的妻子这一事实后，大卫密谋杀害这个忠诚的士兵（2 Sam. 11）。在这种情况下，耶和华惩罚了大卫，让他的孩子[①]
621 夭折（2 Sam. 12:15）。大卫这些特征的调和需要学术文献和文学上的解读。然而，在非批判性的背景下，解读者已经形成辩护的解释来弥合认知失调。这带来的一个结果就是可能出现下面这类叙事，即一个虔诚的模范人物仍然实施了不正当的暴力。

邻国国王

非古以色列和非犹大的国王们既是侵略者，也是耶和华的代理人。在历史学中，拥有更强大政治组织的国王对古以色列和犹大王国的国王及民众施加结构性和肉体上的暴力。在古代近东地缘政治的版图中，政治征服和军事失败是无法避免的事实（地图 31.1）。这些事件的文学表现包括神学解释，目的是为征服和失败道歉。理想的情况是，守护神确保他或她忠诚的子民的安全、健康、兴旺和富有。因此，如果一个民族遭受苦

---

① 这个孩子指的是大卫诱奸乌利亚的妻子拔示巴，她怀孕而生的长子。拔示巴在成为大卫的妃嫔后，又为大卫生了一个孩子，他们的孩子就是著名的所罗门王。

难，那么问题就来了：为什么守护神没有或不能保护他们。从神学上讲，有创意的解释是，守护神选择不保护他或她的子民不受邻国国王的伤害，以及上帝选择不保护甚至利用富于侵略性的国王来帮助他攻击其子民的动机是关键。守护神没有被描绘成不公正的或者没有履行他或她的契约承诺，我们看到，人们必定没有履行他们对守护神的义务，因此先废除了契约。我们在《圣经》和其他古代近东文献中看到了这种相同的神学逻辑。

据说犹太神耶和华利用非以色列和非犹大国王的最著名例子就是亚述国王西拿基立（Sennacherib）[①]、巴比伦国王尼布甲尼撒和波斯国王居鲁士。公元前721年前后，古代以色列的政治组织，包括它的都城撒玛利亚，都被击败了。亚述国王撒缦以色（Shalmaneser）围攻撒玛利亚，他的继任者萨尔贡目睹了撒玛利亚的沦陷。二十年后，亚述国王西拿基立围攻耶路撒冷。其他犹太城镇都遭到毁损，亚述人却没有进入耶路撒冷就离开了。《以赛亚书》第10章第5—19节讲道，西拿基立是神发泄愤怒的工具，并把亚述国王的军事威胁和行动视为犹太神的旨意的结果。耶路撒冷会像撒玛利亚一样遭受苦难，神学的道歉将责任推到了民众的身上。这个犹太神被描绘成控制着地缘政治格局的神。神一旦通过西拿基立完成了自己的目标，
就会去对付强大而傲慢的西拿基立本人，西拿基立声称自己取 622
得的成就是因为他“实际上”拥有犹太人上帝的特权。请注意，耶和华是施暴者，他通过亚述国王来对抗自己的子民，也

① 西拿基立，即亚述王辛那赫里布。西拿基立是中文《圣经》里的译法称谓。

与亚述国王进行对抗，而神学上的辩护使这种暴力合法化。同样地，巴比伦国王尼布甲尼撒是犹太神执行其意志以针对犹太人的工具，他们要为自己的不幸承担责任。《以斯拉记》第 5 章第 12 节提出，天上的神将犹太人交到尼布甲尼撒手中，因为他们激怒了神，导致耶路撒冷圣殿毁灭，犹太人也被迫流亡到巴比伦。在毁灭之前，耶利米恳求犹太人屈服于尼布甲尼撒的政治征服，以避免更糟糕的命运，他宣称耶和华已经做出决定，巴比伦国王将统治犹太的土地和民众（Jer. 27:6）。同样地，《历代志上》第 6 章第 15 节继续描述尼布甲尼撒，他在耶路撒冷的陷落和流放犹太人的过程中缺乏人手。把犹太人自己的守护神塑造成施暴者，这就在修辞上解除了这些强大国王的武装。然而，神的庇护给他或她自己的子民带来苦难的神学先例是不祥的（见下文）。圣经选集中确实有一个突出的正面例子，耶和华利用一个非犹太的国王来为犹太人造福。根据《历代志下》第 36 章第 22—23 节和《以斯拉记》第 1 章第 1—4 节的记载，波斯国王居鲁士允许被流放的犹太人返回耶路撒冷，并重建他们的圣殿。《以赛亚书》第 44 章第 28 节至第 45 章第 7 节将居鲁士的政治和军事成就归功于耶和华，甚至用救世主的术语来形容居鲁士。虽然这个例子对犹太人持肯定的态度，但居鲁士打败了巴比伦军队，而巴比伦版本把居鲁士的成功描述成以牺牲巴比伦人的利益为代价，利用共同的神学逻辑，它将居鲁士的成功归功于巴比伦的守护神马杜克（Cyrus Cylinder, BM 90920）。此外，值得注意的是，埃及国王并没有被赋予耶和华的代理人这样的工具性身份。在《出埃及记》的叙述中，我们确实看到了耶和华的主旨是“让法老的心肠变硬”，这有类似的修辞效果，因为它削弱了埃及国王的代理人身份（如 Exod. 7：3-5 和 Exod. 4-14）。然而，法老对于压迫民众没有什么可道歉的，因为这是耶和华有意要惩罚以色列人。

神灵

圣经选集里很多与暴力相关的例子是以神为媒介的。一般来说，神灵被用来解释暴力，以便为即将发生的事件提供神学 623
层面的解释。也就是说，神灵是神学上对暴力的道歉和解释的核心，我们可以分析一下，将暴力事件从人类代理人的行为中移除，会出现怎样的修辞上的结果。这些情况影响了被包含在《希伯来圣经》和《新约》中的神学。甚至我们可以称之为“乌托邦”愿景或幻想的段落，都是以成功的神性暴力为前提的，这些暴力针对的是受人爱戴的神灵的敌人（Isa. 11；Rev. 21-2）。

与神学解释有关的是，守护神利用了一个非以色列和非犹大的国王来对付自己的子民，同样的对军事灾难的神学道歉也没有提及人类国王，这使神直接成为对抗其子民的代理人。摩押人的守护神基抹将他的子女们，也就是摩押人，掳到亚摩利国王西宏（Sihon）的手下（Num. 21:29）。《列王纪下》第 3 章第 26—27 节暗示基抹对杀死摩押国王长子的仪式反应积极，他帮助摩押人与古以色列人作战。在《耶利米书》第 44 章中，犹太人将他们的不幸归咎于天后（Queen of Heaven），使用了上述共同的神学道歉。[16]他们反对先知耶利米的观点，因为他们认为，犹太人的不幸始于他们不再尊敬天后（Jer. 44：17-19）。在圣经选集中，作者把天后塑造成给犹太人带来不幸的神灵代理人，并以此作为对耶路撒冷沦陷的一种有力解释。圣经选集的主要特征是，耶和华是使他的子民遭受苦难的神灵代理人。例如，《耶利米书》第 21 章第 3—7 节描述了耶和华与巴比伦军队一起对抗他自己的子民，并且蓄意毁坏了犹太人的武器。在《以西结书》第 9 章中，以西结看见耶和华命令一群人走遍耶路撒冷，除了少数人，耶和华杀光了几乎所有人，无论老少妇孺都不放过。回想一下，民众把苦难归因于自己的守护神，就是在明确肯定自己的守护神仍然是最强大的神，尽管有相反的证据，特别是有他或她的子民遭受苦难的证据（亦可参阅 2 Kgs 21；2 Chron. 36）。其他的解释包括，耶和华已经抛弃并忘记了他的子民（Ps. 74；Ps. 79；Ps. 89:46-51；Lam. 5:19-22），或巴比伦人和犹大的邻居以东人（Edomites）负有责任（Ps. 137；Obadiah）。

除了神学上对群体灾难的道歉，圣经选集里满是上帝作为
624 神圣战士的形象，例如，他为了报仇而在人的身上践踏，以致他的衣服溅上了鲜血（Isa. 63:1-6）。他的刀剑吞吃人肉，他让自己的箭喝人血（Deut. 32:34-43）。柯林斯注意到，最古老的《圣经》中有两段文字将耶和华描绘成一名战士（Exod. 15；Judg. 5）。[17]当约书亚在迦南的战役刚开始的时候，耶和华军队的神的首领拜访了他（Josh. 5:13-15）。耶和华直接降下瘟疫并造成了人们的痛苦（Num. 11:33；Num. 16:46；2 Sam. 24:15；Zech. 14:12），也通过他的代理人，如苦难、死亡、瘟疫的使者（Ps. 78:49-50），以及耶和华的使者（Exod. 23:23；Isa. 37:36），带来痛苦。

正如前文讨论的，《圣经》中的资料表明，尽管据说耶和华杀死了很多人，但这位犹太神并不喜欢接受人类在仪式上进行的杀戮。虽然一些文献表明，犹太人和古以色列人认为为耶和华举行的杀人祭祀是合法的（Exod. 13:2；Exod. 22:29-30；

Judg. 11；亦可参阅 2 Kgs 3:26-7；Micah 6:6-8；Ezek. 16:20-1），在其他地方，用动物或人类的生活服务作为替代品似乎是一种不那么暴力的偏好（Gen. 22；Exod. 34:19-20；Num. 3:12-13），还有一些文本否定了人类仪式杀戮的合法性（Deut. 12:31；Deut. 18:10；Jer. 19:4-9；2 Kgs 16:2-4；2 Kgs 21:1-16）。

《圣经》的一些文本期待未来的神圣暴力。[18]《但以理书》第 10 章和第 12 章将米迦勒（Michael）描述为神圣的王子和耶和华子民的保护者。柯林斯认为，圣经启示录文学的特点是对当下的忍耐，这种忍耐预见了末世的复仇。[19]《战卷》（*The War Scroll*, 1 QM）预言了光明之子和黑暗之子之间的战争，《启示录》预言了神的对立阵营之间发生的战争，即天神和他的伙伴对抗“撒旦”和他的伙伴。大卫·法兰克福特（David Frankfurter）提出，在《新约启示录》（1 John，2 Thessalonians and Revelation）的文本中，特别暴力的幻想可能在修辞上起到了驱散暴力的作用，但仍然可以被用作使他人非人化和煽动毁灭感知到的敌人的典型模式。[20]在早期对《圣经》的解读中，柯林斯强调的主题是，将惩罚敌人的权利留给神而不是当时的人类，而且他引用了拉比教义和圣保罗教
义对《申命记》第 32 章第 35 节的解读作为例子。[21]这可能与 625
其他政治体对犹太社会的政治和军事统治有关，对此我们可以追溯到新亚述和新巴比伦帝国，直到波斯帝国，再到希腊和罗马帝国。

《圣经》中的暴力和“一神论”

在解释《圣经》体现的暴力时，有些人认为“一神论”

是核心。然而，《圣经》中的暴力在古代文化的环境中并不罕见。《圣经》的作者们在讲述他们的生活经历时，加入了自己熟悉的暴力类型。古以色列人和犹太人对暴力的描述可以与埃及人、古叙利亚人和美索不达米亚人对暴力的描述相提并论。在古代近东和地中海社会中，关于暴力的共同论述表明，“一神论”或“多神论”的概念不应成为我们对古代暴力的学术解释和理解的核心。[22]布鲁斯·林肯提出了一个重要的观点，那就是学者必须用与对待非宗教文献同样的标准来仔细推敲宗教文献。[23]同样的做法也适用于古代文学中的圣经文献。不应该有圣经例外论的想法，也不应该使用特殊的概念，我们不会使用其他古代资料来解释《圣经》中的资料，无论是与暴力相关的资料还是其他资料。

《圣经》中的结构性暴力和文化暴力以及后圣经时代的偏狭

《圣经》描述了战争中合法的直接暴力、与司法程序相关的惩罚性暴力以及一些报复性暴力。圣经文献也认为存在社会的系统性或结构性暴力，如奴隶制和奴役制度，以及宗教法典中基于种族、性别和身体完整性的限制，还有民事法典中自由男性的特权。在文化暴力方面，我们看到了针对非古以色列人、女性和身体有“缺陷”之人的偏
626 见。文化暴力可能是后圣经语境中为偏狭和暴力服务的最成熟的推广手段。在《圣经》中，对于“外国人”有一系列包容性和排他性的观点，但在一些圣经文本中表现出来的严厉言辞已经被概括为制定多种排他性立场或制造普遍偏狭态度的模式。

结 语

《圣经》描述了由各种各样的代理人实施的暴力，这些代理人代表了圣经选集描述的更普遍的各种角色类型。根据叙事中的社会和政治背景，由先祖、先知、祭司、古以色列人和犹太人、“外国人”以及王室成员实施的暴力，可能被认为是合法的或不合法的。有时暴力行为表现为神之指示或许可的结果，但许多是得到了世俗的许可。在几乎所有的案例中，与耶和华或他的神圣下属有关的暴力行为和特征都被描述为合法。神的暴力是“正义的”这一概念的修辞力量在于，军事和政治的不幸（常被描绘成直接和象征性的暴力带来的巨大痛苦），被解释为神对他自己子民的“合理”惩罚。在《希伯来圣经》和《新约》中，神指示的暴力完成了某种神圣的计划，这一观念使人们对仪式化的暴力产生了错误的认识。

对圣经文学中暴力的表现和结构的分析表明，犹太作家和抄写员都很清楚，在犹太人的生活经历中存在直接的暴力。《圣经》的作者们在其对古代以色列人和犹太人的起源、政治体的形成与毁灭以及神学的文学建构中，运用了暴力故事和暴力的主题。在圣经选集中，暴力的实例、类型和主题可以被认为是合法的或不合法的，也可以被认为是神授的或仅仅是世俗的。在随后的社会历史背景下，从古代晚期到现在，主要是在犹太教徒、基督徒和穆斯林的传统中，《圣经》是众多修辞主张的来源之一，这些主张被代理人用来描述暴力是合法的，甚至是被神认可的。有趣的是，斯蒂芬·盖勒（Stephen Geller）令人信服地指出，以《圣经》为基础的暴力倾向于通过圣经

627 故事的字面解读得到支持。[24]结合关于暴力和宗教暴力的学术理论，以及对宗教和古代文学（包括《圣经》）的批判性研究，有助于区分那些利用《圣经》为暴力辩护的人的主张，还有圣经选集如何以不同方式表现各种暴力。无论是考虑现代的还是古代的暴力，我们都有机会富有成效地研究暴力是如何被描绘的，谁从中受益，谁从中受害，并在研究古代“圣经暴力”和现代“基于《圣经》的暴力”的社会影响时，质疑有关《圣经》的主张。

参考论著

我对“暴力与《圣经》”的解读和语境化研究参考了以下论著：Pierre Bourdieu, ‘Sur le pouvoir symbolique’, *Annales* 32.3（1977）, pp. 405-11；David Riches, ‘Aggression, War, Violence: Space/Time and Paradigm’, *Man* n. s. 26.2（1991）, pp. 281-98；David Riches, ‘The Phenomenon of Violence’, in David Riches（ed.）, *The Anthropology of Violence*（Oxford: Blackwell, 1986）, pp. 1-27；Johan Galtung, ‘Cultural Violence’, *Journal of Peace Research* 27.3（1990）, pp. 291-305。人类学家关于暴力的新理论见于 Bettina Schmidt and Ingo Schröder（eds.）, *Anthropology of Violence and Conflict*（New York: Routledge, 2001）; Göran Aijmer and Jon Abbink（eds.）, *Meanings of Violence: A Cross Cultural Perspective*（Oxford: Berg, 2000）。讨论暴力和《圣经》相关问题的圣经学者包括约翰·J. 柯林斯，他的‘The Zeal of Phinehas: The Bible and the Legitimation of Violence’, *Journal of Biblical Literature* 122.1（2003）, pp. 3-21 提供了一个重要的起点，而 David Bernat and Jonathan Klawans（eds.）, *Religion and Violence: The Biblical Heritage*（Sheffield: Sheffield Phoenix Press, 2008）在对《希伯来圣经》和新约文学中的暴力进行批判分析方面取得了重要进展。在上面这本书中，Ziony Zevit, ‘The Search for Violence in Israelite Culture and in the Bible’提供了全面的概述，其中包括对《圣经》里希伯来语中“暴力”词汇的论述。之后的相关研究重点关注《圣经》描述的特定类型的暴力，如战争，见 B. E. Kelle and

F. R. Ames (eds.), *Writing and Reading War: Rhetoric, Gender, and Ethics in Biblical and Modern Contexts* (Atlanta, GA: Society of Biblical Literature Press, 2008) and B. E. Kelle, F. R. Ames and J. L. Wright (eds.), *Warfare, Ritual, and Symbol in Biblical and Modern Contexts* (Atlanta, GA: Society of Biblical Literature Press, 2014); 如仪式暴力, 见 Saul Olyan (ed.), *New Perspectives on Ritual Violence in the Hebrew Bible* (New York: Oxford University Press, 2015); 如文本实践, 见 Raanan Shaul Boustan, Alex P. Janssen and Calvin J. Roetzel (eds.), *Violence, Scripture, and Textual Practices in Early Judaism and Christianity* (Leiden: Brill, 2010)。Jonathan 628
Klawans, 'Pure Violence: Sacrifice and Defilement in Ancient Israel', *Harvard Theological Review* 94.2 (2001), pp. 133-55 讨论了暴力和《圣经》中的仪式结构。布鲁斯·林肯将古代地中海地区的"神圣暴力"理论化，集中研究"神圣暴力"中的神的战斗、军事失败、千年末世之乱和"肉体苦修"等问题，具体请参阅 *Gods and Demons, Priests and Scholars: Critical Explorations in the History of Religions* (Chicago: University of Chicago Press, 2012)。Ronald S. Hendel, 'The Bible and Religious Violence', *Biblical Archaeology Review* 42.2 (2016), pp. 22, 66 探讨了当代利用圣经主题来为暴力辩护的问题。关于现代"启示录"应用圣经主题的心理学论述，请参阅 James W. Jones, 'The Divine Terrorist-Religion and Violence in American Apocalyptic Christianity', in *Blood That Cries From the Earth: The Psychology of Religious Terrorism* (New York: Oxford University Press, 2008), pp. 88-114。有关现代"圣经宗教"中暴力的扼要论述，请参阅以下著作中关于犹太教、基督教和伊斯兰教传统的章节: Ron Hassner and Gideon Aran, Lloyd Steffen, and Bruce Lawrence in Michael Jerryson, Mark Juergensmeyer, and Margo Kitts (eds.), *The Oxford Handbook of Religion and Violence* (New York: Oxford University Press, 2013)。

注 释

1. 参见本卷第 10 章以及关于希腊和罗马传统的章节。
2. Johan Galtung, 'Cultural Violence', *Journal of Peace Research* 27.3

(1990), pp. 291–305.

3. Anton Blok, 'The Meaning of "Senseless" Violence', in *Honour and Violence* (Oxford: Blackwell, 2001), pp. 103 – 14, 111; David Riches, 'Aggression, War, Violence: Space/Time and Paradigm', *Man* n. s. 26. 2 (1991), pp. 281 – 98; David Riches, 'The Phenomenon of Violence', in D. Riches (ed.), *The Anthropology of Violence* (Oxford: Blackwell, 1986), pp. 1 – 27; B. Schmidt and I. Schröder (eds.), *Anthropology of Violence and Conflict* (New York: Routledge, 2001); G. Aijmer and J. Abbink (eds.), *Meanings of Violence: A Cross Cultural Perspective* (Oxford: Berg, 2000).
4. Schmidt and Schröder (eds.), *Anthropology of Violence and Conflict*, pp. 3–4; Aijmer and Abbink (eds.), *Meanings of Violence*, pp. xi–xiii; Riches, 'Aggression, War'; Riches, 'Phenomenon of Violence', pp. 8–11.
5. 正如我在'What Ends Might Ritual Violence Accomplish?: The Case of Rechab and Baanah in 2 Samuel 4', in Saul M. Olyan (ed.), *Ritual Violence in the Hebrew Bible*, *New Perspectives* (Oxford: Oxford University Press, 2015), pp. 12 – 13 中提出的，我对“仪式”和“仪式化”的思考是有依据的，参见 Catherine Bell, *Ritual Theory, Ritual Practice* (New York: Oxford University Press, 1992), pp. 41, 90–2; Stanley J. Tambiah, *A Performative Approach to Ritual* (London: Oxford University Press, 1979), pp. 199, 121, 124。
6. Jonathan Klawans, introduction to David Bernat and Jonathan Klawans (eds.), *Religion and Violence: The Biblical Heritage* (Sheffield: Sheffield Phoenix Press, 2007), pp. 1–15, at p. 6.
7. J. Maxwell Miller and John H. Hayes, *A History of Ancient Israel and Judah*, 2nd edn (Louisville, KT: Westminster/John Knox Press, 2006), pp. 43–60; Lawrence E. Stager, 'The Archeology of Family in Ancient Israel', *Bulletin of the American Schools of Oriental Research* 260 (1985), pp. 1–36. See also Joseph A. Callaway, 'The Settlement in Canaan: The Period of the Judges', in H. Shanks (ed.), *Ancient Israel: From Abraham to the Roman Destruction of the Temple*, rev. and exp. edn (Upper Saddle River, NJ: Prentice Hall, 1999), pp. 55 –

90; Lawrence E. Stager, 'Forging an Identity: The Emergence of Ancient Israel', in M. D. Coogan (ed.), *The Oxford History of the Biblical World* (New York: Oxford University Press, 1998), pp. 123–75; John Bright, 'Exodus and Conquest: The Formation of the People Israel', in *A History of Israel*, 4th edn (Louisville, KT: Westminster/John Knox Press, 2000), pp. 107–43; Ann E. Killebrew, *Biblical Peoples and Ethnicity: An Archaeological Study of Egyptians, Canaanites, Philistines, and Early Israel, 1300–1100 B. C. E.* (Atlanta, GA: Society of Biblical Literature, 2005); Peter Machinist, 'Outsiders or Insiders: The Biblical View of Emergent Israel and Its Contexts', in R. L. Cohn and L. J. Silberstein (eds.), *The Other in Jewish Thought and History* (New York: New York University Press, 1994), pp. 35–69.

8. Ziony Zevit, 'The Search for Violence in Israelite Culture and the Bible', in Bernat and Klawans (eds.), *Religion and Violence*, p. 30.
9. John J. Collins, 'The Zeal of Phinehas: The Bible and the Legitimation of Violence', *Journal of Biblical Literature* 122. 1 (2003), p. 7.
10. Ibid., p. 11; Zevit, 'Search for Violence', p. 26.
11. Collins, 'Zeal of Phinehas', pp. 13–14.
12. 以下著作论述了许多类型的案例：S. Olyan (ed.), *New Perspectives on Ritual Violence in the Hebrew Bible* (New York: Oxford University Press, 2015)。
13. Richard E. Friedman, *The Bible with Sources Revealed: A New View into the Five Books of Moses* (San Francisco: HarperSanFrancisco, 2003), p. 65.
14. Francesca Stavrakopoulou, *King Manasseh and Child Sacrifice: Biblical Distortions of Historical Realities* (New York: De Gruyter, 2009).
15. 关于早期基督教"献祭"传统的论述，参见 Daniel Ullucci, *The Christian Rejection of Animal Sacrifice* (New York: Oxford University Press, 2012)。
16. Debra Scoggins Ballentine, 'The (Mis) Foreignization Problem in Hebrew Bible Studies', conference paper delivered at the annual

meeting of the Society of Biblical Literature, Atlanta, Georgia, 23 November 2015.

17. Collins, 'Zeal of Phinehas', p. 4.
18. 关于对古代近东和圣经传统中的神圣战争的进一步论述，请参阅 Debra Scoggins Ballentine, *The Conflict Myth and the Biblical Tradition* (New York: Oxford University Press, 2015)。
19. Collins, 'Zeal of Phineas', pp. 15–16.
20. David Frankfurter, 'The Legacy of Sectarian Rage: Vengeance Fantasies in the New Testament', in Bernat and Klawans (eds.), *Religion and Violence*, pp. 115, 128.
21. Collins, 'Zeal of Phineas', p. 16.
22. 约翰·柯林斯和乔纳森·克拉万斯都论述过"一神论"为什么也不能准确解释《圣经》中的暴力问题：Collins, 'Zeal of Phinehas', pp. 3 – 4; Klawans, introduction to *Religion and Violence*, p. 9。
23. Bruce Lincoln, 'Theses on Method', *Method and Theory in the Study of Religion* 8 (1996), pp. 225–7.
24. Stephen A. Geller, 'The Prophetic Roots of Religious Violence in Western Religions', in Bernat and Klawans (eds.), *Religion and Violence*, p. 55.

31　古代美索不达米亚和古叙利亚的暴力表现形式

大卫·纳达利

在古代近东，美索不达米亚和叙利亚涵盖了广阔的地 629
区。这两个地区有着各自独立的历史轨迹，但同时，它们又因数千年来的文化、宗教和政治关系而相互联系在一起。事实上，要找到这两个地区之间的确切边界几乎是不可能的。尽管区分出地方性特征很重要，但在概述可以解释美索不达米亚和叙利亚之间的文化和政治传播以及交流的联系时，两者的共同特征也很重要。此外，1842 年近东考古学在伊拉克北部诞生，这使人们愿意相信在过去，古代美索不达米亚存在一个中心，从而导致了美索不达米亚中心主义现象的出现。相比之下，叙利亚的考古学家不仅展示了叙利亚城市和统治者的政治和文化的独立性，而且还指出，文化的传播并非仅仅起源于美索不达米亚，而是可能也起源于叙利亚并在叙利亚得到了发展。[1]

美索不达米亚由幼发拉底河和底格里斯河之间的部分土地构成，尽管从文化上讲，它的边界扩展至叙利亚东北部的杰济拉（Jezirah），一直到安纳托利亚南部。在这种背景下，学者通常会谈到大美索不达米亚的问题。古叙利亚的范围与现代叙利亚国家的疆域大致相同，尽管拥有叙利亚文化的城市扩展到了土耳其南部、黎巴嫩和黎凡特南部。[2]

630

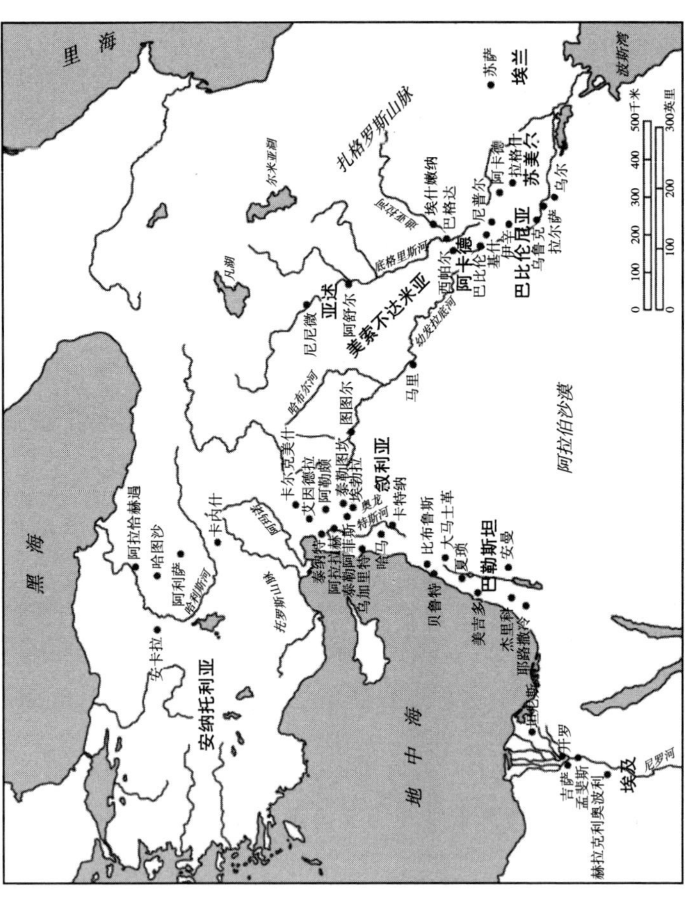

地图 31.1　古代的近东

就暴力的表现而言，我们能够看出，事实上，在公元前 631
4 千纪到公元前 1 千纪的美索不达美亚和叙利亚，从第一批城市兴起到古代城邦直到大帝国时代，这一时期表现暴力的作品堪称经典。文化之间的交流和引用很容易被识别出来，在不同的语境和不同的视觉资料中，典型的暴力画面之间建立起一种连续的共同线索。由此看来，暴力遵循了一种特定的规范和语言，强调暴力行为是人性的一个方面，因此，我们能够分享和了解暴力发生时和人们遭受暴力时的迹象（根据个人的视角和观察点）。于是，暴力成为一种文化因素，是在人类历史上奠定其他基本行为、变革和创新之基础的基本特征。

这就是古代美索不达米亚和古叙利亚历史上的暴力图像通过不同媒介大量传播的原因吗？也许是的。但是，当然还有其他的原因，表明需要描述暴力以及政治和/或宗教的状况。展示这些图像的环境可能会改变暴力的最初含义以及人们对如何使用、同化和促进暴力的看法。然而，关注暴力在美索不达米亚和叙利亚的表现形式是很有趣的，这些表现形式展示了许多共同的方面，也提供了很多参考。人们对暴力场景和行为的描述遵循了一种模式，学者确实可以很容易地草拟一份历时性的图集，其中包括场景的选择和分类，这些场景展示了图像暗示和鼓励的手势、态度和情感。除了暴力图像体现出的图像学内容（暴力是如何在视觉媒介中被处理和表现的），研究暴力为什么被表现出来，以及这些表现在古代近东社会中有什么含义也很有趣。在这方面，不仅要评价表现的内容，还要评价表现的背景。如果只考虑这些图像的内容，可能会有简化信息的风险。相反，那些图像的使用

632 背景（它们最终在哪里被展示出来）表明了它们在人们的日常生活空间（暴力的地理分布）内的真正意义（如果这些图像被认为是面向广大观众的）。这带来的直接后果是，暴力场面的可见性必然意味着对可视化支持的重新评价：在美索不达米亚和叙利亚，可以在不同类型的媒介上看到明确的暴力行为或间接提及的侵略和杀戮，其意图明显是为暴力建立纪念碑。

使用武力可能会不可避免地带来暴力的后果，暴力也可能是为了达到某些特定目的而有意为之。在这方面，美索不达米亚和叙利亚战争中的暴力表现遵循类似的视觉标准，在环境（砍伐树木）和敌人身体的一部分（头部和四肢）受到影响时，暴力的比喻性主题反复出现。对于这两种情况，我们可以说是针对不同类型主体的身体暴力。肢解似乎既增强了暴力的力量，也加强了暴力的效果，它的目的是破坏受害者身体的完整性。与此同时，身体的一部分被用来形成新的现实——这在宗教语境中十分明显，在宗教语境中，神的身体和神的形象被特意重新组合，以创造世界。另外，从人类的角度来看，统治者和国王重复了神的行为，注重敌人身体的某个部分，然后对它进行语境重构并进行特殊处理（这种情况发生在战场上被杀死的敌人的头颅上，这些头颅出现在那些真正带有展览意图的图像中，它们受到了非常特别的关注）。因此，暴力的展示既包括大型的纪念碑（石碑、浅浮雕），也包括小型的物体，如滚印。滚印的使用特别有趣，考虑到它们的尺寸，这样的印章明显不适合用于宣传。人们经常讨论暴力在公众场合的视觉呈现，特别是在涉及帝国政治制度时，但滚印的例子表明，有必要重新考虑现有的理论。

由此，暴力的可见性影响了暴力在日常生活中的具体运用，因为要评价暴力场景对观众的影响和意义，必须首先将画面置于其原本的环境中。相反，如果没有观众（公众）明确地想要看到那些图像，那么暴力场景肯定会以不同的方式提供给特定的、受过教育的观众观看，他们知道如何解释和组合这些图像。

暴力的实例

暴力什么时候发生？战争是最简单的也可以说是最自然
的情境：它一般建立在涉及人、物和景观的暴力之上。暴力 633
是战争固有的过程，没有暴力就没有战争。美索不达米亚和叙利亚的绝大多数暴力图像和表现完全与战争和战斗的呈现相关，敌人的尸体是暴力行动的明确目标。这些表现的广泛传播和对暴力作为战争直接后果的分析，最大限度地减少且不利于研究和理解其他形式的暴力，其他形式的暴力不如战争中的侵略那么壮观，甚至也没有在古代的视觉媒介中得到同样程度的关注和传播。[3]因此，我认为把暴力和战争等同起来是一种误导。然而，与此同时，与战争相关的暴力引起了古代美索不达米亚人和叙利亚人的注意，于是，也引起了现代学者的注意。尽管在古代美索不达米亚和古叙利亚存在其他形式的暴力，这些暴力实际上可能与宗教主题有关，[4]但战争中的暴力仍然盛行。我们可以说，在某种程度上，为了满足偷窥者对他人身体遭受痛苦的渴望，大量的表现和图像使暴力变得壮观。[5]看起来，宗教领域的暴力被人们接受，而且这确实是变革和创造新环境的必要条件。[6]在美索不达米亚的《创世史诗》（*Epic of the Creation*）和《阿特拉西斯史诗》

（*Atrahasis*）中，世界和人类的创造都是对敌人提亚玛特（世界的创造）和奥伊鲁（Aw-ilu）/金古（人类的创造）进行神圣杀戮（献祭）的结果。[7]

634 在这种情况下，不仅暴力的结局不同，暴力行为的执行者也属于不同的领域。通常情况下，神被允许进行神圣的杀戮，即使神参与了战斗和战争行为，神造成的杀戮也是宇宙计划的一部分，而人类在战争中造成的杀戮和暴力有更为实用的目的，那就是在肉体上消灭敌人。如果消灭神的敌人成为一项新计划的一部分，那么人类的敌人就都会被杀死，因为他们是棘手的存在，阻碍了统治者实现其征服计划，影响其扩大对其他土地和财富的控制和权力。与此同时，因为统治者参加的战争和杀死的敌人不同于神所面对的，他们想要参照神话来呈现其暴力行为，实际上套用了相同的诗意语言，这些语言被翻译和改编为对人类战斗的描述和表现。据说国王使用和神一样的武器来打败他们的敌人，而表现暴力的作品也重复了这种相似性。如果在国王埃安纳图姆的鹫碑（早王朝时期，公元前 3 千纪的后五百年）上，宁吉尔苏神抓着的是一张包裹敌人的网，那么在 Sb2 石碑上，则是阿卡德的萨尔贡国王（在接下来的阿卡德人的时期）在坐着的女神伊什塔尔面前拿着包裹敌人的网（图 31.1 和图 31.2）。[8]国王不仅是战斗的胜利者，也是庆祝胜利和战斗成果的人。在这方面，国王们使用同样的武器，并被赋予了同神一样的做派和姿态。我们能不能由此推断，诸神的行为启发了人类的行为，使战争成为一种仪式，让我们可以通过在战争前展示和朗诵这些仪式文献和神谕来追溯过往？[9]

635

图 31.1 埃安纳图姆鹫碑（侧面 2）

636

图 31.2 阿卡德萨尔贡石碑 Sb2

战场上暴力的表现主要集中在对暴力的明显滥用上，体现在对敌人身体的残忍行为上，他们被斩首、穿刺、剥皮和折磨。暴力既针对活着的敌人，也针对死去的敌人，这些不同类型的暴力可以在关于暴力的表现中被单独列举出来。在被我称为暴力的壮观场面的框架内，甚至针对敌人尸体的愤怒也表明了暴力的意义和价值，这是一种深思熟虑的文化和政治的选择。因此，一方面，这些表现形式使这一时刻具体化了，另一方面，这也有助于在战斗的所有阶段展开对暴力的叙述。特别是当暴力不是被简单地呈现（作为一个符号），而是被重新表
637 现（它成为叙述情节的一部分）时，它是一种文化过程的结果，旨在解释暴力所有组成部分的机制，从观察者的角度指向真正的参与和反应。单一的暴力符号代表了一种空间和时间的侵略行为，因此被固定在一种反复出现的比喻性主题中，与确切的环境无关。暴力叙事是构建的结果，旨在讲述和确定可以流传下来的故事。事实上，这个符号有时是选择某个单一时刻的结果，这个时刻是从叙事中推断出来的，并被选择作为高潮部分的场景。

当暴力的表现脱离其背景时，我们可以从图像的角度对其进行分析，也就是说，关注表现的主题，参与行动的人物的态度和姿态，以及实施暴力的一方和遭受暴力的一方之间的平衡或不平衡的关系。总之，暴力的表现形式可以根据其内容（代表什么）来研究。此外，当考虑到背景和受众类型时，暴力的表现可能会实现其全部意义。这些表现暴力的作品在哪里展示？它们是针对特定的受众吗？

暴力的壮观化

由于暴力在逻辑上与战争联系在一起，表现战斗和战役的作品的传播必然意味着在古代美索不达米亚和古叙利亚的视觉媒介中会频繁出现暴力的场景。虽然如前所述，暴力并不是从战争中自动产生的，但是，该区域最重要暴力事件的表现和进行确实具有战争的性质：酷刑、杀戮以及其他任何形式的压迫和侵略似乎在战争环境中找到了它们最“自然”的解释和存在的理由。其他形式的暴力也被呈现出来：可以归结为文化和宗教现象的动物及英雄的场景和决斗，通常占据了滚印的图像空间，这些印章显示了动物和人相互打斗、对抗的情形。[10]

战争背景下的暴力呈现在不同类型的视觉媒介上，体现在不同的画面中，体现在侵略和虐待的不同方面、程度和维度上：在一定程度上，暴力之经典表现的反复出现和创作导 638
致了真正的战争纪念碑的出现；在纪念碑上，暴力被清晰地展现出来，成为有形的战利品及在冲突中取得胜利和成果的证明。

与此同时，在壮观的侵略场景中，不能排除表现暴力的作品反映了某种程度的仪式化，这种仪式化可以解释场景的规律性重复和经典化。特别是将敌人斩首的场景经常出现，不仅是斩首的场景，收集头颅也是被特意强调的重要时刻。[11]针对确切和选定的人体部位的暴力行为象征着战斗的关键时刻，而行动的结果（切割和肢解完整的尸体）反映了战争的最终成就（在敌人身体上实施的暴力使事件成为定局并保证其成功）。敌人的头、手和其他被肢解的身体部分作为战利品，在胜利的狂喜中被收集、计数和展示。[12]被砍下的头颅是最有意义的历时性和横向的例子，显示了身体的这一部分如何根据其内在特性（视觉、嗅觉、味觉和听觉的存在）而被刻意选择。[13]

被砍下的敌人头颅在古代近东的视觉媒介中占有重要地位。从新石器时代起，人们就收集、改造人类的头颅（用彩绘黏土重建头骨上腐烂的部分），并将其用于私人仪式和宗教仪式。[14]在后来的时期，自公元前 3 千纪以后，头颅一直是战争中最受欢迎的战利品。头部遭受了最暴力的行为（割伤和其他伤害，甚至是最极端的斩首行为），并成为对战争的表现
639 中反复出现的比喻性主题。从公元前 3 千纪到公元前 1 千纪，古代美索不达米亚和古叙利亚军队的士兵被描绘成砍掉敌人的头颅、收集和运输这些头颅的形象，并将其作为胜利的明确标志和战场上美德的证明。[15]

因此，头颅是战利品最有形和最明确的表现形式。不仅人头在亚述军队的官员面前堆成一堆，而且显然每个士兵手里也都拿着人头并进行展示。这一形象有着非常悠久的传统，可以追溯到公元前 3 千纪人们对战争的描述。除了前面提到的新石器时代被斩首的代表人物［出自恰塔尔·休于（Çatal Hüyük）遗址的绘画］，[16]被砍下的敌人头颅还出现在对战争的叙述中。保存最完好的例子是一幅镶嵌画，其时间可以追溯到青铜时代早期，发现于埃勃拉（叙利亚）王宫（图 31.3）。埃勃拉的士兵被描绘成手里抱着头颅或背包里装着头颅的形象。埃勃拉国家档案馆的文献也记录了将敌人的头颅交给埃勃拉国王的情形。[17]埃勃拉的士兵精心收集人头是为了让埃勃拉国王当面接受士兵的“礼物”，据推测，国王可能会奖励他的士兵。公元前 3 千纪埃勃拉的斩首场景和档案记录，早于公元前 1 千纪新

亚述时期伊拉克北部的一种习俗，这种习俗有据可查、具有广泛的代表性。亚述国王宫殿墙壁上的亚述浮雕，以及大臣发表的官方铭文，包含砍掉和计数敌人头颅的情景，以及亚述士兵展现出上交头颅甚至把玩头颅的形象。尼姆鲁德（Nimrud）的亚述那西尔帕二世（Assurnasirpal Ⅱ）的西北宫殿中，王座大殿的浮雕（BM 124550）展现了亚述士兵从战场归来，把头颅扔向空中的情形。[18]这个例子也表明，敌人的头颅是战利品的一部分： 640
它们被收集起来带回营地，而无头尸体则留在战场上，任凭猛禽和野生动物摆布。

图 31.3　埃勃拉王宫 G（S.4443）的镶嵌画 TM.88.G.256+257：一名埃勃拉士兵正拿着两个敌人的头颅

埃勃拉和亚述在另一个有趣的方面也很相似：出自埃勃拉的一篇文献（TM. 75. G. 2429）记录了“6 谢克尔的锡和 54 谢克尔的铜熔化在一起，用来装饰被放在国王大门处的伊尔巴-伊沙尔（Ilba-Išar）的头颅”。[19]正如阿方索·阿尔基（Alfonso Archi）指出的，使用金属是为了支撑伊尔巴-伊沙尔被砍掉的头颅，那颗头颅被放在国王的（宫殿或更可能是城市的）大门处示众：在亚述时期，在城门处展示被砍下的敌人头颅或他
641 们的尸体是司空见惯的事情。亚述国王们的铭文明确提出，敌人的尸体和头颅挂在城墙前面，敌方的国王被驱逐到亚述，在那里，他们和熊一类的动物一起在城门口示众（以此种方式来强调敌人和不那么高贵的动物是一样的）。[20]

> 我在他的门前立了根木桩；我剥了所有反抗我的贵族的皮（并）把他们的皮铺在木桩上；我把一些平铺在木桩上，一些用木桩挂起来，还有一些放在篱笆桩上并围在木桩的周围。我在我的土地上剥了许多人的皮（并）把他们的皮挂在墙上。我割了宦官的肉，还有那些有罪的王室宦官的肉。我把艾伊-伊亚巴巴（Aḫi-iababa）带到尼尼微，剥了他的皮，（然后）把他的皮挂在尼尼微的墙上。（因此）我不断地在拉库（Laqû）这片土地上证实我的胜利和力量。
>
> （亚述那西尔帕二世）[21]
>
> 至于比特-希拉尼（Bīt-Šilāni）［的土地］的纳布-乌萨比什（Nabû-ušabši，字面意思是“希拉尼的儿子”），我在他的城市萨拉巴努（Sarrabānu）城的郊区打败了他。而且，我还将他钉在他的城门口，让

他的土地（上的人民）警醒。

（提格拉特-帕拉沙尔三世）[22]

在一场激战中，［他们活捉了他（内尔伽勒-乌塞茨）并把他带到］我面前。在尼尼微城的大门处，我把他和一头熊捆绑在一起。

（辛那赫里布）[23]

这些例子来自公元前3千纪的叙利亚和公元前1千纪的美索不达米亚，表明暴力行为如何在特定的行动和政治议程之后被展示出来。在城门处展示敌人（活着的、尸体或尸体的一部分），正是为了让国王的军事行动的成果最大限度地彰显出来。作为重要的出入口，城门标志着城市与外界的分界，是所
有人进出的必经之路。因此，敌人被示众很久，肯定有相当多 642
的人目睹了这一切（这显然是有意为之，正像国王提格拉特-帕拉沙尔三世明确说过的那样）。

侵犯和残害敌人的尸体不仅涉及头部。头颅的重要性可能在于它能让敌人被辨认出来，至少暂时能被辨认出来。[24]在这方面，埃兰国王图曼的头颅可能是最著名的例子，他是被亚述国王亚述巴尼拔的士兵杀死的（图31.4）。[25]在尼尼微的西南宫
和北宫的浮雕上亚述人对图曼头颅的描绘中，我们可以准确地 643
追踪它从战场到阿贝拉城，最后到尼尼微的“旅程”，根据最常见的解释，它被挂在亚述巴尼拔花园里的一棵树上。[26]但是，其他敌人被肢解的身体部位包括手、胳膊和腿等。一旦一个活人或一具尸体被肢解（暴力的直接形式：第一级），它们就会被抛弃，这样做的确切目的是抹去个人的记忆和身份（暴力的间接形式：第二级）。头颅是身份标识和身份证明的象征，

被砍掉头颅和被肢解的身体则完全变成了无名尸体。猛禽和其他动物的介入使尸体连最小的碎块都不能留存下来（暴力的随意形式：第三级）。图像显示猛禽攻击躺在地上的敌人的尸体：鹫碑顶部的图案显示秃鹫在吞噬乌玛士兵最后残存的尸体（手和胳膊，还有头颅），[27]而阿卡德萨尔贡石碑（Sb1）底部的图案显示秃鹫和狗正在啃噬、破坏敌方士兵的尸体。[28]

图 31.4　国王图曼被一名亚述士兵斩首

战争中，暴力的残忍程度各有不同。特别是在某些情况下，暴力被用来保留被杀者的身份，更确切地说，是被斩首之人的身份。对于重要人物来说尤其如此，如敌方的国王或高级官员，这些人的头颅或尸体被挂在城门前示众，人们仍然可以通过名字来识别死者的身份。另外，暴力被用来消除身份，身体被故意肢解，这样他们就不能再被认定为一个人了。事实上，美索不达米亚和叙利亚有关战争的表现都显示，被斩首的尸体和敌人残缺的尸体躺在地上，被动物攻击或被战车碾压。然而，斩首并不是独特的元素。只有被选中的头颅才会接受特定的（仪式）处理；对其他的头颅也并非不管不顾，正如我们在阿卡德萨尔贡石碑（Sb1）或马里（Mari）印章上看到的；[29]或者，即使与身体分离，这些头颅只是被收集成堆以便 644
统计数量（就像亚述的浮雕展示的那样）或被留下并任由动物攻击［正如公元前 18 世纪埃什嫩纳的达杜沙（Dadusha）国王的石碑底部的记录显示的那样。[30]后一个场景展示了两排被砍下的头颅，其面部已被猛禽破坏，这样做的意图明显是毁灭并否定人物特征的可识别性］。

无论如何，暴力带来的效果都是双倍的：敌人在战斗中被杀死，即使他们死了，他们的尸体仍然被蓄意残害。公元前 3 千纪的文字和图像为这种附加的死后侵犯提供了证据。特别值得一提的是，拉格什的埃安纳图姆鹫碑的第三处记录显示，人们扛着一筐筐的土去掩盖一堆敌人的尸体。[31]这个细节并不是指埋葬埃安纳图姆军队的阵亡士兵，相反，它显示了当时王室铭文的措辞风格，国王们指的是把留在战场上的尸体堆得更高，我们可以将其称为暴力的暂时性场面，因为这些成堆的尸体注定要消失。[32]马里国王恩纳-达甘（Enna-Dagan）在写给埃勃拉一位未提及姓名的国王的信中，列举了他和他的前辈们的征服活动，这些征服活动总是以堆积如山的尸体告终。 645

> 于是，马里国王恩纳-达甘对埃勃拉国王说：在巴兰(Ba'lan)的疆土上，马里的国王伊亚努普（Ianūpu）征服了阿布鲁（Aburu）和伊尔古（Ilgi）；他在拉巴南（Labanan）的山上留下了一堆尸体……伊布鲁尔·伊尔（Iblul-Il），马里的国王，占领了加拉布伊（Gallab'I），……和（埃勃拉的）加努姆（Ganum），并在扎希兰（Zahiran）征服了阿巴尔萨（Abarsal）；马里的国王伊布鲁尔·伊尔留下了七堆尸体。[33]

成堆的尸体，被割下的头颅，被刺穿的尸体，城门处的尸体和被捆绑的敌方国王，这些都显示了不同程度的暴力（城门处的敌方国王可能在他还活着的时候就被示众了，所以我们可以说这是一种心理上的羞辱性暴力），但它们可以都被归类为露天纪念物的例子，因此，暴力在很多人应该能够看到的地方被直接展示。

至于暴力的视觉表现，这些图像会在哪里展示呢？战争纪念碑（也表现暴力）在城市空间内的排列和展示方式有所不同，它们可以被放在户外，也可以被放在神庙和宫殿内。公元前3千纪，拉格什国王的铭文记载，乌玛国王故意穿越边界向拉格什宣战，摧毁了放置在那里的石碑，这块石碑是两个城邦之间分界的标志。[34]另外，铭文和考古环境都表明，纪念碑大多陈列在神庙和宫殿里。美索不达米亚的神庙不仅是宗教场所，也是经营和管理财产、土地和货物的社会经济组织。相反，叙利亚的神庙专门管理宗教习俗，而宫殿则发挥政治和经济方面的作用。

这种差异意味着什么？我们能否得出存在不同受众的结论？我们能简单地区分出宗教（美索不达米亚）和世俗（叙

利亚）的受众吗？当然不能，图像和观察者之间的关系，委
托创作的人与观看者之间的关系，以及委托创作的人与作品本
身之间的关系，都复杂得多，也清晰得多。总而言之，如果神
庙内的作品是为神灵创作的，这并不意味着神庙外的作品就不
解决神灵世界的问题。同样，宫殿里的作品能够误导人们对宗 646
教的确切理解，尽管很明显，神灵虽然没有亲身居住在宫殿
里，但他们仍然是视觉信息的接受者。关于这方面，也可以从
亚述时期挑出例子，当时对暴力的表现，确切地说，那些源自
战争的表现，只位于宫殿之内。[35]

在对暴力壮观化的分析中，我们能否得出这样的结论：不管呈现暴力的地点（环境）如何，重点是表现的内容，是对暴力的叙述。我认为这个问题为理解呈现暴力的原因（为什么）和目标受众的问题（针对谁）打开了新的视角。因此，对古代社会中暴力的使用和意义的研究也必须考虑到暴力图像是在哪里以及如何产生的问题，以表明图像对观看它们的人产生的影响。

暴力的可见性

关于暴力的可见性，必须考虑到两个问题：在什么物体上描绘暴力，以及在哪里展示暴力。第一个问题与视觉支持的性质有关。暴力图像出现在不同的媒介上，有不同的用途和结局，意味着程度不同的可见性。当涉及战争时，人们很自然地会想到壮观的大型战争纪念碑，而战斗、战役和暴力行为也可以在较小的（可移动的）物品上被发现，这可能意味着不同的感知和评价。

仅次于大型浮雕（石碑），战争和暴力的场景也出现在滚

印和小型作品上，如公元前 3 千纪美索不达米亚和叙利亚的典
型镶嵌物，它们原本可以被安装在更大的嵌板上。这些镶嵌物
大概装饰过木板，因此我们可能会想到复合的、更大的纪念
物。然而，这样单一的元素在尺寸上是相当小的，所以这些作
品的纪念性（至少赋予纪念碑以大型、壮观物体的含义）可
能会受到质疑。[36]滚印的情况甚至更不同寻常、更令人吃惊。
事实上，滚印体积小，并且具有实际用途，它似乎不适合用来
647 庆祝军事活动和强调施加于敌人身上的暴力。此外，由于滚印
可用于雕刻图案的空间较小，暴力场景必须通过创造形象化的
简化模型（我们可以将其称为形象化的经典）来总结，这些
模型不断重复，并产生了我们的肖像类型主题和定义，如
“神/国王战胜敌人”，“神/国王和敌人之间的决斗”，“击败敌
人”。这把单一行为和表演具体化了，而这些行为和表演都建
立在反复出现的手势和姿势的主题之上。[37]事实上，很少有滚
印讲述规模更大、历时更长的战争事件和暴力场景的内容。在
少数已知的例子中，我们知道有乌鲁克的印鉴，[38]来自马里的
伊什奇-马里（Ishqi-Mari）的印章留下的印鉴，[39]来自泰尔贝
648 达的印鉴（图 31.5）[40]和新亚述时期描绘围攻的滚印。[41]暴力场
景被压缩成简短的片段或单个人物，如敌人从防卫墙上掉下来
（泰尔贝达），敌人被处决（乌鲁克、马里、泰尔贝达），尸体
被践踏或可能被战车碾压（泰尔贝达、马里），还有被砍下的
头颅（马里）。描绘围攻场景的亚述滚印实际上是大型宫殿浮
雕的缩微版，展示了对敌人城市的进攻和掠夺。正如艾琳·温
特（Irene Winter）指出的那样，印章描绘的狩猎和饮酒画面往
往与宫殿浮雕的画面相反，就好像后者被用作印章上图像的来
源一样。[42]在这方面，我们能否将同样的推理应用到展现战争和

暴力图像的印章上？也就是说，它们是否复制和再现了纪念碑（浮雕、石碑等）表现的内容？这也就解释了为何要选择更短的片段或单一的细节，使复杂的叙事内容和丰富的细节适应圆柱体狭小的表面。因此，滚印不会承担展示更大事件的功能，即神和人类的战斗以及暴力对抗敌人的场景；它们不具备与石碑和浅浮雕一样的功能。另外，通过复刻大型纪念碑的片段，它们传播了战争，更具体地说，即对暴力的呈现。事实上，因为它们不能完整地重现一个事件，印章雕刻者选择了一个图像作为图标，以部分代表整体。考虑到神/国王痛击敌人的形象，这一方面导致了暴力图像的传播，另一方面也导致了暴力图像的去语境化。它们出现在印章上，可能对标示印章的所有者和印章在行政管理中的运用具有重要意义。暴力图像因此成为身份和认同的标志，在这种语境的重构中，它可能也失去了自身最初的功能和意义，即在空间和时间上对暴力时刻进行精确呈现。

图 31.5　出土自泰尔贝达的印鉴

第二个问题（在哪里展示暴力的表现物）涉及这些场景
649 在空间和景观中的位置。如前所述，滚印有助于暴力表现物的广泛传播（印章本身是一种便于携带的物品，它在一些文件和物品上留下了印记）。大型浮雕和镶嵌物最初大多位于神庙和宫殿内，但那些纪念碑的受关注程度能有多高呢？特别是在战争纪念碑上出现的大量暴力画面，通常被认为是通过大量宣传以强加意识形态的结果。然而，如果纪念碑确实位于不允许大众自由进入的地方，那么我们应该改变对这些图像的宣传性质和目的的看法。真正的问题是，关于可以进入美索不达米亚和叙利亚的神庙和宫殿之观众的类型和他们进入神庙及宫殿的频率，我们实际上没有明确的信息和数据。不过，侵略形象的传播不是强加的结果，而是可能取决于暴力作为人类面对他人、与他人交流和处理与他人关系的一种手段的文化价值。

此外，可见性问题还涉及展示暴力的纪念碑和物体的实际位置，以及何时、何地和有多少人可以看到它们。作为神话或战斗故事的重要时刻，暴力往往界定了一个事件的高潮，因此，它占据了支配地位和主要空间。亚述国王在他们的铭文中明确提到，刺穿敌人以及展示敌人被砍下的头颅和敌人被剥掉的皮必须发生在最显眼的地方——城门、城墙、城前。正如我们所看到的，提格拉特-帕拉沙尔三世想要萨拉巴努城的民众看到他们的国王在城门前被刺死。所以，展现战役和围攻的亚述图像显示，对敌人的惩罚和处决就发生在敌人城池的城墙和城门的位置，有时是在较高的位置，这样，被刺死的男人和被砍下的人头从远处清晰可见，从目标受众的视角同样能看到，也就是那些在城里的敌人能够看到。处决和随后把砍下的人头和尸体示众，这些都是戏剧性的安排，即是说，“选择这个地方是为了给目标受众带来高度的视觉冲击”。[43]我还想补充一点，那就是尖锐的声音造成的影响，因为敌人被活活刺穿，他们痛苦的尖叫声势必会极大地影响到目标受众。

正如浮雕显示的，在视觉（和听觉）冲击最大的地方展示暴力，其目标受众是敌方城市的民众。也就是说，暴力是呈 650
现给图像本身的内部观众（受到亚述人攻击或已经被其打败的敌人），而不是外部观众（宫殿里浮雕的观看者或在博物馆里面对浮雕的我们）的。在尼尼微辛那赫里布西南王宫 33 号房间的第五号板上，我们也可以看到同样的景象。乌拉尔图（Urartu）王国的大使被邀请（被迫?）协助完成一场表演，表演的内容就是在亚述巴尼拔与图曼于乌莱河（River Ulai）边的战役之后，处决和折磨作为敌人的埃兰人。在这种环境下，暴力首先针对的是大使，然后是浮雕的观看者。

事实上，亚述浮雕是否向公众开放？人们能够走进亚述宫殿最里面的房间，仔细地、泰然自若地观看浮雕，并被描绘出来的凶残的暴力行为所影响吗？或者端详撒缦以色三世的巴拉瓦特大门（Balawat Gates）青铜饰带上的在城前肢解尸体和展示被砍下头颅的画面，当它们被安装在高约 8 米的木门上时，我们能够确定它们是如此清晰可见吗?[44]我们似乎高估了暴力表现物的影响，因为我们现在有机会观察和放大哪怕是最小的细节，而这些细节本不会被人们看到，至少不会被许多观众看到。[45]

结　语

在美索不达米亚和叙利亚，对暴力的表现在宗教和政治层面都具有文化上的作用和意义。实际上，这两者是深深地交织在一起的，不可能做出明确的区分。事实上，可以说，这种区别甚至没有在美索不达米亚和叙利亚的古代文明中出现过。即使暴力具有明确的政治用途（如在战争中发生的暴力），我们也可以辨别出它符合宗教领域仪式的某些方面。例如，头部成为各种暴力行为的焦点，但与此同时，头颅经历了一系列的仪式，以便在将它与身体分离之后能够战胜它的力量。在这方面，暴力图像往往是对具有悠久传统的主题进行吸收和细化的结果。因此，从公元前 4 千纪到公元前 1
651 千纪，经过编排的暴力场景可以被识别和挑选出来。它们展现了相似的和反复出现的象征性图案，由此我们可以谈到暴力的视觉模式问题。这可能取决于这样一个事实，即对于所有观众来说，信息需要是直接且清晰的，所以它基于一种共享的视觉语言。

图像展示出他人遭受痛苦的细节，以及人类发明并予以完善的残忍方式（用以造成他人的痛苦和死亡），但这些图像是如何被人们看到和感受到的呢？尽管我们对古代观众的了解有限，却不能完全排除这些图像针对的是特定的公众，除非在某些情况下，人们被引到展示酷刑和死亡细节的图像前。如果我们想一想亚述的宫殿浮雕，那么国王本人和他的宫廷成员是主要观众。在这种情况下，任何认为这些暴力图像是一种宣传手段的结论都应该得到修正，因为想想看，亚述国王竟然试图劝说并说服自己，这是很奇怪的事情。[46]因此，暴力审美的猜想首先指向了内部观众，即国王和他的宫廷成员。亚述宫殿房间的长墙，特别是萨尔贡王朝时期（公元前 8 世纪—前 7 世纪）的宫殿墙壁，大面积地覆盖着石板，上面描绘了国王的军事行动，而且描绘了对人、动物、环境和纪念碑实施暴力的细节。亚述人的浮雕不是值得欣赏的艺术品，亚述人的宫殿也不是博物馆。与此同时，公元前 3 千纪的美索不达米亚神庙（人们在那里把庆祝战争和展示暴力场景的纪念碑奉献给神灵）也不是面向公众开放的建筑。暴力审美以及对暴力画面的欣喜和迷恋，再次指向了内部和特定的受众。在美索不达米亚的神庙里，众神有国王行为的直接证据：暴力，特别是战争中的暴力，是成功的必要条件，事实上，可以说，暴力在某种意义上被神圣化了。国王们的暴力行为实际上参考甚至模仿了美索不达米亚神话故事中神灵的暴力行为，作为典型的例子，《创世史诗》和《阿特拉西斯史诗》中反派角色的死亡和尸体被肢解是建立新的现实、创造世界以及人类起源的必要条件。

暴力是人类对抗他人、其他动物和事物的一种需要和自然 652
冲动。对暴力的呈现将这种行为变成了一种奇观，变成了一种固定而持久的东西。正如亚述浮雕显示的那样，暴力的表现首先被展示在其他图像里——一种内在的暴力，一种元暴力——这些图像记录了现实中发生过的侵略和酷刑，但现在只是在“画面”上出现。然而，这种暴力是必要的，至少在施暴者甚至是授权者的眼中是必要的：通过向民众展示，暴力在纪念碑上的呈现保存了记忆，成为可以用来解释、证明和重新建立这些社会之基础的重要内容。[47]

参考论著

在古代近东，与战争有关的暴力问题得到了广泛的研究，参见 Zainab Bahrani, *Rituals of War. The Body and Violence in Mesopotamia* (New York: Zone Books, 2008)。关于斩首，请参阅 Rita Dolce, 'The "Head of the Enemy" in the Sculptures from the Palaces of Nineveh: An Example of

‘Cultural Migration?’, in D. Collon and A. George (eds.), *Nineveh. Papers of the 49th Rencontre Assyriologique Internationale, Part One* (London: British Institute for the Study of Iraq, 2004), pp. 121–31, and ‘Têtes en guerre en Mésopotamie et en Syrie’, in S. D'Onofrio and A. -C. Taylor (eds.), *La Guerre en tête* (Paris: L'Herne, 2006), pp. 33–46。

从人类学角度进行的相关研究，请参阅 Dominik Bonatz, ‘Ashurbanipal's Headhunt: An Anthropological Perspective’, in Collon and George (eds.), *Nineveh*, pp. 93–103。关于象征的价值，请参阅 Alain Testart, ‘Des Crânes et des vautours ou la guerre oubliée’, *Paléorient* 34. 1 (2008), pp. 33–58。关于在战争中残害敌人，请参阅 Fabrice De Backer, ‘Fragmentation of the Enemy in the Ancient Near East during the Neo-Assyrian Period’, in A. Michaels (ed.), *Ritual Dynamics, Usurpation, Ritual*, vol. III, *State, Power and Violence* (Wiesbaden: Harrassowitz, 2008), pp. 393–412; Fabrice De Backer, ‘Cruelty and Military Refinements’, *Res Antiquae* 6 (2009), pp. 13–50。

关于暴力的仪式化，请参阅 Ann M. Porter and Glenn M. Schwartz (eds.), *Sacred Killing: The Archaeology of Sacrifice in the Ancient Near East* (Winona Lake, IN: Eisenbrauns, 2012); Sarah Ralph (ed.), *The Archaeology of Violence: Interdisciplinary Approaches* (Albany, NY: SUNY Press, 2012)。

关于公元前 3 千纪叙利亚的战争，请参阅 Alfonso Archi, ‘Men at War in the Ebla Period on the Unevenness of the Written Documentation’, in G. Wilhelm (ed.), *General Studies and Excavations at Nuzi 11/2 in Honor of David I. Owen on the Occasion of his 65th Birthday October 28, 2005* (Bethesda: CDL Press, 2005), pp. 15–35; Maria Giovanna Biga, ‘Au-delà des frontières: guerre et diplomatie à Ébla’, *Orientalia* 77 (2008), pp. 289–
653 334。关于公元前 3 千纪美索不达米亚的战争，请参阅 Ingo Schrakamp, ‘Kommentar zu der altakkadischen “Rüstkammerkunde” Erm. 14380’, in L. Kogan et al. (eds.), *Babel und Bibel 3. Annual of Ancient Near Eastern, Old Testament, and Semitic Studies* (Winona Lake, IN: Eisenbrauns, 2006), pp. 161–77。关于滚印对战争和暴力的表现，请参阅 Davide Nadali, ‘Representations of Battering Rams and Siege Towers in Early Bronze Age Glyptic Art’, *Historiae* 6 (2009), pp. 39–52。

关于亚述的战争，请参阅以下论著：Frederick Mario Fales, *Guerre et paix en Assyrie: Religion et impérialisme* (Paris: Éditions du Cerf, 2010); Davide Nadali, 'Assyrian Open Field Battles: An Attempt at Reconstruction and Analysis', in J. Vidal (ed.), *Studies on War in the Ancient Near East: Collected Essays on Military History* (Münster: Ugarit-Verlag, 2010), pp. 117-52; Paul Collins, 'Gods, Heroes, Rituals, and Violence: Warfare in Neo-Assyrian Art', in B. A. Brown and M. H. Feldman (eds.), *Critical Approaches to Ancient Near Eastern Art* (Berlin: De Gruyter, 2014), pp. 619-44。

注　释

1. Irene J. Winter, 'Art as Evidence for Interaction: Relations between the Neo-Assyrian Empire and North Syria as Seen from the Monuments', in H. -J. Nissen and J. Renger (eds.), *Mesopotamien und seine Nachbarn: Politische und kulturelle Wechselbeziehungen im alten Vorderasien vom 4. bis 1. Jahrtausend v. Chr. XXVe Rencontre Assyriologique Internationale (Berlin, 3. - 7. Juli 1978)* (Berlin: Reimer Verlag, 1982), pp. 355 - 82; Ömür Harmanşah, 'Upright Stones and Building Narratives: Formation of a Shared Architectural Practice in the Ancient Near East', in J. Cheng and M. H. Feldman (eds.), *Ancient Near Eastern Art in Context. Studies in Honor of Irene J. Winter by Her Students* (Leiden: Brill, 2007), pp. 69-99.
2. Peter M. M. G. Akkermans and Glenn M. Schwartz, *The Archaeology of Syria: From Complex Hunter-Gatherers to Early Urban Societies (ca. 16, 000 - 300 BC)* (Cambridge: Cambridge University Press, 2003); Marc Van de Mieroop, *A History of the Ancient Near East ca. 3000-323 BC* (Malden, MA: Blackwell, 2007).
3. Sarah Ralph, 'An Interdisciplinary Approach to the Study of Violence', in S. Ralph (ed.), *The Archaeology of Violence: Interdisciplinary Approaches* (Albany, NY: SUNY Press, 2012), pp. 1-13.

4. 有趣的是，当人们在宗教领域提到暴力时，它被定义为牺牲，即正当的暴力行为，这与毫无理由的战争暴行完全不同。参见 Beate Pongratz-Leisten, 'Sacrifice in the Ancient Near East: Offering and Ritual Killing', in A. M. Porter and G. M. Schwartz (eds.), *Sacred Killing: The Archaeology of Sacrifice in the Ancient Near East* (Winona Lake, IN: Eisenbrauns, 2012), pp. 291–304。
5. 'In the Assyrian reliefs, war and violence are staged as an aesthetic spectacle that relies on an image of violence that does not simply terrify but fascinates and entices the viewer': Zainab Bahrani, *Rituals of War: The Body and Violence in Mesopotamia* (New York: Zone Books, 2008), p. 219. 关于暴力图像在现代社会的传播和人们对暴力图像的看法，参见 Susan Sontag, *Regarding the Pain of the Others* (New York: Picador, 2003)。
6. Ralph (ed.), *Archaeology of Violence*, pp. 7–8; Pongratz-Leisten, *Sacred Killing*, p. 293.
7. Benjamin Foster, *Before the Muses: An Anthology of Akkadian Literature* (Bethesda, MD: CDL Press, 1996), pp. 168, 375–6, 384; Pongratz-Leisten, *Sacred Killing*, pp. 293–4.
8. Irene J. Winter, 'After the Battle is Over: The Stele of the Vultures and the Beginning of the Historical Narrative in the Art of the Ancient Near East', in H. L. Kessler and M. Shreve (eds.), *Pictorial Narrative in Antiquity and Middle Ages* (Washington, DC: National Gallery of Art, 1985), pp. 13–15, figs. 3–4; Lorenzo Nigro, 'Two Steles of Sargon: Iconology and Visual Propaganda at the Beginning of the Royal Akkadian Relief', *Iraq* 60 (1998), pp. 86–7, fig. 1.
9. Beate Pongratz-Leisten, Karlheinz Deller and Erika Bleibtreu, 'Götterstreitwagen und Götterstandarten: Götter auf dem Feldzug und ihr Kult im Feldlager', *Baghdader Mitteilungen* 23 (1992), pp. 291–356; Ivan Starr, *Queries to the Sungod: Divination and Politics in Sargonid Assyria* (Helsinki: University of Helsinki Press, 1990).
10. Ruth Mayer-Opificius, 'War and Warfare on Cylinder Seals in the Ancient Near East', in P. Taylor (ed.), *The Iconography of Cylinder Seals* (London and Turin: Warburg Institute and Nino

Aragno Editore, 2006), pp. 51–61.

11. 在亚述的浅浮雕中，士兵在战场上把敌人的头颅收集起来堆成堆，摆在亚述军队的几个官员面前。Julian E. Reade, 'Visual Evidence for the Status and Activities of Assyrian Scribes', in G. B. Lanfranchi et al. (eds.), *Leggo! Studies Presented to Frederick Mario Fales on the Occasion of His 65th Birthday* (Wiesbaden: Harrassowitz, 2012), pp. 699–717.

12. Sergio Donadoni, 'I nemici decapitate della tavolozza di Narmer', in M. Liverani, A. Palmieri and R. Peroni (eds.), *Studi di palentologia in onore di Salvatore M. Puglisi* (Rome: Università di Roma 'La Sapienza', 1985), p. 502; Davide Nadali, 'Guerra e morte: l'annullamento del nemico nella condizione di vinto', *Scienze dell'Antichità* 11 (2001–3), pp. 51–70.

13. 除了砍头，敌人的眼睛、耳朵和鼻子也会遭到击打，就像王室雕像和人像的头会被人故意损坏一样。参见 Natalie May, 'Iconoclasm and Text Destruction in the Ancient Near East', in N. May (ed.), *Iconoclasm and Text: Destruction in the Ancient Near East and Beyond* (Chicago: Oriental Institute of the University of Chicago, 2012), pp. 1–32。

14. Alain Testart, 'Des Crânes et des vautours *ou* la guerre oubliée', *Paléorient* 34. 1 (2008), pp. 33–58.

15. Rita Dolce, 'The "Head of the Enemy" in the Sculptures from the Palaces of Nineveh: An Example of "Cultural Migration"?', in D. Collon and A. George (eds.), *Nineveh. Papers of the 49th Rencontre Assyriologique Internationale, Part One* (London: British Institute for the Study of Iraq, 2004), pp. 121–31; Rita Dolce, 'Têtes en guerre en Mésopotamie et en Syrie', in S. D'Onofrio and A.-C. Taylor (eds.), *La Guerre en tête* (Paris: L'Herne, 2006), pp. 33–46; Karen Radner, 'Fame and Prizes: Competition and War in the Assyrian Empire', in N. Fisher and H. van Wees (eds.), *Competition in the Ancient World* (Swansea: Classical Press of Wales, 2011), pp. 37–57.

16. James Mellaart, *Çatal Hüyük: A Neolithic Town in Anatolia* (New

York: McGraw-Hill, 1967), p. 167, fig. 47, pls. 45, 48–9.

17. Alfonso Archi, 'Two Heads for the King of Ebla', in M. Lubetski, C. Gottlieb and S. Keller (eds.), *Boundaries of the Ancient Near Eastern World: A Tribute to Cyrus H. Gordon* (Sheffield: Sheffield Academic Press, 1998), pp. 386–96.
18. Paul Collin, *Assyrian Palace Sculptures* (London: British Museum Press, 2008), p. 47.
19. Archi, 'Two Heads', p. 391.
20. Lucio Milano, 'Il Nemico bestiale. Su alcune connotazioni animalesche del nemico nella letteratura sumero-accadica', in E. Cingano, A. Ghersetti and L. Milano (eds.), *Animali tra zoologia, mito e letteratura nella cultura classica e orientale. Atti del Convegno Venezia, 22–23 maggio 2002* (Padova: SARGON Editrice, 2005), pp. 47–67.
21. Albert Kirk Grayson, *Assyrian Rulers of the Early First Millennium BC I (1114–859 BC)* (Toronto: Toronto University Press, 1991), p. 199, A. 0. 101. 1 i 90.
22. Hayim Tadmor and Shigeo Yamada, *The Royal Inscriptions of Tiglath-pileser III (744–727 BC), and Shalmaneser V (726–722 BC), Kings of Assyria* (Winona Lake, IN: Eisenbrauns, 2011), p. 119, Tiglath-pileser III 47 15b–17.
23. Albert Kirk Grayson and Jamie Novotny, *The Royal Inscriptions of Sennacherib, King of Assyria (704–681 BC), Part 1* (Winona Lake, IN: Eisenbrauns, 2012), p. 210, Sennacherib 26 ii 1'–6'.
24. Rita Dolce, '*Perdere la testa*'. *Aspetti e valori della decapitazione nel Vicino Oriente Antico* (Rome: Espera, 2014), p. 20.
25. Richard D. Barnett, Erika Bleibtreu and Geoffrey Turner, *Sculptures from the Southwest Palace of Sennacherib at Nineveh* (London: British Museum Press, 1998), pls. 289–91, 293–5, 297; Richard D. Barnett, *Sculptures from the North Palace of Ashurbanipal at Nineveh (668–627 B. C.)* (London: British Museum Press, 1976), pl. LXV.
26. Dominik Bonatz, 'Ashurbanipal's Headhunt: An Anthropological Perspective', in Collon and George (eds.), *Nineveh*, pp. 93–101;

Chikako E. Watanabe, 'The "Continuous Style" in the Narrative Scheme of Assurbanipal's Reliefs', in Collon and George (eds.), *Nineveh*, pp. 103-14. 关于对被悬挂头颅之身份的不同认定，参见 Natalie N. May, 'Triumph as an Aspect of the Neo-Assyrian Decorative Program', in G. Wilhelm (ed.), *Organization, Representation, and Symbols of Power in the Ancient Near East. Proceedings of the 54th Rencontre Assyriologique Internationale at Wü rzburg, 20-25 July 2008* (Winona Lake, IN: Eisenbrauns, 2012), pp. 477-80。

27. Winter, *Pictorial Narrative*, fig. 9.

28. Nigro, 'Two Steles of Sargon', p. 98, fig. 12; Dolce, '*Perdere la testa*', p. 70.

29. 关于马里印章，参见 Dominique Beyer, 'Les sceaux de Mari au IIIe millénaire: Observations sur la documentation ancienne et les données nouvelles des Villes I et II', *Akh Purattim* 1 (2007), pp. 231-60。

30. Bahrani, *Rituals of War*, p. 133, fig. 5. 2. 关于对顶部图案中国王达杜沙践踏和痛击跪在地上的敌人及其儿子或高官的解读，参见 Frans Van Koppen, 'Old Babylonian Period Inscriptions', in M. W. Chavalas (ed.), *The Ancient Near East: Historical Sources in Translation* (Oxford: Wiley-Blackwell, 2006), p. 101; Davide Nadali, 'La Stele di Daduša come document storico dell'età paleobabilonese. Immagini e iscrizione a confronto', *Vicino Oriente* 14 (2008), pp. 136-7; Christoph Uehlinger, 'Gott or König? Bild und Text auf der altbabylonischen Siegestele des Königs Dāduša von Ešnunna', in M. Bauks (ed.), *Was ist der Mensch, dass du seiner gedenkst? (Psalm 8, 6): Aspekte einer theologischen Anthropologie* (Neukirchen-Vluyn: Neukirchener, 2008), p. 534。

31. Davide Nadali, 'Monuments of War, War of Monuments: Some Considerations on Commemorating War in the Third Millennium B. C.', *Orientalia* 76 (2007), p. 354; Bahrani, *Rituals of War*, p. 150, fig. 5. 4.

32. 对于这一场景的不同解读，请参阅 Gebhard J. Selz, 'The Burials after the Battle: Combining Textual and Visual Evidence', in

R. Dittmann and G. J. Selz (eds.) , *It's a Long Way to a Historiography of the Early Dynastic Period(s)* (Münster: Ugarit-Verlag, 2015), pp. 395 - 6, 402。亦可参阅 Seth Richardson, ' Death and Dismemberment in Mesopotamia: Discorporation between the Body and Body Politic' , in N. Laneri (ed.) , *Performing Death: Social Analyses of Funerary Traditions in the Ancient Near East and Mediterranean* (Chicago: Oriental Institute of the University of Chicago, 2007), pp. 189–208。

33. Pelio Fronzaroli, *Archivi Reali di Ebla. Testi XIII. Testi di cancelleria: I rapporti con le città* (Rome: Università di Roma ' La Sapienza' , 2003), text 4, I 1–II 9 and V 14–VII 4. 英译由本章作者翻译。

34. Jerrold S. Cooper, *Reconstructing History from Ancient Inscriptions: The Lagash – Umma Border Conflict* (Malibu: Undena, 1983), pp. 49–50.

35. Nicolas Gillmann, ' Les Bas-reliefs néo-assyriens: une nouvelle tentative d'interprétation ' , *State Archives of Assyria Bulletin* 19 (2011/12), pp. 203–37.

36. 关于美索不达米亚和叙利亚的镶嵌装饰的概述，参见 Rita Dolce, *Gli intarsi mesopotamici dell'epoca protodinastica* (Rome: Università di Roma ' La Sapienza' , 1978)。

37. Stefania Mazzoni, ' Il trionfo sul nemico: trasformazioni di un motivo iconografico in Siria e Anatolia' , *Vicino Oriente* 6 (1986), pp. 71–93; Mayer-Opificius, ' War and Warfare' , pp. 51–61; S. Di Paolo, ' Bodily Violence in Early Old Babylonian Glyptics: A Performative Act?' , in M. D'Andrea et al. (eds) , *Pearls of the Past: Studies on Near Eastern Art and Archaeology in Honour of Frances Pinnock* (Münster: Zaphon, 2019), pp. 299–319.

38. Rainer M. Boehmer, *Uruk: Frü heste Siegelabrollungen* (Mainz am Rhein: Von Zabern, 1999), Taf. 17.

39. Beyer, ' Sceaux de Mari' , figs. 17–18.

40. Greta Jans and Joachim Bretschneider, ' Wagon and Chariot Representations in the Early Dynastic Glyptic: "They came to Tell Beydar with Wagon and Equid"' , in M. Lebeau (ed.), *About*

Subartu: Studies devoted to Upper Mesopotamia / À propos deSubartu: Études consacrées à la Haute Mésopotamie (Turnhout: Brepols, 1998), p. 179, Beydar-7, pl. I, Beydar-1.

41. Erika Bleibtreu, 'Festungsanlagen auf neuassyrischen Rollsiegeln und Siegelabrollungen', in N. Cholidis et al. (eds.), *Beschreiben und Deuten in der Archäologie des Alten Orients: Feschrift für Ruth Mayer-Opificius mit Beiträgen von Freunden und Schülern* (Münster: Ugarit-Verlag, 1994), pp. 7–14.
42. Irene J. Winter, '*Le Palais imaginaire*: Scale and Meaning in the Iconography of Neo-Assyrian Cylinder Seals', in C. Uehlinger (ed.), *Images as Media: Sources for the Cultural History of the Near East and the Eastern Mediterranean (1st Millennium BCE)* (Fribourg: Academic Press), p. 65.
43. Karen Radner, 'High Visibility Punishment and Deterrent: Impalement in Assyrian Warfare and Legal Practice', *Zeitschrift für Altorientalische und Biblische Rechtsgeschichte* 21 (2015), p. 122.
44. 关于撒缦以色三世巴拉瓦特大门的重建，参见 John Curtis and Nigel Tallis, 'More Thoughts on the Balawat Gates of Shalmaneser III: The Arrangement of the Bands', *Iraq* 77 (2015), pp. 59–74 (附有以前的参考书目)。
45. Bahrani, *Rituals of War*, pp. 241–2.
46. Katsuji Sano, 'Die Repräsentation der Königsherrschaft in neuassyrischer Zeit. Ideologie, Propaganda und Adressaten der Königsinschriften', *Studia Mesopotamica* 3 (2016), pp. 215–36.
47. 关于社会中不可避免地存在暴力及暴力的力量，以及暴力和文明在人类历史上的相互影响，请参阅 Wolfgang Sofsky, *Traktat über die Gewalt* (Frankfurt am Main: Fischer Verlag, 1996)。

32 古罗马的战争与暴力的表现物

苏珊·S. 卢斯尼亚

654 描绘战争和暴力的表现物在罗马世界无处不在，人们在家中和公共场所都会展示这些物品。从纯粹的艺术角度来看，暴力场景可以让艺术家展示他们呈现各种戏剧性的、扭曲的姿势，以及描绘强烈情感和构成动态且复杂之场景的能力。然而，从观众的角度来看，充斥于罗马生活中的暴力画面是为了纪念、教化甚至娱乐。罗马的战斗场景借鉴了希腊式的怜悯、同情和宿命的概念，战败的敌人的悲惨处境被用来美化胜利者。不过，随着战争（和胜利）的次数不断增加，人们对竞技场面的兴趣日益浓厚，一些罗马人开始质疑观看暴力场面的道德含义，就像一些文学范例彰显的那样。尽管如此，暴力在罗马人的身份认同中仍然扮演了重要的角色。与建立罗马相关的神话涉及强奸、手足相残和战争。据称，一名罗马贵妇在被残忍地强奸后自杀，这导致罗马的末代国王遭到驱逐，并促成了罗马共和国的成立。古代历史学家记录了罗马帝国通过多次军事战役而实现的扩张，因此罗马艺术中最早的战争和暴力图像都与庆祝和纪念军事胜利有关，也就不足为奇了。

暴力场景几乎出现在罗马人创造的每一种艺术媒介中，从大规模的公共艺术到家庭、别墅和坟墓中的私人陈列，甚至在宝石和灯具等个人物品上也有所体现。许多场景结合了色情和暴力，反映了罗马社会中社会阶层和政治的影响力。本章考察了从公元前 3 世纪到公元 4 世纪早期这段时间内三种背景下的图像选择，即私人（家庭背景）、丧葬（通常是有公众观看的私人纪念碑）和公共（国家纪念碑）这三种背景。

对战争和暴力的展示以及罗马人的住宅

战争和暴力的场景出现在各种媒介上，而它们的主题包括 655
历史上重要的战斗和神话中的复仇，甚至还包括竞技场上的比赛。罗马人进行过的战争和被他们征服的土地的视觉符号出现在贵族住宅的外立面。一开始，战利品被挂在罗马人的房屋外，最终，战斗场景装饰了家庭的接待空间，特别是被称为中庭和前厅的主要接待室。在描述罗马大火（公元 64 年）造成的巨大破坏时，苏埃托尼乌斯（Suetonius）哀叹将军们的房子被烧毁，他说“很久以前这些房子还装饰着从敌人那里缴获的战利品”。[1]从罗马世界流传下来的最早的一些战争场景和战争图像都来自家庭环境。至少从公元前 3 世纪开始，展示战利品和洗劫的赃物就已经成为罗马家庭装饰的一部分，当时，从被征服的敌人那里夺取的盔甲和武器装饰着军事领袖住宅的外立面。在这些房子里，人们可能还会看到贵重的金属物品、家具、艺术品和奴隶，以及成功军事行动的战利品。没有什么地方比弗雷杰莱（Fregellae）更能体现罗马住宅和战争之间的联系了。弗雷杰莱位于罗马东南部，是沿拉丁大道（Via Latina）而建的一个拉丁殖民地。该镇的主要居民似乎通过装饰他们的房屋来纪念他们作为罗马军事活动参与者的角色。

在弗雷杰莱的 2 号房屋中发现的赤土陶浮雕碎片描绘了胜利、战利品、一个带浮饰的三足锅以及两个穿着裤子和尖头鞋的男性形象，也许可以将他们确定为东方蛮族人。第二组碎片描绘了马其顿的盾牌、马和至少一头大象，这些是在 L 号建筑中发现的。L 号建筑是另一座中庭住宅，后来被改造为工业用途。这些碎片的时间可以追溯到公元前 190—前 170 年，菲利波·夸雷利（Filippo Coarelli）认为，这些浮雕描绘的是第一次叙利亚战争期间罗马人与安条克三世之间的战斗，弗雷杰莱人（Fregellans）为此提供了军队。[2]这些浮雕碎片要么位于中庭，要么位于罗马房屋中最具公共性的地方——前厅，它们很可能来自镶在墙壁上大概与眼睛齐平高度的饰带，就在竖石（*orthostats*）或护墙板的上方，饰带是公元前 2 世纪早期在意大利常见的第一
656 风格（First Style）墙面装饰。如果弗雷杰莱人遵循罗马人的习俗，那么访客在进入装饰着这些浮雕的中庭或前厅之前，首先会看到挂在住宅外立面上的战利品。战争和成功征服的主题将贯穿整座房子，进入花园（*hortus*）和餐厅（*triclinium*），在那里，抢劫来的艺术品、餐具或家具可能构成了战利品展示的一部分。[3]在弗雷杰莱出土的赤土陶非常古老，而且可能在颂扬当地精英人物于历史上军事事件中扮演的角色方面发挥了重要作用。

在庞贝，人们发现了各种各样的暴力图像。这些作品不是为了纪念罗马的军事胜利，而是反映了当地市民的文化和社会抱负。《圆形剧场的骚乱》这幅画最初位于 1 号区域的一间小房子里（图 32.1），描绘的是在公元 59 年庞贝城的一场角斗表演中，庞贝人和努凯里亚人（Nucerians）之间爆发了激烈
657 的斗殴。这幅画描绘了在圆形剧场和公共体育场内外，敌对市民之间的一场打斗。历史学家塔西佗描述了这场斗殴如何从投掷石块开始，然后升级为武装冲突，并导致多人伤亡。庞贝人打败了努凯里亚人，但这座城市遭受了长达十年的竞技场表演禁令，某些社团也被解散，而组织这次活动的人李维涅乌斯·列古路斯（Livineius Regulus）则遭到了流放的惩罚。[4]为什么

图 32.1　《圆形剧场的骚乱》，来自公元 1 世纪庞贝城的湿壁画

一个结果如此消极的事件会成为吸引人的家居装饰呢？最明显的原因是房主与此事有重大关联。或许他为曾参与斗殴而感到自豪，或者他曾是被取缔的邻里社团的成员之一，这个邻里社团可能是支持职业角斗士的“拥趸俱乐部”组织，或是“表演者”（*iuvenes*）的追随者，“表演者”是庞贝城年轻男性公民的培训机构，这些公民也表演角斗士类型的节目。这座房子的规模表明，它的主人并不是庞贝城富裕的上层人士，而角斗场面出现在骚乱场景的两侧，这表明房主喜欢观看竞技比赛。约翰·克拉克（John Clarke）认为，这幅画可能代表了一种荒谬的快感，一种被狂热的运动迷颠覆的社会秩序与遵循秩序的角斗士并存。然而，如果房主确实参与了骚乱，那么他在家里用视觉展示的方式来纪念它，就像精英阶层的公民可能会展示战利品一样，也是在嘲笑社会习俗。在这种情况下，《圆形剧场的骚乱》是对精英的胜利纪念活动的一种非精英式回应，公众的斗殴被等同于军事成就，这也许是试图在权力结构中维护自己的地位，而这个权力结构的庇护人很少或根本没有提出要求。[5]

在庞贝古城的最后几十年里，特别是从奥古斯都时代开始，暴力的神话场景在墙壁装饰中变得十分常见。神话景观成为第二风格晚期罗马壁画的焦点，在第三风格和第四风格时期，也就是大约从公元前 30 年到公元 1 世纪晚期，尤为流行。这些场景的建筑框架给人一种错觉，仿佛是透过窗户或画廊里的画作去观看它们。然而，从现代的角度来看，令人惊讶的是，极端暴力的场景经常装饰在让我们联想到轻松或平静的这类地方
658 的墙壁上，如餐厅和卧室。图像的主题包括阿克泰翁（Actaeon）与黛安娜（Diana）的致命邂逅，美狄亚（Medea）盘算杀死她的儿子菲德拉（Phaedra）和希波吕托斯（Hippolytus）以及许拉斯（Hylas）和众仙女，阿波罗和黛安娜对尼俄伯家人（Niobids）的屠杀，各种神话中的强奸场景，还有特洛伊战争传奇故事中的暴力场景。

罗马的庇护人如何选择装饰家中墙壁的图像，以及我们是否应该将这些组合解释为有规划的展示，这些问题一直都是争论的焦点。卡尔·舍福尔德（Karl Schefold）认为庇护人所做的选择具有深刻的道德和宗教意义，而罗杰·林（Roger Ling）则认为对构图和平衡的审美关注是影响选择的主要因素。[6]这种不拘一格的装饰组合使学者试图采用文学批评、电影理论和接受

研究的理论来解释特定神话场景的运用。主题以高度相似的方式重复出现，这表明带有图案的书籍在传播罗马装饰中的神话和其他主题方面发挥了一定的作用。[7]在庞贝城墙上的几个暴力场景中，对狄耳刻（Dirce）的惩罚这一主题出现得最为频繁，就像许多神话场景一样，它把暴力和色情结合在一起。

对狄耳刻的暴力惩罚出现在庞贝古城的五个实例中：三个在餐厅或娱乐室，一个在前厅，还有一个在浴室的换衣间里。[8]在韦蒂住宅中，对狄耳刻的描绘是分布在 N 和 P 两个房间［分别是彭透斯（Pentheus）和伊克西翁（Ixion）的房间］中的暴力场景之一，这两个房间的装饰风格是第四风格。这两个房间貌似是用餐区，里面布置了垂饰。从左边开始，顺时针围绕伊克西翁房间的装饰画分别是《代达罗斯和帕西法厄》（*Daedalus and Pasiphae*）、《伊克西翁的惩罚》（*The Punishment of Ixion*）和《阿里阿德涅和狄俄尼索斯》（*Ariadne and Dionysus*）。在彭透斯的房间里，从左边开始按顺时针方向依次是《婴儿赫拉克勒斯勒毙巨蛇》（*The Infant Hercules Strangling Snakes*）、《彭透斯之死》（*The Death of Pentheus*，图 32.2）和《对狄耳刻的惩罚》（*The Punishment of Dirce*，图 32.3）。继续穿过这两个房间，神话画板交错排列(a-b-c-c'-b'-a')，每个房间包含两个场景，一个场景描绘了反叛行为，另一个场景描绘了神的恩惠。画板场景通过形式化的构图元素及叙事主题联系在一起。伊克西翁房间的北墙和东墙由帕西法厄（北）和赫拉（东）两个角色的共同凝视连接起来，而这两个神话故事都围绕着违背道德的性行为展开，这样的行为导致了丑陋后代的诞生。彭透斯（东）和狄耳刻（南）摆出类似的姿势，构成了垂饰：两个人都张开双臂，裸露着躯干，在周围一群人的摧残下单膝下跪。这两起死亡事件都发生在喧闹的场景中。总之，在这所房子里，布局和场景的选择并不是随意为之的。

659

图 32.2　《彭透斯之死》，公元 1 世纪庞贝城韦蒂住宅 N 号房间的湿壁画

因为人们通常认为，韦蒂住宅是属于自由民的住宅，所以这些画作被拿来与佩特罗尼乌斯在《萨蒂利孔》（*Satyricon*）中虚构的自由民特里马尔奇奥（Trimalchio）的艺术品位做比较。近年来，电影理论、性别研究和接受研究都为审视庞贝的
660 神话场景提供了新的方法。[9]从韦蒂住宅室内绘画作品的表现手法来看，这些神话画板强化了深深根植于父权制结构中的罗马

图 32.3　《对狄耳刻的惩罚》，公元 1 世纪庞贝城韦蒂住宅 N 号房间的湿壁画

社会规范，这种父权制结构被看作凌驾于人类之上的神的权力，在这种结构中，行为失范者将受到惩罚，而神的宠儿将得到奖赏。[10]暴力场面中的施虐者和受害者——被酒神的信徒肢解的彭透斯，被安菲翁（Amphion）和泽托斯（Zethus）绑在公牛身上的狄耳刻——可以映射出家庭中的主仆关系和恩庇-侍从关系。[11]

与神话有关的场景也可以通过雕塑的形式在别墅花园和 661
皇室花园（horti）中呈现，这种现象始于公元前 1 世纪晚期，到公元 2 世纪初得到了充分的发展。以尼俄伯一家为主题的雕塑群像，就是一组特别生动的例子。为了惩罚孩子们狂妄自大的母亲尼俄伯，阿波罗和黛安娜杀死了这些在劫难逃的孩子。在这里，色情和暴力也是结合在一起的：尼俄伯的子女年轻貌美，当他们在痛苦中挣扎，抓住插在身上的箭时，衣服从他们的身上滑落。现存规模最大的一组尼俄伯家人群像，共有十一座雕像，均来自罗马埃斯奎林山（Esquiline Hill）附近的拉米亚尼花园（Horti Lamiani）。[12]属于另一组尼俄伯家人群像的四座雕像与位于奎里纳勒山（Quirinal）地区的萨卢斯蒂亚尼花园和苹丘（Pincian Hiu）山有关。[13]这两处地产都属于朱里亚-克劳狄（Julio-Claudian）王朝诸皇帝统治时期的帝国财产。

拉米亚尼花园和萨卢斯蒂亚尼花园的雕塑群像摆放于花园的自然景观中。这些雕像展示出来的戏剧风格将观众置于神话的情节之中，直面既有色情意味又充满恐惧的人物。例如，一座来自萨卢斯蒂亚尼花园中尼俄伯家人群像的女性雕像（图 32.4）表现了她绝望地伸手去拔刺穿背部的箭，而她的衣服已经从身体上滑落，露出赤裸的乳房、躯干和左大腿。她向上的目光引导观众的眼睛看向她恐惧的根源，而这恐惧的根源是观众看不到的。扎赫拉·纽比（Zahra Newby）将这些群像的摆放比作神话般的风景画，只有在这种情况下，观众在真实的风景中漫步时，感受到的几乎是一种“实景式的”体验，被无形的力量带来的死亡和折磨所包围。纽比认为，在雕像之间漫步会让观者处于一种尴尬和不自在的境地：[14]虽然他们会不安地把自己想象成可能的受害者，但还是能从雕像美丽的色情意味中获得愉悦。在皇室花园中，在死去的和奄奄一息的尼俄伯家人的群像间惴惴不安地漫步，可能会明确地提醒人们，罗马皇帝有权惩治违法行为，尤其是那些挑战他权威的行为。

图 32.4 垂死的尼俄伯，大理石雕像，位于罗马的萨卢斯蒂亚尼花园

2 世纪到 4 世纪，精英阶层的公民几乎没有什么手段来宣扬他们的成就或维护他们的权威。赞助竞技场表演是当地精英可以接受的捐资和扬名方式。在这一时期，罗马帝国许多地方的上层家庭中装饰着彩色镶嵌画，上面描绘了角斗、狩猎野生动物甚至是死刑的场面。这些场景分为三种基本类型：动物对动物；男人对动物，这被描绘为狩猎或执行兽食刑；男人对男人，通常是角斗。就像与神话相关的绘画一样，这些镶嵌画通 662

663 常装饰在餐厅和休闲空间的地板上，主人和客人会在那里悠闲地研究和讨论这些图像。如果镶嵌画描绘的是主人参演的真实场景，那么他就可以随时重温那一刻，而他的客人也可以在观看这一场景时分享激动的心情。即使这些场景只是凭空想象出来的，客人们也饶有兴趣。

凯瑟琳·邓巴宾（Katherine Dunbabin）认为，突尼斯埃尔杰姆的索勒蒂安娜·多莫斯的镶嵌画（图 32.5）是一个委托制作的描绘竞技赛事的特殊作品。[15]残存的镶嵌画图案描绘了动物正在攻击被捆绑起来的人，以及罪犯或被判死刑的战俘被执行兽食刑的场景。在一个装饰图案中，可能是一只豹子咬了被捆绑的受害者的脸，鲜血从他身上的伤口中喷涌而出，溅在地上。与彭透斯之死或对狄耳刻的践踏不同，观众在这里体验到了真实的、血淋淋的死亡场面。圆形剧场的各种场景出现

图 32.5　大理石马赛克镶嵌画，2 世纪晚期/3 世纪初期，索勒蒂安娜·多莫斯，蒂斯德鲁斯（突尼斯埃尔杰姆）：兽食刑

在 3 世纪罗马兹利坦别墅的镶嵌画地板上（图 32.6）。[16]这个用镶嵌画装饰的空间可能是一个餐厅。有十六块方形画板，上面交错排列着几何图案和鱼的浮雕装饰，这构成了地板的中心。一幅宽边的分隔画包围着它，而一个狭窄的扭索状马赛克装饰边框将它与其中出现了圆形剧场场景的雕带分开。另一个狭窄的扭索状装饰将人物场景与外部的几何图案的马赛克边框分隔开来。音乐家、官员、角斗士、猎人、野兽和兽食刑处决的场景出现在带有人物形象的边框上。各种类型的角斗士充满整个场景——莫米罗角斗士、萨莫奈角斗士（Samnite）、色雷斯角斗士（*thraex*）、网斗士和追击士，这些人要么在打斗，要么在执行任务（*missio*），这可以根据受伤或倒下的角斗士举起的食指来判断，他们或是在恳求饶命，或是在观察胜利者等待信号来决定是放过还是杀死倒下的角斗士。这些小装饰环绕着房

664

图 32.6　描绘角斗士和裁判的镶嵌画，来自 3 世纪的一座位于兹利坦达布安梅拉（在大莱普提斯附近）的罗马人别墅

间，就在客人很容易看到的用餐座椅前面，重现了参加实际活动时的兴奋感，包括喷涌的鲜血和猛扑的动物。

665 谢尔比·布朗（Shelby Brown）注意到，在家庭场景里的角斗士镶嵌画装饰中，当看到一个倒下的角斗士恳求饶命的画面时，它体现的最常见主题要么是成对的角斗士之间的打斗，要么是执行任务。[17]因为获胜的战士或裁判通常位于马赛克画框之外直面观众，布朗认为，任务场景让观众扮演了比赛提供者的角色，来自精英阶层的赞助人是法官，由他给出是否饶恕倒下角斗士的信号。虽然现代观众可能会同情倒下的受害者，但布朗断言，任务场景并不是为了引起对受害者的同情。观众会被眼前的景象震撼，而不会对那些倒下的人或受罚之人的困境产生同情。以竞技场的壮观场面作为特色的室内镶嵌画加强了罗马社会秩序的权力结构，就像神话的景观一样，它邀请观众见证违反这一秩序的人受到的暴力惩罚。

丧葬纪念碑上的战争与暴力

罗马人的丧葬纪念碑形式多样，装饰主题广泛，既包括军事战役和角斗士的战斗，也包括暴力的神话场景。这些场景以绘画、建筑浮雕的形式或在石棺上出现，而且，像家庭中出现的图像一样，在纪念死者的同时，也阐明了罗马人的权力（和无权）概念。在罗马的葬礼中，最早的暴力意象的例子描绘了历史场景，可能是纪念碑所纪念的死者的征服和军事功绩。

大约从公元前 3 世纪开始，最早的军事场景出现在罗马的坟墓中；与此同时，第一次有记载的角斗比赛是在罗马广场上举行的，它成为葬礼表演的一部分。[18]现存最早的历史画作之一来自罗马的昆图斯·法比乌斯（Quintus Fabius）的坟墓。这座带有墓室的坟墓建于埃斯奎林山上，其时间可追溯到公元前3世纪上半叶，它于19世纪后期被人们发现。墓主人可能是昆图斯·法比乌斯·马克西姆斯·鲁利安努斯（Quintus Fabius Maximus Rullianus），他曾在公元前295年率领罗马军队及其盟友在森提努姆（Sentinum）取得胜利。在墓室内部，有一条彩绘的檐壁饰带，它至少由四部分构成，只有中间两部分的图案保存完好。这些场景可能是罗马艺术中最早的连续叙事的例子：两个站立的人物，分别被称为法尼乌斯（Fannius） 666
和法比乌斯，出现在第二和第三部分的两个不同场景中。在第二部分的图案中，法比乌斯身穿古罗马宽外袍，手持长矛（*hasta*），这表明了他罗马人的身份和社会地位。在第二部分中，最左边是一面有塔楼的城墙，可能是一座城市或防御工事。法尼乌斯和法比乌斯向对方伸出自己的右手，这是罗马人表示休战（*dextrarum iunctio*）的手势。在第四部分中，在这些人物的下面，武装人员在一个支离破碎的战斗场景中战斗。彼得·霍利迪（Peter Holliday）认为这些场景的安排是“有意为之”，是平静有序的和平与混乱的战争的对比，这同时象征了罗马地方官承担的文官和军事指挥官的双重角色。[19]这些场景也像家庭中的场景一样，强化了罗马人的权力观念，在这个实例中，权力指的是罗马人通过军事征服和领土扩张对非罗马人行使权力的能力。

公元前1世纪末，军事权力集中在少数人手中，最终落入皇帝之手。为了响应奥古斯都建立的新的社会秩序，帝国许多城市的精英和新兴中产阶级的坟墓图像开始以角斗场面为主，并且赞美个人作为地方赞助人和地方官的一生的成就。在公元40年之前的某年，在泰阿特-马鲁西诺鲁姆（Teate Marrucinorum）①，一个叫卢修斯·斯托拉克斯（Lusius Storax）的自由民和奥古斯都六人祭司团成员（*sevir augustalis*）在一处属于丧葬社团的地产的围墙内建造了一座坟墓。[20]坟墓的正面像神庙，有山形墙浮雕和描绘角斗的楣饰（图 32.7）。在山形墙上，斯托拉克斯坐在墩座上的一群人中间，这些人很可能是泰阿特城的地方行政官，还有其他人，可能是六人祭司团或市议会的成员。曼努埃尔·弗莱克（Manuel Flecker）认为这个场景代表了一项使命，当斯托拉克斯作为赞助人时，他应该会饶恕下面楣饰中的

图 32.7　卢修斯·斯托拉克斯的墓葬浮雕，石灰岩材质，公元 1 世纪中期，意大利基耶蒂泰阿特：上方，卢修斯·斯托拉克斯和地方行政官；下方，角斗士的格斗

① 即现代的基耶蒂，是位于意大利中部阿布鲁佐大区的一个城市。

战士（们）。[21]楣饰描绘了各种各样的角斗士，但观众并没有看到死亡或致命的打击，而是看到了一系列的战斗姿势，这预示着致命的那一刻。就像昆图斯·法比乌斯墓中的画一样，这些浮雕突出了斯托拉克斯的市民生活、社会地位和在社群中的名望。坟墓外部的一组雕像是对墓主人的公开悼念，他一生的地位发生了戏剧性的转变，从曾经无力反抗暴力的奴隶，变成了 667
成功的自由人，拥有在竞技场举办充满暴力的表演活动的权力，他通过批准或拒绝倒下的角斗士的请求，在那个领域掌握了生死大权。

石棺在 2 世纪成为重要的丧葬历史遗迹。精致的大理石石棺是财富和文化的象征，但不一定代表社会地位，因为一些中产阶级的罗马人拥有奢华的石棺，而元老院精英们则拥有简单的石棺。石棺放置在光线昏暗的墓室的壁龛里，大部分时间可能是无法接近的，而且基本上不为人所见。然而，几个世纪以来，石棺一直是纪念死者和向死者致敬的一种流行方式。[22]石棺上的装饰包括简单的花环、沟槽状的条纹和内容复杂的作品，这些作品讲述了包含多个人物的神话和传记故事。有几组石棺涉及这些后来的主题，描绘了暴力的神话和战斗场景。

在少数石棺上出现了暴力的神话场景，其时间可追溯到 2 世 668
纪中叶（约 140—180 年）。这些主题与装饰罗马房屋的壁画或雕像的主题相似，例如，屠杀尼俄伯的家人、特洛伊城的陷落、阿克泰翁和法厄同（Phaëthon）之死。这些故事可以被解读为表现了令人悲痛的死亡，对突然死亡或失败的讽喻，极度的悲伤和痛苦，以及对战争的恐惧或可怕的死亡，因此可能为观众提供了一种方法，以英雄或悲剧的方式来表达他们的悲伤，从而加深了他们的沉痛哀悼之情。[23]然而，更富有挑战性的叙述是关于美狄亚的故事，人们可以在柏林国家博物馆古董收藏馆的约 140—150 年的美狄亚石棺上看到这个叙事（图 32.8）。这个神话故事位于石棺的正面，从左往右展开，共分为四个场景。在第一个场景中，伊阿宋和美狄亚的儿子们送给克瑞乌萨（Creusa）一件结婚礼物——有毒的斗篷，这时的伊阿宋已经为了克瑞乌萨抛弃了美狄亚。下一个场景在石棺的中心附近，描绘了克瑞乌萨被毒斗篷活活烧死的惨状，她的父亲在左边无助地观望着。紧挨着这个场景的右边是美狄亚在杀死她的两个儿子之前凝视着他们。最后一个场景描绘了美狄亚乘着她的二轮战车逃出来，战车由长着翅膀的
669 巨蟒拉动，她的一个儿子的尸体被抛在她的左肩上。

图 32.8　美狄亚石棺的细节，大理石材质，约 140—150 年，柏林国家博物馆古董收藏馆

人们进行了各种各样的尝试，来解释石棺上的这个场景以及其他暴力的神话场景。保罗·赞克（Paul Zanker）和比约

恩·埃瓦尔德（Björn Ewald）认为，这些可怕的故事促使哀悼者思考比他们自己的处境更为糟糕的情况，或许通过共同的经历（如失去孩子或配偶）证实了他们的悲伤是有价值的，这样能给他们带来些许安慰。[24]然而，美狄亚的故事至少在16口石棺上出现过，内容几乎没有变化，这证明她的行为颇具挑战性。[25]因为美狄亚可怕的行为，她似乎不是一个值得同情或值得尊重的角色。赞克和埃瓦尔德认为，克瑞乌萨和她可怕的死亡可能是人们有意关注的重点，从某种程度上来说，这意味着解释这一场景就是对死者进行解读。克劳斯·菲辰（Klaus Fittschen）建议把这类场景简单地解读为对悲伤的一种表达，而不是对逝者的某种同化或类比。[26]吉纳维芙·格塞特（Genevieve Gessert）认为，石棺上美狄亚的故事提供了一种视觉上的慰藉，与书面的安慰文字相似，美狄亚应该被视为反面的例证，与逝者相比，她是一个"在这个世界上逗留过久的不受欢迎的人"。[27]石棺上的许多神话也出现在罗马的壁画中，其中包括美狄亚故事里的一个场景，即美狄亚盘算杀死她的儿子们。在家庭环境中，这些神话可以传达关于罗马社会权力结构的信息，包括对违法者的惩罚。也许在葬礼的背景下，这些同样的神话传达了一种无能为力的信息，即个人极度缺乏战胜死亡的力量。

在2世纪中期以后，随着暴力的神话场景的减少，石棺上出现了战争的场景，人们再次将军事功绩的主题引入丧葬纪念活动。这类场景最早的例子便是将战役呈现为从左到右的流水性叙事，其中并没有明确的中心人物。这些战役多少有些被理想化，故事的主角是罗马遥远过去的敌人，如高卢人，而不是同时代的臣民。到2世纪末，有关战役的场景将焦点集中在某

个主要人物的身上，这个人物稍显高大，所有的活动都围绕着
670 他展开。战役的主要参与者是同时代的敌人。[28]场景描绘了许多战士，他们相互重叠，姿态各异：有洋洋得意的、骑马的、步行的、摔倒的、受伤的，还有垂死之人，以及已经死亡的人。战斗的场景通常由战利品和蛮族俘虏两部分构成，通常在每个角落都有一对男女。在浮雕的较靠下处，左边和右边的场景相互呼应。所有这些石棺的共同之处在于描绘了清晰可辨的罗马人和蛮族之间的激烈战斗。

来自约190—200年的一个特别好的例子是波多纳西欧石棺（图32.9）。战斗场景中的主要人物是一名罗马指挥官，他戴着头盔，骑在马背上，被置于靠近浮雕顶部的位置，位于中轴线稍微偏左处。他似乎正准备攻击或践踏敌人，而这个敌人

图32.9　波多纳西欧石棺，大理石材质，约190—200年，藏于罗马的罗马国家博物馆马西莫宫

伸出右臂向他求饶。他的周围是一群士兵，这些人正与一群留着胡子、没有戴头盔的蛮族进行激烈的战斗。石棺盖的正面边缘包含了关于死者生平的场景——从出生到结婚，再到成为赦免俘虏的指挥官——这表明战斗场景应该被理解为死者生活故事的一个组成部分。然而，这具精致的石棺有一个奇怪的细节，那就是死者和他妻子的肖像都没有制作完成。

像之后时期的大多数带有战斗场景的石棺一样，波多纳西 671
欧石棺可以被归类为传记石棺。它具有与这种类型相关的元素，这种类型的石棺描述了死者的生活经历，这些情节彰显了罗马帝国的美德。战斗场景展示了美德，或者说军事上的英勇，而他接纳了一个顺从的野蛮人，这显示了他的仁慈（*clementia*）。和谐（*concordia*）则是通过婚姻场景来体现的。在其他石棺上，死者的形象也表现出献祭的样子，来表示他的敬意，或对神灵的虔诚。[29]罗马男性承担的军事、公民和家庭的角色都被呈现出来，包括他对他人的权力：丈夫对妻子的权力，指挥官对士兵的权力，罗马人对蛮族的权力。虽然已故夫妇的肖像在波多纳西欧石棺上没能完成，但这口石棺是一座富有个性的墓碑。除了作为个人纪念物的作用，2 世纪中期到 3 世纪早期的带有战斗场景的石棺也是这一时期军事精英之间竞争的体现。[30]获胜的指挥官不再因为他们的成就而获得凯旋纪念碑，因为那些是留给皇帝的。在这些后来的石棺上，人们选择以个性化的画像作为核心人物的肖像，同时也出现了同时代的对手，这种转变强调了死者的美德，可能暗示了个人的“私人神化”，[31]因此我们看到了对死者的实力和勇气的强调，以作为他值得被人们纪念的标志。

公共纪念碑上的战争和暴力

直到2世纪，公共纪念碑上才出现暴力的战斗场景。然而，有大量的文字证据表明，有关战争的绘画在罗马的胜利游行中被展示，后来也在其他不同的地方进行展示。[32]罗马的胜利游行本身是一种极具感染力但十分短暂的庆祝军事征服的方式。人们在罗马的街头列队观看行进的队伍，游行不仅展示绘
672 画，也展示缴获的战利品和被征服城市的模型，还在战俘拖曳的彩车上重现战争的场景（这些战俘之后会被卖为奴隶）。在游行中，参战的罗马士兵和他们的将军被装扮成了胜利者。[33]在举办完凯旋式之后，关于掠夺和战斗的绘画被放在神庙和公共门廊，而精选的战利品可能会在军事领袖的家中被展示，以宣扬他们的地位，这反映了罗马精英集团的竞争本性。[34]专门用来纪念军事胜利的公共纪念碑最早出现在公元前3世纪，然而这些纪念碑（包括公元前2世纪和公元前1世纪的共和国时期的拱门）都没能保存下来。

在整个公元1世纪，胜利纪念碑的装饰都强调胜利的象征元素，如奖杯、月桂冠或橡树冠、凯旋队伍的一部分，以及胜利女神（Victory）的化身和被征服国家的象征。讽喻的意象代替了战争及其暴力的真实场景。例如，在一座纪念朱里亚-克劳狄王朝诸皇帝的省级纪念建筑“阿弗罗狄西亚的塞巴斯特恩神庙”中，一面立体浮雕描绘了克劳狄征服不列颠尼亚的情形（图32.10）。皇帝被描绘成英勇的裸体形象，身上只披了件翻腾的斗篷，戴着头盔，配有盾牌。他站在不列颠尼亚的上方，不列颠尼亚的身体转向观众，她的右胸裸露着，身上褶皱状的衣服滑落，他把她摁在地上，在肉体上征服她。在庞贝

的神话场景中也出现过类似的女性形象，如狄耳刻，她们被描绘成要遭到奸淫或惩罚的样子。

673

图 32.10 克劳狄征服不列颠尼亚，大理石材质，公元 1 世纪，位于土耳其阿弗罗狄西亚的塞巴斯特恩神庙

到了 2 世纪，胜利纪念碑的重点从讽喻性的转向了更为现实的历史浮雕。图拉真为了纪念达契亚战役，用战利品建造了一个精心设计的公共集会场所，以宣扬罗马军队取得的胜利。[35]集会场所的南入口就像一座凯旋门。在柱廊上方的阁楼上，伫立着达契亚战俘的雕像，它们俯瞰着主广场。在这些雕像的上方是参加战役的军团的军旗。建于 113 年的图拉真纪功柱在乌尔皮亚大教堂（Basilica Ulpia）北边的一个小庭院中占据显要位置，纪功柱的东西两侧是图书馆。所谓的图拉真大浮雕（Great Trajanic Frieze）可以让人们一瞥达契亚战役的情况，它可能装饰了教堂北侧面向纪功柱的阁楼，用螺旋形檐壁饰带讲述了一个更为复杂的故事。[36]这根纪功柱展示了一种不同寻常
674 的场景组合，其中战斗的场景占了大约四分之一，而其余的则是游行、建设、供奉、谈判以及其他活动的场景。人们能够通过罗马人和达契亚战士的服装、盔甲和使用的武器轻易地区分两者，双方通常“成群而有序地排列”，这表明这些图像可能来自绘画。[37]（同样值得注意的是，这些场景可能本来是画出来的，因此对观众来说，它们与画出来的战斗场景之间的关系会更加明显。）尽管战斗井然有序，但绘画描绘了残酷的现实。在第 24 号场景的左半部分，两个罗马士兵将砍下的头颅献给图拉真皇帝；而在右侧，一个骑在马背上的罗马人用牙齿咬着一颗被砍下的达契亚人头颅的头发，继续发动进攻（图 32. 11）。在第 45 号场景（图 32. 12）中，一群非罗马妇女正在折磨两个达契亚战俘，用火把他们烧死。希拉·狄龙（Sheila Dillon）认为罗马观众会把这个场景理解为对敌人的双重羞辱，因为外国妇女攻击这两个男人的方式通常是用来惩罚奴隶的。[38]

图拉真纪功柱上的场景将战争的邪恶与罗马军队平凡单调的活动，即收集物资、建造营地、举行祭祀以及觐见皇帝，并列在一起。马可·奥勒留纪功柱（约 180—193 年）描绘了更加残酷和混乱的战争景象。在 2 世纪，罗马浮雕对战争的描绘发生了变化，摆脱了希腊传统的影响，从更有序的战斗场面转向

图 32.11　士兵用牙齿咬着一个被砍下的头颅，出自 113 年罗马图拉真纪功柱的第 24 号场景，这是藏于罗马的罗马文明博物馆的一座模型

了大规模的暴力场面。罗马的石棺工坊可能是导致这些趋势出现的部分原因，但正如马丁·贝克曼（Martin Beckmann）指出的，马可·奥勒留指挥的战争与图拉真发动的战争在性质上有所不同。[39]达契亚战役是扩张主义和先发制人的，为帝国开疆扩土，同时镇压潜在的威胁。马可·奥勒留则是镇压了一场叛乱，击退了入侵意大利并威胁到罗马安全的蛮族人。马可·奥勒留纪功柱讲述了一场惩罚性战争，重点是彻底征服或毁灭敌人。

这一差异在两根石柱对妇女和儿童的描绘中表现得最为明

图 32.12　折磨战俘的妇女，出自 113 年罗马图拉真纪功柱的第 45 号场景，这是藏于罗马的罗马文明博物馆的一座模型

675 显。正如狄龙所论述的，图拉真纪功柱上的女性衣着不那么凌乱，穿得更为优雅，通常位于场景的边缘处。在马可·奥勒留纪功柱中，妇女经常处于战斗中，“被迫与她们的孩子分开，遭受身体上的伤害和性侵犯，甚至被杀害”。狄龙和贝克曼都认为，虽然这些场景暗示了所描述战斗的本质，但它们不应该被当作关于历史的准确快照。狄龙认为，图拉真纪功柱对妇女较为友善的态度，也可以结合军队的文明且单调的场景进行解读，这从侧面体现了一位好皇帝的美德，如正义、仁慈、纪律和秩序。[40]马可·奥勒留纪功柱上对妇女和儿童进行暴力镇压的
676 场景，虽然是事实，但也象征着彻底击败了反叛的敌人。按照这样的解释，两根石柱上的场景成为安喀塞斯（Anchises）写给埃涅阿斯的话的例证——“宽恕顺从的人，消灭傲慢的人。”[41]

3世纪，在塞维鲁时代的罗马和其他地方的纪念碑上仍然出现了战斗的画面，但一种新的展示暴力的形式被引入。位于罗马广场的塞维鲁凯旋门（Arch of Septimius Severus）于203年落成，是已知最早的以战斗场景作为装饰的凯旋门。[42]在三拱门的侧拱上雕刻的四幅大型浮雕，描绘了皇帝对帕提亚发动的数次战役，很可能是源自随皇帝出征的艺术家们创作的绘画。[43]这些画作可能已经流传到了罗马之外的地方，成为昔兰尼（Cyrene）和大莱普提斯的塞维鲁时代纪念碑上图像的原型。[44]在凯旋门上展示战争场景的做法延续了2世纪的图像学风尚，但也达到了证明塞维鲁王朝之统治和继承的正当性的特定目的。198年1月28日，攻打帕提亚的胜利和塞维鲁的长 677
子卡拉卡拉被任命为共治皇帝这两件事在同一天庆祝，因此，这个王朝实际上是在战场上诞生的。[45]这些战役还与镇压帕提亚人及其盟友支持的佩斯切尼乌斯·奈哲尔（Pescennius Niger）——一个觊觎皇位的竞争对手——有关。所以，这座凯旋门不仅是为了庆祝攻打帕提亚的胜利和塞维鲁王朝的建立，也是对那些图谋造反者发出的警告。

塞维鲁时代还带来了另一项创新：与暴力神话有关的巨大群雕。卡拉卡拉浴场有几座这样的巨大群雕，包括著名的法尔内塞公牛群雕，这座群雕描绘了对狄耳刻的惩罚，由大理石雕刻而成，高3.7米（图32.13）。第二座群雕中有一个大约3米高的战士，他抱着一个小男孩的腿，这个小男孩倒挂在他的背上。这两个人被认定为阿喀琉斯和特洛伊罗斯（Troilus）。[46]法尔内塞公牛群雕可能位于东边的体育场里，而阿喀琉斯和特洛伊罗斯的雕塑可能位于冷水浴室里。这两组作品都要求观看者在其周围四处走动，从几个角度来观看，以全面理解作品的

图 32.13　法尔内塞公牛群雕，大理石材质，出自 3 世纪早期罗马的卡拉卡拉浴场

678 意义和效果。例如，人们只有围着雕塑走动才能看到特洛伊罗斯身上的伤口。对狄耳刻的践踏和阿喀琉斯对特洛伊罗斯的屠杀看起来很奇怪，甚至让人感到不舒服，这些就是用来装饰帝国浴室的雕塑。尽管公共雕塑通常传达了许多积极的信息，但拉尔夫·冯·登·霍夫（Ralf von den Hoff）认为，像这样的巨大群雕是第二代智术师运动（The Second Sophistic）① 培养的审美观的产物，特别是观众对“恐怖和愤怒”的兴趣有所增加，他们的情感被激发出来，同时，他们对艺术家创作如此

① 第二代智术师运动是罗马帝国时期出现的一种文化现象。这场文化运动历时三百多年，它的基调是反对雅典的民主政治传统，力图恢复更具希腊本色的王政传统。

复杂作品的技艺感到钦佩。他还认为，这些壮观的群雕也是一种娱乐形式，很像竞技场上的壮观场面。[47]

4 世纪早期，罗马世界在描述战争和暴力方面出现了最后一次革新。在大约六个世纪的时间里，罗马人一直避免直接纪念内乱，一般也避免在公共纪念碑上描绘他们战败的战争。然而，君士坦丁凯旋门上的历史战役浮雕打破了长久以来的传统，描绘了君士坦丁和马克森提乌斯（Maxentius）之间的内战。这座三拱门是仿造的，其装饰构件取自图拉真纪功柱、哈德良拱门和马可·奥勒留纪功柱，以及君士坦丁历史浮雕和其他浮雕的原件。[48]按历史顺序排列的楣饰被分成六个部分，记录了与马克森提乌斯之间战争的经过。其中的四个部分位于北侧和南侧，其余两个部分分别位于东西两侧。叙事从西侧开始，沿着南侧逆时针方向进行，然后到东侧，在东北侧区域结束。

最近人们对君士坦丁凯旋门的研究倾向于把重点放在它对早期雕塑的再利用和对肖像的重新加工，以及这些特征如何在回忆和观看中发挥作用上。[49]位于南侧的战争场景得到的关注相对较少，尽管它们与罗马胜利纪念碑以往的惯例明显不同。西南侧区域的画面是君士坦丁的军队围攻维罗纳（Verona）的场景（图 32. 14a），画面的右半部分是一座有城墙的城市。与之前的战斗场景不同，作战的双方没有区别：他们穿着同样的盔甲，拿着同样的武器，因为双方都是罗马人。城内的罗马人向进攻者投掷石块，一个人从城墙左边的角落跌下来。东南侧区域的画面是米尔维安大桥决战的场景（图 32. 14b），集中体现了大屠杀和彻底的失败。桥下的河里漂浮着尸体和奄奄一息的士兵，左边是罗马和胜利之化身的雕像，还有君士坦丁在渡河时从船

679

图 32.14　a–b 浮雕作品，大理石材质，来自 315 年的罗马君士坦丁凯旋门：（a）围攻维罗纳，（b）米尔维安桥战役

上观战的形象。以前，这样的暴力描绘只出现在罗马人杀戮和毁灭反抗的蛮族人的场景中，而不会出现在罗马同胞之间。

680

图 32.14　a-b（续）

图 32.14　a-b（续）

罗马观众对这些场景会有何反应呢？伊丽莎白·马洛（Elizabeth Marlowe）指出，君士坦丁把自己标榜为“城市的解放者”（*liberator urbis suae*），盗用了马克森提乌斯的“城市的保护者”（*conservator urbis suae*）称号，从而有效地将马克森提乌斯重新塑造为暴君，因此必须将罗马从他的手中解放出来，同时，这允许君士坦丁继续推进他的许多计划和建筑项目。[50]拱门上的铭文指出，君士坦丁为了国家向暴君复仇，而在主要通道上的另一段铭文则宣称他是“世界的解放者”（*liberator orbis*）。[51]尽管除了那些与马克森提乌斯最为亲近的人，君士坦丁并没有清洗元老院和
681 行政部门的上层集团，[52]拱门上的战斗浮雕可能是对那些留在罗马权力机构之人的警告——这是篡位者和想要成为暴君的人将面临的严重后果。

结　语

在《埃涅阿斯纪》第六卷中，安喀塞斯告诉他的儿子埃涅阿斯：“记住，罗马人，你将通过军事力量统治所有民族；这些将是你的对策：实行法治，宽恕顺从的人，消灭傲慢的人。”[53]这寥寥几行文字描述了罗马人身份的一个方面，后者与军事成就、征服和对他人的统治有关，并以各种方式被自豪地展现出来。战争和暴力的表现物可以作为对罗马权力结构的提示：罗马平民对非公民的权力；作为族长的罗马男性对家庭，其中包括对妇女、儿童、奴隶和被庇护平民的权力；最后，皇帝对其臣民的权力，通常表现为英勇行为得到神的恩惠或者违法行为受到神的惩罚。凯旋纪念碑通过对战争的暗示和实际展示，促使罗马人回忆起为扩张和维护帝国而进行的战争，并唤起公民的自豪感。用暴力场景装饰的坟墓，以及后来的石棺，这些都被认为是对死者的恰当纪念，或许是为了引起人们的同情，表达悲伤或突然失去的痛苦。在罗马的私人住宅中，人们在墙壁和地板或装饰家居的物品上看到了
682 暴力的图像，这些图像可以传达出多种信息：神话中的道德故事，家族的军事功绩，或者房主在竞技场上曾经担当的提供血腥娱乐的角色。然而，每幅暴力图像都是一种将权力视觉化的手段，反映了罗马社会中的社会和政治角色。

参考论著

对罗马的代表性艺术作品进行综合概述的著作具体包括 D. Kleiner, *Roman Sculpture* (New Haven, CT: Yale University Press, 1992); R. Ling, *Roman Painting* (Cambridge: Cambridge University Press, 1991); K. Dunbabin, *Mosaics of the Greek and Roman World* (Cambridge: Cambridge University Press, 1999)。T. Hölscher, *The Language of Images in Roman Art* (Cambridge: Cambridge University Press, 2004)论述了风格在绘画艺术中的意义，在这部著作中，作者考察了希腊和罗马的战争图像。关于各种媒介对战争的描绘，请参阅 S. Dillon and K. Welch (eds.), *Representations of War in Ancient Rome* (Cambridge: Cambridge University Press, 2006)。关于罗马战争的场景和图像的研究，需要特别关注如下论著：S. Faust, *Schlachtenbilder der römischen Kaiserzeit* (Rahden: Verlag Marie Leidorf, 2012); G.-C. Picard, 'L'Idéologie de la guerre et ses monuments dans l'Empire romain', *Revue Archéologique* 1 (1992), pp. 111-41; T. Schäfer, 'Römischer Schlachtenbilder', *Madrider Mitteilungen* 27 (1986), pp. 345-64。下列著作探讨了战争图像和庆祝胜利的表演的发展历程：P. Holliday, *The Origins of Roman Historical Commemoration in the Visual Arts* (Cambridge: Cambridge University Press, 2002); M. Beard, *The Roman Triumph* (Cambridge, MA: Harvard University Press, 2009); I. Östenberg, *Staging the World: Spoils, Captives, and Representations in the Roman Triumphal Procession* (Oxford: Oxford University Press, 2009)。

M. Wistrand, *Entertainment and Violence in Ancient Rome: The Attitudes of Roman Writers in the First Century CE* (Göteborg: Acta Universitatis Gothoburgensis, 1992)收集并探讨了关于罗马人对角斗之态度的资料。M. Flecker, *Römische Gladiatorenbilder* (Wiesbaden: Ludwig Reichert Verlag, 2015) 和 M. Papini, *Il Mondo delle immagini dei gladiatori* (Rome: Accademia Nazionale dei Lincei, 2004)这两部著作均对在葬礼和家庭环境中出现的角斗士形象进行了研究。S. Brown, 'Death as Decoration: Scenes from the Arena on Roman Domestic Mosaics', in A. Richlin (ed.), *Pornography and Representation in Greece and Rome* (Oxford: Oxford University Press, 1992), pp. 180-211 和 K. Dunbabin, *The Mosaics of Roman*

North Africa（Oxford：Oxford University Press，1978）这两项研究论述了在家庭环境中出现的镶嵌画上的角斗场景。

以下论文论述了第二代智术师把表现暴力的作品视为一种文化现象的问题：H. Morales，'The Torturer's Apprentice：Parrhasius and the Limits of Art'，in J. Elsner（ed.），*Art and Text in Roman Culture*（Cambridge：Cambridge University Press，1996），pp. 182–209；H. von den Hoff，'Horror and Amazement：Colossal Mythological Statue Groups and the New Rhetoric of Images in Late Second and Early Third Century Rome'，in B. Borg（ed.），*Paideia: The World of the Second Sophistic*（Berlin：De Gruyter，2004），
683 pp. 105–29；Z. Newby，'The Aesthetics of Violence：Myth and Danger in Roman Domestic Landscapes'，*Classical Antiquity* 31. 2（2012），pp. 349–89，这篇论文也探讨了庞贝绘画中暴力的神话场景。想要进一步了解庞贝绘画中的暴力场景，请参阅 D. Frederick，'Beyond the Atrium to Ariadne：Erotic Painting and Visual Pleasure in the Roman House'，*Classical Antiquity* 14. 2（1995），pp. 266–88；A. Koloski-Ostrow，'Violent Stages in Two Pompeian Houses：Imperial Taste，Aristocratic Response，and Messages of Male Control'，in A. Koloski-Ostrow and C. Lyons（eds.），*Naked Truths: Women, Sexuality, and Gender in Classical Art and Archaeology*（London：Routledge，1997），pp. 243–66；B. Severy-Hoven，'Master Narratives and the Wall Painting of the House of the Vettii，Pompeii'，*Gender & History* 24. 3（2012），pp. 540–80，该研究很好地总结了自 L. Mulvey，*Visual and Other Pleasures*（London：Palgrave Macmillan，1989）出版以后，学术界在研究罗马绘画时运用女权主义理论和电影批评的情况。最后，P. Zanker and C. Ewald，*Living with Myths*（Oxford：Oxford University Press，2012）对石棺上暴力的神话场景进行了编目分类和论述，而 G. Gessert，'Myth as *Consolatio*：Medea on Roman Sarcophagi'，*Greece & Rome* 51. 2（2004），pp. 217–49 分析了美狄亚神话的特殊含义。

注　释

1. Suet. *Ner.* 38. 2.

2. Livy 37. 34. 6; F. Coarelli, 'Due fregi da Fregellae: un documento storico della prima guerra siriana?', *Ostraka* 3 (1994), pp. 93–108.
3. K. Welch, '*Domi militiaeque*: Roman Domestic Aesthetics and War Booty in the Republic', in S. Dillon and K. Welch, *Representations of War in Ancient Rome* (Cambridge: Cambridge University Press, 2006), pp. 91–161.
4. Tac. *Ann.* 14. 17.
5. W. O. Moeller, 'The Riot of CE 59 in Pompeii', *Historia* 19. 1 (1970), pp. 84–95; T. Fröhlich, *Lararien- und Fassadenbilder in den Vesuvstädten* (Mainz, 1991), pp. 241–7; J. Clarke, *Art in the Lives of Ordinary Romans* (Cambridge: Cambridge University Press, 2003), pp. 152–8.
6. K. Schefold, 'Origins of Roman Landscape Painting', *Art Bulletin* 42. 2 (1960), pp. 87–96; R. Ling, *Roman Painting* (Cambridge: Cambridge University Press, 1991), pp. 136–40.
7. 关于画家、庇护人、作坊和图册，参见 Ling, *Roman Painting*, pp. 212–20。
8. Dining rooms: Casa di Giulio Polibio (IX. 13. 1–3), Casa dei Vettii (VI. 15. 1), and Casa del Menandro (I. 10. 4). Tablinum: Casa del Granduca (VII. 4. 56). Apodyterium: Casa del Marinaio (VII. 15. 2).
9. B. Severy-Hoven, 'Master Narratives and the Wall Painting of the House of the Vettii, Pompeii', *Gender & History* 24. 3 (2012), pp. 540–80，包含对过去相关学术研究的总结（pp. 547–8）。
10. Z. Newby, 'The Aesthetics of Violence: Myth and Danger in Roman Domestic Landscapes', *Classical Antiquity* 31. 2 (2012), pp. 349–89.
11. Severy-Hoven, 'Master Narratives', pp. 561–6; A. Koloski-Ostrow, 'Violent Stages in Two Pompeian Households', in A. Koloski-Ostrow and C. Lyons (eds.), *Naked Truths: Women, Sexuality, and Gender in Classical Art and Archaeology* (London: Routledge, 1997), pp. 243–66.
12. M. Cima di Puolo, 'Horti Lamiani (2)', *LTUR*, vol. III, pp. 61–4; W. Geominy, *Die Florentiner Niobiden* (Bonn: Rheinische Friedreich-Wilhelms-Universität, 1984).

13. Newby, 'Aesthetics of Violence', pp. 364–6; K. Hartswick, *The Gardens of Sallust: A Changing Landscape* (Austin: University of Texas Press, 2004), pp. 11–12.
14. Newby, 'Aesthetics of violence', p. 368.
15. K. Dunbabin, *The Mosaics of Roman North Africa: Studies in Iconography and Patronage* (Oxford: Oxford University Press, 1978), pp. 65–87.
16. Severan date: D. Parrish, 'The Date of the Mosaics from Zliten', *Antiquités Africaines* 21 (1985), pp. 137–58. Flavian date: Dunbabin, *Mosaics*, pp. 235–7.
17. S. Brown, 'Death as Decoration: Scenes from the Arena on Roman Domestic Mosaics', in A. Richlin (ed.), *Pornography and Representation in Greece and Rome* (Oxford: Oxford University Press, 1992), pp. 180–211.
18. Livy, *Per.* 16.
19. P. Holliday, *The Origins of Roman Historical Commemoration in the Visual Arts* (Cambridge: Cambridge University Press, 2002), pp. 83–90.
20. Clarke, *Ordinary Romans*, pp. 147–52，包含学术研究背景介绍；M. Flecker, *Römische Gladiatorenbilder: Studien zu den Gladiatorenreliefs der späten Republik und der Kasierzeit aus Italien* (Wiesbaden: Reichert Verlag, 2015), pp. 120–6 and Kat. A 27.
21. Flecker, *Römische Gladiatorenbilder*, pp. 121–4.
22. P. Zanker and B. Ewald, with J. Slater (trans.), *Living with Myths: The Imagery of Roman Sarcophagi* (Oxford: Oxford University Press, 2012), pp. 21–6.
23. Ibid., pp. 70–82.
24. Zanker and Ewald, *Living with Myths*, p. 104.
25. G. Gessert, 'Myth as *Consolatio*: Medea on Roman Sarcophagi', *Greece & Rome* 51. 2 (2004), pp. 217–49, at p. 227.
26. Ibid., p. 230.
27. Ibid., p. 245.
28. 在传记石棺中也有类似的趋势：N. Kampen, 'Biographical Narrative and Roman Funerary Art', *American Journal of Archaeology*

85. 1 (1981), pp. 47-58。

29. S. Birke, *Depicting the Dead: Self-Representation and Commemoration on Roman Sarcophagi with Portraits* (Aarhus: Aarhus University Press, 2013), pp. 57-60.
30. S. Faust, *Schlachtenbilder der römischen Kaiserzeit* (Rahden: Verlag Marie Leidorf, 2012), p. 208.
31. T. Schäfer, 'Zum Schlachtsarkophag Borghese', *Mélanges de l'École française de Rome, Antiquité* 91. 1 (1979), pp. 355-82.
32. P. Holliday, 'Roman Triumphal Painting: Its Function, Development, and Reception', *Art Bulletin* 79. 1 (1997), pp. 130-47.
33. 关于军事胜利带来的声望，参见本卷第 27 章。
34. Welch, '*Domi militiaeque*', pp. 105 - 24; Holliday, *Origins*, pp. 30-3; Beard, *Triumph*, pp. 80-96.
35. Aul. Gell. 13. 25. 1-3.
36. A. -M. Leander Touati, *The Great Trajanic Frieze: The Study of a Monument and of the Mechanisms of Message Transition in Roman Art* (Stockholm: Astrom Editions, 1987); Faust, *Schachtbilder*, pp. 9-34 (Great Frieze) and pp. 35-91 (Column); J. Packer, 'Trajan's Forum Again: The Column and the Temple of Trajan in the Master Plan Attributed to Apollodorus (?)', *Journal of Roman Archaeology* 7. 1 (1994), pp. 163-82, at pp. 169-70 and n. 29.
37. M. Beckmann, *The Column of Marcus Aurelius: The Genesis and Meaning of a Roman Imperial Monument* (Chapel Hill: University of North Carolina Press, 2011), pp. 167-8.
38. S. Dillon, 'Women on the Columns of Trajan and Marcus Aurelius and the Visual Language of Roman Victory', in Dillon and Welch (eds.), *Representations of War*, pp. 263-71.
39. Beckmann, *Column of Aurelius*, pp. 167-76.
40. Ibid., pp. 199-202; Dillon, 'Women', p. 261.
41. Verg. *Aen.* 6. 853.
42. S. Lusnia, 'Battle Imagery and Politics on the Severan Arch in the Roman Forum', in Dillon and Welch (eds.), *Representations of War*, pp. 272 - 99; S. Lusnia, *Creating Severan Rome: The*

Architecture and Self-Image of L. Septimius Severus, CE 93 - 211 (Brussels: Latomus, 2014), pp. 75–84.

43. Herod. 3. 9. 12.
44. Lusnia, 'Battle Imagery', pp. 286–90.
45. 关于日期，参见 *Feriale Duranum*, col. I, ll. 14–16。
46. Achilles and Troilus (Achilles and Troilus?): MANN, inv. 5999.
47. R. von den Hoff, 'Horror and Amazement: Colossal Mythological Statue Groups and the New Rhetoric of Images in Late Second and Early Third Century Rome', in B. Borg (ed.), *Paideia: The World of the Second Sophistic* (Berlin: De Gruyter, 2004), pp. 105–29.
48. D. Kleiner, *Roman Sculpture* (New Haven, CT: Yale University Press, 1992), pp. 444–55.
49. E. g. J. Hughes, 'Memory and the Roman Viewer: Looking at the Arch of Constantine', in K. Galinsky (ed.), *Memoria Romana: Memory in Rome and Rome in Memory* (Ann Arbor: University of Michigan Press, 2014), pp. 103 - 15; S. Sande, 'The Arch of Constantine–Who Saw What?', in S. Birk and B. Poulsen (eds.), *Patrons and Viewers in Late Antiquity* (Aarhus: Aarhus University Press, 2012), pp. 277 - 90; 关于更早的研究，参见 Kleiner, *Roman Sculpture*, p. 466。
50. E. Marlowe, '*Liberator urbis suae:* Constantine and the Ghost of Maxentius', in B. Ewald and C. Noreña (eds.), *The Emperor and Rome: Space, Representation, and Ritual* (Cambridge: Cambridge University Press, 2010), pp. 199–219.
51. *CIL* 6. 1139.
52. Zos. 2. 17. 2.
53. Verg. *Aen.* 6. 851–3.

33 古印度的英雄主义、军事暴力和国家

贾罗德·惠特克

本章将考察篇幅很长的《和平篇》(*Śānti Parvan*) 中的六 684
章包含的一些军事信息,《和平篇》是印度伟大史诗《摩诃婆罗多》(*MBh*) 的第十二篇。这六章内容 (*MBh* 12.98-103) 出现在《摩诃婆罗多》第十二篇的第93至107章之中,詹姆斯·菲茨杰拉德 (James Fitzgerald) 把这部分内容命名为"法律、武力和战争",[1]这部分内容被置于《和平篇》的一个主要门类 (*MBh* 12.1-128) 里,这一门类名为"王法篇"(*rājadharmaparvan*)。虽然《和平篇》的大部分内容是为国王撰写的,也是关于国王的,但这六章详细描述了国王可以用来说服人们参加战斗的思想观念和社会策略。因此,这些章节包含了关于战士身份的丰富资料,并描绘了一套军事期望和理想——一幅蓝图——国王可以利用它来教诲自己的士兵 [至少是这些章节的作者(们)想象的士兵类型]。因此,《和平篇》的这六章内容为我们提供了难得的窗口,让我们窥见一些散乱无章的做法,古印度国家的法律制定者——国王和大臣们,将军和军官们,婆罗门祭司和刹帝利贵族们——可能会利用这些做法来使男人社会化,并形成一种尚武的思想观念,同时向人们证明这是最道德的生活方式。

尽管这六章体现的军事信息很复杂,但我将主要研究关于 *śūra* 即典范的"英勇战士"的语篇。根据这六章内容,*śūra*

完美地体现了军队的军事理想。各章的内容清楚地表明，这个
685 角色的行为和举止决定了评判所有战士的标准。换句话说，*śūra* 的角色代表了所有士兵期望的理想标准，无论是出身高贵的刹帝利阶层的成员，还是来自较低阶层的人。[2]因此，“英雄主义”的概念（*śaurya*，源自 *śūra*）不仅是为史诗原型保留的浪漫主义理想，因为 *śūra* 可以是来自不同地区的不同阶层的人。正如文献简明扼要地指出的，“每个地方都产生强壮有力、勇气非凡的勇士”①（*MBh* 12. 102. 6）。此外，由于英雄会在和平和有危险的时候提供保护，人们应该构建英雄的形象，并对他的行为表示敬意（尽管根据资料，人们没有做到这一点；*MBh* 12. 98. 16-17）。这是古印度文学中关于英雄崇拜最明确的论述之一。这可能也反映了在公元初期的几个世纪，整个次大陆上英雄石的出现。[3]

在这六章史诗中体现出来的对 *śūra* 的重视特别有趣。正如我在其他地方论证过的，在《梨俱吠陀》（*R̥gveda*，约公元前 1200 年）中，重读的专有名词 *śū́ra* 特指完美的英勇斗士，其军事榜样的角色就是由战神因陀罗在与邪恶的蛇神弗栗多（Vr̥ṭra）的战斗中树立起来的。[4]由于《摩诃婆罗多》是在公元前后用梵文写成的，[5]所以本章考察的这六章史诗借鉴并宣传了一千年前或更早的英雄主义理想。正如我们将要看到的，吠陀先例的使用进一步体现在战斗仪式的概念中，在充满暴力的仪
686 式里，战士的躯体和身体的某些部位等同于祭品，仪式将上天的奖赏赐予被杀死的人。这六章史诗对于我们理解古印度的英

---

① 本章中，《摩诃婆罗多》的译文借用或参考〔印〕毗耶婆《摩诃婆罗多·三》，黄宝生、郭良鋆译，以及《摩诃婆罗多·五》，黄宝生译，北京：中国社会科学出版社，2005 年。后文不再逐一出注。

雄主义意义重大。此外，这些文献有助于我们理解古印度国家在培养英雄典范方面扮演的角色，同时让我们可以推测一些制度化的做法，这些做法可能决定了真正出身高贵的战士和普通士兵的身份。(这里需要注意的是，国家本质上是由全能的国王统治的王国，他居住在想象中的王国中心，与他的王室家族、追随者和向其进贡的被征服的领主生活在一起。境外可能存在敌对的国王，但需要与之联合或予以征服。)[6]因此，本章将探讨人们被社会化，并接纳古印度国家倡导的战争观念的一些复杂方式。同时还探讨各种话语策略，这些策略试图说服男性，无论是年轻人还是老年人，让他们相信在战斗中搏杀和牺牲是人们所期待的，也是正确的和最光荣的事情。

资　料

在研究这六章史诗之前，有必要对文献资料做一些概要性的考察。作为世界上最长的叙事诗之一，《摩诃婆罗多》主要讲述了组成刹帝利阶层的贵族战士和国王的各种行为。故事的主体详细地讲述了两个关系密切的王室家族般度族和俱卢族之间几代人的冲突，他们为争夺王位而展开争斗，最终导致了一场为期十八天的灾难性的战争。般度五子是法律和秩序（达摩）的英雄典范。虽然般度族最终获得了胜利，但他们有时会违反道德和法律的规定，利用不正当的手段来赢得战争的胜利，而这经常是在他们的神圣顾问克利须那（Kṛṣṇa）的命令下进行的。由难敌领导的俱卢百子，据说体现了混乱和无序(*adharma*)，然而在他们的非法统治期间，王国繁荣昌盛，他们也坚持公平战斗的理想。[7]

作为史诗的第十二篇，《和平篇》包含了大量关于治理、 687

道德和法律及其执行的资料。“法律、武力和战争”这部分内容（*MBh* 12.93–107）再现了《和平篇》更为恢宏的框架结构，因为它呈现了战争结束时，最年长的般度族兄弟和新登基的国王坚战（Yudhiṣṭhira）与他祖父辈的族长毗湿摩（Bhīṣma）之间不断深入的关于达摩的对话。在整部史诗中，特别是在第十二篇中，在“王法篇”这个宽泛的标题下，正义战争与非正义战争之间形成了对比。这部史诗的“刹帝利达摩”（*kṣatriyadharma*）部分还规定了战士阶层侠义的战斗规则。在《摩诃婆罗多》第十二篇第93至第97章中，作者开门见山地提出了诉诸战争和诉诸法律的问题，然而理想化的战争规则经常被规避，因此国王被允许使用“狡诈的”（*vakra*）战略，这“稍许损害正法”（*MBh* 12.101.1）：在史诗的其他部分，克利须那坚持不懈地劝告般度族的行为也强化了这一事实。[8]此外，史诗把暴力情节高度浪漫化了，尤其是在主要角色的超人特性方面，《和平篇》中的信息有着明确的教化目的，因为这些情节传达了这样的信息：当正确的行动方案在法律或道德上不明确时，真正的国王和战士应该如何行动。

有关战争的规定也出现在法律文献中，这些资料通常合称为《法经》（*Dharmaśūtras*，法律论著）。其中一篇名为《摩奴法论》（*Mānava Dharmaśāstra*，*MDhŚ*）的文字，是由一位名叫摩奴（Manu）的正统的婆罗门在公元初期撰写的，他强调荣耀的战争是“勇士的永恒责任/法则”（*MDhŚ* 7.98b：*yodhadharmaḥ sanātanaḥ*）。《摩诃婆罗多》也表达了类似的观点，它引用摩奴的话说，“应该依法战斗”（*MBh* 12.96.14a：*tasmād dharmeṇa yoddhavyaṃ*）。这里的重点是，《摩奴法论》提供了关于战争的相应信息，也详细描述了战士的道德准则

（尤其要参阅 *MDhŚ* 7.87-98）。此外，摩奴在讨论王权时引用了《政事论》。[9]该著创作于公元 1 世纪，作者为考底利耶，是 688
一本实用的治国手册，为国王和大臣提供了外交、治理和战争等方面丰富的资料。[10]正如我们将要看到的，这六章史诗包含了一些更为宽泛的说教信息，这在主题上与《政事论》给予国王们的建议相对应，这些建议是关于如何鼓励军队参加战斗和在战斗中牺牲的。因此，这些资料证明了共同的文化环境，这种文化环境是由受到意识形态激励的思想家们造就的，他们表达了对塑造战士身份，以及为公元前后印度的军事和政治目的服务的英雄主义理想的直接关注。

作为英勇战士典范的 *Śūra*

在《摩诃婆罗多》第十二篇第 98 章的开篇，坚战就向毗湿摩提出了一个关于救赎论的基本问题："国王依靠什么行为征服世界"。他的担忧是基于这样一个事实：因为国王在军事行动中屠杀了许多人，所以"没有哪种正法比刹帝利正法更邪恶"（*MBh* 12.98.1ab：*kśatradharmān na pāpīyān dharmo'sti*）；特别是那些通过战争进行统治的国王。接下来是对暴力行为的一再辩护，这不仅是为了教诲国王，也是为了界定国王军队中士兵的身份和责任。因为一个强大的、无所畏惧的国王是举世无双的，所以为了理解他的行为对道德、社会和宇宙论的影响，作者把国王在战斗中扮演的角色与 *śūra* 相关联。这六章始终集中论述 *śūra* 的勇敢及其仪式化的死亡和升天的主题，其核心论点是，英雄主义的真正实现是在前线战斗和自愿牺牲。例如：

英勇战斗，抛弃生命，义无反顾，这样的英雄到达因陀罗世界。

（*MBh* 12.98.31）

互相信任，心情愉快，意志坚定，甘愿牺牲，只要有五十位这样的勇士，就能粉碎敌军。

（*MBh* 12.103.20）

在第一个例子中，英雄主义是指一个战士在战斗中无畏的自我牺牲精神，这一定义通过因陀罗世界的概念被赋予了救赎论的正当性。第二个例子凸显了那些将英雄主义理想完全内化
689 并实现英雄理想之人的价值，传达了某种情绪，马龙·白兰度（Marlon Brando）在1979年的电影《现代启示录》（*Apocalypse Now*）中扮演了沃尔特·E. 库尔茨（Walter E. Kurtz）上校，他有一场关于“恐怖”的著名演讲，就表达了这样的情绪——也就是说，这支小队的士兵完全致力于目标，就可以赢得任何战斗，无论付出什么样的身体或心理上的代价。战士在战斗中牺牲，因此证实了他对他的责任和法则的承诺，两者都包含在达摩的概念下，也确保了他在最伟大战士的天堂——因陀罗世界中的位置。

战死后得以进天堂的主题是《摩诃婆罗多》第十二篇第100章第1—18页的核心内容，涉及两个国王，即弥萨罗（Mithilā）的波罗塔丹纳（Pratardana）和阇拿迦王（Janaka）之间古老的对话。“在战斗中举行系圣线礼”（*MBh* 12.100.2a：*yajñopavītī saṃgrāme*）后，阇拿迦王向他的士兵发表演讲，激励他们，同时唤起了人们对天堂（*svarga*）和地狱（*naraka*）的想象：

> 你们看，这些是无畏的勇士们的世界，光辉灿烂，充满健达缚少女，满足一切愿望，永远不朽。这些是逃跑者所在的地狱，永远羞耻，不断沉沦。看到这些，你们要战胜敌人，勇于献身，而不要陷入可怕的地狱。勇士们立志献身，通向无上的天国之门。
>
> （*MBh* 12.100.4-7ab）

由于这些章节反映了一种严重的父权和性别化的观点，所以被杀死的英雄将会在天堂受到迷人的“健达缚少女”的欢迎，她们将满足他的每个（性方面的）愿望，这既不令人惊讶，也提供了有用的信息。在同样的情色主题下，另一节提到一群天仙或者叫飞天女神——实际上有数千之众——将乞求成为他的妻子。[11]如果说在古印度曾有一种关于自由性爱承诺的委婉说法，那么指的就是这种情况了，当然，英雄主义和勇敢理想背后的幻想激励是不言而喻的。由此可见，因陀罗世界的承诺和地狱的威胁被刻意用来塑造战士的身份，同时限制了他们作为男人的选择。

战士英勇赴死的主题带有个人的、具体化的元素，因为
śūra 的行为特征是对疼痛和伤害的极端忍耐，这也与形而上的 690
奖赏有关。例如，在战斗中有多少利刃划伤他的皮肤，他就享有多少不朽的如意世界（*MBh* 12.98.12）。根据这一节的内容，在战斗中受伤象征着战士对战争的正当献身以及升入天堂的保证。简而言之，战士为天堂而流血。不难想象，在战争中受到的创伤及其留下的伤疤将成为一枚枚荣誉勋章，它们象征着在一个封闭的军事世界中的成员身份，而这个军事世界是以面对身体和心理创伤时的坚忍和决心为基础的。事实上，毗湿

摩告诉坚战，一个满怀诅咒和愤怒（*MBh* 12.98.29）的激战中的 *śūra*，不会在意自己在战斗中受的伤。此外，人们预料到英雄会在战斗中受伤或死亡，这种预期被拔高到行善的最高形式——虔诚的献身，因为任何形式的痛苦，包括忍受伤口的剧痛，都将比苦行者折磨身体的苦行获得更多的价值（*MBh* 12.98.13-14）。因此，让一个刹帝利死在他自己的床上，“咳出黏痰和胆汁，可怜地哭泣”是“不公平的”。在高尚的战士死亡的时候，如果他的身体上没有战争造成的任何创伤，那么他一生的事迹就得不到那些“通晓古老方式”之人的赞扬。这样死去对骄傲的人来说简直是“没有男子气概的、不公平的，也是可怜的”，而且是“悲惨的、可怕的、邪恶的”。自尊自重的真正的男人（*vīra*）是不应该这样死掉的，而刹帝利应该在战斗中，身体被利器完全损毁，在战友的环绕下死去。因此，在战斗中牺牲会受到全世界的颂扬和尊敬，由于这积累的丰厚功德，战士会与因陀罗进入同一个天堂般的世界（*MBh* 12.98.23-30）。

这六章史诗传达了一致的性别化信息，即所有想要参加军事活动的男人在面对暴力的前景时应该如何思考、感受和表现，而这些价值观隐含在刹帝利美德的神话和 *śūra* 的英雄角色中。用 R. W. 康奈尔（R. W. Connell）的话说，“真正的男子气概几乎总是被认为来自男性的身体——是男性身体固有的，或者是表达了关于男性身体的某种东西”。[12]在史诗章节中，战士的身体是社会政治和宗教核心价值观的主要象征，这种价值观限制了一个人的自我价值感和发挥作用的能动性，以至于他只能通过反复的暴力行为，通过感受身体上的痛苦，来
691 证明自己对达摩和神灵的忠诚，最终在战斗中死去。事实上，

所有勇士的主要特征是他们在战斗中"甘愿捐躯"（*MBh* 12.102.13b：*sarve śūrās tanutyajaḥ*）。这种思想观念并不是新出现的，早在《梨俱吠陀》里就有过先例，其中提到那些甘愿捐躯的英勇斗士（*Ṛ V* 10.154.3b：*śū́rāso yé tanūtyájaḥ*）在战斗中牺牲后，会立即升入天堂。正如南希·舍佩尔-休斯（Nancy Scheper-Hughes）和玛格丽特·洛克（Margaret Lock）恰如其分地指出的那样，激进好战的文化经常使男人社会化，使他们认为自己的身体天生就由暴力来定义，以至于他们不得不认为自己是有勇无谋的战士，他们的价值在于保护社会政治和宇宙的秩序。[13]在古印度，要想成为真正的男人，战士就必须把自己的身体变成战争的武器，用来对付其他肉体，但这最终会给自己带来伤害。尽管如此，英雄还是要遵守刹帝利阶层义不容辞的一般道德准则。他不得杀害老人、儿童、妇女、婆罗门和那些已经投降的人，但人们要求他在战斗中不放过任何一个敌人。[14]相反，任何陷入失控的狂怒的战士代表了英雄理想的极端。这样的人被认为是危险分子，因为他们"无视法律"；但是，他们在战斗中不顾一切地放弃自己的生命，国王从他们的死亡中获得了双倍的好处，因为他们赢得了胜利，并消除了将来可能出现的问题（*MBh* 12.102.18-20）。因此，根据《和平篇》中的这六章内容，英勇的阳刚之气是通过暴力行为以及展现身体和精神上的坚韧来表现和合法化的，而不是生理性别的自然而然的结果。更重要的是，当英雄的身体伤痕累累，又背负着社会声望和升入天堂的承诺，那么他的生命就不再属于他自己，而成为军队和国家的工具。

战争的仪式

个人苦难和价值的具体化理想与"仪式"或"在战斗中

牺牲”的概念（*saṃgrāma*-或者 *yuddhayajña*）一致，在这些概念里，战争中的鲜血和大屠杀被认为是用来献祭的祭品。[15]例
692 如，《摩诃婆罗多》第十二篇第 99 章记录了国王安波利娑（Ambarīṣa）和因陀罗神之间的一段年代久远的对话。（可能）在自然死亡后，安波利娑升入了因陀罗世界，但他沮丧地发现他的一个名叫苏代瓦（Sudeva）的大臣，同时是他军队的统帅（*senāpati*），因战死沙场而住在更高等级的天堂里。国王有点怀疑因陀罗，他认为，自己在战斗中击败了军队，公正地统治尘世，研学宗教教义，实行独身主义，为客人、祖先和神灵举行合乎礼节的仪式。不管怎么说，一个战士怎么能在天堂里超越国王呢？因陀罗清楚地知道一位英雄在现世和来世获得的回报和名声，作为回应，神对安波利娑所说的话大致可以概括为两个诗节，这两个诗节充分地解释了 *śūra* 狂暴而超然的生活：

> 妙天举行了盛大的战斗祭祀。其他投身战斗的人也是这样。武士披戴铠甲，做好准备，站在军队前沿，他确实成为战斗祭祀的执行者。
>
> （*MBh* 12.99.12-13）

从因陀罗的这段话中，我们可以看出，所有的士兵在进入战斗时，都处于一种仪式上的神圣状态，相当于吠陀仪式中献祭的守护人（我们记得国王阇拿迦穿着一件神圣的战袍，这进一步强调了战争的仪式化性质）。然而，为了使这个暴力的仪式达到它承诺的进入天堂的结局，战士必须在战斗前线献上自己的生命，正如我们看到的，这相当于扮演了 *śūra* 的角色。因此，安波利娑接受了因陀罗的解释，并将他的指令铭记于心，认为这才是“战士

自身的成功之路”（*MBh* 12.99.50 cd：*yodhānām ... siddhim*）。

英勇的战士体内自由流淌的血液可以让他摆脱所有的罪孽。在这个暴力的仪式中，血只是被杀的战士可以献上的身体祭品之一。这六章史诗残酷地描述了身体部位和军事装备与仪式工具和惯例之间的关联，只是为了强调战死沙场是一种神圣的仪式化行为，这与有序的宇宙相符合，然而付出的代价就是自我牺牲。这种可怕的类比模仿了更为古老的吠陀秘密通信模式，将个人、仪式和宇宙现象结合起来，以揭示宇宙潜在的相互关联的本质。这类神秘的知识给予这个世界的知者以财富和威望，以及天堂和死后的永生。然后，想一想史诗里的一些描 693
述（引自 *MBh* 12.99.15-26，30-34，36-38)，其中，大象和马充当祭司；敌人的肉和血是祭品和酥油；豺狼、兀鹰、乌鸦等食腐动物是祭品的领受者，用于战争的武器是祭祀的工具；呼喊声是在吟唱颂诗；战鼓充当咏歌者；前沿战线是不同种类的祭坛和其他重要仪式的场地；一具无头尸体挺立在被杀之人当中，这是英雄的祭柱；血流成河，大屠杀“使勇士的骨头成为沙石”（*vīrāśthisarkarā*），这是做出重大牺牲的勇士的最后一次沐浴。[16]根据因陀罗的说法，战场是英雄们的祭坛，因此不应该为他们感到痛心。详细引用神的话语如下：

> 为了主人的利益，英雄担当军队先锋，奋勇作战，绝不畏缩退却，他赢得与我一样的世界。用蓝色的月光剑和铁闩般的手臂铺设祭坛，他赢得与我一样的世界。一心渴望取胜，不顾有无助手陪伴，深入敌军阵容，他赢得与我一样的世界……祭坛遍布敌人的头颅，象和马的躯体，他赢得与我一样的

> 世界……战士畏缩退却，而被敌人杀死，毫无疑问，他将堕入地狱。如果他的河流血浪翻滚，布满头发、肉和骨，他就会达到最高归宿。杀死敌军统帅，登上他的战车，勇敢似同毗湿奴，智慧如同毗诃波提。活捉敌方的将领或其他尊贵人物，他赢得与我一样的世界。决不要为战死疆场的勇士悲伤，他升入天国，备受尊敬。
>
> （*MBh* 12.99.27-29，35，39-43）

史诗中的类比强调了不朽只能在两个重叠但在社会层面失衡的领域中实现：一个是祭祀仪式，是专为富有的上层男性保留的；另一个是战斗仪式，是对所有士兵开放的，无论他们的
694 阶层地位如何。对战士个人而言，战争是在达摩的支持下进行的正义行为，战斗中的牺牲是确保罹难者升入天堂的最高形式的祭品。战场上的伤亡是战士献身于军事的精神和得到普遍认可的英雄主义的明确证明。因此，从思想观念的角度来看，士兵既是圣洁仪式的神圣参与者，又是被献祭的祭品，他们在今生和来世都是胜利者，因此会受到双重的祝福。如此一来，这六章史诗的内容对贵族战士和普通士兵的英雄主义进行了解释，把英雄主义和吠陀传统的理想相统一，并将战死沙场等同于升入天堂。毫无疑问，战争是一种神圣的行为，它为勇敢的死者带来了天堂的救赎（他们可能从一开始就无法参加吠陀仪式并得到承诺的回报）。然而，就像因陀罗世界一样，战斗仪式的概念是一种略显悲观的策略，因为士兵只有把自己的生命奉献给军队，并心甘情愿地在战斗前线牺牲，才能超越仪式和社会等级。

懦　夫

这六章中的另一个主题是将 *śūra* 的勇敢与“懦夫”（*bhīru*，字面意思是“害怕的”）的可悲行为相提并论，懦夫被认为是“卑微的人们”（*MBh* 12. 98. 15）。在战斗的喧嚣中，*śūra* 冲锋在前，而懦夫在英雄的保护下逃跑，这被描述为“违背通向天国之路”（*MBh* 12. 98. 19）。当然，我们记得，如果懦夫在战斗中逃跑，他们会堕入无底的地狱，因为他们可悲的本性，“勇士吃掉懦夫”，就像掠食者捕猎弱者一样（*MBh* 12. 100. 15）。[17]事实上，毗湿摩告诉坚战“不要让这种卑微的人出生在你的家族中”（*MBh* 12. 98. 20）。应尽一切努力，在战斗之前和作战期间激励军队（可参见 *MBh* 12. 101. 43），怯懦士兵的可耻行为会招致神的愤怒，特别是因陀罗的，他可能会通过特定的手段杀死懦夫，包括使用棍棒或石头，或者用干草焚烧他们（*MBh* 12. 98. 22），菲茨杰拉德认为这是一种“相当于在火刑柱上把人烧死的处决方式”。[18]事实上，诸神可能会让任何 695
表现得像懦夫的贵族战士“像畜生一样”死去，这需要通过一种伪仪式的形式来勒死或闷死他们。潜在的威胁是显而易见的，当然，如果真的有人实施了这种神灵的威胁，那么他们的报复行为符合神的意愿。因此，懦弱的确“不受到称赞”（*MBh* 12. 98. 25）。从社会和宇宙哲学的角度来看，这是一个士兵能做的最令人憎恶的事情。

当然，国王、军官和英勇的战士应该努力地鼓励人们去战斗和牺牲。例如，国王应该自信地站在阵地前沿，根据最佳作战策略来安排他的战车、大象、骑兵和步兵（*MBh* 12. 100. 8）。此外，每个想要获得胜利的人，尤其是那些非常热衷于打好仗的人，应该像怪物搅动大海一样扰乱敌军（*MBh* 12.100.11）。同样，“即使是懦夫，也要努力振作精神，哪怕只是站在一旁，装装样子”（*MBh* 12.101.43）。因此，士兵应该互相鼓励，特别是那些在队列后方垂头丧气或逐渐衰弱的人。在战斗最激烈的时刻，国王还应该激励他的部下，让支持者演奏乐器（螺号、牛角、铜鼓、钹等）并高呼战斗口号，传播消息，如“敌人败了；我们的援兵来了；不要害怕，打击敌人吧”（*MBh* 12.101.45-7），而不管这些说法是否属实。在某个章节中，国王让他的士兵在战斗前集体宣誓，永不放弃彼此，永不逃离战场，为了胜利要不惜放弃自己的生命，这充分体现了鼓励战士的重要性。誓词全文如下。

> 召集这些勇士，对他们这样说道：“我们发誓，为了获取胜利，我们在战斗中互不抛弃。让那些懦夫留在这里吧！他们在激战中不打击敌人，造成麻烦。在战斗中逃跑，损害自己和战友；逃跑造成物资毁灭、人员伤亡和名声败坏。逃跑的人抛弃一切
> 696 武器，嘴唇和牙齿哆嗦，说出一些不堪入耳的话。在生命危急关头，逃跑者抛弃同伴，却被敌人俘获。但愿我们的敌人是这样！这些逃跑者是人中败类。他们只是增添人数，在今生和来世都不是真正的人。敌人满怀喜悦追赶逃跑者；朋友们以吉祥的话语赞美胜利者。国王啊！看到敌人幸灾乐祸，我认为这样的痛苦比死亡还难以忍受。你们要知道胜利是正法和一切幸福的根本。胜利从懦夫那里走向敌人，只有勇士能获得胜利。我们向往天国，在战斗中捐

> 弃生命，或者取胜，或者牺牲，我们能获得美好的归宿。”英雄们这样发誓后，无所畏惧，勇于捐弃生命，冲进敌人军队。
>
> （*MBh* 12.101.29-39）

天堂、地狱和战斗仪式的理念用崇高的宇宙哲学术语表述了战士的身份，而史诗章节详细地描述了针对战场上表现出色之人实用的激励措施。例如，冲破敌人的防线，重新集结己方溃散的军队，这样的勇士应该获得双份俸禄，享用与国王同样的饮食。这样的人如果是十兵之长，那么他们将被提拔为百兵之长；应该让吃苦耐劳的勇士升为千兵之长（*MBh* 12.101.27-8）。有趣的是，在一些法律文本中，*śauryadhana*（“英雄主义的奖励”）的概念是指国王或领主在对冒着生命危险或做出勇敢行为的士兵或仆人感到高兴时给予的财富。[19] 因此，虽然这六章史诗都是用理想主义的语言来表述的，但作者充分地意识到，说服男人在战斗中牺牲的主要方法就是影响他们及其战友的自我价值判断，把勇敢与金钱和进天堂的回报联系起来，把懦弱与地狱的恐怖和具体的社会影响（包括死刑）联系起来。不难想象，在复杂的现实世界里，军事理想和男性身份会不断被协商、复制和强化，旨在确保人们去遵守这种军事理想及男性身份的积极肯定和负面威胁，将以类似言语攻击的方式来发挥作用，就像现如今对男子气概问题的攻讦，他们可能会被称为“软骨头、懦夫”，或遭到其他更具体的性别歧视和恐同式的侮辱。按照这些说法来看，把英雄主义和勇敢的崇高理想与懦弱这种在道德和救赎 697
论上的缺陷相提并论，代表了一种主要的意识形态策略。这种策略可以使男性感到羞耻，从而让他们采取暴力行为，同时在面对男性关系和军事期望时，塑造出统一的同性社交身份，其核心是勇敢、坚韧和服从。

《政事论》

在结束本章之前，我想把这六章史诗包含的更为宽泛的说教信息与考底利耶《政事论》中的相关信息进行比较，后者向国王提供了类似的说服士兵去战斗并牺牲的实用建议。在技艺精湛的宣传演讲中，国王应该利用一系列的表演来激励他的士兵去战斗（*AŚ* 10.3.26－47）。特别是在战斗前，他应该在士兵面前表现得虔诚，节制饮食、枕戈待旦并与坐骑同眠。他应该雇用祭司来确保胜利和得到上天的帮助，并且应该与来自体面的贵族家庭、具有英雄品质（*śaurya*）和无可指摘的声誉的人交往。他应该在自己的军队中安排祭司和占星家，以赞扬军队的优越，同时宣扬国王的无所不知及其与神灵的密切关系，以鼓励军队并恐吓敌人。祭司要在诅咒敌人的同时，为军队举行胜利仪式。国王应该让他的军队感觉他们就是古老而神圣的英勇战士，他们经历了仪式的洗礼，这将确保他们在战斗中牺牲后能够进入天堂。如果这还不够，吟游诗人和其他诗人应该在军队中四处活动，向那些勇敢的英雄宣扬天堂的美好，同时强调懦夫将无缘这个终极奖赏。国王应该告诉他的军队，他将与他们平等地分享战利品，以此来唤起他们的公平感。国王的将军应该告诉部队，如果杀死单个目标，如敌人的国王、英雄、军团领袖、骑兵和步兵，他们将获得特定数目的金钱奖励。最后，当准备战斗时，国王应该安排医生给士兵看病，同时还应该安排妇女提供食物、饮料和鼓励。然而，这些战略性的权宜战术，旨在向军队灌输信心和忠诚，这一点已经阐述得非常清楚了，国王应该乘坐战车或骑着大象出现在自己军队的面前，但伪装成国王的人则要在队伍的最前面骑行并投入战斗。据我所知，在《摩诃婆罗多》中，毗湿摩从未把这个小秘密泄露给坚战，虽然我们有理由推测，《摩诃婆罗 698
多》第十二篇第 98 至第 103 章详细描述的那些被刻意设计出来用以塑造士兵行为和身份的诀窍、期望及仪式实践，将构成考底利耶提出的建议的基础，这些建议会被用来鼓励开战前的军队。

结　语

这六章史诗（*MBh* 12.98–103）为我们提供了最为清晰的描述，阐明了英雄主义的概念包含的内容以及在印度的古典时代究竟谁是英雄的问题［至少根据各章作者（们）的叙述］。英雄主义的概念是通过 *śūra* 的一流军事行动来定义的，他是卓越的英勇战士，在面对令人畏缩或极其艰难的处境时，不屈不挠，十分勇敢。事实上，这种军事理想是以绝对的方式（如果不是以家长式的方式）进行表述的：

> 这个世界永远像儿子那样依靠勇士的双臂，因此，在任何情况下，勇士值得尊敬。在三界中，没有比勇气更高者。勇士保护一切，一切依靠勇士。
>
> （*MBh* 12.100.17–18）

在这六章史诗的背景下，英雄主义是一个深刻的性别化概念，只适用于那些愿意在战斗中拿生命冒险的男性，并被认为是一种文化规范，而且是广为流传的关于刹帝利的优秀品质的神话的一部分。既然这种性别意识形态在文化和政治上都占主导地位（至少在我们的梵文资料中是这样的），那么也许它代表了一种霸权式的男子气概，要求所有对军事有兴趣的男人将自己与之联系起来。正如 R. W. 康奈尔所言，“霸权式的男子气概总是在与各种从属的男性气质以及与女性的关系中建立”。[20]在史诗章节中，英雄的理想总是与没有男子气概的懦夫和虽处于从属地位却持支持态度的女性（无论是家庭成员还是天上的仙女）并列。因此，如果一个男人被公认是 *śūra*，也就是说，他已经成功地实现了超级男子气概的部分价值理想，那么他的表现将会带来体现为财富、名声以及法律和宗教合法性的社会权力与统治地位。根据西蒙·布罗德贝克（Simon Brodbeck）的说法，在整部史诗中，个人名声和声誉（*yaśas*,
699 *kīrti*）的概念对战士阶层发挥了重要的作用，反映了一种男性的声望经济，其中“人气、名利”成为战士的“合理目标”，他们的荣誉和声望是至高无上的，必须通过不断的攻击性行为才能获得或守护。[21]就像克利须那在史诗《薄伽梵歌》（2. 34）中著名的一节里，向般度·阿周那（Pāṇḍava Arjuna）解释的那样：“对于已经获得荣誉的人来说，受辱比死亡更糟糕。”如前所述，史诗的这六章都强调了当众受辱和受到惩罚的威胁，因为如果战士逃离战场，他将遭受财产损失、处决和耻辱，并背负坏名声（*MBh* 12. 101. 31）。在这种情况下，在战争中受伤并不可耻，但在战斗中没有受伤或未被杀死则是道德和救赎论上的失败。因此，战士的身体是他在暴力的市场中获得名声、财富和幸福的来世最有价值的资产：这是他获得父权制回报的主要手段，但代价最高。

由于勇敢的行为会给战士带来现世的名利和在来世升入天堂等回报，我们可以把古印度的英雄主义视为一种崇高的理想。也就是说，英雄主义只有在军事的框架内，在混乱的战争中才能实现。相反，英雄主义不能通过脱离世界的苦行主义或在古印度的家庭领域实现，户主一生的职责包括结婚（通常是和一个女人结婚）、生下男孩和资助仪式用的祭品。[22]既然家庭领域也被认为是女性的领域，那么英雄主义的理想则反映了某种形式的男性气概，这种男性气概提供了女性无法获得的某些生活选择。[23]英勇的男子气概也超越了社会规范，因为它为牺牲的战士的家人提供了某些特权，他们可以免于提供食物供奉或鬯酒，可以免于进行洗礼，也可以不必遵守任何不洁时期的规则(*MBh* 12.99.44)。虽然可能只是小小的安慰，但战士的 700
家庭不必遵守哀悼或不洁状态下的规则，这可能会增强家庭成员将心爱的儿子或丈夫送上战场的自豪感和信念。[24]的确，《摩诃婆罗多》第十一篇《妇女篇》（*Strī Parvan*）表达了阵亡战士的母亲对战死沙场的儿子的悲痛之情。一些母亲甚至对鼓励暴力死亡表示自豪，因为这最终保护了家庭及其血统，也让她们的儿子进入天堂，享受天堂的奖赏。相反，有些妻子对丈夫被杀表示嫉妒和蔑视，因为他们抛下了自己，去享受天女的陪伴(可参见 *MBh* 11.20.22-5)。因此，女性角色，特别是史诗里英雄的妻子和母亲，被描绘成男人履行职责的主要支持者，同时为男人光荣地战死做好了准备。[25]《摩诃婆罗多》第五篇第 131 至第 134 章强调了这一理想，叙述了一个叫维杜拉（Vidurā）的贵族妇女和她的儿子全胜（Saṃjaya，“胜利”）之间的对话。在对话中，她责骂儿子因为之前一次战斗的失败而沮丧。在通过质疑他的出身（“你不是我的儿子，也不是你父亲的儿子。”）、男子气概（“一副太监相。”）和勇气（“起来吧，懦夫！你不要失败后，这样躺着。”）来责骂他之后，她要求全胜无愧于他的名字，要在战场上战斗和牺牲。现引用她严厉斥责的部分内容：“但愿任何妇女不要生下这样的儿子，没有愤慨，没有进取心，没有勇气，令敌人高兴。不要冒烟，要熊熊燃烧，冲向前去，杀死敌人！”（*MBh* 5.131.28–9）这个故事的教育功能是非常直白的：如果孕妇听到这个故事，她就会生下一个勇敢而有男子气概的儿子，这个儿子将成为英勇的战士，能够战胜敌人（*MBh* 5.134.17–21）。英雄的理想，有着世俗名声和升入天堂的许诺，从而直接满足了军事阶层和来自下级阶层之士兵的需要，因为它提供了一条超常的路径——*aśaurya mārga*——超越了道德规范、责任和社会阶层，同时颠
701 覆了仪式性的纯洁状态和通过苦行获得解放的情况。从这个角度来看，对于出身卑微或高贵的战士来说，这六章史诗极大地削弱了（如果不是完全否定的话）社会和宗教生活竞争模式的有效性。

不幸的是，由于我们的资料深受意识形态和婆罗门祭司传统的神学关注的影响，我们不可能知道这六章史诗呈现的英雄主义理想是军事集团中实际存在的做法和信仰，还是反映了个人高深精妙的阴谋诡计，这些人的主要目标是用这些理论来辅佐国王。也许这六章代表了介于这两种情况之间的现实，记录了具有政治头脑的婆罗门和王室大臣试图让自己参与不同军事团体的现有实践。如果英雄主义的理想某种程度上在军事团体或部落中是普遍存在的，那么它们可能有助于增强群体的凝聚力，并强化了一种受限制的男性身份，这

种身份要求在潜在的致命情况下表现出勇敢和坚韧。然而，虽然英雄主义是霸权式男子气概的主要表现形式，但很可能只有少数男性能够在活着的时候体现或实现这种理想，尽管可能有些人在战争前线阵亡后被授予了“英雄”的称号。另外，更多人可能能够利用霸权式男子气概的间接好处，即社会声望和财富，以及通过在军队服役或成为战士来展示他们对达摩和诸神的忠诚。

最后，我们可以很容易地推断出毗湿摩向坚战传达的核心政治信息，那就是，作为利益的主要相关者，国王应该在宣传超级男性化的英雄主义理想方面发挥直接作用，因为这种理想与军队和国家的目标紧密相连：根据这六章的内容，它们是相互促进的。因此，英雄主义是国家重要的意识形态工具，各章巧妙地将个人、伦理、仪式和宇宙理想交织，成为军事化宣传的杰作。换句话说，这些章节清楚地表明，要教诲和操纵血肉之躯，国家必须在塑造战士的身份方面发挥直接作用。从这六章史诗的根本目标来看，英雄主义是国王必须宣扬的基本理想，目的是定义军队的身份，确保胜利，并为自己在救赎论上的失败开脱。[26]所以，国家应该直接投入到为自身的政治和军事需要而构建和传播英雄主义理想的过程中。话虽如此，尽管 702
英雄主义在确保国王至高无上的统治权——他的政治统治和形而上学的赦免——方面发挥了直接作用，但国王的命运与他忠诚士兵的命运多少有些不同。[27]

参考论著

古印度战士的身份、刹帝利阶层的职责以及英雄主义的概念等问题已经引起了一些学者的关注。早期的论述，请参阅 E. Hopkins，‘The

Social and Military Position of the Ruling Caste in Ancient India, as Represented by the Sanskrit Epic', *Journal of the American Oriental Society* 13 (1889), pp. 57–376。近来，M. 哈拉(M. Hara)对战士的身份问题进行了几项简短的研究：'A Note on the Rākṣasa Form of Marriage', *Journal of the American Oriental Society* 94. 3 (1974), pp. 296–306; 'A Note on the Phrase *Dharma-Kṣetre Kuru-Kṣetre*', *Journal of Indian Philosophy* 27. 1/2 (1999), pp. 56–8; 'Apsaras and Hero', *Journal of Indian Philosophy* 29. 1/2 (2001), pp. 135–53。关于对战争相关问题的全面考察，请参阅 J. Whitaker, 'Warfare in Ancient India', in B. Meissner et al. (eds.), *The Cambridge History of War*, vol. I, *War and the Ancient World* (Cambridge: Cambridge University Press, 2020)。关于史诗中英雄的超自然特性和他们使用的武器，请参阅 J. Whitaker, 'Divine Weapons and *Tejas* in the Two Indian Epics', *Indo-Iranian Journal* 43. 2 (2000), pp. 87–113, and 'How the Gods Kill: The *Nārāyaṇa Astra* Episode, the Death of Rāvaṇa, and the Principles of *Tejas* in the Indian Epics', *Journal of Indian Philosophy* 30. 4 (2002), pp. 403–30。

虽然古印度的英雄主义概念受到了一些学者的关注，但它的定义并不明确。关于批判性的反思，请参阅 J. Whitaker, *Strong Arms and Drinking Strength: Masculinity, Violence, and the Body in Ancient India* (Oxford: Oxford University Press, 2011), pp. 59–62。梵文术语 *vīra* 和 *vīrya* 通常分别被译为"英雄"和"英雄主义"，但我认为，在《梨俱吠陀》中，它们传达了一种明确的性别含义，即"有男子气概的/勇敢的人"和"男子气概、勇敢、阳刚的力量"，而 *śūra* 这个词指明了什么是真正的英勇斗士(*Strong Arms and Drinking Strength*, pp. 59–108, 109–31)。对此进行的更深入探讨，请参阅 J. Whitaker, 'I Boldly Took the Mace (*Vájra*) for Might: Ritually Weaponizing a Warrior's Body in Ancient India', *International Journal of Hindu Studies* 20. 1 (2016), pp. 51–94。同样，*vīra* 和 *śūra* 在二手文献中经常被混为一谈，请参阅 H. Brückner et al. (eds.), *The Concept of Hero in Indian Culture* (New Delhi: Manohar, 2007)，该书缺乏对英雄主义本质的批判性分析，并有些天真地指出（p. x），梵文单词 *vīra*、*marya*、*śūra/śūla* 和 *malla* 的意思都是"英雄"，相当于古希腊术语 *hérōs* [沿用了松特海默尔（Sontheimer）的说法]；参见该书的 Bollée, pp. 1–5。根据 K. McGrath, *The Sanskrit Hero: Karṇa in the Mahābhārata* (Leiden: Brill, 2004)，《摩诃婆罗多》中的 *vīra* 和 *śūra*（pp. 23, 55）之

间并没有实质性的语义差异，尽管 K. 麦格拉恩（K. McGrath）在其他论
著中指出，虽然两者是同义词，但 *vīra* 最好翻译成“战士”，而 *śūra* 的 703
意思是“英雄”（p. 28，n. 8）。即便这六章史诗并不能代表整部史诗，但在 *vīra* 和 *śūra* 的使用上可以看到明显的语义差别。关于这一问题，有学者就有关圣徒传统的中世纪巴克提（*bhakti*）文献中的 *vīra* 和 *śūra* 的含义得出了更为明确的结论，即 *śūra* 表示“英雄”，具体请参阅 P. Caracchi，'The Hero in *Sont* Tradition'，in Alessandro Monti (ed.)，*Hindu Masculinities Across the Ages: Updating the Past* (Torino: L'Harmattan Italia, 2002)，pp. 223-45。

注 释

1. J. L. Fitzgerald (ed. and trans.)，*The Mahābhārata, Book 11: The Book of the Women*; *Book 12: The Book of Peace*, *Pt. 1* (Chicago: University of Chicago Press, 2004)，p. 403. 关于史诗的全译本，参见 Fitzgerald or J. A. B. van Buitenen (ed. and trans.)，*The Mahābhārata*, 3 vols. (Chicago: University of Chicago Press, 1973-8)。我擅自修改了部分诗节的翻译，这些诗节被用作注释段落中的例子；我将 *śūra* 统一翻译成“英雄”或“英勇的战士”。
2. 根据《政事论》6.1.1（以下简称 *AŚ*），军队是古印度国家的主要机构之一，*MBh* 和 *AŚ* 都认为它应该由四类兵种组成：象兵、战车兵、骑兵和步兵。此外，根据 *AŚ* 6.1.11 的记述，军队中的士兵并非全部来自刹帝利阶层。这在 *MBh* 12.98-103 中有所暗示，它使用了 *śūra* 和刹帝利的英雄理想来强调所有“战士，士兵”（*yodha*，*yodhin*）应该如何表现。
3. 英雄石（*vīragal*）是为了纪念战士在战斗或牛群袭击中暴毙，以及他随后升入天堂。参见 S. Settar and G. D. Sontheimer (eds.)，*Memorial Stones: A Study of Their Origins, Significance, and Variety* (Dharwad: Institute for Indian Art History, Karnataka University, 1982)。
4. SJ. L. Whitaker，*Strong Arms and Drinking Strength: Masculinity, Violence, and the Body in Ancient India* (Oxford: Oxford University

Press, 2011), esp. pp. 109–31. 在整部史诗中，因陀罗在使英雄行为合法化方面扮演着关键性的角色。关于杀害弗栗多的问题，他声称自己是通过在战斗中击败许多恶魔而成为众神的霸主，恶魔中包括弗栗多(*MBh* 12. 99. 43, 48–9)；根据 *MBh* 5. 132. 23cd–24ab，“一个英雄通过杀死一个敌人而获得名声”。因陀罗仅仅通过杀死弗栗多而成为伟大的因陀罗。

5. A. Bowles, *Dharma, Disorder and the Political in Ancient India: The Āpaddharmaparvan of the Mahābhārata* (Leiden: Brill, 2007), pp. 16–35; J. L. Fitzgerald, '*Mahābhārata*', in Brill, *Encyclopedia of Hinduism*, https://referenceworks.brillonline.com/browse/brill-s-encyclopedia-of-hinduism.
6. 这种观念在《和平篇》(esp. *MBh* 12. 59)、《摩奴法论》(e. g. *MDhŚ* 93. 294–7)和《政事论》(*AŚ* 6. 2. 14–22, *AŚ* 8. 1–2)中十分明显。关于对古印度国家的思考，参见 R. Thapar, *From Lineage to State: Social Formations in the Mid-First Millennium BC in the Ganga Valley* (Bombay: Oxford University Press, 1984); P. Olivelle, *King, Governance, and Law in Ancient India: Kauṭilya's Arthaśāstra* (New York: Oxford University Press, 2013), pp. 38–51。
7. J. L. Fitzgerald, 'Making Yudhiṣṭhira the King: The Dialectics and the Politics of Violence in the *Mahābhārata*', *Rocznik Orientalistyczny* 54 (2001), pp. 63–92; T. Brekke, 'Breaking the Thigh and the Warrior Code', in R. Aquil and K. Roy (eds.), *Warfare, Religion, and Society in Indian History* (Delhi: Manohar, 2006), pp. 43–61.
8. 有关印度历史上 *dharmayuddha*（“正义战争”）和 *kūṭayuddha*（“非正义战争”）概念的探讨，请参阅 T. Brekke, 'Between Prudence and Heroism: Ethics of War in the Hindu Tradition', in T. Brekke (ed.), *The Ethics of War in Asian Civilizations: A Comparative Perspective* (London: Routledge, 2006), pp. 113–44; K. Roy, *Hinduism and the Ethics of Warfare in South Asia: From Antiquity to the Present* (Cambridge: Cambridge University Press, 2012), pp. 1–39。
9. P. Olivelle, *The Law Code of Manu* (Oxford: Oxford University Press, 2004), pp. xx–xxii, and 'Manu and the *Arthasāstra*: A Study in

śāstric Intertextuality', *Journal of Indian Philosophy* 32 (2004), pp. 281 - 91; M. McClish, 'The Dependence of Manu's Seventh Chapter on Kauṭilya's *Arthasāstra*', *Journal of the American Oriental Society* 134. 2 (2014), pp. 241-62.

10. Olivelle, *King*, *Governance*, pp. 25-38.

11. *MBh* 12. 99. 45: 'Thousands of the best Apsarases rush up to the heroic warrior slain in battle, saying "Let him be my husband".' Cf. *MBh* 8. 33. 55-7 and *MBh* 9. 4. 35-6. See also M. Hara, 'A Note on the Phrase *Dharma-Kṣetre Kuru-Kṣetre*', *Journal of Indian Philosophy* 27. 1/2 (1999), pp. 56-8, and 'Apsaras and Hero', *Journal of Indian Philosophy* 29. 1/2 (2001), pp. 135-53.

12. R. W. Connell, *Masculinities*, 2nd edn (Berkeley: University of California Press, 2005), p. 45.

13. N. Scheper-Hughes and M. M. Lock, 'The Mindful Body: A Prolegomenon to Future Work in Medical Anthropology', *Medical Anthropology Quarterly* 1. 1 (1987), pp. 6-41, at p. 25.

14. 这些人可以通过口中衔草来表示投降，可能是为了表明他们像牛一样的从属地位，或者只是简单地说“我是你的”（*MBh* 12. 99. 47）。Cf. *Gautama Dharmasūtra* 10. 18.

15. A. Hiltebeitel, *The Ritual of Battle: Krishna in the Mahābhārata* (Ithaca, NY: Cornell University Press, 1976); D. Feller Jatavallabhula, 'Raṇayajña: The Mahābhārata War as a Sacrifice', in J. Houben and K. van Kooij (eds.), *Violence Denied: Violence, Non-Violence and the Rationalization of Violence in South Asian Cultural History* (Leiden: Brill, 1999), pp. 69 - 103; Brekke, 'Between Prudence and Heroism'.

16. 在一些吠陀仪式中，动物在被闷死之前被绑在“祭祀柱/杆”（*yūpa*）上（请注意，*MBh* 12. 99. 26 提到，被杀的战士将自己的身体作为柱子来保护婆罗门的财富）。“结束浴”（*avabhṛtha*）标志着一些吠陀仪式的结束，其作用是净化祭祀者和他的妻子，涤荡祭司的罪恶。

17. 根据 *MBh* 12. 100. 14ab，英勇的战士不应该打击仓皇逃跑的人，因为他们会带来危险。这里发出的警告是，不要把你的敌人变成一无所有的杀手——这是一种态度，与人们对战斗中勇士的期望没有太大的不同。

18. Fitzgerald, *Mahābhārata*, p. 743. Cf. *MDhŚ* 8. 377,其中提到，在某人的保护下与婆罗门女子发生性关系的吠舍或刹帝利应受到与首陀罗同样的惩罚（被剥夺财产、遭到毁伤和杀害）或"用稻草燃起的火焚烧"（*dagdhavyau vā kaṭāgninā*）。
19. P. Olivelle, D. Brick and M. McClish, *A Sanskrit Dictionary of Law and Statecraft* (Delhi: Primus Books, 2015), p. 388.
20. R. W. Connell, *Gender and Power: Society, the Person, and Sexual Politics* (Stanford, CA: Stanford University Press, 1987), p. 183.
21. S. Brodbeck, 'Myth and Ideology of the Imperial Ksatriya: Viewing the Mahābhārata from here and now', *Journal of Vaishnava Studies* 14. 2 (2006), pp. 98–9.
22. 除了史诗的这六章，英雄主义的概念得到了更广泛的应用。例如，根据 *MBh* 7. 133. 23，刹帝利阶层的人是"英雄"，因为他们孔武有力，婆罗门祭司（"再生族"）也是"英雄"，因为他们具备语言表达/演说能力。同样，在《亚若那瓦克亚法典》（*Yājñavalkya Smṛti*, 1. 324）中，战士在战斗中死亡和升天与苦行者的成就相关，苦行者通过瑜伽练习获得天堂的一席之地。
23. 史诗中有一个著名的故事：被抛弃的女人安巴（Ambā）为了报复勇士毗湿摩，她通过转生成为一个男人，最终可以在战场上与他对抗。参见 A. Custodi, '"Show You Are a Man!" Transexuality and gender bending in the characters of Arjuna/Bṛhannadā and Ambā/Śikhaṇḍin(ī)', in S. Brodbeck and B. Black (eds.), *Gender and Narrative in the* Mahābhārata (London: Routledge, 2007), pp. 208–29。
24. Cf. *MDhŚ* 5. 98: 'When a man is killed in battle with upraised weapons according to the Kṣatriya law, the settled rule is that for him both sacrifice and purification are accomplished instantly' (trans. Olivelle, *Law Code of Manu*, p. 92).
25. 关于史诗中女性的角色以及她们对军事意识形态的投入，参见 Brodbeck, 'Myth and Ideology', p. 95。在此，我要感谢约翰·泰勒（John Taylor），他在我的高级梵语课程（2013 年秋季）上与我一起阅读了"法律、武力和战争"一节。我也要感谢莫莉·

邓恩（Molly Dunn），她让我注意到《妇女篇》（*Strī Parvan*）中出身高贵的女性的悲痛，以及她们在向丈夫和儿子传达战士理想方面发挥的积极作用（2014 年春季的《摩诃婆罗多》课程）。

26. *MBh* 12. 103. 4：国王可以进行一系列的赎罪仪式（*prāyaścittavidhi*），来赦免自己在战争中积累的所有罪过。参见 *MBh* 12. 98. 3。关于这个问题，请参阅 Feller Jatavallabhula，'Raṇayajña'，p. 78；*MDhŚ* 5. 94–5。

27. 在 *AŚ* 9. 1. 1–16 中，国王们被告诫，不要在战争中追求个人荣誉，而应该打一场持久战，通过外交、贸易和诡计来维持自己的政治霸权。

索　引

（以下页码为原书页码，即本书页边码。）

图书在版编目(CIP)数据

剑桥世界暴力史．第一卷，史前和古代世界：全2册/（美）加勒特·G. 费根（Garrett G. Fagan）等主编；丁俊娜译．--北京：社会科学文献出版社，2024.8

书名原文：The Cambridge World History of Violence：Volume Ⅰ，The Prehistoric and Ancient Worlds

ISBN 978-7-5228-3617-1

Ⅰ．①剑…　Ⅱ．①加…　②丁…　Ⅲ．①世界史　Ⅳ．①K10

中国国家版本馆 CIP 数据核字（2024）第 092252 号

审图号：GS（2024）1897 号。书中地图系原文插附地图。

剑桥世界暴力史（第一卷）
——史前和古代世界（全2册）

主　　编 / ［美］加勒特·G. 费根（Garrett G. Fagan）
［英］琳达·菲比格（Linda Fibiger）
［英］马克·哈德森（Mark Hudson）
［英］马修·特兰德尔（Matthew Trundle）
译　　者 / 丁俊娜

出 版 人 / 冀祥德
组稿编辑 / 董风云
责任编辑 / 王　敬　张金勇
责任印制 / 王京美

出　　版 / 社会科学文献出版社·甲骨文工作室（分社）（010）59366527
地址：北京市北三环中路甲29号院华龙大厦　邮编：100029
网址：www. ssap. com. cn
发　　行 / 社会科学文献出版社（010）59367028
印　　装 / 三河市东方印刷有限公司

规　　格 / 开　本：889mm×1194mm　1/32
印　张：31.5　字　数：726千字
版　　次 / 2024年8月第1版　2024年8月第1次印刷
书　　号 / ISBN 978-7-5228-3617-1
著作权合同登记号 / 图字 01-2021-2723 号
定　　价 / 188.00 元（全2册）

读者服务电话：4008918866

版权所有 翻印必究